HISTOIRE

DE

JOSEPH LE BON

Imprimerie ROUSSEAU-LEROY, à Arras.

Joseph Alfoll

Rep. v Senteurs du Peuple

LA TERREUR

DANS LE PAS-DE-CALAIS ET DANS LE NORD.

HISTOIRE

DE

JOSEPH LE BON

ET DES

TRIBUNAUX REVOLUTIONNAIRES

D'ARRAS ET DE CAMBRAI

..... *Suum cuique* ...

PAR

A.-J. PARIS

Licencié ès-lettres & Docteur en droit.

ARRAS

CHEZ ROUSSEAU-LEROY, ÉDITEUR, RUE SAINT-MAURICE.

MDCCCLXIV.

PRÉFACE

Les souvenirs que la Terreur a laissés dans les départements du Pas-de-Calais et du Nord se personnifient et se résument dans un homme et dans une institution : Joseph Le Bon et le Tribunal révolutionnaire.

Nous avons essayé de donner à Joseph Le Bon et aux tribunaux révolutionnaires d'Arras et de Cambrai la place qui leur appartient dans l'histoire. Guidé par le seul amour de la vérité, nous avons cherché à rassembler, avant de composer ce livre, des documents dont l'authenticité fût à l'abri de toute contestation. Les sources auxquelles nous avons puisé se classent en trois catégories.

La tradition nous a fourni sur le pastorat de Le Bon, curé constitutionnel de Neuville, des renseignements obtenus sur les lieux mêmes, de la bouche des contemporains, et mis en écrit il y a près d'un demi siècle.

Grâce à la bienveillance de plusieurs bibliophiles, nous avons réuni une collection précieuse de pièces inédites, appartenant à la période révolutionnaire, et les divers ouvrages publiés sur Joseph Le Bon et ses principaux agents. Dans ce nombre, hâtons-nous de le dire, pamphlets et réhabilitation nous ont inspiré, à des titres divers, une égale méfiance ; nous n'avons guère emprunté à ces livres que les pièces justificatives qui les accompagnent. Le Procès de Joseph Le Bon devant le tribunal criminel d'Amiens, imprimé en l'an III, nous a paru mériter une attention exceptionnelle : les témoins à la parole de qui la justice a cru ont assurément le droit de déposer devant l'histoire.

C'est principalement dans les archives que nous avons recherché nos matériaux. A la prison d'Arras, nous avons dépouillé le registre d'écrou de la maison des Baudets, de laquelle tant de victimes sont sorties pour monter à l'échafaud. Au greffe du tribunal civil, nous avons pris des renseignements précis sur les nom, âge, profession, domicile de chacun des trois cent quatre-vingt-douze condamnés que la Révolution a frappés de mort. Les archives du palais de justice de Saint-Omer nous ont fourni les minutes mêmes des jugements rendus par le tribunal révolutionnaire d'Arras. Nous en avons reproduit textuellement les plus considérables ; pour tous les autres, acquittements ou condamnations, nous avons extrait de l'acte d'accusation et de la déclaration du jury les faits incriminés.

Mais il ne suffisait pas de connaître une partie de la vie

de Le Bon ; nous avons voulu le suivre dans toutes les phases de sa carrière politique : maire d'Arras, membre du Département, député à la Convention nationale, représentant en mission, accusé à son tour et condamné à mort. Au lieu de le considérer isolément, nous avons pris à tâche de le faire mouvoir au milieu des autres acteurs du drame révolutionnaire, et de montrer en lui l'agent dévoué du Comité de salut public, le maître souverain des autorités constituées qui servirent d'instrument à sa tyrannie.

Ce n'était pas assez de relater les noms des victimes et les motifs de leur condamnation. Tout ce qui se rattachait à leurs antécédents, aux motifs de leur arrestation, aux incidents de leur procès, un douloureux intérêt nous faisait un devoir de le recueillir.

Ainsi le cadre de ce travail s'élargissait et exigeait de nouvelles investigations. Les richesses inexplorées que possèdent les archives départementales ont satisfait à nos désirs. Délibérations du département, des districts et des comités de surveillance du Pas-de-Calais, proclamations, lettres et arrêtés de Le Bon, liasses énormes contenant toutes les pièces relatives à la sûreté générale, il nous a été donné de tout voir, de tout étudier.

Une seule lacune existait dans le plan que nous nous étions tracé : nous devions accompagner Joseph Le Bon d'Arras à Cambrai et faire connaître, sur ce nouveau terrain, les œuvres du tribunal révolutionnaire ; mais dans cette ville la plupart des jugements n'avaient pas été imprimés ;

les actes de décès des condamnés n'avaient même pas été dressés ; de sorte qu'on ne possédait qu'une liste fort incomplète des cent quarante-neuf malheureux que la guillotine avait immolés. Heureusement, le registre tenu par le greffier du tribunal révolutionnaire et renfermant tous les éléments des décisions intervenues était conservé à Paris, aux archives de l'Empire. D'un autre côté nous avons découvert à Arras des notes d'audience tenues avec une régularité parfaite par l'un des jurés de Cambrai. Nous pouvions dès lors présenter au public un travail complet.

Les archives de l'Empire, les archives du département du Nord, les archives de Cambrai nous ont encore révélé une partie de la correspondance de Le Bon avec le Comité de salut public, les arrêtés du District de la commune et du Comité de surveillance Cambrésiens. Enfin nous avons suivi dans le *Moniteur* les discussions parlementaires auxquelles a donné lieu la mise en accusation de Joseph Le Bon.

Indiquer ces sources, c'est dire que nous avons voulu, avec impartialité, mais sans déguisement, écrire une histoire vraie. Nous n'avons eu d'autre soin que de classer ces médailles sanglantes, trouvées dans le sol révolutionnaire, et d'en expliquer la légende. L'auteur s'est effacé, autant qu'il l'a pu, devant les documents qu'il a cités.

LIVRE I

Joseph Le Bon naquit à Arras, le 25 septembre 1765[1]. Son père, Nicolas-François, remplissait les modestes fonctions de sergent-à-verges de l'échevinage; Bernardine Régnier, sa mère, était originaire de Saint-Pol. Les époux Le Bon avaient trois enfants plus jeunes: Léandre, Henri et Henriette.

Joseph Le Bon fit ses études, comme externe, au collége d'Arras, dont la direction avait été confiée, après l'expulsion des Jésuites, à la Congrégation des prêtres de l'Oratoire. Il répondit, sous tous les rapports, aux soins de ses maîtres. En 1781, il présida l'académie littéraire, que les Oratoriens

---

1. Ville d'Arras. — *Extrait du registre aux actes de baptêmes, mariages et sépultures de la paroisse Saint-Aubert pour l'année 1765. Registre de 1751 à 1765. f⁰ 22, v⁰.*

L'an mil sept cent soixante-cinq, le 26 septembre, nous, prêtre habitué de cette paroisse, avons baptisé un garçon né le jour précédent à sept heures du soir en légitime mariage de Nicolas-François Le Bon et de Marie-Madeleine-Josèphe-Bernardine Régnier, ses père et mère. On lui a donné pour nom Guislain-François-Joseph. Le parrain a été le sieur Louis-Joseph Fromeintin et la marraine Isabelle-Guislaine-Philippine Izambart, lesquels ont signé avec nous prêtre : Signé Fromeintin, Izambart et Dournel, prêtre.

venaient d'établir dans leur collége, sous le patronage de M. de Conzié, évêque d'Arras, et qui était composée des meilleurs écoliers de rhétorique et de seconde ; l'académie avait coutume de célébrer chaque année, dans une « séance publique extraordinaire », les grands évènements qui intéressaient la nation : le 6 décembre 1781, « en présence de Nosseigneurs de l'assemblée générale des États d'Artois, » on fêta ainsi la naissance de « Monseigneur le Dauphin » ; et Joseph Le Bon donna lecture d'une pièce de vers latins, relative « à cet heureux évènement. » En 1782, élève de philosophie et pensionnaire, il obtint le titre d'académicien honoraire [1].

Après avoir terminé ses humanités, Joseph Le Bon passa quelques mois dans la maison-mère de l'Oratoire, à Juilly. La carrière de l'enseignement s'offrait naturellement à lui ; ses supérieurs l'envoyèrent, en 1785, à l'institution de Beaune, en Bourgogne, pour y professer les Lettres.

Rien ne faisait présager la triste célébrité que Le Bon devait acquérir. On sait que la compagnie de l'Oratoire, dans laquelle aucun vœu n'était prononcé, comptait parmi ses membres des prêtres et des laïcs : Joseph Le Bon aspirait à l'état ecclésiastique. Ceux qui l'ont connu à Beaune s'accordent à dire qu'il était attaché à ses devoirs et sincèrement religieux. On a publié [2] quelques lettres qu'il adressa en ce temps-là à deux de ses anciens élèves, qui se disposaient à devenir eux-mêmes oratoriens ; elles confirment ce témoignage. « Ayez toujours devant les yeux la gloire de Dieu et l'utilité du prochain ; — ne vous aveuglez pas sur les manquements légers à la règle : c'est dans l'observance exacte des petites choses que l'on s'exerce à la pratique des plus grandes. — Craignez de vous livrer trop à votre imagination ;

---

1. *Almanachs historiques d'Artois.*
2. *Joseph Le Bon dans sa vie privée et dans sa carrière politique,* par son fils Émile Le Bon. 1861.

la vertu n'est point le fruit des extases et des ravissements, c'est une constance à remplir nos devoirs qui provient d'une attention fidèle à reconnaître les bienfaits de Dieu, en coopérant à ses vues d'amour et de miséricorde... » Tels sont les excellents conseils qu'il donne à ses jeunes amis. — Le 12 décembre 1788, partant pour Mâcon, où il va recevoir le diaconat : « Il n'est pas besoin, leur écrit-il, que je me recommande à vos prières ; vous savez combien elles me sont nécessaires, distrait surtout, comme je suis, par tant de soins et tant de besogne. »

Joseph Le Bon enseignait alors la rhétorique, et était adjoint à la direction du pensionnat. Il est vraisemblable que ces occupations multiples l'empêchèrent de se préparer au sacerdoce par des études théologiques sérieuses, qui auraient formé un contre-poids utile aux entraînements de son imagination. La correspondance à laquelle nous avons fait quelques emprunts porte la trace de cet esprit philosophique qui, au XVIIIe siècle, énervait les croyances, et tendait à substituer aux doctrines positives du catholicisme la profession de foi du Vicaire savoyard. C'est ainsi, par exemple, que pour exciter ses disciples à la vertu, il s'attache à leur démontrer que l'âme est immortelle, et il ajoute : « Méditez cet argument ; il est dans le goût de ceux que je vous ai faits quelquefois, et ils vous paraissaient incontestables. »

A peine âgé de vingt-cinq ans, Joseph Le Bon fut ordonné prêtre aux fêtes de Noël de l'année 1789. Par ses qualités autant que par ses talents, il avait gagné la confiance de ses supérieurs ; pendant les vacances qu'il passait à Arras, ses parents avaient essayé de le garder auprès d'eux : « Je suis ici accablé de caresses, écrivait-il, et l'on met tout en jeu pour me retenir, il n'en sera pas ainsi ; cette agitation, ce tracas d'écoliers me plaisent infiniment. » Le supérieur du collége de Beaune s'estimait heureux de le conserver. « La fermeté que vous venez de montrer, lui répondait-il, ne calme pas toutes mes inquiétudes ; je n'aurai de repos qu'après vous avoir embrassé. »

Cependant la Révolution éclatait. Joseph Le Bon avait d'abord paru ne s'occuper des évènements que pour en plaisanter. « On se remue fort dans ce pays à l'occasion des États-généraux ; les Beaunois ont fait deux ou trois écrits pitoyables, remplis de fautes de français, et ont bien fait rire à leurs dépens. » Mais bientôt, sortant de sa retraite, il se lia avec les gens *qui se remuaient*, et perdit en affection auprès de ses confrères, moins séduits par les idées nouvelles, ce qu'il gagnait en popularité dans la ville. — Un incident fâcheux, que fit naître la politique, rendit la rupture complète ; c'était en mai 1790 ; la ville de Dijon célébrait une fête patriotique et préludait à la grande fédération du 14 juillet. Quelques rhétoriciens du pensionnat, enflammés d'un enthousiasme auquel leur professeur n'était sans doute pas étranger, s'échappèrent après la messe, et partirent pour Dijon. Vivement réprimandé, Joseph Le Bon poursuivit les fugitifs, les gagna de vitesse et réussit à les ramener. Mais en rentrant au collége, irrité des reproches qu'on lui avait adressés, il mit en pièces ses insignes d'oratorien, et déclara qu'il cessait d'appartenir à la Compagnie. Cependant il ne quitta pas l'Institution immédiatement. « Ne vous imaginez pas, écrivait-il le 4 juin 1790, que j'appelle malheur la position où je me trouve : seul avec Dieu et ma conscience, je n'en sens que mieux que la vertu est le premier des biens, et que la fortune n'a aucune prise sur un chrétien véritable ; tranquillisez-vous, je rentrerai ou je ne rentrerai pas, je suis également disposé à l'un et à l'autre parti ; mais quelle que soit la décision des Pères du Conseil, elle n'altèrera jamais mes sentiments pour une Congrégation où j'ai puisé les principes de la justice et de la sagesse. »

Les excuses que cette lettre laisse supposer ne furent pas jugées suffisantes. Le 6 juin, le Père Sauriat donna acte à Le Bon de sa démission en des termes assurément fort secs. — « Monsieur, le Conseil m'a marqué que vous vous étiez rendu justice; il s'occupe des moyens de vous remplacer. La communauté et moi, nous avons pensé que nous n'étions pas partie capable de vous réintégrer dans le corps. — J'ai l'honneur d'être votre très-humble et très-obéissant serviteur, SAURIAT, prêtre de l'Oratoire [1]. »

Joseph Le Bon, sans position et sans ressources, trouva provisoirement un asile à Ciel, petit village situé à quatre lieues de Beaune, chez le père d'un de ses élèves. Il écrivait de Ciel, le 21 juin 1790 : « Ce n'est point aimer le Seigneur, mais s'aimer soi-même, que l'abandonner au moment où il veut purifier notre amour, en nous privant de tout autre objet que lui. » — Et encore : « Ce moment est le plus beau de ma vie.... Le Dieu de charité, à la gloire duquel j'ai sacrifié ma vie, visite son serviteur dans ses tribulations, et c'est au fond de la retraite qu'il verse comme à torrents dans son âme les consolations ineffables de la vertu. » — L'expression exaltée de ces sentiments laisse entrevoir dans l'âme de Le Bon une blessure profonde. Il se pose en effet comme « l'innocente victime de son attachement pour ses élèves »; il détourne les deux amis, avec lesquels il entretient une correspondance, du projet qu'ils ont formé de se rapprocher de lui. « Ils viendraient, leur dit-il, partager les opprobres dont ses confrères ont cherché à le couvrir. »

Les excitations de la politique aggravaient cette irritation. Joseph Le Bon, affranchi de la règle dont il proclamait naguère la nécessité, s'était affilié à la Société des Amis de la

---

1. Archives de l'Empire.

Constitution qui tenait ses séances à Beaune dans l'église des Cordeliers. Ne voulant pas rompre avec ses nouvelles relations, il résistait aux sollicitations de sa famille qui le rappelait à Arras, et cherchait une position. Ardeur naturelle, entourage, mécontentement, besoin, tout concourait à l'entraîner dans le mouvement.

Sur ces entrefaites, la Révolution, s'attaquant à l'Église, avait imposé au clergé une Constitution civile. Le 27 septembre 1790, l'Assemblée Constituante, croyant triompher de la résistance presque universelle de l'Église de France contre le décret du 12 juillet, imposait aux évêques, curés, vicaires, fonctionnaires publics, le serment de fidélité à la Nation, à la Loi et au Roi, et l'obligation de maintenir la Constitution de tout leur pouvoir. Les réfractaires devaient être remplacés sur leur siége par ceux des assermentés que désigneraient les électeurs. C'était ouvrir aux membres du clergé, que leurs idées ou leurs passions rattachaient au nouveau régime, des voies indéfinies, d'autant plus faciles à parcourir, que le refus du serment civique rendit vacants la plupart des postes, soit dans l'enseignement, soit dans le ministère.

Le 25 septembre 1791, le procureur syndic de la commune de Châlons-sur-Saône engagea Le Bon à demander une des chaires de cette ville que dirigeaient les Joséphistes insermentés. En attendant, il l'invitait, « au nom du corps municipal instruit de son talent pour la prédication », à venir prêcher à Châlons le carême prochain. » D'un autre côté, Jean-Baptiste Volfius, ancien professeur de rhétorique et président de la Société populaire de Dijon, élu récemment évêque de la Côte-d'Or, avait promis à l'ancien Oratorien de pourvoir à son placement. « Excité par le témoignage qu'on lui avait rendu de son talent et de ses mœurs », il lui offrit une place de vicaire à Dijon, « où il travaillerait dans le ministère plus utilement qu'à Beaune. » Le Bon devait saisir ces ouvertures avec empressement ; le serment civique n'était pas un obstacle pour sa conscience ; il suivait, en le prêtant, l'exemple donné généralement par les Oratoriens que le Jansénisme avait préparés au schisme. Cependant, s'il devenait prêtre constitutionnel, il tenait à ne point s'éloigner de Beaune, où il espérait être nommé vicaire ; la nomination d'un de ses anciens confrères, comme curé de cette ville, contraria ses vues et lui fit prévoir un échec. « La raison en est péremptoire, écrivait-il, pour quiconque a réfléchi sur l'esprit de corps » ; il ajoutait : « Prenons notre parti en braves.... de vrais patriotes doivent se rire des tentatives que l'on fait contre eux. » Cette lettre était datée du 4me de mars, deuxième année de la liberté.

Faute de mieux, et conciliant ses désirs avec les nécessités du moment, Le Bon accepta, le 4 juin, une petite cure au Vernoi, près de Beaune. A peine y était-il installé, qu'il reçut d'Arras la lettre suivante :

« Mon cher confrère, je m'empresse de vous faire passer la lettre de M. le Président de l'assemblée électorale du district d'Arras, par laquelle il vous annonce que vous venez d'être nommé à la cure de Neuville-Vitasse, à trois quarts de lieue d'Arras. C'est une des cures les plus agréables du district ; vous connaissez le local, et je ne doute pas que vous ne me marquiez, par le retour du courrier, que vous acceptez cette place qui vous mettra à même d'exercer à Arras les talents que vous avez pour la chaire [1] ». Cette lettre était écrite par Honoré Spitallier de Seillans, supérieur de l'Oratoire d'Arras, vicaire épiscopal et président du club fondé à Arras, le 19 avril 1790, sous le nom de Société des Amis de la Constitution.

1. Archives de l'Empire.

Le Bon n'avait pas sollicité la cure de Neuville. Il est probable que, sur la recommandation des Oratoriens d'Arras, l'évêque constitutionnel, Pierre-Joseph Porion, qui avait professé à l'Oratoire avant d'être curé de la paroisse de Saint-Nicolas-sur-les-Fossés, avait pris soin, dans la pénurie de prêtres assermentés où il se trouvait, de le désigner aux électeurs. Le procès-verbal de l'élection constate que « le 7 juin, sur le refus d'accepter du P. Gabriel Lechon qui venait d'être élu, la cure de Neuville devenant vacante, on a procédé au scrutin pour y nommer ; il y a eu 36 votants (le nombre des électeurs du district était de 146), ledit scrutin recensé et dépouillé, M. Le Bon de l'Oratoire ayant réuni 34 voix a été nommé curé de ladite paroisse, et M. le Président a été chargé de lui écrire pour l'informer de sa nomination [1]. » — Le Bon remercia ses compatriotes et resta au Vernoi. Mais bientôt il reçut de sa famille des nouvelles alarmantes. Sa mère, indignée du serment qu'il avait prêté et de sa nomination à la cure de Neuville-Vitasse, avait perdu la raison. Le Bon se mit en route ; lorsqu'il arriva à Arras, déjà sa mère était enfermée dans une maison d'aliénés [2]. En vain, accompagné du P. Spitallier, chercha-t-il à la calmer ; à sa vue les fureurs de la malade ne firent que s'accroître.

Après un court séjour dans la maison paternelle où régnait une grande gêne [3], Joseph Le Bon, pour ne pas rester à charge à sa famille, se décida à accepter la cure de Neuville-Vitasse. La déclaration qu'il remit au district porte la date du 22 juillet. « Je, soussigné, déclare que j'accepte la cure

---

1. Archives départementales.
2. Les registres de l'état-civil constatent que la mère de Le Bon mourut le 30 pluviôse an III (18 février 1795) dans la prison de la rue des Baudets, où l'on renfermait alors les aliénés.
3. La famille Le Bon habitait, sur le Marché-aux-Filets, vis-à-vis de l'église Sainte Croix, une maison qui fait l'angle du Marché et de la rue du Nocquet-d'Or.

de Neuville-Vitasse, à laquelle j'ai été appelé par le vœu de mes concitoyens. A Arras, ce 12 juillet de l'an second de la Liberté, LE BON [1]. »

La cure de Neuville-Vitasse, aux termes de l'article 37 de l'arrêté du directoire du département (27 mai 1791), qui avait fixé à 42 le nombre des paroisses du district d'Arras, comprenait, outre le village de Neuville, les succursales de Mercatel, Tilloy et Beaurains, qui devaient être desservies par des vicaires; elle comptait environ 1,750 paroissiens et produisait pour le curé un revenu de 1,850 livres. Le premier acte signé par Le Bon sur les registres curiaux porte la date du 17 juillet 1791; son nom y figure pour la dernière fois le 18 juillet 1792. Nous suivrons Le Bon, pendant cette période peu connue de son histoire, dans ses démêlés avec l'ancien curé de Neuville, dans l'exercice de ses fonctions, et enfin dans les débuts de sa vie politique. En dehors des faits révélés par des actes publics, nous puiserons nos renseignements, avec la même garantie d'authenticité, dans des notes inédites, rédigées vers 1820, et dont la substance a été recueillie sur les lieux mêmes, de la bouche des contemporains.

Avant l'arrivée de Joseph Le Bon à Neuville, la division qui régnait dans la France séparait en deux camps les habitants de cette paroisse. Les théories politiques et sociales, discutées dans les villes avec tant de retentissement, n'étaient pas une énigme incompréhensible pour les habitants des campagnes; au village comme ailleurs, une ligne de démarcation s'établissait entre ceux qui voulaient conserver l'ancien ordre de choses et ceux qui n'aspiraient qu'à le détruire. Mais il était une question qui, posée de tout temps au sein des sociétés, agitée violemment par la philo-

---

[1] Archives départementales.

sophie du XVIIIᵉ siècle, exploitée par la Révolution, absorbait là toutes les autres : c'était la question religieuse. Malheureusement, l'Assemblée constituante avait été assez imprudente pour la faire descendre des hauteurs de la théorie sur le terrain brûlant de la pratique. Il n'était point de bourgade, si obscure fût-elle, où la Constitution civile du clergé n'eût amené une lutte d'autant plus terrible que chacun pouvait et devait y prendre part, et qu'elle mettait aux prises ce qu'il y a de plus ardent pour l'attaque et de plus énergique dans la résistance : l'intolérance irréligieuse et les consciences. — Neuville n'avait point échappé à cette agitation, à laquelle sa proximité d'Arras l'exposait particulièrement.

Depuis le 6 août 1786, la paroisse de Neuville était administrée par un prêtre vraiment digne de ce nom : M. Martin-Joseph Le Bas. Fidèle à l'Église, il avait refusé de prêter un serment que le Chef de l'Église condamnait ; dévoué à ses paroissiens, il résolut, quand le danger approcha, de ne pas abandonner son poste. Sa présence était un sujet de vive satisfaction pour les uns, un prétexte d'irritation pour les autres. Les démocrates devinrent les ennemis du curé ; les amis du curé furent transformés en aristocrates.

Joseph Le Bon se présenta à Neuville, un dimanche matin, sans s'être fait annoncer. Il obtint du maire, André Sauvage, qu'il l'accompagnât à l'église et qu'il lui offrît sous son toit une hospitalité provisoire.

Le clerc du village, Joseph Delville, se montra moins accommodant. Ce brave homme, pénétré de l'importance de ses fonctions, refusa nettement de se compromettre au service d'un intrus.

Dans quelle disposition d'esprit Joseph Lebon prenait-il possession de son nouveau poste ? De quelle façon entendait-il exercer son ministère ? C'est lui-même qui va nous l'apprendre. Le lendemain de son installation, « le 21 juillet de l'an III de la Révolution », il écrivit à ce sujet « à MM. les amis de la Constitution de Beaune », une lettre fort instructive, et qui nous montre combien il avait parcouru de chemin depuis sa sortie de l'Oratoire [1]. Il raconte à ses « frères et amis » les évènements douloureux qui l'ont arraché à sa solitude du Vernoi. « Je ne dois plus jouir de la raison de ma mère;.... son indignation contre mon serment et contre ma nomination à la cure de Neuville-Vitasse lui ont fait perdre la tête. » — Ainsi éprouvé et châtié, Le Bon n'est plus homme à invoquer dans ses tribulations le Dieu dont il a été le ministre. « Depuis le 24 juin, ma mère est enfermée.... et tout ce désordre est l'ouvrage des prêtres... Faut-il qu'après avoir travaillé à préserver les autres de la séduction, je n'aie pu en garantir ma famille, et que ma mère soit la victime de ces mêmes hommes dont j'ai démasqué l'hypocrisie avec tant de courage. — Je n'ai pu me dispenser, à la sollicitation de mon père, d'accepter provisoirement la cure que j'avais d'abord refusée. J'y ai été installé dimanche dernier parmi les bénédictions de mes paroissiens; mais en vain m'accablent-ils de témoignages d'amitié, mon cœur n'est point à Neuville-Vitasse, il est au milieu de mes anciens écoliers, au milieu de mes amis de Beaune, de Ciel, et des environs... Un jour viendra peut-être où, délivré de mon exil, je revolerai parmi vous.... Voilà ce qui me soutient dans la circonstance fâcheuse où je suis. Je vous prie donc très-instamment de conserver mon nom sur la liste de vos associés externes, et si vous désirez y ajouter une de mes qualités, veuillez choisir entre les deux suivantes : Joseph Le Bon, professeur de rhétorique à Beaune, en 1789 — Jo-

---

1. *Joseph Le Bon dans sa vie privée.*

seph Le Bon, premier vicaire constitutionnel au Vernoi, près Beaune, en 1791.

« Ne dites rien surtout de ma cure de Neuville-Vitasse ; vous seriez obligés de réformer avant peu. Déjà l'on m'en offre deux autres, et je ne réponds pas que, pour me désennuyer, je n'aille passer quelques mois dans chacune d'elles...

« Mes papiers et mes livres me débarrassent du poids incommode du temps. Je ne les quitte point depuis huit heures du matin où finit ma messe, jusqu'à sept heures du soir ; alors je fais une petite promenade dans le bois, et la journée est à son terme.... J'observe, pour cette fois, les canons dans leur entier. On ne me voit qu'à l'autel et dans mes fonctions. Si mon voisin ne s'avise pas de mourir bientôt, il y a apparence que je sortirai d'ici sans avoir su son nom. »

Heureux certains habitants de Neuville, s'ils avaient été débarrassés d'un curé constitutionnel en apparence si commode !

L'arrivée de Le Bon avait ranimé la haine soulevée contre le curé insermenté ; le jour même où il confiait « à ses vénérables frères de Beaune », de quelles bénédictions, de quels témoignages d'amitié les patriotes de Neuville-Vitasse l'accablaient, M. Le Bas était poursuivi par des huées insultantes : un procès-verbal fut dressé par la municipalité ; il constate l'esprit de douceur avec lequel M. Le Bas avait tenté de pacifier sa paroisse.

« L'an 1791, le 26 du mois de juillet, à la réquisition du procureur de la commune, et sur convocation faite par le Corps municipal, nous, maire et officiers municipaux et membres du Conseil général de la commune, étant réunis au lieu ordinaire des assemblées ; sur ce qu'il a été représenté par un membre dudit conseil, et par le procureur général de la commune, que le jour d'hier, 25 de juillet, il avait pensé y avoir des disputes entre les habitants de ce lieu, à l'occasion de l'ancien curé ; qu'il y avait un nombre de femmes qui avaient bafoué le sieur Le Bas, et le nommé Joseph Delville ; que le dimanche, 17 de ce mois, sachant qu'il allait être remplacé, il a engagé ses paroissiens à se souvenir de ce qu'il avait déjà dit, et, après sa messe finie, il a dit qu'il engageait ses paroissiens à ne pas se disputer du mot d'aristocrate et démocrate, et d'avoir la crainte de Dieu devant les yeux, pour à quoi parvenir, les dits officiers municipaux et Conseil, ont résolu de tenir le présent procès-verbal sur le registre et d'en adresser copie aux administrateurs du district d'Arras, pour avoir une règle de conduite le plus tôt possible, afin d'éviter les malheurs qui pourraient survenir. Fait en chambre ordinaire les jour et an que dessus [1]. »

En attendant la réponse du district, les individus qui se prétendaient troublés consultèrent des praticiens à Arras. Il leur fut répondu : « Que ce n'était pas aux officiers municipaux à donner à l'ancien curé la permission de dire la messe que lui accordaient les décrets... Que pour mettre de l'honnêteté à l'égard de cet ancien curé, M. le curé constitutionnel pourrait lui faire porter un petit billet ou lui faire dire verbalement que, sur le désir qu'avaient témoigné plusieurs habitants d'avoir une seconde messe les dimanches, l'ancien curé pouvait venir la dire à *telle* heure, de même que les jours ouvrables. »

André Sauvage, désireux d'arriver à la conciliation, goûta cet expédient qui accordait les droits que M. Le Bas tenait du décret du 7 mai 1791, les prétentions des patriotes, et les règles de l'honnêteté : il soumit la difficulté à Joseph Le Bon, qui lui répondit le 31 juillet :

« Je ne me crois nullement dans le cas d'accorder ou de défendre à M. Le Bas de dire la messe ; cependant, cet ecclé-

---

[1]. Archives départementales.

siastique me paraît si honnête homme que je ne peux m'empêcher d'accéder à sa demande. — J'exhorte mes paroissiens à la paix; je ne suis venu parmi eux que pour la leur prêcher, et je serais au désespoir, s'ils déshonoraient mon ministère par le spectacle de leurs discordes. Qu'ils se souviennent que les opinions sont libres; que nous n'avons aucun droit sur la croyance de personne, que la vérité se persuade et ne se commande pas, et qu'enfin il importe peu à l'Être-Suprême que nous ne nous accordions pas sur les mots, pourvu que nous travaillions tous également à le glorifier par notre conduite. — J'espère aussi que M. Le Bas ne professera point d'autres principes, et que, bien loin de nous damner, comme font ses confrères, il nous laissera pleine et entière liberté, comme nous la lui laissons à lui-même [1]. »

M. Le Bas, protégé par la loi, toléré par Joseph Le Bon, triompha ainsi de la première tentative qui fut faite pour le forcer à quitter Neuville; il abandonna le presbytère à son successeur qui, n'ayant pas une chaise à y placer, se contenta d'en prendre possession solennelle et s'établit comme pensionnaire, vis-à-vis de l'église, chez un ami de la Constitution dont il partagea le vivre et le couvert et qu'il nomma plus tard procureur syndic de la commune.

Fidèle au programme qu'il avait exposé le 25 juillet aux « vénérables frères » de Beaune, Joseph Le Bon passait la plus grande partie de son temps assis près d'un petit bureau, placé dans l'angle du cabinet qu'il occupait chez son hôte, et constamment occupé à lire et à écrire. Quand la cloche l'appelait à l'église, il prenait soin d'y arriver rigoureusement à l'heure marquée, et ses fonctions exercées, il se hâtait de disparaître. De jour en jour, il expédiait messes et offices

---

1. *Les Suites d'une sentence de juge de paix*, par M Laroche, de l'Académie d'Arras.

avec une célérité plus grande. Que le clerc laïque et l'enfant de chœur manquassent à quelque point important du cérémonial, c'était le moindre de ses soucis. Qu'importait à l'Être-Suprême ?

Il ne tarda pas à s'apercevoir qu'un très-petit nombre de paroissiens assistaient à sa messe et à ses instructions, et que son catéchisme n'était guère plus fréquenté. C'était autour de M. Le Bas que les fidèles se groupaient, c'était M. Le Bas qui conservait la confiance et la direction des âmes. On ne laissait dans ses attributions que les cérémonies du culte extérieur. Il se plaignit inutilement en chaire de cet abandon, et, désireux d'étendre son influence, il tourna du côté des enfants toute sa sollicitude. En ses courses pastorales, il avait, disait-il, remarqué dans sa bonne commune de Neuville, beaucoup d'enfants qui n'avaient pas fait leur première communion. Un état de choses aussi regrettable tenait sans doute à la rigidité de l'ancien curé ; plus indulgent, il accueillerait de grand cœur ceux qui se présenteraient avec confiance, et surtout sans délai.

Cet appel fut entendu ; Le Bon se montra plein d'aménité : il adressa à son petit troupeau une série d'instructions religieuses, morales et patriotiques, et après quelques semaines d'une préparation sommaire, il annonça au prône que la première communion des enfants de Neuville était fixée au dimanche suivant. Les parents de ces enfants, quelque flattés qu'ils fussent dans leur amour-propre, étaient en général des gens de foi, ils s'inquiétèrent de procédés trop expéditifs en pareille matière. Leur stupéfaction fut portée à son comble lorsqu'ils virent le curé, le jour même de la solennité, conduire, après vêpres, filles et garçons au cabaret, et sous prétexte qu'ils devaient être fatigués, leur faire servir de la bière dont il paya, il est vrai, très-généreusement la consommation.

Les habitants les plus honorables de Neuville, nécessairement indisposés contre un curé qu'ils regardaient comme un intrus, se tinrent dès lors sur la plus grande réserve. A leur tête se trouvait placée, par ses vertus autant que par sa fortune, la famille Payen, qui occupait une ferme considérable appartenant aux princes de Montmorency. M. Jean Payen avait fait à Le Bon, comme habitant du village, l'accueil voulu par la politesse; il le tint, en sa qualité de curé, à une distance désespérante et évita de jamais lui adresser la moindre invitation. Un fait sans portée accrut le mécontentement occasionné par cette froideur. La *mairesse de la Vierge* devait être remplacée; Le Bon offrit la chandelle de la mairesse à Mme Jean Payen. « L'accepteras-tu d'un pareil curé? demanda M. Payen à sa femme. » — « Non, certes, répondit-elle vaillamment. » Et prétextant de son état de grossesse, Mme Payen présenta à Le Bon une excuse que l'usage rendait plausible, mais qu'il considéra comme un refus. Il en garda bon souvenir.

Cependant la Révolution, qui semblait accomplie dans nos institutions transformées, suivait son cours providentiel. Le 30 septembre 1791, l'assemblée Constituante déclarait que sa mission était finie. Les membres qui la composaient n'étant pas rééligibles, elle fut remplacée, le 4 octobre, par une assemblée composée exclusivement d'hommes nouveaux, ardents, inexpérimentés, qui, sans un moment de halte, et en moins d'une année, poursuivant violemment la guerre à la religion, à la noblesse, à la royauté, à l'Europe, allaient livrer la France au plus abominable despotisme dont l'histoire ait gardé le souvenir [1].

L'hostilité soulevée contre le clergé tournait à la persécu-

---

[1]. Les députés du Pas-de-Calais à la Législative furent MM. Baert, Blanchard, Carnot aîné, Carnot-Feulint, Deusy, Ernest Duquesnoy, François, Haudouart et Legressier-Bellanoy.

tion; le serment civique n'avait été imposé qu'aux ministres du culte exerçant des fonctions salariées par l'État; la Législative l'exigea de tous les ecclésiastiques à qui la loi, à titre d'indemnité, avait garanti une pension. En cas de refus, réputés suspects, ils étaient soumis à la surveillance administrative et à des rigueurs exceptionnelles.

La ville d'Arras n'était pas restée à l'abri de l'esprit irréligieux qui caractérisa la Révolution française; dès le 7 juillet 1791, le Directoire du département [1], composé en majorité d'hommes honorables qui avaient salué les réformes de 1789, sans prévoir et sans vouloir les excès qui les suivirent, avait été contraint, par une pression extérieure, d'interdire provisoirement au public les chapelles des communautés de femmes [2], où le clergé inassermenté des paroisses continuait, disait-on, la célébration des offices. Quelques jours après, des citoyens réunis dans une des salles de l'ancien hôtel du gou-

---

1. L'Administration départementale était confiée à une assemblée de 36 membres composée de deux sections : le Conseil de département et le Directoire de département. Le Conseil tenait annuellement une session pour fixer les règles de l'administration, ordonner les travaux et les dépenses du Directoire. — Le Directoire, composé de huit administrateurs élus à la fin de chaque session, restait toute l'année en activité pour l'expédition des affaires. Le président de l'administration présidait de droit le Directoire. En chaque administration de département, il y avait un procureur-général-syndic.

2. Arras possédait 13 communautés de femmes : le Vivier, les Clarisses, les Augustines, les Dames de la Thieuloye, les Louez-Dieu, les Chariottes, Sainte-Agnès, les Filles de la Charité, les Franciscaines de l'Hôtel-Dieu, les Ursulines, la Providence, les Bénédictines de la Paix et les Brigittines; et 9 communautés d'hommes : Saint-Vaast, les Dominicains, les Récollets, les Carmes chaussés, les Carmes déchaux, les Capucins, les Oratoriens, les Chanoines de la Trinité et les Prêtres de Saint-Lazare, qui dirigeaient le Séminaire.

Il y avait dans la ville et la cité, outre la Cathédrale, onze églises paroissiales : Saint-Nicolas-en-l'Atre, Saint-Nicaise, Saint-Géry, Saint-Jean-en-Ronville, Saint-Nicolas-sur-les-Fossés, Saint-Aubert, Saint-Maurice, Saint-Étienne, Sainte-Marie-Madeleine, Sainte-Croix et Notre-Dame-aux-Jardins. De 1791 à 1793, Notre-Dame, Saint-Géry, Saint-Vaast et Sainte-Croix furent conservées comme paroisses.

De toutes ces églises, la Révolution n'a laissé debout que Saint-Nicolas-sur-les-Fossés, érigé en temple de la Raison, aujourd'hui Saint-Jean-Baptiste.

vernement, qui servait de lieu de réunion à la société populaire, demandaient que les églises des religieux et toutes les chapelles, à l'exception de celle du Calvaire, fussent fermées. Le département avait à peine repoussé cette pétition, signée des noms les plus obscurs, que, le 3 septembre, une autre pétition, présentée cette fois par l'évêque Porion et un certain nombre d'électeurs : Spitallier, vicaire épiscopal, Badollier, vicaire épiscopal, Robespierre jeune, Le Bas, L. Carnot, C. M. Carnot, Joseph Duquesnoy, Ernest Duquesnoy, Demuliez... sollicitait non-seulement la fermeture des oratoires dans les couvents d'hommes, mais un arrêté provisoire qui empêchât les curés inassermentés de résider dans les paroisses où se trouveraient des curés constitutionnels. Le Directoire, cette fois, se déclara incompétent et renvoya à la Législative, en manifestant la crainte que des mesures générales ne confondissent l'innocent avec le coupable; se montrant ensuite plus résolu dans la résistance, il rapporta son arrêté du 7 juillet. Les pétitionnaires revinrent à la charge ; il rejeta leurs prétentions, et, par arrêté du 17 septembre, il consacra itérativement le triomphe momentané de la liberté des cultes.

La majorité des habitants d'Arras applaudit à la fermeté du Directoire ; tandis que la société populaire réunissait à peine sur ses pétitions irréligieuses 157 signatures, 1908 citoyens, fidèles à la foi de leurs pères, s'adressaient aux officiers municipaux et au département, pour obtenir que, parmi les huit églises paroissiales supprimées comme inutiles le 27 mai 1791, on leur en accordât au moins deux, dont ils offraient de payer le loyer. Le département demanda l'avis du District, qui mit les pétitionnaires en demeure d'indiquer, dans le tiers-jour, quel était précisément le culte religieux qu'ils entendaient exercer, et décida que son arrêté serait, à ces fins, signifié à Delestré, arpenteur, Desmazière et Dauchez, hommes de loi. Le département, considérant que les églises supprimées devaient être prochainement vendues, rejeta la demande des pétitionnaires, sauf à eux d'acheter les églises qui seraient à leur convenance. — Nous verrons quelles furent, pour plusieurs, les conséquences de l'exercice de ce droit.

Cependant l'agitation produite par le fanatisme révolutionnaire et imputée naturellement au fanatisme religieux, continuait d'avoir à Neuville son retentissement; mais aucun fait ne prouve que Le Bon, pendant les trois premiers mois de son ministère, y ait pris part d'une manière ouverte. Le curé de Saint-Vaast d'Arras, Caffin, l'avait nommé son vicaire, et bien qu'il eût obtenu d'exercer simultanément à Neuville-Vitasse des fonctions qui lui laissaient de grands loisirs, et d'ajouter ainsi à son revenu 1,250 livres par an, il songeait à quitter le village pour la ville, beaucoup plus qu'à engager de sa personne la lutte contre M. Le Bas. Le 9 octobre, il lui écrivait de nouveau : « Monsieur, mes sentiments ne changent point d'un jour à l'autre ; je vous ai manifesté ma façon de penser, et vous êtes à même de juger des conséquences de mes principes. Je n'ai aucune permission a vous donner, Monsieur, mais la charité qui doit passer avant tout vous fait une loi de rendre à la paroisse de Neuville tous les services possibles dans le cas de nécessité; et, si ce cas arrivait, je serais le premier à soutenir vos démarches.

« Vous êtes prêtre comme moi, mon cher Monsieur ; la seule différence que je voie entre nous, c'est que j'ai consenti à être fonctionnaire public et que vous avez refusé de l'être.

« Je suis avec fraternité, Monsieur, Joseph LE BON, vicaire de Saint-Vaast d'Arras, et desservant de Neuville-Vitasse [1]. »

---

1. *Les Suites d'une sentence*, etc., par M. Laroche.

Tout-à-coup, à propos d'une serrure brisée, Joseph Le Bon s'abandonnant à la colère, fit succéder à l'espèce de neutralité protectrice qu'il affectait de conserver, une véritable déclaration de guerre. — Suivons le récit que J. Le Bon en a fait pour sa « justification [1] » :

Dimanche, 30 octobre.

« Un instant avant les vêpres, le clerc entre dans la sacristie pour préparer les ornements nécessaires. Mais à peine touche-t-il la porte de l'armoire, que la serrure se détache et tombe par terre; le clerc de venir au *plutôt* m'avertir; j'envoie chercher la municipalité pour dresser procès-verbal; les municipaux craignent de signer une chose dont ils sont les témoins oculaires; ils voudraient accorder la justice avec leurs considérations particulières pour M. Le Bas ou pour ses adhérents; je suis abandonné par ceux qui auraient dû me soutenir, et il ne me reste d'autre parti à prendre que d'interdire au prêtre non conformiste une sacristie où il a si indignement abusé de ma confiance.

« En conséquence, j'annonce après les vêpres que l'on ne compte plus à l'avenir sur deux messes. »

Lundi, 31 octobre.

« Le maire de Neuville me conjure d'oublier l'aventure de la veille et de laisser M. Le Bas dire la messe comme par le passé. Il me dit que si M. Le Bas a forcé la porte, c'est qu'il lui manquait un corporal : Fort bien, lui répondis-je ; mais dans ce cas, il devait me demander la clef, ce que je ne lui aurais pas refusé, et s'il ne pouvait me trouver sur le champ, il fallait assembler les officiers municipaux, faire dresser procès-verbal de mon absence, et crocheter la porte devant eux. Le maire ne sut que répondre et nous nous séparâmes. »

1. Archives départementales.

Du même jour.

« *Lettre au Maire.*

« Mon cher Monsieur, nous nous proposons également le bien, j'en suis sûr, mais la différence de nos caractères en met dans la manière de l'opérer. Ne soyez donc pas surpris de la contradiction où nous nous trouvons ; elle n'est qu'apparente, et nos cœurs se réunissent à souhaiter le bonheur public. Tranchons sur toute espèce de justification ; ma conduite passée parle pour moi, et si vous me voyez décidé aujourd'hui à un parti de rigueur, vous devez en conclure qu'il m'est dicté par ma conscience.

« Au nom de la paix et par les devoirs de votre place, je vous conjure, mon cher Monsieur, d'*éviter de grands malheurs à cette paroisse*, en exhortant de votre côté M. Le Bas à renoncer à l'église de Neuville. Je vous l'ai dit, je n'agis point en téméraire, et *rien ne saurait me faire reculer*, quand j'aurai la justice à défendre.

« Adieu, mon cher Monsieur, je vous souhaite le bonsoir, ainsi qu'à toute votre aimable famille. — Le Bon. »

P. S. — Je vous prie de remettre à son adresse la lettre incluse, après l'avoir lue, si vous le jugez à propos.

« *A M. Le Bas, prêtre, à Neuville-Vitasse.*

« Monsieur, la conduite que j'ai tenue jusqu'ici à votre égard aurait dû vous éloigner d'une action propre à jeter le trouble dans ma communauté.

« Je suis fâché que vous n'ayez point su me juger, et que mon honnêteté vous ait paru faiblesse. Détrompez-vous, Monsieur, vous connaîtrez peu de personnes aussi fermes que moi. Malgré les propos que l'on vous imputait sur mon ministère, je me serais fait hacher pour vous soutenir, et pour arrêter le zèle irréfléchi de vos anciens paroissiens.

« Aujourd'hui, au contraire, que vous avez abusé de ma confiance, je dois à la justice, je me dois à moi-même de ne plus vous laisser dire la messe dans l'église de Neuville. Il existe bien un décret qui défend d'objecter le refus de serment aux prêtres qui se présentent dans les paroisses constitutionnelles, mais il n'en est aucun qui enseigne aux curés de recevoir ceux qui se permettent des coups d'autorité et des voies de fait. En conséquence, Monsieur, je vous prie de vouloir bien prendre tranquillement votre parti. Je serais au désespoir d'être réduit à suivre les conseils qui m'ont été donnés à Arras, de vous livrer à l'accusateur public. Je suis, du reste, très-disposé à vous obliger en choses faisables et non contraires à la justice et au bon ordre. — Joseph Le Bon, desservant de Neuville. »

Mardi, 1er novembre.

« Le corps municipal de Neuville, assemblé, me fait venir et m'engage *à faire le bonheur de la paroisse* en laissant dire encore la messe au crocheteur de portes. Refus de ma part.

« Alors le procureur de la commune se lève et dit : Quelle preuve avez-vous que la porte ait été forcée par M. Le Bas? Peut-être est-ce votre clerc qui l'a fait exprès pour nuire à son ancien curé.

« J'apporterai mes autres preuves, répliquai-je, quand il en sera temps. Aujourd'hui, Messieurs, il suffit de vous dire que, de *l'aveu de M. le maire*, M. Le Bas a forcé la porte pour prendre un corporal. Le procureur de la commune resta ébahi, ainsi que tous les assistants, et je me retirai. »

M. Le Bas, de par la volonté de Joseph Le Bon, avait été empêché de dire sa messe les jours de la Toussaint et de la Commémoration des morts; après avoir épuisé tous les moyens de conciliation, il fut forcé de recourir à la justice pour la défense de ses droits : le 2 novembre, il fit citer

Joseph Le Bon à comparaître par-devant M. Joachim Magniez, juge de paix du canton de Rœux. — Reprenons le récit de Le Bon :

Vendredi 4 novembre.

« Le clerc de Neuville m'apporte une cédule de citation trouvée, la veille, affichée à la porte du presbytère. Il est bon d'en donner ici une idée.

« 1° Je suis défendeur, et domicilié à Arras ; M. Le Bas m'attaque par-devant le juge de paix du canton de Rœux, et cela, dans une cause purement personnelle.

« 2° Il s'agit de police ecclésiastique extérieure : M. Le Bas m'attaque devant un juge incompétent sur cet objet.

« 3° La loi du 13 mai dernier dit que l'on ne pourra point alléguer le refus de serment pour empêcher un prêtre de dire la messe dans les paroisses, etc. — M. Le Bas en conclut qu'il a le droit de dire cette messe, quels que soient les excès auxquels il se porte.

« 4° Je marque à M. Le Bas, dans une lettre du 31 octobre, qu'il a fait une action *propre* à jeter le trouble dans ma communauté. Là dessus, ce terrible raisonneur veut que je lui prouve en quoi *il a jeté* le trouble ; ce dont je ne l'ai point accusé.

« 5° Je dis, dans la même lettre, que l'on impute à M. Le Bas des propos contre mon ministère. M. Le Bas veut que je prouve ces propos, que je n'assure pas avoir été tenus par lui, mais seulement lui être imputés.

« 6° Après avoir forcé une porte, dont la loi l'a contraint de remettre la clef, il demande impudemment quelles voies de fait il s'est permises ; il veut à tout prix être reconnu pour homme d'honneur et de probité, me faire condamner à une amende de trente livres et afficher dix exemplaires de mon jugement dans le canton.

« J'arrache à la municipalité de Neuville le procès-verbal suivant, auquel elle tremble d'apposer la moindre signature, avant que je n'y aie apposé la mienne :

« L'an 1791, le 30 octobre, nous, maire et officiers municipaux de Neuville-Vitasse, nous étant transportés dans la sacristie de la paroisse, à la réquisition de Joseph Le Bon, desservant dudit Neuville, un instant avant les vêpres, avons appris dudit Joseph Le Bon que son clerc, étant venu pour préparer les ornements, avait trouvé la porte de l'armoire forcée, au point qu'en la touchant, la serrure était tombée par terre. En effet, nous ayant fait représenter les pièces, nous avons jugé le rapport dudit Joseph Le Bon conforme à la vérité, et conjointement avec lui nous avons dressé le présent procès-verbal pour valoir ce que de droit.

Du samedi 5 novembre.

« Je comparais à l'audience du juge de paix du canton de Rœux ; je lui observe d'abord que, n'étant point domicilié à Neuville, mais bien à Arras, c'est à Arras qu'on doit m'attaquer, aux termes du décret ; secondement, que la police extérieure ecclésiastique ne regarde point les juges de paix. Vaines observations ! mon adversaire parle sur le fond de la question, et je lui démontre clairement qu'il n'eût pas dû forcer la porte de l'armoire qui m'est confiée, et que, l'ayant forcée, je dois pourvoir à ce qu'il ne la force plus une autre fois ; je ne détaillerai point ici les diverses raisons dont je me suis servi. Tout le monde sent que, si M. Le Bas avait le droit de forcer la porte des armoires de la sacristie, il aurait celui d'en posséder la clef, ce que la raison lui refuse. Tout le monde sent également que, par la loi du 13 mai relative aux prêtres non conformistes, ces messieurs ne sont point autorisés à commettre des actions pour lesquelles toute autre personne serait répréhensible. En effet, que j'aille aujourd'hui, moi, prêtre sermenté, demander la permission de dire la messe dans une église quelconque, le curé me l'accordera probablement, mais si je force une armoire de la sacristie, et que demain je me présente de nouveau, ne sera-t-il pas en droit de me refuser? Comment donc peut-il se faire que les ministres de la loi ferment les yeux sur les attentats des seuls hommes rebelles aux lois.

« Ébranlé par des arguments si victorieux, toujours terminés par la demande inutile de mon renvoi au juge compétent, Magniez n'ose prononcer. Sa conscience aux prises avec je ne sais quelles passions le tourmente; pour s'apprivoiser à résister à l'évidence et à condamner un innocent, il ajourne à huitaine. »

Du samedi 12 novembre.

« Nouvelle comparution par-devant le juge de paix du canton de Rœux; mêmes motifs de ma part, mais déduits avec plus de force; le sieur Le Bas ne se donne pas seulement la peine d'y répondre, tant il est sûr de la victoire. Magniez, fortifié de huit jours de noires méditations, ne considère plus rien; il prévarique trois fois avec un sang-froid sans égal.

« Première prévarication : — Malgré mes réclamations réitérées, il veut absolument me juger ; il déclare qu'il n'a aucun égard à ma demande fondée sur les décrets de l'Assemblée nationale, et m'ordonne de parler sur le fond de l'affaire.

« Seconde prévarication : — Il entreprend de juger une affaire qui n'est point de sa compétence.

« Troisième prévarication : — Il ose prononcer que les prêtres non sermentés ont le droit de forcer les armoires confiées aux prêtres sermentés, il me condamne à six livres d'amende; il permet au sieur Le Bas de faire afficher mon jugement. »

La sentence que le juge de paix Magniez et son greffier

Goudemand payèrent un jour de leur tête, était ainsi conçue :

« Nous, juge de paix, de l'avis de nos assesseurs, attendu que le sieur Joseph Le Bon est sans droit et qualité pour s'être plaint de la prétendue voie de fait supposée commise par le sieur Martin-Joseph Le Bas, ci-dessus énoncée, et qu'il est aussi sans pouvoir et qualité d'avoir, au mépris de la loi, empêché ledit sieur Le Bas de célébrer la messe les jours de tous les Saints et de la Commémoration des morts, faisons défense audit Joseph Le Bon d'empêcher ledit sieur Le Bas de dire la messe dans l'église dudit Neuville toutes les fois qu'il le trouvera convenir, et, pour l'avoir fait, le condamnons en six livres, par forme de réparation civile, qu'il sera tenu de payer ès-mains du maire de la municipalité dudit lieu, pour, par lui, être distribués aux pauvres dudit Neuville, et sur le surplus des demandes dudit sieur Le Bas, mettons les parties hors de cour, et condamnons ledit sieur Le Bon aux dépens.

« Et attendu que ledit sieur Le Bon est convenu d'avoir annoncé dans l'église dudit Neuville, dans le temps des vêpres, que ledit sieur Le Bas n'aurait plus dit la messe en ladite église, autorisons ledit sieur Le Bas à faire lire et afficher le présent jugement au portail de l'église dudit Neuville, à l'issue de la messe paroissiale.

« Ainsi jugé en présence des parties par nous juge de paix, en notre demeure, à Tilloy-lez-Mofflaines, les jour et an que dessus. — Signé : MAGNIEZ, A. VITASSE, CUVELLIER. — Collationné : J. MAGNIEZ et GOUDEMAND [1]. »

Joseph Le Bon ressentit de cette condamnation une irritation telle qu'il partit pour Arras et résolut de ne plus retourner à Neuville, si on ne donnait à son amour-propre

---

1. *Les Suites d'une sentence,* etc., par M. Laroche.

blessé une satisfaction publique. Le 14 novembre, il fit connaître sa détermination au Conseil général de la commune que les élections venaient de choisir parmi ses partisans, et il leur envoya le Mémoire que nous avons cité. « Messieurs, c'en est fait : l'injustice triomphe ; et ce qu'elle n'avait pu extorquer à la faiblesse de votre ancien corps municipal, elle l'obtient sans peine d'un juge trois fois prévaricateur. Ne vous étonnez pas que je sois resté à Arras dimanche dernier ; je vous l'ai déjà annoncé indirectement par une lettre à l'adresse de monsieur Santerne, votre maire actuel : il serait ridicule que j'entrasse désormais dans une sacristie confiée à ma garde, lorsque par un jugement solennel un étranger est autorisé à forcer les portes des armoires.

« Mais pour n'être plus au milieu de vous, je n'ai point oublié les sentiments d'estime et d'amitié que vous avez su m'inspirer pour vos personnes. Jaloux de conserver ma réputation à vos yeux, je vous dois, en partant, une justification pleine et entière de ma conduite, et je la ferai en peu de mots, par le récit de ce qui s'est passé depuis le dimanche 30 octobre....

« Voilà, Messieurs, un récit dont je vous étais redevable. En le lisant, vous n'y aurez aperçu que l'exacte vérité ; faites-en tout l'usage que vous trouverez convenir. Mais soyez convaincus que mon attachement pour vous ne saurait me ramener à Neuville, jusqu'à ce qu'on m'ait rendu justice.

« Je suis avec une fraternité respectueuse, Messieurs, tout disposé à vous obliger en conservant l'honneur. — Joseph LE BON [1]. »

Aussitôt la municipalité se réunit et répondit à la lettre de Le Bon par l'arrêté suivant :

« Nous, maire et officiers municipaux de Neuville-Vitasse,

---

1. Archives départementales.

assemblés cejourd'hui, 15 novembre 1791, pour entendre la lecture d'une lettre à nous adressée par Joseph Le Bon, prêtre de la ville d'Arras, considérant que ce citoyen vient d'être la victime de son zèle à nous obliger, que d'ailleurs les injustices qu'il a essuyées nous privent absolument de pasteur pour le moment, et sont propres à éloigner de nous ceux qui se présenteront aux élections prochaines; — ouï le procureur de la commune, — avons arrêté et arrêtons d'envoyer au district la lettre dudit Joseph Le Bon, que nous attestons être en tout point conforme à la vérité, pour que MM. les administrateurs nous dirigent dans la circonstance, et, en outre, d'inviter M. le procureur syndic à poursuivre les coupables, au nom de la loi. — Fait à Neuville-Vitasse, les jour, mois et an que dessus. — SANTERNE, maire. »

On lit en marge de la minute, déposée au district : « Ecrit le 17; pour apaiser le trouble, dit qu'on pouvait défendre au sieur Le Bon de laisser dire la messe au sieur Le Bas [1]. »

Joseph Le Bon avait trouvé au district un zélé défenseur en la personne de Guffroy, procureur syndic. Ce Guffroy, que nous verrons jouer, dans les évènements qui se rattachent à la vie de Le Bon, un rôle considérable, était un ancien avocat au Conseil d'Artois (1770). Il avait fait partie de l'échevinage d'Arras; en 1787, il avait été nommé, dans l'assemblée des États, député à la cour pour le Tiers. Il siégeait avec Maximilien de Robespierre à la prévôté de l'évêché. Depuis la Révolution, il avait été élu juge de paix d'Arras, et ensuite procureur syndic du district.

Le 20 novembre, J.-B. Santerne fit connaître à Guffroy le refus qu'avait fait M. Le Bas d'obtempérer à ses injonctions.

1. Archives départementales.

*A Monsieur Guffroy, procureur syndic au Directoire
du District à Arras.*

« Monsieur, j'ai fait assembler la municipalité vendredi 18, à l'effet de faire la lecture de votre lettre. Samedi, le procureur de la commune fut signifier au sieur Le Bas de ne plus dire la messe à Neuville jusqu'à ce qu'il en soit autrement ordonné. Il a répondu qu'une défence verbal ne suffi*saient* pas. Alors il *et* venu chez moi avec deux témoins, pour voir votre lettre. Je lui en *et* fait la lecture ; cela ne l'a pas empêché de me menacer d'assigner la municipalité au juge de paix, et que si j'ava*it* de l'argent, il ne lui en manquait pas, que j'aura*it* à faire à lui. Malgré cela, nous ne chancelle*ront* pas à faire exécuter les lois, surtout tant que nous vous auro*nt* pour *apuy*, et que vous voudrez bien nous faire part de vos sa*ge* conseils. En attendant *tous* les menaces du sieur Le Bas, nous sommes avec les sentiments les plus respectueux, Monsieur, votre très-humble et très-obéissant serviteur. — SANTERNE, maire, VITASSE, greffier. »

« A Neuville, ce 20 novembre 1791 [1]. »

Empêché d'exercer ses fonctions par l'autorité municipale, M. Le Bas s'était adressé à l'autorité administrative, pour obtenir la réformation de l'arrêté qui lui faisait grief. Mais le directoire du département déclara qu'il n'y avait lieu à délibérer, « attendu que la demande du sieur Le Bas n'était pas de la compétence des Corps administratifs » (Arrêté du 25 novembre).

M. Le Bas, forcé encore une fois de recourir à la justice, exposa au juge de paix de Rœux, que, le dimanche 20 novembre, en violation de la loi du 7 mai, il avait été empêché par signification à lui faite, à la requête du sieur Santerne,

---

1. Archives départementales.

maire, et des officiers municipaux, de dire la messe dans l'église de Neuville; il requit le juge de paix de le maintenir dans son droit, d'obliger le maire à fixer les heures où il pourrait célébrer la messe, et enfin de condamner la municipalité de Neuville, à titre de réparation civile, en 48 livres de dommages-intérêts, applicables aux pauvres de la commune. Sur cette requête, il obtint du juge de paix l'autorisation de citer J.-B. Santerne à comparaître à l'audience du 28 novembre, tant en son nom qu'au nom de la municipalité.

Joseph Le Bon prit la défense du maire. Il avait paru persister dans sa démission : Les élections aux cures vacantes ayant eu lieu le 20 novembre, le procès-verbal constate qu' « on procéda à la nomination d'un sujet à la cure de Neuville-Vitasse; il se trouva 47 votants; le sieur Le Bon, vicaire de Saint-Vaast en la ville d'Arras, réunit 46 voix; en conséquence il se trouva nommé curé de Neuville-Vitasse. »

Le Bon, dont cette réélection assurait le triomphe, était retourné à Neuville; il écrivit à Guffroy, devenu son protecteur :

« Frère, la municipalité doit vous instruire aujourd'hui de l'état de ses affaires et des miennes. *La position est des plus critiques;* soyez-en bien convaincu. Ainsi, avisez promptement aux moyens de prévenir de grands maux.

« Nul doute que si les municipaux paraissent à Tilloy, ils y seront condamnés. Magniez s'est essayé sur ma personne; il ne s'arrêtera pas en si beau chemin, voyant surtout que ses prévarications restent impunies. Mais si la municipalité perd une cause aussi juste, si le sieur Le Bas a le droit de forcer les portes des armoires de la sacristie, quand il le voudra, je renonce pour jamais à Neuville, et je crains bien que mon départ ne soit le signal d'une émeute terrible. Déjà hier j'ai eu peine à calmer les esprits; l'indignation était à son comble, et des voix confuses menaçaient de la lanterne le crocheteur réfractaire.

« Je ne vois qu'un arrêté du département qui puisse assurer la tranquillité, en ordonnant au sieur Le Bas de s'éloigner, *dès aujourd'hui*, de Neuville. Demain, il sera trop tard; car demain la municipalité sera condamnée; demain je donnerai ma démission, ainsi que les officiers municipaux, et je vous laisse à penser ce que deviendra une commune, privée tout à la fois des chefs et du pasteur en qui repose sa confiance.

« Le porteur de cette lettre a ordre de ne point revenir sans vos dépêches, c'est-à-dire sans des moyens efficaces. Bonjour.

« Joseph LE BON, curé de Neuville-Vitasse. »

« P.-S. — Je prends possession aujourd'hui; j'ai trouvé hier, à mon arrivée, une lettre épiscopale des plus honnêtes; je vous l'envoie, à condition qu'elle me reviendra avec votre paquet [1]. »

La lettre écrite par la municipalité était évidemment dictée par Le Bon lui-même :

« Monsieur, nous pensions être absolument débarrassés du sieur Le Bas, et voilà qu'aujourd'hui il nous cite à comparaître lundi par-devant le juge de paix du canton de Rœux.

« La lettre que vous nous avez écrite, Monsieur, nous donne lieu d'attendre de vous toutes les lumières et tout l'appui dont nous avons besoin dans la circonstance. Devons-nous obéir à la citation, avant que le district ne nous ait renvoyés à un tribunal quelconque; que faut-il dire? que faut-il faire? Parlez et nous exécuterons; mais songez qu'il y va du sort de toute une communauté.

« Nous vous certifions de nouveau la vérité des faits énoncés dans la lettre de M. Le Bon que vous avez sans doute encore entre les mains.

---

1. Archives départementales.

« Si, d'après ces faits, les autorités supérieures ne soutiennent pas la démarche qu'ils nous ont conseillée, Neuville-Vitasse est perdu sans ressource. Vous connaissez notre attachement pour le pasteur actuel. On a été à même d'en juger dimanche dernier.

« Ce brave citoyen n'a consenti à rentrer parmi nous qu'en voyant le district disposé à le venger des prévaricateurs de *Tilloi*; pour peu que l'administration se rendorme, il tient sa démission prête, et nous l'imiterons sur le champ, afin de n'avoir point à répondre des malheurs qui en seront la suite inévitable.

« Oui, nous le répétons, Monsieur, si M. Le Bon nous quitte, le village sera ensanglanté, et certainement M. Le Bon nous quittera comme nous quitterons nous-mêmes la partie, si nous ne sommes vigoureusement secondés dans une cause aussi juste, dans une cause où il s'agit du droit naturel qu'a tout homme d'interdire l'entrée de chez soi à ceux qui abusent de sa confiance. Quelle est cette loi du 7 mai invoquée par le sieur Le Bas ? Nous savons bien qu'on ne peut opposer le refus du serment à aucun prêtre se présentant dans une paroisse pour y dire la messe. Aussi notre ex-curé a-t-il joui paisiblement de cette faveur pendant près de quatre mois, quoique nous eussions de graves reproches à lui faire ; mais de ce qu'on ne peut opposer à ces réfractaires le refus de serment, s'ensuit-il qu'on ne pourra jamais leur objecter leur inconduite, et qu'ils auront le droit de troubler l'ordre précisément parce qu'ils sont déjà rebelles aux lois ? Non, certes, Monsieur ; le juge de paix du canton de Rœux peut seul admettre de pareilles maximes, et nous espérons que vous trouverez aujourd'hui le moyen de nous soustraire à sa jugerie.

« Nous sommes avec une fraternité respectueuse, le maire et officiers municipaux. »

« P. S. Vous pouvez faire de cette lettre tel usage qu'il vous plaira.

« A Neuville-Vitasse, ce 27 novembre 1791 [1]. »

Enfin, on écrivit à M. Magniez : « Les juges de paix n'ont point de juridiction sur les officiers municipaux. Il serait singulier que notre municipalité soit citée par-devant vous. Au reste, nous en écrivons au District d'Arras et nous agirons conformément à sa réponse ; mais nous vous prévenons d'avance que nous ne comparaîtrons pas, parce qu'il serait contre la Constitution qu'un juge de paix puisse empêcher l'exercice de la police. — Nous sommes fraternellement, les officiers municipaux de Neuville-Vitasse. »

Les instructions du District ne se firent pas attendre ; le jour même, Guffroy signalait à M. Magniez la faute qu'il avait commise en permettant à l'ancien curé de Neuville de traduire une municipalité par-devant M. le juge de paix. — « Quand M. Le Bas aurait eu mille fois raison (au lieu qu'il ne l'a pas une), il n'aurait pu s'adresser à vous.... Vous ne serez donc pas surpris que les officiers municipaux de Neuville ne paraissent pas devant vous le 28. Ils offenseraient la Constitution [2]. » Le procureur-syndic, oubliant l'arrêté par lequel le District venait de se déclarer incompétent, et démontrant ouvertement que Le Bon était l'âme de ce conflit, terminait ainsi sa lettre : « Si le sieur Le Bas se croit fondé, qu'il s'adresse aux administrateurs.... S'il n'est pas paisible, je le ferai traduire devant le tribunal d'Arras pour faire déclarer nul et incompétemment rendu le jugement de votre bureau de paix contre le sieur Le Bon, lorsqu'il était vicaire de Saint-Vaast, demeurant à Arras de toute notoriété. » Guffroy avait ajouté à sa mercuriale un post-

---

1. Archives départementales.
2. *Les Suites*, etc., par M. Laroche.

scriptum où il signalait à M. Magniez l'incompatibilité de ses fonctions comme maire de Tilloy et comme juge de paix de Rœux. « Marquez-moi si votre patriotisme vous porte à préférer la place de maire à celle de juge de paix.... » La suscription ne prévoyait pas la moindre hésitation de la part du destinataire; elle portait : A M. Magniez, maire de Tilloy et *ci-devant* juge de paix, à Tilloy [1].

Résumons en peu de mots les suites de ce procès en lui-même sans importance, mais qui dévoile le caractère de Le Bon, et qui eut plus tard, quand Le Bon fut maître, des conséquences si déplorables.

M. Le Bas, éclairé sur la question de procédure, se désista de son instance contre M. Sauvage en qualité de maire, le cita en son nom personnel, et obtint, par défaut, le 2 janvier 1792, quarante-huit livres de dommages-intérêts. La municipalité de Neuville adressa aussitôt au District une requête tendant à ce qu'il fût pris contre le ci-devant curé un parti de rigueur. Le District, qui ne pouvait émettre qu'un simple avis, considéra que la présence de M. Le Bas « compromettait la tranquillité publique de la paroisse de Neuville, et émit le vœu que le sieur Le Bas fût forcé de se retirer à Arras, à Bapaume, ou dans tout autre endroit distant de dix lieues, sous peine d'être traité comme perturbateur du repos public. » (Arrêté du 3 janvier). Le département ne s'arrêta pas à cet avis : « attendu que le juge de paix du canton était saisi des divers objets maintenus dans la pétition », il se déclara encore une fois incompétent. M. Le Bas poursuivit de son côté l'exécution de la sentence, et nonobstant un appel irrégulier en la forme, fit saisir les meubles de M. le maire. L'irritation du conseil municipal fut portée à son comble; par arrêté du 2 février, « il enjoignit

1. *Les Suites*, etc., par M. Laroche.

au curé sermenté de ne point donner les clefs de la sacristie au sieur Le Bas, en cas qu'il se présenterait à lui. » Le maire se fit autoriser à appeler, et obtint un sursis à la saisie. Devant le tribunal du District, M. Le Bas fut représenté par M⁰ Herpin, avoué, que nous retrouverons un jour parmi les victimes de Le Bon. Qu'advint-il en fin de cause ? On ne le sait pas exactement, les registres du tribunal du District ayant été perdus ou détruits. Il est probable que l'avoué de M. Le Bas fit triompher quelque moyen de forme, car Le Bon dit à ce sujet, dans sa défense à la Convention : « Ce tribunal a escobardé, à l'imitation du département [1]. »

Quoiqu'il en soit, les patriotes de Neuville, sans avoir égard à l'arrêté du département du 16 février qui consacrait, en les règlementant, les droits des prêtres insermentés, sans attendre les lois de proscription qui devaient bientôt faciliter leurs projets (décret du 26 août 1792), inventèrent un moyen expéditif de se débarrasser de M. Le Bas. Peut-être les conseils de Guffroy n'étaient-ils pas étrangers à leur détermination. Dans un rapport au département sur la situation religieuse du pays, le District avait déclaré que « si les habitants de Neuville n'étaient pas amis des lois, déjà les habitants coalisés se seraient emparés du curé réfractaire et l'auraient transporté, avec ses meubles, hors de la paroisse. »
— M. Le Bas, expulsé de son église, continuait de célébrer en secret la messe dans les maisons des fidèles. Les patriotes organisèrent contre lui une véritable battue. Pénétrant chez tous les habitants que leurs sentiments connus pouvaient faire suspecter de lui donner asile, ils furent plus d'une fois sur le point de le saisir. Mais le dévouement lutta d'habileté avec la haine : de maison en maison, de jardin en jardin, M. Le Bas gagna l'extrémité du village, du côté de Mercatel.

---

1. *Moniteur* du 26 messidor an III.

La distance qui sépare Neuville de Mercatel est d'environ un quart de lieue; M. Le Bas se sentant menacé, la franchit rapidement. Mais, à Mercatel, la bande de forcenés qui suivait sa piste s'accrut de tous les mauvais sujets de l'endroit. On l'aperçut en arrivant dans la grande rue, à soixante mètres à peine. « Nous le tenons, s'écrièrent-ils. A mort! à mort! » Et pour ne pas manquer le fugitif, ils se partagèrent en deux bandes et l'acculèrent du côté de l'abreuvoir. S'y jeter ou se rendre, M. Le Bas n'avait qu'à choisir. Une langue de terrain, qui longeait le mur de l'abreuvoir, offrait seule une voie de salut; mais elle était si étroite que personne n'aurait osé s'y aventurer. M. Le Bas y met le pied résolument, et pendant que les traqueurs s'applaudissent de leur capture, comme soutenu par une main invisible, il parcourt le sentier libérateur, et disparaît, à l'abri des poursuites, dans le dédale des prairies voisines [1].

Joseph Le Bon, seul curé à Neuville, exerça désormais sans contrôle un ministère auquel, hélas! il ne croyait plus. La prédication était son occupation favorite. Il manquait de doctrine et ne pouvait maîtriser sa fougue, mais il avait la parole facile, animée, incisive. Extérieurement, c'était un homme d'une complexion frêle, mais nerveuse; son visage était pâle et marqué de petite vérole; son regard, qui n'avait rien de sympathique, laissait dans l'âme une vague inquiétude. Son front découvert était sillonné de

---

1. M. Le Bas se retira d'abord à Montigny-en-Gohelle. Le 10 septembre 1792, il comparut devant la municipalité de cette commune, pour y faire sa déclaration de résidence; mais la loi du 26 août, qui ordonnait aux prêtres insermentés de sortir du territoire, venait d'être promulguée. M. Le Bas déclara qu'il partait pour Neuve-Église, pays autrichien, et obtint une feuille de route pour s'y rendre. En juin 1802, M. Le Bas rentra en France, et fut réintégré dans son ancienne paroisse. Il mourut curé de Neuville, le 30 septembre 1805, à l'âge de 58 ans.

rides tantôt verticales, tantôt horizontales, qui révélaient par leur extrême mobilité la variété de ses impressions. Il s'étudia à combattre cette disposition naturelle, qui fit place à une sorte d'impassibilité flegmatique. Jamais on ne le voyait rire avec effusion. Dans sa démarche, il ne perdait rien de sa taille qu'il tendait même à renverser en arrière; il avait alors une tenue sévère et pédagogique.

Tel était l'homme, nous ne dirons plus le prêtre, dont les enseignements remplaçaient dans la chaire la parole évangélique. La politique et les affaires du temps étaient le thème ordinaire de ses prédications. Haine aux riches, spoliateurs des pauvres ; aux nobles, fléau de l'humanité ; aux prêtres non assermentés et à leurs sectaires: plaintes amères, et menaces qui devaient se réaliser un jour contre ceux qui n'acceptaient point son ministère et n'assistaient point à ses offices; ainsi prêchait Le Bon. Que si parfois il abordait les questions religieuses, s'il invoquait les textes des saintes Écritures, c'était pour les dénaturer et les interpréter à sa manière. Un jour, prêchant à Beaurains, il prétendit que la Révolution était sainte, envoyée du ciel, annoncée par Dieu dès les temps les plus reculés. « En voulez-vous la preuve? demanda-t-il à son auditoire. Vous la tenez en mains; je vais vous en convaincre »; et s'adressant à une vieille femme assise au pied de la chaire : « Donnez-moi votre livre ; » — il ouvre ce livre à l'endroit des vêpres, cherche le *Magnificat*, et se met à déclamer d'un ton d'énergumène : « *Deposuit potentes de sede, et exaltavit humiles* »; il traduit ce verset, le commente et en tire triomphalement ses preuves. Il passe ensuite au verset « *Esurientes implevit bonis* », qu'il transforme de la même façon, en établissant sur les paroles mêmes de l'Écriture profanée la nécessité d'une révolution sociale.

Le Bon s'efforçait constamment dans ses discours de faire

ressortir le contraste qu'il prétendait exister entre lui et les anciens curés. « Jamais, disait-il, on ne les vit se rapprocher du peuple, de ce bon peuple qui me tend la main, et s'unir à lui d'une manière vraiment évangélique. C'est chez nous et chez nous seuls qu'on rencontre les sentiments et les actes qu'inspire la sainte égalité. » — Cherchant la popularité et mettant sa morale en action, il adressait force pétitions au département : Ainsi il sollicitait un dégrèvement de contributions en faveur d'un infirme de Neuville-la-Liberté; il exposait que, remplissant les fonctions de vicaire à Beaurains (il n'avait pu trouver de vicaire constitutionnel), il faisait gagner sept cents livres par an à la Nation; « par égard pour son zèle » il demandait qu'il fût remis chaque mois à la municipalité une somme de quinze livres, laquelle serait distribuée aux pauvres d'après le mode qu'il indiquerait; il faisait valoir les droits de ses paroissiens à être admis à l'hôpital d'Arras, en vertu d'anciens titres et notamment « de plans intéressants que des mains perfides avaient soustraits, pour s'enrichir des sueurs du pauvre. »

Pendant l'hiver, lorsque la terre était couverte de neige, s'il allait évangéliser une de ses succursales, il traçait le long du chemin, du bout de sa canne, des sentences patriotiques qui servaient à l'instruction des passants : *Vivre libre ou mourir! A bas les aristocrates!...* Ces inscriptions, que personne n'aurait osé effacer, ne disparaissaient que lentement, sous l'action de la pluie ou du soleil.

L'habit ecclésiastique était devenu une gêne; il s'en débarrassa. Afin d'avoir un extérieur tout laïc, il adopta même une fausse queue : il l'enlevait pour officier; et, sa messe terminée, il la faisait rattacher à sa chevelure.

Ainsi vivait Joseph Le Bon, abandonné sans contrepoids à une exaltation naturelle, qui, entretenue dans la lutte, animée par les entretiens des amis qu'il recevait à Neuville ou qu'il fréquentait à Arras, s'accroissait sans cesse au contact des événements.

Le plus considérable de ces visiteurs était Maximilien de Robespierre. Compatriote de Le Bon, mais de sept ans plus âgé, il ne le connaissait sans doute pas, lorsqu'à la clôture de l'Assemblée Constituante, n'étant pas rééligible à la Législative, il vint passer quelque temps à Arras. Plusieurs fois, amené par son frère Augustin, administrateur du département et président de la société des Amis de la Constitution, le futur dictateur s'assit à la table de celui qui devait être un des plus terribles agents de son système. Ces jours-là, et toutes les fois qu'il recevait un ami, Joseph Le Bon tenait à jouer le maître de maison. Il faisait donc transporter du logis où il prenait habituellement sa pension, jusques au presbytère, le mobilier nécessaire pour y donner un dîner. Tant bien que mal, aidé par son clerc Ghislain Morel, et par sa sœur Henriette Le Bon, excellente fille pleine de complaisance, il organisait un repas modeste. Lorsque Ghislain Morel avait fini de tourner la broche, Le Bon, qui avait confiance en lui (bien qu'il ne suivît guère les conseils de modération que son clerc lui donnait en toute franchise), lui permettait de s'asseoir fraternellement au bout de la table. Ghislain Morel était ainsi le témoin discret de conversations dont il garda la mémoire. « On ne parlait, raconta-t-il plus tard, que réformes et bouleversements. Les convives semblaient préparer les projets que deux ans après ils exécutèrent. » Robespierre jeune ne fut jamais confondu par Ghislain Morel dans la même réprobation que son frère : « c'était un homme de paix, qui ne demandait qu'à dîner tranquillement ; quand il voyait Maximilien et Le Bon s'emporter, il s'épuisait en efforts pour les calmer et les amener à d'autres pensées. »

Pendant que Maximilien Robespierre, de retour à Paris,

préparait au club des Jacobins sa grandeur future, Joseph Le Bon prenait une part active, quoique non manifeste, aux agitations révolutionnaires du pays. Le 17 mars 1792, cinq cent vingt-sept citoyens, revenant à la charge contre les oratoires des maisons religieuses, demandèrent au département que les portes extérieures en fussent murées, et qu'on fermât les chapelles du Tripot, de Saint-Matthieu, des Ardents, de Saint-Vaast, de Saint-Liévin et du Calvaire. Leur pétition rejetée, ils appelèrent à leur aide les patriotes des communes voisines, et, le lendemain, ils firent battre le rappel dans les rues d'Arras : le département, cédant aux conseils des divers corps constitués réunis à la hâte, donna raison à l'émeute, dans la crainte de plus grands malheurs, et ordonna la fermeture provisoire des oratoires et chapelles, sauf à solliciter des Pères de la patrie « une mesure uniforme pour toute la France. » (Lettre à l'Assemblée nationale, 30 mars 1792).

En fait d'intolérance, les Pères de la patrie donnaient eux-mêmes l'exemple aux pétitionnaires d'Arras : le 27 mai, sur la proposition de Vergniaud, ils organisèrent la persécution en décidant que, quand vingt citoyens actifs d'un même canton se réuniraient « pour demander la déportation d'un ecclésiastique non assermenté, le Directoire du département serait tenu, si son avis était conforme, de prononcer la déportation. » Le veto constitutionnel opposé par le Roi à ce décret amena, le 20 juin, sous l'aveugle impulsion des Girondins renvoyés du pouvoir, l'invasion des Tuileries par la populace des faubourgs. Cette « journée de désordre et d'effroi [1] » inspira de l'audace à la Révolution. D'un grand nombre de villes, des pétitions injurieuses et menaçantes arrivèrent à l'Assemblée nationale. A Arras, les administrateurs

---

1. De Barante.

du département recouvrèrent une véritable énergie; sur la présentation d'un des membres du Directoire, ils envoyèrent à l'Assemblée nationale une protestation courageuse qui devint plus tard, pour plusieurs citoyens qui y adhérèrent, un titre de proscription.

« Les administrateurs composant le Directoire du département du Pas-de-Calais déclarent qu'ils ont appris avec horreur ce qui s'est passé, le 20 de ce mois, dans la demeure du représentant héréditaire de la nation, — qu'ils regardent comme dirigés vers toute la nation, les outrages qu'on a fait essuyer au Roi, surtout dans la circonstance où ces outrages ont été la suite de l'usage qu'il a fait du pouvoir que la nation lui a confié, — qu'ils attendent de la sagesse de l'Assemblée nationale des mesures propres à empêcher de pareils excès et à en faire punir les auteurs, — qu'ils attendent du patriotisme connu des citoyens de Paris qu'ils désavouent ces forfaits, — qu'ils attendent de l'énergie de tous les Français qu'ils ne feront qu'un cri pour en demander vengeance au Ciel et à la loi, — qu'ils attendent enfin de la justice de l'Europe qu'elle n'attribuera ce monstrueux égarement qu'aux honteuses menées de quelques brigands et à leur funeste empire sur des hommes faibles et faciles à tromper : déclarant au surplus que, fidèles à leur serment, ils maintiendront jusqu'au dernier soupir cette Constitution qu'ils ont jurée, — qu'ils regarderont toujours comme traîtres à la patrie ceux qui y voudront quelque modification, à moins que ce ne soit par les formes voulues par la Constitution elle-même, — qu'ils auront la même opinion de ceux qui proposeraient, même avec ces armes, quelque changement qui tendrait à détruire la liberté ou l'égalité, ou qui contrarierait la déclaration des droits de l'homme.

« Et sera le présent arrêté envoyé à l'Assemblée nationale, au Roi, aux quatre-vingt-deux départements, aux huit Directoires de district et à toutes les municipalités du département du Pas-de-Calais. »

Cette adresse courageuse du 26 juin 1792 fut suivie d'un nouvel acte de résistance à la Révolution : sous prétexte de fédération, et nonobstant le veto royal, les factieux cherchaient à réunir à Paris, le 14 juillet, des gens armés députés par tous les clubs de la France. Le ministre de l'intérieur enjoignit aux administrateurs des départements d'employer les moyens légaux pour dissiper les rassemblements qui se formeraient dans ce but. Le Directoire du Pas-de-Calais ne se contenta point de faire mention de la circulaire ministérielle à son procès-verbal : dans un arrêté du 4 juillet, qui fut envoyé aux municipalités et lu au prône de toutes les paroisses, il le commenta de la manière la plus sympathique à la monarchie constitutionnelle et prit les mesures nécessaires au maintien de l'ordre

Le conseil général de la commune d'Arras suivit cet exemple : désavouant une assertion du *Patriote français* (n° du 29 juin) qui lui avait prêté ce langage : « Il est temps que le Roi cesse de régner ou de conspirer », il déclara à l'unanimité « que les principes anarchiques ne lui convenaient pas, qu'il était entièrement dévoué à la Nation, à la Loi et au Roi ; qu'il leur serait constamment fidèle, ainsi qu'à la Constitution. »

Une telle attitude excitait, on le comprend sans peine, un vif mécontentement dans la Société populaire. A cinq ou six reprises, les amis de la Constitution avaient présenté au département une pétition à l'effet d'obtenir la publicité des séances et d'exercer ainsi, par leur présence, une pression sur les délibérations. — Furieux d'avoir été écartés par un renvoi au ministre, les pétitionnaires mirent en avant, le 4 juillet, une députation composée de dix citoyens, à la tête desquels figurait comme orateur Augustin Robespierre. Les signataires étaient au nombre de cent trente-huit ; on comptait parmi eux Guffroy, François Carlier, Liévin Bacqueville, Daillet, Henri Le Bon..., que nous retrouverons dans la suite de ce récit. Le Directoire était resté debout pendant la lecture de leur déclaration ; les termes en étaient tellement violents, que le président, après avoir entendu ces mots : « Vous venez de vous placer au rang des conspirateurs », dit à ses collègues : « Asseyons-nous, Messieurs, nous entendrons aussi bien des injures assis que debout. » — La pétition se terminait ainsi : « Nous vous déclarons que nous nous présenterons à vos séances pour y être témoins de vos opérations..... Si cette détermination vous blesse, et qu'il vous faille des victimes, jetez les yeux sur nous ; prenez nos noms, et que ceux qui défendent le plus ardemment les droits de l'humanité tombent les premiers sous le couteau des tyrans, c'est la gloire que nous nous disputons tous. » Contre cette manifestation audacieuse, signe précurseur d'excès plus coupables, le département indigné, mais impuissant, ne voulut pas examiner s'il avait un droit de répression immédiate ; il se contenta d'en référer à l'Assemblée nationale, et en attendant, il organisa, dès le 5 juillet, la publicité des délibérations. (Cette publicité ne fut rendue légalement obligatoire en France que par le décret du 2 septembre 1792). — Ainsi la faiblesse des actes rendait impuissantes et vaines l'énergie du langage et la fidélité des sentiments.

Joseph Le Bon, appelé fréquemment à Arras par ses relations de famille et d'amitié, par ses fonctions de vicaire de Saint-Vaast et plus encore par le désir qu'il avait de devenir un personnage politique, n'était pas resté étranger aux menées d'un parti dont il partageait les idées, les passions et les intérêts. Nous n'avons trouvé son nom, il est vrai, sur aucune pièce officielle, nous n'avons constaté authentiquement sa présence dans aucune démonstration, mais un an plus tard, au moment de son départ pour la Convention, on le proclamera, dans une séance solennelle « le chef de la sainte insurrection qui s'est élevée contre les trop fameux arrêtés des 26 juin et 3 juillet 1792 » ; on le félicitera « d'avoir déployé dans cette circonstance cette énergique vigueur qui lui était naturelle, et de s'être montré le persécuteur de l'ancienne administration départementale ». — Ces éloges suffisent à démontrer que Le Bon, à l'époque qui nous occupe, avait pris place au premier rang des agitateurs. — Et en effet, il est à noter qu'à la veille des événements dont l'éventualité n'était un secret pour personne, Le Bon, sans avoir donné sa démission de curé de Neuville, avait cessé de résider à la campagne : du 18 juillet au 22 septembre, les registres de la paroisse attestent qu'il se fit remplacer à Neuville par divers prêtres assermentés, qui signèrent avec son autorisation les actes de l'état civil.

LIVRE II

Le 10 août trouva Joseph Le Bon installé à Arras, débarrassé des soins gênants d'un ministère tout matériel, et disposé à tirer profit, pour son compte, de la victoire populaire. Les assemblées primaires furent convoquées pour le dimanche 26, à l'effet de nommer les électeurs, lesquels, dans le Pas-de-Calais, devaient à leur tour procéder, du 2 au 10 septembre, à la nomination de onze députés à la Convention. Le Bon n'hésita pas à se présenter, comme candidat, dans le canton de Rœux, dont les habitants avaient à nommer douze électeurs. Il visita tour à tour Neuville et ses trois succursales ; il étala en chaire son désintéressement et son civisme ; à l'appui de ses discours, il fit distribuer une profession de foi « à ses frères les sans-culottes » :

« Frères et amis, ayant constamment défendu la cause du peuple, je me crois en droit de vous adresser aujourd'hui quelques conseils salutaires.

« Vous le voyez, la liberté commence à renaître ; si vous voulez la conserver, envoyez à Paris de bons représentants, et pour avoir de bons représentants, nommez de bons électeurs.

« Point de riches ; les riches sont presque toujours les ennemis des pauvres. Point d'hommes fiers ; point de grands salutateurs,.... point de distributeurs d'argent ou de *pots de bière*,.... point d'hypocrites,.... point de nouveaux convertis,.... point de ces gens qui ne se familiarisent avec la *Mère Duchêne* et les sans-culottes, que quand les sans-culottes sont les plus forts, et qui, hors de là, les méprisent ou les persécutent.

« Rendez-vous tous exactement à l'assemblée primaire, en chantant *Ça ira* ; entraînez les faibles et les paresseux ; restez-y en grand nombre pour surveiller les aristocrates et les feuillants plus dangereux encore, dussiez-vous y passer deux ou trois jours. Vous faites bien toutes les semaines le *lundi* pour vos plaisirs ; faites-le cette fois pour vos plus chers intérêts, mais non pas dans les cabarets ni dans le faux-bourg Saint-Sauveur.

« Braves citoyens, c'est un ami qui vous parle ; ses sentiments vous sont connus : attendez-vous aux plus grands malheurs, si vous êtes sourds à sa voix [1]. »

L'appel de Le Bon fut entendu ; ses frères les sans-culottes, après lui avoir donné la présidence de l'assemblée primaire, le nommèrent électeur. Enhardi par ce premier avantage, il se présenta, comme candidat à la députation, à la réunion électorale qui se tint à Calais. « La Commune et surtout Robespierre avaient voulu exercer une influence dominante sur les électeurs ; dans les départements comme à Paris, des commissaires furent envoyés.... pour veiller aux candida-

---

1. Imprimé. Bibliothèque de M. Renard.

tures électorales et pour agir sur l'opinion [1]. » Joseph Le Bon devint le correspondant de Maximilien Robespierre et soigna les intérêts électoraux de Robespierre jeune autant que les siens. « L'an III de la Révolution, 28 août », il rendit compte à Maximilien de ses efforts et de ses espérances.

« Courage, mon cher ami, nous sommes au comble de nos vœux. Si tu appuies fortement la pétition des commissaires, quelque doive être le succès de notre corps électoral, ton frère alors sera nommé d'emblée. Sinon, je crains toujours que la rage de nos ennemis ne l'éloigne à force de calomnies. Nous nous remuons comme des diables pour déjouer des millions de manœuvres dont il est inutile de t'instruire pour le moment, mais qui te pénétreront d'indignation, lorsque nous pourrons te les apprendre à loisir. La f..... Assemble nationale actuelle nous taille un ouvrage immense et périlleux. J'ignore comme les choses tourneront. — Bonsoir. — On attend cette lettre. Le porteur, nommé Demuliez, a projeté des arrangements avec ton frère, pour procurer à celui-ci l'exécrable marc d'argent [2]. Confères-en avec lui et mande nous des nouvelles sur cet article. — Joseph Le Bon.

« P. S. Nous t'embrassons tous les trois d'un seul coup [3]. »

Augustin Robespierre ne fut pas élu dans le Pas-de-Calais [4] ; l'influence de son frère le fit nommer à Paris. Le Bon n'eut lui-même qu'un demi-succès ; il fut désigné comme premier suppléant. Lorsque Guffroy, plus heureux, vint à Arras prêter serment, comme député, devant l'Assemblée

---

1. De Barante. — *Convention nationale*.
2. Pour être éligible à l'Assemblée nationale, il fallait payer une contribution directe équivalente à la valeur d'un marc d'argent.
3. Rapport de Courtois à la Convention sur les papiers trouvés chez Robespierre.
4. Le Pas-de-Calais nomma députés à la Convention Maximilien Robespierre, Carnot aîné, Ernest Duquesnoy, Le Bas, Thomas Payne, Personne, Guffroy, Ehlart, Daunou, Manier et Varlet.

primaire restée en permanence, il échangea avec Le Bon, son ami, quelques paroles significatives. « Je fis le peuple dépositaire de ma vie, dit Guffroy, et je l'invitai à me faire donner la mort, si, lors de la discussion de ses droits à la Convention, je faisais une proposition directement ou indirectement contraire à ces mêmes droits. » — Alors Joseph Le Bon se leva et dit : « Je suis ton ami ; eh bien, en ce cas, c'est moi qui te poignarderai. » — « Et moi, lui dis-je, je ne te ménagerai pas, je te le jure [1]. »

En attendant que ces serments d'amitié se réalisassent, Joseph Le Bon fut poussé en avant dans la carrière ouverte à son ambition par les chefs de la démocratie, tout puissants sur les sociétés populaires et par conséquent sur le corps électoral. A peine la Convention récemment installée avait-elle proclamé la République, qu'on sollicita auprès d'elle le remplacement de toutes les administrations gangrenées, disait-on, de royalisme. La ville d'Arras, sans attendre les décrets qui ordonnèrent, conformément à ces vœux, le renouvellement des corps administratifs et judiciaires, procéda *spontanément* à la destitution de la municipalité.

Joseph Le Bon, par une faveur qui dut l'étonner lui-même, se vit investi des fonctions de maire ; il remplaça Charles Brassart, qui avait été élu en 1791. Lorsqu'il prit possession de son poste, il exprima, dans le langage emphatique alors à la mode, les sentiments qui l'animaient :

« Citoyens, vous l'avez voulu ! Nous venons nous dévouer à l'alternative glorieuse de sauver cette ville ou de servir de premières victimes aux tyrans. Jamais certes un plus beau jour n'a lui pour nous.

« Mais au nom de la liberté, unissez vos efforts aux nôtres ! La patrie en danger rejette les âmes tièdes et incertaines ;

---

1. *Censure républicaine*, par Guffroy, page 34.

tous ceux qui se portent pour ses défenseurs doivent brûler de civisme et de courage. Ah! combien de maux nous aurions évités, si, depuis quatre années, fidèles observateurs de la loi, nous avions su conserver en même temps l'énergie du 14 juillet 1789!

« Que du moins une cruelle épreuve nous instruise!

« Peuple! c'est par toi que tes nouveaux magistrats vont exister; fais qu'ils n'existent aussi que pour toi. Entraîne-les puissamment vers ton bonheur en te montrant digne d'être heureux. Les lâches et les traîtres disparaissent à ton aspect; environne-nous sans cesse de ta présence; qu'à la moindre faiblesse, au moindre refroidissement, chacun de tes ouvriers se dise aussitôt : Le maître me regarde... déjà peut-être il m'a jugé.

« Voilà, Peuple, voilà le vrai moyen d'assurer ta félicité. Si par impossible tu voulais encore te livrer au sommeil de l'esclavage, ne nous oblige pas de partager ta honte ou d'en être les tristes témoins... Mais tes choix nous répondent de ta volonté. Écoute donc, et dévoue à l'exécration de tous les siècles quiconque parmi nous trahira le serment que nous allons proférer [1]. »

Joseph Le Bon se montra comme maire, hâtons-nous de le dire, beaucoup moins sans-culotte que ses paroles n'auraient permis de le supposer.

Les membres de la Commune de Paris, au moment où ils donnaient le signal des massacres de septembre, avaient invité toutes les municipalités de France à suivre leur exemple. « Prévenue, disaient-ils, que des hordes barbares s'avancent contre elle, la Commune de Paris se hâte d'instruire ses frères de tous les départements qu'une partie des conspirateurs féroces, détenus dans les prisons, a été mise à mort

---

1. Archives de l'Empire.

par le peuple... Sans doute la Nation, après la longue suite de trahisons qui l'a conduite au bord de l'abîme, s'empressera d'adopter ce moyen si utile et si nécessaire, et tous les Français diront comme les Parisiens : Nous marchons à l'ennemi, et nous ne laisserons pas derrière nous des brigands pour égorger nos femmes et nos enfants [1]. »

Ces instructions n'étant point suivies, la Commune envoya dans un grand nombre de villes des émissaires chargés d'en donner l'explication et d'en propager l'esprit. Ils se présentèrent à Douai : « Dressez des échafauds, dirent-ils à la Société populaire ; que les remparts soient hérissés de potences ; que quiconque ne sera pas de notre avis soit immolé à l'instant [2]. » Joseph Le Bon empêcha à Arras une pareille prédication ; il fit arrêter les commissaires de la Commune et les chassa de la ville.

En résistant avec cette fermeté aux héros de septembre, Joseph Le Bon prétendit plus tard [3] « qu'il avait mieux aimé risquer sa tête que de voir couler illégalement une seule goutte du sang de ses concitoyens ». Peut-être exagérait-il alors le péril auquel il s'était exposé ; mais ce qui est certain, c'est qu'il fut blâmé de ses coreligionnaires, et que Guffroy, lorsqu'il le poursuivit de ses accusations, lui fit un crime de l'acte qui, aux yeux de la postérité, atténuera le plus l'infamie attachée à la mémoire de Joseph Le Bon [4].

Le nouveau maire d'Arras sentit la nécessité de combattre

---

1. De Barante. — *Histoire de la Convention*, t. I.
2. *Moniteur*.
3. Lettres justificatives à la Convention, n° XII.
4. « Quand tu as été maire d'Arras, n'as-tu pas fait arrêter les deux patriotes que la Commune de Paris avait envoyés pour arrêter la faction des Roland et des Brissot ? Les procès-verbaux de la Commune d'Arras existent, et il y en a une preuve imprimée déposée au comité de sûreté générale. »
Censure républicaine, p. 76.
(Les procès-verbaux de la Commune relatifs à la période révolutionnaire n'existent plus. — Ils ont été enlevés ou égarés).

par quelque moyen l'esprit de désordre qui surexcitait les classes populaires ; il demanda au ministre Roland des écrits patriotiques, « afin de répandre la lumière et les bons principes dans un pays qui avait le plus grand besoin d'instruction ». — Le ministre satisfit à ce vœu, mais il reconnut l'impuissance de ses petites brochures ; lors du second envoi qu'il en fit à Arras, Joseph Le Bon n'était plus maire ; la municipalité, mécontente de ce qu'on ne lui envoyait aucun écrit de Robespierre, répondit à Roland par des injures [1].

La modération relative de Joseph Le Bon se manifesta également en dehors de ses actes comme fonctionnaire. Dès la troisième séance de la Convention, une guerre qui ne devait finir que par l'extermination de l'un des deux camps avait éclaté entre les Montagnards, accusés de vouloir la dictature, et les Girondins suspectés de fédéralisme. Danton, conciliateur, avait fait voter la peine de mort contre quiconque se déclarerait pour la dictature ou chercherait à fonder une République qui ne fût pas une et indivisible. La lutte se renouvela à propos de la garde que les Girondins proposaient d'appeler de tous les départements pour défendre la représentation nationale. Robespierre combattit ce projet. On fit arriver de tous côtés des adresses qui proclamaient l'indivisibilité de la République et s'opposaient à la création de la garde départementale. — Guffroy sollicita, dans ce sens, une manifestation de la Société populaire d'Arras. Joseph Le Bon, empruntant pour déguiser son opposition à ces désirs, le langage des clubs, lui répondit le 26 octobre 1792 :

« Au premier moment, la Convention recevra notre adhésion au décret qui abolit la royauté.

---

1. « Nous nous félicitions de voir que vous oubliiez de nous envoyer vos pamphlets. Nous nous disions : Roland désespère de nous tromper et il cesse avec nous tous envois..... Nous ne voulons pas votre estime, nous serions honteux de l'obtenir. »

« Je me suis opposé à ce qu'on adhérât sans examen au décret sur l'unité et l'indivisibilité de la République.

« Je ne sais pas bien encore ce que je proposerai quant au projet d'une garde de 83 départements. Car, en vérité, les hommes sont de vilains b....., et je ne sais plus à qui me fier ; j'ai besoin de discuter tout avec l'impartialité la plus sévère et la plus grande réflexion, encore n'en trouvé-je pas le temps. O Dictateurs ! ô Fayettistes ! ô Brissotins ! comme vous me f..... l'âme à la renverse ! S.... mille triple gueux ! comme je suis en colère [1]. — Joseph Le Bon. »

La chute de la royauté n'eut pas seulement pour effet, quant à Le Bon, de le placer à la tête de l'administration municipale ; un décret des 30 septembre et 7 octobre 1792, contresigné Danton, avait envoyé dans le Nord et le Pas-de-Calais six membres de la Convention « avec des pouvoirs illimités pour y assurer le bon ordre ». Le 19 octobre, trois de ces députés, d'Aoust, Duquesnoy et Doulcet, se présentèrent au département, déclarant qu'ils étaient chargés de « recueillir les plaintes du peuple qui était tout, depuis que la Convention avait déclaré la République », et firent enregistrer leurs pouvoirs. — Les plaintes du peuple s'exhalèrent naturellement contre le Directoire du département. Dans la soirée, les trois commissaires prirent un arrêté qui, vu les délibérations contre-révolutionnaires des 20 juin et 3 juillet, l'indignation manifestée à leur sujet au sein du corps électoral réuni à Calais, et « considérant que soit corruption, soit faiblesse, les administrateurs n'avaient pas dans le cœur l'amour de la République », destitua le président, les huit membres du Directoire et le procureur général syndic. — Le même arrêté désigna pour les remplacer Herman, Célestin Lefetz.... comme administrateurs, et Joseph Le Bon, comme procureur général syndic provisoire.

1. *Censure républicaine*, p. 76.

Le jour même, Le Bon parut à la barre et fut installé dans ses fonctions.

Le premier soin de l'Assemblée nouvelle fut de faire enlever du lieu de ses séances les tapisseries et tentures qui rappelaient la royauté. Une bannière fleurdelysée était suspendue à la voûte de la salle; Le Bon proposa de remplacer les fleurs de lys « par des inscriptions qui rappelleraient les trahisons du ci-devant Roi ». On ajourna cette proposition, et, en l'absence du procureur général syndic, on se contenta de substituer aux fleurs de lys des cocardes tricolores.

Les séances du Directoire, consacrées exclusivement à l'examen de questions financières et d'intérêt privé, n'offrent guère d'intérêt en elles-mêmes. Constatons seulement que, pendant que Le Bon y siégeait, les Oratoriens d'Arras firent régler, avec son concours, leur traitement comme professeurs du collége, leur pension de retraite comme anciens religieux, et obtinrent qu'on leur laissât en propriété leur service d'argent. On rejetait presque en même temps les pétitions de l'ancien prieur de Saint-Vaast, Dom Lemercier, qui revendiquait deux paires de chandeliers d'argent confisqués avec les meubles de l'abbaye, et de l'abbé de Saint-Éloy, Dom Laignel, qui demandait qu'on lui remît, comme étant sa propriété privée, l'argenterie du quartier abbatial. — Un autre jour, Le Bon exposa en son nom personnel, mais au profit de son ancien clerc laïc, qu'il avait acquitté, comme curé de Neuville, les fondations dont étaient chargées treize boistelées de terre afférentes à la cure, et vendues nationalement le 22 octobre, et demanda qu'on lui allouât l'intérêt à 4 p. cent du prix de la vente. Le Directoire, considérant qu'il avait exercé les fonctions curiales à Neuville pendant onze mois et vingt jours, lui alloua, conformément à sa requête, 53 livres 18 sous 6 deniers.

Sur ces entrefaites, les électeurs du département se réunirent à Saint-Omer, afin de procéder au renouvellement des corps administratifs et judiciaires. — Guffroy et ses amis « regrettaient, dit-on, d'avoir porté Le Bon à la mairie d'Arras ». Ils lui reprochaient, entre autres griefs, d'avoir quitté la Société populaire, parce qu'on avait voulu le soumettre à l'obligation de montrer sa carte en y entrant. « Le Bon est comme les femmes », écrivait Lefetz à Guffroy, le 30 novembre 1792 : « il a des caprices. J'ai d'abord applaudi à sa démission ; j'étais à Saint-Omer ; mais, depuis, je sens combien elle était funeste au bien public. Le diable ne peut lui faire entendre raison. Je le crois susceptible d'amour-propre... Il devrait avoir toujours à l'esprit le bien de la pauvre humanité. La République lui enjoint de fréquenter les sociétés populaires, et il y renonce. Je ne le connais plus. Écris-lui, cher ami, et porte-le, au nom de la patrie, à se rendre à la Société et à continuer à en être du nombre. Je ne pense pas qu'il ait à se plaindre des habitants d'Arras ; ceux-ci auraient, à juste titre, droit de lui reprocher ses bouderies déplacées et inconséquentes [1]. »

On a prétendu que les chefs du mouvement profitèrent de cette occasion pour déplacer Le Bon, en lui donnant une position supérieure, mais où il eût moins d'initiative personnelle ? — Ce qui est certain, c'est que le 11 novembre, l'assemblée électorale nomma Le Bon membre du Directoire du département. — « Je vous prie, au nom de la patrie, lui écrivit Demuliez, président de l'assemblée, d'accepter ce poste où vous pouvez rendre de grands services [2]. »

Au moment où il reçut cette lettre, Le Bon venait de consommer l'abjuration de sa vie sacerdotale en se mariant. Le 5 novembre, il avait épousé sa cousine germaine, Élisabeth Régniez, dont le père avait exercé le ministère d'huissier, et

---

1. *Censure*, p. 35 et 36.
2. Archives impériales.

dont la mère, restée veuve, tenait une auberge à Saint-Pol [1]. En se mariant, Le Bon mettait en pratique le système auquel il se conforma pendant sa vie entière, à savoir qu'il n'y a pour tout citoyen, fût-il prêtre, d'autre loi que celle que le pouvoir civil a décrétée, et que toute loi commande obéissance, du moment qu'elle émane des représentants de l'autorité. La Constituante avait imposé à l'Église une organisation nouvelle et un serment qui renfermait adhésion à cette organisation; Le Bon avait prêté ce serment. La Convention reconnut aux prêtres le droit de se marier; Le Bon se maria. Il fit plus : chaque jour, dans les journaux, dans les pamphlets et dans les discours des clubs, le célibat ecclésiastique était représenté comme la violation de la loi naturelle et la désertion d'un devoir social. Le Bon, joignant la théorie à la pratique, crut devoir exalter une doctrine qui légitimait sa conduite, et se faire pardonner d'avoir été prêtre, en insultant avec une véritable haine ceux qui res-

---

1. L'an mil sept cent quatre-vingt-douze, premier de la République française, le cinq novembre, par-devant moi, Joseph Flament, officier public de la municipalité de Saint-Pol, département du Pas-de-Calais, se sont présentés Guislain-François-Joseph Le Bon, âgé de vingt-sept ans, maire de la commune d'Arras, fils de Nicolas-François Le Bon, sergent vendeur, et de Marie-Madeleine-Josèphe-Bernardine Régniez, domiciliés audit Arras; et Marie Élisabeth-Josèphe Régniez, âgée de vingt-deux ans, domiciliée à Saint-Pol, fille de feu Antoine-Joseph Régniez, et de Marie-Josèphe Vasseur, marchande aubergiste en ladite ville de Saint-Pol, lesquels, après lecture faite par moi de leurs extraits de naissance et des certificats de bans publiés le 28 octobre dernier dans leurs domiciles respectifs sans qu'il se soit élevé aucune opposition, ont déclaré, ledit Guislain-François-Joseph Le Bon prendre en mariage ladite Marie-Élisabeth-Josèphe Régniez, et ladite Marie-Élisabeth-Josèphe Régniez prendre en mariage ledit Guislain-François-Joseph Le Bon. Ensuite de ladite déclaration, je, susdit officier public, ai prononcé, aux termes de la loi, qu'ils étaient unis en mariage, en présence des citoyens : Lanne maire, Miennée, Lanne fils, Darthé, Toursel, François Delecour, Demoncheaux, Ferdinand Caron, Joseph Duez, Charles Debret, de la mère de la mariante, des père et mère du mariant, de Géry Régniez, de Joseph Helle, oncles des conjoints, de Louis Vasseur et Lamoral Vasseur, oncles de la mariante, de Jean-Baptiste Régniez, cousin des conjoints, de Léandre Berthe, parent de la mariante, qui ont signé avec nous et les contractants.

taient fidèles aux obligations du sacerdoce. Devant la municipalité de Saint-Pol, au moment où il contractait le premier mariage purement civil qui fut célébré dans cette commune, il prononça l'allocution suivante :

« Magistrats du peuple, je viens donner un exemple attendu depuis longtemps par le nombre infiniment petit de prêtres vertueux qui ont consenti autrefois à se confondre parmi des charlatans, pour éclairer et affranchir l'humanité ; je viens terrasser le préjugé féroce qui condamnait une classe d'hommes à vivre dans le crime, et ne leur laissait que le choix des forfaits.

« Puisse ma démarche solennelle leur ôter toute excuse ! Puissent-ils se déterminer enfin à respecter à la fois la nature et la société : la nature, en suivant les lois de son Auteur, en n'étouffant pas dans leur germe des êtres qu'il appelle à la lumière ; la société, en ne se servant plus de leur ministère, pour abuser de la femme et de la fille d'autrui [1]. »

Cependant les élections du 11 novembre avaient renouvelé presque intégralement l'administration départementale. Sur vingt-huit membres qui la composaient, quatre seulement avaient figuré dans le Conseil de 1792 ; quatre autres avaient été appelés au Directoire par les commissaires de la Convention ; vingt étaient des hommes nouveaux. L'un d'eux, Darthé, de Saint-Pol, devait être un des plus terribles agents de la Terreur à Arras ; un autre, Lefebvre, de Saint-Omer, était destiné à l'échafaud révolutionnaire.

Dès l'ouverture de l'Assemblée, le 2 décembre, une protestation contre les opérations du corps électoral fut déposée sur le bureau ; elle était signée par neuf électeurs : Gabriel Le Blond, Célestin Lefetz, François Carlier..... — Le Bon

---

1. Extrait des notes recueillies par M. Devienne, ancien magistrat d'Arras bibliothèque de M. Godin, archiviste.

sembla prendre parti pour les réclamants. A l'appel de son nom, il répondit en effet qu'il s'abstiendrait jusqu'à ce qu'il eut été prononcé sur la validité des élections. Ses collègues furent blessés de cette attitude. Déjà l'un d'eux avait fait observer que Le Bon, étant maire d'Arras, ne pouvait avoir place au Directoire du département ; on avait résolu de consulter à ce sujet le ministre de l'intérieur et arrêté son remplacement provisoire. Néanmoins, le département du Nord, saisi de la protestation des Neuf, ayant déclaré les élections régulières, Le Bon se détermina à prendre possession de son nouveau siége et à donner sa démission de maire. Il fut remplacé à la tête de l'administration municipale par Joseph Hacot, que les commissaires de la Convention avaient destitué, le 19 octobre, comme président du tribunal criminel.

Le Conseil général, au lieu de s'ajourner à la session légale de janvier 1794, et de laisser fonctionner le Directoire, continua, vu les dangers de la patrie, à demeurer en permanence. Il dessina bientôt son attitude.

Les armoiries de l'ancienne noblesse d'Artois et les titres produits par les familles nobles qui avaient entrée aux États, étaient restés déposés dans une des salles occupées par le département. Il fut ordonné que ces papiers seraient transportés sur la place publique dans un tombereau, et brûlés, en présence de toutes les autorités, de la main du bourreau. Le charretier reçut dix livres, et l'exécuteur criminel, trente livres, « pour avoir fait disparaître les traces de l'ancien esclavage du peuple ». — Un autre arrêté enjoignit d'effacer en tous lieux les inscriptions qui rappelleraient le souvenir des ci-devant rois... — Les ministres Clavière et Roland se servaient encore, dans leur correspondance, du terme aristocratique : *Messieurs* ; on les invita à écrire désormais : *Citoyens*. En même temps on manda aux districts de ne plus commencer leurs lettres « par cette phrase adulatrice : *Nous avons l'honneur...* » — Des mesures analogues s'étendirent des choses aux personnes. Une circulaire du 15 janvier recommanda aux diverses administrations l'arrestation des prêtres que la loi du 26 août 1792 soumettait à la déportation et des émigrés rentrés, et plaça sous une surveillance spéciale les religieuses conservées dans les établissements publics. « Elles devaient élever les enfants dans les vrais principes de la République et soigner les malades avec l'humanité, la sensibilité et les égards que l'on doit à l'infortune, sans distinction d'opinions religieuses. »

Quelle était dans l'Assemblée du département la conduite personnelle de Le Bon? C'est ce que la rédaction des procès-verbaux ne révèle pas habituellement. Mais nous trouvons ailleurs la preuve qu'il conservait, dans ses opinions et dans ses actes, une certaine mesure dont il faut lui tenir compte. Le procès de Louis XVI préoccupait la France entière; le sort de l'infortuné monarque était débattu dans les clubs autant qu'à la Convention. Or, voici en quels termes l'instituteur Barbet rendait compte à Guffroy du rôle que jouait Le Bon à la Société républicaine d'Arras, dont il était redevenu membre : « Notre Société est désertée par le public. Cependant elle pourra se ranimer, maintenant qu'elle est placée à Sainte-Agnès. Dimanche, elle était nombreuse. Le Bon y a brissoté l'opinion publique; il a plaidé la cause du Roi, et il prétend qu'il doit encourir seulement la déchéance. Hacot et moi, nous nous sommes réunis contre lui, mais il se sauvait toujours par des pasquinades qui font plus sur le peuple que des raisonnements. Beugniet se montre bien; il est très-assidu à nos séances [1]. »

Si tel était au club le langage de Le Bon, plaidant pour que le Roi déchu ne perdît point la vie, on peut augurer que

---

1. *Censure*, p. 76.

dans le Conseil du département, comme auparavant à la mairie, Le Bon était tout à la fois entraîné et dépassé par le flot révolutionnaire [1].

Des faits positifs confirment cette appréciation.

Le département avait enjoint aux districts de faire vendre dans un bref délai les biens-meubles des émigrés. Ces ventes furent opérées, dans le district de Saint-Pol en particulier, avec une véritable dilapidation. Joseph Le Bon dénonça, le 8 janvier 1793, les actes irréguliers portés à sa connaissance; il dépeignit en même temps l'incurie avec laquelle les affaires de ce district étaient administrées. Envoyé à Saint-Pol pour y rétablir l'ordre, on l'autorisa « à procéder au brûlement de

---

[1]. Guffroy, par ses lettres et par les articles de son journal le *Rougyff*, excitait de toutes ses forces l'effervescence populaire. Le 1er février 1793, il écrivait à Célestin Lefetz, vice-président du district d'Arras :

« Ami, tu es un jean-f.....; tu ne m'écris pas sur la situation des esprits, sur les hommes et sur les choses, toi qui, doué d'une facilité indicible, peux en une minute me faire le mieux connaître les administrés et les administrateurs. Serais-tu devenu oratorien et suppôt de l'aristocratie bourgeoise ? Réponds, réponds.

« Je t'envoie mon second discours sur Capet ; tu diras que c'est de la moutarde après souper ; oui, bien, pour la condamnation, mais pour la connaissance topographique de l'assemblée, cela n'est pas indifférent....

« Je t'adresse aussi quelques autres papiers, afin de t'obliger à me répondre aux questions suivantes : 1° Quelle est la hauteur du thermomètre de l'esprit public ? 2° En quel lieu se rassemble la société des Amis de la Liberté et de l'Égalité ? 3° Y a-t-il encore quelqu'un qui y lise tous les jours les papiers-nouvelles ?

Il l'engage « à former une sainte coalition, pour forcer les traîtres de l'Assemblée à la quitter, pour les faire punir de mort ».

« Réponds-moi, entends-tu ? — Comme, jusqu'à présent, j'ai envoyé le bulletin de l'Assemblée à la société, en l'adressant tantôt à un membre, et tantôt à un autre, et qu'il me paraît qu'on ne l'a pas lu assidûment, dis-moi si je ferai bien de le faire adresser directement à la Société.

« J'ai envie aussi d'établir deux points de lecture de ce bulletin : l'un au Rivage, au bureau des mesureurs et porteurs de charbon ; l'autre à la Grand'Place, où s'assemblent les portefaix.

« Songe encore qu'il faut que les sociétés populaires soient indépendantes des administrations, sans quoi la surveillance est nulle. (*Joseph Le Bon dans sa vie privée*, p. 143).

l'attirail nobiliaire ». On lui recommanda néanmoins de distraire des parchemins, « ceux qui pourraient servir à faire des gargousses, en les faisant biffer ou barbouiller, de manière que ceux qui voudraient s'en servir ne pussent acquérir qu'un surcroît de ridicule ». — L'activité que Le Bon déploya à Saint-Pol lui valut bientôt une seconde mission. — Un arrêté du 31 janvier avait « prescrit de faire changer toutes les dénominations de rues et enseignes qui rappelleraient des objets contraires au régime actuel, relativement au fanatisme, à la noblesse ou à la royauté ». Le district de Boulogne, paraît-il, n'avait point satisfait à cette mesure; le 18 février, l'un des administrateurs du département s'étonna d'une pareille négligence qu'il qualifia de « délit national ». Un autre membre du Conseil, sur la foi d'une lettre qu'il venait de recevoir, accusa « les habitants de Boulogne de montrer de la froideur pour les nouveaux principes et de regretter les départs des familles anglaises ». Sur le champ, deux commissaires, parmi lesquels Le Bon, furent chargés d'examiner la conduite des administrateurs Boulonnais, de les suspendre s'ils les trouvaient coupables, et d'anéantir les signes du royalisme, de la féodalité et du fanatisme. Le Bon partit aussitôt. L'enquête à laquelle il procéda, dès son arrivée à Boulogne, lui démontra la fausseté des dénonciations dirigées contre cette ville. Il visita les maisons d'arrêt, tint séance à la commune, au district et au club; institua un comité de surveillance chargé d'aider l'administration de ses conseils; et, en faisant ses adieux à la municipalité, il consigna de sa main sur les registres ce témoignage de haute approbation.

Le Bon, membre du Directoire du département, au Conseil général de la commune de Boulogne.

« Il eût été trop agréable pour nous d'être témoins d'une

réconciliation *universelle*. Nous sommes satisfaits de l'avoir vue générale, et nous emportons le doux espoir que par vos soins tout ferment de haine et de division disparaîtra de cette ville, avant notre retour à Arras. Nous nous efforcerons de peindre au département les scènes touchantes que vous nous avez offertes. Puissent ceux qui représentent les autres comme des hommes de sang ne point se montrer à l'avenir plus implacables qu'eux ! Pour nous, membres du conseil général de la commune, comptez sur l'estime que vos démarches franches et loyales doivent nécessairement inspirer [1]. »

A peine était-il de retour à Arras et avait-il rendu compte, dans la séance du 28 février, de ses démarches pacifiques couronnées de succès, qu'un journal, le *Courrier de l'Égalité*, publia contre lui et contre Demuliez, accusateur public auprès du tribunal criminel, une lettre offensante. Joseph Le Bon s'empressa de se disculper. « Je vous déclare et à la France entière, écrivit Le Bon au *Courrier*, le 8 mars, que je ne pense ni à Marat, ni à Brissot, ni à ces prétendus chefs de parti qui passent un temps précieux à s'entre-déchirer, au lieu de songer à la chose publique; que la liberté est ma seule idole, que je m'attache aux principes et non aux personnes.

« Je vous déclare enfin que j'étais encore, il y a quinze jours, à Boulogne, prêchant la paix et la concorde à de bons citoyens que des malveillants essayaient de diviser; que là, j'ai eu la douce consolation de voir, dans le conseil de la commune, deux frères, depuis longtemps désunis, s'embrasser à mes yeux et se jurer une amitié durable, et les autorités constituées, la Société populaire, des milliers d'habitants, déposer au pied de l'arbre de la fraternité toute espèce de haine et de prévention... Voilà ma honte et mes forfaits. »

---

1. *Histoire de Boulogne*, par d'Hauttefeuille et Bénard.

Apostillée par la Société républicaine, la municipalité et le District, la réponse de Le Bon fut envoyée, aux frais du département, à toutes les administrations, à tous les clubs du Pas-de-Calais et, par une attention délicate, à la société des Amis de la République de Beaune, dont Le Bon était membre. L'arrêté qui ordonna cet envoi proclamait que « Le Bon et Demuliez s'étaient toujours montrés amis de la patrie et des lois, et qu'ils en avaient donné les preuves les plus frappantes : Le Bon, pendant sa mairie, et Demuliez, en offrant, quelques jours auparavant, d'équiper un citoyen à ses dépens ».

Les sentiments de fraternité qui animaient Joseph Le Bon n'étaient pas universels. Il avait dans ses attributions au département tout ce qui concernait les émigrés. Nommé commissaire pour la répartition de la levée des trois cent mille hommes entre les districts, il demanda son remplacement; « il avait un besoin essentiel dans son bureau, les certificats de résidence exigeant le plus sérieux examen. » Le 14 mars, après avoir exposé « toutes les ruses que les émigrés employaient pour échapper à la loi », il proposa l'arrestation de tout citoyen, étranger ou inconnu, qui n'aurait pas de certificat de résidence régulier. Ces vœux furent appuyés par le peuple souverain. La Société républicaine d'Arras sollicita des mesures de sûreté générale contre les étrangers. Le département vota ces mesures, et les appliqua en même temps aux émigrés et aux prêtres. Afin de rendre la surveillance plus facile, il alla jusqu'à ordonner à tous les citoyens de placer sur la façade de leur maison un écriteau indiquant le nom des personnes qui y logeaient.

La défection du général Dumouriez servait de prétexte à ces précautions et aux actes de rigueur qui les suivirent. Les représentants Carnot, Lesage-Senault et Duhem, avaient été envoyés à l'armée du Nord par la Convention.

Pendant leur séjour à Arras, ils renouvelèrent le conseil général de la commune, et nommèrent substitut du procureur Xavier Daillet, que nous verrons présider le tribunal de Le Bon. — En vertu des attributions que le décret du 3 avril venait de conférer aux commissaires de l'Assemblée nationale, ils donnèrent au département des pouvoirs illimités pour l'arrestation des malveillants et des contre-révolutionnaires; ils établirent un conseil de surveillance chargé de donner son avis à cette assemblée sur les arrestations à opérer, de vérifier les passeports, d'interroger les voyageurs, de recevoir les dénonciations [1] et d'intercepter les lettres. Ce comité fut composé de dix membres nommés tous les huit jours avec faculté de réélection par le département, le District, la municipalité, la garde nationale et la Société populaire. Les membres des diverses administrations pouvaient s'y rendre quand ils le jugeaient à propos. La garde nationale et la Société populaire y envoyaient chaque jour quatre représentants (3 avril 1793) [2]. Les suspects

---

1. Le 21 juin Duhem fut dénoncé au Comité de surveillance, parce que, disait-on, les armes de Joseph II étaient brodées sur la housse de son cheval.

2. Nous avons trouvé dans les papiers du Comité de surveillance la lettre suivante d'Augustin Robespierre :

« Paris, 7 mai 93. 2. R.

« Votre Comité de surveillance devient chaque jour plus nécessaire. Les dangers s'accroissent, l'horizon politique s'obscurcit affreusement; nos ennemis paraissent puissants dans l'intérieur. C'est surtout contre Paris qu'ils dirigent leurs coups. On veut réduire cette immortelle cité par la famine; les denrées y deviennent rares, les approvisionnements s'y font au poids de l'or.

« Les troubles de la Vendée, qui ne sont pas encore apaisés, paraissent nourrir l'espoir des contre-révolutionnaires qui sont autour de nous. Hier et les jours précédents n'ont pas été aussi calmes que les autres; les petits messieurs se sont rassemblés avec des intentions hostiles; ils prétendent ne rien devoir à la Patrie. On en a arrêté plus d'un mille. Ils criaient : A bas les Jacobins, la Montagne, etc. Je vous le répète, la conspiration existe toujours, elle n'est point arrêtée. Le peuple est fatigué de tant de trahisons, il faut espérer qu'il prendra les moyens d'assurer son bonheur, de le conquérir, et qu'il fera rentrer pour la dernière fois dans le néant ses plus cruels ennemis. Les bons citoyens ne peu-

furent gardés à vue chez eux, conduits à la citadelle de Doullens, ou renfermés dans la prison humide et malsaine du Rivage et dans l'ancien hôtel d'Épinoy. Cette dernière maison, tristement célèbre sous la Terreur, emprunta de la rue où elle était située le nom de Prison des Baudets.

Telle fut à Arras l'origine des premières arrestations pour cause politique ; elles coïncidaient avec l'établissement du Comité de salut public et du Tribunal révolutionnaire.

Le décret du 25 avril ordonna, sur ces entrefaites, que tous les ecclésiastiques réguliers, séculiers, frères convers et lais, qui n'avaient pas prêté serment, fussent transférés sans délai à la Guyane française. Les sexagénaires et les infirmes devaient être renfermés, sous huitaine, dans une maison particulière, au chef-lieu du département. Le 5 mai, d'une heure à cinq heures du matin, les membres du Conseil général de la commune se présentèrent au domicile de soixante-dix prêtres et religieux. Cinquante-trois avaient pris la fuite [1]. On en arrêta dix-sept, la plupart très-âgés ou malades. — L'ancien couvent du Vivier, dont on mura les fenêtres extérieures, fut désigné comme lieu de réclusion. — Le Bon, père, fut nommé directeur de cette maison, aux

vent plus que former des vœux, leur action n'est point assez forte pour ramener à bord le vaisseau de l'État, si le génie du Souverain ne vient au secours de ses mandataires ; tout n'est pas désespéré, la Nation est là. Elle est vertueuse, éclairée, elle veut la liberté et la conservera, à quelque prix que ce soit. Quant à moi, mes concitoyens, je ne changerai point de principes ; ils sont ceux des hommes qui désirent la félicité de tous. Quel que soit l'évènement, mon âme est inflexible, je mourrai avec le témoignage d'une bonne conscience; vous êtes dignes d'être heureux, puisque vous donnez vos soins à la poursuite des scélérats qui font les malheurs de notre commune patrie ; continuez votre pénible carrière, et que tous les bons citoyens secondent vos efforts.

« *Aux citoyens composant le Comité de surveillance près le département du Pas-de-Calais, à Arras.* »

1. Le seul clergé de la ville d'Arras compta parmi ses membres 98 prêtres exilés ou déportés. (Curés et vicaires, 29 ; bénéficiers et chanoines, 30 ; religieux, 39).

appointements de 900 livres par an ; il eut sous ses ordres un portier et six infirmiers. Au 6 juin 1793, soixante-dix-sept vieillards et infirmes avaient été amenés au Vivier, des divers points du département. Ce local étant insuffisant, on avait été obligé, dès le 15 mai, de donner la même destination au couvent des Capucins qui renferma, à la même date, cinquante-quatre reclus. Chacun des prisonniers reçut pour sa nourriture, son vêtement et son chauffage, 400 livres par an.

Le département avait enjoint aux étrangers qui résidaient dans les districts maritimes de se rendre à Arras, où ils recevraient une indication de résidence. A cette règle, on avait proposé d'admettre une double exception en faveur des enfants en pension et de ceux qui justifieraient d'un établissement commercial. La discussion devint tellement vive, qu'on ordonna le vote motivé par appel nominal. Le Bon repoussa les adoucissements projetés. « Des individus souffriront, dit-il, mais nos frères, les Français des villes frontières, ne sont-ils pas exposés à chaque instant, eux, leurs femmes, leurs enfants, leurs vieillards, à sortir des lieux qui les ont vus naître ? Quand nos ennemis seront terrassés, je serai le premier à demander un dédommagement en faveur de ceux qui auraient souffert pour assurer le bonheur général. »

Comme corollaire de cette mesure (13 mai), les municipalités furent autorisées à intercepter les lettres venant de l'étranger et à les adresser à deux administrateurs du département qui correspondraient directement avec le Comité de salut public. Le Bon fut l'un de ces commissaires (18 mai). Quelques jours auparavant, il avait été chargé de rédiger un bulletin hebdomadaire pour l'instruction des habitants des campagnes. Enfin, le 29 mai, le département le nomma vice-président du Conseil d'administration.

Le rôle politique de Le Bon allait bientôt acquérir une

importance encore plus considérable. Le 31 mai, sous la pression de l'émeute, les Girondins, devenus trop tard pour eux et pour la France les courageux défenseurs de l'ordre, furent décrétés d'arrestation.

Lorsque la nouvelle de ces graves événements parvint à Arras, Le Bon éprouva un moment d'hésitation : à ses yeux, la Convention morcelée ne constituait plus une représentation nationale; il proposa à la Société républicaine de faire une adresse pour demander la convocation des assemblées primaires et la dissolution de la Convention. Cette adresse fut rédigée, et même signée par quelques membres. Mais plusieurs patriotes, Beugniet notamment, en demandèrent le rapport comme étant contre-révolutionnaire et fédéraliste ; elle fut rejetée et remplacée par deux autres qui, signées dans les assemblées de sections, avaient pour but de « faire connaître ceux qui n'étaient pas les vrais amis du peuple à la Convention nationale, pour qu'elle cherchât dans sa sagesse les moyens de se purger elle-même », et de déclarer à la France entière « que Personne, Varlet, Magniez, Daunou et Thomas Payne avaient perdu totalement la confiance du peuple ». — Le département en ordonna l'impression à 10,000 exemplaires et chargea Darthé de la présenter à la Convention.

Dans la seconde adresse, le peuple d'Arras, rendant hommage à la majestueuse insurrection du 31 mai, déclarait que les sections avaient bien mérité de la patrie, et envoyait le baiser fraternel « à ce peuple de Paris, le sauveur habituel de la France ». Présenté au département, ce manifeste fut accueilli avec faveur; néanmoins, l'administration laissa aux sections réunies le soin de désigner les commissaires qui se chargeraient de transmettre à Paris leur baiser fraternel. Le Bon fut investi, conjointement avec Paulin Planès, officier municipal, de cette marque de confiance.

Le 7 juin, Joseph Le Bon rendit compte de sa mission ; il apprit au département que Guffroy, dès le commencement de la séance, avait remis au président de la Convention l'adresse des habitants d'Arras, mais que la Montagne, qui craignait une manifestation hostile, avait empêché d'entendre les pétitionnaires.

« Que faire ? Que devenir en cet état de choses ? Accourir à Paris pour ne rien dire, pour n'être pas même présentés ? Ceci nous paraissait étrange ; mille projets de vengeance se succédaient dans notre tête ; pour ma part, je me proposais déjà de me dédommager sur les émigrés, en demandant à tous les comités possibles de nouvelles entraves sur les certificats de résidence. On nous laissait entrevoir, à la vérité, que dimanche nous pourrions pérorer à notre aise, mais que de siècles jusqu'à dimanche pour des hommes qui n'ont ni temps ni argent à perdre... »

L'arrivée du Comité de salut public à l'Assemblée fit rapporter le décret d'ordre du jour. « La députation Angevine paraît sur l'horizon ; elle déclame contre les anarchistes, les factieux, les sections de Paris et finit par être couverte de huées : peu s'en fallut même qu'elle ne fût mise en état d'arrestation.

« Le vacarme qu'elle avait excité durait encore, quand un huissier introduisit la députation d'Arras. Elle demeura à la barre environ dix minutes, tranquille spectatrice d'un combat qui se termina par un ordre du jour. Qu'elle était belle l'adresse Artésienne, et surtout après la diatribe d'Angers ! Le silence le plus profond régnait dans la salle ; un peuple immense remplissait les tribunes ; à chaque paragraphe, des applaudissements essayaient de se faire entendre de tous les points et n'étaient suspendus que par les précautions de l'orateur. Mais arrivé à l'endroit où il est question des sections de Paris et du service signalé qu'elles ont rendu à la République, j'eus beau en imposer par ma gravité, j'eus beau diriger les inflexions de ma voix de manière à ne point provoquer de bravos, ma rhétorique fut en défaut et un triple battement de mains et de pieds vengea les assistants de la contrainte où je les avais retenus. Ce fut bien pis à la fin de l'adresse ; le président pouvait à peine obtenir un instant de silence pour nous faire sa réponse.

« On vote l'impression avec mention honorable; à la contre-épreuve, un député du Pas-de-Calais, Personne seul, le seul Personne se lève avec ses deux voisins, et témoigne par ses contorsions diaboliques combien le décret rendu lui déplaît... Personne est toujours Personne [1]. »

Joseph Le Bon arriva à Arras avant que la poste y eût apporté le récit qu'il avait adressé à ses *frères*. Il fut chaleureusement accueilli par ses collègues du département qui allouèrent aux commissaires 447 livres 10 sols pour frais de route, et convoquèrent aussitôt les sections, afin que tout le peuple connût la scène mémorable dont Le Bon avait été à la fois l'acteur et le témoin.

Les portes de la Convention devaient bientôt s'ouvrir pour recevoir Joseph Le Bon comme représentant. On sait que soixante-treize députés, protestant contre le coup d'État des Jacobins, se retirèrent de l'Assemblée asservie. Le Pas-de-Calais compta parmi les soixante-treize : Personne, Varlet, Daunou, Magniez et Thomas Payne.

Le 11 juin, les soixante-treize furent sommés de retourner à leur poste, sous peine d'être remplacés comme démissionnaires. Le député Magniez, dont Le Bon était le suppléant, s'était retiré à Bertincourt. Un membre du département demanda qu'il fût mis en arrestation, s'il ne justifiait d'un congé. La proposition fut adoptée par le Conseil général et

---

1. Archives départementales.

reçut l'approbation de Carnot, Lesage et Duhem, représentants en mission auprès de l'armée du Nord. Néanmoins, comme des délais avaient été fixés par le décret du 14 juin, on donna à Magniez la ville d'Arras pour prison.

Joseph Le Bon attendait de jour en jour l'ordre de son départ; il rencontra, avant de quitter le département, une dernière occasion de se signaler. La société populaire de Calais avait jugé à propos d'annoncer à l'administration départementale et à la Convention, « que Joseph Porion [1], premier ministre du culte catholique dans ce département, venait de faire prêtre un bon citoyen, père de famille, et que, le 17 juin, il avait célébré par des cérémonies religieuses le mariage qu'avait contracté le citoyen Faudier, curé audit Calais. » — La société populaire provoquait en même temps un décret qui abolît le célibat sacerdotal, et invitait l'administration supérieure à appuyer sa demande.

Le département applaudit aux principes philosophiques que renfermait l'adresse, et chargea Le Bon de s'occuper d'un arrêté dans lequel il serait fait mention honorable de la conduite du curé de Calais, et qui servirait à l'instruction des citoyens. Le Bon n'avait qu'à traduire en arrêté le discours qu'il avait prononcé lors de son mariage. Il présenta et fit adopter, le 26 juin, la déclaration suivante :

« Considérant que l'Auteur de la nature n'a rien fait d'inutile ; — que les hommes naissent pour se reproduire ; — que les prêtres de toute espèce de sectes sont des hommes, et que par conséquent ils doivent travailler à se reproduire comme les autres ;

« Considérant que, dans l'état de société, le bon ordre et l'intérêt des enfants exigent que leurs pères soient légale-

---

1. Le citoyen Porion remit au district de Saint-Omer, le 2 frimaire an II, ses lettres de prêtrise et le procès-verbal de l'Assemblée électorale qui l'avait proclamé évêque constitutionnel !

ment connus, et que le mariage est le plus sûr moyen d'obtenir cette reconnaissance légale :

« Déclare d'abord à l'unanimité que le citoyen Faudier, curé à Calais, n'a fait, en se mariant, que le devoir d'un honnête citoyen, et que l'évêque, s'il l'eût improuvé, aurait dû être poursuivi comme l'ennemi du genre humain.

« Mais considérant que, pendant le sommeil de la raison, des milliers de menteurs en soutane ont bouleversé toutes les idées par leurs discours charlataniques; qu'au nom du ciel qu'ils outrageaient, ils n'ont pas craint d'appeler bien ce qui était mal, et mal ce qui était bien; qu'ils sont parvenus à masquer tellement leurs abominables leçons de révolte contre les lois de la nature et contre celles de la société qu'il faut aujourd'hui un courage supérieur pour oser suivre les unes ou les autres, ou même pour approuver ceux qui les suivent:

« L'assemblée, ouï le procureur général syndic, déclare applaudir unanimement à la conduite de l'évêque Porion, au mariage du citoyen Faudier, curé à Calais, ainsi qu'à celui des prêtres de ce département qui auraient déjà pris le même parti;

« Arrête que la présente déclaration sera imprimée et adressée à la Convention nationale, au bureau central des représentants du peuple à Arras, aux huit districts, et à toutes les communes du département ;

« Qu'une expédition particulière sera envoyée à l'évêque Porion, à tous ceux de ses coopérateurs mariés et à leurs épouses, auquel effet ledit évêque est invité à donner la liste de leurs noms et domiciles ;

« Arrête en outre, sur la motion incidente d'un membre, que l'administration sollicitera une loi qui comprenne parmi les zélés défenseurs de la patrie ceux qui, par leurs ouvrages et surtout par leur conduite, auront contribué à anéantir les plus cruels ennemis des nations, savoir : la superstition et les préjugés.

« Quant à la demande formée par la société populaire de Calais, l'Assemblée, en rendant justice aux principes qui animent cette société, déclare attendre tout du temps et des lumières [1] ».

Pendant qu'on délibérait sur cette rédaction, les membres de la Société républicaine d'Arras, introduits à la séance, vinrent rappeler que le 26 juin 1793 était l'anniversaire du jour où avait été pris « le trop fameux arrêté sur les événements du 20 juin 1792 »; et ils demandèrent sinon la radiation de cet arrêté des registres de l'ancien Directoire, du moins la proscription des sentiments qu'il renfermait. Le président du Conseil général profita de cette occasion pour adresser à Le Bon un adieu solennel. Il le proclama « le chef de la sainte insurrection qui s'était élevée en 1792 contre le département, » et le félicita « d'avoir déployé dans cette circonstance l'énergique vigueur qui lui était naturelle ». — De toutes parts, les citoyens s'écriaient: *bis, bis, bis!*... Joseph Le Bon, qui se trouvait à une assez grande distance, s'élança dans les bras du président... » Ici, les applaudissements ne discontinuent plus. « Va, s'écrie Le Bon, ce jour est la pierre de touche pour mon cœur et mon civisme... Ne me perds pas un instant de vue sur le nouveau théâtre où la République m'appelle; sois inexorable pour mes moindres fautes. » Le président continue son apostrophe : « Jeune législateur, quitte-nous sans regret ; suis les hautes destinées qui t'attendent ; sers-toi de tous les moyens que la nature t'a donnés ; parais sur cette Montagne dont tu dois élever encore la hauteur ; sers-toi de ton énergie contre les traîtres

[1] Archives départementales.

et les conspirateurs. J'aperçois déjà ton succès, et je m'en réjouis d'avance [1]. »

Cette séance théâtrale annonçait le départ de Le Bon ; néanmoins, le 27 juin, ses confrères du département (voulaient-ils lui jouer un mauvais tour ?) le chargèrent d'une nouvelle adresse : il s'agissait cette fois de mettre en garde les habitants des campagnes « contre le fanatisme des prêtres constitutionnels qui faisaient regarder comme suspects les individus qui n'allaient pas à leur messe. » L'ancien curé de Neuville devait trouver la tâche embarrassante.... Il n'eut pas le temps de la remplir ; le jour même, il reçut du procureur général syndic la lettre suivante :

« Je suis invité par le comité des décrets de vous avertir qu'il est chargé d'appeler le suppléant du citoyen Magniez. Je m'acquitte de ce devoir avec peine; mais heureusement, la douleur de vous perdre sera compensée par la satisfaction de savoir un ami du peuple de plus parmi les habitants de la sainte Montagne [2]. — DUBRŒUCQ. »

Le 29 juin, Le Bon prit son passeport au comité et fit ses adieux à l'administration; « il reçut l'accolade fraternelle du président, de tous les membres du conseil, et il en donna une troisième au nom de tous les citoyens. » — Les embrassades étaient à la mode en 1793 !

1. Imprimé. Bibliothèque de M. Renard.
2. Archives impériales.

LIVRE III

Le Bon fut admis à l'Assemblée nationale par décret du 2 juillet. En arrivant à Paris, il accepta l'hospitalité de Guffroy, à la table duquel il vécut, durant un mois, avec sa femme et son beau-frère. Plusieurs membres de la Société populaire d'Arras l'avaient engagé à se faire recevoir aux Jacobins ; il déclara qu'il ne voulait pas subir d'influence, et que, pour mieux voir, il tenait à rester libre. S'il faut en croire Guffroy [1], la circonspection de Le Bon avait une seconde cause : il pensait que la Convention n'avait plus trois mois à vivre. Ce qui rend cette allégation vraisemblable, c'est que, le 29 juillet, Le Bon consulta à Arras l'administration départementale, pour savoir si la Convention ne devait pas se donner de successeurs.

---

1. *Censure*, p. 36.

Le spectacle auquel Le Bon assista sur les bancs de l'assemblée, pendant les trois mois qui précédèrent sa mission dans le Pas-de-Calais, ne fit qu'exalter ses passions politiques : loi contre les accapareurs, érigeant le commerce en crime ; décret ordonnant la profanation des tombes royales ; proscription et supplice de nos généraux en chef dénoncés par les Jacobins ; levée en masse, organisée avec un appareil théâtral qui ne suppléait point à l'enthousiasme de 1792 ; création d'une armée révolutionnaire destinée à parcourir les départements et à purger de tous les tyrans la terre de la liberté ; l'épouvantable loi des suspects, « établissant le système d'extermination en régime légal [1] », la Reine et les Girondins livrés au bourreau... telles furent les mesures violentes dont Le Bon fut témoin et auxquelles il concourut plus ou moins par son vote.

On prétend que Le Bon se montra, comme représentant, « ami de la Révolution, de l'ordre et des lois, protecteur zélé des malheureux ». Si nous interrogeons ses actes consignés au *Moniteur*, nous verrons que, sur les bancs de la Convention, il ne démentit point sa conduite passée. Sans oublier toute modération, sans aboutir encore aux derniers excès, il sacrifia de plus en plus la cause de l'ordre à celle de la Révolution, et s'avança ainsi progressivement vers le terme fatal auquel ses passions l'entraînaient autant que les événements : le proconsulat d'Arras et de Cambrai.

Jeune, inconnu, admis d'hier à l'Assemblée, Le Bon cherche à se montrer. Le 27 juillet, il demande qu'on nomme une commission chargée de présenter les moyens d'abolir la mendicité ; on passe à l'ordre du jour. Sous prétexte d'une erreur qui s'est glissée dans plusieurs journaux, et « dont les malveillants pourraient bien profiter pour jeter de la défaveur

---

1. Garat.

sur la Convention », il reprend la parole, afin de constater que si sa motion a été écartée, c'est que le comité des secours était chargé de cet objet. — Plus heureux le 17 septembre, il fait décréter que tout prêtre qui se sera marié, et qui sera inquiété à ce sujet par les habitants de la commune de sa résidence, pourra se retirer dans tel lieu qu'il jugera convenable, et que son traitement lui sera payé aux frais de la commune qui l'aura persécuté. — Ce n'est point assez de prêter son appui aux prêtres mariés et *persécutés :* on propose que les religieuses, « ces femmes fanatiques », soient exclues des hôpitaux et des maisons d'éducation ; l'ancien curé de Neuville intervient dans le débat. « Partout, fait-il observer, les commissions les ont expulsées ; partout leurs fonctions sont mieux remplies qu'auparavant, puisqu'elles le sont par des femmes patriotes. » On approuve et on décrète (28 octobre.) — Cinq jours après, une discussion s'ouvre sur le calendrier : un membre de la Convention prétend qu'il est dangereux de changer les subdivisions du temps et leur dénomination. «Dans un but de tyrannie, Mahomet, il est vrai, procéda de la sorte ; mais comment la Convention, qui poursuit l'union et la fraternité universelles, se séparerait-elle, par son calendrier, du reste des peuples ? » Le Bon s'oppose à l'ajournement : « Si le fanatisme, dit-il, sut par ce moyen affermir son empire, pourquoi négligerions-nous de l'employer pour affermir la liberté ? » La discussion continue. L'Assemblée ordonne que les mois, les décades et les jours recevront des dénominations morales. « Le premier jour, dit le rapporteur, est celui des époux. » « Mais tous les jours, s'écrie-t-on, sont les jours des époux ». On applaudit, et Le Bon tire parti de cette réflexion pour demander l'abandon de toutes les dénominations projetées : « La difficulté de charger sa mémoire de tant de noms fera conserver les anciens, et vous aurez manqué votre but. » L'Assemblée, dans la crainte de maintenir les noms des Saints dans le calendrier, rapporte son décret [1].

Il est vrai que parfois Le Bon défendit à la tribune la raison et la justice. Des dénonciations, sorties des bas fonds de la société, s'attaquaient aux conventionnels eux-mêmes; le député Robert fut accusé par la section du Théâtre-Français d'être un accapareur : on avait trouvé chez lui une certaine quantité de rhum! Devait-on assimiler le rhum à l'eau-de-vie? En cas d'affirmative, le détenteur encourait la mort. Après sept heures de délibéré, le rapporteur de la Commission exposa « qu'il serait cruel d'appliquer pour la première fois la loi contre les accapareurs sur un fait incertain ». Le Bon se montra plus net: « La loi qui n'est pas claire, dit-il, est comme si elle n'existait pas, et nul ne peut être puni qu'en vertu d'une loi antérieure à son délit »; il demanda et fit adopter l'ordre du jour sur la question de fait, et le renvoi au Comité de législation du point de savoir si le rhum était un objet de première nécessité. (8 octobre 1793.)

Dans l'invention des moyens despotiques et des réformes absurdes, certaines administrations locales allaient plus loin que la Convention; ainsi le département de la Haute-Garonne avait imaginé d'arrêter que tout possesseur d'espèces métalliques serait tenu de les échanger pour des assignats. Une députation de la société populaire de Toulouse demanda que cette mesure intelligente et libérale fût

---

1. Le 3 brumaire (24 octobre), la Convention arrêta les dénominations de la nouvelle ère républicaine. Les décadis de l'année reçurent les noms suivants : en Vendémiaire : cuve, pressoir et tonneau. — Brumaire : charrue, herse et rouleau. — Frimaire : pioche, hoyau et pelle. — Nivôse : fléau, van et crible. — Pluviôse : coignée, serpette et fléau. — Ventôse : bêche, cordeau et plantoir. — Germinal : couvoir, ruche et greffoir. — Floréal : rateau, sarcloir et houlette. — Prairial : faux, fourche et chariot. — Messidor : faucille, parc et chalemie. — Thermidor : arrosoir, écluse et moulin. — Fructidor : échelle, hotte et panier!

convertie en loi. Joseph Le Bon s'y opposa, et signalant d'une manière générale le danger que les autorités constituées prissent l'initiative en fait de législation, il obtint la cassation de l'arrêté (17 octobre 1793). — Bientôt il eut à se défendre : le représentant Bernard, de Saintes, avait accueilli, pendant une mission, une dénonciation de fédéralisme contre le conseil général de Beaune. Les accusés firent appel à leur ancien compatriote; il leur prêta son concours et obtint un sursis aux poursuites. Bernard s'attaqua alors à Le Bon lui-même et le dénonça au comité de sûreté générale ; mais, le 20 octobre, la Convention déclara fausses les imputations de Bernard, et maintint le sursis.

Au milieu de ces débats personnels et stériles, la Convention avait entrepris la confection d'une loi sur l'instruction publique. « On ne fit que divaguer sur un objet si intéressant ; on présenta une multitude de projets incohérents. » Le Bon signala ce désordre : « Nous serions trop heureux, ajouta-t-il, si nous parvenions au moins à poser des bases. Eh bien, fixons ces points. Tout dépend de la solution de la question suivante : Voulez-vous une éducation nationale, ou simplement l'instruction publique ? J'entends par éducation nationale une éducation suivant laquelle vous remplacerez les pères et mères par le mode d'une éducation commune et obligée. » La discussion s'engagea sur ce terrain, et Le Bon, démontrant qu'il fallait commencer par l'organisation des écoles primaires, fit rapporter le décret qui établissait des maisons nationales d'éducation.

Les questions religieuses excitaient dans l'âme de Le Bon la colère et la haine ; quand elles ne se produisaient pas, il les faisait naître. On sait que, par arrêt du Parlement de Paris du 4 juin 1766, un gentilhomme d'Abbeville, Fêvre de La Barre, avait été condamné à mort pour outrages envers la religion ; Voltaire avait pris en main la cause de son disciple : Le Bon éprouva le besoin de réhabiliter, en la personne de La Barre, l'ennemi du christianisme. Le 13 novembre 1793 (23 brumaire an II), il fit à ce sujet la motion suivante :

« Au moment où le fanatisme est anéanti, où la majorité des citoyens est éclairée par le flambeau de la philosophie, vous devez vous empresser de venger les victimes de la superstition.

« En 1768, un évêque fanatique fit périr sur l'échafaud l'infortuné La Barre, pour avoir voulu devancer cette brillante époque de la raison. L'indignation que vous manifestez aujourd'hui contre la superstition doit vous porter à réhabiliter la mémoire d'un philosophe dont tout le crime est d'avoir osé attaquer l'erreur. Voilà le premier objet de ma motion. Je demande aussi que les biens de ce philosophe, confisqués au profit d'un gouvernement corrompu, soient rendus par la République, amie de la vérité, à ceux de ses parents qui les réclameraient avec des titres certains. »

Le Bon rencontra pour contradicteur un patriote qui avait fait ses preuves en matière de philosophie : l'ex-capucin Chabot appuya la seconde partie de la proposition, mais combattit la première. « La vertu seule, dit-il, a droit à nos hommages, et l'on sait que la vertu ne fut point le motif qui fit agir La Barre. » Thuriot insista pour que le projet présenté par Le Bon fût adopté dans son ensemble. « Ce sera le moyen de faire trembler le fanatisme jusque dans ses fondements. » Cet argument détermina le vote de la Convention. Elle déclara, le 25 brumaire, que le jugement prononcé par le ci-devant Parlement de Paris, le 5 juin 1766, était anéanti ; que la mémoire de La Barre et d'Étalonde de Morival « victimes de la superstition et de l'ignorance », était réhabilitée, et que les héritiers « de ces infortunés » étaient autorisés à se mettre en possession des biens qui leur appartenaient.

La dernière fois que Le Bon prit la parole à la tribune de la Convention, ce fut pour demander contre les émigrés de nouvelles rigueurs. « Il se commet, dit-il, à l'égard des certificats de résidence et de non émigration, des abus tels qu'on en délivre à des émigrés mêmes qui ont porté les armes contre leur patrie. Je demanderais que la Convention décrétât la nullité de tous les certificats délivrés jusqu'à ce jour par les communes et obligeât les individus à en demander de nouveaux. » — La Convention ordonna le renvoi à la commission chargée de réviser la loi sur les émigrés (11 ventôse, 3 mars 1794).

Nous avons examiné l'attitude de Joseph Le Bon à la Convention bien au-delà du temps qu'il y siégea régulièrement. Avant l'époque où l'unité du récit nous a conduit, il avait été envoyé plusieurs fois en mission dans le Pas-de-Calais, et désigné ensuite, lors de l'établissement du gouvernement révolutionnaire, comme un des représentants chargés d'organiser la Terreur.

Pour comprendre le rôle que joua Joseph Le Bon, représentant du peuple en mission, et apprécier avec justice la part de responsabilité qui lui incombe dans les mesures cruelles qui ensanglantèrent nos contrées, il est nécessaire de jeter un regard d'ensemble sur le mécanisme dont il fut un des principaux organes, et de connaître les progrès que la Révolution avait faits à Arras en son absence.

Sous le gouvernement conventionnel, le pouvoir exécutif se composait d'un conseil de ministres dépourvu de toute participation à la souveraineté législative, et par conséquent subordonné à l'Assemblée. L'unité d'action exigeait que les ministres fussent soumis à la surveillance active de la Convention. Ce contrôle incessant, impossible à une assemblée nombreuse, fut confié par elle, après la défection de Dumouriez, à une commission de neuf membres, élus chaque mois au scrutin. Ce fut l'origine du Comité de salut public. Délibérant en secret, ce comité surveillait et accélérait l'action des ministres, suspendait au besoin leurs arrêtés et leur imposait ceux qu'il prenait lui-même. L'omnipotence de la Convention se concentra ainsi entre les mains de neuf citoyens, investis d'une dictature d'autant plus terrible qu'elle était anonyme.

Un pouvoir si vigoureusement centralisé devait nécessairement se faire représenter dans les départements par des agents énergiques : la Convention, sur la présentation du Comité de salut public, prit ces agents dans son propre sein, et imposant à la France entière le despotisme qu'elle subissait elle-même, elle les envoya auprès de nos armées (décret du 9 avril 1793), aussi bien que dans nos villes, sur tous les points où naissait un péril, en tous les lieux où apparaissait une résistance. Les représentants en mission étaient investis de la plénitude de la souveraineté. Sous le regard du Comité de salut public avec lequel ils correspondaient, ils commandaient aux généraux avec la même autorité qu'aux administrations civiles; ils faisaient arrêter et traduire au Tribunal révolutionnaire « tous citoyens soupçonnés d'avoir aidé, conseillé ou favorisé quelque complot contre la sûreté de la Nation, machiné la désorganisation des armées ou la ruine de la République. »

Le gouvernement conventionnel ainsi constitué n'avait d'autre principe que la force, toute justice régulière étant incompatible avec son existence. Aussi le 10 mars 1793, sur la proposition de Carrier, la Convention avait-elle décrété l'établissement « d'un tribunal extraordinaire qui connaîtrait de toute entreprise contre-révolutionnaire, — de tous attentats contre la liberté, l'égalité, l'unité, l'indivisibilité de la République, la sûreté intérieure et extérieure de l'État,— et de tous les complots tendant à rétablir la Royauté, ou à établir toute autre autorité attentatoire à la liberté, à l'égalité ou à la souveraineté du peuple. » Le décret du 10 mars supprimait le pourvoi en cassation et rétablissait la confiscation des biens; le jury était conservé, mais les citoyens qui le composaient étaient choisis par la Convention et faisaient connaître leur déclaration publiquement et à haute voix. « Tout le système de la Terreur était là, dit M. Louis Blanc. » Enfin, ceux qui étaient convaincus de crimes ou de délits non prévus par les lois antérieures, ceux dont la résidence sur le territoire de la République était un sujet de trouble et d'agitation, devaient être condamnés à la déportation.

La juridiction du tribunal révolutionnaire s'étendant sur la France entière, le transport des prévenus à Paris devint une gêne : pourquoi ne pas conférer à la justice ordinaire le droit de juger révolutionnairement, c'est-à-dire de supprimer les formes qui rendaient le châtiment moins certain, moins prompt, moins terrible ?

Ce progrès se réalisa. Les tribunaux criminels de chaque département, composés d'un président, d'un accusateur public, d'un greffier nommés par le peuple tous les six ans, et de trois juges élus aussi dans les assemblées électorales, et pris, chaque trimestre et par tour de rôle, dans les tribunaux de district, n'étaient chargés que d'appliquer la peine; c'était un double jury qui statuait sur l'accusation et sur la culpabilité. Le jury de jugement était composé de douze membres tirés au sort, le premier du mois, sur une liste de deux cents citoyens préparée, chaque trimestre, par le procureur syndic du département et soumise au Directoire.

Le 15 de chaque mois, s'il y avait quelque affaire à juger, le jury s'assemblait, sur convocation faite dix jours à l'avance. Les jurés votaient en chambre du Conseil et en l'absence les uns des autres; leur déclaration collective était seule lue en public. — Nulle peine n'était prononcée qu'en vertu d'un texte.

Telles étaient les garanties données à la liberté individuelle par la loi du 16 septembre 1791, et que nous allons voir en partie disparaître : la Convention commença par déclarer « hors la loi » ceux qui seraient prévenus d'avoir participé aux émeutes contre-révolutionnaires à l'époque du recrutement, ou bien d'avoir pris la cocarde blanche ou tout autre signe de rébellion. En conséquence, les accusés de cette catégorie furent jugés par les tribunaux criminels révolutionnairement, c'est-à-dire sans les règles ordinaires de la procédure, sans jurés et sans recours en cassation (19 mars 1793).

Le 7 avril, un second décret ordonna aux tribunaux criminels, lorsqu'il s'agirait de juger, conformément à ces dispositions, des prévenus d'émeutes contre-révolutionnaires, de se transporter, sur la réquisition des administrations de département, dans les chefs-lieux de district, et d'y faire exécuter leurs jugements dans les vingt-quatre heures. Enfin, la Convention rendit commune aux tribunaux criminels ordinaires la disposition du décret du 10 mars qui prononçait la déportation, à temps ou à vie, contre les auteurs de crimes ou délits non-prévus par des lois, et contre ceux dont la résidence en France était, vu leur incivisme, une cause d'agitation.

Avant que Joseph Le Bon fût envoyé en mission dans le Pas-de-Calais, le tribunal criminel établi à Arras [1] avait plusieurs fois, en vertu des décrets précités, jugé révolutionnairement.

Ce tribunal siégeait au palais de l'ancien Conseil d'Artois. Il était présidé par Amand-Martial-Joseph Herman, dont le

---

[1]. Le président du tribunal recevait un traitement de 4,800 livres ; l'accusateur public, 3,600 ; les juges 2,400 ; le greffier 3,200.

père, originaire de Saint-Pol, remplissait les fonctions de greffier en chef aux États d'Artois. Avocat depuis 1783, Herman occupait, quand la Révolution éclata, un siége de substitut de l'avocat-général au Conseil d'Artois. L'assemblée électorale de 1791 le nomma juge du tribunal du District d'Arras; les commissaires de la Convention l'appelèrent provisoirement, le 19 octobre 1792, au Directoire du département qu'il présida, puis, le 6 avril 1793, au Conseil général de la commune. Il fut élu président du tribunal criminel le 28 novembre suivant [1].

L'accusateur public près le tribunal criminel était ce Demuliez que nous avons vu, le 3 septembre 1791, signer une adresse au département contre les communautés religieuses et les curés insermentés; travailler, de concert avec Le Bon, dans l'intérêt de la candidature de Robespierre jeune; présider à Saint-Omer l'assemblée électorale qui nomma Le Bon membre du Directoire du département, et partager avec Le Bon les accusations du *Patriote français*. Henri Demuliez était le fils d'un brasseur de Bapaume. Au témoignage de Guffroy « il avait, dès l'origine de la Révolution, fait marcher sa commune et attaqué vigoureusement les nobles et les prêtres ». — Avec les volontaires d'un bataillon parisien, il s'était rendu de Bapaume à Arras pour prêter main forte aux patriotes, en lutte avec le département. Les commissaires de la Convention l'avaient appelé au tribunal criminel en même temps qu'Herman [2].

---

1. Le 28 septembre 1793, Herman, sur la proposition du Comité de salut public, fut appelé par la Convention à la présidence du Tribunal révolutionnaire de Paris. Il dirigea les débats dans les procès de la Reine, des Girondins et de Danton. Lorsque le décret du 12 germinal an II remplaça les ministres par douze commissions, il fut nommé président de l'administration civile, police et tribunaux. — Après le 9 thermidor, compris dans l'accusation dirigée contre Fouquier-Tinville, il mourut avec lui sur l'échafaud.

2. Demuliez remplaça, comme accusateur public, Albert Asselin, substitut du procureur-général près le Conseil d'Artois. — Nommé successivement accusateur

Pendant le troisième trimestre de 1793, Florent Simonis, juge à Calais, Noël Marteau, juge à Boulogne, et Janvier Caron, juge à Béthune, avaient été désignés pour siéger au tribunal criminel : le greffier Leserre était un ancien commis-greffier du Conseil d'Artois. Becq, Mouret et Taquet jeune remplissaient les fonctions d'huissiers. — L'ancien bourreau de la province d'Artois, Pierre Outerdebanque, avait conservé ses attributions.

Ce fut en juin 1793 que le tribunal criminel du Pas-de-Calais commença à juger révolutionnairement. Du 24 juin au 24 août, il prononça, sans jury, sur le sort de dix-neuf accusés. Il en acquitta onze, sur lesquels cinq furent maintenus en arrestation comme suspects ; il en condamna quatre à la déportation et quatre à la peine de mort.

Les condamnés à la déportation furent : Georges Lanthiez, chasseur au 6me ; il avait dit chez un marchand de vin : « Je suis un royaliste, et je le serai toute ma vie ». — Lefebvre, cordonnier ; il avait tenu ce propos : « Si tous les hommes de mon parti étaient comme moi, il y aurait une émeute avant le soleil couché. » — Caron, receveur, jugé à Béthune, en l'église Saint-Barthélémy : « Le Roi est mort, avait-il dit, nous avons des rois sans nombre » ; et il avait chanté : « Le jour de *honte* est arrivé. » — Lefebvre, notable à Samer, jugé à Boulogne ; il avait voulu s'opposer au départ d'une voiture de fourrage requise pour l'armée. « Faisons une révolte, s'était-il écrié ; f..... en bas la République. »

Quel *crime* avaient commis les condamnés à mort ?

Le 23 juin, Demuliez avait requis le procureur syndic de Saint-Pol « de faire préparer un local assez vaste pour que

public près le tribunal du District, et près le tribunal criminel du département, destitué par d'Aoust, Duquesnoy et Doulcet, emprisonné à Paris pendant la Terreur, Albert Asselin, quand l'ordre se rétablit, rentra dans la magistrature; il fut nommé, en 1811, conseiller à la cour de Douai.

le peuple pût assister aux opérations du tribunal et se convaincre de ses propres yeux avec quelle énergie on punissait les ennemis de la République, et de disposer dans ce local une table assez grande pour y placer quatre juges, une autre à droite pour l'accusateur public, et une à gauche pour le greffier [1] ». On fit choix de l'église des Sœurs grises. Le 26 juin, on amena devant le tribunal criminel Louis Morgan, ci-devant clerc à Esclimeux, chasseur au 12e, prévenu de provocation au rétablissement de la royauté. Le fait incriminé avait été dénoncé par le district de Saint-Pol. Il consistait à avoir offert, le 29 avril 1793, deux liards à des enfants pour les engager à crier : Vive le Roi ! Sept témoins furent entendus. Morgan prétendit vainement qu'il n'avait agi ainsi que pour s'assurer si ces enfants étaient patriotes ; vainement il protesta de son patriotisme et de son attachement aux lois de la République : « Le tribunal considérant que la loi ne lui permettait pas de faire grâce, quelques considérations qui se présentassent en faveur de l'accusé », reconnut l'existence du fait et appliqua la loi.

Un brigadier de hussards, Simonin, dit l'Amitié (24 ans, né à Pont-à-Mousson), avait été dénoncé par le Comité de surveillance d'Arras pour avoir dit au cabaret : « Je viens de chanter une chanson démocratique, je vais en chanter une aristocratique ». Il avait, en effet, chanté : Vive le Roi ! Vivent les princes ! en parodiant l'air : Vive le vin, vive l'amour ; il avait ensuite porté un toast à la santé du Roi. Simonin fut condamné le 3 juillet, et exécuté à sept heures du soir sur la Petite-Place d'Arras. — Les administrateurs du département (l'un d'eux avait signé, comme membre du Comité de surveillance, le procès-verbal de dénonciation) informèrent la Convention de cet arrêt de mort.

---

1. Archives départementales.

« Voilà, dirent-ils, comme nous traitons dans notre département les royalistes ». — Applaudissements. — (*Moniteur* du 9 juillet.)

Charles Curel, cadet volontaire en Amérique, puis lieutenant au régiment de Grammont-cavalerie; servait comme caporal-fourrier au 4e bataillon belge. « J'aimerais mieux, avait-il déclaré en présence de plusieurs témoins, servir le Roi que la République; je suis pour le Roi, et non pour la République. » Condamné à mort le 5 août, Curel monta sur l'échafaud le surlendemain, à sept heures du matin.

Un prêtre vénérable, M. Jean Poulain (60 ans), né dans les environs de Verdun, chanoine de la cathédrale d'Arras depuis 1758, avait été arrêté le 4 juillet 1793, en sa maison du Cloître, comme suspect d'émigration.

Les émigrés, bannis à perpétuité du territoire, étaient punis de mort, s'ils venaient à rentrer en France; tout Français qui, absent du lieu de son domicile, ou même actuellement présent, mais s'étant absenté depuis le 1er juillet 1789, ne justifiait pas d'une résidence non-interrompue en France, à partir du 9 mai 1792, était passible de la même peine. Le Directoire du département formait la liste des émigrés et statuait définitivement sur les réclamations de ceux qui s'y trouvaient portés. Une fois un émigré saisi, l'accusateur public près le tribunal criminel le faisait comparaître à l'audience, en présence de deux témoins dont le civisme était connu, et qui constataient l'indentité du prévenu avec la personne déclarée émigrée. Les juges n'avaient alors qu'à prononcer la condamnation à mort. Si le prévenu demandait à faire valoir quelque moyen de défense, le tribunal le renvoyait sur-le-champ au Directoire du département qui statuait. (Loi du 28 mars 1793.)

M. Poulain avait passé sept mois dans la prison du Rivage

où Demuliez le laissait oublier, lorsque, le 16 août, à l'instigation du juge Caron, on fit au département le rapport des pièces qui le concernaient. Le Directoire « considérant que d'*après son aveu*, il avait été à Bruxelles depuis le 5 ou 6 septembre 1792 jusqu'au 9 ou 10 du même mois ; qu'aux termes de la loi du 26 novembre, il devait sortir de France dans la quinzaine après ce délai ; qu'il avait enfreint la loi du bannissement », le déclara émigré rentré au mépris de la loi, et le renvoya au tribunal criminel.

Devant le tribunal, M. Poulain voulut présenter quelques observations. Renvoyé au département : « Pouvez-vous, lui dit-on, justifier de votre résidence ? » il répondit que la preuve lui serait bien difficile, puisqu'il était en prison depuis dix-huit mois. S'il avait quitté un moment le territoire de la République, c'était par frayeur et non par mauvaise intention. Il ignorait, du reste, les dispositions de la loi du 26 novembre et l'époque où elle avait été promulguée ; d'où il conclut à être expulsé du territoire de la République. — Le Directoire déclara cette réclamation tardive, et attendu que l'*aveu* du prévenu rendait le fait constant, passa à l'ordre du jour.

M. Poulain ne fut ramené à l'audience que le surlendemain. Son identité reconnue, il fut condamné à mort. Après la lecture de son arrêt, on le vit se lever et s'approcher de Demuliez qui lui dit : « J'ai fait ce que j'ai pu ». — M. Poulain, martyr de la vérité, fut exécuté le jour même, à trois heures de l'après-midi.

Ainsi l'échafaud révolutionnaire s'était dressé quatre fois dans le Pas-de-Calais, lorsque la Convention confia à Le Bon sa première mission. Un décret du 9 août l'adjoignit, en remplacement de Chabot, au citoyen André Dumont, envoyé dans la Somme. Les pouvoirs conférés aux deux représentants furent étendus aux villes du littoral : Boulogne et Montreuil. Ils parcoururent le département de la Somme et firent çà et là quelques arrestations. Le 25 août, arrivés à Montreuil, ils prononcèrent l'arrestation de douze citoyens qu'ils envoyèrent à Doullens. Le Bon laissa son collègue continuer seul ses opérations à Boulogne, destituer le district et les membres du tribunal, et entasser sur des charrettes une foule de suspects. Dumont dépensait son ardeur révolutionnaire en menaces et en injures : « Le Comité de salut public, a-t-il écrit, me demandait du sang, je ne lui envoyais que de l'encre. » Il dirigea sur Abbeville les prisonniers Boulonnais, et les empêcha, en les gardant sous les verrous, de tomber à Arras en des mains plus terribles.

Le Bon s'était rendu de Montreuil à Saint-Pol, où il se proposait de passer en famille quelques jours de congé, lorsque, le 25 août, les administrateurs du District vinrent au milieu de la nuit lui apporter des nouvelles inquiétantes : à l'occasion de la levée révolutionnaire confiée dans le district de Saint-Pol à l'administrateur du département, Darthé, un rassemblement séditieux s'était formé près de Pernes et avait soulevé plusieurs villages. Sur-le-champ, Le Bon partit pour Arras. Il trouva en séance ses anciens collègues, leur fit part des événements qui l'amenaient, et leur dit qu'il allait se rendre auprès des représentants en mission à l'armée du Nord, afin de prendre avec eux les mesures nécessaires à l'anéantissement des factieux. Le Conseil d'administration vivement ému enjoignit à un de ses membres et au secrétaire général, Galand, d'accompagner Joseph Le Bon. Le jour même, les représentants du peuple, Collombel et Letourneur, lui conférèrent les pouvoirs dont il manquait à Saint-Pol.

« Nous, Représentants du peuple, envoyés près de l'armée du Nord, instruits qu'il se forme un rassemblement de contre-révolutionnaires dans les bois de Pernes, et qu'il est de la dernière importance d'arrêter le mal dans sa source, arrêtons ce qui suit :

« Art. 1ᵉʳ. — Nous autorisons le citoyen Le Bon, notre collègue, à se concerter avec le département du Pas-de-Calais, pour diriger des forces contre les rebelles qui forment des attroupements dans les divers points du Pas-de-Calais.

« Art. 2. — A requérir la force armée près des généraux dont les divisions seront le plus à portée des lieux de rassemblements, ainsi que la garde nationale, et à les poursuivre avec la plus grande vigueur, et à employer les mesures les plus sévères contre les brigands [1]. »

Tandis que Le Bon prenait ses mesures et emmenait avec lui six cents hommes du 2ᵉ bataillon de la Somme et de la garde nationale, Darthé, de concert avec le district, dirigeait sur Pernes la majeure partie des gardes nationaux de Saint-Pol, dépêchait une ordonnance au commandant du 3ᵉ chasseurs, en cantonnement à Frévent, et demandait à Béthune, à Aire, à Hesdin, des forces imposantes munies d'artillerie. — Les instructions de Darthé avaient été devancées ; dès le 25, à dix heures du soir, le citoyen Ferrand, nommé général en remplacement de Chalain emprisonné à Arras, avait marché, à la tête d'une brigade, vers le théâtre de la rébellion. Arrivé à Lillers, Ferrand apprit par le maire de cette ville, qui avait envoyé des patrouilles à Pernes, « que tout était calme et dans l'état le plus rassurant » : il continua sa route sans rencontrer d'obstacle. A son approche, annoncée par le canon, les paysans prirent la fuite et se réfugièrent dans les bois. Darthé, de son côté, avait ordonné, sur son passage, l'arrestation des partisans présumés de l'insurrection, de leurs femmes et de leurs enfants. Sa jonction opérée avec Ferrand, il cerna les bois de Sachin, d'Aumerval et de Nédonchel ; on y trouva non des armes, mais « du bétail, différents meubles et effets des révoltés ». On saisit au moins trois

---

[1]. Archives de l'Empire.

cents fugitifs ; « on en massacra dix à douze, et la victoire fut d'autant plus heureuse que, de douze mille hommes mis sur pied, aucun ne reçut la moindre blessure [1] ».

Joseph Le Bon, arrivé sur les lieux quand tout était terminé, chercha sa part de gloire dans la promptitude et la vigueur du châtiment. Il requit le département d'envoyer sur-le-champ la guillotine à Saint-Pol [2], et donna ordre au procureur syndic du district de « faire disposer de suite l'église paroissiale pour le tribunal criminel ». Le 28 août, on amena devant leurs juges « les scélérats qui avaient voulu faire du département une nouvelle Vendée ».

Un laboureur, Jacques Bins, et un tonnelier, Augustin Grimbert, furent traduits les premiers. Le tribunal, présidé en l'absence d'Herman par le plus ancien juge, Simonis, constata, sur la déposition des témoins, que le dimanche 25 août, des rassemblements s'étaient formés au village d'Amettes et ès-lieux circonvoisins ; que plusieurs citoyens avaient été contraints de substituer des morceaux de buis à leur cocarde tricolore et de livrer leurs armes : il vit dans ces faits une émeute contre-révolutionnaire, et il condamna Bins et Grimbert à la peine de mort.

Cette mise en train satisfit Le Bon. Le 28 août, il instruisit les représentants du peuple, les administrateurs du Pas-de-Calais et les « bons citoyens » de la ville d'Arras, des moyens qu'il avait employés pour assurer la marche de la justice.

---

1. Rapport de Baudet, adjudant de place à Saint-Venant. 2ᵐᵉ *Censure*, P. J., n° 23). — Darthé à la Convention. (*Moniteur* du 3 septembre).

2. « Oh hé, sentinelle, en voici bien d'une autre. Qu'est-ce que ce convoi,.... ce chariot ! — Eh ! f.... bête, ne vois-tu pas que c'est un rasoir national ? — Il y a des barbes à faire dans le district de Saint-Pol, et frotte dur, rase près, va faire des pratiques. Quatre cents royalistes étaient rassemblés dans un bois; mais on n'a pas donné le temps à la guillotine d'arriver ; les communes se sont soulevées ; on a marché contre les brigands ; ils ne sont plus.... et voilà justement, voilà, morbleu ! comme on les mène. »

(Extrait du journal de Guffroy, le *Rougyff*, n° 28).

« La guillotine attend impatiemment son gibier, les juges sont en plein ouvrage ; des milliers de témoins que j'ai requis hier, dans une proclamation solennelle, de venir déposer sur tout ce qu'ils savaient, sous peine d'être traités comme complices, inondent les avenues du tribunal : l'exemple sera tel qu'il intimidera les pervers et les aristocrates jusqu'à la vingtième génération.

« Galand est ici de la plus grande utilité ; je le retiens [2]. »

Le Bon paraissait disposé, d'après cette lettre, à prolonger son séjour à Saint-Pol ; mais, le 29 août, laissant au tribunal le soin de terminer sa besogne, il se rendit à Arras et annonça au département que « bientôt le glaive de la loi s'appesantirait sur la tête des autres coupables, au procès desquels on travaillait sans relâche ». — Quelques jours après, il reprit son siége à la Convention. Le 14 septembre, en récompense de ses services, il fut nommé membre du Comité de sûreté générale, dont Guffroy faisait déjà partie.

Le tribunal criminel ne trompa point l'attente de Le Bon. En deux audiences, les 1er et 5 septembre 1793, il jugea vingt-huit accusés. Les uns, au village d'Aumerval, avaient crié : Vive le Roi ! vive Louis XVII ! et arraché la cocarde nationale ; les autres avaient coupé l'arbre de la liberté à Fontaine-lès-Hermant, désarmé le maire à Sains, enlevé des piques au corps de garde de Tangry. Ces faits, dénoncés par la peur et exagérés par les passions politiques, tombaient sous le coup du décret du 19 mars 1793 ; ils pouvaient, en se propageant, devenir dangereux. Mais la nécessité de la répression, même au point de vue révolutionnaire, demandait-elle qu'on répandît tant de sang ? Douze malheureux furent

---

1. 2ᵉ *Censure*, P. J., n° 27.

livrés au bourreau ; ils appartenaient tous à la classe ouvrière. En voici la liste : Ricard, blanchisseur à Pernes; Grillet et Destré, charretiers; Payelle, cordonnier; Boistel, manouvrier à Bailleul-lès-Pernes; Cossart, manouvrier à Fleuringhem (il avait 17 ans); Caron, d'Auchel, trois membres d'une même famille, les Courtois, l'un charpentier, les autres manouvriers à Nédonchel; deux femmes : Anastasie Dewimille, ménagère, et Marie-Joseph Ricard, journalière à Pernes.— Un seul prévenu fut acquitté.

Avant de poursuivre les autres rebelles dans les districts voisins, le tribunal, aux termes de la loi, devait être renouvelé. Des pétitionnaires sollicitèrent le département de conserver comme juges criminels, pendant le trimestre suivant, Marteau et Caron, qui avaient fait leurs preuves, et de leur adjoindre Nicolas-Joseph Guilluy, de Fruges, juge au tribunal de Saint-Pol et administrateur du département. Le conseil d'administration, « considérant que le civisme et la fermeté de Marteau et Caron n'étaient pas équivoques, et qu'ayant la connaissance de la conspiration de Saint-Pol, il était indispensable qu'ils la suivissent », s'adressa aux représentants en mission près de l'armée du Nord, Élie Lacoste et Peyssard, pour obtenir en leur faveur une dérogation à la loi. Il présenta à leur choix, comme président, le citoyen Beugniet, « patriote instruit ». — Toussaint-François-Marie-Norbert Beugniet, avocat au Conseil d'Artois (1784), avoué et secrétaire-greffier du district en 1792, avait été élu président du tribunal du District d'Arras, à l'assemblée électorale du 29 novembre 1792, et nommé par Carnot et Lesage-Senault membre du Conseil général de la commune, le 1er avril suivant. Nous avons vu qu'il était très-assidu à la Société populaire. « On devait à son activité, dit Guffroy, la rapidité des opérations relatives à la vente des biens nationaux et l'organisation des charrois nécessaires pour le transport des subsistances et fourrages de l'armée. » Lors de la défection de Dumouriez, il avait été envoyé en mission à Douai, Béthune, Aire et Saint-Omer. Le 15 août 1793, Élie Lacoste et Peyssard l'avaient improvisé commissaire national militaire.

Les représentants confirmèrent les choix du département. Ils nommèrent Beugniet président du tribunal criminel; ils lui donnèrent pour assesseurs Marteau et Caron, conservés dans leurs attributions, et Louis-Auguste Richard, pris régulièrement dans un des tribunaux de district, en remplacement de Simonis, « qui ne se sentait pas propre à ces fonctions ». La prorogation des pouvoirs de Marteau et Caron était une grave mesure; elle modifiait révolutionnairement la composition du tribunal criminel, et elle donnait une grande influence à Caron, qui était un homme cruel. L'accusateur public Demuliez, dans la déposition qu'il fit à Amiens lors du procès de Le Bon, fit remonter « à l'arrêté d'Élie Lacoste et Peyssard, la source des malheurs qui affligèrent Arras ».

Le tribunal ainsi réorganisé se transporta, sur la réquisition de Demuliez, à Saint-Omer et à Béthune. Le 4 octobre, il condamna à mort, en la maison de la Conciergerie de Saint-Omer, Ricard Pierre, blanchisseur à Pernes [1]; le 6 octobre, en l'église paroissiale de Béthune, Bonaventure Dersin, Pierre et Jean Fachaux et Cossart Louis, fermiers à

---

1. « Arras, 26 septembre, l'an 2me de la République:... 1er de la mort du tyran. L'accusateur Demuliez aux citoyens administrateurs du District d'Arras. — Citoyens administrateurs : La guillotine doit encore voyager dans l'étendue du département. Le tribunal criminel révolutionnaire se rend à Saint-Omer pour y appesantir le glaive de la loi sur les têtes coupables du reste des rebelles de la petite Vendée, et purger pour jamais cette malheureuse contrée du canton de Pernes du venin dangereux de la contre-révolution. — Je vous prie en conséquence de requérir un chariot et des chevaux pour le transport de la guillotine qui devra partir samedi matin pour être rendue dimanche à Saint-Omer. » (Archives départementales).

Floringhem, chefs ou auteurs de l'émeute du 25 août. On adjoignit à ces derniers un garçon boulanger de Fleurbaix, Jean-Baptiste Hennebelle qui, sans prendre part à l'émeute, avait dit : Je suis royaliste.

Ainsi fut complété l'exemple annoncé par Le Bon. Sans compter les fugitifs massacrés dans les bois, la Petite-Vendée de Pernes avait coûté la vie à dix-neuf accusés.

Dans l'intervalle des poursuites dirigées contre la Petite-Vendée, le tribunal criminel avait été envoyé par le département à Bapaume et à Boulogne. En l'église paroissiale de Bapaume, il avait condamné à mort, le 2 septembre, un dragon du 2⁰ régiment, Savouré, qui s'était livré à des actes de pillage à main armée, et un vieux maître de labours de M^{mo} de Donay de Baralle, Louis Mairesse, qui avait porté une cocarde blanche, signe de rébellion. Le tribunal avait ensuite prononcé deux acquittements.

A Boulogne, en l'audience du tribunal, il avait condamné, le 2 octobre, un prêtre émigré. Jean-Pierre Bulteau (37 ans), né à Parenty, vicaire à Hucqueliers lorsque la Révolution éclata, s'était retiré chez sa sœur, à Samer. Il avait quitté la France vers le temps de Pâques 1792, et y était rentré au mois d'août. Le décret de déportation rendu contre les prêtres l'avait obligé de nouveau à sortir du territoire ; mais l'amour du pays l'emportant sur la crainte des lois, il fut arrêté, le 28 août, au moment où il revenait de Poperinghe. Il avoua aux agents du district d'Hazebrouck, qui l'interrogèrent, ses excursions de France en Belgique, et de Belgique en France. Sur le vu des procès-verbaux, le département le déclara émigré ; le tribunal n'eut qu'à appliquer la peine.

Pendant que la guillotine faisait sa tournée dans le Pas-de-Calais, l'esprit révolutionnaire continuait de se manifester à Arras. Au nom de l'égalité, le conseil du département, d'accord avec le District, avait proscrit toute distinction dans les funérailles : en dehors de la maison mortuaire et de l'église, il avait prohibé l'appareil du deuil ! Plus de tentures aux portes, plus de croix en tête du convoi funèbre, plus de prêtres en habits de chœur, plus de chants religieux sur la voie publique. Une seule cloche annonçait par le même tintement le convoi du riche et du pauvre, un même drap mortuaire était jeté gratis sur leur cercueil. — La fête célébrée en l'honneur de la Constitution n'avait été qu'une ridicule parodie des processions chrétiennes. On avait promené sous un dais l'acte constitutionnel, enfermé dans une enveloppe tricolore. Cinq membres de la Convention envoyés à l'armée du Nord : Carnot, Duquesnoy, Duhem, Desacy et Delbret « suivaient le dais et veillaient sur leur ouvrage ». On chantait sur leur passage l'hymne des Marseillais, la *Carmagnole* et le *Ça ira!*

Les représentants Élie Lacoste et Peyssard avaient ordonné, le 4 août, que tous les gens suspects quelconques des sept départements de la frontière fussent conduits, sous bonne et sûre garde, sur les derrières de l'armée et renfermés « dans des édifices publics où toute communication leur serait interdite ». Cet arrêté fut rapporté presque immédiatement; mais, le 6 août, sous prétexte que Douai était menacé d'un siège, deux cents familles, dont les chefs étaient enfermés comme suspects au séminaire des Écossais, furent expulsées de la ville par la seule porte qui conduisait à Arras. Elles s'établirent dans les villages voisins, mais un arrêté du département, du 13, pris en exécution d'une lettre écrite de Cambrai, le 2, par Élie Lacoste et son collègue, leur enjoignit de se retirer dans l'Aisne et la Somme, à vingt lieues des frontières [1].

---

1. Bibliothèque de Douai. — Manuscrits de M. Plouvain.

Aussitôt, quatre commissaires du District d'Arras, parmi lesquels le vice-président Célestin Lefetz, parcoururent le canton de Lens et y firent la chasse aux réfugiés ; du 26 août au 25 septembre, ils en arrêtèrent soixante-dix-huit. « Nous vous expédions, écrivirent-ils d'Hénin-Liétard, les marchandises que vous nous avez demandées et qui consistent en André Plaisant, ci-devant conseiller au ci-devant parlement de Flandre, sa femme, cinq enfants et deux servantes. Toute cette clique était logée au ci-devant château..... au total, vingt-trois personnes qui ont été prises en un seul moment d'après nos dispositions. » — Le Comité de salut public envoya au District d'Arras ses félicitations : « Nous applaudissons à vos mesures et vous engageons de vous concerter avec nos collègues députés près de vos frontières, qui ont le pouvoir de faire arrêter les personnes suspectes. — Paris, le 3 octobre 1793. — L. CARNOT, C.-A. PRIEUR. »

Élie Lacoste et Peyssard envoyèrent aux administrateurs les mêmes encouragements : « Nous ne pouvons qu'approuver votre arrêté.... chassez au plus tôt de votre District tous les réfugiés.... faites mettre incontinent en état d'arrestation toutes les personnes suspectes ; enchaînez même la malveillance qui se reproduit sous le masque du modérantisme, et prenez toutes les mesures de salut public commandées par les circonstances [1] » (7 septembre 1793).

Provisoirement on avait réuni dans la caserne Héronval les réfugiés du Nord amenés à Arras; ils n'avaient même pas de paille pour se coucher. La cherté des denrées alimentaires détermina le département à se débarrasser de ces bou-

---

1. Vois-tu ces cinquante hommes d'infanterie avec vingt-cinq de cavalerie ? — Eh bien ! qu'est-ce que cela ? — Ce sont les administrateurs du District d'Arras qui vont faire la chasse aux aristocrates, aux enragés modérés, aux nobles perfides, aux prêtres scélérats !.... Aussi ils sont conduits par des administrateurs.... ils ont du poids, ceux-là ». (*Le Rougyff*, n° 19.)

ches inutiles, il leur enjoignit de se retirer dans l'intérieur, à la distance prescrite, sous peine d'être mis définitivement en état d'arrestation. Réclamés par le département du Nord, ramenés à Douai, arrêtés de nouveau, les réfugiés finirent par être envoyés à la citadelle de Doullens.

Ce furent encore Élie Lacoste et Peyssard qui, le 21 septembre, en exécution de la loi des suspects récemment promulguée, arrêtèrent « qu'il serait formé des comités de sûreté générale dans toutes les villes et bourgs d'une population de mille âmes, situés dans l'étendue des départements du Nord, du Pas-de-Calais, de l'Aisne et de la Somme. » Ces comités devaient être composés de sept citoyens au moins, qui auraient donné « des preuves non équivoques de patriotisme depuis le commencement de la Révolution ». Les représentants leur allouèrent un traitement qui varia de trois livres à vingt sous par jour, et pour frais de bureau, trois cents livres à cent livres par an.

Le Comité de surveillance d'Arras, réorganisé sur ces bases, entra en fonction le 1ᵉʳ octobre [1] ; il comprenait, en dehors d'Arras, vingt-deux communes dans sa circonscription. Il avait le droit de décerner des mandats d'arrêt contre les gens suspects [2].

---

[1]. Voici en quels termes Guffroy, dans son *Rougyff* n° 29, stimulait le comité d'Arras : « Comité de surveillance d'Arras, trouve-moi sur-le-champ et conduis à la guillotine le triple gredin qui a reçu, le 11 juin dernier, 7000 livres. Son nom commence par une L. — Que chacun en fasse autant, on aura bientôt trouvé tous les plats j...f..... qui veulent notre ruine, mais qui battent déjà le savon dans le plat à barbe de la guillotine. »

[2]. Aux termes de la loi du 17 septembre, étaient réputés suspects ceux qui, soit par leur conduite, soit par leurs relations, soit par leurs propos et leurs écrits, s'étaient montrés partisans de la tyrannie ou du fédéralisme, et ennemis de la liberté ; suspects, ceux qui ne pourraient pas justifier de leurs moyens d'existence et de l'acquit de leurs devoirs civiques ; suspects, ceux à qui on avait refusé des certificats de civisme ; suspects, les fonctionnaires publics suspendus de leurs fonctions par la Convention et ses commissaires ; suspects, ceux des ci-devant nobles, ensemble les maris, les femmes, pères,

Le Comité de surveillance d'Arras décida, le 5 octobre, que les personnes suspectes de l'arrestation desquelles il s'occuperait tout d'abord seraient les parents d'émigrés. On ne devait pas discuter le civisme des enfants de quatorze ans et au dessous. En un seul jour, quarante familles d'Arras furent mises en arrestation. On comptait parmi elles de nombreuses victimes réservées à l'échafaud : MM. Lallart de Le Bucquière, d'Aix, d'Hendecourt, Lallart de Berlette ; Mmes de Sus-Saint-Léger, Mme Bataille ; M. Wartelle ; Mme Démazière, Mlles Lefebvre de Gouy ; MM. de Lannoy, de La Comtée, Couronnel de Vélu.... Les suspects, mis en état d'arrestation, furent gardés à vue chez eux à leurs frais, en attendant que le District eût désigné un local propre à les recevoir. Le choix du District tomba sur l'ancien hôtel de Beaufort, acheté en 1774 par l'abbaye de Saint-Vaast et affecté à la résidence des abbés commendataires. Le 22 octobre 1789, le cardinal de Rohan, dernier abbé, avait loué le palais abbatial à Louis Liger, son receveur, avec faculté de résiliation après un congé depuis trois mois signifié. Le département ayant, au nom de l'État, donné ce congé à Liger, mis en arrestation, un procès s'était engagé ; pour y couper court, le département avait intimé administrativement à Liger ordre de déguerpir avant le 27 juin 1793. Le District réitéra la signification, prit possession de l'abbatiale, et la convertit en maison de détention.

Ainsi le règne de la Terreur était inauguré à Arras avant que Joseph Le Bon en devînt le ministre. Élie Lacoste et Peyssard, comme pour achever de lui tracer la voie, organisèrent une commission chargée de punir révolutionnairement les fripons de l'administration militaire. Ils chargèrent le

---

mères, fils ou filles, frères ou sœurs, agents d'émigrés qui n'avaient pas constamment manifesté leur attachement à la Révolution ; suspects, ceux qui avaien^t émigré, quoiqu'ils fussent rentrés en France dans les délais fixés par les lois.

District, le Conseil général et la Société populaire de désigner des « patriotes fermes », pour remplir dans ce tribunal les fonctions de juges. Darthé, Daillet, Carlier, Duponchel..., futurs agents de Le Bon, obtinrent la pluralité des voix ; Darthé fut nommé président.

LIVRE IV

Le 8 brumaire an II (29 octobre 1793), Joseph Le Bon fut désigné par le Comité de salut public pour remplir une mission dans le Pas-de-Calais. Il venait de refuser, à cause des couches prochaines de sa femme, une mission dans l'Oise. « Pour son malheur », et bien plus encore pour le malheur de son pays, Le Bon accepta le nouveau mandat qu'on lui confiait ; accompagné de sa femme et de son premier enfant, il prit la route d'Arras.

Est-il vrai que les périls de la patrie et les dangers dont la menaçait l'invasion étrangère aient déterminé son consentement ? Deux mois auparavant, cette hypothèse aurait été discutable : la prise du Quesnoy, de Condé et de Valenciennes, la levée du camp de César, qui avait été la suite de ces revers, avaient rapproché d'Arras le théâtre de la guerre ; l'armée du Nord s'était postée derrière la Scarpe, ayant sa gauche appuyée à Douai, sa droite à Arras. Mais depuis lors Houchard, destiné, comme Custine et tant d'autres généraux, à l'échafaud révolutionnaire, avait vaincu à Hondschoote et fait lever le siége de Dunkerque; Jourdan et Carnot venaient de gagner la bataille de Wattignies et de recouvrer, en débloquant Maubeuge, la ligne de la Sambre; dans ces circonstances, la mission de Le Bon ne pouvait être, et ne fut en effet, qu'une mission politique, dirigée contre les ennemis de l'intérieur. L'arrêté du Comité de salut public justifie ces inductions :

« Le Comité de salut public, instruit que des mouvements contre-révolutionnaires s'élèvent dans la ville d'Aire, et dans d'autres endroits du Pas-de-Calais ; que des tentatives viennent d'être faites pour exécuter un plan de fédéralisme : — Arrête que le citoyen Le Bon se transportera sur-le-champ dans ce département pour étouffer ce complot dangereux par les mesures les plus efficaces et les plus actives. — ROBESPIERRE, B. BARÈRE, COLLOT-D'HERBOIS, BILLAUD-VARENNES, C.-A. PRIEUR, CARNOT [1]. »

En quoi consistaient les mouvements contre-révolutionnaires, les tentatives de fédéralisme, le complot dangereux que Joseph Le Bon était chargé d'étouffer? — Le maire et le président de la société populaire de la ville d'Aire avaient porté plainte contre le district de Saint-Omer au sujet de l'approvisionnement de leur marché, insuffisant en grains ; Élie Lacoste et Peyssard, improuvant la conduite du district, lui avaient enjoint de constater les besoins en grains des habitants d'Aire et d'y pourvoir par voie de réquisition. Le district obéit; mais il invoqua, afin de se disculper, le témoignage de Treilhard et Berlier, en présence desquels il avait offert à la municipalité d'Aire quatre à cinq cents quintaux de grains. Ces deux représentants autorisèrent le département à lever l'improbation infligée par leurs collègues aux

---

1. Archives de l'Empire.

administrateurs Audomarois. Or, il résulta des explications produites devant le Conseil général non-seulement que les commissaires de la municipalité d'Aire s'étaient plaints sans raison, mais qu'ils avaient des torts graves à se reprocher, puisqu'ils avaient sollicité auprès d'Élie Lacoste l'autorisation de requérir dans les communes voisines, sans l'intermédiaire du district, les subsistances qui leur étaient nécessaires, « ce qui heurtait la hiérarchie des pouvoirs ». Le département disculpa le district, et renvoya néanmoins la municipalité d'Aire à l'exercice de ses fonctions. — Au moment où ce conflit était signalé au Comité de salut public, le citoyen Caubrière accourait d'Arras pour lui dénoncer, au nom de la Société populaire, une société centrale montagnarde que l'on cherchait à fonder entre les clubs du Pas-de-Calais, du Nord et de la Somme. — Les registres du département et des districts ne révèlent aucun autre fait qui ait pu servir de prétexte à l'arrêté du Comité de salut public. Au surplus, suivons Le Bon dans l'exercice de sa mission ; nous verrons qu'elle reposait sur des périls imaginaires.

Joseph Le Bon arriva à Arras le 11 brumaire (1er novembre 1793). A peine avait-il déposé sur le bureau du département l'acte qui renfermait ses pouvoirs, qu'il ordonna l'arrestation de trois membres de la société populaire de Calais : le président, le secrétaire et le curé constitutionnel Faudier, « prévenus d'avoir cherché à exciter entre les sociétés républicaines du département une scission funeste ».

Ce premier soin rempli, Le Bon s'occupa des comités révolutionnaires et de l'exécution de la loi des suspects. Il trouva que les comités qui s'étaient formés dans les communes rurales ne remplissaient pas le but de leur institution. « Considérant que dans le plus grand nombre des communes de campagne du District d'Arras, il était impossible de trouver sept bons républicains, indépendants de l'influence des riches et des fermiers », il arrêta que, jusqu'à nouvel ordre, le comité de surveillance d'Arras « étendrait sa vigilance sur toutes les parties du District [1] ».

A défaut de maisons d'arrêt suffisamment spacieuses, les suspects avaient d'abord été gardés à vue dans leurs demeures. Un sentiment d'humanité avait porté le comité de surveillance à proroger, en faveur des femmes, cette situation provisoire. Le Bon fut choqué d'une telle tolérance; il y mit fin par l'arrêté suivant :

« Considérant que des femmes suspectes de la ville d'Arras sont simplement gardées à vue dans leurs maisons, sous prétexte qu'elles doivent des soins à leurs enfants; que cette demi-mesure n'empêche point la communication de ces femmes avec d'autres personnes et laisse par conséquent le mal sans remède; qu'au surplus il est possible de procurer aux dits enfants les secours nécessaires et une éducation meilleure que celle de parents aristocrates et fanatiques; arrête que les femmes suspectes, gardées à vue chez elles, seront sur-le-champ conduites en une maison d'arrêt, et que leurs enfants seront élevés à leurs dépens, s'il y a lieu, dans la maison de l'Égalité [2]. »

Dans la même journée, Le Bon, en compagnie de Demuliez et de Carlier, entreprit une promenade civique à Beaurains. Les habitants de ce village s'étaient signalés en accueillant fraternellement, le 16 octobre, une colonne de l'armée du Nord, harassée de fatigue. Le Bon, qui déjà avait fait leur éloge à la tribune de la Convention, se présenta à eux en grand costume : chapeau à la Henri IV, surmonté d'un panache tricolore, écharpe flottante à la ceinture et sabre traî-

---

1. Archives départementales.
2. Sainte-Agnès. — 2ᵉ *Censure*, P. J. 1.

nant. Au son de la cloche, il les réunit dans l'église et les félicita de leur patriotisme. « Qui aurait cru, leur dit-il, que je reviendrais ici représentant du peuple, investi de pouvoirs illimités! Et comment vont les aristocrates? Comment va votre municipalité? » Après qu'il eut témoigné sa satisfaction de ne plus voir « tous ces petits morceaux de bois, tous ces petits marmots qui faisaient autrefois l'objet de leurs mômeries (c'est ainsi qu'il désignait les statues des Saints), un délateur lui apprit que le nommé Coquet, ayant brisé les vitres du maire de Beaurains, avait été traduit devant le juge de paix Magniez ; mais que le maire, M. Maupain, avait imploré la grâce du coupable et l'avait fait acquitter. Le Bon trouva qu'il n'y avait pas lieu à dénoncer le maire (c'était un bon citoyen, aussi paisible que bienfaisant): « Quant à Magniez, ajouta-t-il, je vous remercie ; il y a longtemps que je veille sur sa conduite [1] ».

Le Bon s'empressa de montrer à Magniez qu'il se souvenait de la sentence rendue en 1791 : par un premier arrêté, il lui ordonna « de lui faire connaître le jour même, avant cinq heures du soir, les motifs qui l'avaient déterminé à laisser la liberté à Coquet ». Magniez, retenu par une maladie, écrivit au représentant que le maire de Beaurains avait demandé grâce pour le prévenu, qui paraissait pris de vin lors du délit. Aussitôt, Joseph Le Bon, « considérant que le juge de paix devait tenir exactement à la loi et ne voir qu'elle ; que Magniez n'était point connu d'ailleurs pour un ami de la Révolution et de la République ; arrêta que ledit Magniez était destitué de ses fonctions [2] ».

Nous retrouvons Le Bon, le 15 brumaire, à la séance du département. On amène à la barre un chef de brigade de

---

1. *Procès de Le Bon*, tome 1, p. 132 et 135.
2. *2ᵉ Censure*, P. J. nº 2 et 3.

hussards, Pierre Badouville; le représentant l'accuse « d'être un partisan du rétablissement de la royauté, d'avoir dit à une ci-devant demoiselle, qui avait sur sa tabatière un emblême de la République : « Mademoiselle, pourquoi cette figure ? » d'avoir donné pour mot de ralliement à ses camarades, dans un bal : « Souvenez-vous, mes amis, que nous avons servi le Roi ». Ces propos ont été dénoncés à la Société populaire ; le chef de brigade les dénie, mais comme il répond à Le Bon « d'une manière qui est trouvée indécente », il est mis en arrestation.

Après avoir ainsi employé les premiers jours de sa mission, Joseph Le Bon quitta Arras, où il ne rentra que le 15 nivôse (4 janvier 1794), et se mit « à courir le département ».

Arrivé à Calais le 19 brumaire (9 novembre), il porta sa sollicitude sur les fonctionnaires publics et sur les individus qui payaient de gros impôts :

« Joseph Le Bon… considérant que les fonctionnaires publics, modérés ou aristocrates, ne sont pas moins dangereux dans les petites communes que dans les grandes, arrête :

« 1. Le district de Calais remettra, dans deux fois vingt-quatre heures, au représentant du peuple, une liste de tous les maires, officiers municipaux et notables, conforme au modèle ci-joint.

« La même administration du district enverra journellement, et dans le même délai, la liste de tous les juges de paix de ses différents cantons, avec des observations sur leur civisme.

« Il sera fait aussi une liste exacte de tous les individus payant chaque année au-delà de 80 livres d'impositions, et l'on désignera leur cote respective et le degré de leur patriotisme [1]. »

---

1. 2ᵉ *Censure*, P. J. 1.

Par application du décret qui ordonnait l'arrestation de tous les Anglais actuellement en France, on avait mis l'embargo sur les lettres adressées à l'étranger; Le Bon en saisit cinquante mille. Il fit à la douane une découverte qu'il crut plus importante : c'était une caisse de couteaux que son imagination transforma en poignards et dont il ordonna l'envoi au Comité de salut public : « Joseph Lebon, représentant du peuple, arrête que la caisse non réclamée au bureau de la douane nationale de Calais, et dans laquelle se trouvent quatre douzaines de poignards tout préparés au crime, sera envoyée dès demain au Comité de salut public de la Convention, où le porteur se fera délivrer un reçu de la caisse [1] ».

Au milieu de ces préoccupations, Joseph Lebon ne perdait pas de vue ce qui se passait à Arras. Les patriotes, avec qui il était en correspondance, attirèrent son attention sur un grave abus qui se glissait dans les prisons : les suspects, se réunissant autour du même foyer et s'asseyant à la même table, cherchaient à adoucir en commun les rigueurs de leur captivité. Les suspects se rassemblent, donc ils complotent; ils ont des provisions, donc ils affament la ville. Prenons un arrêté : « Joseph Lebon, instruit que les hommes suspects renfermés à Arras n'ont pas encore perdu tout espoir de nuire; qu'ils se sont constitués en assemblée; qu'ils se nomment des présidents, des secrétaires, pour délibérer sans doute sur les ruines de la patrie; instruit que ces lâches ennemis de la Révolution s'encouragent aux projets les plus sinistres dans des orgies continuelles ; — Arrête ce qui suit :

1. Aussitôt la réception du présent, le District d'Arras chargera six républicains des plus révolutionnaires de se transporter à l'heure favorable, même pendant la nuit,

---

1. Arrêté du 24 brumaire. Arch. dép.

escortés d'une force suffisante, dans le lieu où sont détenus les gens suspects ; d'y faire une perquisition générale, de saisir tous leurs papiers et autres objets qui pourraient indiquer leurs complots.

2. Il ne sera laissé aux gens suspects ni provision de bois, ni provision de vin, ni provision d'aucune denrée nécessaire, jusqu'à ce que la disette factice, dont ils sont en grande partie les auteurs, n'ait plus lieu.

3. Le District pourvoira à ce que les individus soient, à leurs frais communs, nourris frugalement et de la manière la plus économique[1]. »

La voix publique a signalé à Le Bon un autre désordre. — Les prêtres sexagénaires enfermés au Vivier et aux Capucins ne s'avisent-ils pas de brûler du bois dans leur prison ? L'hiver est rigoureux : est-il tolérable que ces « *monstres* » aient chaud pendant que les sans-culottes ont froid ? La réponse ne se fait pas attendre :

« Joseph Le Bon, instruit par la voix publique et tout récemment par une dénonciation particulière qu'il existe à Arras, dans certaines maisons dites de réclusion, des quantités considérables de bois destiné à chauffer séparément ce ramas de s..... imposteurs qui ont fait tous les maux de la France ;

« Considérant que nos frères, nos pères, nos enfants sont depuis trois hivers exposés à des fatigues incalculables et à toutes les intempéries des saisons pour le seul plaisir de ces monstres ;

« Considérant que les sans-culottes restés dans leurs foyers trouvent à peine les moyens de se garantir des rigueurs du froid, lorsqu'ils consacrent tous leurs instants à la prospérité nationale ;

« Considérant qu'un chauffoir commun suffit pour la pré-

---

1. Arrêté du 21 brumaire. 2ᵉ *Censure* P. J. nº 4.

traille recluse, et que l'on ne doit brûler, en cette circonstance surtout, que les matières les plus économiques ;

« Considérant enfin qu'une disette factice des objets de première nécessité devant momentanément priver de ces objets une portion quelconque des individus résidant en France, il est plus juste que cette privation tombe sur les ennemis de la patrie que sur ses défenseurs ; — Arrête ce qui suit :

« I. Tout le bois à brûler que chacun des prêtres réfractaires a fait transporter dans les maisons de réclusion sera, dans le tiers jour, vendu par demi-corde aux sans-culottes qui voudraient l'acheter.

« II. Les plus anciens habitués de la Société populaire, soit qu'ils y aient assisté comme membres ou comme simples spectateurs, auront la préférence, si leur républicanisme est constant et si d'ailleurs ils n'ont point une fortune aisée.

« III. Il ne sera réservé, dans chacune des maisons de réclusion, que le bois strictement nécessaire pour le chauffage des agents de la maison, si ceux-ci consentent à en payer le prix.

« IV. Le District d'Arras est chargé de l'exécution du présent arrêté, auquel effet il enverra dans les maisons de réclusion des commissaires tirés de son sein, pour prendre les renseignemints et les mesures convenables.

« V. Sur le prix du bois qui sera vendu, le District prendra la somme nécessaire pour procurer aux prêtres le feu le plus économique dans un chauffoir commun [2]. »

Joseph Le Bon avait rendu compte de ses débuts au Comité de salut public et lui avait demandé, avec la timidité de l'inexpérience, certaines autorisations. Le Comité, dissipant ces scrupules, s'empressa de rappeler au représentant qu'il avait des *pouvoirs illimités*, et, comme marque de confiance, il étendit sa mission aux départements voisins :

---

1. Arrêté du 21 brumaire. Arch. dép.

« La Convention nationale, citoyen collègue, prépare dans sa sagesse l'achèvement des bases sur lesquelles doit porter le gouvernement révolutionnaire ; elle frappera, n'en doutez pas, d'anéantissement ces réunions centrales dont l'aristocratie s'est emparée, et où elle rêvait de nouvelles conspirations ; le plus ferme appui de la Révolution, la masse des sociétés populaires, ne sera pas retournée contre elle. Le Comité de salut public applaudit aux mesures que vous avez prises ; il vous observe que les autorisations que vous demandez seraient surabondantes, et ces mesures vous sont non-seulement permises, mais encore commandées par votre mission. Rien ne doit faire obstacle à votre marche révolutionnaire ; abandonnez-vous à votre énergie, vos pouvoirs sont illimités ; tout ce que vous jugerez convenable au salut de la chose publique, vous pouvez, vous devez le faire sur-le-champ. Nous vous adressons un arrêté qui étend votre mission aux départements voisins. Armé de ces moyens et de votre énergie, continuez à renverser sur eux-mêmes les projets des ennemis de la République. Salut et fraternité. — BILLAUD-VARENNES.

« Les membres du Comité, chargés de la correspondance : CARNOT, B. BARÈRE, ROBERT LINDET ».

Suivait l'arrêté : « Le Comité de salut public arrête que la mission donnée au citoyen Joseph Le Bon, représentant du peuple envoyé dans le département du Pas-de-Calais, s'étendra aux départements circonvoisins, dans lesquels la suite de ses opérations rendra sa présence nécessaire. — BILLAUD-VARENNES, B. BARÈRE, ROBERT LINDET, CARNOT, C.-A. PRIEUR, ROBESPIERRE [1]. »

Pendant que Joseph Le Bon, fort d'une telle approbation, poursuivait de Calais à Hesdin « sa marche révolutionnaire »,

---

1. *Joseph Le Bon dans sa vie privée*, p. 333.

le District d'Arras débarrassait les détenus de leurs provisions, saisissait, au Vivier, dix cordes de bois et trois cents soixante fagots ; aux Capucins, trois cordes et demie de bois et cinquante fagots, et faisait chauffer avec de la tourbe les prêtres infirmes et sexagénaires.

Les prisons d'Arras continuaient d'être l'objet de la sollicitude des patriotes. Malgré les envois faits à Doullens, l'Abbatiale, les Baudets et la Maison des orphelines étaient encombrés : le 23 brumaire, un administrateur du département ayant envoyé à Arras quatre jeunes filles de Lille, comprises dans l'arrêté du département du Nord qui obligeait les suspects à s'éloigner à vingt lieues des frontières, et auxquelles le maire d'Auxi-la-Réunion avait donné asile, le Conseil général constata que, « les maisons d'arrêt étant pleines, il était impossible de les y placer », et ordonna de les conduire dans la citadelle d'Amiens. — Le 20 brumaire, la Société républicaine, sous la présidence de Beugniet, avait préparé, d'après les instructions de Le Bon, un règlement en vingt-sept articles pour les maisons de détention. A l'exception des maris et femmes, pères, mères et enfants, les sexes devaient être séparés. Chaque chambre devait contenir quatre à cinq lits et recevoir des riches et des indigents. La nourriture était commune et payée par les détenus. Chaque chambrée était isolée, enfermée, et prenait l'air dans la cour commune, à tour derôle, une ou deux fois par jour. La correspondance était soumise au comité de surveillance ; les employés de la prison, directeur, sous-directeur, préposés et portier, comme aussi les médecins, chirurgiens, infirmiers et barbiers recevaient des détenus leur traitement ; ils étaient présentés par la Société populaire et nommés par le département.

Joseph Le Bon, suivant arrêtés des 26 et 29 brumaire, approuva ce règlement et le rendit exécutoire pour toutes les maisons de détention du Pas-de-Calais. Le département confia la surveillance des prisons à quatre commissaires choisis dans le Conseil d'administration, le District, le Conseil général de la commune, le comité de surveillance, et nommés par leurs corps respectifs.

Ouvrir des prisons, fermer des églises, tel était à Arras le mode de réformation sociale employé, en attendant mieux, par les novateurs.

Le 24 brumaire, un arrêté du département avait ramené les cérémonies religieuses à la simplicité des temps primitifs. Tous les vases d'or et d'argent et autres effets de même nature servant au culte avaient été mis à la disposition du Trésor et remplacés par des vases de terre, de verre ou de bois. Ce n'était là qu'un moyen terme : « A quoi bon un culte? » se demandent les membres de la Société populaire. Pour délibérer sur cette question, ils convoquent en l'église Saint-Vaast, avec l'autorisation de la municipalité, les six sections de la ville. Hacot est nommé président de l'assemblée, Caubrière secrétaire. « Un citoyen monte en chaire; il expose que, pour la première fois, cette tribune allait servir à dire la vérité. Il déclare que, la seule religion que l'on doit professer étant celle de la bienveillance et de l'amour de ses semblables, il demande, en conséquence, que les églises de cette commune soient fermées; que les scellés soient apposés sur les portes et sur ce qu'on appelait tabernacles. » — « Un autre propose que l'édifice dans lequel on est assemblé serve, dans la suite, de salle de séances à la Société républicaine. »

L'assemblée, à l'unanimité, adopte ces propositions et charge six commissaires, parmi lesquels Beugniet, de les transmettre aux corps administratifs et aux représentants Laurent et Isoré, qui se trouvent en ce moment à Arras. De tous côtés arrivent des approbations. Au son de la musique et de la cloche *Joyeuse*, le peuple des clubs se met en marche; Hacot, maire d'Arras, est à la tête. On se rend à la porte des quatre églises conservées comme paroisses, « afin de les purifier » : déjà, par ordre du District, les scellés y avaient été apposés. On célèbre par des discours et des chants patriotiques le triomphe de la Liberté et de la Raison. Une « adresse du peuple d'Arras », rédigée par Hacot et Beugniet, raconte ces merveilles « à tous les peuples de l'univers » :

« Le jour de la philosophie est arrivé, etc., etc..... Nous briserons toutes ces armes meurtrières devenues inutiles ; le fer ne servira plus qu'à la charrue ; l'explosion du salpêtre ne se fera plus entendre que pour célébrer les fêtes de la liberté ; les instruments du supplice seront oubliés et le crime sera aussi rare dans la régénération de l'univers que les bons rois, les nobles vertueux et les prêtres de bonne foi le furent dans les jours de sa corruption [1]. »

Oui, le jour de la philosophie était arrivé, et à ces rêves de l'âge d'or, illusions et mensonges, les apôtres de la Raison allaient de concert substituer les conséquences véritables d'une religion qui proscrivait Dieu.

Joseph Le Bon s'était dirigé de Calais vers Hesdin, par Saint-Omer et Saint-Pol. En traversant Saint-Omer, il annonça au district sa récente découverte de « quarante-huit poignards à deux tranchants venus d'Angleterre et cinquante mille lettres pour l'étranger ». Six de ces lettres étaient timbrées de Saint-Omer : il en donna lecture et, avec l'aide du Comité de surveillance, il en recherche les auteurs. On soupçonna le citoyen Le Sergent d'avoir écrit la lettre n° 1 : M. Le Sergent fut arrêté avec toute sa famille. Les lettres 2 et 3 étaient signées de Lauretan : M. de Lauretan était émigré, on arrêta sa femme. On imputa au citoyen Taffin d'être l'auteur de la lettre n° 3 ; on emprisonna M. et Mme de Taffin. Les lettres 5 et 6 portaient les signatures Hel-

---

1. Imprimé. Bibliothèque de M. Renard.

mans et Thomas Hermant ; quoiqu'elles n'eussent rien de compromettant, par mesure de sûreté, on mit MM. Helmans et Hermant en arrestation.

Le 20 brumaire, Le Bon avait chargé Demuliez, Duponchel, Carlier, Lefetz et Daillet de lui présenter vingt-quatre citoyens propres à former un comité de surveillance permanent. Il reçut à Saint-Pol, le 7 brumaire, la liste demandée : il y donna son approbation, déclara l'ancien comité dissous et ordonna au district d'installer le nouveau. Sa confiance ne pouvait être mieux placée qu'en cette administration. « Frapper les aristocrates impitoyablement et sans distinction de personne, — les feuillants et les modérés à qui les mesures révolutionnaires ne font point plaisir, — les suppôts de la feue royauté ; — achever d'écraser le fanatisme et les fanatiques, surtout les prêtres, ces ministres du mensonge qui, vu le coup de mort porté à leurs mômeries et vu aussi leur esprit remuant, ne pourront s'empêcher de secouer les torches du hideux fanatisme et de la discorde » ; telles furent les recommandations que le district chargea son procureur-syndic d'adresser au Comité de surveillance.

Joseph Le Bon avait mandé au juge de paix de Calais de continuer ses recherches à la douane ; quelle fut sa joie d'apprendre que l'on avait découvert une nouvelle caisse de poignards, auprès de laquelle celle qu'il avait trouvée lui-même n'était qu'un échantillon ! Sous l'influence de ses premières impressions, il informa de cette grande nouvelle non-seulement le Comité de salut public, mais le district de Saint-Omer.

« ... Vous frémissez d'horreur, écrivit-il au Comité ; j'attends vos ordres ; si vous voulez que j'agisse par moi-même (ce dont je ne me soucie guère), lâchez-moi la bride. Songez aux cinquante mille lettres, aux prisons qui regorgent et que je voudrais faire évacuer par le tribunal criminel [1] ».

1. 2ᵉ *Censure*, p. 55.

Saint-Pol, le 29 brumaire.

« *Joseph Le Bon au district de Saint-Omer.*

« Je reçois, à trois heures et demie du soir, le courrier que vous m'avez expédié avec deux lettres à mon adresse.

« Vous savez sans doute que le juge de paix de Calais, requis par moi de continuer ses recherches à la douane, y a trouvé une caisse contenant quatre mille cinq cents poignards ; un courrier en porte la nouvelle au Comité de salut public.

« Du courage donc, de l'*énergie*; il en est plus besoin que jamais. Ne laissez en liberté aucun riche, aucun homme d'esprit qui ne se soit prononcé fortement et de bonne heure pour la Révolution [1] ».

Le Comité de salut public avait prévenu les désirs de Le Bon, en lui *lâchant la bride*. Le 16 brumaire, répondant à une consultation que lui demandait son agent dévoué sur les effets de l'amnistie prononcée par la loi du 14 septembre 1791, il lui avait réitéré ses précédentes instructions :

« Le Comité de salut public, citoyen collègue, vous observe que, investi de pouvoirs illimités, vous devez prendre dans votre énergie toutes les mesures commandées par le salut de la chose publique. Continuez votre attitude révolutionnaire. L'amnistie prononcée lors de la constitution capétienne et invoquée par tous les scélérats, est un crime qui ne peut en couvrir d'autres ; les forfaits ne se rachètent pas contre une République, ils s'expient sous le glaive ; le tyran l'invoqua, le tyran fut frappé ! Vous pouvez, vous devez même faire acquitter par la Trésorerie les frais de voyage des députés qui sont venus dénoncer les projets fédéralistes ; les dénonciateurs ont bien mérité de la nation.

---

1. 2ᵉ *Censure*, p. 194.

« Déjà les conspirateurs s'arment de nouveau contre elle ; le Comité de salut public est instruit que le projet infernal de livrer les places de première ligne existe ; portez l'œil de la surveillance sur tous les points, depuis Dunkerque jusqu'à Maubeuge. Le centre de ces intelligences paraît être Douay ; dirigez sur Douay l'activité de l'observation. Souvenons-nous de Givet et des trahisons ; secouez sur les traîtres le flambeau et le glaive ; marchez toujours, citoyen collègue, sur cette ligne révolutionnaire que vous décrivez avec énergie. Le Comité applaudit à vos travaux. Salut et fraternité. — BARÈRE, CARNOT, BILLAUD-VARENNES [1] ».

Ainsi confirmé dans ses pouvoirs illimités, Joseph Le Bon, pendant son séjour à Hesdin (28 et 29 brumaire), requit les mesures commandées par le salut de la chose publique. Il enjoignit au procureur-syndic de Béthune d'arrêter sur-le-champ le curé de Carvin et ses trois vicaires, « prévenus d'avoir cherché à empêcher, dans leur commune, le triomphe de la raison et de la philosophie sur les sottises dites religieuses ». Il ordonna que « les individus soumis soit au recrutement de mars 1793, soit à la réquisition du mois d'août suivant, qui s'étaient jetés dans ce qu'on appelait jadis l'état ecclésiastique, se rendissent sur-le-champ au directoire de leur district respectif, pour se faire incorporer dans un bataillon [2] ». Il autorisa enfin le tribunal criminel du Pas-de-Calais, qui prit, à partir de ce jour, le nom de tribunal criminel et révolutionnaire, à rester en permanence et à juger révolutionnairement tous délits contre la chose publique, de quelque nature qu'ils fussent (29 brumaire-19 novembre).

Joseph Le Bon cherchait sans doute à associer plus complètement les chefs du despotisme conventionnel aux crimes

---

1. 2ᵉ *Censure*, P. J. n° 26 ; — *Joseph Le Bon dans sa vie privée*, p. 363.
2. Archives départementales.

qu'il allait commettre, et à diminuer sa responsabilité personnelle. Le 19 brumaire (29 novembre), il écrivit au Comité de salut public [1] :

« J'étais digne, j'ose le croire, de recevoir la lettre que vous m'avez écrite. Vous me livrez à mon énergie révolutionnaire; eh bien, rien ne m'arrêtera pour le salut de la patrie ! Malheur aux traîtres, aux dilapidateurs, aux prévaricateurs de toute espèce ; leurs têtes vont tomber comme la grêle.

« Dans ce moment, le tribunal criminel, composé de vigoureux sans-culottes, est mis en permanence. Il va juger, sans délai, toutes les affaires des citoyens détenus pour autres causes que celle de suspicion ; les formes voulues par la loi seront conservées, lorsqu'il s'agira de délits particuliers ; tous délits contre la chose publique seront jugés révolutionnairement, de quelque nature qu'ils soient.

« J'ai adjoint quatre travailleurs au Directoire du département, dont les forces ne sont pas plus qu'humaines, bien que leur zèle soit infatigable. — Le mouvement imprimé contre la prêtraille me paraît ne pouvoir être contrarié sans danger. En conséquence, j'incarcère sur-le-champ tous les curés et autres qui s'avisent de blâmer leurs ci-devant confrères et voudraient retarder la marche de la raison et de la philosophie.

« La société d'Hesdin et plusieurs autres auraient besoin du spécifique que j'ai employé à Calais. Partout je trouve des multitudes de clubistes qui jadis traitaient les patriotes de factieux, de scélérats et les désignaient aux couteaux et aux poignards. Aujourd'hui ces mêmes hommes font des motions prodigieusement républicaines, et en imposent aux yeux

---

1. 2ᵉ *Censure*, P. J., n° 6. — Nous avons fait collationner, aux archives impériales, les lettres de Le Bon au Comité de salut public, citées soit dans la 2ᵉ *Censure* de Guffroy, soit dans le Rapport de Courtois à la Convention sur les papiers trouvés chez Robespierre. Nous publions, avec la note *Archives impériales*, les lettres de Le Bon au Comité qui sont entièrement inédites.

peu clairvoyants ; mais il suffit de les démasquer ; il suffit de rappeler au peuple la loi du 17 septembre sur les personnes suspectes et celle sur le visa des certificats de civisme par les sociétés populaires ; aussitôt le peuple rejette du nombre de ses amis et de ses serviteurs ces hypocrites qui ne se républicanisaient que pour éviter l'arrestation et influencer par leur coupable majorité les délibérations des patriotes invariables.

« Comité de salut public, ne perds point de vue les renseignements que je te donne, et avise aux moyens prompts d'arrêter ce mal qui est général dans la République [1]. »

Pour comprendre le caractère révolutionnaire de l'arrêté du 29 brumaire et l'importance des changements qu'il apportait dans l'organisation du tribunal criminel d'Arras, il suffit de rappeler qu'aux termes des lois en vigueur ce tribunal ne pouvait juger, sans le concours du jury, que les émigrés, les provocateurs au rétablissement de la royauté et les auteurs d'émeutes contre-révolutionnaires. L'exception devint la règle. Du moment qu'un crime était contraire à la chose publique, les formes, sauvegarde du droit, cessèrent de protéger les accusés.

Ce n'était là qu'un essai ; nous verrons Joseph Le Bon, après trois mois d'une expérience qui ne le satisfit point, perfectionner l'instrument et en assurer, cette fois, la marche régulière.

Le tribunal criminel, pendant le mois de brumaire, n'avait jugé révolutionnairement que trois prévenus.—Le 2 brumaire (23 octobre), en l'église des Minimes de Calais, il avait condamné à la déportation à vie un architecte de Dunkerque, Nicolas Naghel, accusé d'avoir manifesté son indignation sur le sort infligé à Custine et à Houchard. — Le 6 du même mois, siégeant à Arras, il avait acquitté et retenu en arresta-

---

1. 2° *Censure* P. J., n° 6.

tion comme suspects, le directeur de la comédie, Dupré, qui avait fait jouer un drame : *le Tribunal redoutable*, tendant au rétablissement de la royauté, et un cultivateur d'Ablain-Régénéré (Ablain-Saint-Nazaire), Bon Topart, qui avait reproché à son fils d'abandonner la cause de la royauté.

Deux militaires comparurent les premiers, en exécution de l'arrêté du 29 brumaire, devant le tribunal criminel jugeant révolutionnairement.

Jean-Baptiste Prévost (43 ans), né à Mormade, était lieutenant dans la légion du Nord. Pendant qu'il prenait, chez un cordonnier d'Arras, la mesure d'une paire de bottes, il s'avisa de dire que « Dumouriez était un brave homme; que, s'il était à sa place, il en ferait autant ; qu'il irait à Paris, égorgerait une partie des Jacobins; que la France ne pouvait exister sans roi ; qu'avant trois mois elle en aurait un ». — Dénoncé à la municipalité, il fut arrêté, le 7 avril, par ordre du département. En vain le colonel commandant la légion du Nord demanda-t-il l'élargissement de son lieutenant, « bon soldat, excellent patriote, entraîné par la chaleur de la discussion » ; en vain offrit-il, ainsi que d'autres officiers, de lui servir de caution...: après dix mois de détention, Prévost, convaincu d'avoir approuvé la trahison de Dumouriez, fut condamné à mort. (Décret du 4 avril 1793.)

Le lieutenant Frédéric Bourienne (24 ans), né à Roye, arrêté à Aire, eut le même sort. Il avait « approuvé la rébellion du traître Dumouriez », en écrivant, le 4 avril, que « l'honneur lui commandait de passer avec lui ».

Antoine de Forceville, chasseur au 3e, avait perdu son portefeuille. On y trouva une bague en crin sur laquelle on lisait J. M. la Reine (J'aime la Reine) et des chansons inciviques : ce délit n'étant prévu par aucune loi, Forceville fut condamné à la déportation à vie.

Une troupe d'artisans nomades, enfants de l'Auvergne,

chaudronniers ou remouleurs, comparurent, après ces militaires, devant Beugniet et ses assesseurs. C'étaient Pierre Arnal (43 ans), Jean Arnal (37 ans), Pierre Arnal (31 ans), Jean Arnal (30 ans), Pierre Arnal (25 ans), oncles et neveux; Pierre Girard (30 ans), Durand, dit Poussenail (26 ans); Antoine Roux (52 ans), Jean Bouchel (25 ans), Vital Bouchel (19 ans) et Michel Mory (24 ans). On les avait dénoncés au représentant Ernest Duquesnoy, en mission à l'armée du Nord, comme étant rentrés de Belgique en France. Arrêtés à Arras et à Péronne, ils furent trouvés porteurs d'assignats qu'on crut faux, et renvoyés au département comme prévenus d'émigration. Les uns déclarèrent qu'ils étaient habitués à sortir de France pour l'exercice de leur profession; les autres que, dans l'ignorance de la loi, ils avaient passé la frontière pour la première fois. Sans admettre de distinction, le département les déclara émigrés et les fit conduire au tribunal criminel pour la constatation de l'identité et l'application de la peine; ils furent tous mis à mort.

Joseph Le Bon, arrivé à Boulogne le 6 frimaire (26 novembre), écrivit au Comité de salut public :

« Je garde le silence depuis quelques jours. Dites tant mieux, c'est que Joseph Le Bon travaille fort; oui, je vous assure, j'y vais d'une jolie manière.

« Il ne se passe pas vingt-quatre heures que je ne dépêche au tribunal criminel révolutionnaire, à Arras, deux ou trois gibiers de guillotine [1]. »

Les registres du district nous font connaître la manière dont Le Bon *travailla* à Boulogne. Le 7 frimaire, il fit savoir aux membres de cette administration qu'il voulait interroger lui-même plusieurs des détenus. Sur son ordre, on amena devant lui Blanquart de la Barrière et Dolet, anciens fonc-

---

1. 2ᵉ *Censure*, p. 57.

tionnaires, qu'il ordonna de traduire pardevant le tribunal criminel et révolutionnaire, comme « prévenus d'avoir cherché à nuire à la République par les conseils qu'ils avaient donnés à la femme de Fiennes (Mme d'Ordre), fille d'émigré, pour cacher le testament de sa mère ». — Nous retrouverons Blanquart sur les bancs du tribunal révolutionnaire. — Joseph Le Bon consacra les jours suivants à interroger d'autres suspects, à examiner la conduite de la municipalité de Samer qu'il destitua ; à remplir les places vacantes dans le directoire du district et à supprimer les comités de surveillance des campagnes, pour étendre la juridiction de celui de Boulogne qui lui inspirait plus de confiance.

Le tribunal de Boulogne était resté désorganisé par suite des destitutions qu'André Dumont avait prononcées ; Le Bon en confia la présidence à l'ex-oratorien Varnier, qu'il avait connu à Beaune, professeur de sixième, et qu'il avait placé à Paris comme secrétaire-commis au Comité de sûreté générale. Il lui donna pour assesseurs deux autres oratoriens, ex-prêtres, qui renouvelèrent entre ses mains leur abjuration.

La question des *poignards* rappelait Le Bon à Calais. A peine eut-il mis le pied dans cette ville, qu'il s'informa des résultats de l'instruction ouverte à ce sujet. Quelque décevants que fussent ces résultats, il s'empressa de les transmettre au Comité du salut public :

« J'arrive ce matin à huit heures et je m'empresse de vous envoyer Achille Audibert. Ce citoyen était en arrestation chez lui, par mesure de sûreté, depuis qu'il avait dit au milieu de la Société populaire qu'il pouvait donner des renseignements sur les poignards et leur introduction en France. En effet, il a fourni les renseignements, tels que vous les verrez dans son interrogatoire dont il emporte copie. Rien ne paraît à sa charge. Mais je vois avec peine qu'il présume le bien plutôt que le mal dans les circonstances où nous sommes. Il s'imagine que le ministre Servan et le gouvernement anglais ne nous préparaient aucune trame perfide dans les spéculations apparentes d'un nommé Mazuel. Pour moi, je ne suis point si confiant ; plus ce Mazuel a été persécuté en Angleterre et plus il m'est suspect, ainsi que ses inventions.

« De la confiance ? Juste Dieu ! jamais peut-être il n'a fallu être autant sur ses gardes. Partout où je me porte, c'est un patriotisme, un républicanisme, un maratisme universels. Cette mascarade me met en fureur, et je ne puis supporter qu'un antique aristocrate modéré prenne la figure d'un vrai serviteur de la patrie.

« Depuis le 1er frimaire, le tribunal criminel du Pas-de-Calais juge sans relâche et révolutionnairement tous les délits contre la chose publique. Une douzaine de têtes sont déjà tombées sous le tranchant de la guillotine permanente.

« De mon côté, je ne laisse point chômer les juges ; je leur laisse une besogne toujours renaissante. J'ai déjà fait traduire devant eux une cinquantaine de prévaricateurs, d'agents d'émigrés, de correspondants avec ces derniers.

« Mes cinquante mille lettres n'ont point été sans fruit pour cette contrée ; j'ai découvert les auteurs de celles même non signées. Tous les individus suspects, mâles et femelles, tant domestiques, etc., etc., sont appelés par le procureur-syndic du district et écrivent sous sa dictée ; je compare ensuite les diverses écritures, et j'agis en conséquence.

« A propos de ces lettres, le Comité de sûreté générale ne dit rien. Je fais donc de mon mieux jusqu'à contre-ordre. Aujourd'hui, je vais les classer de telle sorte que celles contenant des billets de banque restent à Calais en dépôt ; quant aux autres, je me les ferai conduire dans le lieu le plus central du département, où je les examinerai et les ferai examiner par gens sûrs. J'atteindrai tous les coupables qu'elles me désigneront dans les départements voisins. Je vous ferai connaître ceux plus éloignés, au fur et à mesure que mon opération avancera.

« Le département du Nord m'est recommandé par vous, mais il faudrait y être à demeure. Celui-ci est déjà immense pour les forces d'un homme, et je n'y ai point encore fait, en travaillant nuit et jour, la vingtième partie de ce qui est nécessaire. Chargez donc quelqu'un de nos collègues de s'attacher spécialement au département du Nord, comme je le suis au Pas-de-Calais; ne perdez point de temps : qui trop embrasse, mal étreint. Je ne sais pas ce que c'est que d'être commissaire de la Convention dans plusieurs départements, pour le plaisir de les traverser; et vous sentez sans doute la justesse de cette observation[1]. »

On ne pouvait reprocher à Joseph Le Bon de manquer d'activité dans l'exécution de son mandat : arrêté dans une ville, il étendait sa surveillance sur tous les autres points du département; aucune mesure importante n'était prise par un corps constitué sans être soumise à l'approbation du représentant. Il apprit ainsi, pendant son séjour à Calais, que le District d'Arras avait réformé l'organisation des hôpitaux de cette ville. « Dans les maisons dites l'Hôtel-Dieu, la Pro-

---

1. 2ᵉ *Censure*, P. J., 7.

« J'ai cherché en vain au Comité de salut public, dit Guffroy (2ᵉ *Censure*) p. 195), un interrogatoire relatif aux nommés Audibert et Mazuel que Le Bon y avait envoyé, suivant sa lettre du 12 frimaire. Il fallait bien que Barère écartât ces pièces, pour mieux couvrir ses mensonges officieux en faveur de Le Bon. Ces prétendus poignards n'étaient que de grands couteaux de table ou de cuisine. »

Le 7 prairial (26 mai 1794), Barère, exposant à la tribune de la Convention les crimes de l'Angleterre : « C'est à Calais, dit-il, que Le Bon, représentant du peuple, a trouvé, en vérifiant les caisses depuis plusieurs mois déposées à la douane, un nombre de caisses remplies de poignards, et le nombre adressé à Paris correspondait au nombre des sections. » (*Moniteur* du 10 prairial.)

vidence et la Charité, les administrateurs du District avaient trouvé les filles attachées à ces maisons gangrenées d'un fanatisme anti-révolutionnaire ; aucune d'elles n'avait prêté le serment exigé par les décrets ». En conséquence, le District arrêta que l'Hôtel-Dieu et la Providence seraient évacués ; que les malades de l'Hôtel-Dieu seraient conduits à l'hôpital Saint-Jean, et les filles de la Providence à la prison de la ville. Comme « il importait que les Sœurs de Charité pussent faire part de leurs secrets et de leurs connaissances », on invita celles d'entre elles qui prêteraient le serment à rester dans leur maison ; on leur imposa, il est vrai, un directeur avec traitement de quatre mille livres, et on convertit leur jardin en jardin botanique. Ces transformations fournissaient à la ville deux établissements de la plus haute importance : dans le plan du District, l'Hôtel-Dieu et la Providence devenaient des prisons ; l'hôpital Saint-Jean recevait le nom d'hôpital de la Réunion et de la Fraternité ; la maison de la Charité s'appelait désormais « maison de l'Humanité » ; au-dessus de la porte principale devait être gravée cette inscription : « Maison destinée à soulager l'humanité souffrante [1] ».

Les dispositions essentielles de l'arrêté pris par le District reçurent l'approbation de Joseph Le Bon. Il en critiqua quelques parties accessoires, et profita de l'occasion pour

---

1. Les considérants de l'arrêté du District *méritent* d'être cités.

« Considérant que dans le moment où le peuple français terrasse et proscrit les préjugés de la superstition, renverse les autels élevés au mensonge et au fanatisme, et n'a pour évangile et pour culte que la Raison et la Nature, ce serait un crime de lèze-nature et de lèze-humanité que de confier plus longtemps nos concitoyens, nos frères malades aux soins des filles forcenées et fanatiques qui sans cesse forment des vœux pour le retour de leurs pieux et hypocrites imposteurs, et qui sans cesse importunent le ciel des prières impies qu'elles lui adressent pour la ruine de la République et le triomphe de ses ennemis ;

« Considérant que ces filles, par mille moyens dans les maladies périlleuses, peuvent, en parlant de Dieu, de ses Anges et de ses Saints, d'enfer, de purgatoire et de paradis, changer l'esprit des malades et nuire par là aux progrès de

éclairer les patriotes d'Arras sur les principes qui devaient désormais présider à l'administration.

Calais, 14 frimaire an II.

« J'ai reçu votre arrêté relatif aux hôpitaux et aux maisons de secours. J'approuve les réunions; j'approuve vos divers autres arrangements, mais j'ajourne la confirmation des nominations par vous proposées. 1° Elles n'ont pas été soumises à la Société républicaine d'Arras, *conditio sine qua non*. 2° J'y vois des gens prévenus d'avoir donné un certificat à Becquet Cocove, et je ne puis concevoir par quelle inconséquence je laisserais un homme en arrestation, tandis que j'appellerais aux places publiques ceux qui ont attesté sa conduite irréprochable. 3° Je veux bien que l'on emploie des patriotes, mais de préférence ceux qui ne sont pas riches et qui se sont montrés de la manière la plus évidente. Or, tout le premier rang de la vénérable assistance du département est-il placé, pour que vous nommiez la femme Massi à la place de lingère? La femme Massi est riche, si c'est celle que je connais; elle est patriote, j'y consens. Mais la veuve Lemaire, rue Saint-Aubert, par exemple, n'a-t-elle pas plus sacrifié à la Révolution? Ne s'est-elle pas exposée davantage?

« Je requiers donc, administrateurs, un nouvel examen de votre part, et l'examen de cet examen lui-même par la Société populaire.

« Je vous observerai encore que les appointements des directeurs et sous-directeurs me paraissent bien forts, surtout

---

l'esprit public, faire des ennemis à la République de ses propres défenseurs, jeter la terreur dans l'âme des faibles et même ébranler les forts ;

« Considérant qu'il est de la saine philosophie de ne pas laisser plus longtemps dans les hôpitaux des personnes aussi dangereuses, aussi fanatiques et aussi contre-révolutionnaires que celles qui en sont en ce moment chargées ;

« Considérant que ces femmes peuvent tuer les malades, autant que les maladies mêmes, par les rêves de la superstition et du fanatisme ; — Arrête.

quand je les compare aux 800 livres que vous accordez à celles qui auront le plus de besogne. Je ne reconnais pas là votre esprit de justice ; les places de chanoines doivent être absolument proscrites du nouveau régime.

« Ce n'est pas non plus sans une peine très-vive que j'ai vu des philosophes tels que vous entreprendre de consacrer par des inscriptions irréfléchies le mensonge et notre honte : *Hôpital de la Réunion et de la Fraternité !* Quelle imposture ! puisque les pauvres seuls seront réduits à s'y rendre. — *Maison destinée à soulager l'humanité souffrante !* Opprobre ineffaçable de notre siècle ! — Républicains inconsidérés, doit-il y avoir une partie quelconque de l'humanité qui soit en souffrance ? N'est-ce pas là un de nos derniers crimes qu'il faut s'empresser de réparer ? — Mettez donc au-dessus des portes de ces asiles consacrés au malheur des inscriptions qui annoncent leur inutilité future ou prochaine. Car si, la Révolution finie, nous avons encore des malheureux parmi nous, nos travaux révolutionnaires auront été vains.

« Les administrateurs du département du Pas-de-Calais sont requis, sous leur responsabilité, de communiquer cette lettre au conseil de la commune d'Arras, au comité de surveillance et à la Société républicaine. — Le représentant du peuple, JOSEPH LE BON. — Collationné, GALAND [1]. »

La Société républicaine d'Arras répondait à la confiance de Le Bon. — Trois membres de ce club, Caubrière, Duponchel et Carlier avaient fait une excursion civique à Dunkerque ; ils conseillèrent à Le Bon de rendre visite aux autorités de cette ville.

Le Bon leur répondit de Calais, le 15 frimaire an II :

« Je reçois à l'instant, avec le plus vif intérêt, le récit de votre mission républicaine à Dunkerque. Je regretterais de

---

1. Archives départementales.

ne pouvoir seconder vos intentions pour l'épuration des autorités de cette commune, si je n'avais reçu d'Isoré, ce soir, la lettre suivante :

« Je me proposais d'aller à Calais; mais, puisque tu y es, je retournerai vers Cassel et Hazebrouck. Je fais à Dune-Libre (Dunkerque) une opération montagnarde; les rédacteurs d'adresses à Roland y sont mal dans leurs affaires; ils sont arrêtés, et un tribunal va les juger révolutionnairement. Les accapareurs sont déroutés; les aristocrates vont partir aujourd'hui, pour prendre de l'aise dans la citadelle de Lille. Enfin, ils se souviendront, toutes ces sangsues et ces contre-révolutionnaires, du passage d'un représentant descendu de la Montagne de la Convention pour leur rendre justice. — Isoré. »

« Cette lettre m'épargne une besogne que je n'aurais guère pu remplir sans nuire à mes opérations dans le Pas-de-Calais. Je ne cesserai de le répéter : Qui trop embrasse, mal étreint; et quand je n'aurais qu'un seul district à mettre au pas, il n'en faudrait pas davantage pour les forces d'un homme. — Salut et fraternité [1] ».

Tandis que Dunkerque échappait à la visite de Le Bon, Saint-Omer le recevait pour la seconde fois dans ses murs. A peine installé, le 17 frimaire, à l'auberge de la Petite-Sainte-Catherine, il requit le district « de lui fournir, dans les vingt-quatre heures, l'état de tous les individus employés dans les subsistances, les charrois, le génie, les hôpitaux, les ambulances et les fourrages ». — Un des administrateurs du département, Jean-Marie Lefebvre, destitué à cause de ses rapports avec le député Personne, habitait Saint-Omer; il ordonna de le mettre sur-le-champ en état d'arrestation et de le traduire, dans les vingt-quatre heures, au tribunal révolutionnaire. — Il demanda au procureur-syndic de lui

---

1. Archives départementales.

indiquer un vaste local où il pût réunir, non-seulement la Société populaire, mais tous les citoyens convoqués au son de la caisse. A la suite de cette séance, de nouveaux suspects furent arrêtés ; le Conseil général de la commune fut renouvelé ; les cordonniers, dont on avait signalé l'incivisme, furent avertis que, s'ils se refusaient aux réquisitions ou s'ils les exécutaient avec négligence, ils seraient emprisonnés.

Joseph Le Bon, pendant son séjour à Saint-Omer, apprit que les représentants Isoré et Châles contrariaient ses projets ; il dénonça ses collègues à la Convention :

Saint-Omer, ce 22 frimaire.

« Je suis dans d'étranges perplexités; mille dénonciations pleuvent autour de moi sur le compte d'Isoré et de Châles, notamment sur ce dernier : soustraction des muscadins à la Réquisition pour en former une armée révolutionnaire ; société lilloise influencée, despotisée par toutes les *épauletions* du monde; Robespierre, Guffroy, Joseph Le Bon taxés par Châles de payer des gens pour tout bouleverser en s'opposant aux réunions dites centrales; les magasins de nos armées, que la prudence d'Élic Lacoste et Peyssard retenaient loin de nos frontières, rappelés à Lille, comme au temps de Dumouriez ; les vieux et solides patriotes d'Arras, que la Convention et le Comité de salut public ont si souvent déclarés avoir bien mérité de la patrie, menacés d'incarcération et de guillotine.....

« Je vous le demande, puis-je dormir tranquille ? puis-je me taire et ne pas vous invoquer sous votre responsabilité ?

« Comité de salut public, tu as cru devoir envoyer quelques-uns de tes membres à Strasbourg, à Ville-Affranchie, etc., penses-tu que la frontière du Nord, cette frontière si intéressante, puisse se passer de cette mesure? Je ne le crois pas; arrive donc, ou sinon, je fais insérer dans tous les journaux copie de ma présente lettre, pour me servir un jour de décharge.

« Je ne juge point mes collègues ; mais enfin, ils sont grièvement accusés, et ce n'est point eux qu'il faut considérer d'abord, c'est la patrie.

« Mande-moi la réception de cette lettre et agis en conséquence. — Joseph LE BON. »

« P. S. Sache qu'ici, à Saint-Omer, la société populaire avait déjà arrêté de se rendre à Lille par commissaires, pour y former une nouvelle société centrale. Mais sache aussi que, dans cette même société de Saint-Omer, on a mis en question si je pouvais requérir l'apport de ses registres ; cette provocation à l'avilissement de la représentation nationale ne restera point impunie, je le jure [1]. »

Cependant, les patriotes d'Arras informèrent Le Bon que le comité de surveillance qu'il avait tout récemment organisé dans cette ville « s'était permis de relâcher, de sa propre autorité, une multitude d'individus arrêtés d'abord comme suspects, et avait ainsi usé d'un droit qui n'appartenait qu'au Comité de sûreté générale et aux représentants du peuple » ; il arrêta « que ce comité, sous la responsabilité individuelle de chacun de ses membres, ferait réintégrer sur-le-champ dans les maisons de détention tous les individus qu'il avait illégalement mis en liberté ». — Des observations lui furent présentées : il en résulta que le comité incriminé n'avait élargi que les détenus arrêtés, sans aucune cause écrite, par l'ancien comité. Le Bon suspendit provisoirement l'ordre de leur réincarcération générale, et néanmoins, il ordonna de placer de nouveau sous les verrous « ceux qui auraient des moyens physiques ou moraux de nuire à la chose publique [2] ».

1. Archives de l'Empire.
2. Archives départementales

Les gens riches possédaient ces moyens, mais il ne suffisait pas de les emprisonner, c'étaient eux que le tribunal révolutionnaire devait juger de préférence. Aussi Joseph Le Bon, en apprenant la mort des onze Auvergnats condamnés à Arras, trouva que cette hécatombe d'artisans ne faisait pas le profit de la République ; il s'empressa de donner au tribunal des instructions pour l'avenir :

« Considérant que, parmi les prévenus de délits contre la République, il importe surtout de faire tomber les têtes des riches reconnus coupables ;

« Arrête que le tribunal criminel établi à Arras jugera d'abord révolutionnairement les prévenus distingués par leurs talents et leurs richesses, et que les autres seront ajournés jusqu'après le jugement des premiers [1] ».

Le jour même où cet arrêté fut rendu (22 frimaire-12 décembre), le département et le tribunal révolutionnaire appliquèrent à une victime choisie la théorie du maître.

Jean-Lamoral-Marie d'Advisard (37 ans) était né à Arras. Entré dans les ordres, il fut nommé chanoine et vicaire-général de M. de Conzié archevêque de Tours et frère de l'évêque d'Arras. Le 23 février 1793, il s'éloigna de Tours, et, croyant fuir la Révolution, il s'achemina à petites journées vers sa ville natale. A son arrivée, il demanda à M. Foacier de Ruzé, ancien avocat général au Conseil d'Artois, une hospitalité dont il ne jouit pas longtemps. Le 25 mars, le citoyen Gilles, horloger, commissaire pour l'arrestation des émigrés et surveillant des prisons, le fit mettre en arrestation. Sur l'offre que fit M. de Ruzé d'être sa caution, la municipalité ordonna qu'il fût élargi. Mais Gilles dénonça le fait au département, exposa que M. de Ruzé avait lui-même un fils émigré et obtint de l'Assemblée un ordre

---

1. *Procès de Le Bon*, t. 2, p. 129.

de réincarcération. Suspecté d'émigration, le chanoine d'Advisard chercha à se procurer des certificats de résidence. Malheureusement une lettre adressée de Tours à M. de Ruzé, fut interceptée par le département, qui trouva dans les démarches si naturelles de M. d'Advisard des manœuvres coupables. Le département d'Indre-et-Loire, mis en éveil, fit savoir à Arras que, par arrêté du 4 avril 1793, sur la dénonciation de vingt citoyens, il avait prononcé la déportation de trente-trois prêtres, parmi lesquels figurait, quoique absent, M. d'Advisard. En conséquence, le procureur-syndic de Tours réclama le prisonnier pour le faire transférer à la Guyane.

M. d'Advisard, ne se doutant pas qu'il échangeait ainsi l'exil pour la mort, prétendit qu'il n'était plus, lors de l'arrêté, justiciable du département d'Indre-et-Loire; que, du reste, la déportation lui avait été infligée indûment, ses fonctions de vicaire-général n'étant pas des fonctions publiques. Il s'avisa d'écrire, le 23 avril, à Joseph Le Bon, administrateur du département. « Je vous conjure, lui disait-il, d'avoir pitié du plus infortuné des hommes, qui est tout au plus coupable d'une erreur. » Cette lettre le perdit : Le Bon la fit comparer à trois lettres sans signature adressées de Bruxelles et d'Aix-la-Chapelle, les 15 septembre, 10 et 12 octobre 1792, à M. de Ruzé, Basse-Ville, et à M. Lallart de Lebucquière, négociant, rue de la Madeleine. On trouva de la similitude entre les corps d'écriture et on déclara « qu'il n'était plus question de déporter cet individu, puisqu'on avait la preuve de son émigration ». M. d'Advisard méconnut les lettres qu'on lui représentait; il déclara que jamais il n'avait mis le pied à Aix-la-Chapelle; que, depuis dix ans, il ne s'était pas rendu à Bruxelles. Une expertise fut ordonnée : le 8 mai, sur le rapport du greffier Leserre et d'un maître d'écriture, M. d'Advisard fut déclaré émigré.

Sans perdre courage, M. d'Advisard objecta que la preuve résultant d'une vérification d'écriture était éminemment conjecturale, et que d'ailleurs le rapport des experts n'était pas formel en ses conclusions. Le département rapporta son arrêté; mais comme il voulait perdre M. d'Advisard, il l'inscrivit sur la liste des émigrés.

Le péril n'était qu'ajourné. Aux termes de l'art. 64 de la loi du 28 mars 1793, un mois était accordé à M. d'Advisard, à partir de la publication de la liste, pour se pourvoir devant le département. « Ce particulier demanda à être transféré à Tours et à Douai, où il avait résidé, afin de s'y procurer des certificats de résidence ». Le département chargea le représentant Le Bon, qui n'était pas encore en mission, « de proposer à la Convention la question de savoir si un individu *suspecté* d'émigration pouvait se rendre dans une commune éloignée, pour se procurer des certificats de résidence ». Le Bon posa la question de la manière suivante : « Un grand vicaire de l'évêque de Tours, *convaincu* d'émigration, peut-il se rendre... » La Convention passa à l'ordre du jour [1]. Le 11 août, le département demanda au bureau des émigrés les dossiers de MM. d'Advisard et Poulain; le 16 septembre, le rapport fut présenté et la discussion fut ajournée jusqu'au retour de plusieurs membres du Directoire actuellement en mission. Enfin, le 21 frimaire, les débats s'ouvrirent. « Pourquoi cet homme astucieux, dit le rapporteur, demanda-t-il à justifier de sa résidence, quoiqu'il fût bien persuadé qu'il ne parviendrait jamais à fournir cette preuve? Et surtout, pourquoi demanda-t-il d'être transféré à Tours? C'est parce qu'il espérait, dans le trajet, échapper aux gardes qu'on lui aurait donnés; ou bien, qu'étant près des rebelles de la Vendée, il pourrait tomber entre leurs mains et grossir le nombre de ces

1. *Procès de Le Bon*, p. 17.

brigands effrénés qui ont déchiré le sein de la patrie ; ou peut-être trouver des fonctionnaires prévaricateurs qui lui auraient sacrifié leurs devoirs et les intérêts de la République. Comment d'ailleurs prouverait-il sa non-émigration ? » — Le département, touché de ces arguments, déclara le fait d'émigration constant et renvoya M. d'Advisard au tribunal criminel, c'est-à-dire à l'échafaud.

Trois mois plus tard, le 7 germinal (27 mars), un membre du Directoire du département exposa en assemblée que Joseph Le Bon, lorsqu'il était administrateur, avait découvert et dénoncé l'émigration du nommé d'Advisard; que celui-ci avait subi la peine réservée à son crime ; qu'en conséquence il revenait, d'après la loi, cent livres au représentant du peuple, lequel déclarait en faire l'abandon à une femme infirme de Saint-Pol. Le mandat de cent livres fut délivré. Avec le *prix du sang*, Joseph Le Bon faisait ses aumônes.

Le Bon avait averti le comité de surveillance de Béthune qu'il passerait à Aire les deux premiers jours de nivôse, et qu'il se rendrait à Béthune le troisième du mois ; il arriva dans cette ville sans s'être arrêté à Aire, et par conséquent sans être attendu.

« Joseph Le Bon ne peut concevoir, écrivit-il au district, comment, dans une commune où il existe un comité de surveillance, il a pu entrer, après la fermeture des portes, sans qu'on lui demandât même son nom [1]. »

Le Bon s'occupa d'abord de l'épuration de la société populaire, au sein de laquelle il prétendait, cherchant partout des suspects, que les aristocrates s'étaient glissés sous le masque du sans-culotisme. — Le 3 nivôse, il communiqua au Comité de salut public les soupçons qui tourmentaient son âme inquiète :

---

1. Archives départementales.

« Si je ne relisais dix fois chaque jour mes pouvoirs et les lettres subséquentes que vous m'avez écrites, je serais tenté de croire irrémédiable le mal dont vous m'avez confié la cure. Quel est donc le génie infernal qui conspire contre la liberté française ? Il n'a pu nous vaincre par l'aristocratie prononcée et par le modérantisme ; il veut nous engloutir dans nos propres mesures, et en s'en emparant exclusivement et en les tournant contre nous. Nous regardions d'abord comme le *nec plus ultra* de la perfidie Britannique le fédéralisme de nos administrateurs, et ce n'était encore qu'un jeu. On pouvait facilement connaître les coupables et les frapper ; mais qu'il faut de recherches aujourd'hui pour démêler les scélérats, lorsque tous les visages, toutes les bouches sont patriotes ! Je m'y perds en vérité et je sèche de douleur.

« Regarderai-je comme les vrais intrigants ceux qui, dans les tribunes, proposent des mesures exagérées et destructives de la République ? Eh bien ! je m'y tromperais encore, car déjà le mot d'ordre est changé, depuis que vous l'avez dénoncé à toute la France. Les contre-révolutionnaires en brun et rouge ne déclament plus eux-mêmes leurs maximes anarchiques ; ils les font déclamer par les meilleurs patriotes, ou du moins par ceux de ces patriotes qui n'ont pas les connaissances nécessaires pour éviter de tomber dans le piége. Par exemple, sous prétexte que les assemblées populaires sont des assemblées de frères, sous prétexte qu'aux Jacobins de Paris les représentants du peuple ne vont pas aux séances, en qualité de représentants, ils insinuent que, dans une société populaire, les représentants du peuple ne doivent pas paraître comme tels. Ils invoquent à ce sujet les principes de l'Égalité, puis la souveraineté du peuple ; ces idées plaisent d'abord aux sans-culottes ; les intrigants s'en aperçoivent ; dès ce moment, leur rôle est fini ; ils se retirent derrière la table, laissant les sans-culottes, pleins de trois ou quatre sophismes, s'escrimer, s'emporter contre l'audace des représentants du peuple qui se montrent dans les clubs avec leur costume, et ils préparent ainsi peu à peu l'avilissement de la Convention ou le raccourcissement des plus chauds républicains. Mais qu'ils tremblent, les pervers ! Je n'assouvirai pas leur rage dans le sang des amis de la Révolution. Le Comité de salut public, instruit de cette nouvelle manœuvre, va y parer sans délai.

Demain, grande médecine à la Société populaire de Béthune ; renvoi ignominieux au Comité de sûreté générale de tous ces individus que la loi du 17 septembre a chassés, comme un fouet terrible, dans le sein des trop confiants patriotes [1]. »

Les arrestations marchèrent de pair avec les épurations. Le Bon donna notamment l'ordre d'arrêter le curé d'Aix-en-Gohelle, prévenu de tentatives fanatiques dans sa commune ; il se fit représenter les procès-verbaux du comité de surveillance ; la plupart des mandats d'arrêt délivrés par le comité n'étaient point motivés. « Il peut se trouver, dit Le Bon, des individus moins suspects et susceptibles d'élargissement ; il est très-probable que le plus grand nombre méritent leur détention. » En conséquence, jusqu'à plus ample informé, il laissa tous les détenus sous les verrous.

Le district de Béthune avait été autorisé, le 22 frimaire, à s'adjoindre des collaborateurs. Le Bon épura cette administration et la compléta. Il fut guidé dans ses choix par le représentant Duquesnoy. De concert avec ce digne collègue, il prit un arrêté qui salariait les présidents et les administrateurs du district, « attendu que la gratuité des fonctions n'avait été imaginée que pour remplir l'administration d'aristocrates et d'ennemis de la Révolution. »

---

1. 2ᵉ *Censure*, P. J., p. 8.

Cependant le tribunal criminel d'Arras, malgré les arrêtés qui avaient rendu ses attributions révolutionnaires et désigné les riches à ses rigueurs, ne répondait pas aux espérances de Le Bon. Depuis la condamnation de M. d'Advisard, dont la responsabilité retombait tout entière sur le département, jusqu'au jour où Le Bon revint à Arras, il n'avait prononcé qu'une seule condamnation à mort.

L'accusé frappé de cette peine et exécuté le 29 frimaire était un cultivateur d'Audinghen (district de Boulogne), nommé Jean-Jacques Daudruy (45 ans), arrêté pour avoir dit au cabaret : « Buvons à la santé de la Nation et du Roi », et s'être écrié deux fois en pleine rue : « Vive le Roi ! »

Le concierge du château d'Elnes, Courtat, qui avait tenu des propos injurieux contre la représentation nationale ; un quartier-maître du 4e dragons, Depoilly, possesseur de livres royalistes ; un capitaine retiré du service à cause de ses blessures, Charles Poilly, arrêté à Montreuil et traduit par ordre de Le Bon (il s'était apitoyé, dans une lettre, sur le sort des émigrés et de leurs satellites), furent condamnés à la déportation. — Un libraire de Saint-Omer, Lenoir, accusé d'avoir mis en vente des brochures aristocratiques, n'encourut qu'une détention de six semaines.

En présence de tels résultats, Le Bon n'avait pu contenir ses plaintes ; conjointement avec Duquesnoy, il avait écrit, le 10 nivôse, au Comité de salut public :

« Nous sommes inondés d'un tas de vauriens, civils et militaires, que nous avons envoyés à Arras pour y subir la peine de leurs crimes contre la République. Nos arrêtés, non contredits par vous, autorisent le tribunal criminel du Pas-de-Calais à expédier ces scélérats révolutionnairement ; mais votre silence fait trembler le susdit tribunal ; il renvoie nos coquins à des jurés d'accusation qui vont les innocenter à tort et à travers.

« Parlez donc ; confirmez nos arrêtés, ou nous allons faire pleuvoir au tribunal révolutionnaire à Paris. Toutefois, observez qu'il en coûtera moins ici, et que l'exemple sera utile à l'armée [1]. »

Il était temps que Joseph Le Bon rentrât à Arras. En son absence, le représentant Laurent, envoyé à l'armée du Nord, avait passé plusieurs jours dans cette ville. « S'apercevant que la plupart des arrestations n'avaient eu d'autre principe que le jeu des passions individuelles, Laurent avait écouté, autant qu'il était en son pouvoir, les justes réclamations des uns et des autres ; et, d'après les renseignements qu'il s'était procurés, un grand nombre de citoyens avaient dû à son équité éclairée le triomphe de leur innocence et le retour à la liberté [2]. »

La conduite de Laurent était appréciée diversement par les patriotes d'Arras. Les uns prétendaient faire marcher de front la Révolution et la justice ; les autres ne connaissaient d'autre moyen de fonder une société nouvelle que d'exterminer tous ceux qui appartenaient à l'ancien régime. Tandis que les *modérantistes* applaudissaient à la mise en liberté des suspects contre lesquels ne s'élevait aucune charge, les *terribles* se plaignaient hautement qu'un représentant méconnût à Arras les principes professés par Robespierre : « Le gouvernement révolutionnaire doit aux bons citoyens la protection nationale ; il ne doit aux ennemis du peuple que la mort ».

Que fera Le Bon ? se demandaient les chefs des deux partis : trahira-t-il à Arras la cause qu'il a si bien servie dans les autres villes du département ? — Osera-t-il méconnaître les arrêtés pris par un collègue dont les pouvoirs sont égaux à ceux qu'il possède lui-même ? — N'échappera-t-il point aux

---

1. 2ᵉ *Censure*, p. 58.
2. *Les Angoisses de la mort*, p. 7.

embarras de la situation, en considérant sa mission comme terminée, et en rentrant au sein de l'Assemblée nationale? — Joseph Le Bon feignit de s'arrêter à cette dernière résolution. Le 17 nivôse (6 janvier 1794), il écrivit au Comité de salut public :

« Me voici à Arras. Ici est à l'ordre du jour la division entre les patriotes ; mais laissez-moi faire. J'ai appelé, pour m'aider, le collègue Duquesnoy, et vous sentez que nous prendrons des mesures en conséquence.

« Voilà tantôt trois mois que je suis en mission : qu'en dites-vous? N'est-il pas temps que je retourne? Pour ma part, je le désire.

« Cependant, l'ouvrage est très-imparfait. Il faudrait visiter les campagnes, du moins par canton : l'intrigue, le fanatisme l'exigent. Mandez-moi si vous voulez que j'entreprenne cette mission. Elle ne sera pas inutile et ne coûtera pas cher à la République; car je sais voyager à pied, à cheval et en voiture. Au surplus, les coquins dont je fais confisquer les biens et la tête par les tribunaux dédommageront amplement la patrie.

« J'attends votre réponse par le retour du porteur. — J. LE BON. »

Duquesnoy ajouta à cette lettre les lignes suivantes :

« La présence de notre collègue est, comme je vous l'ai marqué, indispensable dans les départements du Nord et du Pas-de-Calais, pour achever d'y détruire le fanatisme, auquel il a porté des coups terribles, et qu'il terrassera tout à fait, si vous le laissez à même de lui donner le dernier coup.

« Nous avons à nous plaindre des élargissements considérables que nos collègues Isoré et Laurent ont ordonnés. Ce n'est pas la peine que j'aie, dans le temps, sué sang et eau pour délivrer le département du Nord des scélérats qui cherchaient à nous perdre, pour les voir aujourd'hui tous en liberté et conspirer contre les patriotes [1].

« Je suis ici bien mal à mon aise ; je vais retourner chez moi pour plus prompt rétablissement, et n'attends que le moment de ma guérison pour aller combattre nos ennemis [2]. »

Au fond, Joseph Le Bon désirait prolonger son séjour à Arras, et il était résolu à se mettre à la tête des *terribles*. Sans attendre la réponse qu'il venait de solliciter, il se rendit, escorté des hommes les plus violents, à la réunion de la Société populaire. Il annonça que la plupart des membres de cette Société, qui étaient au nombre de deux cent cinquante, ne méritaient pas d'y conserver leur place ; qu'ils n'avaient ni assez de caractère, ni assez d'énergie pour remplir envers la patrie les services qu'elle avait droit d'exiger de leur sévérité. Se faisant aussitôt présenter les registres du club, il ouvrit le champ à des dénonciations nouvelles, dont il se rendit le seul juge, pour en rayer tous ceux dont les sentiments notoires n'auraient pu s'allier avec ses projets. Il ne maintint dans la Société que soixante individus qu'il divisa en trois classes : patriotes ardents, patriotes révolutionnaires et patriotes.

Les choses ainsi disposées, Le Bon fit annoncer, au son de la caisse, qu'il procèderait, en présence de la Société populaire régénérée, à l'épuration des détenus, mâles et femelles.

« On vint nous chercher à la maison d'arrêt, dit un des patriotes ; après nous avoir comptés comme de vils troupeaux que l'on parque, on nous conduisit, au milieu de deux haies de soldats, à la Société populaire, où on nous fit placer un à un sur une estrade élevée. Après nous avoir exposés aux plates et barbares railleries de ceux qui l'entouraient, Le Bon

1. 2ᵉ *Censure*, p. 26.
2. 2ᵉ *Censure*, p. 28.

demandait le nom, l'âge, la profession, la cause de l'arrestation ; et ensuite, en regardant autour de lui : Est-il noble, agent d'émigré, riche? A-t-il des talents? A quoi ils répondaient suivant leur fantaisie. — Quant à moi, je fus dénoncé par le nommé Jouy, en ces termes : « J'ai connu ce jeune homme au collége ; il avait déjà des principes royalistes. » J'entendis Le Bon dire à Danel, qui écrivait sur un registre et qui demandait ce qu'il mettrait : « Écris : royaliste ».

« On décida dans cette même séance, qu'à l'avenir on ne pourrait mettre en liberté aucun des citoyens incarcérés et à incarcérer, sans l'approbation de Le Bon. On poussa même l'impudence jusqu'à menacer tout le comité de surveillance si, dans les vingt-quatre heures, il ne réintégrait dans les maisons d'arrêt ceux qui en étaient sortis. Ce comité condescendit à l'ordre qui lui était donné ; en vingt-quatre heures de temps, depuis le grenier jusqu'à la cave, les prisons regorgèrent de victimes [1]. »

---

1. *Les Angoisses de la mort*, p. 9 et 10; et *Procès*, t. I, p. 207.

LIVRE V

Le moment était venu où la mission conférée à Le Bon allait recevoir un caractère plus général. La Convention, après avoir décidé en principe, sur le rapport de Saint-Just, que le gouvernement de la France serait révolutionnaire jusqu'à la paix, avait adopté, le 14 frimaire (4 décembre 1793), un projet de décret préparé par Billaud-Varennes, qui réglait le mode de ce prétendu gouvernement. Aux termes de ce décret, tous les corps constitués et les fonctionnaires étaient mis sous la surveillance active et supérieure du Comité de salut public; quant aux personnes et à la police générale et intérieure, cette inspection appartenait au Comité de sûreté générale de la Convention. La surveillance simple, secondaire et immédiate, dans les départements, était exclusivement attribuée aux districts, à la charge de rendre compte de leurs opérations, tous les dix jours, aux deux Comités de la Convention.

L'application des lois révolutionnaires et des mesures de sûreté générale ou de salut public était confiée aux municipalités et aux comités de surveillance, contrôlés par le district de leur arrondissement. Les procureurs-syndics de district et les procureurs de commune étaient remplacés par des agens nationaux, chargés spécialement de poursuivre et de requérir l'exécution des lois, ainsi que de dénoncer les négligences et les imprudences qui pourraient se commettre. Dans cette organisation, les administrations de département ne devaient plus s'occuper que des questions d'affaires : contributions, manufactures, grandes routes et canaux publics. En conséquence, les conseils généraux, les présidents et les procureurs-généraux-syndics étaient supprimés; les directoires continuaient seuls de fonctionner.

Le Comité de salut public était plus que jamais le véritable maître de la France; les représentants du peuple en mission dans les départements étaient soumis à sa direction; chargés d'accélérer l'exécution du décret du 14 frimaire et d'achever sans délai l'épuration des fonctionnaires, ils étaient tenus de correspondre tous les dix jours avec le Comité, dont ils ne pouvaient contrarier en rien les décisions.

Ce fut le 9 nivôse (29 décembre) que le Comité de salut public, « en vertu de l'autorisation qui lui était accordée de prendre toutes les mesures nécessaires pour procéder au changement des autorités constituées portées au décret du 14 frimaire, et voulant établir simultanément, dans toutes les parties de la République, le gouvernement révolutionnaire, désigna cinquante-huit représentants du peuple, qui furent distribués dans les divers départements, pour y établir le gouvernement révolutionnaire et y prendre les mesures de salut public ».

Leurs pouvoirs étaient ainsi déterminés : « Les représentants du peuple seront rigoureusement circonscrits dans les départements qui leur sont désignés ; ils sont revêtus de pouvoirs illimités, conformément au décret de la Convention nationale ; ils sont réputés être sans pouvoir dans les autres départements [1] ». — L'arrêté déléguait, pour les départements du Pas-de-Calais et du Nord, le citoyen Joseph Le Bon.

Investi de ses pouvoirs le 24 nivôse (13 janvier 1794), Joseph Le Bon envoya aussitôt à ses administrés la circulaire suivante :

« Citoyens, le Comité de salut public vient de me charger d'établir parmi vous le gouvernement révolutionnaire. Je sens toute l'importance des fonctions qui me sont déléguées. Je suis prêt à les remplir ; mais, je vous le déclare, mon zèle serait inutile, si on cherchait sans cesse à le distraire par des objets étrangers à ma mission, qui pourraient être terminés sans l'intervention du représentant du peuple.

« Je vous préviens donc : 1° que je ne m'occuperai aucunement des affaires qui sont du ressort de mes collègues près l'armée du Nord ; 2° que je regarderai comme non-avenues toutes pièces et pétitions relatives à ces affaires particulières sur lesquelles les districts auraient pu prononcer, à moins qu'on ne dénonce les districts pour s'y être refusés, malgré les réquisitions des agents nationaux.

« Quant aux individus détenus comme suspects, je ne déciderai rien sur leur sort, sans connaître officiellement les motifs de leur arrestation. Les comités de surveillance ou autres autorités qui prétendraient aujourd'hui avoir été induits autrefois en erreur sur le compte de tel ou tel particulier devront déclarer les auteurs ou la source de ces erreurs [2]. »

Le seul objet qui fût nettement défini dans les attribu-

---

1. Signé au registre Billaud-Varennes, B. Barère, Collot-d'Herbois, Carnot.
2. Archives départementales.

tions des représentants en mission, consistait à épurer les autorités et à les organiser conformément au décret du 14 frimaire. Les mesures de salut public qu'ils étaient autorisés à prendre et pour lesquelles l'arrêté du 9 nivôse leur conférait, avec un arbitraire effrayant, des pouvoirs illimités, étaient abandonnées à leur initiative personnelle. Joseph Le Bon exécuta d'abord la partie la plus claire du programme qui lui était tracé. Le 19 nivôse, « après avoir entendu en séance publique les observations de la Société populaire et des citoyens d'Arras sur les divers membres du District, du conseil de la commune et du comité de surveillance, comme aussi sur d'autres individus qui pourraient être propres aux fonctions publiques, il arrêta la réorganisation des autorités susdites ». Il conserva dans le district dix fonctionnaires sur seize ; il y appela trois Oratoriens et l'ancien greffier de Neuville qui, ordonné prêtre par Porion, était devenu curé constitutionnel de cette paroisse [1].

Le Conseil général de la commune avait été recomposé, le 1er avril 1793, par les commissaires de la Convention. Joseph Le Bon destitua le maire, Ferdinand Hacot, et le remplaça par le président du département dont les fonctions se trouvaient supprimées; il nomma Daillet agent national et plaça au rang des officiers municipaux et des notables vingt-deux citoyens qui n'y figuraient pas auparavant. Quant au comité de surveillance, il devait, aux termes de la loi, être réduit à douze membres : ils furent tous choisis parmi les vingt-quatre membres de l'ancien comité.

[1]. Le District ainsi composé ordonna, par le premier arrêté qu'il rendit, de « faire disparaître sur-le-champ tous les calvaires, croix et autres signes existant dans les rues et sur les chemins qui pouvaient rappeler l'idée du culte jadis dominant »; défendit « de sonner les cloches pour annoncer l'Angelus, invention des prêtres et des charlatans, propre à fomenter et à nourrir le fanatisme ; il interdit aux clercs-laïcs de porter l'eau que les sots appelaient bénite » (30 nivôse).

Ainsi Le Bon introduisit dans les corps administratifs d'Arras, à côté de révolutionnaires éprouvés par l'expérience et par des épurations successives, des hommes sur lesquels ses relations antérieures lui donnaient une grande influence et qu'il croyait propres à devenir entre ses mains, les uns par leur fanatisme, les autres par leur faiblesse, de dociles instruments de tyrannie.

Le District, la municipalité et le comité de surveillance étaient à peine installés, que le Conseil de sûreté générale leur adressa, sous forme d'instruction, vingt-six questions sur l'état du pays. Toutes avaient trait aux sociétés populaires, aux comités révolutionnaires, aux suspects et au « fanatisme ». Des réponses qui furent faites à ces demandes, il résulta que la Société populaire d'Arras, fondée le 10 avril 1790, était affiliée aux Jacobins ; que l'on comptait dans les campagnes du District environ quatre-vingts comités, plus ou moins réguliers dans leur composition ; que tous les suspects arrêtés avaient comparu à la Société populaire, devant Joseph Le Bon ; — quant au fanatisme, « il est absolument détruit, disait Daillet en son rapport, ou du moins il est relégué dans le cerveau débile d'une poignée de cagottes. Dès le mois de brumaire, la commune d'Arras a renoncé au culte catholique et a, par ce trait de philosophie, étendu le domaine de l'intelligence [1] ».

Joseph Le Bon, de son côté, songeait aux « mesures de salut public commandées par les circonstances ». Le premier arrêté qu'il prit eut pour objet de protéger le bonnet rouge contre la concurrence du bonnet tricolore et l'invasion des broderies. « Instruit que l'on cherchait à établir des différences entre les bonnets de liberté que portent les citoyens, soit en substituant les trois couleurs nationales à la

---

1. La minute que nous avons sous les yeux porte « le domaine de l'indigence ».

couleur rouge admise jusqu'à ce jour, soit en déshonorant ce signe auguste par des ornements de l'ancien régime ;

« Considérant que, dans le premier cas, il est du devoir du représentant du peuple d'empêcher tout ce qui pourrait servir au ralliement des aristocrates modérés, faux patriotes, etc.; et exciter des rixes profitables à nos ennemis ;

« Considérant que, dans le second cas, il est urgent d'anéantir ces distinctions coupables que le riche et l'égoïste s'efforcent de conserver encore dans leur sans-culotisme simulé, depuis que la loi sur les certificats de civisme et sur l'arrestation des gens suspects les a chassés dans les sociétés populaires pour y tuer l'esprit public ; — Arrête ce qui suit :

« Il est expressément défendu à tout citoyen de porter un autre bonnet de liberté que le simple bonnet rouge reconnu par la Convention nationale.

« Les districts, municipalités, comités de surveillance sont tenus de faire arrêter, comme suspect, tout individu qui contreviendra à la présente défense. »

En protégeant avec un pareil despotisme « le signe auguste de la Liberté, » Le Bon donnait cours à ces instincts inquiets qui lui faisaient voir des aristocrates jusque sous la livrée des sans-culottes ; il flattait en même temps l'opinion démagogique et cherchait, par l'exagération de son attitude révolutionnaire, à écarter de sa personne les soupçons qu'il concevait sur tous les autres. Ces préoccupations se révèlent avec plus d'évidence encore dans les mesures qu'il prit envers la belle-mère de son frère Henri :

« Joseph Le Bon.... instruit par la voix publique que la femme Graux, de Saint-Pol, se prévaut d'une parenté éloignée pour promettre, au nom du représentant du peuple, l'élargissement des aristocrates ; — Instruit qu'elle fait dans cette commune force acquisitions à crédit ; — Considérant qu'une pareille conduite ne peut tendre qu'à faire *soupçonner* le représentant du peuple et à encourager l'aristocratie; — Arrête que ladite femme Graux évacuera dans les vingt-quatre heures la commune d'Arras, sous peine d'être traitée comme suspecte. »

Et en même temps il écrivait à son frère Henri :

« Garde-toi de penser que de misérables querelles de famille m'occupent : ce n'est pas contre ta mère que j'ai pris une mesure de précaution; je la crois patriote; mais j'ai voulu *me garantir moi-même contre l'opinion publique.*

« J'ignorais les animosités dont tu me parles ; en les supposant réelles, il est du devoir du représentant du peuple de pourvoir autrement à sa gloire ; j'y ai pourvu. — Joseph Le Bon [1]. »

« En conséquence, l'arrêté de ce jour relatif à la femme Graux, de Saint-Pol, est rapporté [2]. »

D'autres soins importaient au salut de la chose publique : en vain le gouvernement révolutionnaire était-il organisé, si les prêtres, les « fanatiques » et les suspects n'étaient point poursuivis avec un redoublement de vigueur. Joseph Le Bon, le 6 pluviôse (25 janvier), ordonna au District d'Arras de faire imprimer au nombre de six mille exemplaires un « Vaudeville républicain du citoyen Piis sur l'inutilité des prêtres, dont les couplets, surtout le cinquième, étaient très-propres à élever l'esprit public en détruisant les restes de la superstition ». Ce vaudeville, envoyé à chaque munici-

---

1. Arrêté et lettre du 8 pluviôse. Archives départementales.

2. Henri Le Bon avait épousé la fille d'un chapelier de Saint-Pol. Il était employé comme secrétaire-commis au département, aux appointements de 1200 livres. Le 16 nivôse, le District le chargea en même temps de la sous-direction de l'hospice national, avec un traitement de 3,000 livres.

Léandre Le Bon, second frère du représentant, était contrôleur des ventes de la commune d'Arras, lorsqu'il épousa, le 11 février 1793, Angélique Régnier, belle-sœur de Joseph Le Bon. Élie Lacoste et Peyssard nommèrent Léandre Le Bon commissaire des guerres.

palité des deux départements, devait être affiché et chanté solennellement, le premier décadi qui suivrait la réception. — Le couplet qui avait convaincu Le Bon de « l'inutilité des prêtres », et qui lui semblait « propre à élever l'esprit public », était celui-ci :

> « O vous que j'aime et que j'honore,
> Des campagnes bons habitants,
> On voudrait vous tromper encore,
> Mais attendez jusqu'au printemps :
> Quand vous verrez les blés renaître,
> Quand vous verrez la vigne en fleur,
> Avec nous vous direz en chœur :
> Et tout ça vient pourtant sans prêtre [1]. »

Ce ne fut pas seulement avec les couplets du citoyen Piis que Le Bon s'attaqua aux restes de la superstition : quelques-uns des prêtres reclus à Arras avaient conservé auprès d'eux leurs anciens domestiques qui, avec un dévouement dont le péril rehausse le mérite, partageaient volontairement la captivité de leurs maîtres. Le 16 pluviôse, le représentant « indigné que des prêtres réfractaires aient des ci-devant domestiques particuliers, sous prétexte qu'ils sont plus riches que les autres réfractaires de leur trempe ; — Indigné que des individus aient été assez vils pour se priver de la liberté, afin de servir plus particulièrement de pareils êtres ; — Arrête ce qui suit :

» Dans les vingt-quatre heures, le District d'Arras fera

---

1. Le chevalier de Piis, ami du cardinal de Bernis, membre correspondant de l'Académie d'Arras, auteur de pièces de théâtre oubliées et d'un poëme sur l'harmonie imitative de la langue française dédié à Louis XVI, l'un des fondateurs du théâtre du Vaudeville, composa, par ordre du comité de l'instruction publique de la Convention, force couplets patriotiques ; devint, sous le Consulat, secrétaire-général de la préfecture de police ; chanta la naissance du roi de Rome ; fit des stances à Charles X ; frappa vainement à la porte de l'Académie française et mourut, en 1832, chevalier de la Légion d'honneur, profondément convaincu de l'utilité des prêtres.

sortir des maisons de réclusion tous les soi-disant domestiques particuliers, mâles et femelles, qui peuvent s'y être introduits; — Ces individus seront de suite transférés comme suspects dans une des maisons d'arrêt de la commune. — Le District rendra compte, dans le tiers jour, de l'exécution du présent arrêté [1]. »

Le lendemain, le District demanda aux directeurs du Vivier et des Capucins « les noms des individus mâles et femelles soi-disant domestiques particuliers de certains prêtres réfractaires », et ordonna qu'on conduisît la moitié de ces individus aux Orphelines, la moitié à l'Abbatiale. On en arrêta douze aux Capucins.

Quelques vieux prêtres étaient restés au milieu de leurs paroissiens, protégés contre la loi par leurs vertus autant que par leurs infirmités. « Vous n'ignorez pas, écrivit Le Bon aux districts du Nord et du Pas-de-Calais, qu'une loi met sous la main de la Nation les biens des prêtres reclus, comme ceux des déportés. J'ai donc lieu d'attendre que vous ne négligerez rien pour sa pleine et entière exécution. Il est de mon devoir de vous rappeler que, je ne sais par quelle condescendance, on a laissé dans certaines communes des réfractaires sujets à la réclusion, sous prétexte qu'ils n'étaient pas transportables. N'oubliez pas dans vos recherches les biens de ces invalides, ennemis du peuple; qu'ils soient exactement séquestrés, si vous ne voulez en répondre sur vos fortunes et même sur vos têtes [1]. »

La persécution s'étendait naturellement des pasteurs au troupeau. Il existe, aux portes d'Arras, un village qui, de temps immémorial, fournit de légumes le marché de la ville. On informe Le Bon que les paysans d'Achicourt s'abstiennent, les jours de dimanche, de leur trafic habituel, et qu'ils

---

1. Archives départementales.

se parent de leurs habits de fête. Aussitôt Joseph Le Bon « requiert le conseil de la commune d'Achicourt, sous la responsabilité de chacun de ses membres, de faire loger et nourrir, jusqu'au retour du représentant du peuple, cent quatre-vingts hommes de la garde nationale d'Arras, sous l'inspection des commissaires Duponchel et Marteau, autorisés par ces présentes à toutes opérations propres à faire connaître la malveillance et le fanatisme des habitants dudit Achicourt; — Déclare que le premier ci-devant dimanche où les femmes, baudets et provisions d'Achicourt manqueront de se trouver en abondance au marché d'Arras, les maisons des membres du conseil général seront rasées comme celles d'ennemis du peuple; — Charge ledit comité de faire arrêter et conduire à Arras en arrestation toute femme ou fille d'Achicourt qui se parera encore les ci-devant dimanches, à moins que ces dimanches ne tombent un décadi [1]. »

Le Bon n'avait oublié ni Jean Payen, de Neuville, ni le juge de paix Magniez contre lequel, au moment où il revenait de sa tournée dans le Pas-de-Calais, la municipalité de Neuville était venue ranimer ses ressentiments. Cependant il ne prit point contre eux d'arrêté personnel; il se contenta de donner au District, le 12 pluviôse (31 janvier), une recommandation générale dont les administrateurs firent l'application avec un parfait discernement:

« Joseph Le Bon, instruit des manœuvres nouvelles des ennemis de la Révolution dans les campagnes, requiert l'agent national près le District d'Arras de se faire donner, dans le plus bref délai, la liste exacte de tous les gros fermiers des environs; de prendre des renseignements sur ceux qui ont fanatisé leur commune pour y exciter le mépris et la haine des lois, et de requérir, en conséquence desdits

---

1. Arrêté du 14 pluviôse. Archives départementales.

renseignements, toutes mesures de sûreté qu'il appartiendra, aux termes des décrets [1]. »

Deux jours ne s'étaient pas écoulés, que le District ordonna l'arrestation de Magniez, de son greffier Goudemand et de Jean Payen destinés à mourir sur l'échafaud de Cambrai.

Les « gros fermiers fanatiques et les prêtres » n'étaient pas seuls suspects. La loi du 17 septembre avait-elle reçu, relativement aux ci-devant nobles, parents, agents ou fermiers d'émigrés, une entière exécution ? Le Bon trouva qu'il était important de s'assurer de ce point. Il chargea en conséquence tous les districts du Nord et du Pas-de-Calais de lui adresser, avant le 10 ventôse (28 février), sous peine de suspension, « la liste de tous les ci-devant nobles, pères, mères, fils, filles, frères, sœurs, agents ou fermiers d'émigrés », et de répondre, à côté de chaque nom, à ces trois questions : Est-il arrêté ? A-t-il montré constamment son attachement à la Révolution ? A-t-il des sentiments civiques ?

Ce fut également sous peine de destitution, que « tous les agents nationaux du district de Bapaume furent requis, le 12 pluviôse (31 janvier), de se transporter au chef-lieu, le décadi suivant, pour y recevoir les instructions du représentant du peuple. Les conseils généraux des communes et les bons citoyens étaient invités à assister auxdites instructions. Deux lettres de Le Bon montrent quels sentiments il cherchait à inspirer à ses subordonnés. Le 12 pluviôse, il écrivit à l'agent national du district de Bapaume :

« Les circonstances sont telles que l'établissement de comités de surveillance multiples dans les campagnes nuirait plutôt qu'il ne serait utile à la chose publique. Nos frères des petites communes ont été trop avilis par l'ancien régime, ils ont été trop peu instruits, jusqu'à ce jour, dans le nou-

---

[1] Archives départementales.

veau, pour réussir à déjouer les trames de la malveillance et de l'intrigue.

« Qui placer dans les comités? Les riches, les gros fermiers? C'est mettre le loup dans la bergerie; c'est victimer les malheureux. Y placera-t-on les pauvres? C'est faire une besogne à peu près inutile, car ces derniers n'auraient guère le courage d'atteindre les hommes fortunés sous la dépendance desquels leur misère les retient.

« Nous en avons l'expérience dans la composition de la plupart des municipalités.

« Je ne vois de remède provisoire, jusqu'à l'anéantissement de l'égoïsme et la disparution de l'indigence, que dans le décret du 14 frimaire.

« Un agent national veille sur tout le district. Des agents nationaux sont chargés spécialement, dans chaque commune, de requérir et de poursuivre l'exécution des lois; il ne s'agit que de bien choisir ces chevilles ouvrières; le reste ira, soit qu'il existe dans les campagnes des comités de surveillance, soit qu'il n'en existe pas. — D'ailleurs les municipalités sont chargées par la loi d'appliquer, ainsi que les comités, les mesures révolutionnaires. »

Le 16 pluviôse, Le Bon écrivait encore à l'agent national près le district de Saint-Omer :

« Tu me consultes sur les détenus de Dohem; je voudrais être sur les lieux, et j'y serai bientôt; car je n'aime pas à prononcer de loin. — Sans doute je suis disposé à élargir les pauvres que l'on a fait arrêter pour affaires de prêtres; mais les riches, mais les gros fermiers, mais les hommes capables n'ont fait que prétexter la religion pour couvrir leur aristocratie; et certes ils ne méritent aucune indulgence. Saint-Omer me verra sous peu [1]. »

Le Bon profita de son séjour à Bapaume pour réorganiser

[1]. Archives départementales.

les autorités constituées. Le 19 pluviôse (7 février), après avoir entendu en séance publique les observations de la société populaire, il fit choix des citoyens appelés à composer le district, le conseil général et le tribunal civil. Il écrivit de cette ville au Comité de salut public : — Bapaume, le 19 pluviôse : « Je suis arrivé hier à Bapaume et j'en repartirai primidi pour Arras, où l'ouvrage est extraordinaire. Cette dernière commune avait été convoitée par Pitt pour servir de point central aux intrigues du Pas-de-Calais. Un autre que moi, qui n'aurait pas eu de connaissances locales, aurait déjà fait périr la moitié des patriotes par l'autre moitié.

« Le croiriez-vous? Désespérée de la réunion des républicains contre les anciens et implacables ennemis de la Révolution, l'aristocratie, pour déjouer mon travail, va semant des lettres anonymes sous la porte de chaque sans-culotte ardent, et cherche à les entretenir dans une défiance et une suspicion mutuelles.

« Je suis en colère; oui, je suis en colère ! Heureusement que Le Bas et Saint-Just me tiennent le département du Nord en respect; car, malgré ma bonne volonté, je ne puis encore sitôt l'entamer. Hesdin, Aire, Fruges, Auxi-la-Réunion, Montagne-sur-Mer réclament impérieusement une visite, et une forte visite. Je ne tarderai pas de m'y rendre. Arrivé à Arras primidi, je vous expédierai copie d'une quarantaine de mes actes depuis les dernières écritures [1]. »

Autre lettre au Comité : « Avez-vous lu la fameuse loi sur les tribunaux militaires dont le comité de la guerre vient de présenter les articles ? Je vous engage à en prendre connaissance. Pour moi, je vous l'avoue, je tremble devant les décrets de dix pages. Les prisons s'engorgent, et cette loi volumineuse ne me paraît guère propre à les vider. D'un côté, l'innocence souffre de l'air infect de la plupart des

---

1. Archives impériales.

maisons d'arrêt ; de l'autre, la guillotine perd sa proie, attendu que plusieurs grands prévenus meurent entre les bras des geôliers [1] ».

Le tribunal criminel pouvait seul empêcher la guillotine de perdre sa proie ; mais ce tribunal semblait regarder comme non-avenu l'arrêté du 29 brumaire, par lequel Le Bon l'avait autorisé à juger révolutionnairement tous les délits politiques : s'il consentait, en dehors des cas pour lesquels il avait des attributions, à statuer, sans jury, sur le sort de quelque prévenu, il se contentait d'appliquer la peine de la déportation. Il prononçait, en somme, plus d'acquittements que de condamnations. — Le 17 nivôse (6 janvier 1794), jugeant révolutionnairement, il avait condamné à cinq ans de réclusion, M. de Mailly, ci-devant noble, âgé de soixante-dix-sept ans, qui avait voulu faire sonner le tocsin et armer le peuple pour détruire « les brigands » qui l'arrêtaient, et qui avait manifesté le regret de n'avoir plus ses forces pour tuer cinq à six de ces scélérats. — Le surlendemain, il avait acquitté un notaire de Montreuil, Baillon, prévenu d'avoir dit qu'il attendait le retour des anciennes lois et la contre-révolution. — Le 24, il avait encore acquitté six accusés, parmi lesquels deux bénédictins et un chartreux, que l'on avait cherché à impliquer dans l'affaire de la Petite-Vendée ; puis, le procureur-syndic du dictrict de Montreuil, qu'une correspondance avec le député Louvet avait fait suspecter de fédéralisme.

Une seule condamnation à mort avait été prononcée en nivôse ; elle avait frappé, le 20, Louis Deldique de Saint-Omer (21 ans), traduit en vertu de l'arrêté suivant :

« Joseph Le Bon, vu le rapport du comité de surveillance de Saint-Omer et les pièces jointes, — arrête que le nommé

---

[1]. Lettre du 19 pluviôse. 2ᵉ *Censure*, P. J., 31.

Deldique, hussard au 9ᵉ régiment, prévenu de royalisme et de manœuvres contre-révolutionnaires, sera, à la diligence de l'agent national près le district de Saint-Omer, traduit dans les vingt-quatre heures au tribunal criminel révolutionnaire à Arras, le représentant du peuple se chargeant d'adresser les pièces à l'accusateur public. — A Béthune, ce 7 nivôse. » Deldique avait écrit en août 1792 : « Que d'horreurs les factieux ne commettent-ils pas! Non-contents de mettre la capitale en tumulte pour ôter la vie *au meilleur des Rois*, etc. » Cet éloge de Louis XVI le fit déclarer partisan de la royauté et immoler sur l'échafaud.

Darthé adressa, en présence de Le Bon, de vifs reproches à Demuliez sur l'inertie du tribunal. Il lui signala notamment un épicier d'Arras, Héquet, qui, dans une lettre au curé de Berles, avait témoigné du mécontentement sur le décret qui ordonnait la déportation des prêtres. Demuliez refusa de se saisir de cette affaire, sur laquelle le jury n'avait pas encore déclaré qu'il y avait lieu à accusation, sans qu'un arrêté du département eût couvert sa responsabilité. L'arrêté fut pris sur-le-champ ; mais le tribunal acquitta Héquet, attendu que la date de sa lettre était antérieure à la formation de la Convention nationale.

Demuliez, à son tour, se plaignit à Le Bon des injures dont Darthé et ses pareils l'avaient couvert. « Ils avaient tort, répondit Le Bon; mais, que veux-tu que j'eusse dit ? [1] »

A la même audience (12 pluviôse-31 janvier), comparut M. Bertin Gœusse, de Saint-Omer, préposé à l'exercice du Gros. Le 7 février 1792, un de ses correspondants lui avait écrit : « Il faut espérer que cela finira, et que l'ancien régime reviendra ». — M. Gœusse fut acquitté.

Le 18 pluviôse, six habitants d'Aire : Herman, notaire,

---

1. *Procès de Le Bon*, t. 1, p. 103.

et sa femme ; Thomas, marchand de tabac ; Blondel, chapelier ; Élisabeth Plunkette, et de Werbier d'Antigneul eurent à se défendre d'avoir tenu des propos fanatiques et contre-révolutionnaires. Six acquittements furent prononcés. M. de Werbier, comme ex-noble, fut seul retenu en arrestation.

Une fille de boutique de Dunkerque, Catherine Lécluse, était accusée d'avoir écrit une lettre tendant à l'avilissement de la nation française. Jugée le 12 pluviôse, elle fut acquittée.

Décidément « la guillotine perdait sa proie ». Une occasion solennelle amena bientôt Joseph Le Bon à établir sur d'autres bases la justice révolutionnaire : nous voulons parler du procès du comte de Béthune. Le nom de la victime, la longueur et l'illégalité de la procédure, l'iniquité de la condamnation, la barbarie de l'exécution, tout contribua à donner à cet assassinat judiciaire une importance considérable.

Adrien-Joseph-Amélie-Ghislain, comte de Béthune, était âgé de cinquante-six ans. Maréchal-de-camp et chevalier de Saint-Louis, il s'était retiré du service militaire en 1784 ; il habitait tantôt son hôtel, à Arras [1], tantôt les châteaux de Pénin, près d'Aubigny, et de Steenworde ; il avait entrée aux États d'Artois. Le comte de Béthune fut inscrit sur la liste des émigrés ; il présenta au département des documents qui prouvaient sa résidence en France, notamment un certificat qui constatait que, du 4 mai au 10 décembre 1792, il n'avait pas quitté Steenworde. Ce certificat avait été, il est vrai, délivré par la municipalité d'Aubigny, sur l'attestation des officiers municipaux de Steenworde : M. de Béthune en reconnut l'irrégularité, et demanda un délai pendant lequel il s'en procurerait un nouveau.

Le département, dans sa séance du 12 mars 1793, lui ac-

---

1. Rue du Saumon.

corda un mois pour tout sursis, et enjoignit à la municipalité d'Aubigny de venir à la barre rendre compte de sa conduite. Pendant ce temps, un autre orage s'était formé à Saint-Pol. Le 8 mars, le procureur-syndic Lanne [1] avait exposé au district de cette ville que « plusieurs individus, présents à la séance, disaient que l'on assurait dans la ville que le nommé Béthune était émigré depuis sept ou huit jours. En conséquence, il avait demandé que le certificat de résidence que Béthune présentait ne fût pas visé par le district, à moins qu'il ne fît apparaître un certificat de la municipalité de Pénin, lieu de son domicile, qui constatât qu'il était actuellement à Pénin ». M. de Béthune fut arrêté. Le 12 avril, le département écrivit aux administrateurs du district de Saint-Pol : « Nous sommes informés que le nommé Béthune, de Pénin, a été mis en état d'arrestation ; nous vous prions de le faire transférer dans la maison d'arrêt d'Arras ». Le lendemain, des gendarmes amenèrent le prisonnier qui demanda au comité de surveillance d'être conduit à la maison des Baudets ; mais l'accusateur public fit observer que le colonel de gendarmerie Merlin, qui était accusé d'avoir tenu avec Béthune des propos injurieux pour l'uniforme national, étant détenu dans cette maison, l'intérêt public exigeait que Béthune fût emprisonné au Rivage. Le comité et le département approuvèrent cette observation.

On saisit les papiers du comte de Béthune et on constata qu'il entretenait diverses correspondances, notamment avec M. Hémart, ancien conseiller au Conseil d'Artois, et M. Ansart, notaire et maire d'Aubigny; le département ordonna, le 15 avril, l'arrestation de ces deux citoyens. Une des lettres écrites par Ansart était compromettante : chargé de

---

[1]. Lanne, qui avait figuré comme témoin au mariage de Le Bon, fut nommé juge du tribunal révolutionnaire de Paris. — Il mourut sur l'échafaud, le 18 floréal an III, avec Herman et Fouquier-Tinville.

procurer au comte de Béthune des certificats de résidence, il l'informait de ses démarches auprès « de Joseph Le Bon que l'on avait craint le plus et dont il n'avait qu'à se louer. » On se rappelle qu'à cette époque, Le Bon avait dans ses attributions au département le bureau des émigrés. Le Bon ne voulut pas laisser soupçonner sa vertu. Le 24 avril, il informa ses collègues « des manœuvres insidieuses qu'employaient les aristocrates pour tromper la surveillance de l'administration ; il dit que la séduction par argent entrait dans leurs projets, et que c'était sur lui qu'ils tentaient de l'exercer ; il annonça que la femme du nommé Caron, receveur de M. de Béthune (détenu comme lui), avait déjà fait le premier essai ; il rendit compte des circonstances, et témoigna la plus grande affliction de ce qu'on avait pu le croire susceptible de se laisser corrompre ; il termina par donner sa démission. L'assemblée, partageant son affliction, l'invita à ne point abandonner son poste ». Elle ordonna en même temps que toutes les pièces relatives à de Béthune, Caron et Ansart, maire d'Aubigny, seraient remises à l'accusateur public. M. de Béthune était accusé, non pas d'émigration, mais de correspondance avec des émigrés.

Cependant, Demuliez ne se hâtait pas de poursuivre. Au juge Caron qui lui reprochait son inaction, il répondait : « Je ne trouve pas matière à accusation » ; et en effet, aucune loi n'autorisait alors à mettre en jugement les prévenus de complicité d'émigration. Le 31 mai, un patriote du faubourg Sainte-Catherine vint exposer au département « qu'il avait entendu dire que de Béthune, détenu, avait émigré. » Un administrateur rappela « qu'il apparaissait de la correspondance de M. de Béthune qu'il avait fait de nombreuses démarches pour se procurer des certificats de résidence. Il n'aurait pas dû, fut-il ajouté, éprouver de difficultés, s'il n'y avait aucun soupçon sur son compte. » De rechef, M. de Béthune fut inscrit sur la liste des émigrés. Vainement, le 6 juin, présenta-t-il une pétition tendant à obtenir la faculté de se procurer des certificats de résidence ; le Directoire du département décida qu'il n'y avait lieu d'accueillir la demande, « attendu que le pétitionnaire était renvoyé par-devant les tribunaux. » — Repoussé de ce côté, M. de Béthune s'adressa au Conseil d'administration : le Conseil rendit d'abord un arrêté favorable ; mais, le 14 juin, par les mêmes motifs, il rapporta sa décision.

Quelques jours après, le département se fit apporter la liste des détenus. Un des administrateurs manifesta son étonnement de n'y plus voir figurer le nommé « Béthune, dénoncé à l'accusateur public comme complice d'émigrés ». Un autre déclara que « cet individu était sorti de la maison d'arrêt ». Le registre d'écrou fut demandé : le concierge de la prison du Rivage annonça qu'en effet M. de Béthune avait été élargi provisoirement, sur la réquisition du commissaire Effroy[1]. Interpellé à son tour, Effroy répondit qu'il n'avait agi qu'après en avoir conféré avec Demuliez. — L'examen de la question fut renvoyé à la commission des prisons, laquelle constata, dans la séance du 28 juin, que de Béthune était gardé à vue chez lui. Le département ordonna la réincarcération du comte de Béthune, et chargea la commission d'examiner s'il n'y avait pas lieu à poursuivre Effroy et Demuliez.

Le tribunal criminel, lorsqu'il eut pris connaissance du dossier, ne put dissimuler son embarras. A son avis, les prévenus de complicité d'émigration, en supposant qu'on pût les poursuivre, étaient justiciables, comme les émigrés eux-mêmes, de l'autorité administrative et non des tribunaux de

---

1. Effroy, officier municipal, manifesta dans la surveillance des prisons une pitié compatissante à laquelle tous les détenus rendirent hommage et qui prouve que, même sous la Terreur, un fonctionnaire public pouvait rester homme.

répression ; par conséquent, c'était au département à juger. Les membres du conseil d'administration, de leur côté, craignant de se compromettre, consultèrent le ministre. Mais, dans le silence de la loi, le ministre refusa de se prononcer. Que faire? Le département, résolu à ne pas lâcher sa proie, abandonna pour le moment le chef de correspondance avec les émigrés, et revint à la question d'émigration. M. de Béthune, appelé de nouveau à se justifier d'avoir émigré, répondit qu'il n'avait pu, malade et captif, se procurer des certificats de résidence conformes à la loi du 28 mars 1793; mais il demanda qu'on le transportât, pour qu'il s'en fît délivrer, dans les communes de Steenworde, Pénin, Lière, Saint-Martin-lez-Boulogne et Aubigny. Un délai d'un mois lui était accordé à cet effet, lorsqu'un administrateur, craignant sans doute un résultat favorable au prévenu, insista pour qu'on continuât de poursuivre de Béthune comme complice d'émigrés, et fit décider que l'on écrirait chaque jour à la Convention jusqu'à ce qu'elle eût décrété quels étaient les juges compétents pour connaître de la complicité d'émigration.

En attendant cette décision de la Convention, on ne perdait pas de vue le prisonnier. Le 19 brumaire (9 novembre), le bruit se répandit qu'il était encore une fois élargi. Le commissaire Effroy, mandé sur-le-champ au département, dissipa les alarmes : la veille encore, il avait vu le prévenu dans sa prison. Les administrateurs examinèrent de nouveau, le 26 frimaire (16 décembre), l'état de procédure. Si on se décidait à poursuivre M. de Béthune comme émigré, on ne pouvait lui refuser l'autorisation de circuler en divers lieux pour chercher ses certificats de résidence. « Mais, disait le rapporteur, l'endroit qu'il désigne spécialement (Steenworde), étant tantôt au pouvoir des ennemis, tantôt au nôtre, il pourrait s'échapper. Qu'on s'arrête donc décidément au chef de complicité, et qu'on attende le décret que prépare la Convention. »

Ce décret fut rendu le 30 frimaire (20 décembre 1793). L'Assemblée nationale décida que les prévenus de complicité d'émigration et de fabrication, distribution ou introduction de faux assignats, seraient traduits devant le tribunal criminel, sans être mis préalablement en accusation par un jury, et jugés par les jurés de jugement, selon les formes ordinaires, mais sans recours en cassation.

La Convention donnait ainsi libre carrière aux persécuteurs de M. de Béthune ; la juridiction étant différente, ils pouvaient en effet le poursuivre judiciairement, comme complice d'émigration, et administrativement comme émigré. Que si, contre toute attente, il était acquitté par le jury, il rencontrerait au département une condamnation certaine [1]. Ils renvoyèrent aussitôt les pièces à Demuliez. Mais l'accusateur public, sourd à leurs sollicitations, continua de temporiser : ce fut seulement le 28 nivôse (17 janvier), qu'il décerna un mandat d'arrêt contre de Béthune, prévenu de complicité avec les émigrés, et qu'il le fit écrouer aux Baudets. Encore, le surlendemain, souleva-t-il des doutes sur la manière dont il devait, d'après le décret du 30 frimaire, rédiger l'acte d'accusation et composer le jury de jugement, et obtint-il du tribunal le renvoi à la Convention, pour l'interprétation de la loi à ce sujet.

Le juge Caron était furieux de ces retards : il accusait publiquement Demuliez de corruption ; il le menaçait de l'interpeller en plein tribunal, et de lui demander acte de son refus de poursuivre ; il finit par le dénoncer à Le Bon qui ordonna,

---

1. « Le département se réservait par devers lui un moyen de perdre sciemment de Béthune dans la preuve de son émigration ». Déclaration de Le Bon. — *Procès*, p. 116.

par un arrêté pris à Saint-Omer, que Béthune fût traduit sur-le-champ.

En conséquence de cet arrêté, le 2 pluviôse (21 janvier), le département renvoya au tribunal criminel les pièces d'Adrien Béthune, « prévenu d'émigration et de complicité d'émigration ». Ce n'était pas sans raison que l'on s'était décidé à ajouter ce premier chef « émigration » à celui de complicité. Le décret du 14 frimaire venait de restreindre les attributions du département aux questions purement administratives et de déclarer que « tout ce qui était relatif aux lois révolutionnaires et aux mesures de gouvernement et de salut public n'était plus de leur ressort ». Implicitement, ce décret avait enlevé au Directoire du département ses attributions relatives au jugement des émigrés. Qui devait les juger? La loi n'avait rien déterminé à ce sujet. Les administrateurs du département, à tout risque et avec une arrière-pensée que la suite du procès révèlera, trouvèrent bon de suppléer au silence de la loi, et de saisir le tribunal criminel de la double accusation qui pesait sur le comte de Béthune. Demuliez, continuant sa résistance, fit présenter au département des observations par suite desquelles il raya dans son arrêté le mot « émigration », pour n'y laisser subsister que ceux-ci : « prévenu de complicité d'émigration ».

Le sort de M. de Béthune allait donc enfin se décider. Le 22 pluviôse (10 février), l'accusé fut amené devant le tribunal criminel. Beugniet présidait; il avait pour assesseurs Richard, Caron et Legay, juge du District, assumé en remplacement de Marteau empêché. Demuliez siégeait comme accusateur public. Leducq, « défenseur officieux [1] », était assis au banc de la défense.

---

1. L'Ordre des avocats avait été supprimé, dès le 2 septembre 1790. — Les défenseurs officieux admis à plaider devant le tribunal d'Arras devaient être porteurs d'un certificat de civisme.

Le jury était composé, pour la première fois, conformément au décret du 2 nivôse. La liste générale des deux cent cinquante jurés avait été dressée par les agents nationaux des districts du département et présentait par conséquent, dans une affaire essentiellement politique, toute facilité à l'accusation.

Le Bon arriva à l'audience, accompagné d'un de ses beaux-frères ; il se plaça avec lui dans la galerie de la salle, et lui remit son sabre en disant : « Ah ! nous verrons cela... [1] » Caubrière et Darthé, instigateurs des poursuites, assistaient également aux débats.

Le greffier donna lecture de l'acte d'accusation.

« Henri-Joseph Demuliez, accusateur public..., chargé par l'art. 2 de la loi du 30 frimaire dernier de dresser l'acte d'accusation contre les prévenus de complicité d'émigration, expose que l'administration du département du Pas-de-Calais a, par son arrêté du 2 de ce mois, renvoyé au tribunal criminel les pièces relatives à Adrien Béthune, accusé d'émigration et de complicité d'émigration ; que les pièces lui ayant été présentées par le tribunal, il observa qu'il n'était pas dans l'ordre des choses de juger les accessoires avant le principal ; pourquoi le greffier du tribunal fut chargé d'en faire l'observation à l'administration du département, qui fit effacer sur son arrêté le mot « émigré », et y laissa ceux-ci : « accusé de complicité d'émigration » ; et a renvoyé au greffier dudit tribunal les pièces concernant ledit Béthune, qui furent renvoyées audit accusateur public ; a examiné lesdites pièces sur les causes de la détention dudit Béthune ; qu'il a entendu ce dernier le 19 de ce mois ; en conséquence, il résulte de l'examen des pièces, et notamment de la lettre d'une nommée La Thieuloye de Ramecourt, datée de Poperinghe 27 octobre 1792 (vieux style), envoyée au greffier du tribunal et remise audit accusateur public et annexée au présent acte d'accusa-

---

1. *Procès de Le Bon*, p. 150

tion, et de différentes lettres signées et paraphées par les commissaires Guilluy et Flament, ainsi que par ledit Béthune; que non-seulement il résulte de toutes ces pièces que le nommé Béthune a correspondu avec les émigrés, mais qu'il leur a encore fait passer des secours tant pécuniaires qu'autres, et qu'il a encore voulu donner aux émigrés le moyen de rentrer dans la République pour en enlever ce qu'ils auraient pu, en leur indiquant des chemins où la surveillance n'était sans doute pas exercée;

« Qu'ainsi ledit Béthune, demeurant tantôt dans la commune de Pénin, tantôt en cette ville d'Arras, et présentement détenu en l'une des maisons d'arrêt est prévenu d'avoir, méchamment et à dessein, correspondu avec les émigrés; de leur avoir fait passer des secours pécuniaires et procuré les moyens d'échapper à la vengeance des lois, en leur indiquant les chemins par lesquels ils auraient pu échapper à la vigilance des patriotes; que ledit Béthune entendu devant le soussigné, lui a déclaré n'avoir reçu la lettre de Poperinghe qu'il a paraphée, que longtemps après sa date; ne pas savoir pourquoi les personnes qui lui écrivaient gardaient l'anonyme, ni connaître une lettre datée du 3 avril 1793 (vieux style), que pour avoir été saisie sur lui; n'en pas connaître l'écriture, et ne pouvoir se rappeler si c'est Hémart qui la lui a écrite; ne pas connaître la nommée La Thieuloye de Ramecourt; n'en avoir jamais reçu aucune lettre; avoir conservé celle de ladite La Thieuloye, datée de Poperinghe le 27 octobre 1792, pour découvrir celui ou celle qui la lui avait envoyée pour lui jouer un mauvais tour, ou savoir si effectivement ladite La Thieuloye lui avait écrit cette lettre; avoir attendu d'en donner connaissance aux autorités constituées dans l'intention d'en parler à son conseil; en avoir été empêché par une maladie, le besoin de courir pour des certificats de résidence et son arrestation; avoir reçu cette lettre dans le paquet qui lui arrivait journellement d'Arras, sans savoir comment elle a pu s'y trouver; connaître une nommée Caron, femme Lobry ou plutôt Modacq, épicière à Lillers; mais ne pas savoir qu'elle ait déposé de l'argent, ni qu'elle en ait donné ou confié à Caron, son ci-devant receveur, pour les prêtres déportés; ne pas se rappeler, au surplus, des réclamations qu'on dit lui avoir faites à ce sujet.

« Pourquoi ledit accusateur public déclare qu'il accuse ledit Béthune du délit mentionné au présent acte. — Fait à Arras, le 29 nivôse. »

Le rôle de la défense était tout tracé. Pour sauver M. de Béthune, il suffisait d'établir que les personnes avec lesquelles il avait réellement correspondu n'étaient pas émigrées; c'est ce que fit Leducq. Il produisit aux jurés des certificats qui établissaient la résidence en France de ces correspondants. Pendant les plaidoiries, le président Beugniet avait les yeux constamment fixés sur Le Bon qui était assis en face de lui. De son côté Le Bon, s'apercevant de l'impression favorable produite par la défense, disait à Darthé : « Voyez-vous ce Béthune, voyez-le ; ils n'oseraient condamner un homme riche [1] ! » Demuliez lui-même conclut à l'acquittement, sauf à maintenir le prévenu en arrestation comme suspect. Conformément à ces conclusions, le jury rendit, aux applaudissements de l'auditoire, un verdict négatif [2]. Toutefois, l'acquittement ne fut pas prononcé à l'unanimité : les jurés d'Arras s'étaient déclarés convaincus. La majorité favorable à M. de Béthune se composait de gens de la campagne, soustraits à l'influence des passions révolutionnaires et de la peur. Le Bon remarqua cette divergence d'opinions, et en prit bonne note.

---

1. *Procès de Le Bon*, p. 49.
2. » » p. 163.

La conséquence de la déclaration du jury devait être la mise en liberté de M. de Béthune ; tout au plus pouvait-on le maintenir en arrestation jusqu'à la paix. Mais le tribunal criminel, obéissant évidemment à quelque pression, rendit un jugement bien différent : « Vu l'acte d'accusation...., la déclaration du juré de jugement émise à voix haute et portant que le fait n'est pas constant ; — Le tribunal criminel..... acquitte Béthune de l'accusation portée contre lui du chef de correspondance et complicité d'émigration ; et néanmoins le renvoie à l'administration du département du Pas-de-Calais pour, par elle, être à son égard pris un arrêté sur le fait d'émigration. »

Ce renvoi constituait, en vertu du décret du 14 frimaire, une illégalité manifeste. M. de Béthune n'avait donc rien à craindre d'une administration hostile, mais désarmée. Il était d'ailleurs constant qu'il n'avait pas émigré ; et le représentant Le Bon le savait mieux que tout autre, car il avait signé, pendant qu'il siégeait au département, les certificats de résidence restés en la possession de M. de Béthune et auxquels Leducq avait fait allusion dans sa plaidoirie. — Qu'était-ce, hélas ! que la loi ? Qu'était-ce que la vérité ? — Au sortir de l'audience, on avait vu Le Bon montrer le poing au défenseur de M. de Béthune ; on lui avait entendu dire, lorsqu'il descendait les degrés du tribunal : « On n'ose condamner M. le Comte ; mais je viens de donner des ordres en conséquence [1]. » — La loi disait : « Non » ; un arrêté du représentant dira : « Oui ». — M. de Béthune n'avait pas émigré ; les administrateurs du département, les uns avides de ce noble sang, les autres dociles comme des valets de bourreau, déclareront que l'émigration de Béthune est un fait constant. — Les gestes et les paroles de Le Bon n'étaient

---

[1]. *Procès de Le Bon*, p. 290.

pas une vaine menace ; il commença par ordonner l'arrestation du défenseur officieux :

« Joseph Le Bon, considérant que le nommé Leducq, défenseur officieux de tous les conspirateurs, après avoir fait aujourd'hui le serment de n'employer que la vérité pour la défense de Béthune-Pénin, son client, a produit effrontément aux jurés, dont plusieurs nés à la campagnes étaient moins versés que lui dans l'étude des lois, des certificats de résidence qu'il ne devait pas ignorer avoir été annullés par la loi du 28 mars 1793 (vieux style) ; qu'il n'a pas rougi de donner lesdits certificats comme une preuve LÉGALE, et d'induire ainsi la plus grande partie du juré en erreur, pour sauver un des ennemis de la Révolution ; considérant qu'un des jurés a déclaré même hésiter dans son opinion, à moins qu'on ne le tranquillisât sur la validité ou l'invalidité desdits certificats.....

« Arrête qu'à la diligence du comité de surveillance, ledit Leducq sera de suite mis en arrestation comme suspect ;

« Arrête que l'accusateur public fera parvenir dans le plus bref délai au représentant du peuple les certificats produits par ledit Leducq, pour être pris tel parti qu'il appartiendra. — A Arras, ce 24 pluviôse [1] ».

Leducq, arrêté par deux commissaires du comité de surveillance, fut conduit devant son ancien condisciple [2]. « Il me reçut d'abord très-durement, a-t-il raconté, et me dit : « Je t'apprendrai à défendre ainsi des aristocrates. — D'ail-

---

1. Archives départementales : minute.
2. Leducq fut écroué aux Baudets, le 25 pluviôse. Le comité de surveillance en levant les scellés sur ses papiers « n'y trouva rien de suspect ; au contraire, un discours qu'il avait fait sur l'abolition des moines et des vœux monastiques et d'autres imprimés patriotiques ». Le Bon le fit appeler et lui reprocha vivement de s'attacher à défendre des contre-révolutionnaires. « Il faut être coupe-tête et sans-culotte comme nous », ajouta-t-il en désignant Caubrière et Darthé. — Après cette admonestation, il rendit le défenseur officieux à la liberté.

leurs, Béthune n'est pas sauvé ; j'ai décidé sa perte, et il périra ; s'il échappe une seconde fois, il n'échappera pas une troisième ».

Joseph Le Bon comptait sur le département. Il avait arrêté, à l'issue de l'audience, « que dans l'espace de deux heures le greffier du tribunal criminel remettrait à l'administration toutes les pièces relatives à Béthune-Pénin, afin que le département pût prononcer sur l'émigration dont ledit Béthune était accusé ». — On objecta à Le Bon que le département était dépourvu de pouvoirs. Il trancha la difficulté par l'arrêté suivant :

« Joseph Le Bon, consulté sur la question de savoir si le département peut encore prononcer sur les émigrations, déclare que provisoirement, et jusqu'à ce que la Convention en ait autrement ordonné, les choses resteront, pour cette partie, dans l'état où elles étaient avant le 14 frimaire ».

Le département s'empressa de répondre à la convocation qui lui fut adressée. Déjà Caubrière nommé par Le Bon, deux jours auparavant, à une place vacante au Directoire, avait manifesté ouvertement son avis. Des polissons, ameutés contre l'acquittement de M. de Béthune s'amusaient à casser les vitres du tribunal. — « Laissez-les faire, dit Caubrière, la République va gagner des vitres aujourd'hui [1]. » — La délibération ne fut pas longue ; on prétexta d'un défaut de visa sur les certificats pour déclarer l'émigration constante.

« Les administrateurs du département du Pas-de-Calais, considérant qu'antérieurement à la loi du 28 mars dernier, de Béthune était porté sur la liste arrêtée des émigrés ; considérant que si le département n'eût point statué sur la réclamation dudit Béthune, antérieurement à la loi du 28 mars, ledit Béthune aurait été dans le cas de l'art. 63, et aurait

---

1. *Procès*, p. 260.

obtenu le délai de quinze jours à compter de la promulgation; mais que, le département ayant statué le 12 mars qu'il accordait le délai d'un mois audit Béthune pour justifier sa résidence, ledit Béthune aurait dû, dans ce délai, satisfaire à l'arrêté de l'administration; considérant que cependant ledit Béthune n'a pas justifié sa résidence dans le délai prescrit; qu'il conste au contraire de plusieurs pièces saisies sur lui, qu'après avoir ourdi différentes manœuvres, qu'après avoir mis en jeu une multitude d'agents, il n'a pu obtenir du district de Saint-Pol le visa desdits certificats; déclarent ledit de Béthune émigré, et le renvoient au tribunal criminel du département pour l'application de la peine.

« Sur la proposition d'un membre, l'assemblée déclare qu'elle restera en permanence, pour entendre les exceptions que Béthune pourrait faire valoir au tribunal criminel [1]. »

Le Bon, armé de cet arrêté, envoya à Demuliez l'ordre d'assembler le tribunal sur-le-champ. On ramena M. de Béthune à l'audience; le texte du jugement nous révèle ce qui s'y passa.

« L'an II de la République française, une et indivisible, le 24 pluviôse, vers huit heures du soir, pardevant les juges du tribunal criminel du département du Pas-de-Calais, en l'auditoire du tribunal, a été amené un individu déclaré émigré par arrêté d'administration du département du Pas-de-Calais de cejourd'hui, où étant, les portes ouvertes, le président lui a demandé ses nom, prénoms, âge, profession, domicile. Il a dit s'appeler, etc. — Le greffier a fait lecture du susdit arrêté qui déclare ledit Béthune émigré, et renvoie au tribunal criminel pour l'application de la peine. Cela fait, les témoins suivants, cités à la requête de l'accusateur public, ont été entendus... — A l'instant, ledit Béthune a dit qu'il

---

1. *Procès*, p. 117.

était porteur de tous les certificats de résidence nécessaires, tant pour le département du Pas-de-Calais que pour celui du Nord, qu'il se proposait de faire valoir ces exceptions, en présentant tous les titres nécessaires à sa justification à l'administration du département.

« En conséquence, le tribunal criminel, après avoir entendu l'accusateur public, ordonne que ledit Béthune sera conduit en la maison de justice et pardevant l'administration du département, pour y faire valoir ses exceptions sur-le-champ; déclarant d'ailleurs qu'il ne désemparera pas, jusqu'à ce que l'administration ait porté sa décision. »

Ainsi, tribunal et département restaient en permanence, et ne prétendaient pas désemparer! M. de Béthune, reconduit en hâte à la prison, y prend ses certificats, et reparaît devant l'administration qui l'attend. — Suivons le procès-verbal :

« Adrien Béthune est amené à la séance. Le président demande au chef du détachement s'il est chargé de remettre quelques pièces de la part du tribunal. Sur la réponse négative, l'administration envoie un commissaire auprès du tribunal pour connaître les motifs du renvoi. Le greffier du tribunal criminel se rend à la séance; il remet entre les mains du président l'interrogatoire subi par Béthune, dont on fait lecture. Béthune dépose aussitôt entre les mains du président différents certificats qu'il dit propres à prouver sa résidence, tant dans le département du Nord que dans le Pas-de-Calais ; il propose ensuite ses exceptions. — On lit ces certificats. Aucuns de ceux délivrés dans l'étendue du département du Pas-de-Calais ne sont visés par cette administration. — Un membre demande qu'on déclare qu'il n'y a pas lieu à délibérer sur ces exceptions; il appuie sa proposition de plusieurs motifs fondés sur les lois; il rappelle de plus ceux qui ont déterminé l'administration à déclarer Béthune émigré, et il démontre d'une manière évidente l'émigration de cet individu. — Béthune persiste dans ses exceptions ; et après une assez longue discussion, l'assemblée déclare unanimement qu'il n'y a pas lieu à délibérer sur les exceptions proposées, et renvoie ledit Béthune au tribunal criminel. »

M. de Béthune fut ramené à l'audience. Lecture faite de l'arrêté, et l'identité constatée par témoins,

Le tribunal prononce :

« Attendu que c'est aux corps administratifs à constater le fait d'émigration ; que les juges ne peuvent connaître ni du fait ni de l'intention, et que, dans le cas d'émigration, ils n'ont qu'à appliquer la peine...;

« Le tribunal criminel condamne Adrien-Joseph-Amélie-Ghislain Béthune à la peine de mort, conformément aux dispositions de la loi du 28 mars dernier ; ordonne qu'à la diligence de l'accusateur public, l'exécution aura lieu dans les vingt-quatre heures ; déclare les biens dudit Béthune confisqués au profit de la République... »

On assura plus tard qu'aussitôt après la lecture du jugement, Demuliez, cédant sans doute à la peur, dit à l'exécuteur des jugements criminels : « Tu viens d'entendre le jugement prononcé contre Béthune ; tu sais le délai que j'accorde aux royalistes et aux émigrés ; je te requiers de mettre à exécution le jugement sur-le-champ ; » et que M. de Béthune, se levant de dessus son banc, dit à l'accusateur public d'un air irrité : « Ce n'est pas là ce que tu m'avais promis [1] ».

Malgré les ordres de Demuliez, l'heure avancée de la journée allait sans doute faire différer jusqu'au lendemain le dénouement de ce drame plein de péripéties. Mais non ; la nuit prêtera à la scène une horreur plus théâtrale ! Un régiment

---

1. Informations faites contre Demuliez par ordre de Le Bon. (Arch. dép.).

tout entier est appelé sous les armes; des torches illuminent la place de la Liberté; le bourreau prépare l'instrument de mort... A dix heures du soir, tout est consommé.

Le Bon n'était point satisfait : le procès de M. de Béthune renfermait un enseignement. Évidemment le jury ordinaire, appliqué aux crimes révolutionnaires, était une institution dangereuse. Le supprimer, n'était-ce pas effrayer l'opinion publique, et faire peser sur la tête des juges une responsabilité que les plus scélérats et les plus lâches auraient hésité à accepter sans partage? Il avait tenté du reste cette épreuve, et le tribunal criminel avait apporté à ses projets une résistance passive. Instituer un jury pour la forme, et au fond le faire servir d'instrument à sa haine, telle fut la résolution inspirée à Le Bon par le verdict du 24 pluviôse (12 février 1794), et qu'il transforma sur-le-champ en arrêté :

« Au nom du peuple français,

« Joseph Le Bon, représentant du peuple dans les départements du Nord et du Pas-de-Calais,

« Considérant que qui veut la fin veut les moyens;

« Considérant que, depuis plusieurs mois, le représentant du peuple, avec l'approbation du Comité de salut public, a autorisé le tribunal criminel du Pas-de-Calais à juger révolutionnairement tous les prévenus de délits contre la Nation ;

« Considérant que, sans jurés, ledit tribunal ne peut souvent prononcer que la simple réclusion des ennemis les plus dangereux de la patrie ;

« Considérant, d'un autre côté, qu'avec des jurés ordinaires la chose publique est à chaque instant compromise, et que l'inexpérience, la faiblesse, l'incivisme même de plusieurs d'entre eux encouragent le coupable espoir des contre-révolutionnaires ;

« Considérant enfin qu'en paraissant devant le tribunal,

l'innocence et le patriotisme doivent être assurés de sortir victorieux, et les conspirateurs et leurs agents de toute espèce, ne voir que la foudre nationale prête à les écraser;

« Arrête ce qui suit :

« Art. 1. — Le tribunal criminel du département du Pas-de-Calais, même siégeant révolutionnairement, aura un juré.

« Art. 2. — Le juré, en pareil cas, ne pourra être pris que parmi les citoyens dont la liste est ci-annexée.

« Art. 3. — Les membres de ce juré feront toujours leur déclaration à haute voix.

« Art. 4. — Il n'est rien changé aux dispositions des articles 3 et 4 de l'arrêté du 29 brumaire dernier, portant que les affaires seront jugées dans les formes voulues par la loi pour chacune d'elles, lorsque le délit n'attaquera que les particuliers, et que tous les délits contre la chose publique, *de quelque nature qu'ils soient*, seront jugés révolutionnairement.

« Suit la liste des jurés pour les affaires qui intéressent la Nation :

Noms.		Lieux de résidence.
1 Duponchel, de la Société populaire,		Arras.
2 Carlier,	»	»
3 Daillet,	»	»
4 Caubrière,	»	»
5 Taffin-Bruyant,	»	»
6 Darthé,	»	»
7 Flament, directeur de la poste,		St-Pol.
8 Lamoral Vasseur,		»
9 Louis Régniez,		»
10 Joseph Helle,		»
11 Célestin Lefetz,		Arras.
12 Nicolas Lefetz,		»
13 Leroux, marchand,		Béthune.
14 Beugniet, secrétaire,		»

Noms.	Lieux de résidence.
15 Duhaut-Pas,	Béthune.
16 François Clément,	Aix-en-Gohelle.
17 Rémy, greffier,	Bapaume.
18 Augustin Boniface,	»
19 Armand, de la Société populaire,	Calais.
20 Quignon l'aîné,	Boulogne.
21 Gouillart (François),	Béthune.
22 Galand, de la Société populaire,	Arras.
23 Dartus, »	»
24 Térence Quigniard, »	»
25 Gilles, horloger, »	»
26 Asselin père, »	»
27 Divyncourt,	Montagne-sur-Mer.
28 Raguenet.	Hesdin.
29 Turlure,	Saint-Omer.
30 Toulotte,	»
31 Honoré Vallé,	»
32 Dupuis, de le Société populaire,	»
33 Damart, »	»
34 Colin, »	Aire.
35 Delaplace,	Hardinghem.
36 Carrault, rue Sainte-Claire,	Arras.
37 Varnier,	»
38 Petit, du District,	»
39 Saint-Remy, au petit St-Pol,	»
40 Danten,	»
41 Blondel-Petit,	»
42 Planès,	»
43 Gabriel Leblond,	»
44 Boisard, ex-chantre,	»
45 Danel, chirurgien,	»
46 Level,	Rivière.
47 Pajot-Berly,	Bapaume.
48 Baudouin,	»
49 Amable Flament,	Saint-Pol.
50 Boilly,	Frévent.
51 Mienné,	Saint-Pol.

Noms.	Lieux de résidence.
52 Bacqueville, de la Société populaire,	Arras.
53 Bocquet,	Cagnicourt.
54 Lefebvre,	Béhagnies.
55 Joseph Danvin.	Saint-Pol.
56 Gossé, piqueur,	Arras.
57 Leblond,	Ligny-sur-Canche.
58 Constant Barbri,	Violaines.
59 Tassin, dit la Grenade,	Arras.
60 Pain, à la police,	»

« A Arras, ce 25 pluviôse, l'an second de la République française une et indivisible. — Le représentant du peuple, Joseph LE BON [1]. »

Cet arrêté était à peine pris, que Le Bon l'expédia au Comité de salut public, avec une lettre qui lui sert de commentaire :

« Oui, les grands scélérats échapperaient encore, si l'on n'était sans cesse sur ses gardes. Hier, le ci-devant comte de Béthune-Pénin parait ici comme complice d'émigrés; on entreprend de le juger suivant les nouvelles lois proposées par le comité de législation, et avec un juré ordinaire. Eh bien! quoique son raccourcissement parût certain d'après les pièces, les jurés campagnards qui formaient la majorité ne purent se décider à voter contre un si riche coupable, et le contre-révolutionnaire fut blanchi, où le patriote et le pauvre auraient péri cent fois.

« Imaginez, si vous le pouvez, mon indignation ! Je fais arrêter de suite le défenseur officieux qui, après avoir prêté serment de n'employer que la vérité, s'était permis d'en imposer à l'ignorance des jurés, en leur donnant comme preuve légale des certificats dix fois illégaux et annulés par le décret du 28 mars dernier.

---

1. A Arras, de l'imprimerie du citoyen Leducq, rue du Pas-de-Calais. Arch. dép. et 2ᵉ *Censure*, P. J. 30.

« Je songeais en même temps aux moyens de faire traduire à Paris l'infâme Béthune; mais le jugement même du tribunal m'en dispensait. Cet ex-noble vaurien n'était pas seulement prévenu de complicité avec nos ennemis du dehors, il était aussi accusé d'émigration. Le tribunal, en l'acquittant forcément sur le premier chef, le renvoya au département pour vider la seconde affaire. Je requiers l'apport subit à l'administration de toutes les pièces; en moins de six heures, tandis que les aristocrates détenus s'applaudissaient du triomphe d'un de leurs chefs sur la justice nationale, Béthune, qui n'avait point justifié de sa résidence dans le délai voulu, et qui même n'avait pas encore de certificat en règle, fut déclaré émigré, jugé et raccourci aux flambeaux et aux cris de vive la République. L'aristocratie eut un rabat-joie, et le patriotisme, qui avait frémi de rage le matin, frémit le soir d'allégresse.

« Cette journée m'a fait faire de grandes réflexions sur le danger des jurés ordinaires, quand il s'agit d'exterminer cette bande de conspirateurs de tout grade dont les départements-frontières sont inondés. Mon énergie s'est triplée en cette circonstance; je n'ai vu que la multitude des scélérats contre lesquels j'étais envoyé; je n'ai consulté que ma haine immortelle pour eux, et pour parer d'un seul coup à plusieurs maux, j'ai pris l'arrêté dont copie est ci-jointe [1]. »

L'arrêté du 25 pluviôse transformait le rôle du tribunal révolutionnaire; au lieu de statuer sur l'existence et la criminalité du fait imputé au prévenu, il ne conservait plus dans ses attributions que l'application de la loi pénale. C'étaient douze jurés qui, désignés par le sort à chaque décade, tenaient entre leurs mains la vie ou la mort des accusés. En apparence, le droit commun était ainsi substitué au ré-

---

1. 2ᵉ *Censure*, P. J., 30.

gime exceptionnel que Le Bon avait cherché à établir le 29 brumaire; il remplaçait même les dispositions spéciales appliquées par la Convention à certains délits contre-révolutionnaires. Mais ce retour aux garanties légales n'était que simulé; la violence se cachait derrière le mensonge. Les jurés du tribunal révolutionnaire, en effet, n'étaient point pris, comme les jurés ordinaires, sur une liste de deux cents citoyens appelés de tous les points du département, renouvelés chaque mois et abandonnés, par conséquent, à la diversité de leurs appréciations et à l'indépendance de leur conscience; ils étaient choisis dans les villes, principalement à Arras, parmi ceux qui, à des titres divers et à des degrés différents, avaient donné des gages à la Révolution. La permanence de ce jury accroissait les dangers résultant du système qui avait présidé à sa composition. Ces soixante jurés, assurément, n'étaient pas tous froidement cruels ou aveuglés par le fanatisme révolutionnaire; mais les plus violents, enhardis au crime par l'habitude du crime, devaient entraîner progressivement les plus faibles, dominés par la peur; paralyser l'influence de ceux qui oseraient parfois défendre la justice et la vérité; et former, grâce à la direction de Le Bon et à l'influence de la populace du club, une majorité presque constamment acquise à la condamnation.

Sous le bénéfice de ces considérations, tenant compte des obligations imposées à l'historien et de la réserve que le sujet comporte, examinons sommairement, avant de voir fonctionner la justice révolutionnaire, les titres que les nouveaux jurés présentaient à la confiance de Joseph Le Bon.

Jacques Duponchel était attaché, avant la Révolution, au service du capitaine Landru, commandant de la maréchaussée du Roi au département d'Artois. Il tint ensuite à Arras une modeste boutique. Sa première femme, avec laquelle il divorça, blanchissait du linge et ravaudait des bas de soie. Duponchel fut chargé par le département de surveiller, à l'arsenal, la réparation des armes ; il reçut à ce titre un traitement de trente livres par mois. Plus tard il obtint du District, pour diverses autres commissions, une allocation de six livres par jour et se fit concéder la jouissance gratuite du jardin des Capucins. Après le 10 août 1792, il devint officier municipal et membre de la Société républicaine, d'où les *Jacobins* avaient expulsé les *Feuillants*. Le 27 pluviôse, Le Bon nomma Duponchel maire d'Arras par intérim : il remplit ces fonctions jusqu'au 24 ventôse, date de la nomination de Daillet ; il les exerça de nouveau pendant le séjour de Daillet à Cambrai. — Le 18 pluviôse, Duponchel écrivait « au citoyen Lefetz du District d'Arras » une lettre dont nous respectons l'orthographe : « Frère, je vien Daprend que ta Damme Dion n'est pas en état Darrestation M. de Quatre-Veau La Damme Le roi D'Urtubis et encore Bien d'autre qu'il faudra vérifier. — Salus et fraternité[1]. »

François Carlier, ancien domestique de M. le baron d'Aix, vivait d'un petit commerce de graines, dans une cave, entre deux places. Il avait fait partie du comité de surveillance institué par Le Bon le 20 brumaire, et siégeait comme notable au Conseil général de la commune. Il ne savait ni lire ni écrire ; il apprit à signer son nom, quand la Révolution l'éleva aux fonctions publiques. Aucun des membres de la Société populaire, dans laquelle il était entré avec Duponchel, ne le surpassait en violence et en brutalité. Il s'emporta un jour jusqu'à saisir au collet le représentant Laurent ; une autre fois, il fit au club un tel vacarme que Le Bon se retira. Le comité de surveillance le mit en arrestation ; mais Le Bon s'empressa de le rendre à la liberté.

---

1. Archives départementales.

« Joseph Le Bon, convaincu que les écarts imputés au citoyen Carlier sont le fruit de l'irréflexion et du peu de connaissance qu'a ledit citoyen Carlier de la force des termes qu'il emploie; — Considérant d'ailleurs que ledit citoyen Carlier a toujours été compté parmi les ardents patriotes : — Arrête qu'à la diligence de l'agent national près le District d'Arras il sera sur-le-champ mis provisoirement en liberté [1] ».

Grâce à Le Bon, Carlier devint successivement commissaire aux inventaires et président du comité de surveillance. Disons à sa décharge qu'il travailla à sauver la tête de son ancien maître [2].

Xavier Daillet était commis dans une maison de commerce. Aux approches du 10 août, il avait accompagné à Paris Augustin Robespierre. Il s'était attaché à la personne de Maximilien, à qui il servait de garde-du-corps. Envoyé en Belgique comme commissaire du pouvoir exécutif, il devint secrétaire particulier de Danton, pendant la tournée que l'ordonnateur des massacres de septembre fit dans ce pays. De retour à Arras, il fut nommé, nous l'avons vu, substitut du procureur de la commune. Il correspondait directement avec Robespierre, et se faisait ainsi craindre de Le Bon qui le créa successivement agent national de la commune, maire d'Arras et président du tribunal révolutionnaire de Cambrai.

François Caubrière, fils d'un garde du génie, occupait un emploi de secrétaire-commis au département; il fut nommé,

---

1. Archives départementales.
2. Guffroy lui en fit un crime : « Après les nobles et les prêtres, il n'y avait rien de plus vil que la valetaille, faisant tout pour de l'argent, intrigants et fourbes par métier, dissimulés par nécessité; tel est ce Carlier qui était parvenu à protéger son ancien maître le baron d'Aix. Il a fallu que Demuliez déployât toute son énergie pour parvenir à faire examiner un ci-devant baron que depuis la hache de la loi a frappé. » (*Censure républicaine*, p. 62).

le 12 juillet 1793, procureur national du conseil exécutif en la maîtrise des eaux et forêts d'Arras [1]. Le Bon l'appela à faire partie du Conseil général de la commune, puis, du département où il devint tout-puissant ; il le chargea spécialement de l'interrogatoire des détenus qu'il excellait à « entortiller ». C'était le bouffon du représentant ; il trouvait le moyen de l'égayer par d'affreuses plaisanteries. Après la Révolution, Caubrière fut employé à Paris au ministère de la justice où il se trouvait encore en 1818. Il avait acheté une savonnette à vilain et se faisait appeler M. le chevalier de Holcourt.

Taffin-Bruyant, marchand de grains à Arras, avait été nommé par le District, le 25 mai 1793, commissaire aux émigrés. Ces commissaires étaient payés à l'heure : trente sols à la campagne, vingt-quatre sols en ville.

Augustin Darthé, l'un des principaux agents de la Terreur à Arras, était originaire du canton de Saint-Pol. En 1789, il faisait son droit à Paris ; il se distingua parmi les *vainqueurs de la Bastille*. Rentré dans ses foyers en 1792, Darthé se mit à la tête des patriotes et réussit, après une lutte à coups de chaises au sein de l'assemblée électorale, à composer avec ses amis une administration municipale ultra-révolutionnaire. Les élections qui suivirent le 10 août envoyèrent Darthé à Arras, comme administrateur du département. Pour le récompenser de la vigueur qu'il déploya contre la Petite-Vendée, la Convention, sur le vu du rapport plein de fanfaronnades qu'il lui avait envoyé, déclara qu'il avait bien mérité de la patrie. Le Bon confia à Darthé, dans l'administration départementale, le bureau des émigrés et l'adjoignit à Caubrière pour l'interrogatoire des prévenus. Élie Lacoste le

---

1. Caubrière remplaçait M. Guy-Michel-Anastase Asselin, père d'Albert Asselin; destitué et mis en arrestation, M. Asselin père mourut en prison, le 13 germinal.
2. Bibliothèque de Douai : Manuscrit de M. Plouvain.

nomma président de la commission militaire. Darthé était lié avec Herman président du tribunal de Paris ; il entretenait avec Le Bas, du Comité de salut public, une correspondance qui inquiétait Le Bon, autant que celle de Daillet avec Robespierre [1]. Nous verrons Darthé profiter de son influence pour assouvir ses vengeances personnelles et remplir à Cambrai, conjointement avec Caubrière, les fonctions d'accusateur public. Telle vie, telle fin : Darthé, condamné à mort par le tribunal de Vendôme, comme complice de Babœuf, se tua lui-même d'un coup de couteau.

Célestin Lefetz, génovéfain, sorti des rangs du sacerdoce au moment de l'épreuve, se montra le persécuteur acharné de la religion qu'il avait trahie. Arrivé de Liége à Arras, il prêta le serment civique et se maria. Lorsqu'on ouvrit au District un registre destiné à recevoir les abjurations, Lefetz fut le premier prêtre qui y consigna, le 29 brumaire, ce témoignage de son apostasie : « ..... Déclare avoir brûlé, il y a près d'un an, tous les diplômes ridicules qui lui donnaient, aux yeux du vulgaire, la puissance de faire des dieux ; et que, depuis un an, il avait renoncé au métier et à la qualité de prêtre, de ministre de mensonge et de charlatanisme ; et que, pour satisfaire à la loi, il se hâtait d'en faire la déclaration authentique [2]. » Célestin Lefetz était tout-puissant au District qu'il présidait presque constamment. — Lefetz mourut en prison, à Paris, le 1er nivôse an III, à peine âgé de 29 ans. Joseph Le Bon lui fit cette oraison funèbre : « Mort d'avoir trop vécu [3] ».

---

1. « Ce Darthé faisait tout trembler ». *Procès de Le Bon*, p. 330. — Le Bon dit encore, p. 115, « qu'il se vit forcé d'employer Daillet et Darthé, correspondants immédiats, le premier de Robespierre, et le second de Le Bas, qu'il se vit forcé, contre son caractère, de ployer sous leur joug parce qu'ils étaient tout puissants au Comité de salut public ».

2. Archives départementales.

3. *Procès*, t. I, p. 251.

Nicolas Lefetz, marchand de vin, avait été nommé commissaire aux émigrés.

Galand, habile procureur au Conseil d'Artois (1780), avait obtenu en 1791 la place de secrétaire-général du département, aux appointements de 2,500 livres. Il apposa sa signature à l'adresse royaliste du 26 juin 1792. Les patriotes avaient un autre grief à lui reprocher : lorsqu'on supprima les charges de procureur, Galand foula aux pieds, dans un moment de colère, son habit de garde national. Il fut néanmoins maintenu dans son emploi au département par les administrateurs de 1793 et s'efforça de faire oublier sa conduite passée. Le Bon, qui avait apprécié son intelligence et ses connaissances pratiques comme secrétaire-général, l'emmena avec lui dans sa tournée à travers le département, l'attacha à sa personne et le nomma plus tard greffier en chef du tribunal révolutionnaire de Cambrai.

Dartus et Quingniard étaient employés dans les bureaux du département.

L'horloger Gilles, nommé membre du Conseil général de la commune le 1er avril 1793, puis commissaire aux prisons, se signala par sa cruauté envers les détenus.

Augustin Asselin avait été élu administrateur du département, après le 10 août, par le canton de Saint-Omer. Il n'exerça pas longtemps les fonctions de juré. En germinal, Herman l'appela à Paris et lui confia un emploi dans ses bureaux. — Asselin fut remplacé comme juré par le citoyen Jouy, fils d'un brasseur, qui s'était enrôlé comme volontaire et que l'adjudant-général Le Blond avait dénoncé comme ayant désorganisé à Liège les bataillons de gardes nationaux.

Le brasseur Carrault, cousin de Robespierre, avait fait partie du comité de surveillance créé le 20 brumaire ; Le Bon le fit entrer, le 29 nivôse, dans le Conseil général de la commune [1].

Nous connaissons Marie-David Varnier, professeur à l'Oratoire de Beaune, secrétaire de Le Bon au Comité de sûreté générale, président du tribunal de Boulogne, puis appelé par Le Bon, le 29 nivôse, au District d'Arras.

Blondel-Petit, épicier, était membre du comité de surveillance.

Planès, marchand grainetier, avait fait partie de ce comité; Le Bon l'avait ensuite placé, comme notable, dans le Conseil général de la commune.

Danel s'était fait nommer, en 1793, chirurgien des prisons et médecin adjoint à l'hôpital de l'Égalité.

Bacqueville était garçon meûnier à l'hôpital militaire. Le 26 août 1793, Colombel et Letourneur, représentants à l'armée du Nord, le chargèrent de parcourir la campagne afin

---

[1]. Le trisaïeul des Robespierre, Robert de Roberspierre, était notaire à Carvin et lieutenant de la principauté d'Épinoy pour la maison de Melun. Robert eut huit enfants. En 1696, Yves, l'un d'eux, fit enregistrer ses armoiries : d'or à bande de sable, chargé d'un demi-vol d'argent. (Le scribe qui inscrivit cette demande orthographia ainsi le nom de l'impétrant : Yves Robert Spierre. Le nom de Roberspierre, avec son orthographe véritable, semble en effet provenir de la réunion de ces deux mots et trahit l'origine irlandaise que certains historiens lui attribuent). Un autre fils de Robert, Martin de Robespierre, procureur fiscal d'Épinoy, eut trois enfants, parmi lesquels Maximilien, avocat au Conseil d'Artois, qui épousa, le 21 janvier 1701, Marie-Marguerite Poiteau. — De cette union naquirent Alexandre, mort en bas âge à Willerval, Maximilien-Barthélemy-François, avocat au Conseil d'Artois, Amable-Aldegonde-Henriette, mariée en 1777 à Gabriel Du Rutte médecin à Douai, et Marie-Marguerite, mariée en 1776 à Robert Deshorties médecin à Arras. — Maximilien, avocat au Conseil d'Artois, épousa en janvier 1758 Jacqueline-Marguerite Carrault, fille de Jacques-François, brasseur à Arras, et de Marie-Marguerite Cornu ; le 6 mai 1758 naquit de cette union MAXIMILIEN-MARIE-ISIDORE DE ROBESPIERRE. — Maximilien eut un frère, Augustin-Benoît-Joseph, né en 1760, et une sœur, Charlotte, qui décéda à Paris en 1834.

Cette généalogie, empruntée à l'*Armorial général de France*, a été dressée sur pièces authentiques par celui de nos concitoyens qui possède le mieux l'histoire de l'ancienne province d'Artois.

de réunir les soldats débandés. L'ardeur de son patriotisme lui fit confier la surveillance des moulins de la ville et les moûtures pour les subsistances militaires.

Tassin et Pain étaient soldats de police. Le 29 juillet 1793, la Convention, sur le rapport de Le Bon, avait félicité Guislain Pain de sa belle conduite : il avait dénoncé une femme Caron comme accapareuse de charbon, et il avait arrêté M. Flahaut, condamné à mort par le tribunal criminel, au moment où il s'enfuyait de la prison du Rivage [1].

Saint-Rémy, Danten et Boisard étaient membres du comité de surveillance ; Gabriel Le Blond, marchand, présidait ce comité ; Saint-Rémy et Danten siégeaient aussi au Conseil général de la commune. Nous verrons bientôt ces quatre jurés apporter de la résistance à la tyrannie de Le Bon, expier cet écart en prison, et atténuer leurs fautes passées en donnant naissance à l'opposition sous laquelle, avant le 9 thermidor, le proconsul succombera.

La plupart des jurés étrangers à Arras étaient pris par Le Bon dans les corps administratifs réorganisés révolutionnairement. — Flament, directeur de la poste à Saint-Pol, était administrateur du district et membre du comité de surveillance ; Lamoral Vasseur, bel-oncle de Le Bon, faisait partie du comité de surveillance ; Louis Régniez, beau-frère de Le Bon, était secrétaire de ce comité ; Joseph Helle, oncle de Le Bon, siégeait au district ; Amable Flament était membre du comité de surveillance ; Mienné, dit Guérit-Tout, maire de Saint-Pol, avait été chargé par Élie Lacoste et Peyssard d'organiser les comités révolutionnaires du district : il présidait le comité de Saint-Pol.

Les jurés de Béthune appartenaient tous au district : Leroux présidait cette administration ; Clément et Gouliard

---

1. M. Flahaut, après cassation, fut acquitté par le tribunal d'Amiens.

en étaient membres, Beugniet, secrétaire. — Gouliard devint bientôt juré du tribunal révolutionnaire de Paris.

Saint-Omer comptait sur la liste des jurés : Turlure, du district, génovéfain défroqué, prêtre constitutionnel, marié à une cousine de Le Bon ; Toulotte, président du club des Montagnards ; Vallé, du district ; Dupuis, président du comité de surveillance.

Nommons encore Rémy, administrateur du district de Bapaume et greffier du tribunal. On apprit plus tard que, pendant l'hiver de 1791, il avait attendu, dans le bois de Vaux, un fermier de Baralle, Jean-Baptiste Grottard, et lui avait demandé la bourse ou la vie [1].

---

1. *Procès de Le Bon*, p. 44.

LIVRE VI

Tandis que Le Bon créait le jury révolutionnaire du tribunal criminel d'Arras, Saint-Just et Le Bas, représentants du peuple près l'armée du Nord, prenaient l'arrêté suivant : « Tous les ci-devant nobles qui se trouvent dans les départements du Pas-de-Calais, du Nord, de la Somme, de l'Aisne, seront mis en arrestation dans les vingt-quatre heures de la réception du présent arrêté et demeureront au secret.—Le présent arrêté sera publié par l'administration du District d'Arras; les comités de surveillance desdits départements sont chargés de son exécution et en rendront compte au Comité de salut public [1]. »

Cet arrêté, daté « d'Arras le 16 pluviôse an II », n'arriva dans cette ville que le 26 pluviôse, à huit heures du matin, sous lettre d'envoi timbrée d'Amiens. A neuf heures, le District se réunit en séance extraordinaire; il envoya immédia-

---

1. Archives départementales.

tement à tous les districts des quatre départements des courriers porteurs d'une copie certifiée de l'arrêté et donna ordre au comité révolutionnaire d'Arras de le mettre à exécution. En quelques jours, quarante familles nobles qui n'avaient pas fui ce sol de la patrie qui les dévorait, et qui n'étaient pas encore détenues comme suspectes, furent enfermées à l'Hôtel-Dieu. On n'épargna même pas les ci-devant nobles qui, par une exception fort rare, avaient passé dans le camp de la Révolution. On emprisonna notamment le citoyen de Marbais, marié à Rosalie Le Bon cousine du représentant. A l'exception de la citoyenne de Marbais, les femmes qui, n'étant pas nobles elles-mêmes, avaient épousé des nobles, furent comprises dans l'application de l'arrêté.

« Les femmes non nées nobles, qui ne seront point connues pour ci-devant roturières ou vilaines, seront arrêtées provisoirement avec leurs maris. — La femme de Marbais, étant connue de tous pour ci-devant roturière, et d'ailleurs ancienne et ardente amie de la Révolution, restera libre. — Les mères restées libres conserveront avec elles leurs enfants âgés de moins de douze ans [1]. »

Tant d'arrestations opérées sans cause excitaient dans l'âme des honnêtes gens une douleur qu'ils ne craignaient pas encore de manifester ; une foule de solliciteurs accouraient chez le représentant pour implorer la grâce de leurs parents ou de leurs anciens maîtres. Joseph Le Bon inventa un moyen radical de tenir à distance ces importuns, et de se mettre lui-même en garde contre la pitié : il fit placer sur la porte de son cabinet cette inscription menaçante : « Ceux qui entreront ici pour solliciter l'élargissement des détenus n'en sortiront que pour être mis eux-mêmes en arrestation [2]. »

---

1. Arrêté du 26 pluviôse. Archives départementales.
2. Déclaration du Conseil général de la commune et du comité de surveillance, 7 et 8 frimaire an III.

Débarrassé des solliciteurs, Le Bon fit part au Comité de salut public de la satisfaction que lui avait causée l'arrêté de Saint-Just :

« Rien ne prouve davantage la nécessité de la mesure prise par Saint-Just et Le Bas contre les ci-devant nobles que ce dont je suis témoin chaque jour : des bandes de femmes de campagnards éplorées viennent réclamer leurs ci-devant seigneurs ou fermiers que, d'un côté, la misère, de l'autre, des largesses perfides font désigner sous le nom de pères du peuple. Pères du peuple ! les oppresseurs de l'humanité ! Pères du peuple !... je m'abstiendrai de toute réflexion. Le Comité de salut public sent combien il est indécent, après quatre années de travaux révolutionnaires, de voir des communes entières regretter des maîtres pour un morceau de pain [1]. »

Il écrivait, le même jour, au Comité de salut public :

« Je vous envoie la liste certifiée véritable des agents nationaux qui ont résisté à l'épuration dans le Pas-de-Calais.

« Vous observerez seulement que, la Société de Montagne-sur-Mer ayant eu l'impudence de me proposer pour agent national un modéré destitué par Dumont, j'ai cru devoir, malgré le vœu de la Société, conserver Demoncheaux auquel elle accorde un grand patriotisme, en lui contestant la supériorité des talents sur l'homme destitué.

« J'ai, au surplus, écrit une lettre vigoureuse pour rappeler à l'énergie patriotique et révolutionnaire cette Société qui se nourrit de muscade [2]. »

Dans une troisième lettre, aussi datée du 3 ventôse, Le Bon demandait qu'on le débarrassât du département du Nord où, par sa modération, Florent Guyot lui portait ombrage :

---

1. Lettre du 3 ventôse. *Procès*, t. II, p. 132.
2. Archives de l'Empire.

« Je vous ai déjà mandé mon aventure avec Florent Guyot. J'ignore si, en se réservant l'épuration des autorités de Lille, il s'est aussi réservé celle des autorités du reste du Nord. Toujours est-il vrai que Bergues, Landrecies, Hazebrouck et Lille ne m'ont aucunement répondu sur les renseignements que je leur demandais.

« Les agents nationaux près les districts de Douay, Cambray et Avesnes ont résisté à l'épuration ; toutefois, celui de Douay ne me paraît pas universellement bien vu par les membres de la Société populaire. Au reste, je vous le répète, débarrassez-moi du Nord où je craignais de me lancer, n'ayant aucune connaissance locale, mais où le bien me serait impossible à faire depuis le malheureux conflit de juridiction.

« Je vous en conjure, débarrassez-moi du Nord, et consultez les représentants du peuple près l'armée sur ce département dont les administrateurs ont déjà souffert plusieurs épurations [1]. »

Quelle ne fut pas la surprise du représentant, lorsqu'au moment où il venait de dépêcher à Paris son courrier, il reçut du Comité de salut public une lettre de rappel, datée du 30 pluviôse an II :

« La mission dont tu étais chargé, citoyen collègue, n'était que momentanée ; elle doit être actuellement achevée. En conséquence, le Comité de salut public t'invite à rentrer le plus tôt possible au sein de la Convention nationale. — Salut et fraternité, COLLOT-D'HERBOIS, SAINT-JUST [2]. »

Joseph Le Bon partit pour Paris avec sa femme, ses enfants et ses papiers, « ne comptant plus, dit-il, retourner en mission ». A son arrivée, il trouva les chefs de la Révolution en guerre ouverte ; Robespierre et ses partisans, atta-

---

1-2. Archives impériales.

qués comme modérés par les Hébertistes, combattaient à leur tour les Dantonistes qui, fatigués de violence, prétendaient substituer la clémence à la prétendue justice du Comité de salut public. — Le 8 ventôse (26 février), Le Bon entendit Saint-Just exposer à la tribune les théories du gouvernement dont il était l'organe. « Il faut être juste ; mais au lieu de l'être conséquemment à l'intérêt particulier, il faut l'être conséquemment à l'intérêt public... ; si la société compte beaucoup d'hommes que la marche de l'opinion contrarie, ne doit-elle pas faire les plus grands efforts pour s'épurer ?.... Ce qui constitue une République, c'est la destruction totale de ce qui lui est opposé.... Ceux qui font une révolution à moitié ne font que se creuser un tombeau... Oser, ce mot renferme toute la politique de la Révolution. » Au nom des deux comités, Saint-Just proposa, comme conclusion, le décret suivant qui fut adopté sans discussion, à l'unanimité : « Le Comité de sûreté générale est investi du pouvoir de mettre en liberté les patriotes détenus. Toute personne qui réclamera sa liberté rendra compte de sa conduite depuis le 1er mai 1789. Les propriétés des patriotes sont inviolables et sacrées ; les biens des personnes reconnues ennemies de la Révolution seront séquestrés au profit de la République ; ces personnes seront détenues jusqu'à la paix et bannies ensuite à perpétuité. »

Joseph Le Bon, fortifié dans ses principes, se rendit au Comité de salut public, afin d'y présenter l'exposé succinct de ses opérations. — Que se passa-t-il au Comité ? C'est Le Bon qui nous en instruit : « Je suis invité, dit-il, je suis pressé de repartir, afin de seconder, par l'exécution de mesures rigoureuses contre les ennemis de l'intérieur, les dispositions militaires que Saint-Just et Le Bas ne tarderont pas à venir prendre pour débarrasser entièrement la frontière du Nord. On n'est pas, me dit-on, mécontent de mes travaux.

On m'engage seulement à me tenir en garde contre les séductions d'une humanité fausse et mal entendue. Je reviens donc, avec plus de courage, affronter toutes les haines aristocratiques du Pas-de-Calais et de ses alentours [1]. »

Le Comité de salut public avait remis à Le Bon, le 11 ventôse (1er mars), l'arrêté qui renfermait ses pouvoirs [2]. « Le Comité de salut public arrête que le citoyen Le Bon retournera dans le département du Pas-de-Calais, en qualité de représentant du peuple, pour y suivre les opérations déjà commencées. Il pourra les suivre dans les départements environnants. Il est revêtu à cet effet des pouvoirs qu'ont les autres représentants du peuple. — COLLOT-D'HERBOIS, CARNOT, L. BARÈRE, C.-A. PRIEUR, SAINT-JUST, ROBERT LINDET [3]. »

Le Bon s'était empressé de répondre à la confiance du Comité. Dès le 14 ventôse, il mettait en pratique à Arras les leçons qu'il venait de recevoir, et il déployait un « courage » que les « séductions d'une fausse humanité » ne devaient plus modérer.

Le District d'Arras, en exécution du décret du 8 ventôse, avait ordonné que le relevé exact des personnes suspectes serait fait de suite, et que les commissaires aux émigrés, ac-

---

1. Lettres justificatives de Le Bon à la Convention. Bibliothèque de M. Dancoisne, d'Hénin-Liétard.
2. Le passeport de Le Bon était ainsi conçu : « Au nom de la République, à tous les corps administratifs et officiers civils et militaires : — laissez passer librement le citoyen Joseph Le Bon, représentant du peuple, natif d'Arras, âgé de vingt-huit ans, taille de cinq pieds six pouces, cheveux et sourcils châtains, front découvert, nez ordinaire, yeux bleus, bouche moyenne, menton rond, visage ovale, marqué de petite vérole ; allant de Paris dans le département du Pas-de-Calais et limitrophes, chargé d'une mission du Comité de salut public. Le présent passeport valable pour le temps de sa mission. — Fait au Comité de salut public, le IIe jour de ventôse. — COLLOT-D'HERBOIS, BARÈRE, CARNOT. — *Joseph Le Bon dans sa vie privée*, p. 36.
3. Archives de Cambrai.

compagnés de deux membres du Conseil général de la commune, apposeraient les scellés chez les personnes détenues comme suspectes. Le Bon approuva cet arrêté ; il ordonna que les commissaires aux émigrés suspendraient, aux effets ci-dessus, toutes autres opérations, et qu'ils confieraient la garde des scellés à des sans-culottes choisis, autant que possible, parmi des pères de famille d'un civisme connu. Impatient d'opérer des arrestations nouvelles, il demanda ensuite au District combien chacune des maisons d'arrêt pouvait contenir de personnes sans que la salubrité de l'air en fût altérée.

Fortune et aristocratie marchaient de pair ; Le Bon se fit remettre la liste des principaux contribuables de tout le département :

« Les agents nationaux près les districts du département du Pas-de-Calais, sont requis de faire dresser de suite une liste exacte des principaux contribuables de chaque commune de leur arrondissement respectif, savoir :

10 dans les communes au-dessous de 600 âmes ;
15 dans les communes de 600 à 2,000 âmes ;
20 dans les communes de 2,000 à 3,000 âmes ;
40 dans les communes de 3,000 à 4,000 âmes ;
50 dans les communes de 4,000 à 5,000 âmes ;

Et dans les communes au-dessus de 5,000 âmes, tous les individus payant annuellement, toutes contributions jointes, au-delà de cinquante livres. — La cotisation annuelle de chacun sera exactement désignée ; la liste dont il s'agit sera envoyée au représentant du peuple avant le 1er germinal[1]. »

Les intentions de Le Bon, lorsqu'il demandait ces rensei-

---

[1]. Arrêté du 14 ventôse. Archives départementales.

gnements, n'étaient pas douteuses ; à la même date en effet il écrivait au comité de surveillance d'Arras :

« L'ex-président de Madre est riche ; il a des talents. Le Comité de surveillance voudra donc bien me faire part des preuves de civisme qu'il a données pour n'être point mis en état d'arrestation comme les autres individus de sa classe ; j'attends demain ces renseignements [1]. »

Les femmes des suspects ne sont-elles pas suspectes ? Les roturiers mariés à des femmes nobles ne sont-ils pas décidément entachés de noblesse ? Ces questions ne peuvent faire doute ; elles amènent la création d'une nouvelle catégorie de détenus : celle des suspects d'être suspects.

« Il ne faut pas que les plus intimes confidents des gens suspects restent en liberté pour blasphêmer contre les mesures révolutionnaires et pour solliciter par mille intrigues la sortie des aristocrates qui leur sont chers.

« En conséquence, tous les districts du département du Pas-de-Calais donneront des ordres pour que, dans les vingt-quatre heures, toutes les femmes des hommes suspects détenus soient mises en arrestation, à moins qu'elles n'aient évidemment et constamment improuvé l'aristocratie de leurs maris. Cette mesure aura lieu à l'égard de tous les hommes suspects qui doivent être subséquemment arrêtés.

« Elle aura lieu pareillement envers les femmes ci-devant roturières des maris ci-devant nobles, et envers les maris ci-devant roturiers des femmes ci-devant nobles, si lesdits maris roturiers ou lesdites femmes roturières n'ont point montré un attachement constant à la Révolution [2]. »

Joseph Le Bon, en réunissant dans la même prison le mari à la femme, l'épouse à l'époux, faisait disparaître, sans y

---

1. Lettre du 14 ventôse. Archives départementales.
2. Arrêté du 16 ventôse. Archives départementales.

penser, la plus grande des douleurs que pût entraîner la perte de la liberté : porter les mêmes fers, c'était n'en plus sentir le poids. Mais non ; Le Bon a prévu ces conséquences ; il a même porté ses prévisions plus loin :

« Ne laissons point *multiplier* les ennemis de la liberté. Dans les vingt-quatre heures de la réception du présent, les districts du département du Pas-de-Calais auront pris des mesures pour *séparer* les femmes suspectes des hommes suspects.

« Les enfants mâles au-dessus de sept ans resteront dans la maison des hommes, et ceux au-dessous de sept ans, ainsi que les jeunes filles, dans les maisons des femmes.

« Les maisons des hommes suspects seront gardées par des hommes, et celles des femmes suspectes, par des femmes [1]. »

Les tortures morales de la séparation ne suffisent pas ; le Bon, prodigue de rigueurs, y ajoute la privation de tout adoucissement au régime des prisons. Déjà il avait fait enlever aux détenus leurs provisions ; il fait saisir leur argent :

« Les gens détenus comme suspects n'ont plus aucun besoin.

« La République les nourrit frugalement ; partant, qu'on ne leur laisse aucune somme.

« Qu'il soit dressé procès-verbal exact de toutes celles qu'on trouvera sur eux, pour leur être rendues, dans le cas où ils seraient élargis par le Comité de sûreté générale, ou pour être, dans l'autre cas, versées dans le Trésor public [2]. »

Joseph Le Bon envoya au Comité de salut public copie de son arrêté :

« Les gens suspects amassaient encore des trésors dans

---

1. Arrêté du 16 ventôse. Archives départementales.
2. Arrêté du 18 ventôse. Archives départementales.

leurs prisons, et se disposaient sans doute à les soustraire à la salutaire loi du 8 ventôse. L'arrêté ci-joint a déjoué leurs coupables espérances [1]. »

Cependant, la commission nommée par le District avait fait connaître quelle était la capacité des diverses maisons d'arrêt. Le Bon les trouva trop étroites au gré de ses désirs; il demanda au Comité de salut public l'autorisation de faire évacuer les prisonniers sur quelque ville de l'intérieur.

« Autorisez-moi à faire évacuer sur Chantilly, ou sur tout autre endroit de l'intérieur, l'énorme multitude de gens suspects arrêtés et à arrêter dans ce département ; sinon, il est à craindre qu'ils n'affament Arras, leur principal dépôt. D'ailleurs, Arras est trop voisin des frontières et renferme des magasins trop précieux pour qu'on y voie sans inquiétude, dans des prisons souvent peu sûres, un rassemblement aussi considérable d'hommes pervers [2]. »

En attendant la réponse du Comité, Le Bon tira parti de tous les lieux de détention que la ville d'Arras pouvait lui fournir; il affecta chacun d'eux à une destination spéciale.

« La prison dite du Rivage, déclarée malsaine et où plusieurs individus sont morts en attendant jugement, sera évacuée dans les vingt-quatre heures; défenses très-expresses sont faites d'y enfermer aucun citoyen à l'avenir. — La prison dite Saint-Vaast renfermera exclusivement les condamnés par jugement des tribunaux criminels ou militaires. — La prison dite des Baudets servira exclusivement de maison de justice. — La maison dite l'Abbatiale servira exclusivement de maison d'arrêt, mais non pour les militaires. — La maison dite des Orphelines sera exclusivement la maison d'arrêt pour les militaires.

---

1. Lettre du 22 ventôse. Archives départementales.
2. Lettre du 16 ventôse. Archives de l'Empire.

« Quant aux gens suspects, les mâles seront enfermés à la maison dite l'Hôtel-Dieu, et les femelles à la maison dite la Providence [1].— Que si le local pour les mâles est insuffisant, il sera fait une évacuation de la maison dite des Capucins sur celle dite du Vivier, et les hommes suspects les plus âgés seront joints aux reclus de ladite maison des Capucins [2]. »

Lorsque Le Bon envoya à Paris copie de son arrêté, il y joignit ces lignes significatives :

« Il faut que les contre-révolutionnaires n'échappent pas à la guillotine, en mourant dans les bras d'un geôlier; il faut que l'innocence ne souffre pas de l'air infect d'une prison : tels sont les motifs de l'arrêté ci-joint [3]. »

Les soins donnés à la chose publique ne faisaient pas oublier à Le Bon ses affaires personnelles. Sous prétexte de rassemblements de gros fermiers, qui se tenaient à Neuville, il résolut de se saisir d'un seul coup de toute la famille Payen. Il commença par envoyer au District l'ordre qui suit :

« Faire arrêter Merlin, notaire à Arras (beau-frère de Jean Payen) et ses adhérents, quelque part qu'ils se trouvent, même dans d'autres districts, ainsi que leurs papiers ; la femme Merlin (Henriette Payen) sera arrêtée avec lui. »

Lorsque les commissaires de Le Bon se présentèrent chez Mme Merlin, elle leur déclara que son mari était parti pour Neuville. On l'arrêta, ainsi que sa servante et un enfant de huit mois ; une petite fille de trois ans, Sophie Payen, dangereusement malade, fut jugée hors d'état d'être transportée.

---

1. Le Bon nomma directrice de la Providence la veuve Lemaire qu'il avait recommandée au District, le 14 frimaire : il lui adjoignit comme sous-directrice Catherine Allart, fille du concierge de l'Hôtel-Dieu. L'une de ces mégères tenait à Arras une petite boutique ; l'autre vendait dans une cave des pommes et des peaux de lapins.

2. Arrêté du 17 ventôse. Archives départementales.

3. Lettre du 22 ventôse. Archives de l'Empire.

Cependant Joseph Le Bon, parti pour Neuville en compagnie de Carlier, de Galand et de quelques autres patriotes, avait rencontré Merlin dans la maison de son beau-frère. Il le fit fouiller et arrêter ; il s'empara aussi de la femme de Jean-François Payen, Thérèse Payen et de son frère Louis Payen, avocat au Parlement de Flandre. Avant de ramener son butin à Arras, il rassembla les patriotes dans l'église du village, et faisant allusion, du haut de la chaire, à la fortune de Payen: « C'est pour vous, leur dit-il, ces beaux chevaux gris, ces belles vaches, ces quatre cents mesures de terre [1] ». Au moment de son départ, il laissa à la municipalité la réquisition suivante : « Joseph Le Bon charge les officiers municipaux de Neuville-la-Liberté, de faire arrêter et conduire à Arras, au département, tous ceux mâles et femelles qui, en 92 et 93, n'ont pas assisté aux messes des prêtres constitutionnels; sottise nécessaire de ce temps-là [2]. »

Joseph Le Bon revenait à Arras, content de sa journée, lorsqu'au sortir du village il aperçut Alexandre Payen, fermier à Montenescourt, qui venait coucher chez Mme Jean Payen sa fille. On lui demande : « Où vas-tu ? » « A Neuville. » « Descends. » Je descends de mon cheval. « Ton portefeuille ? » « Le voilà. » « Tes poches ? » J'ôte mon habit; ils le prennent. « Marche, à présent. » Galand monte sur mon cheval, et je suis à pieds, sans habit. On rencontre un autre fermier « Oh ! oh ! voilà encore un de ces fermiers à grosses bottes ; à bas. » On lui fait la même cérémonie, et on l'avait faite, avant moi, à un troisième. Nous arrivons aux portes

---

1. *Procès de Le Bon*, t. I, p. 96.
2. *2ᵉ Censure*, p. 212, et *Procès*, t. II, p. 120.
Le lendemain André Sauvage, maire de Neuville en 1791, Isabelle Savary sa femme, Thérèse Sauvage sa sœur, Roland Sauvage, chirurgien, Joseph Delville, clerc-laïc de M. Le Bas, Vitasse, maçon, Philippe Delaby, marchand de lins, Carton de Beaurains, et quatre femmes de Neuville rejoignirent aux Baudets la famille Payen.

d'Arras : je vois un garçon que je connaissais, je lui dis : « Tu auras soin de m'apporter à manger, car je vais être dedans ». Le Bon l'aperçoit ; il entre en fureur, menace de me brûler la cervelle, et fait arrêter celui à qui je venais de parler. Plus loin (rue Saint-Jean-en-Ronville), il aperçoit la citoyenne Gamonet (femme de l'ancien receveur général), à la porte du citoyen Izambart. Il la fait arrêter et marcher avec nous. On nous conduit au département avec chacun cinq à six fusiliers pour nous garder ; on nous fouille, et je me suis aperçu qu'on a poussé l'indécence jusqu'à faire ôter la chemise à la citoyenne Gamonet [1] ». Un membre du comité de surveillance la couvrit de son manteau. Tous les prisonniers furent écroués aux Baudets. — Le 7 ventôse, Le Bon compléta son œuvre en faisant arrêter la femme et la fille de M. Payen de Montenescourt [2].

L'expédition faite à Neuville avait sans doute réveillé dans l'âme de Le Bon des souvenirs irritants. S'armant de nouvelles rigueurs contre les dernières manifestations d'un culte proscrit, il rend les arrêtés suivants :

« Le Conseil général de la commune d'Arras donnera ordre, sur-le-champ, à tous les soldats de police, de se répandre dans les promenades et sur les remparts, comme dans tous les lieux publics, et d'y arrêter toutes les femmes et les filles

---

1. *Procès de Le Bon*, t. I, p. 95 et 203.
2. M. Le Gentil, de Wailly, marié à Victoire Payen, de Neuville, avait employé pour se soustraire à l'emprisonnement, un procédé fort ingénieux : fermier à grosses bottes, ancien lieutenant de l'abbaye d'Arrouaise qu'il avait refusé d'acheter *nationalement*, M. Le Gentil reçut un jour la visite de Le Bon qui, après une perquisition minutieuse, laissa dans sa maison une partie de son escorte et continua sa tournée jusqu'à Rivière. M. Le Gentil fit remonter de sa cave tous les liquides qu'elle contenait et les mit, avec forces provisions de bouche, à la disposition des sans-culottes. Le soir, Le Bon les retrouva dansant la *Carmagnole* autour des futailles vides et chantant les louanges de leur hôte, proclamé le meilleur des maires. — Resté libre pour le moment, M. Le Gentil fut cependant emprisonné le 29 ventôse (19 mars 1794).

endimanchées. Les aristocrates ou fanatiques seront définitivement constituées en arrestation [1]. »

« Joseph Le Bon, instruit que les compagnons de cultivateurs, appelés ci-devant valets de charrue, égarés par le fanatisme, s'opiniâtrent à célébrer les ci-devant jours des fêtes et dimanches et enlèvent ainsi un temps précieux à l'agriculture, arrête :

« Que tout domestique, valet de charrue et autre ouvrier qui chômera d'autre jour que le décadi, sera mis en état d'arrestation comme suspect, et que les municipalités qui n'exécuteront pas le présent arrêté, seront elles-mêmes considérées comme suspectes et traitées comme telles [2]. »

Dans l'exécution de ces mesures, est-il besoin de dire que Joseph Le Bon rencontrait, de la part des autorités constituées et surtout du District, servile obéissance et complète approbation? Le 19 ventôse, le comité de surveillance l'informait qu'en exécution de l'arrêté du 16, il avait fait amener deux hommes et vingt-et-une femmes, mariées à des suspects : «.Le comité aurait agi plus tôt, s'il avait connu l'arrangement des maisons destinées aux *mâles* et *femelles* détenus. » — Néanmoins, le comité avait laissé quelques enfants en bas-âge, dans la maison de leurs parents, aux soins des domestiques. — « Nous sommes instruits, écrit aussitôt le District, que les enfants de gens suspects sont restés dans la maison paternelle; ceci est contraire aux dispositions de l'arrêté de Joseph Le Bon du 16 de ce mois; nous vous prions de remplir les dispositions de cet arrêté et de conduire avec les femelles suspectes les filles et les garçons au-dessous de sept ans, et avec les mâles suspects les garçons au-dessus de sept ans. »

Le Bon n'avait ordonné d'enlever aux détenus que leur

---

1. Arrêté du 19 ventôse. 2ᵉ *Censure*, p. 219.
2. Arrêté du 30 ventôse. Archives départementales.

argent; le District trouva l'arrêté trop humain — « Séance du 18 ventôse : L'assemblée du District arrête que six membres de l'administration, accompagnés d'autant de membres au moins du Conseil général de la commune, se rendront, dans le jour, dans les maisons dites Abbatiale, Hôtel-Dieu, Baudets, Orphelines, à l'effet de saisir tout l'argent, soit en numéraire, soit en assignats, tout or, argenterie et bijoux, desquels objets il sera dressé procès-verbal, ainsi que du linge, consistant en draps, chemises, bas, serviettes, sur l'emploi desquels il sera statué ;

« Arrête, en outre, qu'il ne sera laissé à chaque individu des détenus qu'un matelas et une paillasse, deux paires de draps, six chemises, six mouchoirs, six paires de bas, et qu'il ne sera laissé aux femmes que le strict nécessaire dans cette proportion ;

« Arrête que le procès-verbal contiendra tant ce qui leur sera enlevé que ce qui leur sera laissé ; que les objets qui leur seront enlevés seront portés dans leurs maisons respectives, où ils seront mis sous les scellés, pour leur être remis dans le cas où le Comité de sûreté générale prononcerait leur élargissement, ou leur être définitivement enlevés dans le cas contraire ;

« Et que tous les comestibles qui se trouveront dans lesdites maisons seront saisis pour être distribués aux orphelins et aux orphelines ;

« Arrête que copie du présent arrêté sera envoyée sur-le-champ au Conseil général de la commune d'Arras pour que les commissaires que nommera ledit Conseil général se trouvent, à trois heures précises, à l'administration du District, et que copie du présent arrêté sera envoyée au représentant du peuple, Joseph Le Bon. »

On s'occupa d'abord de dépouiller les détenus. — « Le 18 ventôse, vers cinq heures du soir, dit un prisonnier de l'Abbatiale [1], nous entendîmes des évolutions militaires en face de la maison ; les portes s'ouvrirent, et on commanda à la troupe de charger ses armes. Des affidés de Le Bon présidaient cet appareil militaire... Tout-à-coup, on nous insinue cet ordre terrible : Que les hommes passent d'un côté et les femmes de l'autre !... Alors la troupe se divisa en deux pelotons, l'un pour garder les hommes, et l'autre pour empêcher les femmes de les approcher.

« Les prisonniers croyaient que leur dernière heure était venue... Les commissaires se contentèrent de les dépouiller de leurs papiers. Cette opération dura environ trois heures ; quand elle fut terminée, C. Lefetz « obligea tout le monde de rester dans les cours, s'empara de toutes les issues, y posa des gardes et leur tint ce langage : « Sentinelles, si un de ces b......s'avance pour entrer, f.....-lui la baïonnette au travers du ventre. »

« Cet ordre féroce n'avait pour objet que d'exercer d'autres fouilles dans les chambres et d'en enlever le vin et les autres provisions qui s'y trouvaient. Pendant ce temps, nous restâmes dans la cour au nombre de trois cents personnes, sans autre siége pour nous asseoir que les marches du perron. La visite intérieure se prolongea jusqu'au lendemain, sept heures du matin.

« Le lendemain, à pareille heure, même marche militaire, même commandement. — Lefetz, toujours à la tête, fit avancer un des hommes, lui demanda ses boucles, sa montre, son portefeuille, son numéraire. Il les dépouilla tous successivement... On mit ces objets dans des paniers à bras, auxquels on attacha une mauvaise bande de papier... On fit de même aux femmes.... Lefetz, ne pouvant passer une seconde nuit, chargea deux autres commissaires d'enlever le

---

1. *Les Angoisses de la mort,* par Poirier et Montyey, de Dunkerque.

reste de nos dépouilles... Ils prirent tous nos effets, disposèrent d'une partie de nos literies, déchirèrent le peu de livres dont on nous permettait l'usage et apposèrent le scellé sur tout ce qui fermait à clef. Nos représentations ne reçurent d'autre réponse que la vaine promesse de nous remettre à chacun six chemises, six mouchoirs et six paires de bas. — Cette scène dura jusqu'au lendemain matin, et les détenus furent de nouveau exposés à l'intempérie de la saison..... »

Quelques jours se passèrent pendant lesquels on procéda à des visites semblables dans les autres prisons : on fouilla les détenus, on leur fit remettre leur portefeuille, leur argent, leurs bijoux; on mit les scellés sur leurs malles et cassettes. Quand les commissaires eurent terminé leurs saisies, ils s'occupèrent de la translation des prisonniers et de la séparation des hommes d'avec les femmes, en commençant par l'Abbatiale et l'Hôtel-Dieu.

« A peine étions-nous revenus à nous-mêmes que nous vîmes entrer pêle-mêle à l'Abbatiale volontaires et commissaires, suivis d'une foule de voitures et de porteurs; la caisse bat; les militaires se rangent en bataille; les geôliers enjoignent aux hommes seulement de descendre sur-le-champ dans une cour particulière. Les femmes éperdues paraissent de toutes parts aux fenêtres, et nous crient d'une voix entre-coupée que déjà on leur a signifié l'ordre de faire leur paquet et qu'on leur donne une demi-heure pour être rendues à la Providence. En vain elles nous appellent pour les aider dans leur déménagement; en vain elles demandent à faire leurs derniers adieux à leurs pères, à leurs époux, à leurs enfants; on les repousse en notre présence avec la bayonnette.

« A la Providence, maison destinée depuis longtemps à ne renfermer que des folles et des prostituées, on entasse les femmes les unes sur les autres au nombre de cinq cents. Le local pouvait à peine en tenir trois cents. »

Les détenus de l'Abbatiale, après avoir attendu trois jours l'ordre du départ, furent conduits à l'Hôtel-Dieu sous l'escorte d'une garde nombreuse, au son du tambour et réunis aux ex-nobles, dépouillés comme eux; ils virent bientôt arriver les prisonniers enfermés aux Orphelines. La plupart de ces nouveaux venus étaient des expulsés du département du Nord; dénués de tout, ils ne trouvèrent d'aide que dans la compassion de leurs compagnons de captivité.

Les prévisions de Le Bon s'étaient réalisées; le local « destiné aux mâles » était « insuffisant » : conformément à l'arrêté du 17 ventôse, on fit évacuer la maison des Capucins et on y transporta vingt suspects malades ou très-âgés. « Difficilement nous décidâmes les commissaires à faire venir des fiacres, dans lesquels nous plaçâmes ces vieillards respectables. Le citoyen Asselin, attaqué depuis plusieurs jours d'une fièvre putride et maligne, et que nos médecins, Ansart et Toursel, regardaient comme agonisant, fut transporté sans pitié comme les autres, et resta jusqu'au soir sans recevoir ses literies; le lendemain ce bon citoyen expira. Le citoyen Maïoul refusant de nous quitter, parce qu'il était perclus de tous ses membres et qu'il abandonnait un soutien dans son jeune fils, fut accablé des imprécations les plus atroces. L'après-dîner, malgré une pluie d'orage, on le transporta avec ses matelas sur une charrette de brouetteur; il traversa ainsi une partie de la ville, garanti seulement par un parapluie. — Tous ne restèrent dans leur nouvelle retraite que trois ou quatre jours. On les ramena nuitamment à l'Hôtel-Dieu; on les déposa dans un endroit humide où il n'existait aucune cheminée, et sur la pierre. Trois d'entre eux, Bon Lallart (80 ans), Dambrine d'Esquerchin (76 ans) et Gosse

(48 ans), ces derniers conseillers au Conseil d'Artois, moururent dans la même décade [1]. »

Cependant les arrestations des suspects et le soin des prisons n'étaient qu'une œuvre accessoire : le tribunal révolutionnaire, instrument essentiel du système de la Terreur, appelait l'attention du représentant. Ce tribunal, en l'absence de Le Bon, n'avait pas osé mettre en pratique l'arrêté du 25 pluviôse ; il avait continué de suivre les règles de procédure tracées par la loi.

Le 28 pluviôse (16 février), il avait condamné à mort un jeune prêtre, Théophile Valain (25 ans), né à Evin et domicilié à Douai, et Angélique Valain, sa sœur, couseuse de bas (21 ans), tous deux prévenus de distribution de faux assignats.

Un maître d'école d'Arras, Pierre Cuisinier, arrêté le 21 frimaire par le comité de surveillance, était accusé d'avoir composé « un sonnet conçu en termes propres à provoquer le rétablissement de la royauté :

« Nobles ! vaillants héros dont la France s'honore, etc.
. . . . »

et d'avoir donné à ses écoliers des devoirs contre-révolutionnaires. Cuisinier déclara qu'il n'était point poète ; il avait, à la vérité, copié le sonnet incriminé, parce que la versification lui en avait paru belle ; s'il avait su faire des vers, il en aurait fait la parodie. On admit ces explications et on maintint l'instituteur en arrestation comme suspect. (1er ventôse — 20 février.)

Contrairement à la loi de frimaire, le département avait continué à connaître des faits d'émigration. Les 2 et 15 ventôse, il déclara émigrés deux chasseurs du 17e, Jean-

---

[1]. *Les Angoisses de la mort*, p. 33.

Baptiste Cocquel (27 ans) et François Clabaud (28 ans), qui avaient suivi Dumouriez en Belgique et étaient rentrés en France, après un mois de service à l'étranger. Cocquel et Clabaud furent condamnés à mort. (2 et 14 ventôse — 22 février et 4 mars).

Le jury d'accusation de Boulogne avait renvoyé au tribunal deux cultivateurs de Colembert et de Longfossé, Antoine et Louis Watel, prévenus d'outrages envers le maire de Montagne, ci-devant Saint-Martin ; ils furent acquittés (16 ventôse).

Un délit semblable était imputé à Devillers et à Delattre, cultivateurs à Ablain-lez-Montagne, ci-devant St-Nazaire. Un jour de fête civique, le maire de cette commune ayant convoqué les habitants dans la ci-devant église, leur avait fait un discours patriotique : « Ceux qui assistent à la messe des prêtres, avait-il dit, assistent à la messe de bêtes noires et farouches ». A ces mots, un grand tumulte avait éclaté dans l'auditoire, et l'orateur avait été expulsé de l'église. — Le tribunal renvoya les prévenus, comme ayant agi sans mauvaise intention (17 ventôse — 7 mars).

A la même audience, sur les réquisitions de l'accusateur public, le tribunal mit en liberté Rosalie Caron, femme Lobry, de Lillers, compromise dans l'affaire de M. de Béthune et suspecte de correspondance avec des prêtres déportés.

La première période de l'histoire du tribunal révolutionnaire finit à cette date. Depuis le 3 juillet 1793 jusqu'au 17 ventôse (7 mars 1794), ce tribunal, jugeant sans jury, avait prononcé quarante-sept condamnations à mort, sur lesquelles dix-sept, encourues par des émigrés, étaient la conséquence nécessaire des arrêtés prononcés par le département ; il avait acquitté, d'autre part, quarante-et-un accusés. Désormais, nous entrons dans une nouvelle période ; les condamnations prononcées par le jury se succèderont avec une effrayante progression, et la peine appliquée sera presque toujours la mort.

Joseph Le Bon, par un arrêté du 16 ventôse (6 mars), ordonna qu'on le tiendrait, jour par jour, au courant de tout ce qui se ferait au tribunal :

« Le greffier du tribunal révolutionnaire, séant à Arras, est très-expressement requis d'envoyer jour par jour au représentant du peuple l'état des jugements rendus par ledit tribunal; et dans le cas où ledit tribunal passerait un jour sans juger, l'état négatif aura lieu aussi exactement [1]. »

Le tribunal révolutionnaire, pour répondre aux vues du représentant, réglementa le 18 ventôse son organisation intérieure.

« Considérant qu'il est intéressant pour l'ordre et l'accélération des affaires criminelles et révolutionnaires que la besogne soit répartie entre tous les juges, pour que la responsabilité ne soit point illusoire et qu'on ne puisse se renvoyer mutuellement sa faute ou sa négligence, le tribunal criminel et révolutionnaire du Pas-de-Calais, arrête :

« Les affaires seront divisées en trois parties : districts d'Arras et de Bapaume; districts de Boulogne, Montreuil et Saint-Pol; districts de Calais, Saint-Omer et Béthune.

« Dans les vingt-quatre heures, chaque juge fera son rapport, en assemblée, des affaires qui lui seront réparties.

« Le tribunal s'assemblera à dix heures.

« Un juge par décade sera commis aux interrogatoires et autres besognes.

« Chaque juge est responsable de sa faute ou de sa négligence. »

Le Bon adjoignit, comme substitut à l'accusateur public Demuliez, Adrien Potier, ancien capucin, curé constitutionnel et administrateur du district de Bapaume.

---

1. *Procès* t. 2, p. 133.

L'échafaud que l'on dressait auparavant sur la place de la Liberté (Petite-Place), fut transporté sur la place de la Révolution (place de la Comédie) qui était plus centrale. On installa, près de la guillotine, une galerie pour les spectateurs, et une buvette où l'on vendait des rafraîchissements [1].

La justice révolutionnaire n'avait plus qu'à suivre le cours qui lui était tracé.

Le 19 ventôse (9 mars), Mme de Modène, sœur de l'infortuné comte de Béthune, fut la première victime immolée par le jury de Le Bon. — Marie-Ernestine-Françoise de Béthune, veuve de Charles-Gabriel-Raymond de Modène (65 ans), habitait Tarascon; elle était venue à Arras pour y voir son frère; elle fut arrêtée comme ex-noble, le 30 pluviôse, avec Eugène, Aldegonde et Joséphine de Béthune, ses neveu et nièces. Le procès-verbal du comité de surveillance constate qu'on ne trouva sur elle rien de suspect; mais dans le portefeuille de M. de Béthune on avait saisi une lettre sans date, sans signature et sans adresse, dans laquelle on l'engageait « à faire émigrer ses chevaux de carrosse ». L'écrivain ajoutait, en parlant des jeunes gens de Pénin qui avaient exigé qu'un de leurs camarades, quoique malade, rejoignît son bataillon : « Ce sont donc des lionceaux, ces jeunes gens de Pénin ». Le 14 ventôse (4 mars), Le Bon fit procéder à l'interrogatoire de Mme de Béthune :

« Darthé et Asselin, administrateurs du département du Pas-de-Calais, sont requis de faire amener pardevant eux la sœur du nommé Béthune-Pénin, détenue à Arras. Ils l'interrogeront sur les instructions qu'ils ont reçues du représentant du peuple. »

---

1. Déclaration de Le Bon; *Procès* t. 1, p. 197.—Le Bon attribue ces inventions à l'accusateur public, « qui ordonnait tout ce qui avait rapport à la police et aux formes du tribunal et des exécutions ».

On tenait, sur la place de la Révolution, le marché au poisson.

Les commissaires interrogèrent Mme de Modène « sur-le-champ, six heures du soir ». Mme de Modène leur déclara qu'elle avait écrit la lettre incriminée, qu'elle avait adressé cette lettre à son frère, à Steenworde ; mais que le conseil donné par elle de faire émigrer des chevaux était une « pure plaisanterie ». En fait, les deux chevaux de carrosse de M. de Béthune n'étaient pas sortis d'Arras ; l'un était mort à l'écurie ; l'autre s'y trouvait encore.

Le 15 ventôse, Le Bon renvoya à l'accusateur public le procès-verbal tenu par les commissaires :

« Vu l'interrogatoire ci-dessus et pièces jointes, arrête que la nommée Ernestine-Françoise de Béthune, prévenue d'avoir conseillé des émigrations, et d'avoir traité les patriotes de lionceaux dans une lettre infâme, sera, dans les vingt-quatre heures, traduite au tribunal révolutionnaire. »

Mme de Modène, aussi inutilement que son frère, songea à disputer sa vie ; elle choisit comme défenseur le citoyen Lefran. Elle récusa, parmi les jurés, Asselin et Darthé, comme étant ses dénonciateurs et ayant prononcé l'émigration de son frère ; Planès et Dartus, comme ayant fait partie du jury qui avait statué sur le sort de M. de Béthune, lors de son acquittement. Le tribunal admit les récusations. Mais, à l'unanimité, le jury déclara Mme de Béthune coupable de « complicité d'émigration ».

Trois jours après, Le Bon écrivit au Comité de salut public : « Avant-hier, la sœur du ci-devant comte de Béthune a éternué dans le sac ; elle était prévenue d'avoir conseillé l'émigration de chevaux, et d'avoir traité de lionceaux les patriotes [1]. » On voit que Le Bon était exact dans les renseignements qu'il donnait à ses patrons.

Par le même courrier, Joseph Le Bon entretenait le Comité

---

1. Lettre du 22 ventôse. Archives de l'Empire.

de salut public d'une expédition qu'il venait de diriger avec succès sur la citadelle de Doullens. Le 2 ventôse (20 février), il avait requis le District d'Arras « de faire ouvrir pendant la nuit, et jusqu'à nouvel ordre, les correspondances avec Douay; d'arrêter les suspectes et de les lui apporter ». Le District ayant saisi dix de ces lettres, il résulta de l'inspection qui en fut faite que plusieurs d'entre elles étaient adressées à des habitants de Douai détenus à Doullens, et que, pour les faire parvenir sûrement aux destinataires, on les envoyait, sous enveloppe, à l'adresse du général Buchotte, commandant la citadelle. Le District s'était empressé de dénoncer le fait à Le Bon, parti pour Paris.

« L'administration du District, considérant que les détenus n'ont pu avoir recours à ces moyens que dans le dessein de soustraire leur correspondance au comité de surveillance du lieu ;

« Considérant que le citoyen Buchotte, s'il avait le civisme et la fermeté nécessaires pour remplir le poste qui lui est confié, n'aurait dû avoir avec des hommes suspects aucune espèce de rapports qui puisse le faire soupçonner d'incivisme et d'incapacité ; arrête que le commandant de la citadelle de Doullens sera dénoncé au représentant du peuple Joseph Le Bon, comme incapable. — Deux membres continueront de faire l'examen de la correspondance de Douay. »

L'un des premiers soins de Le Bon, revenu à Arras, fut d'ordonner « la visite des papiers des détenus de la citadelle de Doullens, et même ceux de Buchotte, et le renvoi au tribunal révolutionnaire d'Arras de ceux des détenus qui paraîtraient devoir lui être livrés ». Sept patriotes, Darthé à leur tête, partirent pour Doullens. Ils marquèrent pour l'échafaud : M. Hémart, conseiller au Conseil d'Artois; Thérèse Dufour, de Douai ; le duc de Mailly, maréchal de France ; Canaut du Roteleur, ancien échevin de Douai ; le général

Buchotte ; le comte de Montgon, commandant de la citadelle d'Arras.... Telle était l'heureuse nouvelle que Le Bon portait, en même temps que l'exécution de Mme de Béthune, à la connaissance du Comité de salut public :

« Du fond de leurs prisons, les gens suspects complotent encore la ruine de la patrie. J'ai été éveillé, et soudain j'ai envoyé à la citadelle de Doullens sept terribles patriotes qui, après avoir saisi dans la citadelle une multitude de correspondances infâmes, m'ont ramené, pour le tribunal, une douzaine de scélérats mâles et femelles. Buchotte, l'indigne commandant que je vous ai dénoncé, il y a quelques jours, venait d'être arrêté par ordre d'André Dumont; il est maintenant à Amiens, mais ne pourra se dispenser d'expier ici ses intelligences criminelles avec les contre-révolutionnaires détenus et leurs adhérents du dehors.

« Cette expédition inattendue de nos commissaires a fait ressortir un grand nombre de vauriens qui s'enfonçaient dans les ombres du tableau ; j'étendrai les bras dans les départements voisins, et je ramasserai cette tourbe exécrable d'ennemis du peuple qui feignent aujourd'hui d'embrasser la Liberté, mais pour l'étouffer.

« Que de renseignements précieux ! Vous n'avez point d'idées des leçons que l'homme public reçoit en lisant les confidences des aristocrates. Comme on spécule sur nos faiblesses et sur les vices de tout ce qui nous entoure ! je ne puis ni ne dois croire à tout ce que je lis ; mais le Comité de salut public doit avoir sans cesse les yeux ouverts sur ses collègues des départements [1]. »

---

1. Archives de l'Empire.

Joseph Le Bon, dans les premiers moments de sa nouvelle mission, n'épargnait aucun détail au Comité de salut public. Citons comme exemple une lettre du 22 ventôse où il se peint tout entier, plein de vanité, de défiance et d'exagération :

» Le croiriez-vous ? Hier j'ai été trois ou quatre fois appelé Prince ! Un es-

Les 21 et 23 ventôse (11 et 13 mars), le tribunal acquitta un ci-devant juge au district de Bapaume, Savary, prévenu de distraction de fer au château d'Achiet-le-Petit, dont il gardait les scellés ; un sieur Caboche, sur qui le comité de surveillance d'Arras avait saisi une chanson : « *Pont-Neuf sur l'air de la Lanterne* », qui paraissait contre-révolutionnaire ; J.-B. Badollier, ci-devant curé de Saint-Venant, qui avait voulu par ses propos, disait-on, propager le royalisme, et Nicolas Labalette, accusé d'outrages envers le maire d'Ablain.

M. Aimable-Adrien Mallet, baron de Coupigny (56 ans), avait été arrêté à Arras le 10 octobre 1793, comme suspect d'émigration, bien que déjà le Directoire du département eût ordonné la radiation de son nom de la liste des émigrés de Boulogne, « attendu qu'il avait justifié de sa résidence à Arras et au château de Fiefs. » — Le 22 ventôse, on conduisit devant le département M. de Coupigny, écroué depuis deux jours aux Baudets par ordre de Le Bon. « Interpellé de déclarer quelles sont ses liaisons particulières, tant anciennes qu'actuelles, il répond qu'actuellement il n'en a qu'avec ses enfants ; qu'anciennement il allait chez la comtesse d'Oisy et la citoyenne Mazancourt, Bacqueville, son receveur, chez la citoyenne Thiébaut, sa voisine, et dans d'autres maisons de la commune d'Arras. » — « On lui demande où sont situées ses propriétés, ainsi que celles de sa femme... On compulse la liste des émigrés arrêtée définitivement le 9 juillet 1792, et on lit : Municipalité de Rebreuviette, district

pion, sans doute dépêché par Cobourg, m'a été amené ; ce drôle était d'abord français de Valenciennes, patenté de commission du Conseil exécutif et des représentants du peuple, puis fait prisonnier en août dernier et renvoyé en France, pour je ne sais quelle bonne raison, par nos ennemis, sans aucun cartel d'échange. Seulement, il présente un passeport de Bouchain au nom du corps municipal, et signé du maire. Ce maire me semble d'accord avec les ennemis de l'intérieur ; du moins, j'en ai l'appréhension ; en conséquence j'ai donné les ordres nécessaires pour instruire toute cette manigance. » (Arch. de l'Empire).

de Saint-Pol : le sieur Mallet de Coupigny, une ferme avec ses appendances et dépendances, et environ deux cents mesures, tant en terre à labour que manoir et bassure; » puis : « Municipalité d'Héricourt : le sieur Mallet, ci-devant baron de Coupigny, sept mesures de terre à labour. » On demande à Mallet de Coupigny s'il est propriétaire de tous ces objets ; il répond que non; interpellé de déclarer s'il sait à qui ces deux parties de terre appartiennent, il dit que non. On lui demande s'il connaît un autre baron de Coupigny; il déclare qu'il sait qu'il existait à Cambrai un baron de Coupigny, qui est mort il y a sept ou huit ans. On lui observe que ce n'était pas de cet individu qu'on entendait parler, puisque la liste n'a été faite qu'en exécution de la loi du 8 avril 1792. »

« Un membre propose de déclarer Mallet de Coupigny émigré. Après quelques discussions, l'assemblée », sans plus de recherches sur l'exactitude des désignations faites par la liste qu'elle invoque, « considérant que ledit Coupigny se trouve placé, à deux endroits différents, sur la liste des émigrés ; considérant qu'il n'a pas réclamé (article 61, section XI du décret du 28 mars 1793), le déclare émigré », le renvoie devant les juges du tribunal, et de là à l'échafaud. (23 ventôse, 13 mars).

Les papiers saisis chez M. de Béthune renfermaient, on se le rappelle, une lettre de Maximilien Hémart, conseiller au Conseil d'Artois; Hémart fut mis en arrestation. Une perquisition opérée dans sa maison, par ordre du Conseil général de la commune, n'amena d'autre découverte que celle de vingt assignats de dix livres, que l'on soupçonna faux. M. Hémart fut transféré à Doullens; il y tomba malade, et demanda au comité de surveillance, les 10 et 29 octobre, la faveur d'être reconduit dans sa maison et gardé à vue : il faisait valoir auprès du comité les services qu'il avait rendus « comme marguillier, commissaire de paroisse, membre du bureau de charité, notable, commissaire pour l'examen des comptes de fabrique et la répartition de l'impôt foncier, membre de l'administration générale des pauvres. Quoique sa femme eût perdu les trois quarts de son bien par suite de la Révolution, il avait contribué largement aux offrandes patriotiques ; spontanément, il avait offert quarante écus pour les volontaires qui marchaient à la frontière. » Le comité fut sourd à ces réclamations. — Ramené de Doullens à Arras, le 20 ventôse, M. Hémart fut écroué aux Baudets par ordre de Le Bon. Darthé, Le Blond, Daillet et Caubrière, chargés de l'interroger, lui représentèrent la lettre et les assignats incriminés. « J'ai pris la confiance, avait écrit M. Hémart à M. de Béthune, le 28 mars 1793, de vous adresser les deux premiers volumes des opinions des juges de notre malheureux Monarque. » Le prévenu reconnut cette lettre ; quant aux assignats, il déclara ignorer leur origine. Le 21 ventôse, un arrêté de Le Bon renvoya les pièces au substitut Potier.; le 23, M. Hémart, convaincu d'avoir provoqué au rétablissement de la royauté, paya de sa tête l'expression d'un sentiment de pitié renfermée dans une lettre confidentielle. — M. Hémart était né à Saint-Omer ; il était âgé de 55 ans.

Pierre de Cool (71 ans), fermier à Morbeck, était-il plus coupable ? On avait trouvé dans ses papiers un certificat attestant que son fils Eugène avait demeuré, depuis le commencement de novembre 1792, à Bouchaven, où il avait été employé, en qualité de commis, au greffe du comté. Le 20 ventôse, Le Bon l'envoie aux Baudets ; le 24, il transmet les pièces à Potier ; le 25, de Cool est condamné à mort, comme complice de l'émigration de son fils [1].

---

1. Le 25 ventôse les administrateurs du département, « d'après les observations de Pierre Outerdebanque, exécuteur des jugements criminels, charge un

Jean-Ghislain-Philippe Fruleux de Souchez (64 ans), électeur en 1791, membre de l'Académie d'Arras, fut dénoncé au district, le 18 pluviôse (6 février), par six citoyens de Souchez, « comme ennemi du peuple, de la Révolution, des principes sacrés de la douce Égalité, ayant recélé chez lui les meubles du curé réfractaire, M. de Wailly ». Le District, « considérant que le dénoncé se trouvant ex-noble, et n'ayant pas manifesté un attachement constant et ardent à la Révolution, était absolument frappé par l'article 2 du décret du 17 septembre ; qu'il était, en outre, présumé recéleur d'effets du ci-devant curé de Souchez, déporté ; et que, s'il ne justifiait pas avoir fait la déclaration de ces meubles et effets à la municipalité dudit Souchez, il était atteint par les lois portées contre les complices d'émigrés, arrêta que Fruleux serait sur-le-champ mis en arrestation, et que le présent arrêté serait envoyé à Le Bon [1] ».

M. Fruleux fut conduit à l'Hôtel-Dieu. Le procès-verbal, dressé par les commissaires chargés de l'arrêter, relata à sa charge la possession des « deux portraits de Henri IV et de Louis Capet, dernier tyran des Français ; du *Journal de la Cour et de la Ville*, et de l'*Ombre de Juvénal*, tableau des crimes du XVIIIe siècle. — Le 25 ventôse (15 mars), Joseph Le Bon renvoya Fruleux de Souchez au tribunal révolutionnaire qui, pour les faits repris dans le procès-verbal, le condamna à mort, comme coupable de « manœuvres et intelligences... avec les ennemis de la France » (Code pénal du 25 septembre 1791, 2e partie, titre 1, section 1, article 4). Le jugement ordonna qu'avant l'exécution du condamné, les

---

de ses membres de surveiller les réparations qui sont nécessaires à la guillotine et de se concerter avec la municipalité pour que le sang des conspirateurs ne corrompe pas l'air pur que tout républicain doit respirer ».

1. Archives départementales.

portraits de Henri IV et de « Louis Capet » seraient brûlés au pied de la guillotine.

Charles-Oudard-Joseph, marquis de Couronnel de Barastre, seigneur de Vélu, avait entrée aux États. Âgé de 74 ans et infirme, il avait quitté, depuis quelques années, son château de Vélu, pour venir à Arras se faire donner les soins qu'exigeait son grand âge. Il vivait fort retiré dans une chambre de l'auberge du *Petit-Saint-Martin*, lorsqu'un jour, le 8 avril 1793, pendant qu'il recevait de trois occupeurs le payement de ses fermages, il eut l'imprudence de leur dire, tout en causant au coin du feu, que « dans le cas d'invasion du territoire français par des troupes ennemies, il fallait bien recevoir les Autrichiens qui ne leur feraient aucun mal; qu'il ne leur fallait rien dire; qu'ils agiraient de même qu'on les traiterait ». Un des auditeurs rapporta immédiatement ce propos à l'accusateur public. Demuliez envoya la dénonciation au comité de surveillance : M. de Couronnel fut arrêté. Néanmoins, après examen, le département le fit élargir.

M. de Couronnel croyait avoir échappé au péril, lorsque le 19 vendémiaire (10 octobre) on l'arrêta de nouveau et on l'emprisonna à l'Hôtel-Dieu, comme parent d'émigré. La dénonciation faite au mois d'octobre 1793 fut tirée des cartons du comité. Sur le réquisitoire de Demuliez, le tribunal révolutionnaire trouva, dans les paroles que nous avons citées textuellement, des « manœuvres et intelligences avec les ennemis de la France », et il condamna le marquis de Couronnel à la peine de mort (28 ventôse).

Ce n'étaient pas ces vains propos qui perdaient M. de Couronnel; son véritable crime, c'était sa richesse. On avait su qu'il avait en sa possession des sommes considérables; on l'avait interrogé sur le lieu où il les avait cachées, mais il s'était refusé à toute explication. On avait aussi inutilement questionné à ce sujet le procureur Courtois, homme d'affaires de M. de Couronnel. Courtois avait été un moment dépositaire de l'argent convoité ; mais il l'avait remis à son client, qui l'avait alors confié à M. J.-B. Dauchez, ancien avocat au Conseil d'Artois. L'existence de ce nouveau dépôt fut soupçonnée : après la condamnation du marquis de Couronnel et dans l'intervalle du jugement à l'exécution, on appela J.-B. Dauchez en chambre du Conseil. On peut juger de l'embarras de Dauchez, placé entre son devoir comme dépositaire, le danger de se perdre lui-même par ses dénégations, si M. de Couronnel, conduit aux Baudets, se décidait à faire des révélations, et la certitude de compromettre, en tout cas, le procureur Courtois déjà mis en arrestation. Dauchez usa du seul moyen que les périls de la situation comportassent ; il fit connaître aux agents de la Révolution une partie des valeurs déposées entre ses mains ; il réussit néanmoins à soustraire à leurs investigations une somme assez forte qu'il rendit plus tard aux enfants de la victime.

Joseph Le Bon mit à profit cette découverte ; il consacra l'argent de M. de Couronnel à octroyer aux patriotes nécessiteux, soi-disant incapables de travail, un salaire de vingt-deux sous et demi, qui devint, en réalité, la prime des habitués du club, du tribunal révolutionnaire, et des exécutions.

« Le 17 germinal, soixante-dix-neuf mille cinq cent trois livres dix-huit sous, cachés en différents endroits, ont été découverts après la mort du guillotiné Vélu, dit Couronnel, lequel laisse à la République environ soixante mille livres de rente.

« Tout ce numéraire sera échangé contre des assignats, chez le receveur du District d'Arras ; et attendu que l'on est redevable de cette découverte au zèle toujours actif des sans-culottes de cette commune, et à la terreur salutaire qu'ils savent inspirer aux confidents des gros aristocrates ; attendu que cette commune est dénuée de ressources pour subvenir aux besoins d'une multitude de vieillards pauvres et de patriotes estropiés, Joseph Le Bon arrête que ladite somme de 79,503 livres 18 sous, restera déposée entre les mains du receveur du District d'Arras et que, sur mandat dudit District, il en sera tiré chaque décade, jusqu'à ce que les circonstances permettent à la Convention nationale de réaliser entièrement ses promesses envers les malheureux, la partie nécessaire pour que chaque pauvre, hors d'état de travailler par grand âge ou ses infirmités, reçoive chaque jour la valeur d'une journée de travail, et ses enfants au-dessous de dix ans, chacun le quart d'une journée.

« La même mesure sera prise proportionnellement par le représentant du peuple, dans les communes du Pas-de-Calais qui feront connaître les trésors cachés, laissés par nos ennemis.

« Les individus qui déjà reçoivent d'autres secours de la République, n'auront droit à ceux dont il s'agit que jusqu'à due concurrence.

« Le Conseil général de la commune d'Arras formera l'état le plus exact des individus ayant droit à ces secours, avec leurs noms, prénoms, âge, section, numéro de domicile.

« L'administration du District d'Arras veillera à l'exécution du présent arrêté, recevra et vérifiera chaque décade les comptes du Conseil général de la commune, et en adressera un double au représentant du peuple [1]. »

Benoît-Louis-Joseph Lallart de Berlette, négociant à Arras, membre de l'échevinage en 1789, avait été mis en état d'arrestation dans sa maison, le 15 vendémiaire (6 octobre 1793), avec sa femme, Albertine Lallart de Le Bucquière. On prétendait que son frère et ses sœurs avaient émigré :

---

1. Arrêté du 17 germinal (6 avril 1794). Archives départementales.

M. Lallart représenta que son frère habitait depuis trois ans la Hollande, où il apprenait le négoce, que ses sœurs étaient parties pour les eaux, et qu'il était lui-même le seul soutien d'un père aveugle et octogénaire. Nonobstant cette supplique, M. Lallart fut emprisonné à l'Abbatiale. Aucune charge ne s'était élevée contre lui, lorsque, le 14 vendémiaire (4 mars), le citoyen Havet se rendit au comité de surveillance et dénonça un sieur Sévin, qui lui avait remis neuf assignats de cinq livres, reconnus faux. Sévin déclara tenir ces assignats d'un épicier qui, à son tour, fit connaître qu'il les avait reçus du citoyen Doré, gardien des scellés apposés chez M. Lallart. Ce Doré prétendit que M. Lallart lui avait donné les neuf assignats en payement de ses frais de garde; il consentit à les reprendre et les porta à M. Bon Lallart, rue des Balances, qui s'empressa d'en remettre à Doré la valeur. Dans un fait aussi insignifiant, en l'absence de tout préjudice, sans autre preuve que des dénonciations intéressées, le comité révolutionnaire trouva matière à information : il saisit les assignats ; il interrogea M. Lallart qui ne put reconnaître, on le comprend, ces chiffons de papier, conduisit le prisonnier dans sa maison, rue Ronville, et procéda, en sa présence, à une visite domiciliaire. On trouva dans un portefeuille vingt-huit assignats de cinq livres, semblables aux premiers. M. Lallart reconnut cette similitude et se borna à répondre que ces assignats provenaient sans doute des avances que son père lui avait faites ou du payement de ses fermages. — Quelques jours après, le 23 ventôse (13 mars), le comité de surveillance, « vu la dénonciation du 14 de ce mois, le procès-verbal des commissaires du 15, le procès-verbal d'audition des témoins du 23, le procès-verbal de vérification d'assignats du même jour, celui d'interrogatoire de Lallart, dit Berlette, dudit jour, arrêta que Lallart, dit Berlette, prévenu de distribution d'assignats faux, serait conduit en la maison d'arrêt du tribunal révolutionnaire d'Arras [1]. » — M. Lallart fut écroué aux Baudets. — Joseph Le Bon, informé de ces poursuites par Gabriel Le Blond, président du comité de surveillance, prit aussitôt l'arrêté suivant : « Arras, 24 ventôse : Je requiers le comité de surveillance et révolutionnaire de m'envoyer sur-le-champ les pièces relatives à Lallart, dit Berlette [2]. »

M. Lallart fut conduit à l'audience le 26 ventôse. L'absence d'intention criminelle était évidente ; aussi le jury, qui n'était pas encore entièrement plié au joug révolutionnaire, déclara que les assignats étaient faux, mais que le prévenu ne les avait pas distribués *sciemment*. En conséquence, M. Lallart fut acquitté.

Les *terribles* s'indignèrent de ce jugement. On vit Le Bon arriver le soir à la Société populaire, « se démener comme un diable, traiter les jurés d'hommes qui n'étaient pas fermes ; s'irriter de ce qu'ils avaient été assez lâches pour acquitter ce Lallart, un aristocrate fieffé, un contre-révolutionnaire ; qu'il saurait retrouver ces jurés et en mettre d'autres à leur place ; il menaça notamment un patriote ardent, Duponchel, qui avait voté l'acquittement ». — Duponchel sortit de la séance aussi pâle que la mort. — Quant à Lallart, Joseph Le Bon dit que « ce scélérat qui avait échappé une fois à la guillotine, n'y échapperait pas une seconde [3] ».

L'effet suivit de près la menace. Le lendemain, Darthé, commissaire de Le Bon, manda Lallart à sa barre. « Le comité de surveillance est requis de faire conduire au deuxième bureau du département, le nommé Lallart, dit Berlette, acquitté hier par le jury [4]. » L'interrogatoire confié à Darthé

---

1. Archives départementales.
2. *Procès de Le Bon*, t. II, p. 61.
3. *Procès*, p. 48, 105, 305, 338.
4. Archives départementales.

n'ayant amené aucun résultat, le digne lieutenant de Le Bon chargea le comité de faire conduire Lallart « dans une maison d'arrêt où il ne pût, en aucune façon, communiquer avec qui que ce fût [1] ». Quatre commissaires aux inventaires reçurent l'ordre de pratiquer chez M. Lallart une nouvelle visite domiciliaire : « S'il n'y a rien, dirent-ils à Demuliez, qui rapporta les propos au défenseur Leducq, nous trouverons bien, nous ». Ils trouvèrent, en effet, dans la maison de M. Lallart : 1° Plusieurs numéros du *Courrier de l'Égalité ;* 2° une adresse aux citoyens d'Arras par *la* Marchand, rédactrice du *Journal du Pas-de-Calais ;* 3° un numéro de la *Gazette du Nord ;* 4° une brochure : *Aux vrais amis de la patrie ;* 5° le *Manifeste du duc de Brunswick.* Ces vieux journaux, ces imprimés, distribués à différentes époques, pouvaient se trouver dans les papiers de rebut de toutes les maisons de la République ; ils suffisaient aux desseins de Le Bon qui prit, le 28 ventôse, l'arrêté suivant : « Vu le procès-verbal..., d'où il résulte que des papiers contre-révolutionnaires ont été trouvés chez le nommé Lallart, dit Berlette, détenu comme suspect ; vu pareillement les papiers sus-mentionnés ; considérant que déjà, par un jugement, ledit Lallart a été convaincu d'avoir distribué de faux assignats, et que les ouvrages infâmes saisis chez lui prouvent qu'il savait servir la contre-révolution de diverses manières, arrête qu'à la diligence de l'accusateur public, ledit Lallart sera, dans les vingt-quatre heures, traduit au tribunal révolutionnaire de cette commune [2] ».

Le 29 ventôse, M. Lallart fut ramené devant le tribunal qui l'avait acquitté trois jours auparavant. Demuliez avait abandonné son siége au substitut Potier.

Trois autres prévenus, défendus par Lefran, étaient assis avec Lallart au banc des accusés :

1-2. Archives départementales.

Thérèse Dufour (34 ans) demeurait avec sa mère, à Douai. Expulsée de cette ville, elle avait été emprisonnée à Arras, puis conduite à Doullens. Darthé trouva dans ses papiers, lors de la visite qu'il fit à la citadelle, une lettre que Thérèse Dufour avait reçue de son frère, gendarme émigré.

Laurence-Joseph-Amélie Lallart de Berles, née Lepage (40 ans), était accusée d'avoir conservé des écrits contre-révolutionnaires.

Éléonore-Julie Berthoult d'Hauteclocque, née Duglas, (42 ans), était arrêtée comme ayant un fils émigré : elle avait inutilement représenté au comité, le 9 octobre, que son fils, suspecté d'émigration, s'était disculpé en produisant un congé régulier signé de Pache, ministre de la guerre, lequel lui permettait de se rendre à Malte, et que depuis lors on lui avait adressé plusieurs lettres sans recevoir de réponse.

Lallart de Berlette, Thérèse Dufour et Mme Lallart de Berles furent déclarés « traîtres à la patrie, en résistant au gouvernement révolutionnaire et républicain, en favorisant dans la République le plan de corruption des citoyens, de subversion des pouvoirs et de l'esprit public par la conservation d'écrits incendiaires et contre-révolutionnaires, fanatiques et injurieux aux vrais patriotes et tendant à ébranler la fidélité des citoyens envers la Nation française ». Cette phraséologie, que le tribunal révolutionnaire employait habituellement pour mieux dissimuler, sous la sonorité des mots, l'absence du fait délictif, se référait à l'article 4 de la 2me partie, titre Ier, section Ire du Code pénal : « Manœuvres et intelligences avec les ennemis de la France [1] ».

Mme d'Hauteclocque fut reconnue « traitre à la patrie,

---

[1]. Joseph Le Bon écrivit le 29 ventôse au Comité de salut public : « Avant-hier le nommé Fruleux, ci-devant seigneur de Souchez, d'abord arrêté comme suspect et depuis reconnu comme accapareur de papiers contre-révolutionnaires, a été condamné à la peine de mort. Hier le nommé Vélu, ci-devant marquis de

coupable de complicité d'émigration, ayant aidé ou favorisé les projets hostiles des émigrés en leur envoyant son fils sur la terre étrangère et en correspondant avec eux ». (Loi du 28 mars 1793).

Au sortir de la prison, Mme Lallart de Berlette accourait pour se jeter dans les bras de son mari; l'huissier Taquet [1] la repoussa. « On ôtait aux malheureux jusqu'à la consolation de se dire un dernier adieu [2] ».

D'autres épreuves aussi poignantes étaient réservées à Mme Lallart : elle verra son père, son frère, trois tantes, un oncle, quatre cousines monter à l'échafaud; son aïeul, un oncle et deux nièces mourir en prison. Ainsi une seule famille fut, en quelques mois, plongée quinze fois dans le deuil !

Les amis de l'égalité devaient souffrir de ces condamnations réservées aux classes supérieures !... Le tribunal révolutionnaire fit la part du peuple en condamnant, le 30 ventôse, un cordonnier d'Arras, Augustin Dhénin (58 ans), qui avait fourni pour les défenseurs de la patrie treize paires de souliers, dans la semelle desquels des experts, nommés par le District, trouvèrent une fourrure de plusieurs papiers collés ensemble. — Dhénin, convaincu d'avoir conspiré contre le gouvernement révolutionnaire, en cherchant

---

Couronnel, également convaincu de manœuvres contre-révolutionnaires, a été condamné à la même peine.

Aujourd'hui le nommé Lallart, ci-devant seigneur de Berlette, la nommée Lepage, femme Lallart d'Estrée-Cauchy, la nommée Du Glas, femme du ci-devant marquis d'Hautecloeque et la nommée Thérèse Dufour, de Douay, ont également subi la peine capitale pour prix de leurs forfaits contre la patrie.» (Archives de l'Empire.)

1. *Procès*, p. 193.
2. Il y avait de la prison des Baudets au tribunal criminel un chemin direct; l'huissier Taquet se détournait exprès pour faire passer les accusés devant la guillotine; on lui en fit l'observation ; « Bon, dit-il, autant qu'ils la voient plus tôt que plus tard ! » — *Procès*, p. 164, déposition de Leducq.

à entraver la marche des troupes républicaines (loi du 29 septembre 1793), fut guillotiné.

Le Bon devait être content de ces débuts; il songeait cependant, afin de marcher plus vite, à partager le tribunal en deux sections. Darthé écrivant à Le Bas, le 29 ventôse, regardait ce progrès comme déjà réalisé; l'opposition de Demuliez et de Beugniet empêcha, pour le moment, qu'on le mît à exécution [1]. La lettre de Darthé, à son « cher ami », renferme, à part cette inexactitude, de précieux renseignements sur la situation:

« Je vais te donner, cher ami, quelques détails sur ce qui se passe ici.

« Le Bon est revenu de Paris, transporté d'une sainte fureur contre l'inertie qui entravait les mesures révolutionnaires. Tout de suite, un juré terrible, à l'instar de celui de Paris, a été adapté au tribunal révolutionnaire ; ce jury est composé de soixante bougres à poil.

« Un arrêté vigoureux a fait claquemurer les femmes aristocrates dont les maris sont incarcérés, et les maris dont les femmes le sont, les rédacteurs et fonctionnaires publics, signataires des arrêtés liberticides de 1792.

« Une perquisition vient d'être faite à la citadelle de Doullens par une commission ardente de sept patriotes (j'étais du nombre); on y a trouvé des papiers contre-révolutionnaires, des provisions de bouche et d'argent énormes. L'infâme commandant se prêtait et favorisait la correspondance des monstres dont la garde lui était confiée ; nous l'avons enlevé ainsi que douze de ces scélérats. La guillotine, depuis ce moment, ne désempare pas ; les ducs, les marquis, les comtes et barons, mâles et femelles, tombent comme grêle.

---

1. *Procès*, t. 1, p. 104.

« La Société populaire vient de se régénérer ; de trois à quatre cents membres qui la composaient, elle n'est plus que de soixante-trois, y compris une dizaine d'absents (les deux Robespierre, Guffroy, etc.). Deleville n'en est plus ; Galand, Asselin père, Beugniet, président du tribunal révolutionnaire, etc..... On m'a rendu justice, je suis des soixante-trois.

« Nous venons d'arrêter que nous dresserons l'acte d'accusation de tous les aristocrates d'Arras d'abord, et ensuite des autres endroits du département.

« Le tribunal ne peut plus y suffire ; aussi Le Bon vient-il d'y adjoindre une seconde section.

« L'esprit public est monté au plus haut degré... Le ci-devant président du département, est démasqué comme un intrigant et un ambitieux, un noble enfin.

« Le Bon n'est occupé qu'à rédiger des arrêtés d'accusation, et nous sommes cinq à six à interroger, à faire des visites domiciliaires dans lesquelles nous faisons toujours des découvertes précieuses. — Nous ne dormons plus.

« Guffroy a révolté tous les patriotes contre lui ; il doit être rayé de la Société ; ses numéros [1] et sa lettre à D..... sont abominables. Il enfile le chemin de la guillotine.

« Le fameux Wallart, président du district de Saint-Pol, vient d'être suspendu et mis en état d'arrestation par les ordres de Le Bon. Capron l'avocat, Henri Thellier, père et fils, Ansart, Ange Joanne, Eusèbe Herman, etc., etc., ont été arrêtés, il y a quelques jours, par le comité de surveillance de Saint-Pol. Il n'y a pas un de ces coquins-là qui n'ait mérité d'éternuer dans la besace. — Tu imagines bien qu'il a fallu donner des coups de fouet ; je lance d'ici nos sans-culottes et leur mets le feu sous le ventre.

---

[1]. Guffroy, à la suite de Danton et de Camille Desmoulin, passait au modérantisme.

« Nous l'avons juré aussi : la Convention a déclaré qu'elle sauverait le peuple, nous la seconderons de tout notre pouvoir. — Les rapports de Saint-Just ont embrasé toutes les âmes.

« Demuliez m'a dit que tu pensais à moi ; Arras peut être le siége d'une des six commissions populaires qu'on va installer, si le projet est de les disséminer dans la République [1].

« Le Bon et sa femme t'embrassent et ta femme. — Je t'embrasse. »

---

1. Rapport de Courtois, P. J. 73.

LIVRE VII

Darthé ne se livrait à aucune exagération lorsqu'il représentait Joseph Le Bon comme « animé d'une *sainte* fureur ». Tel se peignait Le Bon lui-même, dans sa correspondance avec le Comité de salut public : « Je viens de recevoir votre lettre, relative à la demande que j'avais faite d'une évacuation de gens suspects sur Chantilly. Je prendrai d'autres mesures, puisque cela est inadoptable. Au surplus, les aristocrates de ces environs ont tant fait de mal ; ils sont tellement connus ; ils ont sur leur compte de si fortes charges que la guillotine, si elle continue son même train, débarrassera peu à peu nos maisons d'arrêt [1]. »

La guillotine continua « son même train »; pendant le mois de germinal, nous verrons l'instrument de mort, réalisant l'affreux projet si nettement formulé dans la lettre de Le Bon, « débarrasser » les prisons d'Arras de soixante-huit suspects.

---

[1]. Lettre du 4 germinal (24 mars). Archives de l'Empire.

1ᵉʳ et 2 *germinal* (21 et 22 mars). — Louis Florent, laboureur à Lens, fut assez heureux pour n'être condamné qu'à la déportation à vie : il avait fourré de mauvais trèfle dans les bottes de foin livrées pour son contingent.

Antoine Savignan, organiste, était accusé de propos royalistes : il prouva qu'il n'avait pas tenu de pareils propos, et qu'au contraire « il avait signé la mort du tyran, en la ci-devant église de la Madeleine ». Il fut acquitté.

Adrien-Vincent Cary, curé de Collines (54 ans), avait écrit, le 22 décembre 1792, à M. Noblecourt, théologal à Péronne, qu'il avait prêché en chaire l'indissolubilité du mariage et déclaré que « profiter de la loi du divorce, c'était s'expulser du sein de l'Église ». Il avait terminé sa lettre en disant : « Quelle sera la fin de cet esprit d'irréligion, de libertinage, de vertige et de rage » ? M. Cary, contre qui Le Bon avait pris, le 9 frimaire (29 novembre), un arrêté de mise en accusation, tâcha de se disculper en répondant « qu'il avait cherché, auprès de M. Noblecourt, une règle de conduite ; qu'il aurait plutôt quitté son état que de fauter contre la loi, s'il n'avait pu l'accorder avec son devoir ; qu'il s'était épanché dans le cœur d'un ami ». — Déclaré coupable « d'attentat contre la sûreté intérieure de l'État », il fut mis à mort.

3 *germinal* (23 mars). — J.-B. Billoir (28 ans), mulquinier à Saint-Hilaire, district de Cambrai, avait été trouvé nanti de dix-sept assignats faux, de cinquante livres chacun. On le condamna à mort, et l'on acquitta son neveu, François Desporte, qui était poursuivi comme complice.

Le pauvre mulquinier fit place, sur le banc des prévenus, à un maréchal de France : Augustin-Joseph, comte de Mailly d'Haucourt, né à Vilaine, au château de Loire (Sarthe), âgé de 89 ans.

Le maréchal de Mailly avait noblement terminé, dans

la nuit du 10 août, une carrière militaire des plus honorables. Il commandait à l'intérieur du château les cent vingt gentilshommes que le tocsin avait fait accourir auprès du Roi, et qui avaient réussi à entrer aux Tuileries malgré les postes de gendarmes, complices de l'insurrection. Lorsque cette petite troupe, courageuse et dévouée, s'avança vers la salle où s'était réunie la famille royale, le vieux maréchal, l'épée à la main, dit au Roi en fléchissant le genou : « Sire, votre fidèle noblesse est accourue pour rétablir Votre Majesté sur le trône de ses ancêtres ». Louis XVI chargea le maréchal de Mailly de prendre le commandement du château. Durler, capitaine des Suisses, demandant ses ordres : « Ne pas vous laisser forcer », répondit le maréchal [1]. Après le départ du Roi et le massacre des Suisses fidèles à cette consigne, un fédéré avait rencontré M. de Mailly, les armes à la main : déjà il avait levé le bras pour le frapper, lorsqu'à la vue des cheveux blancs du vieillard, il s'arrêta saisi de respect, et le conduisit en lieu sûr.

Ainsi protégé par un vainqueur du 10 août, M. de Mailly fut arrêté sept jours après : un commissaire de sa section empêcha qu'on le conduisît à l'Abbaye et le préserva des massacres de septembre. — M. de Mailly s'était retiré à la campagne avec sa bru et son petit-fils, encore au berceau. Ce fut dans cette retraite, à Moreuil près d'Amiens, qu'André Dumont le saisit, en septembre 1793. « Je crois, écrivit Dumont à la Convention, que tous les ci-devant ducs, comtes, vicomtes, marquis et leurs familles, sont dans ce pays. D'arrestation en arrestation, j'extirperai ce chancre... Dans les nouvelles arrestations, les Mailly se trouvent compris... Je les ai fait conduire à la citadelle de Doullens [2]. » L'infortuné maréchal, enlevé de Doullens par Darthé, fut

---

1. Louis Blanc, t. VII, p. 73.
2. *Moniteur* du 10 septembre.

écroué aux Baudets le 28 ventôse. Le Bon confia à ce même Darthé le soin de l'interroger[1]; cette formalité remplie, il adressa les pièces à l'accusateur public. L'acte d'accusation ne reprocha à M. de Mailly qu'un seul fait : le 12 novembre 1792, il avait écrit à son fils une lettre, trouvée à Doullens, dans laquelle il disait « que l'honneur de son nom, et personnellement de sa branche, eût été porté au plus haut degré sans les circonstances; mais que si ses espérances n'étaient pas remplies, elles n'étaient pas anéanties, et qu'un jour heureux les ramènerait, non sur sa tête, mais sur celle de son fils ». On trouva dans cette lettre un « crime contre la sûreté intérieure de l'État », et sur le réquisitoire de Potier, on condamna M. de Mailly à la peine de mort.

L'échafaud n'était pas fait pour intimider le duc de Mailly; il apprit à la populace « comment meurt un maréchal de France ». Vive le Roi! tel fut son dernier cri.

4 *germinal* (24 mars). — Un mulquinier de Bertincourt, François Noiret (65 ans) et un marchand de tabac de Vignacourt (Somme), Jean-Baptiste Thuilliez (35 ans), furent condamnés à mort pour distribution de faux assignats.

5 *germinal* (25 mars). — Antoine Hatu (66 ans), tailleur à Valenciennes, avait répondu aux officiers municipaux de Metz-en-Couture qui lui demandaient : D'où es-tu? — D'un pays où les braves gens sont rares. — Il avait ensuite refusé d'exhiber son passeport. Sur la menace de le conduire à Bapaume, il avait ajouté qu'il se f...... d'eux; qu'ils ne fussent pas si fiers, qu'avant trois semaines, il leur ferait casser la g..... — Quelques jours auparavant, Hatu, traversant la même commune, avait tenu des propos de nature à y jeter le

---

1. « Le commissaire du représentant du peuple Joseph Le Bon requiert le comité de surveillance de faire conduire de suite au deuxième bureau du département le nommé de Mailly, ci-devant maréchal de France, détenu à Doullens, à présent à Arras. » — DARTHÉ.

trouble. Tels sont les faits qui, dénoncés le 29 ventôse par le district de Bapaume, furent punis de mort.

A la même audience, le jury avait acquitté le juge de paix, l'agent national et deux officiers municipaux de Vitry, prévenus d'infraction à la loi du maximum.

6 *germinal* (26 mars). — François Caneau du Roteleur (58 ans), ancien échevin de Douai, avait été expulsé de cette ville, emprisonné à Arras et transféré à Doullens. Lors de la visite que Darthé fit à la citadelle, il trouva en la possession de Caneau du Roteleur, « des papiers fanatiques, royalistes et contre-révolutionnaires, la plupart écrits de sa main. » Le 28 ventôse (18 mars), Caneau fut écroué aux Baudets, en vertu d'un mandat de l'agent national près le district de Doullens. Le 4 germinal (24 mars), Le Bon remit les pièces au substitut Potier, et chargea Galand de l'interrogatoire. Déclaré conspirateur et traître à la patrie, Caneau du Roteleur fut condamné à mort.

Le tribunal révolutionnaire jugea ensuite Laurent Thuillier (45 ans), et la femme Darras, sa domestique. Thuillier, cuisinier de M. de Cardevacque de Bailloeil, chanoine d'Arras émigré, était resté depuis le 2 octobre 1789, avec l'autorisation du District, dans la maison de son ancien maitre, au cloître Notre-Dame; il y avait établi un commerce de vin. Il avait à son service la femme et la fille de Darras, cocher de M. de Cardevacque, qui avait aussi émigré. Arrêté comme suspect le 8 brumaire, Thuillier fut relâché; mais le 30 nivôse, deux dénonciations furent déposées contre lui au comité de surveillance, l'une par le commissaire national Ossent, l'autre par le juge de paix. Dans un grenier, sous du fourrage, on trouva six tableaux, parmi lesquels le portrait du « ci-devant Évêque d'Arras, et des titres et armoiries ayant appartenu au chanoine Cardevacque ». On continua les recherches, et on découvrit dans une armoire sans clef, dans la cave, sous un tas de bouteilles, dans le grenier, sous des bottes de paille, un grand nombre de pièces d'argenterie, deux fusils de chasse et deux fusils de munition. Thuillier fut mis en arrestation. Le lendemain, la femme Darras demanda qu'on se contentât de le garder à vue chez lui jusqu'à ce qu'il l'eut mise au courant de son commerce ; elle fit valoir « que sa famille à elle était sans-culotte de droit et de fait ; que Thuillier avait fréquenté la Société populaire autant que ses occupations le lui permettaient ; qu'il avait monté sa garde et payé ses impositions avec exactitude, et acheté des biens nationaux ». — Elle signa sa pétition: « La Républicaine Darras. » Le comité répondit à la pauvre républicaine en ordonnant que toutes les personnes qui demeuraient chez Thuillier fussent emprisonnées comme suspectes. On n'épargna même ni la fille Darras, qui avait guidé les commissaires dans leurs investigations, ni le dénonciateur Ossent : on les arrêta l'un et l'autre au moment où ils s'enfuyaient de compagnie. — A l'audience, sur les conclusions de Demuliez, Mélanie Darras (16 ans) fut mise en liberté comme « principale dénonciatrice de la conspiration » dans laquelle était impliquée sa mère ! Thuillier fut condamné à mort ; Françoise Duval, femme Darras, à quatre ans de réclusion et à six heures d'exposition publique. — Mélanie Darras n'eut pas honte de réclamer la récompense que la loi accordait aux délateurs.

7 *germinal* (27 mars). — Pierre Boniface, de Lens (55 ans), marchand au faubourg de la Fraternité (Saint-Nicolas-lez-Arras), avait été déclaré suspect d'aristocratie par le conseil général de sa commune. Il passait, le 8 pluviôse (27 janvier), à la porte Méaulens, lorsque le citoyen Duponchel, s'apercevant qu'il portait quelque objet caché sous son habit, le fit entrer au poste. On trouva sur la personne de Boniface un calice avec sa patène, et dans son portefeuille, une « pro-

phétie contre-révolutionnaire qui pronostiquait la destruction des défenseurs de la liberté sous la dénomination d'enfants de Brutus ». Boniface refusa de dire d'où provenait le calice saisi : un procès-verbal fut dressé par la municipalité et remis au District. Les administrateurs « considérant que Boniface était prévenu d'avoir recélé des effets qui, sous tous les rapports, appartenaient à la République, et qu'il ne pouvait être qu'un contre-révolutionnaire, renvoyèrent les pièces à l'accusateur public. » L'instruction révéla que le calice saisi avait été acheté par le procureur Roussel, pour un de ses fils qui était prêtre ; mais la prophétie contre-révolutionnaire suffit pour démontrer au jury que Boniface avait conspiré contre la sûreté extérieure de l'État. — Boniface fut guillotiné.

Jean Lepeinteur (21 ans), ci-devant écolier à Coutances, volontaire au 6ᵉ bataillon de la Manche, subit la même peine. Il avait « recruté en France pour l'étranger ; il était muni de différents passeports donnés par les généraux ennemis ».

Le jury acquitta le citoyen Vaux, de Vitry, prévenu d'infraction à la loi du maximum, et un officier municipal de Sallau, nommé Wacheux, accusé par le district de Bapaume d'avoir soustrait un croissant d'argent doré, » servant cidevant à une remontrance ».

8 *germinal* (28 mars). — François Delattre, manouvrier à Villers-en-Cauchie, Louis Prince (24 ans), berger à Riancourt, et Louis Delmotte (32 ans), manouvrier à Bertincourt, avaient été dénoncés comme agents des puissances coalisées ; « ils avaient excité une fomentation parmi les citoyens des campagnes en mettant ou faisant mettre le feu à plusieurs habitations, au moment de l'action que les armées de la République devaient avoir avec les esclaves du despotisme. » Ils furent tous condamnés à la peine capitale : réservons nos sympathies à de plus dignes.

Charles-André Buchotte (61 ans), né à Colmar, général de brigade, commandant la citadelle de Doullens, avait été conduit à Arras, le 22 ventôse (12 mars), avec le lieutenant Pinguenet, son gendre, qui lui servait d'aide-de-camp. Le Bon avait annoncé au Comité de salut public le sort réservé « à l'indigne commandant ». A son arrivée, il le fit enfermer aux Baudets, interroger par Daillet, maire d'Arras, puis transférer aux Orphelines. Ramené aux Baudets, le 28 ventôse, Buchotte fut mis au secret ; on défendit expressément qu'il communiquât, par lettre ou autrement, avec son aide-de-camp. Le 5 germinal, Le Bon renvoya les deux prévenus au tribunal révolutionnaire. L'aide-de-camp Pinguenet fut acquitté ; le général Buchotte, convaincu « d'avoir facilité, en les recevant sous son enveloppe, les correspondances adressées aux détenus de la citadelle par les ennemis extérieurs », monta sur l'échafaud.

Le jury acquitta quatre paysans, accusés d'avoir fourni à la République du foin de mauvaise qualité.

10 *germinal* (30 mars). — C'était le tour des militaires. On amena au tribunal Bernard Gillet (37 ans), chef de brigade du génie ; Louis Rochette (37 ans), chef de bataillon, commandant la place d'Avesnes, et Pierre Gratien (32 ans), général de brigade, mis en arrestation par ordre de Duquesnoy.

« J'ai destitué le général de brigade Gratien, écrivait à la Convention cet émule de Le Bon, parce que, après avoir reçu l'ordre d'attaquer l'ennemi, il battit en retraite et recula d'une demi-lieue.

« J'ai destitué le commandant de la ville d'Avesnes, parce qu'il avait négligé de fournir des secours aux citoyens blessés, tandis qu'il avait préparé de beaux appartements pour les généraux autrichiens qu'il attendait.

« J'ai fait arrêter Gillet, officier du génie, parce qu'il

faisait des rapports infidèles aux généraux. Ce monsieur-là était, il y a deux ans, garde-du-corps de l'Empereur [1]. »

Qu'y avait-il de vrai dans ces allégations? Bernard Gillet, né à Bruxelles, avait servi l'Autriche; mais c'était en qualité d'ingénieur, pendant la guerre de Hollande. Il avait ensuite donné à la République française des gages de dévouement qu'elle ne pouvait méconnaître. Emprisonné par le gouvernement pour avoir favorisé l'insurrection des Pays-Bas, il s'était évadé, et il avait, de tout son pouvoir, favorisé la première invasion de nos armées en Belgique. Après la défection de Dumouriez, Gillet avait offert ses services à la France. Le 21 octobre, il avait indiqué, pour défendre et assurer le passage de la Sambre, des mesures auxquelles le général Jourdan avait applaudi. Le même jour, il avait été adjoint au général Duquesnoy, frère du représentant. Ce fut dans cette position que, le 25 octobre, il eut l'imprudence d'adresser directement au général en chef un rapport dans lequel il lui faisait observer qu'il n'existait entre les généraux divisionnaires ni liaison, ni correspondances, qui les informassent de leurs positions respectives. Duquesnoy se vengea en le faisant arrêter. A l'audience, Gabriel Le Blond, qui faisait partie du jury, voulut donner lecture aux jurés d'un mémoire justificatif, rédigé par Gillet [2]; on le lui interdit. On accusa Gillet d'avoir négligé de « faire fortifier divers postes de l'avant-garde, d'avoir rapporté au général en chef que les postes étaient à l'abri de toute insulte et favorisé par là le progrès des armées ennemies ».— Gillet se défendit lui-même, et fut condamné à mort.

Le commandant Rochette croyait à la justice des révolutionnaires. Détenu à l'hôpital Saint-Vaast, il avait écrit, le 29 frimaire (17 décembre), au comité de surveillance pour

---

1. *Moniteur* du 21 brumaire an II (11 novembre 1793).
2. 2ᵉ *Censure*, P. J., p. 52.

demander des juges. « Plus ma détention présente d'injustice, plus je devrais compter sur un examen, sur un jugement prompt; mais, hélas ! je fais la triste expérience que, dans la crise actuelle, ceux qui habitent encore les jardins osent à peine s'occuper des victimes qui sont reléguées dans les déserts. Point de Gracchus qui plaident pour les opprimés ! Des fers pour moi qui ai constamment et de tous mes moyens fait la guerre aux tyrans et aux despotes [1] ! »

Après quatre mois de détention, Rochette fut accusé « d'avoir affecté de mal recevoir les soldats blessés de l'armée française, tandis qu'il plaçait commodément l'un de nos ennemis les plus acharnés, le lieutenant-colonel du régiment de Cobourg; ce qui excita un mécontentement général parmi les défenseurs de la patrie ». — Dans un mémoire adressé « Aux hommes justes », Rochette, invoquant à l'appui de ses déclarations le témoignage des généraux Jourdan et Schlaelher, expliqua ainsi sa conduite :

« Le 18 octobre dernier, je reçus l'ordre verbal de me rendre chez le citoyen Duquesnoy, représentant du peuple, avec le général de brigade Schlaelher, qui commandait en chef dans la place depuis huit à dix jours... J'entrai avec le général dans l'appartement où le citoyen Duquesnoy était à table avec le général Jourdan et plusieurs autres... — « Est-ce vous, me dit le représentant, qui avez mis à part cet officier autrichien qui a été conduit ici il y a deux jours »? Je lui répondis : « Je suis en sous-ordre, citoyen représentant; le général Schlaelher que voici, et qui commande en chef dans la place, m'a demandé si je ne savais pas une maison dans laquelle il pourrait faire mettre cet officier, pour qu'il pût se faire traiter convenablement, attendu qu'il est grièvement blessé : je lui ai indiqué une auberge dans laquelle il l'a fait

---

1. Archives départementales.

porter, avec ordre de placer une sentinelle à la porte de son appartement et à celle d'entrée de la maison. » — « Ah ! vous lui avez indiqué… Vous êtes un f…. gueux, un f…. coquin. »
— Il se leva de sa chaise de la manière la plus véhémente, et me dit : « Allez en prison, et je vous f…… quelque part. »

Cette déclaration de l'accusé, si différente de la version de Duquesnoy, déjà fort atténuée dans l'acte d'accusation de Demuliez, est pleinement confirmée par le chirurgien en chef de l'armée du Nord, le citoyen Rosapelly.

« J'étais à Avesnes, dit Rosapelly, le jour du débloquement de Maubeuge (17 octobre 1793) ; deux particuliers me conduisirent dans un mauvais cabaret, où je vis un homme blessé d'un coup de feu qui lui traversait le ventre ; je reconnus que la blessure était mortelle. Il avait pour tout vêtement une veste d'uniforme qui me fit présumer qu'il était autrichien et un jupon de femme qu'une vivandière lui avait donné ; il était tout mouillé et presque gelé. Je lui fis faire du feu pour le réchauffer. Il me fit entendre qu'il était lieutenant-colonel du régiment de Cobourg-cavalerie. Le bruit se répandit en ville que c'était le neveu de Cobourg. Le commandant de la ville fit placer un factionnaire à la porte du cabaret, pour écarter l'affluence du monde. »

Rosapelly raconte ensuite qu'il fut mandé à l'hôpital par le représentant. Duquesnoy lui dit à l'oreille : « Lorsque nous serons auprès du lieutenant-colonel de Cobourg, faites-le moi remarquer ». Je lui dis : « Il n'est pas ici ; il est dans un cabaret en ville ». Sur cette réponse, Duquesnoy me dit, en jurant, qu'il me ferait guillotiner moi et toute ma séquelle ; qu'il était affreux de voir que, pendant que nos frères d'armes étaient à l'hôpital sans distinction, on en accordait à nos ennemis ; qu'il allait donner des ordres pour le faire transférer à l'hôpital… Mais le blessé, en échange duquel Cobourg offrait de rendre un général français, expira quelques heures après, au moment où on se disposait à le transporter au camp ennemi, dans un cabriolet. — « J'ai été fort surpris d'apprendre le lendemain que le commandant d'Avesnes avait été mis en arrestation. Ce citoyen a été regretté de tout Avesnes ; il y était connu comme un fort bon officier, excellent patriote. J'ai appris depuis qu'il a été guillotiné [1]. »

Le général Gratien, plus heureux que ses compagnons d'armes, échappa à la mort ; il était accusé d'avoir « refusé de marcher contre les satellites du despotisme et d'exécuter l'ordre du général de division, en se retirant à trois quarts de lieue en arrière, et retardé par là le gain de la bataille au moins de quatre heures, et facilité la retraite de l'ennemi en lui fournissant le moyen de sauver son artillerie à l'aide de la nuit ». — Gratien fut acquitté.

Gillet et Rochette, que la République tuait, crièrent jusque sous le couteau : « Vive la République ! » — Rochette laissait à l'hôpital un jeune enfant que le District fit enfermer aux Orphelins. Il avait cru pouvoir disposer en faveur d'un hussard, détenu avec lui aux Orphelines, de sa montre et de sa houppelande. Le District fit saisir ces objets et ordonna qu'à l'avenir, aussitôt qu'un prisonnier serait condamné à mort, le Conseil général de la commune ferait apposer le scellé sur les meubles et effets qu'il délaisserait.

Louis-Marie-Joseph Liger (55 ans), avocat au Conseil d'Artois (1774), était chargé de recevoir les revenus de l'abbaye de Saint-Vaast. Le cardinal de Rohan, abbé commendataire, lui avait passé bail, moyennant un prix annuel de 225,000 livres, de tous les biens qui composaient la manse abbatiale. Dès l'année 1790, Louis Liger, quoi qu'il eût été élu commandant de la garde nationale de sa paroisse, était mal

---

1. 2ᵉ *Censure*, P. J., n. 58.

noté auprès des patriotes. Les registres du département constatent que, le 26 décembre, sur la pétition de cent citoyens, des commissaires de la municipalité pratiquèrent une visite dans les bâtiments de l'Abbatiale où demeurait Liger, et y recherchèrent un prétendu dépôt d'armes, de munitions, d'habits militaires et de cocardes anti-nationales. « Ils ne trouvèrent rien qui pût éveiller le moindre soupçon. » Cependant Liger fut arrêté le 3 avril 1793, par ordre du département. Le 7 avril, il présenta inutilement une pétition au comité de surveillance pour obtenir son élargissement provisoire sous caution ; le 16, il demanda au département la levée des scellés apposés sur ses papiers. Les administrateurs consentirent à cette dernière mesure ; mais ils recommandèrent de prendre des précautions pour empêcher le prisonnier de s'évader.

Le 22 avril, un membre du comité révolutionnaire prétendit qu'on avait chargé, à l'Abbatiale, des effets et des armes. Mme Desmazières, sœur de Liger, démontra au commissaire Carlier la fausseté de cette accusation : les effets enlevés étaient ceux d'un commissaire des guerres, logé à l'Abbatiale, et on n'avait emporté d'autres armes que celles de cet officier. L'administration s'occupait alors d'affecter aux détenus un local plus sain que la prison du Rivage. Elle fit choix de l'Abbatiale, et intima à Liger l'ordre de déguerpir avant le 27 juin. En même temps, on écrivit au département du Nord et à tous les districts, pour connaître l'état des dettes de Liger envers la Nation, notamment en qualité d'admodiataire du tiers lot de Saint-Vaast.

Cependant l'administrateur Asselin protégeait le prisonnier : il proposa de l'élargir en le faisant garder à vue, « afin de lui laisser les moyens de terminer ses affaires qui étaient immenses ». — Un autre membre du département objecta qu'il avait, à cet effet, toute facilité dans sa prison, puisque ceux qui avaient à traiter avec lui, le pouvaient voir et lui parler. — Un troisième fit observer que Liger avait recélé chez lui un émigré, ex-chanoine d'Amiens. Néanmoins, le 19, Liger fut élargi ; il obtint même de se transporter, sous la surveillance d'un de ses gardiens, dans la commune d'Oisy, où ses intérêts se trouvaient compromis par suite de l'inondation du pays, ordonnée par l'autorité militaire. — Cet adoucissement ne fut pas de longue durée.

Au mois de septembre 1793, nous trouvons Liger réincarcéré comme suspect dans la citadelle de Doullens ; il obtint, le 28, l'autorisation de se rendre à Arras, afin d'y chercher dans ses papiers les pièces nécessaires à un procès civil qu'il soutenait à Amiens. Le 7 nivôse (27 décembre), le comité de surveillance consulta le représentant Laurent sur le point de savoir si Liger, « homme à grandes affaires », pouvait venir une seconde fois de Doullens à Arras faire distraction de titres qu'il devait envoyer sans relâche à Paris.

Le 16 ventôse, Liger sollicite de nouveau son transfèrement à Arras. Écroué aux Baudets, le 20, par ordre de Le Bon, il en sort dix jours après, « en vertu d'un arrêté du Directoire du département, qui l'autorise à se transporter où il sera nécessaire, pour se procurer des certificats de résidence ». Évidemment M. Liger se compromettait en attirant par toutes ces démarches l'attention des patriotes. Au dire de Le Bon il était vivement poursuivi par Robespierre : la visite que Darthé fit à Doullens détermina sa perte. Parmi les pièces saisies chez le général Buchotte, les commissaires de Le Bon trouvèrent, sous le couvert du commandant de la citadelle, des lettres à l'adresse de Liger. On l'accusa en outre d'avoir remis à Buchotte, soit en prêt, soit autrement, une somme assez forte « pour s'affectionner ledit et le corrompre ».

Liger, en ce temps-là, profitant de la quinzaine de liberté qu'il avait obtenue moyennant la caution d'Asselin, voyageait dans le département. « Sous son cautionnement, dit Le Bon, Asselin le laissait échapper. Je le forçai de courir après ; s'il ne l'avait pas retrouvé, j'aurais été forcé de l'envoyer au tribunal révolutionnaire [1]. » Le livre d'écrou des Baudets constate, en effet, que ce fut Asselin qui, délégué par Le Bon, fit réincarcérer le prévenu. L'écrou porte cette mention : « 10 germinal. Sera mis au secret le plus sévère. » Liger ne pressentait pas le genre d'accusation qu'on ferait peser sur lui, car le 5 germinal (25 mars), il avait, de rechef, demandé au département un délai de trois mois pour réunir ses certificats de résidence. — Quatre jours après, il était condamné et exécuté, non comme émigré, mais comme conspirateur [2].

François-Aymard, comte de Montgon (64 ans), chevalier de Saint-Louis, lieutenant royal, commandait en second, depuis 1784, la citadelle d'Arras. Le 27 juillet 1789, les citoyens de cette ville, en correspondance avec leurs *frères* de Paris, voulurent s'emparer du dépôt d'armes confié à sa garde : le commandant résista, et plusieurs des agresseurs furent blessés dans la lutte. On comprend que, du moment qu'on arrêta des suspects, M. de Montgon présenta pour être mis en prison plus de titres que tout autre. Aussi, le 9 avril 1793, cinq délégués du comité de surveillance dénoncèrent-ils au département « le nommé Montgon, dont le nom seul, dirent-ils,

---

1. *Procès*, t. I, p. 78.

2. Joseph Le Bon avait enjoint au District de « choisir un local propre à y établir un cimetière ». Les commissaires du District avaient jeté les yeux sur une pièce de terre provenant de St-Vaast, d'une contenance d'environ quatre mesures prises en cent mesures, laquelle avait été achetée par Liger. Le 12 germinal, le district proposa à Le Bon cette pièce de terre, « rentrée dans la possession de la République par le jugement du tribunal révolutionnaire de ce jour »; le représentant écrivit de sa main, au bas de l'arrêté : « Approuvé, avec toutes les mesures nécessaires ». (Arch. départ.).

Telle est l'origine du cimetière d'Arras, qu'on appelle encore aujourd'hui « le Champ de Quatre » (champ de quatre mesures).

est un opprobre, et est entaché de l'infamie des patriotes ». Le département accéda aux vœux du comité et envoya M. de Montgon à Doullens. Le 28 vendémiaire (19 octobre), Mme de Montgon obtint du comité de surveillance que son mari pût se transporter à Arras, afin d'y demander un certificat de résidence. Reconduit de l'Abbatiale à Doullens, M. de Montgon fut l'une des victimes dont Darthé fit choix parmi les prisonniers de la citadelle; le 20 ventôse (10 mars), il fut écroué aux Baudets.

La mort du comte de Montgon fut annoncée d'avance à la Société populaire. « C'est un bon gros aristocrate, dit Le Bon, bien dodu; une belle tête à guillotiner [1]. » L'acte d'accusation, dressé par Demuliez, vise deux arrêtés pris contre de Montgon : l'un par la Société populaire, le 10 germinal (30 mars), l'autre par Le Bon, le 11. Cet acte d'accusation relate « que le prévenu a refusé de livrer les armes de la citadelle en 1789; qu'il a demandé la vie, avec une bassesse qui n'appartient qu'à un noble, qui ne sait que conspirer et non mourir; qu'il a trempé dans les complots de l'infernale Cour de France; que ses fils qui, à Perpignan, armaient les régiments les uns contre les autres, ont été exterminés à Versailles à la vue du palais des tyrans; qu'il a tenu enfin des propos contre-révolutionnaires. » — Qu'est-il besoin d'ajouter que M. de Montgon fut condamné à mort?

Antoine Develle (58 ans), greffier au Conseil d'Artois, puis au tribunal du District, avait été arrêté, le 9 avril 1793, par ordre du département, et emprisonné aux Baudets. Porté sur la liste des émigrés, il justifia de sa résidence. On le condamna comme « complice de l'émigration de ses enfants qu'il avait conduits à Tournay, ennemi résistant au gouvernement républicain, ayant, par tous les moyens possibles, cherché

---

1. *Procès*, p. 338.

à ébranler la fidélité des citoyens envers la nation française.

L'arrestation de Nicolas Prévost (46 ans), notaire à Arras, remontait au 3 avril 1793 ; on l'avait fait emprisonner lors de la fuite du Roi. Se réjouissant d'une évasion dont il ne connaissait pas le dénouement, il avait dit « que les moineaux étaient dénichés, que le Roi était sauvé, qu'avant trois semaines les seigneurs reviendraient, qu'on verrait comme ça irait, qu'il c...... sur tous les démocrates ». Le 15 ventôse (5 mars), Le Bon requit le District de « faire transférer de Doullens dans la Maison de Justice d'Arras le nommé Prévost, et de le prévenir de son arrivée ». — Prévost fut condamné à mort.

Le représentant honora de sa présence la séance dans laquelle ces arrêts de mort furent prononcés ; il était assis sur la banquette en face des jurés. Le lendemain, accompagné de Daillet et de Caubrière, il assista également, du balcon de la Comédie, à l'exécution des trois condamnés. On le vit, chaque fois qu'une tête tombait, « applaudir des pieds, des mains, se porter en avant, en haussant son chapeau comme transporté par une espèce de fureur, criant: *Vive la République ;* à quoi tout le monde répondit : *Vive la République* » ! Pendant ce temps, le citoyen Membré, porteur de grosse caisse de la garde nationale, battait l'air : « Ça ira », sur son instrument [1].

Un jeune prêtre d'Arras, François-Marie Marchand (29 ans), attaché à la ci-devant paroisse de Saint-Nicolas-en-l'Atre, avait été arrêté au commencement de 1793, comme suspect d'émigration. Le 8 ventôse (26 février), on présenta au département le rapport de la procédure instruite à sa charge. L'assemblée déclara « qu'elle entendrait cet indi-

---

1. *Procès*, p. 241, 150, 142, 291, 305.

vidu » détenu au Rivage. Amené à la séance du 11, il présenta un certificat constatant sa résidence à Arras du mois d'avril 1792 au 7 mars 1793. Le département sursit jusqu'au lendemain. Ramené à la barre, M. Marchand prouva que non-seulement il n'avait pas émigré, mais que, poursuivi du chef d'émigration, il avait été acquitté. On objecta alors que la loi du 28 mars 1793 avait détruit les effets attachés au jugement et au certificat qu'il invoquait; néanmoins, comme la liste d'émigrés sur laquelle le prévenu était inscrit n'avait été affichée que le 26 pluviôse (14 février), on lui accorda un mois pour se procurer de nouveaux certificats, et on l'autorisa à se transporter, accompagné de deux gendarmes, à la commune d'Arras, « afin de s'y faire certifier ». Le mois s'écoula en démarches infructueuses. Le 11 germinal (31 mars), le département déclara que Marchand, faute d'avoir satisfait à l'arrêté du 12 ventôse, était réputé émigré. — Marchand fut conduit au tribunal révolutionnaire : lorsque déjà Léandre Le Bon, Dartus et Tassin avaient affirmé son identité, il offrit de justifier de sa résidence non-interrompue sur le territoire français. Sans lever la séance, le tribunal le renvoya à l'administration pour qu'il y proposât son exception. Là, M. Marchand exposa que des difficultés étant survenues à l'égard des témoins qu'il avait produits à la municipalité d'Arras, il sollicitait un nouveau délai, afin de présenter d'autres témoins. Un des membres de l'administration rappela les dispositions de la loi qui permettait aux municipalités de rejeter les témoins présentés par les prévenus d'émigration, et sur sa demande, l'assemblée passa à l'ordre du jour. En conséquence, M. Marchand fut ramené à l'audience, condamné et exécuté. — Telle était la célérité avec laquelle on procédait contre les émigrés, que le tribunal étant entré en séance à dix heures, à onze heures, malgré les incidents survenus à l'audience, le bourreau avait fini son œuvre.

14 et 15 *germinal* (3 et 4 avril). — Quatre acquittements suivirent ces condamnations : il est vrai que les crimes imputés aux prévenus : faux témoignage, évasion de prisonnier, vol de lin, n'avaient rien de politique. Dès qu'il s'agissait de contre-révolution, même pour un simple propos, la justice révolutionnaire reprenait ses rigueurs.

Jean-François Bécourt (âgé de 43 ans) occupait la ferme de l'Hayette, appartenant au duc de Guisne, émigré. Officier municipal de Bailleulmont, il fut signalé par le comité de surveillance de la commune comme « rétif à remplir ses devoirs et n'ayant donné aucune preuve de civisme ». Le 3 ventôse (21 février), un membre du District exposa « que Bécourt était un homme notoirement aristocrate et suspect ; que sa conduite, depuis la Révolution, prouvait qu'il était tout à fait incivique ; qu'il fallait se hâter d'en purger le Conseil général et la commune elle-même ». En conséquence, M. Bécourt fut arrêté. Quelques jours après, on destitua le maire et le conseil général, que l'on composa « d'hommes moins riches et vraiment patriotes ». M. Bécourt fut accusé « d'avoir tenu, lors de la défection de Dumouriez, des propos propres à dissoudre la Convention nationale ». Plusieurs témoins, entendus le 9 et le 11 germinal, l'avaient ouï dire que les « membres de la Convention étaient une bande de scélérats ; qu'il voudrait être à leur barre pour le leur déclarer ». Renvoyé au tribunal criminel par arrêté de Le Bon, du 13, emprisonné aux Baudets le 14, condamné et exécuté le 15, tel fut le sort du malheureux fermier.

16 *germinal* (5 avril). — Les ci-devant nobles et les prêtres insermentés, emprisonnés en masse comme suspects, n'avaient payé à l'échafaud qu'un tribut en quelque sorte individuel. Joseph Le Bon imagina de les frapper collectivement, et de choisir les victimes appartenant aux deux ordres proscrits dans les rangs les plus élevés de leur re-

présentation : la noblesse des États d'Artois [1] et le chapitre d'Arras.

On sait que la dernière assemblée générale des États d'Artois avait été convoquée le 29 décembre 1788 par ordre de Louis XVI. Dès l'ouverture des séances, on s'était occupé de l'Assemblée des États Généraux du royaume dont la convocation paraissait prochaine. Les députés du Tiers avaient demandé à être représentés par des députés égaux, en nombre et en voix, à ceux des ordres réunis du Clergé et de la Noblesse. Cette proposition avait paru à une partie de l'assemblée la violation manifeste de la Constitution qui régissait la France. Cependant, malgré l'opinion des notables consultés sur cette question, le roi Louis XVI avait obligé son Conseil à prendre, le 27 décembre 1781, un arrêté conforme aux prétentions du Tiers, et à décider qu'il aurait, à l'assemblée des États généraux, une représentation égale à celle du Clergé et de la Noblesse réunis; « que le nombre total des députés des trois ordres serait au moins de mille, et serait formé en raison du nombre de la population des bailliages. Cette décision royale avait alarmé la noblesse des États d'Artois ; elle craignait, non-seulement de perdre ses prérogatives, mais de voir disparaître les privilèges assurés à la province par les capitulations et traités qui l'avaient réunie à la Couronne. Le 8 janvier 1789, elle déclara « protester contre tout changement présent ou futur qui pourrait être contraire au droit établi par la Constitution, et contre toute infraction qui serait tentée par les États Généraux contre le régime et les capitulations de la province ».

Le corps de la noblesse renouvela, le 13 janvier, sa résolution en ces termes : « Il se réserve de protester et de s'opposer par toutes les voies de droit à tout ce qui serait con-

---

1. Il fallait être noble de six générations et seigneur de paroisse ou église succursale pour avoir entrée aux États parmi Messieurs de la Noblesse.

traire aux priviléges, droits, coutumes, lois et usages jurés et promis par les différentes capitulations de la province d'Artois, persistant au surplus dans l'arrêté pris le 8 janvier précédent ».

Lorsque le gouvernement eut fait connaître la détermination prise le 27 décembre 1788, de procéder à la nomination des députés aux États Généraux par les assemblées des bailliages, les trois ordres des États d'Artois chargèrent, le 15 février, leurs députés ordinaires, l'abbé de Saint-Éloy, le comte de Cunchy de Fleury et l'avocat Desmazières, auxquels était confiée, hors le temps des assemblées, l'administration des affaires, de solliciter du Roi une dérogation en faveur de leur province.

Cette résolution fut signée par MM. Laignel, abbé de Saint-Éloy; Dorlencourt, abbé de Marœuil; De Vicques et Mercier, chanoines; Le Mercier, grand prieur de Saint-Vaast; le comte de Cunchy; le comte de Lannoy; Lesergeant d'Hendecourt; le baron d'Aix; le comte de Béthune; Desmazières, avocat; Lefebvre, Dewez et Dauchez, avocats et membres de l'échevinage; Delepouve, substitut du procureur du Roi.

Les députés à la Cour, MM. D'Allennes, abbé de Saint-Bertin, le marquis de Crény de Bailleul et Guffroy, avocat, ancien échevin, firent savoir que le Conseil du Roi persistait dans sa résolution de faire nommer les députés aux États généraux, dans tout le royaume sans exception, par les assemblées des bailliages et des sénéchaussées. Le corps de la Noblesse protesta une dernière fois, le 2 avril, « contre tout ce qui pourrait être consenti, octroyé, délibéré dans les États Généraux, par les ordres de la province réunie dans l'assemblée générale du bailliage ».

L'acte du 2 avril 1789 renfermait la dernière manifestation de la Noblesse d'Artois: déposé d'abord chez un notaire, il fut trouvé enterré avec des effets de M. le comte de Cunchy, émigré. Le Bon s'en fit une arme contre ceux des signataires sur lesquels il pouvait mettre la main. Le 28 ventôse (18 mars), il prit contre eux l'arrêté suivant :

« Vu la protestation infâme faite par une grande partie des ci-devant nobles des États d'Artois contre toutes opérations qui tendraient à abolir ou diminuer leurs injustes priviléges; protestation qui n'a été désavouée hautement par aucun d'eux ;

« Considérant que cet acte non désavoué subsiste toujours ; et que par conséquent le patriotisme affecté depuis par quelques-uns des signataires n'est qu'une conjuration plus adroite contre la liberté ;

« Arrête qu'à la diligence de l'accusateur public, tous les signataires de ladite protestation, restés en France, s'ils ne sont arrêtés, le seront sans délai, et seront de plus traduits au tribunal révolutionnaire séant en cette commune, auquel effet les pièces de conviction seront de suite, par le département du Pas-de-Calais, adressées à l'accusateur public, qui devra en certifier réception [1]. »

1. *Procès*, t. II, p. 97.

Les États d'Artois persistèrent dans leurs réclamations en faveur des immunités de la province. Dans une assemblée extraordinaire, dite à la main, tenue le 4 août 1789, ils prièrent le Roi « de convoquer pour la nomination des députés tous les habitants de l'Artois, tous les ecclésiastiques et nobles qui y possédaient des bénéfices titulaires ou des fiefs ; de décider que tous ceux qui assisteraient à ces réunions pourraient être élus sans distinction ni exception, pourvu que le mode de convocation et la forme de cette assemblée fussent conformes à l'usage suivi dans la province d'Artois ». — Cette demande conciliatrice fut repoussée. Les députés généraux se joignirent à ceux de l'instruction et chargèrent les députés à la cour « de réunir leurs soins et leurs efforts pour qu'il ne fût rien innové aux lois, droits, priviléges, constitutions et usages de la province d'Artois et des États Généraux du pays, non plus qu'aux traités qui l'ont fait rentrer sous l'empire de la monarchie française, telle et ainsi qu'elle avait été soumise à l'administration de Charles V et de ses successeurs. » — Ainsi fait et arrêté en l'hôtel des Etats d'Artois le 14 juillet 1789. Laignel, abbé de Saint-Éloy, d'Auchy, abbé de Chocques, de Cardevacque de Gouy, le comte de

Parmi les membres de la noblesse d'Artois qui avaient concouru à la protestation du 2 avril 1789, rétroactivement transformée par Le Bon en crime contre la sûreté de l'État, la plupart avaient cherché un asile sur la terre étrangère ; plusieurs étaient morts naturellement ; d'autres, le marquis de Couronnel et le comte de Béthune, avaient péri sur l'échafaud ; les prisons d'Arras renfermaient cependant quelques-uns des signataires, arrêtés comme parents d'émigrés ou comme ex-nobles.

Ignace Godefroy, comte de Lannoy de Caucourt, chevalier de Saint-Louis (73 ans), avait été rayé de la liste des émigrés, le 8 juillet 1793 ; ses enfants avaient quitté la France. Le 11 frimaire (1er décembre), il fut mis en arrestation avec ses deux sœurs, ci-devant religieuses à Sainte-Marie d'Amiens ; le 4 ventôse (22 février), on l'emprisonna à l'Hôtel-Dieu.

L'arrestation d'Ange-Ghislain de Beaulaincourt, comte de Marles (54 ans), remontait au 26 vendémiaire (17 octobre 1793).

Henri-Evrard, comte de Wasservas d'Haplincourt (56 ans), député aux Comptes généraux de la part de la Noblesse en 1789, avait été emprisonné, le 11 frimaire (1er décembre),

---

Cunchy, Briois de la Mairie d'Angres, d'Hauteclocque de Wail, Desmazières, Dewez et Bachelet, avocat, échevin de Saint-Omer.

Après ce dernier effort de l'autonomie provinciale contre le principe absolu de l'unité française, les bailliages de l'Artois, réunis en une seule assemblée générale à Arras, procédèrent à l'élection des députés et nommèrent pour le Clergé MM. Leroux, curé de Saint-Pol, Behin, curé d'Hersin, Boudart, curé de La Couture, Diot, curé de Ligny-sur-Canche ; pour la Noblesse : MM. de Briois de Beaumetz, premier président du Conseil d'Artois, de Lameth, colonel de cuirassiers, Lesergeant d'Isbergue, le marquis de Croix d'Houchin ; pour le Tiers : MM. Payen, fermier, Brassart, avocat, Fleury, fermier, Vaillant, conseiller au Conseil d'Artois, de Robespierre, avocat, Petit, fermier, Boucher, négociant, Dubuisson, fermier.

(Nous devons à une bienveillante communication la plupart des documents que nous avons cités dans ce récit).

avec son fils, âgé de 16 ans. Le comité de surveillance ayant appris que M. de Wasservas avait donné quelques marques de civisme, le mit en liberté après quatre jours de détention. Le 26 pluviôse (14 février), on le fit réincarcérer à l'Hôtel-Dieu, comme ex-noble.

Louis-Ignace-Joseph Lesergeant d'Hendecourt (64 ans), chevalier d'honneur au Conseil provincial d'Artois, avait été mis en arrestation, chez lui, le 15 vendémiaire (6 octobre 1793). Le comité de surveillance le fit conduire à l'Abbatiale, puis à l'Hôtel-Dieu, où il rejoignit, le 21 ventôse, ses deux filles et l'un de ses fils. Les deux autres avaient émigré.

Le baron d'Aix de Remy (Lamoral-Eugène-François-Marie, 61 ans), mayeur d'Arras en 1789, rayé de la liste des émigrés le 16 juillet 1793, avait été décrété d'arrestation, le 15 vendémiaire (6 octobre), avec sa femme, Françoise de Gennevières, et sa fille, Sophie-Joseph-Eugénie d'Aix. Il obtint du comité de surveillance, « vu ses grandes infirmités », la faveur d'être gardé à vue dans son hôtel ; et, malgré trois dénonciations successives, il ne fut emprisonné que le 2 ventôse (20 février).

Le vicomte de Coupigny de Nourœul et M. de Thieulaine d'Hauteville, complétaient la liste des ex-nobles, « détenus à l'Hôtel-Dieu », qui avaient signé cette protestation du 2 avril 1789.

Avant de prendre l'arrêté du 28 ventôse, Le Bon avait donné « aux ex-nobles » qu'il voulait atteindre une recommandation efficace. « Me trouvant, dit-il, à la Société populaire, je parlai de cette protestation et de ceux qui l'avaient signée. Je n'oubliai pas le nom de Thieulaine. Je m'y arrêtai d'autant plus, que cet homme, durant la Révolution, avait affecté de fréquenter les patriotes. Ne serait-il qu'un traître mieux déguisé que les autres personnes de sa caste ? Puis, me voilà communiquant mes soupçons et réveillant la défiance des citoyens envers l'ancienne noblesse ¹. » — « Pour moi, s'écria alors Caubrière, je suis convaincu pour douze cents ². »

Aux sept coupables, on trouva un complice. François-Joseph Blanquart (45 ans), avocat au Conseil d'Artois depuis 1775, membre du Comité national formé à Arras en 1790, administrateur du District en 1791, avait rédigé la protestation incriminée. Dénoncé au département comme émigré le 11 mars 1793, il avait obtenu un mois de sursis pour se procurer des certificats de résidence. Le 4 avril, arrêté comme suspect, il avait demandé la visite de ses papiers, à l'effet de remettre à ses clients les dossiers dont il était chargé, et de prouver son innocence. Le département, par deux arrêtés des 22 avril et 21 mai, avait maintenu son arrestation.

Les ex-nobles et leur conseil étaient détenus à l'Hôtel-Dieu. « Malgré les infirmités de plusieurs d'entre eux qui, depuis longtemps, traînaient une frêle existence à l'infirmerie, on les arracha de leur lit pour les faire conduire, sous l'escorte d'une garde nombreuse, en la prison des Baudets (5 germinal). Ce ne fut pas assez de leur avoir refusé, au moins aux plus infirmes, des voitures pour ce trajet, qui est cependant celui d'une extrémité de la ville à l'autre, on eut la barbarie de ne pas permettre le transport de leurs literies et de les réduire à coucher dans un cachot sur la paille ³ ».

Le 16 germinal, l'huissier Taquet conduisit les prévenus à l'audience. On s'occupa d'abord de l'avocat Blanquart. — Le jury le déclara « provocateur à l'anéantissement de la souveraineté du peuple, et depuis l'époque de la Révolution jusqu'à ce jour, le plus zélé royaliste. Il avait, en outre, fa-

---

1. Lettres justificatives de Le Bon, n. 6.
2. *Procès*, p. 189.
3. *Les Angoisses de la mort*, p. 37.

vorisé les prêtres réfractaires, en leur donnant des secours pécuniaires. »

Après avoir condamné Blanquart, le tribunal jugea les ex-nobles. L'acte d'accusation ne relatait à leur charge que « d'avoir signé l'indigne délibération d'avril 1789, et de l'avoir laissé subsister dans un dépôt public, sans aucun désaveu depuis l'époque de la signature ». Les défenseurs officieux Hacot, Lefran et Leducq réussirent à sauver MM. de Coupigny et de Thieulaine. A l'égard du premier, le jury déclara que le fait n'était pas constant. C'était son frère, le marquis de Coupigny de Lignerœil, qui avait apposé la signature qu'on lui attribuait. Quant à Thieulaine, les jurés, à la majorité de dix voix contre deux, furent d'avis que la conduite civique qu'il avait tenue depuis 1789 valait, de sa part, un désaveu de la délibération. En conséquence, ces deux prévenus furent acquittés, et néanmoins maintenus en arrestation, en leur qualité de nobles. L'amnistie prononcée le 14 septembre 1790 couvrait le prétendu « crime contre la sûreté de l'État » résultant de la protestation incriminée : au mépris de cette loi, MM. de Lannoy, de Beaulaincourt, de Wasservas, d'Hendecourt et d'Aix, furent condamnés à mort.

Demuliez s'était montré favorable à MM. de Coupigny et de Thieulaine. Au sortir de l'audience, il fut assailli d'injures et de menaces par Caubrière, qui lui dit : « Tu viens de plaider la cause de deux gueux [1]. »

Les six condamnés furent mis à mort à une heure de l'après-midi. Le fer de la guillotine s'ébrécha sur la tête de M. Blanquart. Lorsqu'on apprit à Le Bon cet incident horrible : « Voyez-vous, dit-il, ces aristocrates; ils sont récalcitrants jusque sous le couteau de la guillotine [2] ». Le soir, le représentant se rendit à la comédie, et s'installa, avec

1-2. *Procès*, t. 1, p. 185 et 291.

quelques jurés, dans la loge des officiers municipaux. On parlait bas; mais bientôt la parole s'échauffant peu à peu, l'un de ceux qui occupaient la loge entendit proférer ces paroles : « Vous n'êtes que des lâches ! Comment ! vous n'avez pu avoir le courage de condamner à mort ce scélérat de Thieulaine [1] ? » Le Bon, sorti du théâtre, passa une partie de la soirée à la Société populaire. S'adressant aux *vingt-deux sous* qui formaient en majorité l'assistance du club : « Il y a assez longtemps, leur dit-il, que vous habitez des caves; c'est pour vous maintenant, ces belles maisons, ces hôtels des aristocrates guillotinés [2] ».

L'hôtel de M. d'Aix, en effet, avait été livré aux invalides du travail. Par arrêté du 7 germinal, Le Bon avait « chargé le District de loger le citoyen Duterrage et sa femme, personnes absolument malheureuses et sans ressources ». — Le lendemain, le District « choisit la maison du nommé d'Aix, détenu comme suspect, aristocrate notoire, assez grande et assez salubre pour loger les malheureux qui se trouvent dans le même cas ». Le 16 germinal, Joseph Le Bon « chargea encore le District de loger le citoyen Maximilien Déplanque avec sa femme et huit enfants, non compris celui qui était aux frontières ; Delmotte, dit Lantillette (fameux dénonciateur), avec sa femme et trois enfants, non compris les trois qui étaient aux frontières ». — Ils furent logés « chez d'Aix [3] ».

17 germinal (6 avril). — Les poursuites dirigées contre les chanoines avaient pour prétexte une manifestation analogue à celle de la Noblesse. Le 21 décembre 1790, le chapitre d'Arras [4] avait cru devoir protester contre les décrets de

---

1. *Procès*, t. I, p. 123.
2. *Procès*, t. I, p. 295.
3. Archives départementales.
4. Le Chapitre de la Cathédrale était composé de quarante chanoines et de quarante-huit bénéficiers.

l'Assemblée, sur la Constitution civile du Clergé. Cette déclaration, dont nous n'avons pu retrouver le texte, était signée par MM. Seyssel, prévôt, vicaire général; Moreau de la Grave, doyen, vicaire général; Lallart de Lebucquière, chantre; Bonnefoi; Lallart, ancien chantre; de France de Vincly; Leroux du Châtelet; Lefebvre de Gouy; Chauvin, pénitencier; Poulain; Vallé; de Lignac, vicaire général; de Laune; Delys, vicaire général; Théry; Boistel; Boucquel de Lagnicourt; Mercier; Malbaux; de Coupigny, promoteur de l'officialité; de Borssat de la Garde, vicaire général, archidiacre d'Arras; Delehelle de Vicques; Grohlier des Brousses; Morel; Huvino de Bourghelles, vicaire général; de Forcrand de Coisellet et Château-Neuf, chanoines-prêtres; de Venant de Famechon, de Cardevacque de Bailleul, Blandurel, chanoines sous-diacres; de Buissy, chanoine-clerc.

Le chanoine Mercier avait signé pour MM. de Carbonnière, écolâtre, vicaire général, Pourtent et de Royère, archidiacre d'Ostrevent; le chanoine Malbaux pour M. Boyer; M. Vallé pour M. Harduin.

Des trente-six chanoines dénommés dans la protestation, neuf étaient détenus dans les maisons de réclusion d'Arras. C'étaient: MM. Malbaux, Boucquel de Lagnicourt, de Buissy, Leroux du Châtelet, de France de Vincly, Harduin, Lefebvre de Gouy, de Borssat de la Garde et Huvino de Bourghelles.

L'un d'eux, M. Harduin, entré le dernier au Chapitre en 1789, avait été arrêté en avril 1793, comme suspect d'émigration. Il avait demandé au département, le 29 mai, à être transporté dans la commune de Rœux pour s'y procurer un certificat de résidence, et avait obtenu sa radiation provisoire de la liste des émigrés. Le 22 juillet, il avait sollicité la remise de ses effets : « on lui rendit seulement ceux qui lui étaient absolument nécessaires ». Le rapport de la cause fut présenté au département le 8 ventôse (26 février) : deux certificats attestaient la résidence de M. Harduin ; celui d'Arras était irréprochable ; sur celui de Rœux, on découvrit que la date 30 *mai* avait été rayée et remplacée par 1ᵉʳ *juin*. Le rapporteur conclut à ce qu'on déclarât Harduin émigré, sauf à demander une solution définitive et motivée au conseil exécutif. Darthé et Galand furent chargés de vérifier, à Rœux, la date du certificat. Ils déclarèrent avoir trouvé du désordre dans le registre de la municipalité. D'ailleurs, le certificat représenté avait été délivré par Onuphre Leroux du Châtelet, détenu comme suspect. Le 13 ventôse, le département, sans s'occuper davantage de M. Harduin, décida que M. Leroux du Châtelet serait renvoyé au tribunal criminel.

M. de Buissy avait été aussi inculpé d'émigration. Le 10 mai 1793, un membre du département exposa que, la veille, Buissy avait obtenu de la municipalité de Lagnicourt-sur-Canche deux certificats vicieux en la forme. La municipalité fut destituée.

Contre les autres détenus on n'avait à alléguer que le refus de serment civique.

Le 14 germinal (3 avril), Joseph Le Bon prit à l'égard des chanoines d'Arras l'arrêté suivant :

« Vu le procès-verbal tenu le 9 de ce mois chez l'ex-chanoine d'Arras Malbaux, tant par les commissaires de la commune d'Arras que par ceux du District chargés des scellés et inventaires des émigrés, duquel il résulte qu'il a été trouvé, dans l'une des places de la maison ci-devant occupée par ledit Malbaux, différentes brochures, protestations, papiers contre-révolutionnaires et royalistes, au nombre desquels se trouvent des brefs du pape, des mandements d'évêques émigrés, ainsi que des adresses au tyran, enfin un traité conclu par les frères du traître Capet avec l'empereur et le roi de Prusse contre la Nation française;

« Considérant que, depuis les commencements de la Révolution, les ci-devant nobles et les prêtres insermentés n'ont cessé de conspirer contre elle; que, quoique la plupart d'entre eux se soient émigrés, il n'en est pas moins vrai que, par une politique infernale, beaucoup sont restés dans la République; et que ces derniers, par leurs correspondances tant intérieures qu'extérieures, n'ont cessé de hâter la ruine des patriotes et le renversement du gouvernement, soit en faisant connaître aux émigrés, leurs complices, nos moyens d'attaque et de défense, soit en propageant le royalisme et le fanatisme par la circulation d'une foule d'écrits incendiaires;

« Considérant aussi que, d'après une délibération du ci-devant chapitre d'Arras du 21 décembre 1790, il est constant que les nommés Defrance dit Vincly, Leroux, dit Duchâtelet, Lefebvre, dit De Gouy, Boucquel, dit Lagnicourt, Malbaux, Deborssat, archidiacre, Bourghelles, Debuissy, Delignac et Harduin, tous ci-devant chanoines d'Arras, actuellement détenus dans les maisons de réclusion de cette commune, à l'exception dudit Delignac qui réside à Tours, sont les auteurs ou complices de la conspiration qui a existé contre la Nation française, en protestant contre les décrets de l'Assemblée nationale et en cherchant à soulever le peuple contre ces mêmes décrets, sous le prétexte spécieux et perfide que la religion était compromise dans leur exécution;

« Considérant enfin que les pièces trouvées sur ledit Malbaux prouvent suffisamment qu'il était un conspirateur et un traître, et que les individus ci-dessus repris, étant en liaison ouverte et habituelle avec lui, sont fortement présumés avoir professé les mêmes principes, ce qui est prouvé évidemment par la signature qu'ils ont apposée au bas de la délibération dont il s'agit;

« Arrête que lesdits Defrance, Leroux, Lefebvre, Boucquel, Malbaux, Borssat, Bourghelles, Buissy, Harduin et Delignac seront de suite traduits au tribunal révolutionnaire de cette commune, pour y être jugés ; auquel effet les pièces, au nombre de dix-huit, ainsi que le procès-verbal tenu chez Malbaux l'un d'eux, seront adressées sur-le-champ à l'accusateur public près ledit tribunal, qui sera tenu d'en accuser la réception ;

« Arrête en outre qu'il sera écrit au comité de surveillance de Tours, pour qu'il fasse arrêter et conduire à Arras ledit Delignac, afin d'être également traduit au même tribunal [1]. »

Quatre des chanoines désignés dans l'arrêté de Le Bon ne furent pas repris dans l'acte d'accusation. Demuliez ne poursuivit devant le tribunal révolutionnaire que MM. Malbaux, Boucquel de Lagnicourt, de Buissy, Leroux du Châtelet, de France de Vincly et Harduin. A quoi MM. Lefebvre, Borssat et Bourghelles durent-ils leur salut ? Nous l'ignorons. — Le Bon a prétendu qu'à cette question : « Prêteriez-vous le serment pour sauver la France » ? les chanoines qui furent condamnés auraient répondu : « Non ». Mais Leducq, leur défenseur, ayant déclaré que la question ne leur avait point été posée, Le Bon ne persista point dans son affirmation [2].

Quoiqu'il en soit, l'acte d'accusation citait, parmi les brochures saisies chez le chanoine Malbaux, une *Adresse des prêtres non assermentés de Paris au tyran*, 19 novembre 1791 ; les *Principes et Règles de conduite pour les Français émigrés* ; les *Maximes de l'Église romaine dans les temps de schisme et de persécution, à l'usage des fidèles* : il insistait principalement sur la délibération du 21 décembre 1790.

Devant un véritable jury, la défense des chanoines, qui fut confiée à Lefran, Hacot et Leducq, était aussi facile que celle

1. *Procès*, t. II, p. 101.
2. *Procès*, t. I, p. 205.

des ex-nobles. La protestation incriminée ne tombait, à l'époque où elle fut rédigée, sous le coup d'aucune loi pénale; elle était d'ailleurs couverte par le décret d'amnistie du 14 septembre 1791 [1]. Ce décret, n'ayant point été rapporté, mettait les chanoines d'Arras à l'abri de toute poursuite; mais on se rappelle que le Comité de salut public, consulté par Le Bon à ce sujet, lui avait répondu le 26 brumaire : « L'amnistie prononcée lors de la constitution capétienne, et invoquée par tous les scélérats, est un crime qui ne peut en couvrir d'autres. » Ces principes devaient enlever tout scrupule à Le Bon et aux jurés.

Cependant une autre difficulté surgissait. Plusieurs des accusés déclaraient n'avoir pas signé la protestation; le fait était patent pour le chanoine Harduin, qui se trouvait à Boulogne en décembre 1790, et au nom duquel M. Vallé, son confrère, avait apposé sa signature. — Le jury répondit à l'objection, en déclarant M. Malbaux seul « coupable d'avoir rédigé et signé une protestation attentatoire à la souveraineté du peuple, et conservé des écrits incendiaires et contre-révolutionnaires » ; et en lui donnant pour complices ses cinq confrères, comme ayant « signé ou laissé subsister leur signature au bas de la protestation, sans aucun désaveu ni rétractation ».

Demuliez a prétendu qu'il avait cherché à sauver M. de Lagnicourt [2]... Si ces efforts furent tentés, ils restèrent

---

1. « Autant il serait désormais coupable de résister aux autorités constituées et aux lois, autant il est digne de la Nation française d'oublier les marques d'opposition dirigées contre la volonté nationale, lorsqu'elle n'était point encore généralement reconnue ni solennellement proclamée ; en conséquence : Art. 1er. Toutes procédures instruites sur des faits relatifs à la Révolution, quelqu'en puisse être l'objet et tous jugements intervenus sur semblables procédures sont irrévocablement abolis. Art. II. Il est défendu à tout officier de police ou juge de commencer aucune procédure pour les faits mentionnés à l'article précédent ni de donner continuation à celles qui seraient commencées. »

2. *Procès*, page 105.

inutiles. — A midi les six chanoines recevaient, dans un monde meilleur, la récompense de leur fidélité à l'Église.

18 et 19 *germinal* **(7 et 8 avril).** — Le 8 germinal, le représentant Duquesnoy avait écrit d'Arras à l'agent national du district de Béthune : « Tu *voudra* bien au reçu de ma lettre, faire transférer ici le nommé Daboville, ci-devant aide-camp du général Stetenhof, sous *bone* et sure garde. Salut et fraternité [1] ». — Le capitaine Daboville (Bernard-Alexandre, 35 ans), écroué, le jour même, à la prison des Baudets, fut condamné à mort comme « ayant entretenu une correspondance et des liaisons avec des personnes suspectes et cherché à intimer le plus grand mépris pour l'habit de garde national et les plus zélés défenseurs de la patrie. »

Un capitaine d'artillerie et le concierge des Orphelines furent acquittés. Le premier était prévenu d'avoir dit qu'il désirait l'ancien régime, moins les coups de plat de sabre ; le second avait laissé évader trois prisonniers.

La condamnation à mort qui frappa Petain et Mme Thellier se rattachait à des faits différents et provenait, au fond, de la même cause. François Petain (43 ans), perruquier à Saint-Pol, était gardien de la maison d'arrêt de cette ville. Le 25 mars 1793, deux prisonniers, ayant placé des chaises sur leur lit, réussirent à pratiquer une ouverture dans un plancher, se glissèrent dans le grenier, attachèrent une corde à la charpente du toît et s'évadèrent. Petain fut accusé d'avoir favorisé leur fuite ; mais il démontra que depuis longtemps il avait demandé qu'on fît à la prison des réparations urgentes ; le jury déclara, le 2 juillet, qu'il n'y avait pas lieu à accusation.

Malheureusement pour Petain, l'un des prisonniers évadés, Thellier de Poncheville, était membre de cette famille Thel-

---

[1]. Archives départementales.

lier contre l'influence de laquelle Darthé avait lutté si violemment à Saint-Pol, lors des élections municipales de 1792. Darthé portait à tous les Thellier et à leurs adhérents une haine implacable. Par ses ordres, Petain fut amené aux Baudets le 7 germinal, avec quatorze habitants de St-Pol et des environs. On ne trouvait à sa charge que l'évasion des deux prisonniers à l'occasion de laquelle il avait été poursuivi et jugé ; il se croyait donc protégé par le verdict du jury d'accusation du 2 juillet 1793. Mais Joseph Le Bon ne s'embarrassait pas plus de la chose jugée que des lois d'amnistie. Sans se donner la peine d'inventer contre Petain, comme il l'avait fait pour MM. de Béthune et Lallart, de nouveaux chefs d'accusation, il prit, le 15 germinal, l'arrêté suivant :

« Le représentant du peuple Joseph Le Bon, étonné, d'après l'examen des pièces, que François Petain, ci-devant concierge de la maison d'arrêt de St-Pol, ait été mis en liberté sur l'accusation portée contre lui d'avoir volontairement, méchamment et à dessein, fait évader et favorisé l'évasion des nommés Morand et Thellier dit Poncheville, reconnus pour fameux contre-révolutionnaires ; le dernier émigré, et le premier suspecté d'émigration ;

« Considérant qu'il résulte de l'interrogatoire qu'il vient de subir, ainsi que de celui de Morand, que Petain est prévenu d'être la cause de l'évasion des deux détenus ;

« Considérant qu'il s'est toujours montré l'ennemi de la Révolution, et a toujours été l'agent de Thellier ;

« Arrête qu'il sera de nouveau mis en jugement.... [1]. »

Cet arrêté fut le coup de mort du malheureux Petain. Quatre jours après, il fut condamné et exécuté.

Si M. Thellier de Poncheville fils avait pu s'échapper de

---

1. *Procès*, t. II, p. 92.

prison, les autres membres de sa famille restaient en butte aux ressentiments de Darthé. Bernard Thellier de Poncheville, procureur fiscal du comté de Saint-Pol, membre de l'échevinage, administrateur du district en 1791, mourut sous les verroux en juillet 1793. Marie-Éléonore Mayeux (58 ans), sa veuve, se retira à Arras avec ses enfants : Marie-Joseph, Charles, Xavier et Léandre. Le 1er avril 1793, le département, où Darthé était tout-puissant, fit arrêter et conduire à Doullens « les trois fils Thellier » ; le plus jeune, Léandre, n'avait pas encore terminé ses études. La veuve Thellier, laissée en liberté, fut obligée, au mois de novembre, de se rendre à St-Pol pour s'occuper de la succession de Soubise qui avait été confiée à son mari. Quoiqu'elle eût une passe du comité de surveillance d'Arras, elle fut arrêtée à St-Pol, d'où elle ne fut ramenée, malgré ses réclamations, qu'avec François Petain et les douze autres suspects envoyés aux Baudets par Darthé, le 7 germinal. Un arrêté de Le Bon, pris le 6, la traduisit au tribunal criminel comme ayant recélé les meubles de la baronne de Fumal, émigrée. Cette accusation n'avait d'autre fondement qu'une lettre datée de Trente (Italie), 23 février 1793, et adressée à M. Thellier de Poncheville, exécuteur testamentaire de Mme de Fumal. Mme Thellier fut condamnée à mort. On frappa de la même peine Marie-Joseph-Bernardine Thellier (32 ans), sa fille, qui s'était fait connaître au comité de surveillance par des lettres touchantes écrites en faveur de sa mère et de ses frères détenus : ce comité l'avait fait emprisonner aux Orphelines le 8 ventôse (20 février), comme « sœur d'émigrée très-suspecte ». — L'immolation de la famille Thellier continuera à Cambrai.

22 germinal (11 avril). — La perquisition faite par Darthé à Doullens avait compromis Antoine Despinoy (61 ans), médecin à Douai, membre de l'échevinage de cette ville en 1789. On trouva des lettres écrites par lui en la possession de Thérèse Dufour et de Caneau du Roteleur, détenus comme suspects dans la citadelle de Doullens. A la suite de cette découverte, on saisit chez Despinoy un « manifeste contre la Révolution française, dont le titre seul devait le faire jeter au feu, et une Lettre pastorale de l'évêque de Blois au clergé de son diocèse ». Despinoy, amené aux Baudets par ordre de Le Bon le 28 ventôse (12 mars), répondit aux commissaires chargés de l'interroger que ces deux brochures appartenaient à un de ses neveux, ex-religieux, qui avait occupé sa maison à Douai, pendant que lui-même dirigeait à Lille l'hôpital militaire; à son retour il avait déclaré à la municipalité que son neveu avait laissé chez lui sa bibliothèque. Il connaissait Thérèse Dufour, attendu que sa femme, Henriette Dufour, était la demi-sœur de la condamnée. Il n'avait correspondu avec Caneau du Roteleur qu'à l'occasion du remboursement de la charge de procureur du roi à la ci-devant gouvernance de Douai. — Malgré ces explications si complètes, Despinoy fut condamné à mort.

23 *germinal* (13 avril). — Jean Diot (32 ans), né à Amiens, était curé de Ligny-sur-Canche. A peine âgé de 27 ans, il fut député par le Clergé de l'Artois à l'assemblée des États Généraux. Le registre d'écrou des Baudets constate qu'il fut constitué prisonnier le 25 ventôse, « en vertu d'un arrêté de Le Bon et suivant ordre de Lefetz, président du district, par Jean-Baptiste Carrault, commissaire nommé à cet effet ». Un nouvel arrêté de Le Bon du 22 germinal le renvoya devant le jury. Son crime consistait à avoir « écrit le 2 juin 1791 une lettre renfermant des principes qui tendaient à discréditer les biens nationaux, et cherché par des moyens infâmes à empêcher les citoyens d'en acquérir. D'autant plus coupable, disait l'acte d'accusation, qu'il était représentant du peuple,

quand il donnait ces conseils perfides ». — Diot se défendit lui-même, et fut exécuté.

Louis-Joseph Savary (37 ans), cultivateur à Beaumetz-lez-Loges, était un de ces fermiers « à grosses bottes » dont la fortune offusquait Le Bon. Il « avait la réputation d'un grand aristocrate, et n'avait cessé d'avoir des relations avec les prêtres réfractaires, notamment avec l'abbé Baumart, curé de sa paroisse, qui s'était retiré à Basseux après avoir refusé le serment. » Le 17 ventôse (7 mars), le District le destitua de ses fonctions de maire et le mit en arrestation aux Baudets. Une première perquisition faite chez lui par le juge de paix n'amena aucune découverte; mais, le 27 ventôse, un commissaire du District trouva dans ses papiers « des brochures infâmes : *Avis salutaire au peuple français, au nom de Notre-Seigneur Jésus-Christ; Entretien d'un paroissien avec son curé sur le serment exigé des ecclésiastiques fonctionnaires publics* », et dans un livre de piété (la *Journée du Chrétien*) « la lettre la plus aristocratique et la plus royaliste, signée Baumart, réfugié à Basseux, le 24 août 1791 ». C'était assurément, devant le jury révolutionnaire, plus qu'il n'en fallait pour mériter la mort.

Le 28 février 1792 (style esclave *sic*). — Adrien Barbier (41 ans), notaire à Lens, avait écrit à Ghislain Henry, son maître-clerc, une lettre « qui tendait à discréditer les assignats et à rappeler l'amour de l'ancien régime ». — Cette lettre tomba entre les mains de Gille, membre du Comité de surveillance, qui la porta au comité. Henry, qui faisait alors à Arras le commerce de charbon, fut arrêté le 8 frimaire. Quant à Barbier, le 4 germinal, Le Bon le fit incarcérer dans la prison des Baudets, où Henri alla le rejoindre le 23 (12 avril). — Le lendemain ils étaient condamnés à mort : Barbier pour avoir écrit la lettre du 28 février 1792, Henry pour ne l'avoir pas désavouée.

Ainsi Joseph Le Bon, que la condamnation prononcée à Paris contre Danton et Camille Desmoulins avait décidé « à ne plus s'arrêter [1] », avait fait tomber, du 19 ventôse au 23 germinal, cinquante-quatre têtes sur le pavé d'Arras. Les arrestations opérées pendant cette période répondaient à la marche croissante de la justice révolutionnaire. Le Comité de sûreté générale avait adressé, le 16 ventôse (6 mars), à tous les comités de surveillance de la République, des tableaux sur lesquels ils devaient inscrire les noms des suspects emprisonnés, et répondre à vingt-six questions sur le compte de chacun d'eux [2]. Le 13 germinal (2 avril), le comité d'Arras envoya à Paris un registre contenant les noms de 424 détenus : 175 hommes et 249 femmes. Encore ce dépouillement, d'après la déclaration du comité, était-il fort incomplet : on avait trouvé, en effet, en faisant le recensement des prisons, un grand nombre de détenus arrêtés illégalement par ordre du District et du Conseil général de la commune; et cette dernière administration n'avait pas encore remis les renseignements demandés. — Joseph Le Bon rencontrait dans les corps constitués des agents qui le secondaient avec une véritable rivalité de zèle. Le 28 ventôse (18 mars), un arrêté du District, approuvé par le représentant, ordonna « par mesure de sûreté et pour connaître la vérité, que les domes-

---

[1]. « Le Bon ajoute que peu après Camille Desmoulins fut condamné à mort pour avoir provoqué un système plus doux ; que cette affaire l'intéressait si vivement qu'il passait une partie des nuits à solliciter Lefebvre, directeur de la poste, pour avoir les paquets aussitôt leur arrivée ; mais qu'après la funeste décision il crut ne devoir plus s'arrêter, puisque les raisons de salut public étaient assez fortes pour avoir déterminé la Convention à condamner le père de la Révolution ». — *Procès*, t. I, p. 69.

[2]. Nom du dernier domicile. — Age. — Veuf, garçon ou marié. — Age, nombre et résidence des enfants. — Lieu et époque de la détention. — Profession ; revenu. — Relations et liaisons. — Caractère et opinion politique, notamment en mai, juillet et octobre 1789 ; au 10 août ; lors de la fuite et de la mort « du *tyran* »; au 31 mai ; pendant les crises de la guerre. — A-t-il signé des pétitions ou arrêtés liberticides ?

tiques des suspects et ci-devant nobles seraient mis en arrestation à l'Abbatiale jusqu'à ce qu'ils eussent déclaré où étaient l'argent et l'argenterie de leurs maîtres aristocrates ¹ ». Le même jour, un membre du Conseil général de la commune proposa en séance « de faire arrêter tous les aristocrates qui étaient à la connaissance du Conseil. » On dressa immédiatement une liste de suspects qui comprit soixante-seize personnes. — Non-seulement Joseph Le Bon approuva ces arrestations opérées en masse, par des administrations qui empiétaient ainsi sur les attributions du comité de surveillance, mais il délégua lui-même à Darthé et à Caubrière, à la fois administrateurs du département, commissaires aux interrogatoires et jurés, le pouvoir d'ordonner l'incarcération des suspects. Les fonctions multiples dont ces personnages étaient revêtus ne leur permettant pas d'emprisonner au gré de ses désirs, il donna plus tard des pouvoirs semblables aux *commissaires aux émigrés* dont le nombre avait été multiplié à l'infini.

« Les commissaires aux émigrés du District d'Arras sont autorisés à lever les scellés mis par les comités de surveillance chez les personnes suspectes. Ils visiteront les papiers, extrairont les écrits suspects et les correspondances, pour les apporter au représentant du peuple. Ils pourront faire arrêter toutes personnes qu'ils jugeront inciviques dans le cours de leurs opérations, à la charge d'en rendre compte exactement dans les vingt-quatre heures ² ».

Plusieurs de ces commissaires n'arrêtaient les suspects que pour se livrer dans leur maison à un pillage éhonté. « Tuer un porc était un moyen presque infaillible de donner l'éveil à leur activité ; la réputation d'avoir une bonne cave était encore un attrait pour eux ; s'agissait-il de dilapider la

---

1. Archives départementales.
2. Arrêté du 3 germinal. Archives départementales.

maison d'un citoyen précédemment arrêté par le comité de surveillance qui, aux termes de la loi, n'avait apposé les scellés que sur les papiers ; se rendaient-ils chez un citoyen qu'ils étaient chargés d'incarcérer, par arrêté soit de Le Bon, soit du District ou de la municipalité, ces suppôts de la tyrannie s'y rendaient en grand nombre, commençaient par en expulser inhumainement femmes, enfants, parents, commissionnaires [1], qu'ils chassaient de la maison ou envoyaient en arrestation... Restés seuls maîtres en quelque sorte du champ de bataille, tout ce qui se trouvait dans la maison était à leur disposition [2]. »

Il n'était pas rare de voir le représentant opérer, en pleine rue, des arrestations de sa propre main. Le 8 germinal (28 mars), Mme Desvignes, marchande de dentelle à Arras, se promenait avec sa fille sur le rempart ; elle s'était assise sur un tronc d'arbre et lisait un roman : « *Clarisse Harlowe* », quand tout à coup l'explosion d'une arme à feu retentit dans le voisinage ; c'était Caubrière qui, faisant après dîner un tour de rempart avec Le Bon, essayait un pistolet neuf. Mme Desvignes et sa fille s'étaient levées effrayées. « Voyez ces femmes, dit Le Bon à ses compagnons ; que veulent-elles avec leurs signes ? Faites-moi remettre les papiers qu'elles tiennent à la main. » Il saisit lui-même le livre qu'on lui dispute, renverse Clémence Desvignes d'un coup de poing, et fouille la mère et la fille. Dans les poches de l'une d'elles, il trouve un almanach sur les pages duquel il croit voir des signes de royalisme, et deux ou trois feuilles de papier où il était question d'argent pour dire des messes. Il conduit les promeneuses à la Providence. « Allez, citoyen, objecte en vain Mme Desvignes, vous apprendrez que nous sommes des

---

[1]. C'est ainsi que, sous le régime de l'égalité, on désignait les domestiques.
[2]. *Abus d'autorité*.... Mémoire rédigé par les douze membres du Comité de surveillance. 7 frimaire an III. — Imprimé.

patriotes. » Le Bon lui répond : « Marche donc; tu es bien familière. » Le lendemain, le citoyen Desvignes obtint la mise en liberté des prisonnières. « Dites-leur bien, lui dit Le Bon, de respecter à l'avenir la représentation nationale [1]. »

Le 10 germinal (30 mars), ci-devant dimanche, Joseph Le Bon rencontre une jeune fille, Rose Laurenceau, qui se rendait au comité de surveillance pour y faire signer son passeport. « Qui es-tu? lui demande Le Bon. Où vas-tu, si proprement habillée? » Rose Laurenceau, qui ne connaissait pas le représentant, lui répond : « Qu'est-ce que cela vous fait? » Aussitôt elle est conduite au comité de surveillance, fouillée et envoyée aux Baudets. Par ordre de Le Bon, on arrête le père et la mère de la jeune fille; on enferme l'un aux Orphelins, et l'autre à l'Abbatiale. Deux mois après, le 14 prairial (2 juin), les commissaires de Le Bon lui écrivirent à Cambrai : « Nous pensons que tu pourrais rendre la liberté à cette famille; nous attendons ta décision. » — Voici la réponse de Le Bon : « Le père et la mère seront mis en liberté; quant à la fille, je ne peux encore prononcer [2]. »

« Un jour de décadi, un garde national amena au comité de surveillance quatre jeunes personnes : les deux citoyennes Coulon, et les citoyennes Grammont et Toursel, de la part du représentant du peuple, pour les fouiller et les mettre en arrestation, s'il y avait lieu. Ces citoyennes dirent qu'elles avaient été arrêtées pour avoir regardé Joseph Le Bon en riant. Visite faite de leur portefeuille, où il ne se trouva que quelques chansons patriotiques et quelques billets qui n'étaient rien moins que contre-révolutionnaires, elles furent mises en liberté par le comité [3]. »

« Le citoyen Brunet, rencontrant un homme attaché au

---

1. *Procès*, t. I, p. 157.
2. *Procès*, t. I, p. 265 et t. II, p. 162.
3. *Procès*, t. II, p. 245.

citoyen Désandrouin qui rapportait au représentant un arrêté du Comité de sûreté générale ordonnant la mise en liberté de son maître, le pria de lui confier l'arrêté pour le présenter lui-même, et en profitant de cette occasion, solliciter en faveur de son père incarcéré. Ce citoyen lui ayant remis le paquet, et Brunet l'ayant remis à Joseph Le Bon, celui-ci, pour récompense de cet acte de piété filiale, le mit en arrestation pendant plusieurs mois, et y fit mettre aussi le courrier du citoyen Désandrouin [1] ».

Jacques Omoran, général de division dans l'armée du Nord, dénoncé au Comité de sûreté générale, avait été, malgré la protection de Carnot, condamné à mort le 19 ventôse (9 mars), par le tribunal révolutionnaire de Paris. Lors d'une levée des scellés qu'on fit à Saint-Omer, le citoyen Laisné, ancien vicaire épiscopal de Porion, devenu commissaire du district, fut accusé d'avoir soustrait des meubles et effets au préjudice de la veuve du général et renvoyé au tribunal par le jury d'accusation. Mme Omoran, appelée à Arras comme témoin, s'avisa de recommander ses intérêts au représentant; renvoyée au District, elle s'aperçut qu'elle était suivie par une personne armée, et retourna au bureau de Le Bon. « Que veux-tu? Que veut cette femme? » s'écria-t-il en la voyant; et tirant son sabre : « Que l'on fasse sortir cette femme; qu'on la mène au comité. » Il remit alors à un garde national un billet conçu en ces termes : « Le comité de surveillance dira pourquoi la femme du guillotiné Omoran n'est point en arrestation. » Devant le comité, la veuve Omoran produisit son assignation à comparaître au tribunal d'Arras et plusieurs certificats de civisme que la commune de Saint-Omer lui avait délivrés. Le comité députa Gabriel Le Blond vers le représentant, avec une lettre où il expliquait

---

[1]. *Procès*, t. I, p. 245.

les motifs qu'il croyait avoir pour ne point mettre en arrestation la veuve Omoran. « Ce ne sont pas des images que je vous demande, dit Joseph Le Bon en frappant du pied; c'est de la mettre dedans, entendez-vous. » Gabriel Le Blond retourne annoncer l'accueil qu'il a reçu. Le comité ordonne la mise en arrestation de cette infortunée. Elle part; mais, chemin faisant, elle tâche d'attendrir son gardien pour qu'il l'accompagne chez le représentant qui, à son avis, ne pouvait que lui rendre justice. Elle parvient à retrouver Le Bon. Celui-ci entre dans une rage étonnante; fait appeler le comité, crie, tempête. On lui fait observer que c'est un garde national qui a ramené cette femme; il ordonne l'arrestation du garde : « Est-ce que vous ne savez pas, s'écrie-t-il, que la femme d'un guillotiné ne peut être patriote? » En chemin, la pauvre veuve Omoran dit à Le Blond : « C'est donc un bien grand scélérat que ce représentant[1]? »

Le comité de surveillance envoie à Le Bon un billet ainsi conçu : « Un garde national nous amène le nommé Vitu, qu'il nous dit devoir être mis en arrestation par tes ordres; nous te prions de nous dire si ce sont tes intentions. »

Le Bon écrit au bas du billet :

« Tout individu qui s'aviserait de transmettre un ordre que je n'aurais pas donné, même verbalement, payerait sa témérité.

« Si le comité de surveillance exige des formes éternelles, lorsque les conspirateurs nous assassinent sans forme de procès, et que je peux à peine suffire à leur scélératesse, je m'adresserai à des hommes plus dignes d'opérer le salut public[2]».

Joseph Le Bon affectait de donner à ses ordres cette forme laconique et impérative qui ne souffrait pas la contradiction :

---

1. *Procès*, t. I, p. 66, 246 et 278.
2. Archives départementales.

« Mettre aussitôt en arrestation les anciens concierges de la maison Béthune. — S'informer quelle femme est Thérèse; quelle femme est Reine; quel homme est Danvin; quelle était la maîtresse de d'Ennevelin et arrêter le tout. — Demander quel nom commence par un D. »

Autre exemple : « Le personnage renvoyé il n'y a qu'un instant au comité, il paraît qu'il a une façon de penser qu'il craint de manifester. Or, tout homme qui craint de manifester sa façon de penser pense apparemment mal, et devient dangereux ; mettez-le où vous voudrez jusqu'à nouvel ordre [1]. »

La fortune des suspects continuait d'être, aux yeux de Le Bon, le thermomètre de leur civisme. Le 5 germinal, les administrateurs du District lui demandant la mise en liberté du maire de Willerval, il leur demande à son tour : « Combien paie-t-il annuellement pour ses contributions ? » — Le 24 germinal, le District propose la mise en liberté d'un nommé Dambrine : « Combien paye-t-il de contribution annuelle ? » — Réponse : « 2 livres 9 sols. » — « Qu'il soit mis en liberté [2]. »

Lorsqu'on emprisonnait ceux qui avaient préféré la messe des prêtres inassermentés à celle des curés constitutionnels, il était naturel que ceux qui avaient montré de l'hostilité aux « réfractaires », rencontrassent, en retour, aide et protection. Le 12 germinal, Le Bon rendit en ce sens l'arrêté qui suit : « Attendu que la femme Berly, de Vaux, n'allait pas jadis aux farces appelées messes, par haine contre le curé réfractaire, et qu'au contraire il lui est arrivé d'y assister quelquefois dans le temps du curé soi-disant constitutionnel ; — Attendu que selon la déclaration de Célestin Lefetz, aujourd'hui administrateur du District d'Arras, cette femme a fait politesse et amitié au dit Lefetz,

---

[1]. *Procès*, t. I, p. 31 et 32.
[2]. Archives départementales.

alors curé dans une commune où il a éprouvé mille désagréments de la part des aristocrates ; — Considérant que cette conduite n'est pas celle d'une fermière amie de la contre-révolution ; — Considérant qu'elle est d'autant plus louable que presque partout, et notamment à Vaux, les gros fermiers ont failli allumer la guerre civile en fanatisant les esprits faibles et en les ameutant contre les prêtres soumis aux lois ; — L'agent national du district de Bapaume fera mettre de suite en liberté ladite femme Berly et ses enfants [1]. »

On avait mis en arrestation à Béthune un nommé Jacquet qui, dans son zèle à persécuter les prêtres, avait dépassé les bornes ; ce patriote s'adressa à Le Bon qui s'empressa de lui rendre justice :

« Vu le rapport sur l'affaire Jacquet, prévenu d'avoir exercé des vexations dans les campagnes en balayant des prêtres perturbateurs.

« Considérant que l'homme convaincu des maux causés par les prêtres à l'humanité a pu difficilement contenir l'exaltation de son âme, en voyant l'instant favorable de purger de ces charlatans la terre de la liberté ; — Arrête que Jacquet sera sur-le-champ élargi [2]. »

Les patriotes qui formaient l'entourage du représentant ne se faisaient pas faute de suivre son exemple et d'arrêter à tort et à travers ceux qu'ils regardaient comme suspects. Le 28 ventôse (18 mars), « Célestin Lefetz expose au District qu'il vient de conduire au comité de surveillance Lécafette, employé au mont-de-piété sous l'aristocrate Boussemart, et Laderrière, employé anciennement dans la ferme à l'eau-de-vie ; que ces deux individus ont été rencontrés par lui sur le rempart, près du quartier Héronval, donnant à une femme, à qui ils parlaient avec un air de protection et de con-

---

1-2. Archives départementales.

fiance [1]. » Lécafette et Laderrière furent emprisonnés pour avoir donné deux sous à la pauvre vieille.

La sœur du citoyen Gayette, détenu à l'Hôtel-Dieu, se rendait à la prison pour lui porter à manger ; « elle fut rencontrée par Le Bon, sa femme [2] et C. Lefetz qui se promenaient sur le rempart. Ils la trouvèrent habillée trop proprement à leur gré, car il était malheureusement dimanche; elle fut saisie et mise en arrestation : elle y resta dix mois [3]. »

A l'égard des prisonniers, les rigueurs succédaient aux rigueurs. Les maisons de l'Hôtel-Dieu et de la Providence étaient assez proches l'une de l'autre pour que les membres d'une même famille pussent, en se plaçant aux fenêtres, s'entrevoir à la dérobée et se donner signe de vie. On fit boucher les ouvertures qui facilitaient ces correspondances. — Ce n'était pas assez d'avoir séparé les maris d'avec les femmes; Le Bon enleva aux parents la consolation de conserver auprès d'eux leurs enfants :

« Les enfants mâles des gens suspects d'Arras au-dessous de sept ans seront conduits en la maison des Orphelins où ils seront élevés aux frais de la République ; les filles au-dessous du même âge, dans la maison de l'Égalité ; sont chargées de l'exécution du présent arrêté les commissaires aux émigrés; à la charge par eux d'instruire la municipalité de toutes leurs opérations relatives à la présente commission [4]. »

---

1. Archives départementales.
2. Nous avons trouvé dans les pièces du Comité révolutionnaire la minute d'une dénonciation sans date, signée par LA FEMME, le frère et le beau-frère de Le Bon : « Les soussignés dénoncent encore comme très-suspects les ci-après nommés : La fille Walton, femme de l'émigré Cuveillier, sa sœur, Eugénie Mayeux, demeurante chez la veuve Carton, vis-à-vis la Biche ». — DARTHÉ, ÉLISABETH RÉGNIEZ, LE BON, ABRAHAM RÉGNIEZ.
3. Procès, t. I, p. 208.
4. Arrêté du 3 germinal. Archives départementales.

Après avoir dépouillé les détenus de tout ce qu'ils possédaient et ne leur avoir même pas laissé le strict nécessaire fixé par l'arrêté du 18 ventôse [1], le District livait, par mesure d'économie, leurs maisons au pillage. Il commença par mettre en location les jardins « provenant de ces êtres contre-révolutionnaires : les vrais sans-culottes furent invités à louer ces jardins, puisque, devenus locataires, le luxe en disparaîtrait ». On imposa aux occupeurs « l'obligation de les ensemencer, les trois quarts en légumes farineux, l'autre quart en légumes proprement dits » (arrêtés des 11 et 28 ventôse).

« Un membre du District fit observer (le 28 ventôse) qu'il

---

[1]. Pour ne citer qu'un exemple, « l'état général dressé par les commissaires aux prisons » constate que Cartier-Mathieu et sa femme, arrêtés le 1er germinal par l'ordre du Comité, avaient pour tous meubles et effets : « M. Cartier à l'Hôtel-Dieu : 1 matelat, 1 chemise, 1 col de cravate, 1 mouchoir de poche, 1 paire de bas. — Mme Cartier à la Providence : 2 matelas, 1 couverte, une paire de draps, 1 chemise, 1 mouchoir de cou, 1 mouchoir de poche, 1 paire de bas ». — Un grand nombre de détenus n'étaient pas mieux partagés.

Les six enfants de M. Cartier restèrent au logis paternel jusqu'au 14 floréal : on les emprisonna alors à la Providence et à l'Hôtel-Dieu. — Le même jour, deux commissaires de la commune se transportèrent « en la maison du nommé Cartier détenus comme suspect, où étant, après en avoir expulsé tous les agents, avons *apposé* le scellé sur *tous* les portes de la *ditte* maison, à l'exception de la chambre du *gardiens* où nous avons laissé en évidence une *pail*, *un* pincette, un tour à feu, un miroir, deux casseroles, deux tables, cinq *chaisses*, une table de nuit, *un* terine de fayence, un lit, ses rideaux de *careau* rouge, *garnis* d'une paillasse, trois matelats, un traversin, une *pair* de *drap*, une couverture de laine, un rideau de fenêtre, une caisse de pendule, une salière de bois, un petit tambour à brûler *caffé*, lesquels scellés et meubles *resté* en *évidance* avons laissé à la garde du citoyen Macloud Delcroix, à charge par lui de les représenter en *leurs indegrittés* à *tous requisition* ».

Le 27 floréal, les commissaires s'emparèrent, conformément aux arrêtés du District, des comestibles qui suivent : « Neuf pièces de lard, un jambon et une jambette, cinq jambons *infumés*, quatre morceaux de *mourue*, un morceau de bœuf salé et *environs* deux livres de *beure* ».

Le 4 prairial : « Trois sacs de farine, un sac de bled et un sac de son ».

Le 2 thermidor : « Dix-sept pouces de bois d'orme, sept fagots et trois livres de chandelle ».

existait chez Boussemart (M. Boussemart fut condamné à mort le 28 germinal), trois vaches, un veau, deux cochons noirs et des poules. « L'administration ordonna qu'ils seraient vendus publiquement, et argent comptant. Ces ventes, dit l'arrêté, seront annoncées au son du tocsin, et le montant versé dans les caisses du séquestre. Les foins, fourrages, avoines seront versés dans les magasins militaires, et le scourgeon, seigle, blé, dans ceux de la commune. — La même mesure s'étendra à toutes les maisons d'émigrés, de réclus, de déportés, de suspects et ci-devant nobles. »

Pour compléter ces dispositions, le District « autorisa la municipalité à retirer des maisons des détenus tout le bois qui pouvait s'y trouver, pour être vendu et alimenter les fours des boulangers et servir aux malades indigents » (arrêté du 8 germinal). « Il y avait dans ces maisons des objets de première nécessité qui couraient risque de se gâter, tandis que nos braves sans-culottes éprouvaient la plus grande pénurie de ces objets : tous les vivres furent enlevés et distribués à la maison commune » (arrêté du 18 germinal).

La désolation pesait sur la ville. Les fermiers n'osaient plus approvisionner les marchés. « Sur vingt-deux voitures de voyageurs qui arrivaient par décade à Arras, on n'en vit plus une seule ; la terreur était telle que l'on faisait dix lieues de détour pour éviter d'y passer. Si vous étiez deux dans la rue, c'était une trame, un complot. Les marchands cessaient leur négoce, et allaient par crainte aux séances de la Société populaire et du tribunal. Il n'était plus possible de se procurer un ouvrier, ils étaient soldés pour y assister [2] ».

Dans une population de vingt-cinq mille âmes opprimée par une poignée de scélérats, on n'apercevait, chose étrange,

---

1-2. *Procès*, p. 34 et 290.

aucun symptôme de résistance. Des familles entières se laissaient emprisonner sans savoir et sans demander pour quel motif : les plus audacieux protestaient de leur innocence et de leur civisme; ils étaient marqués les premiers pour la boucherie. Quand l'heure était venue, quand l'huissier Taquet faisait retentir dans les corridors de la Providence et de l'Hôtel-Dieu les noms des prisonniers qui devaient être livrés au tribunal révolutionnaire, hommes, femmes, vieillards, victimes résignées d'un mystérieux sacrifice, se laissaient mener à la mort avec une docilité plus effrayante à nos yeux que leur supplice même [1].

Si quelque marque d'opposition apparaissait au milieu de la consternation générale, c'était dans les rangs des patriotes et en plein comité révolutionnaire. Non pas assurément que les membres influents de ce comité songeassent à combattre, au nom du droit méconnu, le système de la Terreur et ses agents sanguinaires ; mais Gabriel Le Blond, Danten, Saint-Remy, et surtout le secrétaire Delegorgue invoquaient, contre les mesures arbitraires à l'exécution desquelles on leur demandait de concourir, les décrets de la Convention nationale. S'ils consentaient à agir révolutionnairement, au moins voulaient-ils ne pas dépasser les bornes de la légalité. Nous avons vu que le comité rappelait à Le Bon lui-même que les arrestations devaient être entourées des formes déterminées par la loi; avec le Conseil général de la commune et le District, il osa entrer en lutte ouverte : quand le Conseil général lui notifia la liste des citoyens dont il requérait l'emprisonnement et dont il avait élevé le nombre de soixante-seize à quatre-vingt dix, le comité, « considérant que déjà

---

1. Devant le tribunal d'Amiens, Le Bon osa dire, en apostrophant les habitants d'Arras : « Si vous aviez eu du courage, il fallait me brûler la tête. » — A quoi un témoin répondit : « Votre mort ne nous eût point avancés; la Convention l'aurait vengée d'une manière solennelle ». *Procès*, t. I, p. 296.

les maisons d'arrêt étaient remplies d'individus arrêtés soit en exécution des lois et décrets, soit en exécution des arrêtés des représentants du peuple ; — considérant que la liste insérée dans l'arrêté du Conseil général de la commune comprenait plusieurs citoyens non-seulement patriotes, mais même très-civiques; et qui récemment avaient rendu et rendaient encore des services à la République », passa à l'ordre du jour sur ledit arrêté (29 ventôse-19 mars). — Le District, à son tour, avait requis le comité de surveillance « de mettre à exécution la loi du 17 septembre, à l'égard des nommés Dion, d'Hauteclocque de Quatre-Veaux, Leroy d'Hurtebise, etc. »—« Il me tarde, écrivait-il, de voir tous les ennemis de l'intérieur hors d'état de nuire. Il faut qu'au 1er germinal nous n'ayons plus à penser qu'aux ennemis du dehors. » Le comité se contenta de répondre « que l'administration du District serait invitée à lui faire passer les dénonciations qui avaient pu déterminer l'arrêté en vertu duquel elle voulait faire incarcérer un si grand nombre de citoyens ».— Le District avait ordonné au Conseil général de la commune de mettre en arrestation M. Fruleux de Souchez et d'apposer le scellé sur ses effets; le comité avait « cassé et annulé ledit arrêté ». Enfin, le comité de surveillance s'était plaint aux comités de salut public et de sûreté générale, de la conduite arbitraire des autorités constituées, et avait porté à leur connaissance, avec une réserve qui n'excluait pas un certain courage, les arrêtés pris ou approuvés par le représentant qui ordonnaient l'arrestation des domestiques des suspects, et qui autorisaient les commissaires aux inventaires à emprisonner, dans le cours de leurs opérations, toutes les personnes qu'ils jugeraient inciviques.

Sans doute, l'attitude circonspecte du comité de surveillance n'était pas faite pour arrêter Le Bon, et les personnes désignées par le Conseil général et le District n'en furent pas moins arrêtées; mais tout effort contre la tyrannie, si faible qu'il soit, finit par ébranler la puissance du tyran : nous verrons bientôt l'opposition des « modérantistes », un moment enhardie, violemment comprimée, faire enfin explosion et renverser, avant le 9 thermidor, le proconsul d'Arras et sa guillotine.

Avant ce jour de délivrance, combien de victimes graviront encore, hélas ! les marches de l'échafaud. Le 12 germinal an III (1er avril 1795), un thermidorien, Bourdon de l'Oise, accusera Joseph Le Bon « d'avoir fait guillotiner trois rues entières à Arras », et il n'y aura point là d'excessive hyperbole. En un seul jour, vingt accusés, parmi lesquels quinze femmes, qui habitaient trois rues voisines [1] vont être amenés, troupe d'élite, à l'autel expiatoire. Retraçons, avec le soin pieux que méritent Mme Bataille et ses complices, un procès dans lequel se résument toutes les horreurs de la Révolution française.

---

1. La rue Saint-Jean-en-Ronville, la rue des Portes-Cochères et la rue des Trois-Faucilles.

LIVRE VIII

Il existait à Arras, avant la Révolution, une paroisse connue sous le nom de Saint-Jean-en-Ronville, qui fut supprimée le 4 mars 1791, et dont l'église, située dans la petite rue Saint-Jean, fut détruite, comme tant d'autres, au nom de la philosophie. La paroisse Saint-Jean comptait parmi ses habitants des personnes riches et charitables, qui se cotisaient pour secourir les malheureux. M. Hector Gamonet, receveur général des finances, s'était d'abord chargé de distribuer les aumônes ainsi recueillies. Une femme pieuse, Marie-Joseph Dambrines, fille d'Adrien Dambrines d'Esquerchin, conseiller honoraire au Conseil d'Artois, et veuve de M. Bataille, homme de loi, chevalier d'honneur audit Conseil, lui succéda dans ce ministère de charité. Mme Bataille qui, de notoriété publique, consacrait aux pauvres la plus grande partie de ses revenus, avait la libre disposition des sommes versées entre ses mains. Elle apprit, en 1793, que le curé de

Saint-Jean et ses vicaires, forcés de chercher asile à l'étranger, se trouvaient dans un grand dénûment. Sans demander à ses associés une autorisation surabondante, elle appliqua au soulagement de l'ancien clergé de sa paroisse les fonds provenant de ses collectes.

Mme Bataille était liée d'amitié avec Mme Caron-Wagon, dont le mari, marchand sur la Petite-Place, avait été officier municipal en 1791, et administrateur du département jusqu'au 10 août 1792 : Mme Caron s'occupait aussi de bonnes œuvres. L'église Saint-Géry, sise sur la place de ce nom, avait été exposée en vente le 14 avril 1792 ; plusieurs familles chrétiennes résolurent d'en faire l'acquisition et de la soustraire à la triste alternative d'être démolie ou profanée. L'arpenteur Delestré, homme actif et dévoué, donna tous ses soins à l'exécution de ce dessein : il fit acheter l'église par un ouvrier menuisier, nommé Catenne, qui lui servit de prête-nom; sur le prix de l'adjudication, il paya un à-compte de huit mille livres. Une partie de cette somme lui avait été remise par le notaire Merlin, l'autre partie provenait de diverses offrandes que Mme Caron, à la demande de l'avocat Blanquart, s'était chargée de recueillir.

Ces faits méritaient châtiment. Avant qu'ils fussent connus des patriotes, Mme Bataille et Mme Caron avaient été emprisonnées. Le 5 octobre 1795, le comité de surveillance, organisé depuis cinq jours par Élie Lacoste, ordonna que Mme Bataille serait mise en arrestation chez elle comme suspecte, et que les scellés seraient apposés sur ses papiers. « Surprise de voir un gardien établi dans sa maison », elle écrivit au comité le 23. — On prétendait que ses deux frères avaient émigré ; en quoi avait-elle pu contribuer à leur départ ? Ils étaient l'un et l'autre au service, et par conséquent libres de leurs actions. Il y avait onze ans que l'aîné était parti d'Arras ; elle avait elle-même quitté ses parents depuis dix ans qu'elle était mariée. Sa conduite ne devait-elle pas d'ailleurs la mettre à l'abri des soupçons? « Si j'étais forcée, disait noblement Mme Bataille, de faire connaître tout le bien que j'ai fait et que je regardais comme un devoir de faire, je produirais une foule de malades et d'indigents que j'ai secourus... Toujours enfin je me suis soumise aux lois, voilà sans doute le vrai civisme [1]. »

On répondit à Mme Bataille, le 15 frimaire (5 décembre), en l'envoyant à l'Abbatiale. L'inventaire que l'on dressa chez elle ne fit découvrir « rien de contraire aux lois et au républicanisme », sauf une lettre adressée, le 29 juillet 1792, à M. Bataille, dans laquelle son correspondant lui disait, en parlant d'assignats : « Vous êtes peut-être chargé de cette mauvaise monnaie ; si j'avais pensé que vous eussiez voulu perdre un tiers, je vous en aurais débarrassé ». On ne trouva non plus rien de suspect chez le conseiller Dambrines, vieillard infirme, dont on fouilla la maison en présence de Mme Bataille.

Sur ces entrefaites, M. Caron-Wagon avait été dénoncé au département comme suspect d'émigration. Le 17 octobre 1793, deux membres du comité révolutionnaire mirent en arrestation Mme Caron, « jusqu'à ce qu'elle eût représenté son mari ». Elle écrivit au comité de surveillance que M. Caron, dont elle avait déposé le certificat de résidence, se trouvait en ce moment près de son père, dans les environs d'Amiens. « Pardonnez, disait-elle, le désordre de ma lettre ; je suis seule chez moi, sans domestique, avec une mère infirme, âgée de quatre-vingts ans... Mon mari n'a jamais eu la pensée d'émigrer... J'offre ma tête pour lui; ainsi voyez par là comme j'en suis sûre [2] ». — Mme Caron ne fut mise en liberté que le 11 frimaire (1er décembre), pendant le séjour de Laurent à Arras.

1-2. Archives départementales.

Cependant les véritables acquéreurs de l'église Saint-Géry avaient été découverts. Demuliez, soupçonnant que Catenne avait servi d'instrument à des « fanatiques », le fit emprisonner. Il profita des déclarations qu'il obtint pour l'engager à revendre l'église Saint-Géry, moyennant deux mille livres de profit et une montre d'argent, à un de ses amis, Carrault, administrateur du District. Pour recouvrer la liberté, Catenne consentit à tout ce qu'on lui proposa. Carrault vint le trouver et lui dit : « Prends tes papiers et viens avec moi »; il le conduisit chez le notaire Le Brun, lui fit signer un contrat de vente, lui remit à valoir mille livres en assignats et une montre achetée chez Houdart, horloger. Le District eut vent de ce trafic : il s'enquit, le 15 ventôse (5 mars), des circonstances qui avaient accompagné l'achat et la revente de l'église Saint-Géry. Delestré, Merlin et Mme Caron, interrogés en séance secrète, reconnurent sans hésiter la part qu'ils avaient prise à un acte parfaitement licite. On sut par Catenne qu'au moment où Demuliez l'engageait à céder son marché à Carrault avec bénéfice de deux mille livres, des démolisseurs d'église, venus de Saint-Omer, lui avaient offert cinq mille livres de prime; que Carrault ne devant rembourser qu'en ventôse les 8,674 livres 11 sols payés par Delestré et Mme Caron pour à-compte et contributions, Demuliez lui avait conseillé de conserver pour lui cet argent d'aristocrates. Le notaire Le Brun confirma ce récit et révéla au comité que, le jour même où il avait rédigé l'acte de vente au profit de Carrault, il avait prêté son ministère à un acte de société en participation, conclu entre Carrault, Demuliez et Gabriel Le Blond pour l'achat de l'église Saint-Géry.

Le département fut saisi de l'affaire; après examen des procès-verbaux du District et des pièces jointes, il rendit, le 1er ventôse, l'arrêté suivant :

« Considérant qu'il résulte des faits consignés dans les

procès-verbaux ci-dessus que le nommé Catenne n'a point acheté pour lui-même la ci-devant église de Saint-Géry ; — qu'il avoue avoir été commissionné à cet effet par le nommé Delestré, arpenteur, des mains duquel il a reçu trois livres pour salaire de ladite commission, et que par conséquent ledit Catenne ne peut être considéré ni comme véritable acquéreur, ni comme propriétaire de ladite église; que Delestré ne réclame pas, et que même il désavoue ; — que ledit Catenne, conjointement avec ledit Delestré, a payé le premier à-compte avec des deniers déposés par le nommé Ledent, émigré, lors agent de Diesbach, chez le citoyen Merlin, notaire, qui les a remis audit Delestré, et que la première annuité et les impositions ont été payées par ledit Catenne avec des deniers qui lui ont été remis par la femme de Caron-Wagon, qu'elle a déclaré provenir d'une collecte que Blanquart l'avait chargée de recevoir, laquelle collecte provenait, suivant sa déclaration, d'un certain nombre de personnes inconnues, telles que Lesergent d'Hendecourt, père de deux fils émigrés; des filles de Grandval, tantes d'une émigrée; de Boudart, dit La Comté, oncle d'émigrés, et des filles Ternas, dont les héritiers apparents sont émigrés;

« Considérant aussi que, si cette collecte est regardée simplement comme le fruit d'une œuvre pie, elle doit être rangée dans la classe des fondations qui, d'après les lois, sont acquises à la République; mais qu'au contraire ladite collecte et l'acquisition faite en conséquence doivent être plutôt considérées comme étant le fruit d'un complot qui tendait à opérer la contre-révolution par le fanatisme ;

« Considérant qu'aucun des artisans dudit complot ne vient réclamer la part qu'il prétendait dans la propriété de ladite église ;

« Considérant enfin qu'il est prouvé incontestablement que la susdite église a été achetée des deniers et au nom d'émigrés et de contre-révolutionnaires, dont les biens sont acquis et confisqués au profit de la Nation ;

« L'assemblée déclare nulle et non-avenue l'adjudication du 3 avril 1792 et tous actes postérieurs faits en conséquence d'icelle ; arrête que les sommes payées par lesdits Catenne et Delestré sont acquises à la République, et que ladite église sera revendue dans les formes et manières accoutumées ;

« Considérant en outre qu'il résulte des pièces ci-dessus mentionnées et des déclarations faites par le nommé Catenne, que différents fonctionnaires publics, connus par leur civisme, y sont inculpés ;

« Considérant aussi que de pareilles inculpations pourraient tendre à leur ôter la confiance publique dont ils doivent être revêtus pour pouvoir remplir dignement leurs fonctions ;

« Considérant enfin qu'en de pareilles circonstances, il est du devoir de l'administration de donner connaissance au représentant du peuple des faits repris aux procès-verbaux des séances du District d'Arras des 15 et 16 pluviôse ;

« Arrête que copies collationnées de toutes les pièces relatives à la vente et revente de la ci-devant église de Saint-Géry seront adressées au représentant du peuple, Joseph Le Bon, pour par lui être pris tel parti qu'il trouvera convenir [1]. »

Pendant que Joseph Le Bon instruisait cette affaire, si compromettante pour les patriotes, une nouvelle perquisition opérée par ses ordres chez Mme Bataille amena la découverte de pièces autrement précieuses. Le 1er germinal (21 mars), Le Bon avait rendu l'arrêté suivant : « ..... charge le District de nommer un commissaire pour se rendre sur-le-champ,

---

1. Archives départementales.

avec deux membres du comité de surveillance, chez la nommée Rullecomte, rue des Augustines, où il soupçonne qu'il existe de l'argenterie entre le plancher et le plafond, et chez le nommé Bataille : il s'y trouve des armes à feu dans son cabinet à poudrer [1] ».

Les commissaires saisirent dans la maison de Mme Bataille non-seulement une paire de pistolets qui provenaient de son mari, mais une chanson royaliste, divers imprimés contre-révolutionnaires, plusieurs lettres adressées, les unes à M. Bataille, les autres à M. Desamusoir, et paraissant provenir des prêtres de la paroisse Saint-Jean; enfin un registre sur lequel Mme Bataille avait inscrit, du mois d'octobre 1791 au mois d'août 1793, les aumônes que les paroissiens de Saint-Jean lui avaient confiées. Au haut de la première page, Mme Bataille avait eu le malheur d'écrire : « Liste des personnes qui veulent bien concourir à l'abonnement de nos prêtres, à commencer le 1er octobre, de mois en mois [2]. » Ce registre se convertit aussitôt en titre de proscription contre tous ceux qui y étaient dénommés.

Une particularité en apparence insignifiante accroissait les dangers de Mme Bataille et de ses complices. Sur le premier feuillet du registre, on lisait : « Monsieur Dauchez »; la même mention était répétée à la deuxième page, relative au mois de janvier 1792; plus loin, à la date de novembre, on trouvait encore le nom : « M. Dauchez », sans que l'on pût distinguer si la lettre M était l'initiale du mot : Monsieur ou de Madame [3]. Or la famille Dauchez comptait, parmi ses membres, Jean-Baptiste Dauchez, qui était des plus compromis aux yeux des révolutionnaires. Avocat distingué au Conseil d'Artois (1775), échevin en 1789, admis en cette qualité à la dernière assemblée des États, administrateur du

---

1. Archives départementales.
2 et 3. *Procès*, t. II, p. 65 et 66.

District en 1791, l'un des promoteurs de la pétition adressée au département pour la conservation des églises, Dauchez s'était, de plus, attiré particulièrement la haine de Darthé, « homme d'un caractère à ne pardonner jamais [1]. » Il s'était chargé en effet, comme avocat, de plaider à Saint-Pol contre le frère de cet administrateur du département qui, avant l'arrivée de Le Bon, était à Arras le chef du parti terroriste. Invité par Darthé à se dessaisir du dossier qu'il avait accepté, il ne voulut pas composer avec le devoir, et répondit qu'il plaiderait. La veille de l'audience, le 14 mai, il fut arrêté par ordre du département [2].

M. Dauchez, écroué aux Baudets, apprit qu'il avait été emprisonné à la demande de Darthé; il dévoila le secret de cette dénonciation, et quatorze jours après, au moment d'être envoyé à Doullens, il fut élargi. — Cependant Le Bon était à peine arrivé en mission dans le Pas-de-Calais que Dauchez lui fut recommandé. Le 21 janvier 1793, il avait adressé « à Madame d'Ordre de Fienne, en son château de Lefaux, proche de Montreuil-sur-Mer », une lettre qui n'avait d'autre

---

1. Cette appréciation est de Le Bon. *Procès*, t. I, p. 326.
2. *Procès*, t. I, p. 75, 327 et Archives départementales :

« Un membre dit qu'il lui est parvenu des renseignements contre beaucoup d'individus de ce département dont l'incivisme a jusqu'à ce jour servi les projets des contre-révolutionnaires en étouffant les germes de patriotisme que manifestaient les citoyens qui avaient des rapports avec eux; que ces individus sont d'autant plus dangereux qu'ils en imposent encore, soit par leur fortune ou par les charges qu'ils ont occupées avant et depuis la Révolution; qu'il est très-intéressant de prendre une mesure vigoureuse, si l'administration ne veut point que les malheurs qui affligent les départements de l'Ouest ne désolent les départements du Nord.

L'assemblée, après avoir entendu le procureur-général-syndic, tous les renseignements et les différentes dénonciations qui ont été faites, déclare que les nommés, etc. — Déclare également que le nommé Dauchez, homme de loi, demeurant à Arras, sera mis en état d'arrestation et conduit en la Maison d'arrêt d'Arras; que les scellés seront apposés sur ses papiers, après l'inventaire qui en aura été fait, et ceux suspects retirés et envoyés à l'administration; elle charge le district d'Arras sous sa responsabilité de mettre l'arrêté à exécution ».

objet que d'indiquer à la baronne d'Ordre les nouvelles dispositions relatives aux certificats de résidence, et qui se terminait par la formule : « Je suis avec respect, Madame, votre très-humble et très-obéissant serviteur, Dauchez ». — Cette lettre fut remise à Joseph Le Bon, qui l'envoya de Calais, le 21 frimaire (11 décembre 1793), au comité de surveillance d'Arras, avec une note marginale ainsi conçue :

« Je vous fais passer une lettre de Dauchet trouvée chez la nommée Defiennes, traduite à Arras au tribunal révolutionnaire pour avoir correspondu avec des émigrés [1]. Cette lettre ne dit rien ; seulement on y remarque le respect de Dauchet pour les parents des traîtres, et son aversion pour les dates républicaines. D'ailleurs on pourrait en trouver d'autres dans ses papiers [2] ».

Malgré l'apostille de Le Bon, Dauchez, qui avait eu la bonne fortune de donner, comme avocat, quelques conseils à Demuliez, resta en liberté. L'accusateur public profita même des renseignements qui lui avaient été fournis [3] sur l'argent que possédait le marquis de Couronnel, pour tâcher d'atténuer, auprès des patriotes, la « réputation effrayante d'aristocratie » que Dauchez possédait. Darthé, en apprenant que l'argent du marquis de Couronnel était découvert et que Dauchez avait reconnu qu'il en était dépositaire, « s'était contenté de froncer le sourcil ». Caubrière était présent. « Bah ! avait-il dit, c'est une nouvelle preuve des liaisons de Dauchez avec les nobles [4] ». Cependant Le Bon se laissa fléchir. Quelques jours après, se trouvant à dîner avec Dauchez chez le citoyen Botte : « Tu as la réputation

---

1. Madame d'Ordre de Fienne, emprisonnée à Arras, fut mise en liberté le 7 brumaire an III (28 octobre 1794).
2. Archives départementales.
3. Voir page 218.
4. *Procès*, t. I, p. 326.

d'être un aristocrate, lui dit-il, mais pas dangereux. Si tu n'as pas voulu tirer à la charrette avec les autres, du moins tu ne l'a pas empêchée de marcher [1]. » Daillet s'était rangé à l'opinion de Le Bon. Vers la fin de ventôse, le District avait, à plusieurs reprises, dénoncé Dauchez au Conseil général de la commune. « Lorsque nous avons reçu votre dernière lettre, nous avions déjà arrêté, répondit le maire d'Arras, qu'il serait présenté au comité de surveillance comme suspect; mais depuis lors Dauchez a découvert les cent mille livres de Vélu; il a constamment correspondu avec le comité de législation pour améliorer le code civil; ses réflexions sont toujours bien accueillies par le comité. Vous examinerez si ces motifs sont suffisants pour détruire les doutes qui se sont élevés sur son civisme [2] ».

Le registre de Mme Bataille fournit aux ennemis de Dauchez l'occasion de triompher des obstacles apportés à leurs desseins. Caubrière fut chargé par Le Bon de poursuivre les personnes dénommées sur ce registre. Dès le 3 germinal (23 mars), il lança des mandats contre elles : « L'administrateur du département du Pas-de-Calais, commissaire du représentant du peuple Joseph Le Bon, invite et au besoin requiert le comité de surveillance d'Arras de faire mettre au secret jusqu'à nouvel ordre la nommée Dambrines, veuve Bataille [3] ». Le même jour, Caubrière ordonna de « mettre en état d'arrestation, au secret, la femme Caron-Wagon ». Le 4, il enjoignit au comité de surveillance, « de faire amener sur-le-champ par-devant lui la nommée Caron-Wagon détenue »; le 5, il fit arrêter « Dewez, ci-devant avocat, et Bacler sœurs »; il interrogea « les filles ou femmes nommées

---

1. *Procès*, t. I, p. 83.
2. Archives départementales.
3. Le registre d'écrou des Baudets relate que, le 3 germinal, Mme Bataille fut transférée de la Providence en cette prison par ordre du comité.

Caudron, de Gouy ; Bayart ; de Bunneville ; Joncqué, femme Toursel, médecin ; d'Hay ; femme Desmazières ; Cornier ; Bacler sœurs ; veuve Théry et les filles Ternas ». Le 9, il ordonna d'emprisonner « la nommée Joncqué, rue des Portes-Cochères ; Dauchez, avocat, et Boniface, receveur de la commune ; la veuve Théry-Caudron et la femme Bayard ». Ces ordres exécutés, on conduisit le même jour, devant le commissaire de Le Bon « Dauchez avocat et sa femme ; Becquet, rentier ; Boniface, receveur de la commune ; Degouve ; Gamonet ; Leroy d'Hurtebise, tous rue de Saint-Jean-en-Ronville, et d'Hendecourt, ci-devant noble, rue des Portes-Cochères, ainsi que Blin de Rullecomte ; Blanquart, ex-avocat, et La Comté, ex-noble ». Avec ces nouveaux inculpés, on ramena au département « Caudron, rentière ; de Gouy, rentière ; Bayart, femme du vieux procureur de la commune, la femme Desmazières, avocat, et la veuve Théry, aussi rentière, demeurant toutes rue Saint-Jean-en-Ronville, ainsi que les ci-devant demoiselles de Ternas, actuellement détenues dans une maison d'arrêt [1] ».

Qu'étaient ces prévenus ? Quels titres de recommandation présentaient-ils aux destructeurs de l'ordre social ?

Marie Caudron (74 ans), était détenue à la Providence, comme suspecte.

Thérèse et Marie Lefebvre de Gouy, nées à Saint-Omer (48 ans, 44 ans), en état d'arrestation depuis le 6 octobre 1793, avaient été conduites à l'Hôtel-Dieu le 26 pluviôse (14 février), avec leur belle-sœur qui était venue depuis quinze jours les visiter à Arras.

Marie Baudelet de Haute-Fontaine (67 ans) était mariée à M. Bayart, avocat au Conseil d'Artois (1740), procureur du Roi, syndic à l'échevinage d'Arras.

1. Archives départementales.

Amélie et Agathe Le Roy de Bunneville (49 ans, 43 ans), avaient été arrêtées comme ex-nobles le 15 ventôse (5 mars).

Marie-Anne Joncqué (57 ans) et Constance Joncqué (51 ans) étaient sœurs. Constance avait épousé M. Toursel, membre du collége de médecine d'Arras ; elle était mère de sept enfants. Le 8 frimaire (28 novembre), M. et Mme Toursel avaient été mis à l'Abbatiale. Cependant l'aîné de leurs fils combattait à la frontière et le cadet servait comme aide-major à l'hôpital Saint-Vaast. Toursel père exerçait depuis vingt-deux ans une profession utile à ses semblables ; il était médecin de l'hôpital et chargé du soin des pauvres. En ce moment, une maladie épidémique sévissait en ville et réclamait le dévouement de tout le corps médical... Ces observations, présentées au Conseil général de la commune et au comité de surveillance, les 6 brumaire et 9 nivôse (27 octobre et 29 décembre), amenèrent l'élargissement de Mme Toursel. Quant au pétitionnaire, il fut maintenu en arrestation « comme très-dangereux ». Mme Toursel ne jouit pas longtemps de la liberté : le 19 ventôse (9 mars), un arrêté de Le Bon la fit réincarcérer à l'Abbatiale [1].

Pélagie Liger (52 ans), était veuve de M. Desmazières, avocat au Conseil d'Artois (1765), homme de fief gradué de la prévôté de l'évêché et de la salle abbatiale de Saint-Vaast, député ordinaire du Conseil d'Artois pour le tiers en 1789. Elle avait été mise en arrestation chez elle le 7 octobre 1793, puis emprisonnée à l'Abbatiale avec ses quatre filles et son

---

[1]. « Lan deuxiemme de la république une et indivisible le dixneuvieme jour de ventose nous membre du Comité de surveillance et revolutionnaire d'Arras en éxécutions d'un arrêté du representant du peuple Joseph Le Bon et d'un arrêté dudit comité, étet nommé commissaire à effet de mettre en arrestation la nommé Constance Jonquet famme de Tourselle ; nous étant transporté chez elle la vons trouvez et nous lavons requis de sortir de chez el a quoi el a obeis, et nous lavons conduit à la maison darret de labbatial. in ci fait et arretté le jour moi et an sus dit et a signie. » (Archiv. dép.).

plus jeune fils. Deux autres de ses fils avaient émigré; l'aîné, qui était patriote, demeura en liberté. Le 7 brumaire (28 octobre), Mme Desmazières sortit un moment de prison pour assister au mariage de l'une de ses filles; le 27 frimaire (17 décembre), elle obtint l'élargissement de sa famille, mais elle fut elle-même retenue en prison « comme n'ayant jamais montré de civisme, et mère d'émigré ». Par un touchant exemple de piété filiale, les enfants de Mme Desmazières aimèrent mieux vivre captifs auprès de leur mère que de recouvrer, sans elle, la liberté; ils restèrent prisonniers volontaires à l'Abbatiale jusqu'au moment où Joseph Le Bon, sourd à leur prière, les en expulsa (29 pluviôse-17 février). Mme Desmazières était accusée d'avoir aidé à soustraire « la ci-devant Chandelle d'Arras » et les meubles de la chapelle où la Sainte-Chandelle était vénérée. Le 17 ventôse (7 mars), le comité de surveillance ordonna qu'elle serait interrogée à ce sujet par un de ses membres [1].

Rénée et Pélagie Bacler (63 et 56 ans) avaient vécu jusque-là sans avoir rien à démêler avec la Révolution.

Marguerite Ledur (72 ans), veuve Théry, portée sur la liste des nobles dressée par l'agent national de la commune, avait été emprisonnée, le 21 ventôse (11 mars), comme « mère d'émigré, très-dangereuse pour son aristocratie ».

Louis Becquet de Cocove (74 ans), avait obtenu un certificat de civisme. Le Bon demanda, le 5 frimaire (25 novembre), au comité de surveillance, les noms des officiers municipaux et notables qui avaient osé signer ce certificat. — M. Becquet fut emprisonné comme ex-noble.

Jean-Baptiste Boniface (47 ans), ancien trésorier de l'échevinage, officier municipal en 1791, était receveur de la commune.

---

1. Le même arrêté ordonna « qu'une perquisition serait faite pour découvrir la ci-devant chandelle en la maison de la veuve Wattelet et en celle de son fils ».

Jacques Degouve de Nuncques, trop malade pour être mis en prison, était gardé à vue chez lui.

Hector Gamonet (46 ans), né à Lille, ancien receveur général de la province d'Artois, directeur et receveur général des domaines réunis, trésorier de la guerre et payeur général du département, s'était distingué en diverses occasions. Ainsi, le 25 décembre 1791, le service des troupes était prêt à manquer, faute de fonds, dans les districts de Saint-Omer, Calais, Boulogne et Montreuil : Gamonet emprunta sur son crédit, fit une tournée dans le département et pourvut à tous les besoins. Vers la même époque, trois mille gendarmes, à la solde de quarante-quatre sous par jour, *en argent*, arrivèrent inopinément à Aire et à Saint-Omer, où il n'y avait pour les payer ni ordres ni fonds : Gamonet partit la nuit en poste et assura leur solde. Le grand conseil d'administration de cette division de gendarmerie, commandée par le général de la Bruyère, porta le fait à la connaissance du ministre. Malgré ces actes méritoires, M. Gamonet, ayant donné sa démission le 11 nivôse (1er janvier 1794), parce qu'il ne voulait pas être responsable de la gestion de tous les payeurs du département, fut conduit à l'Abbatiale, le 14, par le comité de surveillance. « Nous te faisons part, écrivit le comité à Le Bon, que nous avons mis hier en arrestation le nommé Gamonet, ci-devant trésorier, parce que cet homme a des facultés physiques et morales qu'il n'a paru employer que contre la République. Il a été des premiers à contrarier la Révolution dans son enfance par des manuscrits trouvés chez Conzié, venant de sa main [1] ». — Le 5 pluviôse (24 janvier), Le Bon autorisa le prisonnier à se transporter à la municipalité de Saint-Éloy où il avait une maison de campagne, pour se procurer des certificats de résidence. Lorsque M. Ga-

---

1. Archives départementales.

monet fut compromis par le registre de Mme Bataille, il venait de demander à sortir de l'Hôtel-Dieu, afin d'effectuer au District le dépôt de tous ses registres de comptabilité et de fournir les renseignements nécessaires à l'apurement de ses comptes.

Antoine Le Roy d'Hurtebise (51 ans), conseiller honoraire au Conseil d'Artois, était emprisonné depuis le 22 pluviôse (10 février).

Vindicien Blin de Rullecomte (31 ans) avait été mis en arrestation le 8 frimaire (28 novembre) avec son père, sa mère, sa tante et deux servantes de sa maison. On avait découvert, dans une perquisition faite chez Mme Briois des Arleux, un acte qui constatait que, le 18 octobre 1793, Roch Seguin de Parsis, prêtre du diocèse de Carpentras, avait béni chez Mme Enlart de Grandval un mariage auquel Blin de Rullecomte, chez qui il demeurait en cachette, avait servi de témoin. Le 21 frimaire (11 décembre) un membre du comité de surveillance fit observer que la dénonciation portée contre Blin n'avait pour objet que « d'avoir assisté à une bénédiction nuptiale » ; un autre ajouta « que les opinions étaient libres dans ce temps-là ». La famille Blin fut mise en liberté. —On arrêta de nouveau Antoine Blin comme entaché de noblesse.

François Boucquel de La Comté, chevalier, membre de l'Académie d'Arras, gardé à vue chez lui dès le 12 octobre 1793, avait été conduit à l'Abbatiale avec sa femme et ses deux filles, le 19 brumaire (9 novembre), comme ex-noble et parent d'émigrés. Cette dernière cause de suspicion était inexacte ; M. de La Comté n'en fut pas moins tenu sous les verroux. Il était frère de M. Boucquel de Lagnicourt, chanoine d'Arras, immolé le 17 germinal. Dans le courant de ventôse, le District, ayant besoin d'une voiture, mit en réquisition celle de M. Boucquel de La Comté et le désigna dans son arrêté par cette épithète significative : « Le guillotiné La Comté [1]. »

L'avocat Dauchez fut interrogé le premier par Caubrière. La mention faite sur le registre de Mme Bataille « M. Dauchez » présentant de l'équivoque, on avait arrêté Mme Dauchez en même temps que son mari. Après un interrogatoire fort sommaire sur les nom, prénoms et qualités de chacun des accusés, Caubrière les fit tous conduire à l'Hôtel-Dieu et à la Providence. Cependant l'état de grossesse de Mme Dauchez, mère de sept enfants dont l'aîné avait neuf ans à peine, inspira quelque pitié au terrible commissaire ; il l'autorisa à rester chez elle en liberté provisoire.

Quelques jours après, Mme Bataille et ses complices furent conduits par la force armée au tribunal révolutionnaire, où le juge Cyriaque Caron, chargé de l'instruction, les avait fait appeler. Demuliez vint à passer; il ne put s'empêcher de jeter sur ces malheureux un regard de compassion. « Ceux qui sont ici, dit-il, ne sont pas aussi coupables qu'on le prétend. » Caron feignit de ne pas savoir quelle était la cause de l'arrestation de tant de personnes. « Pourquoi vous a-t-on appelés [2] », leur demanda-t-il. Les prévenus l'auraient sans doute ignoré, si la présence de Mme Bataille n'avait été pour plusieurs d'entre eux toute une révélation. — Dès ce moment, on songeait à confondre dans un seul procès les souscriptions pour les prêtres déportés, l'achat de Saint-Géry et la célébration d'un mariage religieux faite chez Mme Bataille, le 20 mai 1793, et auquel MM. Blin et La Comté avaient servi de témoins.

Cependant Joseph Le Bon entretenait le club des poursuites qu'il avait ordonnées à cet effet. « Il avait tonné, dit Gabriel Le Blond, plusieurs jours avant le jugement, dans

---

1. *Procès*, t. I, p. 79 et 204.
2. *Procès*, t. I, p. 75 et 76.

la Société populaire, pour influencer les jurés, afin qu'ils votassent contre ceux qu'il indiquerait[1]. » — La Société populaire ne se montra favorable qu'à l'un des inculpés, le trésorier Boniface. Ses qualités comme comptable faisaient oublier qu'il était « l'un des plus honnêtes hommes d'Arras, un honnête homme de l'ancien régime[2] ».

En dehors du club, l'opinion publique, quelque comprimée qu'elle fût, s'alarmait d'une mise en jugement qui menaçait chaque jour de devenir plus nombreuse. On venait, en effet, de délivrer, le 13 germinal, un « mandat d'arrêt contre la veuve Arrachart, prévenue d'être auteur ou complice d'une conspiration ourdie, dans la ville d'Arras et aux environs, contre la République[3] ».

Marie Frassen (54 ans), maîtresse sage-femme, veuve de M. Arrachart, chirurgien de l'hôpital militaire et professeur aux écoles de chirurgie d'Arras, emprisonnée comme suspecte le 29 brumaire (19 novembre), avait représenté au comité révolutionnaire la détresse de ses quatre enfants, condamnés à la plus affreuse misère, et les services qu'elle avait rendus à la classe indigente. Le comité avait d'abord écrit au pied de la requête : « Jugée devoir rester en arrestation d'après ses liaisons, et l'opinion publique étant très-prononcée sur son compte. » Néanmoins, après un mois de détention, Mme Arrachart avait été mise en liberté. — Le 13 germinal (2 avril), elle vit arriver l'huissier Taquet chargé de l'arrêter de nouveau, et dix ou douze individus qui avaient ordre d'opérer une perquisition dans sa maison. Une « correspondance criminelle et des brochures contre-révolutionnaires » ayant été saisies par eux, ils jugèrent convenable d'arrêter

---

1. Déclaration faite au Comité de sûreté générale, le 25 thermidor an II. — 2⁰ *Censure*, p. 44.
2. *Procès*, t. I, p. 53. Déclaration de Le Bon.
3. Archives départementales.

non-seulement Mme Arrachart, mais sa fille aînée, Constance.
« Je leur représentai, dit Constance Arrachart, que mes deux frères étaient malades. L'un d'eux dit qu'il fallait les envoyer à l'hospice. Non, dit un autre, une maison d'arrêt est assez bonne pour des aristocrates [1]. » Le lendemain, deux des commissaires adressèrent au comité la lettre qui suit :
« Frères, nous vous prévenons que nous avons envoyés à l'infirmerie des Capucins deux garçons malades de la veuve Arrachart, et une fille à la Providence, que nous avons arrêtés comme très-suspects, d'après les papiers et correspondances trouvées en ladite maison, et envoyés au représentant du peuple Joseph Le Bon [1]. »

Ainsi Mme Arrachart et sa fille venaient occuper la place que la faveur populaire, subitement acquise à Boniface, menaçait de laisser vacante sur la liste des accusés.

Ces nouvelles poursuites ne faisaient pas disparaître l'indécision de l'accusateur public. Caubrière le manda au département, dans le bureau de Le Bon. « Eh bien ! lui dit-il, en voilà des contre-révolutionnaires ! » — Demuliez ne lui répondit pas, mais s'adressant à Le Bon : « Je ne vois que la Bataille, à la charge de laquelle on pourrait dresser un acte d'accusation. » — Le Bon feignit de partager cette opinion et lui répondit : « Je ne crois pas que le jury condamne ces vieilles dévotes. » Demuliez ajouta qu'il ne trouvait pas Boniface et Dauchez plus coupables : Le Bon fut encore de son avis.

Évidemment, l'accusation confiée à Demuliez devait amener un échec... Une occasion se présenta de se débarrasser de cet auxiliaire compromettant : Le Bon la saisit. Il chargea Demuliez de se rendre à Boulogne avec Darthé, afin d'y ré-

---

1. *Procès*, t. 1, p. 319.
2. Archives départementales.
3. *Procès*, t. 1, p. 326.

primer un complot imaginaire, dénoncé par l'oratorien Cattaert, juge au tribunal de cette ville. Le Bon répéta à Demuliez, au moment de son départ : « Il n'y a rien à risquer pour Dauchez, Boniface et ce tas de bégueules [1]. »

Demuliez mis à l'écart, le soin de rédiger l'acte d'accusation appartenait à son substitut; mais Potier était malade, et les fonctions de substitut étaient remplies provisoirement, depuis le 11 germinal, par le citoyen Pelletier, employé dans les bureaux du payeur. Le juge Cyriaque Caron craignit que Pelletier ne fût inférieur à la tâche, et se chargea spontanément de préparer lui-même cet acte si important.

1. *Procès*, t. I, p. 106.
Darthé et Demuliez arrivèrent à Boulogne le 19 germinal et opérèrent sur-le-champ des arrestations; ils envoyèrent à Arras un premier convoi de quarante-huit prisonniers qui furent écroués aux Baudets le 25 germinal.

Le 26 germinal, Darthé et Demuliez requirent le District de leur fournir les voitures nécessaires pour transporter à Arras le lendemain, à sept heures très-précises du matin, trente à quarante autres détenus. Le District ordonna aux maires des communes voisines de tenir prêts, dès quatre heures du matin, « trois chariots couverts et garnis de paille »; on expédia à huit heures vers la prison des Baudets un second envoi de vingt-sept prisonniers qui fut composé en grande partie d'administrateurs destitués.

Enfin le 30 germinal, la même prison s'ouvrit pour recevoir encore quarante Boulonnais. Plusieurs d'entre eux moururent aux Baudets ou à l'hospice national; les autres, transférés à l'Abbatiale le 18 prairial, ne recouvrèrent la liberté qu'après le 9 thermidor.

Darthé et Demuliez firent leurs adieux à Boulogne le 27 germinal. Dans une séance publique au Temple de la Raison, ils installèrent les administrations par eux réorganisées : district, municipalité, comité de surveillance et tribunaux, « après avoir fait discuter les qualités civiques et morales des nouveaux fonctionnaires par la Société populaire régénérée, où les galeries complètement remplies ont été consultées ». — Darthé fit un discours à tous les citoyens pour les engager à s'élever à la « hauteur des circonstances et à écarter d'eux tout ce qui avait entravé jusqu'à ce jour la marche révolutionnaire dans cette ville et même dans toute l'étendue du district. »

Darthé et Demuliez, tout en s'occupant d'arrestations, ne négligeaient pas le soin de leur table; dans la nuit du 24 au 25 germinal, un bateau pêcheur sortit du port de Boulogne sans avoir à bord, conformément à l'ordre du Comité de salut public, des volontaires nationaux. Dénoncé au District, le patron représenta un ordre des deux commissaires de Le Bon qui l'avaient envoyé en mer pêcher des huîtres à leur intention. (Archiv. départ.).

L'audience avait été fixée au 25 germinal (13 avril 1794, lundi de la semaine sainte). Le 24, on annonça ce grand événement à son de trompe par tous les carrefours de la ville. Le Bon dînait chez un administrateur du département ; il rencontra parmi les invités un notaire d'Arras : après s'être assuré qu'il avait un certificat de civisme, il le tira vers une croisée et lui dit : « Peut-être vingt-et-un seront guillotinés demain. Il faut détruire tous les aristocrates [1]. » Après le dîner, Le Bon se rendit à la Société populaire, et désignant plus particulièrement l'avocat Dauchez au suffrage des jurés, il rappela à l'assemblée « que le lendemain devait passer au tribunal un individu dont il fallait se défier, parce qu'il avait de l'esprit par-dessus le beffroi ; qu'on travaillait, depuis trois semaines, à le solliciter pour avoir sa liberté ; mais que si quelqu'un échappait, il espérait que ce ne serait pas lui [2] ».

Vers huit heures et demie du soir, le représentant fit appeler Cyriaque Caron au département, où il s'occupait des derniers préparatifs du procès. Dès que Caron fut arrivé, on examina avec soin le registre de Mme Bataille, dont on cherchait à attribuer l'écriture à Dauchez. Le greffier Leserre, consulté, proposa d'aller chercher des dossiers chez Dauchez, comme pièces de comparaison ; ce qu'il fit en compagnie de Galand. Le résultat de la vérification fut entièrement négatif [3]. Le Bon congédia alors le greffier et demanda à Caron de lui lire l'acte d'accusation ; il trouva qu'il « ne valait rien du tout » ; pour le renforcer, il rédigea lui-même, à onze heures du soir, un arrêté spécial dont il ordonna, à l'imitation de ce qui s'était passé dans le procès de Danton, que lecture fût faite à l'audience. Il prit soin, du reste, de

1. *Procès*, t. I, p. 45.
2. *Procès*, t. II, p. 33.
3. *Procès*, t. I, p. 322.

donner à ce document l'antidate du 12 germinal : c'était le 12 germinal qu'il avait signé l'arrêté qui accompagnait l'envoi des pièces à l'accusateur public et dont Caubrière était le rédacteur. Afin de rendre l'illusion plus complète et d'empêcher qu'on ne regardât le nouvel arrêté comme fabriqué tout exprès pour les besoins de la cause, Le Bon y laissa subsister les noms de M. Arrachart, décédé, de MM. Blanquart et d'Hendecourt, exécutés le 16 germinal, et de divers prévenus : Mmes Lesoing, Corrége, Cornier, De Hay, contre qui il n'avait pas jugé à propos de suivre.

« Au nom du peuple français, Joseph Le Bon, représentant du peuple dans les départements du Pas-de-Calais et circonvoisins,

« Après avoir pris lecture d'une pièce trouvée chez la nommée Dambrines, veuve Bataille, où plusieurs individus sont compromis ;

« Après avoir lu les interrogatoires subis par ladite Bataille et ses adhérents, où l'on remarque les efforts du crime découvert pour échapper à la justice nationale ;

« Considérant que, sous le nom de Desamusoir, ladite Bataille a reçu plusieurs lettres contre-révolutionnaires, notamment des ci-devant prêtres de Saint-Jean, émigrés, comme on peut en juger par les dates et par les lettres initiales des signatures ;

« Considérant que, sous le nom de son mari ou de son frère, ladite Bataille a conservé des lettres infâmes, où l'on lit, entre autres phrases inciviques, le passage suivant :

« Es-tu tranquille dans ta patrie ? La paix y règne-t-elle ? cette paix si désirable et si fort troublée dans tant de pays, nous la conservons encore dans nos foyers, malgré la société des amis de la Constitution, c'est-à-dire les plus déterminés

---

1. *Procès*, t. I, 325.

aristocrates et les plus lâches scélérats qu'on puisse connaître; leur lâcheté les contient dans une réserve timide; ils trament tous leurs complots dans les ténèbres. Tu sens que j'entends par aristocrates les enragés, car ce sont là les vrais et seuls aristocrates ; mais jusqu'alors ils ont été déjoués par la coalition des citoyens de cette ville, qui sont inviolablement attachés aux principes monarchiques, et fidèles à jamais à leur Roi ».

« Considérant qu'elle a également conservé plusieurs écrits aristocratiques et une chanson horriblement royaliste, dont les caractères sont de sa main ;

« Considérant que, non contente de fournir des secours aux prêtres réfractaires émigrés dont il a été parlé ci-dessus, ainsi qu'il est constant par les pièces sous les n°s 2 et 3, ladite Bataille a encore ouvert un registre, à compter du 1er janvier 1792 jusqu'au mois d'août 1793, où se sont fait inscrire plusieurs individus, jaloux de partager avec ladite Bataille la gloire d'alimenter des scélérats, et d'encourager leurs projets parricides contre la République;

« Considérant que, si des individus portés audit registre on excepte le nommé Boniface, qui peut d'abord avoir été induit en erreur, mais qui depuis l'installation de la municipalité sans-culotte, en 1792, a paru se réunir franchement aux patriotes, tous les autres, tant mâles que femelles, n'ont d'autre réputation que celle d'aristocrates fieffés ;

« Considérant que jamais en effet les patriotes n'ont compté parmi eux la veuve Joncqué, Lesoing, Corrège, De Bunneville, Bataille, Mlles Caudron, De Gouy sœurs, Cornier, Bacler sœurs, Mmes Toursel, Dauchez, Arrachart, Théry veuve, Bayart mère, De Hay, Desmazières, Wagon-Caron, MM. Dauchez, Arrachart, chirurgien, Degouve, Leroy d'Hurtebise, Becquet, Gamonet, D'Hendecourt, La Comté, Blanquart, Blin de Rullecomte et Mlles d'Hurtebise ;

« Considérant qu'en vain ces individus prétendraient aujourd'hui avoir été portés à leur insçu sur le registre, ou avoir donné pour tout autre motif que pour l'entretien des prêtres réfractaires émigrés; que leurs liaisons avec la Bataille détruisent de semblables excuses; que l'on ne peut prêter à ladite Bataille le dessein d'avoir voulu compromettre des gens de sa trempe; que d'ailleurs il n'est aucun des individus repris au dit registre qui n'ait montré par sa conduite un attachement constant aux prêtres ennemis de la Révolution;

« Considérant que la plupart d'entre eux avaient assez de connaissances pour n'être pas dupes de bonne foi; qu'il y a lieu surtout de s'étonner, en rencontrant sur une pareille liste un avocat Dauchez, dont les talents devaient servir la cause de la Liberté et non celle de l'aristocratie; que cependant ledit Dauchez a préféré ce dernier parti au triomphe des principes de la sainte Égalité; que sa femme, dont il aurait dû arrêter les transports fanatiques, a été une des plus tenaces dans le paiement coupable des prêtres émigrés;

« Considérant qu'en vain, dans ces derniers jours, ledit Dauchez a fait quelques singeries de patriotisme, afin d'échapper, s'il était possible, à l'arrestation qui le menaçait; que ses prétendus traits de patriotisme décèlent plus que toute autre chose ses rapports avec les aristocrates, et qu'en découvrant l'argent de Velu Couronnel, il n'a fait que prouver ses liaisons intimes avec ce guillotiné et ses semblables; — Considérant que par des pièces trouvées subséquemment chez la nommée Arrachart, ladite Arrachart et sa fille sont plus particulièrement prévenues de correspondances criminelles;

« Considérant que par une autre pièce, il conste que, malgré la loi qui proscrivait les prêtres réfractaires et leurs recéleurs, les nommés Leroy d'Hurtebise et Blin de Rullecomte ont eu l'impudeur de servir de témoins à un mariage illégal, célébré au mois de juin 1793 par un de ces prêtres abominables, et d'engager par là les nommés Poulain et Françoise Colin à mépriser les lois et à se laisser marier par un monstre qu'ils étaient tenus de dénoncer ;

« Arrête que tous les individus, mâles et femelles, ci-dessus mentionnés, seront, à la diligence de l'accusateur public, traduits sans délai au tribunal révolutionnaire séant en cette commune ; auquel effet, les pièces à leur charge seront de suite adressées à l'accusateur, qui en certifiera réception ;

« Arrête en outre que le présent sera lu aux jurés, immédiatement après l'acte d'accusation.

« A Arras, ce 12 germinal, an II de la République une et indivisible.—Le représentant du peuple [1], JOSEPH LE BON. »

Mme Bataille et ses co-accusés détenus aux Baudets, à l'Hôtel-Dieu et à la Providence, se demandaient, remplis d'anxiété, à quel résultat aboutirait l'instruction commencée contre eux. Le 23 germinal (12 avril), ils apprirent que l'heure suprême était proche. L'huissier Mouret vint leur signifier la liste des jurés devant lesquels ils auraient à comparaître.

« Liste des jurés de jugement du tribunal criminel et révolutionnaire du département du Pas-de-Calais séant à Arras sortis par le *sor* et qui serviront dans les procès qui seront jugés à la troisième décade de germinal.

1 Le Blond, à Arras.
2 Caubrière, id.
3 Boisard, id.
4 Bacqueville, id.
5 Pain, id.

---

1. Lu par le greffier du tribunal criminel et révolutionnaire établi à Arras, audience tenante, le 25 germinal an II de la République française une et indivisible. LESERRE. — 2° *Censure*, p. 34, et *Procès*, t. II, p. 69.

6 Armand, à Calais.
7 Jouy, à Arras.
8 Mienné, à Saint-Pol.
9 Lamoral-Vasseur de Saint-Pol, à Arras.
10 Danten, au Petit-Saint-Pol, à Arras.
11 Raguenet, à Hesdin.
12 Gosse, piqueur, à Arras.
 Adjoints :
Le Blond, à Ligny-sur-Canche.
Joseph Helle, à Saint-Pol.
Tassin, à Arras.
Certifié véritable par le greffier dudit tribunal soussigné; signé LESERRE. — Pour copie. »

« L'an deux de la République française une et indivisible, le vingt-trois germinal, sur les cinq heures après-midi, moy Louis-Joseph Mouret, huissier du tribunal criminel et révolutionnaire du département du Pas-de-Calais, séant à Arras, demeurant à Arras, soussigné, ai notifié à Hector Gamonet, accusé détenu en la Maison d'arrêt dite de l'Hôtel-Dieu, audit Arras, amené entre deux guichets, et parlant à sa personne, tant pour luy que pour Antoine-François Le Roy dit d'Hurtebise; François-Ghislain Boucquel dit La Comté; Jean-Baptiste-François-Xavier Dauchet, homme de loy; Jean-Baptiste-Hubert Boniface et Vindicien Blin, détenus en la dite maison d'arrêt, copie de la liste des jurés du juré de jugement cy-devant transcrit, ensemble le présent exploit pour double, avec déclaration qu'ils ont la faculté de *racuser* les jurés qui la *compose* dans les vingt-quatre heures, aux peines de droit, à ce qu'ils n'en ignorent tous; MOURET [1] ».

La même signification fut faite, avant le soir, dans les autres prisons.

---

1. Original : pièce communiquée.

Dans la matinée du 25 germinal (14 avril) vingt-deux accusés entourés d'une force armée considérable furent amenés au tribunal révolutionnaire. L'huissier Taquet marchait en tête du convoi funèbre : « il semblait présider à une fête ; il était coiffé d'un bonnet rouge sur lequel on lisait : *Liberté ou la mort*. — La masse des habitants d'Arras, qui se trouvaient en foule sur leur passage, ne laissaient paraître aucun signe d'approbation : loin de là, ils étaient consternés, pénétrés de douleur ».

Déjà on avait conduit à l'audience Mme Dauchez, enlevée à ses enfants vers huit heures du matin, et M. Becquet de Cocove, qu'on avait été obligé, tant il était malade, d'étendre sur un matelas [1]. M. Degouve de Nuncque manquait à l'appel, il était sur le point d'expirer [2]. Un grand nombre de curieux accourus de la ville et des villages voisins encombraient l'auditoire ; Joseph Le Bon, les chefs du parti démagogique et leurs « épouses » occupaient une des tribunes ; le représentant Duquesnoy s'assit dans l'enceinte réservée, en face des accusés.

A dix heures, l'audience s'ouvrit. Beugniet présidait ; il avait pour assesseurs Marteau, Cyriaque Caron et Ferdinand-François Caron. — Ce dernier juge, parent de Lanne et témoin au mariage de Le Bon, venait d'épouser, le 15 germinal, Henriette-Désirée Le Bon, sœur du représentant ; à l'occasion de son mariage, il avait été transféré du tribunal de Saint-Pol au tribunal révolutionnaire d'Arras. — Pelletier occupait le siège de l'accusateur public. Les jurés dont les noms avaient été signifiés aux prévenus prirent place à leur banc. Quand le président eut demandé les noms et prénoms des accusés, le greffier fit faire, par un de ses commis qui

---

1. *Procès*, t. I, p. 76.
2. *Procès*, t. I, p. 318.

avait une voix très-faible, la lecture de l'acte d'accusation :

« L'accusateur public... expose qu'il lui a été envoyé par le représentant du peuple, Joseph Le Bon, un arrêté en date du 12 germinal, avec différentes autres pièces à la charge des nommés Dambrines, veuve Bataille ; Philippe Poulain, son domestique ; Marie-Joseph-Françoise Colin, prétendue femme de Poulain ; Roch Seguin-Deparsis, prêtre du diocèse de Carpentras ; les dames Caudron, de Gouy, Joncqué, Lesoing, Corrège, de Bunneville sœurs, Cornier, Bacler sœurs, Toursel, Dauchez, Arrachart, veuve Théry, Bayart mère, D'Hay, Desmazières, Caron-Wagon et d'Hurtebise ; les sieurs Dauchez, Arrachart, chirurgien, Degouve, Leroy d'Hurtebise, Becquet, Gamonet, d'Hendecourt, La Comté, Blanquart, Blin de Rullecomte et Boniface, tous prévenus d'avoir ourdi une trame et une conspiration suivie contre la liberté ; qu'aussitôt la remise dudit arrêté et desdites pièces, il les a examinées ; qu'il en résulte que la nommée Marie-Joseph Dambrines, veuve Bataille, est prévenue d'avoir tenu chez elle un registre de recette, ouvert pour recevoir la cotisation de ceux qui voulaient fournir des secours pécuniaires aux prêtres réfractaires, qui sont les ennemis les plus acharnés contre la liberté française, et notamment aux nommés Rambure, ci-devant curé de Saint-Jean, Carton et Damajaux, ci-devant vicaires ; d'avoir écrit de sa main une chanson intitulée : *Louis XVI au peuple français*, et commençant par ces mots : « *O mon peuple, que vous ai-je donc fait?* » d'avoir été trouvé en sa possession des imprimés intitulés : *le Dîner du grenadier à Brest; la Conversation entre un maître d'école, un grenadier et un paysan*, ou *le peuple désabusé*, avec cette épigraphe : « *Tard vaut mieux que jamais* », ainsi qu'un *Bref du Pape* et une *Ordonnance du ci-devant Évêque d'Arras*, toutes lesquelles pièces sont annexées au présent acte ; de s'être rendue plusieurs fois, avec plusieurs autres, chez la nommée Caron-Wagon, pendant la nuit, pour y former des complots attentatoires à la souveraineté du peuple;

« Que la femme Caron-Wagon a reçu plusieurs fois de la veuve Bataille de l'argent provenant de la cotisation des aristocrates et des fanatiques, pour faire l'acquisition de la ci-devant église de Saint-Géry qu'ils avaient destinée pour leur servir de temple d'imposture, et de différents meubles et effets devant servir à la décoration de ce temple; d'avoir aidé la veuve Bataille à faire parvenir à différents prêtres émigrés de l'argent, notamment aux nommés Rambure, Carton, Damajaux, ci-devant désignés; d'avoir reçu chez elle, soit pendant le jour, soit pendant la nuit, des prêtres réfractaires, des nobles de l'un et de l'autre sexe et différents autres particuliers qui conspiraient contre notre liberté; d'avoir elle-même reçu de l'argent de différents particuliers, destiné à l'acquisition de la ci-devant église de Saint-Géry, pour servir aux fins ci-dessus mentionnées;

« Que les nommés Hector Gamonet; Antoine-François Leroy d'Hurtebise; J.-B.-François-Xavier Dauchez, homme de loi; J.-B.-Hubert Boniface; Louis-Alexandre Becquet, rentier; Jacques-François Degouve, rentier; Cécile Bacler; Pélagie Bacler; Marie-Claire Caudron; Marie-Anne-Victoire Joncqué; Amélie Leroy, dite d'Hurtebise; Agathe Leroy, dite d'Hurtebise [1]; Pélagie Liger, veuve Desmazières; Thérèse-Louise-Joseph Lefebvre, ci-devant noble; Marie-Joseph-Eulalie Lefebvre, ci-devant noble; Marie-Philippine Ledur, veuve Théry; Marie-Rosalie Baudelet, femme Bayart; Constance Joncqué, femme Toursel, médecin; Julie-Florence-Joseph Gottran, femme Dauchez, homme de loi, sont prévenus d'avoir fourni des secours pécuniaires à la veuve Bataille, pour être employés au soulagement des prêtres ré-

---

1. Leroy de Bunneville. C'est ainsi du reste que les deux accusés sont dénommés plus loin, dans ce même acte d'accusation.

fractaires, et notamment de ceux de la ci-devant paroisse Saint-Jean, pour être employés par suite au soulagement des mêmes prêtres, après leur déportation, puisqu'ils se trouvent repris sur le registre ouvert de la cotisation trouvée chez la veuve Bataille pendant le cours de l'année 1793, époque à laquelle tous les prêtres réfractaires et fonctionnaires publics devaient être déportés, d'après la loi du 28 août 1792, tel qu'il conste par le registre qui se trouve annexé au présent acte;

« Que les nommés Antoine-François Leroy d'Hurtebise, Vindicien-Antoine Blin sont prévenus d'avoir servi de témoins à un mariage qui s'est fait chez la veuve Bataille, le 20 juin 1793, entre le nommé Poulain, domestique chez ladite Bataille, et la nommée Marie-Françoise Colin, fille demeurant à Arras, lequel mariage a été reçu par le nommé Seguin-Deparsis, prêtre réfractaire;

« Que François-Ghislain Boucquel est prévenu d'avoir remis à la nommée Wagon, femme Caron, différentes sommes qui devaient servir tant pour l'acquisition de la ci-devant église de Saint-Géry, que pour toutes autres œuvres;

« Que depuis il lui a encore été envoyé par le représentant Joseph Le Bon différentes pièces à la charge de Marie-Marguerite-Marthe Frassen, veuve d'Arrachart, chirurgien, et de Constance-Tranquille-Joseph Arrachart, sa fille; qu'aussitôt la remise desdites pièces il les a examinées; qu'il en résulte et notamment du procès-verbal tenu le 14 germinal par les commissaires du District d'Arras chargés de mettre à exécution les lois relatives aux émigrés, reclus et suspects, quinze lettres signées A. de Nœbrif, datées de Cambray, à la veuve Arrachart et à sa fille, sous différentes dates, cotées toutes sous la lettre A, dont plusieurs ne respirent que la contre-révolution; une chanson commençant par ces mots: *O mon peuple, que vous ai-je donc fait*, et finissant par ceux-ci: *Voyent leur appui tutélaire;* deux imprimés intitulés: *Dé-*

clarations et ordonnances du ci-devant Évêque d'Arras ; un autre imprimé intitulé : *Pétition à l'Assemblée nationale de France,* touchant les biens des fabriques; un autre intitulé : *Courrier extraordinaire,* par Duplain, et une infinité d'autres, dont tous sont contraires aux principes de la liberté et de l'égalité ; que lesdites Arrachart ont entretenu une correspondance criminelle et conservé des brochures contre-révolutionnaires ;

« Que les sus-nommés entendus, la veuve Bataille a déclaré avoir reçu un abonnement de la part de plusieurs citoyens de la ci-devant paroisse Saint-Jean ; mais que ledit abonnement servait pour être employé au soulagement des pauvres de ladite paroisse, et non à celui des prêtres réfractaires émigrés, et que les libelles *infâmes* trouvés chez elle appartenaient à son mari et non à elle; la femme Caron-Wagon a déclaré avoir effectivement reçu différentes sommes de la veuve Bataille, mais que lesdites sommes devaient être employées à l'acquisition de la ci-devant église de Saint-Géry et à celui de différents meubles et effets qui devaient servir à la décoration de ce temple, et qu'elle n'avait jamais reçu de conciliabule chez elle ni le jour, ni la nuit; les nommés Gamonet; Bacler sœurs; Joncqué, femme Toursel, médecin ; Baudelet, femme Bayart; Marie-Claire Caudron; Pélagie Liger, veuve Desmazières; Marie-Joseph et Thérèse-Louise Lefebvre, ci-devant de Gouy; Marie-Anne-Victoire Joncqué; Agathe et Amélie Leroy, ci-devant de Bunneville, ont déclaré avoir bien donné une somme quelconque, tous les mois, à la veuve Bataille, pour être par elle employée au soulagement des pauvres de la paroisse de Saint-Jean, et non à celui de prêtres réfractaires ou émigrés ;

« Que les nommés Dauchez, Boniface, Becquet, Degouves, Angélique D'Hay, Marie-Thérèse de Gouy, Marie-Marguerite-Philippine Ledur, Julie-Joseph-Florence Gottran ont déclaré n'avoir jamais eu aucune relation avec la veuve Bataille, et ne lui avoir jamais donné aucune somme quelconque ni pour les pauvres, ni pour les prêtres ; et la nommée Ledur a observé, en outre, que la dame Bataille avait fait une fausse liste, dans laquelle elle mettait beaucoup de monde dans l'embarras ;

« Que les nommés Blin, Boucquel, ci-devant La Comté, et Antoine-François Leroy, dit d'Hurtebise, ont déclaré : savoir ; Boucquel avoir remis différentes sommes à la femme Caron-Wagon, mais qu'elles devaient servir à l'acquisition de la ci-devant église de Saint-Géry et à d'autres différentes bonnes œuvres ; Blin et Leroy ont déclaré n'avoir servi de témoins dans le mariage entre le nommé Poulain, domestique de la veuve Bataille, et Marie-Françoise Colin, que parce que la Bataille leur avait dit que ledit mariage avait été déclaré à la municipalité, et que le prêtre qui allait le faire avait prêté le serment ;

« Que les nommées Arrachart, mère et fille, ont déclaré n'avoir jamais fourni aucune somme à la veuve Bataille pour être donnée aux prêtres réfractaires, et que la fille a dit avoir reçu à son adresse plusieurs lettres datées de Cambrai, signées A. De Næbrif, mais que c'était parce que la nommée Næbrif avait un enfant chez sa mère en dépôt ;

« Qu'il résulte de tous ces détails que les susdits sont auteurs ou complices de la trame et de la conspiration ourdies contre la liberté, des manœuvres les plus contre-révolutionnaires pour perdre la patrie ; qu'ils ont cherché, par tous les moyens possibles, à armer les Français les uns contre les autres et à rétablir par là l'ancien régime ; la veuve Bataille, la femme et la fille Arrachart, ayant conservé chez elles des libelles infâmes, fanatiques et aristocratiques propres à pervertir l'esprit public, et ayant entretenu une correspondance tant avec les ennemis du dehors que du dedans ;

« Les nommés Gamonet, Leroy, Boucquel, Dauchez, homme de loi, Boniface, Becquet, Degouves, Marie-Anne-Victoire Joncqué, Agathe et Amélie Leroy, Bacler sœurs, Joncqué femme Toursel, Baudelet femme Bayart, Marie-Claire Caudron, Pélagie Liger veuve Desmazières, Marie-Joseph et Thérèse-Louise Lefebvre, ci-devant de Gouy, Angélique D'Hay [1], Marie-Thérèse de Gouy, Ledur veuve Théry, Julie-Florence-Joseph Gottran, femme Dauchez et la Caron-Wagon, en ayant fourni des secours aux prêtres réfractaires émigrés et à leurs adhérents, qui sont les ennemis les plus jurés et les plus acharnés de la République ; et cela, sous le prétexte que ces prêtres étaient les seuls vrais ministres de Dieu, et que par conséquent il fallait les secourir dans leurs besoins ; et que les autres, c'est-à-dire les assermentés, n'étaient que des intrus et des apostats ;

« Le nommé Blin, en ayant servi à un mariage fait et célébré par un prêtre réfractaire.

« Telles sont les accusations que ledit accusateur public porte à la charge des sus-mentionnés, desquelles il requiert acte.

« A Arras, ce 17 germinal an II. — Signé : PELLETIER, substitut. »

Immédiatement après la lecture de l'acte d'accusation, Leserre, greffier en chef, qui avait une voix de stentor, fit connaître aux jurés l'arrêté pris la veille par Joseph Le Bon.

Le substitut Pelletier, dont l'arrêté de Le Bon avait simplifié la tâche, se contenta d'exposer très sommairement les faits de la cause et de citer les pièces qui y étaient relatives. Lorsqu'il eut terminé son réquisitoire, on n'entendit aucun

---

[1]. Angélique d'Hay et Marie-Thérèse de Gouy ci-dénommées ne figurent pas aux débats.

témoin, on ne posa aucune question aux accusés ; le président se contenta d'accorder la parole à ceux qui la demandèrent ; la plupart étaient trop consternés pour se défendre.[1]. Cependant, MM. Dauchez, Gamonet et Leroy d'Hurtebise, avec cette énergie passionnée que donne à certains hommes l'imminence du péril, démontrèrent qu'on ne pouvait faire à des citoyens un crime, et surtout un crime contre la sûreté de l'État, de s'être réunis pour venir au secours des pauvres ; que si Mme Bataille, regardée, avant et depuis la Révolution, comme la mère des indigents, était venue, même avec les deniers qui lui avaient été confiés, au secours de quelques prêtres, elle l'avait fait, ainsi qu'il résultait de ses déclarations, de son propre mouvement et à l'insu de ses associés ; qu'on ne pouvait enfin l'incriminer elle-même à ce sujet, puisque, si elle avait envoyé de l'argent aux prêtres de Saint-Jean, cet envoi avait été fait avant la loi du 17 septembre 1793, qui avait frappé les ecclésiastiques inassermentés de mort civile et les avait assimilés aux émigrés.

L'avocat Dauchez, trois fois interrompu par Caubrière, affirmait du reste que ni lui ni sa femme n'avaient remis d'argent à Mme Bataille, dans la période de temps indiquée sur le registre.

Mme Bataille fut interpellée par Caubrière. Cette sainte femme, avec une simplicité héroïque qui rappelle les réponses des martyrs interrogés par les préteurs romains, répondit que ni M. Dauchez, ni Mme Dauchez, ni Mme Théry, ni Mlles Bacler... n'avaient versé d'argent entre ses mains ; que « si l'on pouvait imputer à crime les secours pécuniaires qu'elle avait fournis aux prêtres, elle seule était coupable,

---

[1]. M. Boniface et Mme Dauchez, appelés comme témoins dans le procès de Le Bon, ne purent rendre compte, tant leur émotion avait été vive, de ce qui s'était passé à l'audience. *Procès*, t. I, p. 161 et 82.

puisqu'elle l'avait fait à l'insu de ceux qui concouraient avec elle aux aumônes dont elle était distributrice [1] ».

Cette déclaration, que Mme Bataille fit avec une grande fermeté, produisit une vive impression dans l'auditoire. Pelletier, s'approchant du président, lui dit : « Ses moyens de défense sont sublimes. » — « Prends-y garde, répondit Beugniet, le juré mollit [2]. »

Après que MM. Boucquel de La Comté, Becquet de Cocove et Blin de Rullecomte eurent présenté quelques observations relatives aux faits qui leur étaient personnels, le président Beugniet dit aux conseils des accusés : « Défenseurs officieux, vous avez la parole. »

Leducq, Hacot et Lefran siégeaient au banc de la défense. Un des commis-greffiers avait été chargé, la veille de l'audience, de leur recommander expressément qu'ils se continssent « dans les bornes d'une défense légitime [3] ». Leducq demanda, avant tout, la communication du registre de Mme Bataille. Le substitut répondit qu'il lui était défendu de montrer ce document [4]. Et dans ce tribunal, et parmi ces jurés, pas une voix, hélas ! ne s'éleva pour forcer l'accusation à découvrir ses armes. — Quelle profanation de la justice !

La justice ! elle aura son tour. Caché au tribunal de Le Bon, le registre apparaîtra au grand jour devant le tribunal qui jugera Le Bon. Il parlera, ce registre ; trop tard, il est vrai, pour les malheureuses victimes immolées le 24 germinal, mais assez tôt pour l'histoire, et voici ce qu'il révélera :

Le registre tenu par Mme Bataille ne donnait aucun renseignement sur la qualité des parties : « Monsieur Dauchez,

---

1. *Procès*, t. I, p. 76 et 317.
2. *Id.* p. 319.
3. *Id.* p. 320.
4. *Id.* p. 317.

M. Dauchez » cette désignation sommaire s'appliquait à tous les Dauchez d'Arras ; ainsi des autres personnes qui s'y trouvaient dénommées : et cependant, en érigeant une simple conjecture en certitude, on fit périr, par exemple, Mlles Rénée et Pélagie Bacler au lieu et place de leur tante, qui avait donné trente sous à Mme Bataille et qui, lors du jugement, était morte depuis huit mois. Le registre ne fournissait d'autre indice de l'envoi de fonds à l'étranger que la présomption fort vague qui résultait de la mention d'un échange d'assignats et de la perte entraînée par cet échange : ainsi, au bas de la page qui avait rapport au mois de novembre 1792, on lisait « Reçu pour ce mois de novembre 110 livres ; échangé 7 assignats à 24 sols du cent ; font 8 livres 8 sols de perte. — Il reste en argent 101 livres, 12 sols [1]. » — De telle sorte que, sans l'aveu de Mme Bataille qui, juridiquement, n'était opposable qu'à elle seule, l'accusation n'avait pas de base. — Mais les dates inscrites sur le registre suffisaient pour détruire cette accusation misérable. Les dernières annotations s'arrêtaient, en effet, au mois d'août 1793 ; or, les prêtres insermentés n'avaient été condamnés à la déportation que par décret du 26 août 1792 ; ils n'avaient été déclarés émigrés que le 17 septembre 1793, et c'était seulement à partir de ce jour que leurs biens avaient été confisqués par le décret du 24 ventôse an II. Donc, ceux qui, antérieurement au 17 septembre 1793, avaient fait parvenir des secours aux prêtres insermentés résidant à l'étranger, n'étaient passibles d'aucune peine, puisque ces secours n'étaient déclarés criminels qu'en raison de la qualité d'émigrés des destinataires. L'argumentation de Dauchez, corroborée par le registre, eût été sans réplique.

On comprend dès lors quels motifs s'opposèrent à ce que

---

1. *Procès*, t. II, p. 66.

le substitut communiquât ce registre. On comprend, d'autre part, qu'en présence d'une pareille prohibition, la défense ne pouvait être qu'une formalité dérisoire. A quoi bon lutter contre une condamnation d'autant plus assurée que l'accusation se rendait insaisissable ? A quoi bon, en dehors des faits généraux de la cause, ranger dans une catégorie spéciale M. Blin de Rullecomte, Mme Arrachart et sa fille, qui n'étaient pas inscrits sur le registre? A quoi bon prouver que le prêtre qui avait célébré le mariage auquel M. Blin de Rullecomte avait servi de témoin, avait prêté le serment de Liberté et d'Égalité, le seul auquel il fût tenu, parce qu'il n'exerçait pas de fonctions publiques [1] ? A quoi bon montrer que Mme Arrachart, prévenue de correspondance contre-révolutionnaire, ne savait ni lire ni écrire [2] ?

Les défenseurs, « contenus ainsi dans les bornes d'une défense légitime », n'eurent qu'à résumer les moyens présentés par les accusés. Pendant leurs plaidoiries, le représentant Duquesnoy avait demandé au juge Marteau du papier, une plume et de l'encre, et rédigé une interpellation qu'il voulait faire adresser à Dauchez : il passa son billet au président; mais Beugniet, ne voulant pas se compromettre devant le public, jeta ce billet sous la table [3] et s'empressa de clore la discussion. Sans préciser aucun fait, sans résumer les moyens de l'accusation et de la défense, il se borna à adresser aux jurés une allocution qui atténua sans doute, aux yeux de Duquesnoy, la faute qu'il venait de commettre en paraissant indépendant.

« Citoyens jurés, vous venez d'entendre les débats ; retirez-vous dans votre chambre pour délibérer ; ayez le courage, comme d'autres Brutus, pour le bien de la patrie, d'enfoncer

---

1. *Procès*, t. I, p. 324 et 327.
2. *Procès*, t. I, p. 319.
3. Informations faites par ordre de Le Bon. (Archives départementales).

le poignard dans le sein de vos parents et de vos amis [1]. »

Cependant Pelletier doutait du résultat : au moment où les jurés se retiraient pour délibérer, il dit à Leducq qu'on ne devait condamner que trois ou quatre accusés [2]. Duquesnoy partageait cette opinion ; on le vit écrire un second billet que Beugniet, devenu plus docile, porta lui-même aux jurés. Lorsque le président rentra dans la salle d'audience : « Il n'y en a qu'un, dit-il, ou deux au plus qui puissent échapper [3]. »

Après quelques instants de délibéré, les jurés reprirent leur place et l'on fit sortir les accusés. Les jurés déclarèrent :

« 1° A l'égard de Marie Frassen, veuve Arrachart, et de Marie Dambrines, veuve Bataille, que le fait était constant ; c'est-à-dire qu'elles étaient auteurs ou complices de la conspiration ourdie contre le peuple français et sa liberté ; n'ayant cessé d'avoir des correspondances et intelligences avec les ennemis du dehors et de l'intérieur, et ayant, par toutes les manœuvres possibles, cherché à alimenter le royalisme et le fanatisme, en fournissant des secours pécuniaires aux prêtres réfractaires, même après leur déportation, et par la conservation précieusement soignée d'une infinité d'écrits propres à corrompre l'esprit public et les citoyens ;

« 2° A l'égard de Constance Arrachart, que le fait n'est pas constant ;

« 3° A l'égard d'Hippolyte Wagon, femme Caron ; Pélagie Liger, veuve Desmazières ; Constance Joncqué, femme Toursel ; Marianne Joncqué ; Marie Baudelet, femme Bayart ; Amélie Leroy ; Agathe Leroy ; Thérèse Lefebvre, dite de Gouy ; Marie Lefebvre, dite de Gouy ; Marie Caudron ; Marie Ledur,

---

1. *Procès*, t. I, p. 80.
2. *Id.* p. 317.
3. *Id.* p. 318.

veuve Théry; Rénée Bacler; Louis Becquet; Vindicien Blin; François Boucquel ; que le fait est constant, c'est-à-dire qu'ils sont des ennemis résistant au gouvernement révolutionnaire, des auteurs ou complices de la conspiration ourdie contre le peuple français et sa liberté ; ayant cherché à perpétuer l'esprit de fanatisme, en fournissant de l'argent à ladite Dambrine, veuve Bataille, avec la connaissance intime que cet argent devait être envoyé aux prêtres réfractaires, dans les pays ennemis ; et en outre, lesdits Vindicien Blin et Antoine Leroy ayant été témoins dans un mariage clandestin reçu chez ladite veuve Bataille ; et en outre, ladite Wagon, femme Caron, ayant reçu différentes sommes des aristocrates pour l'acquisition d'un autel et de la ci-devant église Saint-Géry ;

« Et 4° A l'égard de Jean-Baptiste Boniface, Jean-Baptiste Dauchez et Julie Gottran, sa femme, que le fait n'est pas constant. »

Le verdict du jury, rendu à l'unanimité contre vingt accusés, n'avait été favorable à Dauchez, Mme Dauchez, Boniface et Constance Arrachart, qu'à la majorité de sept voix contre cinq. Gabriel Le Blond avait entraîné avec lui Danten, Boisard, Armand, Raguenet, Lamoral-Vasseur et Pain [1].

L'huissier Taquet entra dans la chambre où les accusés attendaient leur sort ; il appela Dauchez, Mme Dauchez, la fille Arrachart et Boniface, leur dit de le suivre et les conduisit dans la salle d'audience où les cris mille fois répétés de : *Vive la République!* poussés par l'auditoire, ne firent que redoubler leur anxiété. Après qu'ils eurent pris place, un silence morne s'établit, et le président prononça le jugement qui suit :

---

1. *Procès*, t. II, p. 36.

« Vu par le tribunal criminel et révolutionnaire du département du Pas-de-Calais, l'acte d'accusation... la déclaration du juré de jugement... acquitte J.-B. Boniface, Constance Arrachart, J.-B. Dauchez et Julie Gottran de l'accusation portée contre eux ; ordonne que ledit Boniface sera mis en liberté sur-le-champ, et que lesdits Constance Arrachart, Dauchez et Gottran resteront en état d'arrestation. »

M. Dauchez s'approcha du président et lui représenta que sa femme, vu son état de grossesse, avait été jusque-là laissée en arrestation dans sa maison. « Eh bien ! dit Beugniet, qu'elle y retourne. »

Dans l'ivresse de son émotion, Dauchez s'était jeté dans les bras de Beugniet qui lui rendit l'accolade fraternelle ; Marteau trouvait cette démarche « inconséquente ». Beugniet lui dit : « Tu es un peureux », et le détermina, aux applaudissements du peuple, à suivre son exemple. Plusieurs des jurés qui avaient opiné contre Dauchez, l'embrassèrent à leur tour. « N'approche pas, lui dit avec dureté Caubrière; je n'embrasse pas un scélérat dont j'ai voté la mort. »

On fit sortir les quatre prévenus si favorisés, et on amena à l'audience leurs malheureux compagnons. Les cris de *Vive la République !* retentirent une seconde fois dans la salle, et le président prononça la fatale sentence :

« Vu l'acte d'accusation... la déclaration du juré de jugement..... le tribunal criminel et révolutionnaire du Pas-de-Calais condamne

Hyppolyte Wagon, femme Caron ;
Pélagie Liger, veuve Desmazières ;
Marie-Joseph-Désirée Dambrines, veuve Bataille ;
Marie-Marguerite-Marthe Frassen, veuve Arrachart ;
Constance Joncqué, femme Toursel ;
Marie-Anne-Victoire Joncqué ;
Marie-Rosalie Baudelet, femme Bayart ;

Amélie Leroy ;

Agathe Leroy ;

Thérèse-Louise-Joseph Lefebvre, dite de Gouy ;

Marie-Joseph-Eulalie Lefebvre, dite de Gouy ;

Marie-Claire Caudron ;

Marie-Marguerite-Philippine Ledur, veuve Théry ;

Rénée Bacler ;

Pélagie Bacler ;

Antoine-François Leroy d'Hurtebise

Hector Gamonet ;

Louis-Alexandre Becquet ;

Vindicien Blin ;

Et François-Guislain Boucquel

à la peine de mort, conformément aux dispositions de l'article 4 de la 1re section du livre 1er de la 2e partie du code pénal, ainsi conçu :

« Toute manœuvre, toute intelligence avec les ennemis de la France, tendant soit à faciliter leur entrée dans les dépendances de l'Empire français, soit à leur livrer des villes, forteresses, ports, vaisseaux, magasins ou arsenaux appartenant à la France, soit à leur fournir des secours en soldats, argent, vivres ou munitions, soit à favoriser d'une manière quelconque les progrès de leurs armes sur le territoire français, ou contre nos forces de terre ou de mer, soit à ébranler la fidélité des officiers, soldats et autres citoyens envers la Nation française, seront punis de mort. »

« Ordonne que l'exécution aura lieu dans les vingt-quatre heures, à la diligence de l'accusateur public, sur la place de la Révolution ; — Déclare les biens des condamnés confisqués au profit de la République ; — Ordonne que le présent jugement sera imprimé en nombre suffisant d'exemplaires, pour être envoyé et affiché dans toutes les parties de la République, et notamment dans toutes les communes du département du Pas-de-Calais. »

L'exécution des condamnés fut aussi précipitée que les débats [1]. Les registres de l'état-civil constatent qu'à trois heures de l'après-midi, en moins de cinq heures, accusateur public, jurés, juges et bourreau avaient terminé leur besogne.

Un détail fait frémir. Après l'exécution, le bourreau se permit d'insulter et à la pudeur et à la mort…. On ne sévit pas contre ce misérable [2].

Le récit devrait s'arrêter au bord de la fosse qui reçut les corps des victimes ; mais d'autres faits qui se rattachent à cette immolation achèvent de montrer quelle était la dépendance du jury révolutionnaire, et de dévoiler dans toute sa nudité cette époque à jamais abominable.

Les jurés étaient à peine rentrés dans leur chambre, que ceux qui avaient voté pour la mort de Dauchez firent tapage. Les menaces de Caubrière furent particulièrement dirigées contre Gabriel Le Blond, qui présidait le jury, Danten et Boisard. Le Blond se contenta de répondre : « J'ai voté selon ma conscience », et il sortit. — Quelques heures plus tard, chargé d'une mission du comité de surveillance,

---

1. M. Blin de Rullecomte avait adressé au comité de surveillance un billet qui ne fut lu qu'après sa mort, et dans lequel, soit qu'il craignît de compromettre plus tard quelque personne, soit qu'il voulût braver ceux qui lui ôtaient la vie, il se dénonçait lui-même comme détenteur de brochures contre-révolutionnaires. — Extrait du procès-verbal du comité révolutionnaire : « On lit un billet écrit et signé par Blin de Rullecomte, condamné cejourd'hui à la peine capitale, par lequel il déclare qu'il existe dans sa maison, caché dans des décombres, sous le hangard de sa serre, une quantité de brochures contre-révolutionnaires dans deux petites caisses, et qu'il y a dans sa maison un ouvrage de Calonne, une « *Comparaison des révolutions* », par l'abbé Guillon, et des livres d'église, ainsi que des registres de fabrique. L'Assemblée arrête qu'il sera procédé à la recherche desdits papiers qui seront remis au dépôt du Comité. » (Archives départementales).

2. *Procès*, t. I, p. 56.

il se présenta au bureau de Le Bon. Il y rencontra Duquesnoy qui lui dit : « Le Bon n'y est pas ; es-tu convaincu, à présent¹ ? »

Les jurés avaient gagné leur logis. Plusieurs d'entre eux logeaient chez Mercier, aubergiste, rue du Contrat-Social. « J'entendis reprocher à Ragueney, dit Mercier, de n'avoir pas voté la mort de Dauchez. Il était nuit. Ils couchaient au-dessus de ma chambre. Tout d'un coup, j'entendis un grand bruit : je montai, et je vis Mienné, sauté sur Ragueney, chercher à l'étrangler. Je crois qu'il l'eût fait sans moi². »

Pendant ce temps, une scène encore plus significative se passait rue des Agaches. C'était jour de liesse pour les patriotes. Avant l'audience, un notaire du District avait donné à déjeûner à Duquesnoy. Un des convives, notaire et officier municipal, avait à son tour invité à dîner le conventionnel et ses amis. La réunion fut nombreuse, quoique improvisée. Le Département, le District, le Conseil général de la commune et le comité révolutionnaire y étaient représentés. Duquesnoy fit à Gabriel Le Blond les reproches les plus amers au sujet de son vote ; il le traita de feuillant, de modéré, et sans lui laisser le temps de s'expliquer, il lui répéta sa phrase : « Es-tu convaincu, à présent ? » Il déclara du reste que Dauchez était un aristocrate, qu'il connaissait d'autres faits à sa charge, qu'il le ferait traduire et guillotiner à Paris. Duquesnoy paraissait « avoir pris beaucoup de vin ». Il était « ivre », selon les uns ; « fort échauffé », au témoignage des autres. Jusque-là, Le Bon avait gardé le silence ; appuyé contre la cheminée, il paraissait soucieux et préoccupé. Il prit la parole : Le Blond, suivant lui, aurait dû être convaincu ; l'arrêté lu à l'audience indiquait ceux qu'il fallait

---

1. *Procès*, t. I, p. 65.
2. *Id.* p. 314.

frapper. Il devait voter comme la majorité. — Attaqué de toutes parts, Le Blond finit par s'écrier : « Qu'on me traduise au tribunal, je serai victime ! » Le Bon lui répondit : « Le contraire est décidé. » — « C'est une leçon, interrompit Duquesnoy; il faut être plus ferme et ne pas avoir peur, même quand on a des enfants. » — « Mais je n'ai pas peur, objecta Le Blond; qu'on m'envoie à l'armée attaquer un poste, et l'on verra. » — Le Bon reprit : « Un homme qui saurait se battre, ne serait peut-être pas bon à être juré. Il y a eu de la corruption; il fallait voter contre. » — Le Blond tint ferme, et prétendit n'être pas homme à se laisser corrompre. « Ah ! nous verrons, s'écria Le Bon emporté par la colère, j'en tiendrai note; nous verrons si tu l'emporteras sur moi. Jarni ! tu perdras ta tête ou moi la mienne. » — « Oui, ajouta Caubrière, il y a de la corruption. » — Enfin Duquesnoy : « Fais-moi f..... dedans tous ces b......-là, dit-il à Le Bon, ou je me brouille avec toi. » Et en se séparant : « Allons, Le Bon, courage; va toujours ferme. Nous reviendrons ces jours-ci avec Saint-Just et Le Bas, et ça ira bien plus raide [1]. »

La plupart des convives s'étaient esquivés. Le Blond, qui était de garde cette nuit au comité de surveillance, sortit avec Duquesnoy pour lui faire ouvrir les portes de la ville. Duquesnoy partait pour Paris : ce voyage précipité cachait un mystère.

Avant le dîner, Duquesnoy s'était entendu avec Le Bon pour perdre Dauchez; il lui avait remis une dénonciation écrite, aux termes de laquelle Dauchez était accusé d'avoir empêché des prêtres du district de Béthune de prêter serment, et d'avoir cherché à exciter la guerre civile. Au bas de cette dénonciation, Le Bon avait rédigé un arrêté qui renvoyait le

---

1. *Procès*, t. I, p. 65, 72, 152, 156 et t. II, p. 36; 2ᵉ *Censure*, p. 44, et P. J., nᵒˢ 46 à 50.

prévenu au tribunal révolutionnaire de Paris [1]. Duquesnoy prenait les devants, afin de recommander son client à Fouquier-Tinville [2].

Cependant Dauchez, accompagné d'un gendarme, était entré un moment dans sa maison, à demi-mort d'émotions. Deux soldats de police vinrent lui intimer, au nom de Le Bon, l'ordre de les suivre. « Où me conduisez-vous? leur demanda-t-il? » — « Tu connais la ville; quand tu seras à la porte de l'endroit où je te conduirai, tu le sauras. »

Dauchez fut écroué aux Baudets. Trois jours après, Joseph Le Bon prit à son égard l'arrêté suivant : « Le District d'Arras est autorisé à requérir le citoyen Deroin, du 27ᵉ bataillon, et deux gendarmes, pour conduire Dauchez à l'accusateur public près le tribunal révolutionnaire à Paris [3] ».

Conformément à ces instructions, le District remit au citoyen Deroin un mandat de mille livres, et lui enjoignit « de partir le soir même, à dix heures; de faire le chemin de Paris en trente heures, et de remettre l'homme et les pièces à l'accusateur public, sur récépissé [4] ». On usa envers Dauchez de précautions extraordinaires; avant de le mettre en voiture, on lui enchaîna le poignet droit au poignet gauche de l'un des gendarmes.

Le Bon regardait la mort du malheureux avocat comme tellement assurée qu'il dit le lendemain à la Société populaire : « Nous le tenons, ce scélérat de Dauchez. » Quelques jours plus tard, un accident de voiture força le représentant à s'arrêter rue Saint-Jean-en-Ronville, vis-à-vis la maison du prisonnier. Pendant qu'on mettait des cordes en réquisi-

---

1. *Procès*, t. I. p. 85, 331. — Le Bon déclara devant le tribunal d'Amiens, (*Procès*, t. I, p. 83) « que sa famille avait des obligations à celle de Dauchez ».
2. *Procès*, t. I, p. 332.
3. Arrêté du 28 germinal. *Procès*, t. II, p. 96.
4. Archives départementales.

tion pour raccommoder l'équipage, Le Bon demanda : « N'est-ce pas là que demeurait Dauchez? » Et sur la réponse affirmative : « *Vive la République!* s'écria-t-il, cette maison est à nous ; la tête de Dauchez tombera dans deux jours [1]. »

1. L'attente de Le Bon fut trompée. Le 30 germinal (19 avril), à deux heures du matin, Dauchez fut déposé à la Conciergerie ; il entendit l'un des geôliers dire en passant près de son cachot : « Pour celui arrivé la nuit dernière, rien ne presse ; c'est pour demain à la guillotine ». Il s'appliqua ces paroles. Néanmoins, dans la journée, on le réunit à onze prisonniers : présidents, conseillers et avocat général de la chambre des vacations du Parlement de Paris. Le lendemain, jour de Pâques, vers neuf heures du matin, on vint chercher ses compagnons de captivité qui ne devaient plus reparaître.... Jugés et condamnés, à deux heures ils avaient vécu ! Dauchez se préparait à mourir ; mais Fouquier-Tinville, en présence d'un verdict d'acquittement si récent, avait reculé devant des poursuites immédiates. Il fit transférer Dauchez à la prison du Plessis..,. Le 9 thermidor arriva, et un mois après, sur la réclamation de Merlin de Douai, le Comité de sûreté générale rendit Dauchez à la liberté. — M. Dauchez fit partie du Conseil des Cinq-Cents.

LIVRE IX

Les détenus de la Providence et de l'Hôtel-Dieu pouvaient espérer qu'après cette exécution de vingt condamnés immolés en un seul jour, la justice révolutionnaire suspendrait un moment le cours de ses rigueurs ; mais le lendemain, juges et jurés reprirent tranquillement leur place et continuèrent à frapper.

26 *germinal* (15 avril). — Mathurin l'Albinque, ancien capitaine au régiment de Vintimille, chevalier de Saint-Louis (65 ans), s'était retiré à Biache. Quoiqu'il présidât le comité de surveillance de sa commune, il avait été emprisonné comme ex-noble, par ordre du District. On trouva dans ses papiers : le « *Pater*, avec continuation de l'*Ave*, du *Credo* et du *Confiteor* », une « chanson sur les États Généraux » et le « Catéchisme national nouveau et raisonné sur la Constitution de la France ». Renvoyé par Le Bon, le 20 germinal (9 avril), à l'accusateur public, l'Albinque fut traduit au tribunal révolutionnaire, sous la prévention d'avoir conservé des écrits « qui respiraient le royalisme le plus dégoûtant,

l'aristocratie la plus insolente, le fanatisme le plus puant, écrits enfin dans lesquels les foudres du ciel étaient invoquées de tomber sur la tête de tous ». L'accusé obtint un sursis ; le tribunal voulut s'assurer si les brochures incriminées avaient été trouvées en la possession de l'Albinque ou en celle de François Borcas (64 ans), ancien capitaine au même régiment, qui demeurait avec lui. « Il est possible, répondit Borcas, que ces brochures aient été renfermées dans une de mes malles ; je me rappelle les avoir eues entre les mains, comme objet de curiosité ». On lui présenta un billet saisi dans ses papiers, sur lequel on lisait : « *Vivent la Nation, la Liberté et la Loi* », mais qui, plié, présentait à la vue ces mots : « *Vivent la Reine, le Dauphin et le Roi* ». Borcas reconnut ce billet, mais affirma qu'il en ignorait le double sens. Le tribunal jugea les deux compagnons d'armes également coupables et leur appliqua la peine de mort.

Louis-François-Joseph Ansart, religieux de Saint-Vaast, ci-devant prévôt à La Beuvrière, était âgé de 84 ans. On vint à parler de ce prêtre vénérable à la Société populaire : « Il ne faut pas, dit Le Bon, se laisser gagner par la pitié ; plus Ansart est vieux, plus son aristocratie est enracinée[1]... » En conséquence, Dom Ansart, accusé d'avoir « conservé soigneusement des écrits incendiaires, et refusé opiniâtrément de prêter le serment voulu par la loi », fut livré au bourreau.

27 *germinal* (16 avril). — Alexis Manzon (24 ans), fourrier au 21ᵉ chasseurs en garnison à Béthune, entra un jour chez le secrétaire de la municipalité ; la sœur de cet employé était occupée à faire de la dentelle noire : « Est-ce pour le deuil du Roi ? » lui demanda Manzon. — « Je serais au désespoir de travailler pour un gueux », répondit la citoyenne. —

---

1. *Procès*, t. I, p. 47.

L'imprudent fourrier riposta : « Eh bien! moi je ne travaille qu' pour lui ». Manzon fut dénoncé et guillotiné.

On acquitta à la même audience la veuve Daquin, de Saint-Omer, et un cultivateur de Saint-Folquin « prévenus de correspondance avec les filles Daquin, émigrées ».

28 *germinal* (17 avril). — Charles-François-Marie Michaux (42 ans), né à Calais, avait fait partie de l'Assemblée constituante. Curé de St-Bertin, à St-Omer, il avait été dénoncé, le 2 frimaire (22 novembre), par le procureur de cette commune, comme s'étant emparé, lors de la fermeture des églises, de plusieurs pièces d'argenterie, ornements, galons, linge, boiseries et autres effets. Michaux fut renvoyé par Le Bon au tribunal révolutionnaire sous une autre prévention : on l'accusa « d'avoir prêché contre le décret de la Convention qui ordonnait la fonte des cloches ». — On le condamna à mort.

Henri-Vaast-Joseph Boussemart de Thienne (53 ans), surintendant du mont-de-piété d'Arras, dénoncé le 10 avril 1793, comme ayant envoyé de l'argent aux émigrés, et signalé au département par le comité de surveillance comme un « aristocrate notoire », ne fut cependant arrêté que le 8 frimaire (28 novembre). Emprisonné avec sa femme à l'Abbatiale, le 11 nivôse (21 décembre), il représenta au comité de surveillance « qu'il avait donné à la Nation deux mille livres et trois paires de boucles d'argent pour sa contribution aux offrandes patriotiques, cinq mille livres pour l'emprunt volontaire, trois cents livres à la commune pour l'atelier de travail du rempart, quatre cents livres à sa section, quarante livres pour les pionniers, cinquante livres pour les cavaliers, du linge à la municipalité; qu'il avait habillé un officier de toutes pièces; que, pendant sept semaines, il avait fait gratis le travail du payement des charrois; que deux de ses fils combattaient sous les drapeaux [1]. Ces réclamations ne furent

---

1. Archives départementales.

pas accueillies. M. Boussemart n'obtint, le 3 ventôse (21 février), la levée provisoire de son écrou qu'afin de régler les affaires du mont-de-piété ; ce travail terminé, Le Bon ordonna, le 25 ventôse, qu'il fût réincarcéré, et qu'on visitât ses papiers [1]. Il était bien rare que les commissaires de Le Bon ne trouvassent rien de compromettant dans la maison d'un suspect : ils saisirent chez M. Boussemart : 1° « une lettre écrite de Paris le 2 mars 1791 par le guillotiné Liger, annonçant que les chevaliers du poignard, qui veillaient à la conservation du Roi, avaient été désarmés par la garde nationale parisienne, ce qui était bien douloureux » ; 2° « des lettres de l'émigré de Lévis où l'on voyait que Boussemart avait cherché à discréditer les assignats et à mettre la méfiance sur la vente des biens nationaux ».

Le Bon annonça d'avance, dans le langage ignoble des clubs, la condamnation de « ce Boussemart depuis longtemps taré dans l'esprit des patriotes » : « Jusqu'ici, dit-il à la Société populaire, vous n'avez eu que des aristocrates petits et maigres, mais demain je vous en donne un gros et gras, une belle tête à guillotiner [2] ».

Pierre Husson (59 ans), notaire à Arras, comparut au tribunal révolutionnaire en même temps que Boussemart. Receveur de M. de Conzié, évêque d'Arras, il avait été dénoncé le 15 septembre à la Société populaire et au département : il vendait des briques destinées à la construction d'un séminaire à Arras ; mais il refusait d'en livrer lorsqu'on payait en assignats. Le 13 brumaire (3 novembre), Husson était emprisonné : sa femme essayait inutilement de représenter

---

[1] « Les scellés seront levés de dessus les papiers de Boussemart ; les dits papiers seront scrupuleusement visités ; ceux suspects retirés et apportés au représentant du peuple. » (*Archives départementales.*)

[2] *Procès*, t. I, p. 47 et 56.

au comité qu'on n'avait à reprocher à son mari ni propos ni actes inciviques, et que ses deux fils servaient la Nation à Paris, dans les bureaux de la liquidation générale. On accusa Husson d'avoir écrit aux émigrés, le 6 avril 1793, en leur envoyant de l'argent : « Le vent du *Requiem* va souffler sur la France, et surtout sur la capitale ».

MM. Boussemart et Husson furent condamnés à mort. — Ce jugement rendu, le tribunal acquitta un tonnelier de Boulogne, accusé d'avoir trompé la République dans une livraison de barils, et un manouvrier à qui l'on attribuait des propos tendant à avilir la représentation nationale.

Le tribunal révolutionnaire se disposait, le 29 germinal (18 avril), à entrer en séance, lorsqu'une nouvelle aussi importante qu'imprévue circula dans la ville et frappa d'une égale anxiété les honnêtes gens et les terroristes : le journal *le Courrier universel*, distribué à Arras dans la matinée, avant l'arrivée du *Bulletin des Lois*, publiait par extrait un décret de la Convention nationale du 27 germinal, en vertu duquel tous les prévenus de conspiration devaient être traduits au tribunal révolutionnaire de Paris. — Quelle est, se disait-on, la portée véritable de ce décret? Ne confère-t-il pas au tribunal de Paris, à l'exclusion de tous les autres tribunaux révolutionnaires, le droit de juger les conspirateurs? Ne prononce-t-il pas implicitement la suppression du tribunal révolutionnaire d'Arras? Dans le cœur des opprimés, l'espoir se change aisément en certitude; le bonheur d'échapper à Joseph Le Bon empêche de songer à Fouquier-Tinville; et bientôt chacun répète : Le tribunal révolutionnaire d'Arras est aboli. Comment d'ailleurs le doute serait-il possible? C'est le président du tribunal, Norbert Beugniet; ce sont les patriotes : Gabriel Le Blond, Saint-Remy, Danten, Boizard, Pelletier qui, trop heureux d'être ainsi débarrassés de fonctions qui leur répugnent et qu'ils ne pourraient abdiquer qu'au péril de leur vie, manifestent ouvertement leur satisfaction et « déclament dans les cafés et sur les places publiques contre la sévérité des mesures révolutionnaires [1] ». C'est Demuliez qui, aussi « modérantiste » à Arras qu'il s'est montré, sous l'influence de Darthé, « terrible » à Boulogne, va partout répétant que « les gens qui entourent Le Bon mènent le département à la contre-révolution en faisant périr les patriotes » ; que la vigueur du représentant n'est qu'emportement et imagination ; « que sa conduite est celle d'un despote » : il ose appeler les juges des « garçons jugeurs » ; il s'emporte contre ce « tas de jurés qui condamnent au moindre signe ». « Eh f...., s'écrie-t-il, si Le Bon veut que tout aille à sa tête, il n'a pas besoin de tribunal ; il n'a qu'à prendre un arrêté et envoyer tous les détenus à la guillotine ». Les jurés qui ont condamné Dauchez murmurent en présence de Demuliez sur l'acquittement de ce conspirateur : « Vous avez fort bien jugé, dit-il à Raguenet et à Armand ; si j'avais assisté aux débats, j'aurais été son défenseur [2]. »

Cependant Joseph Le Bon, instruit de ce réveil de l'opinion publique et ne sachant lui-même à quoi s'en tenir, juge prudent de suspendre provisoirement les séances du tribunal. Il écrit à Le Bas [3], et l'engage à se rendre auprès du Comité de salut public pour lui demander si, d'après le décret du 27, le tribunal révolutionnaire d'Arras doit cesser ses fonctions. Daillet de son côté remet au même courrier une lettre à l'adresse de Robespierrre :

« Arras, le 29 germinal.... — Je viens de lire dans les papiers publics que tous les conspirateurs seront traduits de

---

1. Le Bon, *Lettres justificatives*, n. 6.
2. Informations contre Demuliez ordonnées par Le Bon. (Arch. départ.).
3. Cette lettre n'ayant pas été retrouvée, Le Bon a prétendu qu'il s'était borné à *consulter* le Comité, et qu'il n'avait pas *provoqué* la conservation du tribunal : tout dément cette affirmation.

tous les points de la République au tribunal révolutionnaire à Paris. Ce décret est très-sage ; mais la Commune d'Arras est peut-être la seule qui pourrait en être exceptée.

« Voici mes motifs : tu connais notre énergie ; nous ne faisons grâce à personne ; nous frappons à coup sûr, parce que nous connaissons la moralité de chaque individu, et que nous sommes convaincus que si les aristocrates n'ont pas pris une part active et ostensible dans les dernières conspirations, ils n'en ont pas moins appelé chaque jour la contre-révolution dans leur cœur et par leurs vœux, et qu'ils ont concouru, chacun selon leurs moyens personnels, à renverser la République ; au lieu que toutes ces connaissances locales échapperont à un juré éloigné. Je t'engage à examiner s'il ne serait pas plus utile de nous conserver notre tribunal révolutionnaire avec ses attributions.

« Tu recevras cette lettre par un courrier extraordinaire que Le Bon adresse à Le Bas. Je t'embrasse.

« P. S. — Je te remercie de m'avoir indiqué à Herman ; mais je ne peux y aller, parce que, étant maire, et de quelque utilité à Arras, je dois demeurer ici [1]. »

Le décret si vivement applaudi à Arras avait été rendu sur le rapport de Saint-Just. Cet « apôtre de la Terreur » attribuant aux manœuvres des ennemis du peuple l'anéantissement du commerce et la disette qui désolait la France, avait proposé à la Convention de rechercher avec plus de sévérité les instruments et les complices des factions. « Quoique vous fassiez, avait-il dit, vous ne pourrez jamais contenter les ennemis du peuple ; j'en conclus qu'il faut qu'ils périssent... Une révolution comme la nôtre n'est pas un procès, mais un coup de tonnerre sur tous les méchants ; il faut les réprimer et les confondre. »

---

1. Rapport de Courtois, P. J. 84.

La justice révolutionnaire qui devait, dans ce programme, remplir le premier rôle, ne s'était pas montrée à la hauteur de sa mission. Assurément Saint-Just ne songeait pas à taxer de faiblesse les commissions civiles ou militaires établies par les représentants du peuple ; mais, à la date du 27 germinal, les villes de Strasbourg, Lyon, Toulon, Nantes, Bordeaux, avaient cessé d'être frappées à « coups de tonnerre ». Arras était la seule ville qui possédât encore une guillotine en permanence. Dans le reste de la France, les tribunaux criminels jugeaient seuls révolutionnairement les délits politiques pour lesquels ils avaient reçu de la loi des attributions spéciales. Or, Saint-Just déplorait la faiblesse de ces tribunaux : « Dans ces derniers temps, disait-il, le relâchement des tribunaux s'est accru dans la République, au point que les attentats contre la liberté demeurent impunis ; la faiblesse criminelle des juges a enhardi les complots et diminué votre autorité, en laissant violer la dignité de vos décrets et en livrant le peuple à la malignité des factions. » L'article 1er du décret apportait à ce mal un remède énergique, et décidait « que les prévenus de conspirations seraient traduits, de tous les points de la République, au tribunal révolutionnaire de Paris ». — Cette disposition, dont les termes étaient si formels et si absolus, ne recevait aucune modification ni exception des vingt-cinq articles suivants, lesquels n'avaient trait qu'à « l'éloignement des nobles et à la police générale [1] ». Elle entraînait, comme conséquence nécessaire, la suppres-

---

1. Le séjour de Paris, des places fortes ou maritimes était interdit, pendant la guerre, aux ex-nobles, aux étrangers *et aux généraux* qui n'y étaient pas en activité de service (art. 6 et 16).

L'article 23 de la loi décrétait la *satisfaction* universelle : « Si celui qui sera convaincu désormais de *s'être plaint* de la Révolution vivait sans rien faire en n'était ni sexagénaire, ni infirme, il sera *déporté à la Guyane* : ces sortes d'affaires seront jugées par les commissions populaires ».

L'article 25 établissait deux commissions qui devaient, *en un mois de temps,*

sion du tribunal révolutionnaire d'Arras dont le droit de juger se trouvait paralysé, faute de justiciables.

Le Comité de salut public, saisi de la réclamation de Le Bon, n'avait qu'une chose à faire, c'était de s'incliner devant la loi et de répondre : « Le tribunal d'Arras est supprimé. » Mais les membres de ce Comité n'étaient pas hommes à s'arrêter devant des scrupules de légalité. Sans même consulter la Convention sur l'interprétation du décret, ils expédièrent immédiatement à Le Bon la dépêche suivante :

« Extrait des registres du Comité de salut public de la Convention nationale, du trentième jour de germinal, l'an deuxième de la République française une et indivisible.

« Le Comité de salut public, instruit par le représentant du peuple Le Bon des circonstances importantes qui rendent nécessaire le tribunal institué à Arras pour réprimer les conspirations, arrête que ledit tribunal continuera l'exercice de ses fonctions. — Pour extrait : C.-A. PRIEUR, ROBESPIERRE, BARRÈRE, BILLAUD-VARENNES [1]. »

Le Comité avait joint à cet arrêté une réponse à une question accessoire que Le Bon lui avait posée au sujet des ex-nobles :

« Vous nous demandez, cher collègue, si, d'après le décret sur la police générale de la République, les nobles et étrangers déjà arrêtés dans les communes dont le séjour leur est interdit par ce décret doivent être transférés ailleurs en liberté ou en état d'arrestation. Le Comité a pensé que la négative ne pouvait souffrir de difficulté, et que le décret ne s'applique qu'aux nobles et aux étrangers non arrêtés ; ce qui

---

rédiger un code de lois et un code d'institutions civiles propres à conserver les mœurs et *l'esprit de liberté.*

« Saint-Just, dit M. Louis Blanc, chargé du rapport, y déploya son âme avec une *candeur austère* (t. x, p. 429) ». Le mot est charmant !

1. *2ᵉ Censure*, p. 60.

n'empêchera même pas que ces personnes ne puissent, s'il y a lieu, être mises en arrestation dans les mêmes communes. — L. Barrère, Robespierre, Billaud-Varennes [1]. »

Joseph Le Bon s'empressa de communiquer à la Société populaire la réponse du Comité. « Ah ! dit-il, on se réjouissait de la suppression du tribunal ; mais mon bienheureux courrier est arrivé, et je vais faire une proclamation qui changera la joie en pleurs [2]. » Il entretint ensuite les assistants des poursuites « que la loi l'obligeait de diriger contre ceux qui, après avoir été ses compagnons dans la carrière du patriotisme, venaient d'exciter tout à coup la réaction ». — « Me soutiendrez-vous ? » leur demanda-t-il. — Tous s'écrièrent : « Oui, nous te soutiendrons [3]. »

Encouragé par l'adhésion du club, Joseph Le Bon ne voulut pas attendre jusqu'au lendemain à recueillir les fruits de sa victoire. Il commença par se débarrasser des « intrigants » qui avaient osé résister à ses volontés.

« Beugniet, président du tribunal révolutionnaire, Demuliez [4], accusateur public, Pelletier, son substitut, Le Blond, membre du comité de surveillance, sont suspendus de leurs fonctions. Ils seront de suite arrêtés par le Conseil général de la commune, comme prévenus d'intrigues pour arracher les aristocrates au glaive de la loi.

« Le comité de surveillance est également suspendu de ses fonctions, et tous ses membres seront examinés demain par la Société populaire.

« Le Conseil de la commune remplira provisoirement les

---

1. Archives départementales.
2. *Procès*, t. I, p. 115.
3. *Procès*, t. I, p. 49.
4. Quand le juré Jouy vint chercher Demuliez pour la levée des scellés apposés chez lui, il lui dit : Quand tu aurais mille têtes, elles tomberaient. Tu mourras comme Danton. » *Procès*, t. I, p. 108.

fonctions de comité de surveillance et procèdera de suite à toutes appositions de scellés nécessaires [1].

La proclamation annoncée par Le Bon, imprimée par le District à six mille exemplaires, couvrit, le 1ᵉʳ floréal (20 avril, fête de Pâques), tous les murs de la ville :

« Au nom du peuple français, Joseph Le Bon, représentant du peuple dans les départements du Pas-de-Calais et circonvoisins, à ses frères les patriotes ;

« La malveillance, le modérantisme et l'intrigue avaient répandu que le tribunal révolutionnaire établi en cette commune était supprimé. Les aristocrates en avaient conçu une joie aussi criminelle qu'insensée ; ils se trompaient. La justice nationale ne les eût pas plus épargnés à Paris qu'à Arras ; mais le Comité de salut public, convaincu de l'impérieuse nécessité d'accélérer la punition des conspirateurs, a pris l'arrêté suivant.... »

. . . .

L'envoi de cette proclamation aux districts fut accompagné de la circulaire qui suit :

« Les nobles et les étrangers, tant déjà détenus que ceux à arrêter, avaient tressailli de joie à la nouvelle d'un décret qu'ils interprétaient à leur mode, et ils croyaient pouvoir par là se dérober à notre surveillance en se retirant, aux termes du décret, à vingt lieues des frontières, c'est-à-dire dans des communes où ils auraient été inconnus. Je vous envoie la réponse du Comité de salut public à la demande que je lui avais faite de quelques éclaircissements à ce sujet [2]. »

On peut juger de la consternation que l'arrêté du Comité de salut public et les mesures violentes de Le Bon répan-

---

1. Arrêté du 30 germinal. *Procès*, t. II, p. 74.
2. L'exemplaire de cette lettre que nous avons trouvé aux archives départementales est adressé au district de « Morin-la-Montagne (Saint-Omer) ».

dirent dans la ville, par la lettre suivante que Saint-Rémy adressa, le soir même, au représentant Guffroy : « Mon ami, vite, sauve mon pays et le tien ; fais-moi appeler à Paris ; peut-être je vais périr. On arrête les patriotes. Tout le comité est suspendu [1]. » Sans attendre la réponse de Guffroy, Saint-Rémy réussit à se procurer un passeport et se réfugia à Paris [2].

Cependant Joseph Le Blond, adjudant-général à l'armée du Nord, ayant appris le sort de son frère Gabriel, partit pour Douai, afin de solliciter en faveur des patriotes opprimés l'intervention du représentant Bollet : chemin faisant, il

---

1. 2° *Censure*, p. 63.
2. Le 6 floréal, le citoyen Brune, employé près le représentant Richard, écrivit à la citoyenne Robespierre : « Nous sommes passés à Arras sans nous arrêter; pendant qu'on relayait, je me suis acquitté de ta commission : ce que l'on a dit de ton pays est vrai ; depuis six semaines on a guillotiné cent cinquante personnes et incarcéré environ trois mille. Des citoyens ont été trouver un ami de ton frère ; on lui a dit : Vous seul pouvez faire entendre la vérité ; Robespierre a confiance en vous. Il leur a répondu : Comment pourrais-je écrire, puisque tous les soirs on assiste au départ des lettres ? Le rapport de Saint-Just et le décret qui porte que les accusés de conspiration seront traduits au tribunal révolutionnaire à Paris, ont fait naître quelques espérances; mais hier on a publié que dans toute la République la seule ville d'Arras ne jouirait pas de la sagesse de cette loi. Depuis longtemps l'on convient qu'un homme revêtu de grands pouvoirs fait plus de mal que de bien, lorsqu'il est envoyé dans son pays. Depuis longtemps l'on est d'accord sur les vertus morales des prêtres [*]. Que nous sert donc d'être si bons théoriciens ? Je ne doute pas qu'il n'existât à Arras des contre-révolutionnaires et des fanatiques ; mais la terreur doit seule peser sur eux, et le patriote doit pouvoir se reposer sur l'impassibilité des juges et la liberté des débats et des opinions. Je t'épargne d'autres détails qui sont trop atroces pour être crus, lorsqu'on n'en a pas été témoin oculaire. Si j'avais eu plus de temps, j'aurais pu te donner des faits plus détaillés. Je ne puis te rapporter ce que j'ai entendu de différentes personnes, sans avoir eu le loisir de le vérifier. Nous entrons demain en campagne. J'oubliais de te dire que l'accusateur du tribunal révolutionnaire est arrêté et le Comité révolutionnaire cassé. Adieu. Salut et fraternité. » (Rapport de Courtois, p. 80.)

[*] Le citoyen Brune disait vrai sans s'en douter. Les prêtres qui n'avaient que des « vertus morales » étaient devenus les plus ardents auxiliaires de la Révolution ; ceux qui avaient des vertus sacerdotales, exilés, déportés, reclus, guillotinés, brillaient au premier rang des victimes les plus pures et des martyrs les plus courageux.

s'arrêta au village de Brebières, et en plein cabaret, il appela Le Bon « polisson, gueux, coquin, scélérat, partisan d'Hébert [1] ». Deux commissaires aux émigrés se trouvaient dans une salle voisine ; ils recueillirent ces propos, se rendirent chez le maire et informèrent le représentant des incartades que s'était permises l'adjudant-général. « Que Le Blond l'adjudant soit arrêté, désarmé, fouillé, conduit aux Baudets et mis au secret [2] » : tel fut l'arrêté par lequel Le Bon vengea sa majesté offensée. Le secrétaire général Galand, porteur de cet ordre, s'empara de Joseph Le Blond, le 3 floréal, au moment même où il venait de « conduire une républicaine courageuse à l'autel de l'hyménée » ; il l'écroua aux Baudets. Quinze témoins amenés immédiatement à Arras déposèrent devant le District des propos tenus à Brebières.

Il était temps que la justice révolutionnaire reprît sa marche interrompue depuis trois jours. Le 2 floréal (21 avril), Joseph Le Bon s'occupa de réorganiser le comité de surveillance et le tribunal. Dans le comité, il destitua six membres, parmi lesquels trois jurés : Le Blond, Boizard et Saint-Rémy ; il fit choix, pour les remplacer, de Martin-Léon Le Bon, son oncle, huissier du juge de paix, officier de police de sûreté en 1792 ; de Carlier et de Jouy, jurés. — Ce fut au comité ainsi reconstitué qu'il confia le soin de veiller sur les suspects détenus : « Le comité de surveillance d'Arras est spécialement chargé de maintenir l'ordre dans les maisons d'arrêt de l'Hôtel-Dieu et de la Providence [3]. »

Le comité chargea de cette mission deux de ses membres les plus cruels : l'horloger Gilles, déjà surveillant des prisons, et le perruquier Lemirre.

La présidence du tribunal révolutionnaire ne pouvait être

1. Archives départementales.
2. Arrêté du 2 floréal. *Procès*, t. II, p. 40.
3. Arrêté du 2 floréal, Archives départementales.

confiée qu'à un patriote éprouvé : Stanislas Daillet fut investi de ces fonctions, qu'il cumula avec celles de maire. Il eut pour assesseurs Richard-Cyriaque Caron, Ferdinand Caron et Bernard-Joseph Dupuis, appelé régulièrement de l'un des tribunaux de district du département en remplacement de Marteau, dont le temps de service au tribunal criminel était expiré. Darthé succéda à Demuliez ; Caubrière fut adjoint à Potier comme substitut. Les sept jurés qui avaient voté pour Dauchez avaient été, à l'exception de Pain, frappés de destitution. Reçurent-ils tous des successeurs ? Nous n'avons découvert, en dehors de la liste du 25 pluviôse, que les noms de quatre nouveaux jurés : Dujardin (de Béthune [1]), Jouy, Lhérisson et Béru. Lhérisson fils était marchand au faubourg Sainte-Catherine. Béru, capitaine de grenadiers dans la garde nationale, appelé par Le Bon (le 29 nivôse) au Conseil général de la commune et commissaire aux émigrés, ne savait ni lire ni écrire ; il vendait de l'eau-de-vie par petits verres ; il avait été chargé de « dégalonner les ornements de la Cathédrale ».

Le tribunal révolutionnaire ainsi réorganisé, s'efforça de réparer le temps perdu, et fixa à neuf heures du matin l'ouverture de ses séances.

2 *floréal* (21 avril). — Angélique Simon du Plessis (46 ans), rentière, et Florence Lefebvre (29 ans), sa domestique, arrêtées par le comité de Saint-Pol, avaient été amenées à la Providence, le 4 germinal, et mises au secret par ordre de Duponchel. Le lendemain, Le Bon les avait renvoyées à l'accusateur public. On avait trouvé en la possession de Mlle du Plessis : 1° deux coffres provenant de M. Capron, chanoine du chapitre Saint-Sauveur de Saint-Pol, et renfermant de

---

1. « Je vous annonce, écrit le juré Gouliart aux sans-culottes de Béthune, que notre ami Dujardin est du nombre des soixante jurés révolutionnaires, attendu que six sont destitués ». — *Cris des habitants de Béthune opprimés*, p. 134.

l'argent et de l'argenterie ; 2° diverses brochures : *Examen* fait par M. l'abbé Proyart du *Discours prononcé par le citoyen Duflos,* curé de Saint-Pol, sur le *serment civique;* la *Confession de Lucas malade* à son curé intrus ; *Principes et Règles de conduite pour les Français émigrés; Objections et Réponses sur la religion constitutionnelle;* la chanson royaliste : « *O mon peuple ! que vous ai-je donc fait* »... — Florence Lefebvre était prévenue d'avoir recélé trois de ces brochures.

Augustin Desruelle (59 ans), religieux de Saint-Vaast, avait été emprisonné, le 3 avril 1793, par arrêté du département. Le 29 mai, il avait obtenu de la même administration, qu'on le transférât, vu ses infirmités, dans la maison de réclusion. Les commissaires aux émigrés découvrirent chez Desruelle plusieurs brochures contre-révolutionnaires : « la *Joyeuse Semaine,* opuscule patriotique dédié à tous les bons Français ; *Lettre de M. de L., maire du village de C.,* à un de ses amis, sur la *vente des biens du clergé; Copie d'un manifeste* attribué à Louis-Joseph de Bourbon, dit Condé ; *la Grande Friture nationale,* prône d'un bon curé sur le *serment civique; Lettre pastorale de Mgr le cardinal de Bernis,* archevêque d'Alby ; *Tableau de la conduite de la prétendue Assemblée nationale,* adressée à elle-même ; *Lettre à Mgr le duc d'Orléans,* sur son départ ; *le Réveil de l'Artois ; le comte Duprat fier dans ses fers comme un Romain sur son char de triomphe;* une *pétition* au Roi et une lettre signée par Liger, le guillotiné ». Augustin Desruelle, renvoyé au tribunal criminel par arrêté de Le Bon du 28 germinal, déclara ne pas se rappeler que ces brochures lui eussent appartenu ; il prétendit même qu'elles avaient été « fourrées dans ses papiers ».

Une couseuse de bas, Henriette Monchiet (29 ans), succéda au religieux de Saint-Vaast sur le banc des accusés. On avait intercepté à la poste une lettre qu'elle écrivait d'Hesdin, le 2 avril 1793, à un émigré nommé Le Roy, réfugié en Angleterre, et dans laquelle elle lui disait: « Je conserverai votre butin ». Elle fut arrêtée à Boulogne au moment où elle cherchait à s'embarquer. Depuis le 2 frimaire, Le Bon avait envoyé le dossier d'Henriette Monchiet à l'accusateur public ; la pauvre ouvrière pouvait se croire oubliée.

Ghislain Lallart de Lebucquière (76 ans), négociant, préposé jusqu'en 1790 à la recette des finances, avait été gardé à vue chez lui comme suspect, dès le 10 octobre 1793. Emprisonné à l'Abbatiale, le 11 frimaire (1er décembre), avec ses deux enfants, il fut renvoyé par Le Bon, le 27 germinal, au tribunal révolutionnaire, et transféré, le 29, de l'Hôtel-Dieu aux Baudets. L'acte d'accusation dressé par Demuliez ne relatait à sa charge que la détention de quelques brochures: *Mémoire à consulter pour Monseigneur le duc d'Orléans ; Lettre de Monsieur et de Monseigneur le comte d'Artois, son frère, avec la déclaration signée à Pilnitz, le 27 août 1791, par l'Empereur et le roi de Prusse ; Lettre au Roi*, par M. de Calonne, du 9 février 1789.

Mlle Simon du Plessis, Florence Lefebvre, Dom Desruelle, Henriette Monchiet, M. Lallart de Bebucquière [1] furent condamnés à mort ; amenés à l'audience à neuf heures, à midi ils étaient exécutés.

3 *floréal* (22 avril). — Laisné (26 ans), « ci-devant vicaire épiscopal du ci-devant évêque du département », fut acquitté par le jury. Il n'était accusé, il est vrai, que d'avoir, en sa qualité de commissaire du district de Saint-Omer, volé des meubles chez la veuve du général Omoran, condamné à mort par le tribunal révolutionnaire de Paris.

Les deux prévenus qui lui succédèrent n'avaient pas les mêmes titres à l'indulgence des jurés. Amand Hoyer (61 ans),

---

[1] Mme Lallart de Berlette, fille de M. Lallart de Le Bucquière, déclara, dans un Mémoire à la Convention, que Joseph Le Bon devait à la générosité de M. Lallart l'éducation qu'il avait reçue.

horloger à Arras, arrêté provisoirement comme suspect le 10 octobre 1793, avait eu l'imprudence de tenir dans sa boutique, en présence d'Ernest Duquesnoy, un propos grossier à l'adresse de la Convention. Il fut emprisonné aux Baudets le 2 ventôse (2 février) : le représentant vint déposer contre lui ; il fut guillotiné.

Jean-Baptiste Bétrémieux (61 ans) avait conduit à Aix-la-Chapelle les filles de M. Lallart de Le Bucquière, chez qui il était employé comme jardinier. Le vieux serviteur expia sur l'échafaud cet acte de dévouement à ses maîtres.

Joseph Le Bon, satisfait des résultats obtenus par ses réformes dans le personnel de la justice révolutionnaire, en rendit compte au Comité de salut public :

Arras, 3 floréal, l'an IIe de la République.

« Votre arrêté pour continuer les fonctions du tribunal révolutionnaire séant en cette commune a été un coup de foudre pour l'intrigue, le modérantisme et l'aristocratie. La loi générale qui appelle à Paris tous les conspirateurs de tous les points de la République avait ici été interprétée par quelques scélérats comme une improbation des actes du tribunal et de la célérité de ses jugements ; mais le courrier, le bienheureux courrier est arrivé. Tout le peuple l'attendait avec impatience ; j'ouvre le paquet, je lis l'arrêté ; mille cris de réjouissance s'élèvent, et le patriotisme reprend une nouvelle force.

« On a bien raison de dire que les circonstances font connaître les hommes : depuis six mois, comme représentant du peuple, depuis trois ans, comme ami sincère de la liberté, je suivais tous les pas de certains soi-disant patriotes qui étaient bons à la vérité à écraser la tyrannie par l'audace, mais que le défaut de vertus, les passions viles, les machinations financières me paraissaient rendre impropres et même funestes à l'affermissement de la Révolution. Le président, l'accusateur public et l'un des principaux membres du comité de surveillance, plus que soupçonnés sur l'article de la probité et de la justice, ont été les premiers à travestir, contre l'énergie que nous développions, le décret de la Convention nationale. Ces hommes qui, trois jours auparavant, s'étaient compromis en influençant sans pudeur l'absolution d'un avocat contre-révolutionnaire, n'ont pu pardonner aux patriotes purs et clairvoyants d'avoir éclairé leurs manœuvres et de les avoir condamnés. Dans leur rage imprudente, croyant l'occasion favorable, ils se sont livrés à des propos indignes dans la bouche d'un simple citoyen, atroces dans celle des fonctionnaires publics. Ils sont depuis décadi en lieu de sûreté ; et leurs places, au grand contentement de tout le peuple, ont été confiées à des braves qui n'ont pas besoin de briser les échafauds. Le président, entre autres, est connu du Comité, puisque dans le moment même où je le nommais ici, le Comité lui accordait aussi sa confiance et le faisait appeler par la Convention à la commission des secours. A cette occasion, je vous dirai qu'il est impossible, sans préjudicier grandement au succès de nos travaux, que Daillet accepte en ce moment les fonctions qui lui sont destinées à Paris ; les dernières aventures rendent ici sa présence et ses soins singulièrement utiles. Nous allons bien, nous irons encore mieux. Mais, encore une fois, je vous le répète, ne détachez aucune partie de ce faisceau terrible, formé pour la ruine des aristocrates et de leurs hypocrites amis. Songez que plus nous frappons de rudes coups, plus nous avons de piéges à éviter et d'hommes faibles à encourager contre les entreprises des malveillants. — Des détails au premier moment. — Salut et fraternité. — Le représentant du peuple, JOSEPH LE BON.

« *P. S.* — L'adjudant-général Leblond, à qui la guillotine déplaît sans doute, s'est permis, dans une campagne, de me faire regarder comme un complice de la conspiration d'Hébert, un gueux et un coquin. L'adjudant-général Leblond a été arrêté, et son affaire s'instrumente pour être renvoyée à Paris, car pour mettre tous les fripons publicistes dans leur tort, je suis décidé, comme je l'ai fait jusqu'à ce jour, à faire juger dans cette dernière commune les masques en fait de patriotisme et je ne réserve pour le tribunal d'Arras que les piliers anciens et notoires de la contre-révolution. Depuis sa réinstallation, le tribunal a condamné sept contre-révolutionnaires à mort, et a innocenté un patriote poursuivi par la femme d'Omoran le guillotiné [1] ».

4 *floréal* (23 avril). — Le tribunal révolutionnaire continuait à mériter, par la vigueur et la célérité de ses jugements, les éloges du représentant.

Un ancien cuirassier, Alexandre Brodel (54 ans) avait adressé, le 25 septembre et le 16 octobre 1790, à M. de Gennevières de Vielfort, en son château de la Vasserie, deux lettres « qui prouvaient qu'il était dans l'intention de porter les armes contre sa patrie, pour soutenir les prérogatives de la noblesse ». Devenu commis-greffier au district de Béthune, Brodel avait sans doute oublié sa correspondance avec M. de Vielfort; un arrêté de Le Bon du 2 germinal la lui rappela... Sur le réquisitoire de Caubrière, il fut envoyé à la guillotine.

Une lettre à M. de Vielfort, datée du 10 septembre 1792, amena, le même jour, la condamnation à mort de Roch-Joseph Legrand (70 ans), chanoine du chapitre royal de Saint-Barthélemy, à Béthune. « Nous espérons, avait écrit M. Legrand, que la persécution finira bientôt, et que Dieu récompensera nos sacrifices et notre fermeté dans la foi. »

Louis de la Viefville (71 ans) n'avait point émigré. Il ha-

---

[1]. Rapport de Courtois, P. J., n. 78 (b.).

bitait Steenworde avec sa fille Isabelle, âgée de 22 ans et mariée à M. Eugène de Béthune. Une lingère, Marguerite Farinaux (44 ans), et une bonne d'enfants, Caroline Pitre, faisaient partie de la domesticité du château. M. de la Viefville avait rapporté de Bruxelles un perroquet auquel on avait appris, dans sa première éducation, à crier : *Vive l'Empereur! vive le Roi! vivent nos prêtres! vivent les nobles!* Domestiques et maîtres furent dénoncés à Joseph Le Bon, écroués aux Baudets par l'huissier Taquet, le 2 floréal, et amenés le lendemain au tribunal révolutionnaire. Citons textuellement (car cet odieux procès paraît invraisemblable) l'acte même d'accusation :

« Le substitut de l'accusateur public près le tribunal révolutionnaire établi à Arras, expose que le représentant du peuple Joseph Le Bon a fait remettre au tribunal révolutionnaire un procès-verbal tenu par le citoyen Galand, commissaire nommé par le représentant sus-nommé, à la charge des nommés Louis-Auguste La Viefville, Isabelle-Claire-Eugénie-Françoise La Viefville, femme d'Eugène de Béthune, émigré, Caroline Pitre, garde d'enfants chez le nommé Béthune, gendre des dénommés La Viefville, et de Marguerite Farinaux, lingère chez ledit La Viefville ;

« Qu'aussitôt la remise desdites pièces, il les a examinées; qu'il en résulte que les nommés Louis-Auguste et Françoise La Viefville ont appris et conservé très-soigneusement un perroquet qui répétait : *Vive l'Empereur, vive le Roi, vivent nos prêtres et vivent les nobles*, et que les nommées Caroline Pitre et Marguerite Farinaux qui, comme attachées à la maison desdits La Viefville, avaient connaissance que ce perroquet existait, ne l'ont pas déclaré, ou plutôt tué ;

« En conséquence, ledit substitut déclare accuser lesdits Louis La Viefville, Françoise La Viefville, Constance Pitre et Marguerite Farinaux d'être des traîtres à la patrie, des ennemis résistant au gouvernement républicain, et d'avoir cherché à provoquer le rétablissement de la royauté : Louis et Françoise La Viefville, en ayant instruit et conservé très-soigneusement un perroquet qui répétait très-souvent ces mots : *Vive l'Empereur, vive le Roi, vivent nos prêtres* et *vivent les nobles;* et Catherine Pitre et Marguerite Farinaux, en étant les complices desdits Louis et Françoise La Viefville, en n'ayant pas déclaré que ce perroquet existait dans la maison de ces derniers. — Fait à Arras, ce 3 floréal an II. — Caubrière ».

Le perroquet, principal témoin à charge, avait été apporté au tribunal par un gendarme. Malgré les agaceries des jurés et des juges, il ne voulut jamais crier : *Vive le Roi,* quoi qu'on lui répétât souvent : « Jacot, dis donc : *Vive le Roi* »; il se contenta de siffler [1].

On inventa à l'audience, pour colorer la condamnation des prévenus, un nouveau crime à leur charge : on prétendit qu'ils avaient émigré. M. de La Viefville, inquiété à ce sujet, avait produit, pendant sa détention à l'Hôtel-Dieu, un certificat de résidence émané de la municipalité de Steenworde. Le Bon s'était contenté de faire mettre en arrestation tous les membres du conseil général de cette commune [2]. Il avait abandonné contre M. de La Viefville ce chef de prévention qui, par suite, n'était pas repris dans l'acte d'accusation.

Le jury, à l'unanimité, déclara le fait constant à l'égard de M. de La Viefville, de Mme de Béthune et de Marguerite Farinaux.

« Les trois susnommés furent convaincus d'être les auteurs ou complices de la conspiration ourdie contre le peuple français et sa liberté; des ennemis résistant au gouvernement

---

1. 2e *Censure*, p. 229. — On le remit à Mme Le Bon pour qu'elle lui apprît à crier : *Vive la Nation!*
2. *Procès*, t. I, p. 58.

révolutionnaire et républicain ; ayant, par les soins qu'ils ont pris d'enseigner un perroquet à proférer les mots odieux de : *Vive le Roi, vive l'Empereur, vivent les prêtres* et *vivent les nobles*, provoqué le rétablissement de la royauté et de la tyrannie ; ayant, en outre, émigré, comme il résulte de leurs aveux mutuels, au mois de juillet 1791 ; et cherché, par tous ces moyens, à armer les citoyens contre la souveraineté du peuple et l'exercice de l'autorité légitime, et à ébranler la fidélité envers la Nation française. »

A l'égard de Caroline Pitre, défendue par Hacot, le jury « déclara que le fait n'était pas constant, c'est-à-dire qu'elle n'était pas un traître à la patrie, ni un complice desdits La Viefville et sa fille, en n'ayant pas dénoncé aux autorités constituées qu'il existait chez ces derniers un perroquet auquel on avait enseigné avec soin, et par un raffinement inouï d'aristocratie, un langage contre-révolutionnaire, et que par ce silence elle n'avait pas concouru sciemment à provoquer le rétablissement de la royauté, ni à armer les citoyens contre la souveraineté du peuple et l'exercice d'une autorité légitime ».

En conséquence de ce verdict, le tribunal criminel, composé de Daillet, Richard, Ferdinand Caron et Cyriaque Caron, condamna M. de La Viefville, Mme de Béthune et Marguerite Farinaux à la peine de mort. Caroline Pitre, acquittée, fut maintenue en arrestation comme suspecte.

Antoinette Mallebranche, femme Soyez (31 ans), marchande ambulante, et Joseph Vangenot, son commis (28 ans), complétèrent la liste des condamnés du 4 floréal. — Mme Soyez s'était présentée, le 4 ventôse (22 février), au comité de surveillance, afin de faire viser son passeport pour Lille et Valenciennes, où elle se proposait de vendre ses marchandises. On trouva dans son portefeuille et dans celui du commis qui l'accompagnait diverses lettres qui constataient des relations d'affaires avec des émigrés. Au lieu de passeport, le comité lui délivra un mandat d'arrêt.

Le représentant Guffroy, informé de cette arrestation, écrivit aux administrateurs du District, pour lui recommander Mme Soyez :

« Frères et amis, le citoyen Mallebranche, cy devant marchand, propriétaire de la maison où j'ai demeuré, rue basse du *rampart*, et qui est en ce moment retiré à Clichy-la-Garenne depuis plusieurs années, m'a fait dire que sa fille, qui *voiageait* pour son commerce particulier, était arrêtée à Arras pour l'insuffisance de ses passeports, et m'a prié de vous transmettre les pièces suivantes, au nombre de six (suivent six certificats). Veuillez m'en faire accuser la réception, et faire joindre ces pièces à celles produites par la fille Mallebranche ou *de sa femme*, afin qu'elle puisse obtenir sa liberté s'il n'y a rien qui s'y oppose [1]. »

La protection de Guffroy n'empêcha pas Mme Soyez et Vangenot, son complice, d'être traduits au tribunal révolutionnaire et guillotinés.

5 *floréal* (24 avril). — Un seul acte d'accusation, rédigé par Darthé, amena devant le tribunal Jacques-Philippe Laignel (62 ans, né à Armentières), abbé de Saint-Éloy, député ordinaire des États en 1789 ; Barthélemy-François Laignel (52 ans), religieux de Saint-Vaast ; Jean-Baptiste Wartelle (72 ans), conseiller honoraire au Conseil provincial d'Artois ; Ursule-Angélique Wartelle, comtesse de Ranguilly (63 ans) ; André Bonnelle (71 ans), domestique ; Adrien Corbeau (58 ans), secrétaire-commis au département.

L'arrestation de l'abbé de Saint-Éloy remontait au 3 avril 1793. Le département l'avait fait emprisonner comme suspect. Barthélemy Laignel, emprisonné au mois de mai sui-

---

[1] Lettre du 23 ventôse. (Arch. départ.).

vant, avait obtenu, vu ses infirmités, de ne pas être déporté, et d'être enfermé avec son frère dans la maison de réclusion.

A la demande du comité de surveillance, et par ordre du département, M. Wartelle avait été arrêté le 2 mai 1793; on l'accusait d'être le complice de l'émigration de ses deux fils. Il envoya au comité divers mémoires longuement motivés, dans lesquels citant et discutant, pour se défendre, les lois rendues en matière d'émigration, il rappelait en même temps qu'il avait toujours agi en bon citoyen; que notamment, il s'était dépouillé, en faveur de l'armée, de sa provision de gros charbon de Valenciennes. Gardé à vue dans sa maison, M. Wartelle fut transféré à l'Abbatiale le 11 frimaire [1].

---

1. Nous avons découvert, aux Archives départementales, le procès-verbal de l'interrogatoire subi par M. Wartelle, le 27 frimaire, devant le comité de surveillance. Ce document démontre avec quelle habileté on cherchait à « entortiller » les prévenus, et quel soin on mettait à découvrir leur argent.

« Interrogé de ce qu'il avait fait de l'argent qu'il fait déterrer depuis six ans; — a répondu qu'il l'avait mis de côté depuis la guerre pour éviter le pillage. — Interrogé, au nom de la loi, de déclarer où il avait mis son argent, — a répondu qu'il entendait parler d'argenterie et qu'il n'avait point d'argent, — à lui observé qu'il a fait retirer de terre, il y a environ six ans, un coffre de bois-blanc garni de fer, lequel était rempli d'argent, — a répondu que cela était faux et que c'étaient des calomnies. — Interrogé s'il n'avait pas envoyé chercher un serrurier pour ouvrir le susdit coffre ; — a répondu que non.

« Qui avait conduit ses enfants à la carriole de Lille? Il l'ignorait; il les avait cependant conduits jusqu'à la voiture deux fois, mais non pas lors du dernier voyage. — Où allaient ses enfants? Ils allaient tantôt à Douay et tantôt à Saint-Pol. — Combien d'argent avait-il donné à ses enfants lorsqu'il les conduisit à la voiture pour s'émigrer ? Il ne leur avait rien donné ; ils sont partis malgré lui. — Avait-il reçu des nouvelles de ses fils ? Non. — Dans quel corps servaient ses enfants ? Il ignorait où ils étaient. — Avait-il dit à sa fille où était cachée son argenterie? Oui.—Dans quel endroit? Dans *la bauve* et le pouillier.— Avait-il fait part à sa fille où était l'argent monnayé ? Non, puisqu'il n'en avait pas. — Combien avait-il de revenu? Six mille livres. — Quelle était sa dépense annuelle ? Il n'en tenait pas de note. — Qu'avait-il fait d'un petit coffre en fer ? Il avait été enterré dans le pouillier avec un petit coffre à côté. — Pourquoi avait-il enfermé ces coffres ? Parce que c'était de l'argenterie. — Combien d'argent y avait-il ? Il n'y avait que de l'argenterie. — Où étaient les

Mᵐᵉ de Ranguilly, sœur de M. Wartelle, mise en état d'arrestation quatre jours auparavant, fut emprisonnée plus tard à l'Hôtel-Dieu, comme ex-noble.

André Bonnelle avait été écroué aux Baudets, le 25 frimaire (15 décembre), « par mesure de précaution ».

Corbeau avait été dénoncé, le 17 mai 1793, par les employés du département, comme ayant tenu des propos inciviques. « Il avait dit, dans un moment d'humeur, sur ce que l'on avait accordé la signature à un autre que lui, que dans quinze jours on verrait qui serait le maître. » Corbeau, renvoyé des bureaux, était prisonnier à l'Abbatiale depuis le 29 septembre.

Quel lien commun réunissait dans une même poursuite des accusés dont la position sociale était si diverse ?

Les commissaires du comité de surveillance, levant les

deux coffres de fer, puisque ceux dans lesquels il y avait de l'argenterie étaient de bois ? Ils étaient dans le pouillier. — Que renfermaient ces deux coffres de fer ? De l'argenterie. — Dans combien de coffres avait-il caché l'argenterie ? Dans deux coffres. — N'avait-il pas déposé de l'argent en maison tierce ? Il avait déposé chez sa sœur mille écus environ, pensant qu'ils étaient en argent blanc, venant de ses fermiers. — Avait-il de l'argent déposé chez ses hommes d'affaires ? Il n'en avait. — Qu'avait-il fait des vingt et quelques mille livres venant de sa femme ? Il avait acheté des terres. — Depuis quand est-il possesseur des deniers de sa femme ? Depuis 76 à 77. — Depuis quel temps avait-il acheté du bien ? Il avait acheté trois maisons en Cité, il y a environ quatre ans; il en avait payé vingt mille livres en assignats. — N'avait-il pas acheté un autre bien auparavant ? Il avait acheté vingt-trois mesures de terre situées à Estaires, pour vingt mille livres en assignats, il y a deux ans. — N'avait-il pas acheté nul bien à Boisleux ? Il en avait acheté quarante mesures pour quarante mille livres en assignats, il y a environ dix ans. — Qu'avait-il fait de l'argent de sa femme ? Il l'avait employé dans l'acquisition susdite. — Cela était faux, puisqu'il avait payé les acquisitions susdites en assignats.—Il l'avait placé en cours de rente.

« Le serrurier Guislain étant paru, il déclara avoir ouvert le coffre susdit lequel était très-pesant. — Qu'avait-il fait de l'argent ? Il l'avait placé en rente.

« La fille du citoyen Wartelle étant présente, interrogée si elle savait où était l'argent de son père, a répondu qu'il lui avait dit qu'il était dans le pouillier et dans *la bauve*, et qu'elle ignorait qu'il y en eût autre part. »

scellés apposés chez la comtesse de Ranguilly, n'avaient d'abord trouvé dans ses papiers que « des *vielles paperaphes* ». Mais le 8 nivôse (20 décembre), opérant une nouvelle perquisition, ils découvrirent des écrits contre-révolutionnaires et des titres proscrits. Mme de Ranguilly fut interrogée par le comité de surveillance le 20 germinal (9 avril). On constata qu'une partie des papiers saisis appartenaient à François Laignel; que, sur l'ordre de M. Wartelle, ils avaient été portés par André Bonnel, son domestique, dans le grenier de Mme de Ranguilly. Auteurs et complices d'un même crime, les quatre dénommés furent conduits ce jour même à la maison des Baudets.

Joseph Le Bon, dans son arrêté de renvoi à l'accusateur public, trouva tout simple de leur adjoindre l'abbé de Saint-Éloy, « comme ayant conservé et disséminé des écrits fanatiques et royalistes », et Corbeau, prévenu « d'avoir envoyé chaque jour aux deux Laignel des écrits contre-révolutionnaires et fanatiques copiés de sa main, et d'avoir, par discours et par actes, outragé et persécuté les patriotes ».

A l'accusation qui pesait déjà sur J.-B. Wartelle, Mme de Ranguilly et Bonnel, Darthé ajouta, dans son réquisitoire, qu'ils avaient excité ou aidé les deux fils Wartelle à émigrer.

« Au moment du départ [1], dit un des détenus de l'Hôtel-Dieu, Corbeau vînt dans les greniers, se jeta dans nos bras, nous fit ses adieux, et se recommanda à notre souvenir. » Cet homme, bien convaincu que vainement il exposerait sa défense, dit à ses juges : « Je sais que vous avez résolu ma mort. Je m'y suis résigné, et n'ai rien à répondre qu'à l'Être-Suprême. Plus que vous, il connaît le fond de mon âme. Il vengera ma mort et celle de tous les innocents dont vous avez tramé la perte. »

---

1. *Les Angoisses de la mort*, p. 40.

Aucun des accusés ne fut épargné.

Albert Denissel (50 ans), cultivateur et maire de Lières, district de Béthune, fut exécuté en même temps. Il était accusé « d'avoir tenu, en 1792, un registre pour l'enrôlement des contre-révolutionnaires ; d'avoir protégé les prêtres réfractaires, et d'en avoir nourri plusieurs dans la maison presbytériale de Lières ». On l'avait amené aux Baudets le 21 germinal.

6 *floréal* (25 avril). — Philippe-Lamoral-Joseph de Gennevières, marquis de Vielfort (63 ans), siégeait aux États d'Artois parmi MM. de la Noblesse. Il demeurait près de Béthune en son château de la Vasserie, lorsque, le 5 décembre 1792, les commissaires de la Convention, Ernest Duquesnoy, d'Aoust, Doulcet, Delmas et Bellegarde donnèrent l'ordre de l'arrêter. Pendant que les gardes nationaux de Béthune procédaient à cette opération, on vint annoncer au district « que le citoyen Gennevières refusait de se rendre à la force publique ; qu'au contraire, il renversait la force par la force ; qu'un domestique dudit Gennevières venait de se rendre en cette ville chargé de différents paquets et fardes de papiers, et s'était de suite porté en la maison du citoyen Lagache, receveur ». Le district ordonna que les scellés seraient apposés chez Lagache ainsi que dans la maison de Gennevières, à Béthune [1]. Le marquis de Vielfort, malgré sa résistance, fut amené en prison. Les commissaires signalèrent aussitôt à la Convention la capture qu'ils avaient faite :

« Le Pas-de-Calais est, comme le Nord, farci d'aristocrates de toute espèce dont les intelligences avec les Autrichiens sont aussi dangereuses pour la patrie que préjudiciables au maintien de l'ordre ;

---

1. Archives départementales.

« Les espions, les agitateurs sont en ce moment les hommes les plus nuisibles ; leur ôter les moyens de nuire, c'est servir essentiellement la République, et c'est dans cet esprit que nous nous sommes conduits en faisant arrêter l'aristocrate Gennevières de Vielfort dont le ci-devant château nous a été dénoncé comme un asile de conspirateurs et un rendez-vous d'espions. Il a résisté à la force armée et s'est donné le temps, par cette résistance, de brûler les preuves de ses intelligences avec les ennemis du dehors et du dedans. On vient de le ramener ici ; on l'a sauvé de la fureur des citoyens qui voulaient l'immoler à leur vengeance.

« *P. S.* A l'attaque du château de Vielfort, trois gardes nationaux de Béthune et un garde national de Douay ont été blessés [1]. »

L'arrestation de M. de Vielfort avait été dénoncée à l'accusateur public d'Arras ; le 7 octobre, celui-ci ordonna aux administrateurs du district de Béthune d'interroger la femme et les domestiques du prisonnier. « Avez-vous connaissance, demanda-t-il : 1° que de Vielfort ait eu aucune correspondance avec les émigrés ? 2° qu'il ait recruté ou conspiré à aucun recrutement pour les ennemis ? 3° d'aucun complot de contre-révolution dans lequel ledit de Vielfort aurait ou n'aurait pas trempé ? 4° quelles étaient les personnes qu'il voyait le plus fréquemment ? 5° quelles étaient les matières ordinaires de leur conversation [2] ? »

Sur ces entrefaites, Duquesnoy, d'Aoust et Doulcet chargèrent le juge de paix d'Houdain de procéder à une information identique. Le 22 décembre 1792, ce magistrat justifia le marquis de Vielfort du délit qui lui était imputé et montra qu'en résistant aux individus qui s'étaient présentés pour

---

1. *Moniteur* de 1793, n. 282.
2. Archives départementales.

l'arrêter, il n'avait fait que défendre sa vie contre une attaque à main armée :

« Nous, Charles-François Puchois, juge de paix d'Houdain, vu l'arrêté des commissaires députés de la Convention, du 29 novembre, l'examen par nous fait des papiers et effets du citoyen Gennevières de Vielfort;

« Attendu que nous avons reconnu qu'il n'existait aucune correspondance entre le citoyen de Vielfort et les ennemis de l'État ; que nous avons aussi reconnu que ledit citoyen a été attaqué dans sa maison pendant la nuit ; que l'on a commencé par briser et enfoncer plusieurs portes et que l'on a tiré plusieurs coups de fusil dans l'intérieur de sa maison, avant que le citoyen Gennevières ait paru, et qu'il ait été informé que l'on venait l'arrêter par ordre des commissaires députés de la Convention, avons jugé qu'on le mît en liberté provisoire à Arras, à charge de caution [1]. »

Le marquis de Vielfort devait obtenir une justification plus complète encore ; il fut renvoyé devant le jury de Béthune qui déclara, sur la plaidoirie de Dauchez, n'y avoir lieu à accusation [2].

Ainsi protégé par la chose jugée, le marquis de Vielfort n'en fut pas moins l'objet de nouvelles poursuites. Le 22 ventôse (12 mars), Joseph Le Bon prit un arrêté contre lui : « L'agent national du district de Béthune est requis de faire conduire dans la Maison de justice de la commune d'Arras le nommé Gennevières du Vieuxfort, détenu comme suspect [3] ».

M. de Vielfort fut amené aux Baudets le 26 ventôse [4].

---

1. Archives départementales.
2. *Procès de Le Bon*, t. I, p. 107 et 328.
3. Archives départementales.
4. Le registre d'écrou porte « arrêté comme suspect ; domicilié en la commune de La Punoy, *laboureur* ».

Quelques jours après, le 9 germinal (29 mars), Le Bon requit contre ses complices, « Puchois, le juge de paix, qui a instruit autrefois la fameuse affaire de Gennevières du Vieuxfort, tous les gens compliqués dans cette affaire, notamment Lagache, receveur dudit Gennevières, seront de suite appréhendés à la diligence du district de Béthune, et traduits en arrestation à Arras avec tous leurs papiers suspects et correspondances ». — En exécution de cet ordre, le 11 germinal, le juge de paix Puchois et Philippe-Martin Lagache (51 ans), receveur de M. de Vielfort, arrivèrent aux Baudets. De cette prison au tribunal révolutionnaire il n'y avait ordinairement qu'un pas. Le 2 floréal (21 avril), Le Bon renvoya à l'accusateur public les pièces à la charge du marquis de Vielfort et de Lagache.

A l'audience, Caubrière accusa les deux prévenus « d'être des traîtres à leur patrie, des ennemis résistant au gouvernement républicain, d'avoir pris une part très-active dans toutes les conspirations ourdies et continuées depuis la Révolution contre le peuple français et sa liberté : de Vielfort, en n'ayant cessé d'entretenir les correspondances les plus criminelles tant avec les ennemis intérieurs qu'avec ceux de l'extérieur, comme aussi en conservant des papiers qui ne tendaient qu'à exciter la guerre civile, en armant les citoyens les uns contre les autres, et à ébranler leur fidélité envers la Nation française, ainsi qu'il l'a déjà manifesté hautement lors du désarmement qu'on a été obligé de faire chez lui, et étant, en outre, le protecteur des aristocrates et des prêtres insermentés ; — Lagache, en n'ayant cessé de correspondre avec ledit Gennevières de Vielfort, de la manière la plus aristocratique et la plus royaliste, ainsi qu'il conste des lettres annexées au présent acte ».

Le marquis de Vielfort et Lagache furent condamnés à mort. Au moment de l'exécution, et lorsque M. de Vielfort était attaché à la planche fatale, Le Bon parut au balcon de la Comédie; sur un signe de sa main, le bourreau ayant suspendu son œuvre, il lut à haute voix une gazette qui contenait la nouvelle d'un avantage remporté par l'armée d'Italie; il raconta ensuite au peuple que l'armée française venait de battre l'ennemi sous les murs de Menin. Apostrophant enfin le marquis de Vielfort: « Va, scélérat, dit-il, apprendre à tes pareils les nouvelles de nos victoires ». — L'exécution avait été « suspendue au moins dix minutes ! ».

Après avoir fait verser tant de sang, le jury, cédant à un mouvement d'humanité, acquitta un gendarme qui avait laissé évader un prisonnier et Félix Bourdon, curé constitutionnel de Dourges, accusé d'avoir conservé une brochure de l'abbé Maury *sur la propriété des biens ecclésiastiques*, et d'avoir écrit, le 10 pluviôse, en donnant sa démission : « L'esprit de la France pourrait changer. »

7 floréal (26 avril). — Le jury prononça encore un verdict d'acquittement en faveur du juge de paix d'Houdain, Charles Puchois. On imputait au prévenu « d'avoir déclaré dans des procès-verbaux que Lagache et de Vielfort n'avaient en leur possession aucun écrit contre-révolutionnaire, tandis qu'il n'avait pas rougi d'en coter et d'en parapher ; d'avoir prévariqué dans ses fonctions, en servant d'instrument au perfide Dauchez pour sauver de Vielfort, lors du procès intenté à sa charge pour avoir fait feu sur les gardes nationaux de Béthune, envoyés pour le désarmer ».

Cette trêve dura peu : à la même audience, François Maes (59 ans), Nicolas Carré (76 ans), cultivateurs, l'un à Vielfort, l'autre à Divion, et Marie Pavy (69 ans), née à Lille, furent frappés sans miséricorde. — Maes avait dit, en fumant sa pipe, « que les réquisitions de chevaux et de fourrages

---

1. *Procès*, p. 63, 107, 148, 150, 290, 328.

amèneraient la disette en France ; il avait, de plus, donné asile à Dom Hugues Maes, son neveu, prêtre fanatique ». — « Tout vieux que je suis, avait dit Carré en abattant un arbre, je verrai encore la fin de l'Assemblée nationale. » — Marie Pavy avait conservé dans sa chambre un livre écrit de sa main, renfermant des chansons royalistes et contre-révolutionnaires ; entre autres, une « parodie infâme de l'hymne de la Liberté ».

8 *floréal* (27 avril 1794). — François-César de Marbais (37 ans), de Gauchin-Légal, avait été arrêté comme ex-noble, le 6 ventôse, avec sa mère, sa femme et son fils, âgé de vingt-six mois. On adressa à la municipalité de Gauchin-Légal, diverses questions sur la *fortune* de Marbais. — « 1. Combien a-t-il de revenus ? R. En la commune de Gauchin, il a un revenu net de trois mille cent trois livres neuf sols, et de ses revenus partout ailleurs, nous n'en savons rien. — 2. Pour combien lui croyez-vous de mobilier ? R. Pour neuf mille quatre cent trente-cinq livres, selon le dire d'experts, non compris ses chevaux et vaches. — 3. Quelle est sa profession ? R. Ci-devant noble. — 4. Combien exploite-t-il de terres en louage ? R. Il n'en exploite pas. — 5. Combien a-t-il de chevaux ? R. Quatre. — 6. Combien de vaches ? R. Trois[1]. » César de Marbais fut accusé « d'avoir retiré chez lui le curé réfractaire de sa commune, ainsi que M. de Laune, ci-devant chanoine d'Arras, et ensuite émigré ; d'avoir donné des certificats de résidence et de civisme audit de Laune, et d'avoir fait dire, dans sa chapelle, des messes auxquelles une partie des habitants assistaient ».

Le même acte d'accusation s'appliquait à deux autres prévenus, qui n'avaient avec de Marbais aucune espèce de rapports.

1. Archives départementales.

François Willemetz (48 ans), cultivateur à Gauchin, « n'avait donné, lors d'une quête pour l'équipement de nos frères d'armes, que deux billets de dix sols ». — « Vous verrez, avait-il dit, avec votre Constitution, ce que vous ferez. » Il avait conservé quatre libelles fanatiques et royalistes.

Xavier Rubrecq (29 ans), peigneur de laine à Lille, était accusé « d'avoir arboré la cocarde blanche, lors de l'entrée de l'ennemi à Roubaix, et d'avoir acheté l'abbaye de Rebreuves, pour la rendre plus tard aux religieux émigrés ».

De Marbais, Willemetz et Rubrecq avaient été écroués aux Baudets, le 26 germinal, à la réquisition du district de Béthune ; ils furent condamnés à mort.

Louis-François-Marie Caneau de Sangris (63 ans), receveur général de la Charité à Douai, fut jugé séparément. — M. Caneau était détenu à Douai dans la prison des *Écossais*. Le 25 ventôse (15 mars), sur la réquisition de Le Bon, le comité de surveillance de cette ville ordonna à la gendarmerie de le conduire à Arras. Il fut écroué aux Baudets le lendemain [1]. Dans une lettre envoyée de Douai, le 1er décembre 1790, M. Caneau avait « annoncé, avec une joie coupable, que tous les régiments allaient se rassembler pour aller à Paris sabrer l'Assemblée nationale » ; il avait « toléré que ses correspondants avilissent, par les plaisanteries les plus amères et l'ironie la plus insultante, la Nation, la liberté et le respectable titre de citoyen, en l'employant avec dérision » ; il avait enfin « pratiqué des intelligences avec les ennemis de la Révolution en Belgique, qui lui apprenaient avec plaisir que les patriotes allaient rentrer dans l'esclavage ». — M. Caneau fut exécuté en même temps que les

---

[1]. Bibliothèque de Douai. — La gendarmerie de Douai amena le même jour aux Baudets, par ordre de Le Bon, M. de Berkem, homme de loi, et Charlotte Caneau du Roteleur. Mme Caneau ne fut libérée qu'après le 9 thermidor.

trois autres condamnés du 8 floréal. Il était infirme ; on fut obligé de le porter à l'échafaud.

9 *floréal* (28 avril 1794). — Les « conspirateurs » que le tribunal jugeait dignes de mort, n'étaient pas seulement ceux qui avaient attaqué la Révolution dans leur correspondance; la possession de simples emblêmes suffisait pour transformer un citoyen paisible en « ennemi persistant du gouvernement révolutionnaire ». Ainsi François Widehen (36 ans), marchand boucher, écroué aux Baudets par ordre de l'agent national près le district de Saint-Omer, fut livré au bourreau parce qu'on avait trouvé chez lui : « 1° une bande de papier qui présentait, en réunissant différents mots, cette devise infâme : C'est ici le rendez-vous du sang ; 2° un carré de papier sur lequel étaient écrits huit vers qui, lus dans toute la longueur, donnaient un sens patriotique, et coupés par la moitié, un sens aristocratique ; 3° une image représentant deux cœurs enflammés ».

Jacques Blanquart de la Barrière (42 ans), ancien officier de la maîtrise des eaux et forêts, maire de Samer jusqu'en brumaire an II, était un de ces patriotes honnêtes qui, séduits par les promesses de la Révolution, avaient ensuite essayé de résister à ses désordres et à ses crimes. Dénoncé au département, destitué, emprisonné, il fut envoyé par Le Bon de Boulogne à Arras. Le 27 ventôse (17 mars), on le transféra de la prison du Rivage à celle des Baudets. On l'accusa « d'avoir protesté contre le décret de suspension du pouvoir exécutif entre les mains du dernier tyran, d'avoir dit formellement que sa main sècherait plutôt qu'il permît qu'un décret aussi infâme souillât jamais les registres du district de Boulogne dont il était alors procureur-syndic, d'avoir toujours été un royaliste et un aristocrate forcené ». Comparaître devant la justice révolutionnaire après un pareil crime, c'était remplir une formalité préparatoire à la mort. Blanquart fut condamné et non jugé.

Ainsi Joseph Le Bon réalisait la promesse qu'il avait faite, le 3 floréal, au Comité de salut public : « Nous allons bien ; nous irons encore mieux », lorsqu'une circulaire de ce Comité vint le mettre dans un embarras analogue à celui que le décret du 27 germinal avait fait naître. — Il n'était pas le seul qui eût élevé des réclamations contre la suppression des tribunaux révolutionnaires dans les départements ; un conventionnel rendu fameux par l'incendie de Bédouin, Maignet, alors commissaire à Avignon, s'était plaint à Couthon d'une mesure qui renversait ses projets. Le nombre des suspects dont il avait ordonné l'arrestation dans les départements de Vaucluse et des Bouches-du-Rhône étant de douze à quinze mille, « il faudrait, écrivait-il, une armée pour les conduire ; d'ailleurs, il faut épouvanter, et le coup n'est effrayant qu'autant qu'il est porté sous les yeux de ceux qui ont vécu avec les coupables [1] ».

Le Comité, désireux d'accéder à des désirs si légitimes et craignant cependant de multiplier, de son autorité privée, les infractions à la loi, résolut d'unir l'habileté à l'audace, et de parer, avec une apparence de légalité, aux conséquences regrettables que l'imprévoyance de Saint-Just avait amenées. A cet effet, il prépara un décret qui, sous prétexte de « régler la compétence du tribunal révolutionnaire de Paris et des tribunaux criminels des départements », apporterait au principe consacré le 27 germinal de salutaires exceptions. En attendant que ce projet fût présenté au vote de la Convention, il envoya dans tous les départements une circulaire destinée à suspendre provisoirement les commissions qui pouvaient y exister encore, et à empêcher la création de commissions nouvelles.

1. De Barante, t. IV, p. 388.

Cette circulaire fut remise à Le Bon le 9 floréal (28 avril); il réussit à la tenir secrète, se contenta de laisser chômer ses juges, et sans chercher à dissimuler qu'il ne régnait à Arras que par la grâce de la guillotine, il écrivit au Comité :

« Le 29 germinal, je vous dépêche un courrier pour vous demander si le tribunal révolutionnaire séant en cette commune doit cesser ses fonctions, en vertu de la loi dudit germinal. Voici votre réponse :

« Le Comité de salut public, instruit par le représentant
« du peuple Joseph Le Bon des circonstances particulières
« qui rendent nécessaire le tribunal institué à Arras pour
« réprimer les conspirations, arrête que ce tribunal conti-
« nuera l'exercice de ses fonctions. »

« Je vous ai mandé combien cette réponse avait avancé encore, dans cette commune, l'esprit public, et vous avez dû voir les dangers que courraient les patriotes, si les aristocrates pouvaient croire un seul instant que vous blâmassiez nos opérations.

« Eh bien ! il vient de nous arriver une circulaire qui nous jette dans un nouvel embarras ; mais, jusqu'à votre réponse, elle ne sera communiquée qu'aux républicains éprouvés, et nous éviterons encore cette fois les poignards. Hâtez-vous de nous dire si, par cette circulaire, vous avez cru rapporter votre arrêté du 30 germinal.

« Je ne le pense pas. Si cependant, contre toute attente, vous aviez eu cette intention, commandez-moi de périr, ou rappelez-moi dans le sein de la Convention nationale. Assignez aussi un asile aux braves qui m'ont secondé, car toute notre force est dans la Convention et dans vous. Salut et fraternité.

« P. S. — Je soupçonne que la circulaire dont il s'agit a été envoyée à Arras pour une commission révolutionnaire du temps d'Élie Lacoste et Peyssard, et qui n'existe plus depuis longtemps[1].

« Depuis votre arrêté du 30 germinal, trente-deux contre-révolutionnaires de ces environs ont disparu du sol de la liberté, et la prison des Baudets regorge encore. »

Le Comité de salut public se garda bien « d'exposer aux poignards » les braves qui le servaient si bien ; foulant aux pieds une seconde fois le décret du 27 germinal, il écrivit à Le Bon :

« Le Comité de salut public arrête que la commission révolutionnaire établie à Arras pour juger les conspirateurs continuera ses fonctions ; la suspension provisoirement prononcée ne pouvant avoir aucun effet après la réception du présent arrêté qui révoque cette disposition. — COLLOT-D'HERBOIS, B. BARÈRE, BILLAUD-VARENNES, CARNOT, C.-A. PRIEUR, ROBESPIERRE[2]. »

Aussitôt que Joseph Le Bon connut cet arrêté, il le fit transcrire sur le registre du tribunal révolutionnaire, et sans que le public eût soupçonné la cause d'un chômage de trois jours, il remit sa machine en train.

12 *floréal* (1er mai). — Six prévenus comparurent à la fois devant le jury :

Marie-Thérèse-Charlotte de Gennevières de Vielfort (63 ans) avait « conservé une multitude de lettres contre-révolutionnaires ». Le comité de surveillance de Béthune l'avait envoyée aux Baudets depuis quatre jours seulement.

Élisabeth Vitry, veuve Samette (88 ans), avait été conduite dans la même prison par ordre du comité d'Aire, le 7 floréal. Dans une lettre à Mme de Vielfort, elle avait déclaré « qu'il fallait bénir l'armée de ce qu'elle venait rétablir le calme dans la France et consoler le Roi plus malheureux que

---

1. Lettre du 9 floréal. Rapport de Courtois, P. J., n. 70.
2. Arrêté du 11 floréal, 2e *Censure*, p. 65.

ses sujets, puisque sa vie n'était pas assurée; que l'Assemblée mangeait tout; que ses membres étaient des sangsues et qu'on perdait infiniment sur les malheureux billets d'assignats ».

Auguste Cataert, orfèvre-joaillier (45 ans), transféré de Lille et incarcéré aux Baudets, le 8 floréal, avait « témoigné au conspirateur du Vielfort, dans une lettre du 12 août 1791, son attachement à la monarchie, le désir de son rétablissement et d'une transaction avec le Roi ».

Barnabé Lesur, né à Béthune, médecin à Lille (42 ans), compagnon de captivité de Cataert, avait « laissé éclater, dans une des lettres saisies chez de Vielfort, le regret de ce que le parti des patriotes l'emportait sur celui des fanatiques aristocrates. « Qu'en dites-vous ? Le beau siècle ! » s'était-il écrié avec dérision ».

Louis Delorne d'Alincourt (38 ans), arrêté comme suspect, avait obtenu du conseil général de la commune d'Allouagne, où il résidait, des marques de sympathie d'autant plus éclatantes que, de la part des corps constitués, elles étaient plus rares à cette époque : « Tout son crime, avaient écrit, le 19 frimaire (9 décembre), les municipaux d'Allouagne à Joseph Le Bon, a était de s'être laissé entrenez par le praitre non conformiste. Il nourri un pauvre viellart chez lui, et dont il a le plus grant soin. Il en a soutenu un autre pendant huit mois vis-à-vis de chez lui. Il a donné quarante écut pour aider à faire des hommes pour le contagens de ladite commune. Tous les citoyens de la commune demande sa liberté, et le prendront sous leur surveillance, s'il est nécessaire [1] ».

En l'absence de Le Bon, le représentant Laurent, touché de cette requête, demanda, le 27 frimaire, des renseignements

---

1. Archives départementales.

positifs au comité de surveillance de Béthune. Le président du comité répondit le 28 : « Les administrateurs du district nous ont dis qu'ils regardaient ledit détenu comme une homme dangereux, et qu'il le voyent méritant la détention jusqu'à la paix ». Laurent demanda confirmation de ces renseignements au district, et maintint Delorne dans les prisons de Béthune. Le Bon l'en tira le 5 floréal, en même temps que Mme de Vielfort [1]. On l'accusa « d'avoir manifesté dans ses propos, et en donnant le fil à son sabre, le dessein d'aller rejoindre les émigrés et de combattre avec eux la Nation française, intention encore confirmée par une lettre où l'on dit qu'il est attendu près de Coblentz [2] ».

Imbert de Lambessart, expédié de Lille à Le Bon, le 8 floréal, avait « conservé une *Instruction aux catholiques sur leur conduite dans la Révolution, et les moyens d'en arrêter les progrès* ». Il avait aussi, disait l'accusateur, « pratiqué des intelligences avec l'ennemi et favorisé le progrès de leurs armées sur le territoire français ».

Aucun des prévenus n'échappa à la mort.

Joseph Delattre (50 ans), receveur de l'abbaye d'Étrun, avait été dénoncé au comité de surveillance d'Arras, le 14 avril 1793, par le vice-président, le procureur-syndic et le secrétaire du district. Le comité d'Étrun, qui fut consulté, ne connaissant aucun fait à sa charge, envoya cette note à

---

[1] « Le Bon requiert le comité de surveillance de Béthune de faire conduire aux Baudets D'Alincourt et Gennevières, femme du Vielfort, tous deux en état d'arrestation à Béthune. »

[2] Le 13 germinal, Catherine Crépin, femme Delorne, enceinte de huit mois et d'une santé très-faible, avait demandé à Le Bon de sortir de la prison de Béthune et de retourner dans ses foyers. « Si je n'avais, avait-elle dit, un être à sauver, j'aurais supporté ma détention avec patience ; je compte sur ton humanité ». — Le médecin de la prison et le comité de surveillance avaient appuyé très-vivement cette supplique. — L'humanité de Le Bon lui inspira cette réponse : « Le District prendra toutes les mesures nécessaires pour que cette femme soit dans un lieu commode pour accoucher ». (Arch. départ.).

Arras : « Il ne converse avec personne, et ne se fie à personne ». Delattre fut envoyé à Doullens, où Le Bon le tint longtemps en réserve; par ses ordres, la gendarmerie de Larbret le transféra aux Baudets le 7 floréal. L'acte d'accusation, rédigé par Darthé, lui imputa « d'avoir écrit, au nom de l'abbesse d'Étrun (Mme de Beaufort), à la nommée Marbais-Mazancourt, pour l'engager à acquérir la maison d'Étrun au prix de l'estimation, prix qui lui aurait été rendu à la rentrée des religieuses dans leur couvent; d'avoir conservé précieusement deux cœurs enflammés, dont l'un est surmonté d'une croix, et l'autre *surmonté* d'une épée ». — « Il n'est pas douteux, disait Darthé, peu renseigné à ce sujet par l'ancien curé de Neuville, que ce sont des signes contre-révolutionnaires, puisque tous les ennemis de la patrie en sont fournis. »

Delattre fut immolé à midi, en même temps que les six victimes jugées avant lui.

Il est évident que le tribunal prenait à peine le temps de faire lire les actes d'accusation, de procéder à un interrogatoire sommaire, et de prononcer ses jugements. Le jury ne délibérait guère que pour la forme.

Ce jury rendit cependant un verdict négatif en faveur du secrétaire du district de Montagne-sur-Mer (Montreuil), qui « ne s'était pas opposé au départ d'un émigré ».

1. Le 11 floréal, le juré Gouillart écrivit d'Arras la lettre suivante : « Aux administrateurs du District de Béthune ainsi qu'à tous les vrais sans-culottes... Courage, continuez, ça va ; allons au pas de charge plus que jamais ; point de quartier. Vous n'en fîtes jamais aux aristocrates ; n'en faites pas aux modérés, encore moins aux intrigants : ce sont vos principes. J'espère vous aider dans quelques jours ; je vous fais passer la liste des guillotinés d'aujourd'hui....... tous pour correspondance contre-révolutionnaire avec le scélérat Du Vielfort. J'ai appris que vous serez charmés de savoir tous les jours, les noms des guillotinés : je vous les ferai passer ainsi que les nouvelles des armées. Adieu. Salut et fraternité. (*Cris des habitants de Béthune*, p. 131).

Le 13 floréal Gouillart écrit de nouveau aux sans-culottes de Béthune : « Nous avons fait guillotiner aujourd'hui huit scélérats »; le 15 floréal : « Cinq scélérats ont été hier guillotinés ».

13 *floréal* (2 mai).—La gendarmerie de Lille avait amené aux Baudets, le 12 floréal, deux jeunes gens pris à Menin (Belgique) : Charles Vaillant, de Boiry-Saint-Martin (29 ans), et Charles Pinchon (31 ans), fils du maître de poste de Lens. Poursuivis comme déserteurs et prisonniers de guerre, ils furent bientôt fixés sur leur sort.

Cinq prévenus succédèrent à ces condamnés. C'étaient : Étienne Prince (59 ans), maître d'hôtel du comte de Cunchy, puis confiseur au Café de la Comédie; Joseph Lallemand (39 ans), écrivain chez le commissaire des guerres; Marie-Anne Leval (36 ans), cuisinière; Antoine Olivier (30 ans), jardinier à Duisans; Alexis Boulogne (67 ans), cultivateur à Wagnonlieu.

Prince et Lallemand, emprisonnés comme suspects, mis en liberté, réincarcérés par ordre de Le Bon le 24 frimaire (14 décembre), puis relâchés, avaient été arrêtés définitivement, le 13 nivôse (2 janvier), comme « agents d'émigrés ayant été ou pouvant être très-contraires à la Révolution ».

Boulogne et Olivier, mis en arrestation le 15 ventôse (5 mars), et conduits aux Baudets par Darthé et Gilles, avaient obtenu du comité de surveillance de Duisans un témoignage très-favorable « sous le rapport du caractère et des opinions politiques ». On les retint cependant en prison et on les traduisit au tribunal comme complices de Prince.

De quel crime s'étaient-ils rendus coupables ? Avec l'aide de Lallemand et de Marie-Anne Leval, l'ancien serviteur de M. de Cunchy avait enfoui dans la terre, chez Boulogne et Olivier, l'argenterie et les titres féodaux de son maître, ainsi que « la fameuse protestation de la Noblesse contre la Révolution ».

La fille Leval fut seule acquittée. Les quatre autres prévenus furent condamnés à mort.

Le tribunal s'occupa ensuite de Pierre Defossé (39 ans), cordonnier à Bapaume. Defossé avait « donné un coup de carrelet à l'un des plus chauds patriotes de cette ville, qui disait assister avec plaisir à l'expulsion du ci-devant doyen Fauquemberghe, fameux par son fanatisme ». Il eut beau répondre à l'accusateur public qu'il avait été provoqué par des coups de poing, le jury se déclara convaincu.

Restait à juger Louis Pilain (60 ans), rentier à Arras. — Le 19 ventôse (9 mars), Pilain se trouvait à l'auberge du citoyen Mercier, rue du Contrat-Social, et sans prendre garde à la présence du juge de paix, il s'entretenait du sort probable d'un prisonnier. — Le juge de paix se rendit au comité, et relata sur le registre des dénonciations les propos qu'il avait entendus :

« Celui-là sortira, parce qu'il n'a rien. Si celle de ce matin n'avait eu rien, elle ne serait pas guillotinée. On ne guillotine pas les pauvres.

« Le soussigné l'ayant interpellé de déclarer de qui il entendait parler, en disant : Celle de ce matin, a déclaré qu'il entendait parler de la Béthune [1]. »

Emprisonné aux Baudets, le 19 ventôse, par le comité de surveillance, Pilain fut condamné à mort.

Pendant que l'on jugeait ces trois dernières affaires, Pinchon et Vaillant, condamnés avant dix heures du matin, avaient été conduits aussitôt, par ordre de Darthé, sur la place de la Révolution. On les lia aux pieds de la guillotine, on brûla leurs habits, on les livra aux insultes de la populace, qui les couvrit d'ordures. Vers une heure, les sept victimes jugées après ces malheureux furent amenées au lieu du supplice ; Pinchon et Vaillant pouvaient enfin mourir !... Le bourreau leur refusa cette faveur. Non content de les faire

---

1. Archives départementales.

attendre jusqu'à ce que l'exécution des derniers venus fût consommée, ce valet du tribunal révolutionnaire les força à embrasser la tête sanglante de l'un des suppliciés. Vaillant s'évanouit... Avant de le tuer, on lui jeta sur le corps un seau d'eau, pour le rappeler à la vie [1].

14 *floréal* (3 mai). — Guy Letierce, marchand à Arras, arrêté comme suspect le 5 brumaire (17 octobre), produisit des certificats de ses voisins, attestant son civisme. « Letierce riche », telle fut l'observation qui, inscrite au pied de sa requête, le fit maintenir à l'Abbatiale. Le prisonnier avisa d'un autre moyen : il fit valoir au comité révolutionnaire que, marchand de vins en gros et cultivateur, il serait forcé, par sa détention, de cesser son commerce et de laisser ses terres en friche. Cette fois le comité, « sur ce que des citoyens pourraient réclamer contre la détention de Letierce », ordonna qu'il fût élargi.

Letierce se croyait en sûreté, lorsque, en fouillant un sieur Bulté, chasseur au 17°, on trouva dans son portefeuille des quittances signées Letierce, délivrées l'une, en date du 3 février 1793, à Louis Caron avocat, domicilié à Londres ; l'autre, de onze cents livres dix sols, à Pierre Hanot de Robecque. Ces pièces avaient été remises à Bulté par Anne Vincent, fille de boutique de Letierce.

Le 25 ventôse (15 mars), Darthé, commissaire de Le Bon, donna ordre de faire arrêter Guy Letierce et Anne Vincent. On apprit bientôt que le prévenu principal avait fait porter par sa fille de boutique et par un cordonnier, Augustin Plouviez, diverses sommes d'argent chez une repasseuse, Thérèse Degouy, et chez une dentellière, Marianne Liothaud,

---

1. *Procès*, t. I, p. 142 et 329.

« Vaillant, dit Le Bon, était électeur avec moi en 1792. IL ÉTAIT MON AMI ; on n'ignorait pas que je lui étais *singulièrement attaché*. On n'eut garde de m'en parler. Je n'ai su que la brûlure de leurs habits avant l'exécution ».

et que cet argent était destiné à des émigrés. Cette découverte amena la condamnation à mort de Letierce (43 ans), Anne Vincent (28 ans), Thérèse Degouy (50 ans) et Marianne Liothaud, femme Deforge (44 ans). De tous ces « conspirateurs », Plouviez seul fut acquitté.

On leur donna pour compagnon de supplice un brigadier de chasseurs, Jean-Marie Lefebvre (21 ans), convaincu de pillage à main armée.

15 *floréal* (4 mai). — Un marchand de vaches d'Orgeville, Jacques Barbier (48 ans), avait déclaré aux habitants de son village « que le représentant Le Bon ne serait plus revenu dans le canton, parce qu'on lui en aurait f....; que d'ailleurs Le Bon ne passait qu'une fois dans le même endroit. »

« Il avait eu l'audace de dire à un citoyen qui lui parlait de tout le bien que Le Bon avait fait dans ce département, que, s'il l'avait eu dans les mains, il lui aurait ôté la vie ». Le 27 germinal, Le Bon le fit écrouer aux Baudets comme « prévenu d'avoir tenu des propos injurieux à la représentation nationale ». Le tribunal révolutionnaire vengea Joseph Le Bon en envoyant le coupable à l'échafaud.

LIVRE X

La mission conférée à Le Bon le 9 nivôse s'étendait aux départements du Pas-de-Calais et du Nord; l'arrêté du 11 ventôse l'avait même autorisé « à suivre ses opérations dans les départements environnants ». Nous avons vu cependant qu'après avoir demandé à être débarrassé des contrées où les connaissances locales lui manquaient, il avait de lui-même restreint sa surveillance au Pas-de-Calais.

Les habitants du Nord ne devaient pas jouir indéfiniment de la sécurité dont Le Bon les avait ainsi gratifiés; Cambrai en particulier était destiné à subir la tyrannie de ce proconsul et à acquérir, parmi les cités qu'il opprima, un renom presque égal à celui d'Arras. Ce furent deux membres du Comité de salut public, Saint-Just et Le Bas, qui chargèrent Le Bon d'installer à Cambrai un tribunal révolutionnaire; les opérations militaires dont la frontière du Nord était le théâtre, servirent de prétexte aux mesures cruelles qui ensanglantèrent cette ville.

Le décret du 27. germinal à peine voté, Saint-Just avait été envoyé avec Le Bas, son collègue, au quartier général établi à Guise. Pichegru commandait en chef l'armée française; suivant les plans tracés par Carnot pour la défense du territoire, il se disposait à laisser Guise, Saint-Quentin et Cambrai, suffisamment défendus, et à se porter avec cinquante mille hommes sur la droite de l'ennemi qui s'avançait vers Landrecies. La conservation de Cambrai importait au succès de nos armes; aussi Carnot, dans les instructions données à Pichegru, le 25 ventôse an II (11 mars 1794), avait-il recommandé « de mettre dans cette place, ainsi qu'à Landrecies et à Bouchain, de bonnes garnisons et bien approvisionnées; de faire sans cesse mouvoir les troupes et changer les garnisons, autant pour les tenir en haleine, que pour rompre par une activité perpétuelle les trahisons qui pouvaient s'ourdir, et empêcher qu'il ne se nouât des intrigues».

En cas d'attaque contre Cambrai, nos généraux pouvaient compter sur les habitants autant que sur les troupes; déjà ils avaient fait leurs preuves. Au mois d'août 1793, après la capitulation de Condé et de Valenciennes, le duc d'Yorck était venu camper devant Cambrai, et l'avait cerné pendant cinq jours. Le général Desclaye, commandant la place, avait rendu hommage à la fermeté des Cambrésiens [1].

L'attitude courageuse de la population était d'autant plus remarquable que, le 7 août, à l'approche de l'ennemi, les représentants Delbret, Collombel et Letourneur, suivis des agents des subsistances, étaient sortis de la ville et s'étaient soustraits aux dangers de l'état de siége. Le district, dans une lettre envoyée à la Convention, s'était plaint de cet

---

1. *Moniteur* du 10 août 1793.

abandon et avait protesté de son dévouement à la patrie [1]. — Le 8 août, un officier de Cobourg, dépêché par le général de Doros, commandant les avant-postes de l'armée autrichienne, avait offert au général Desclaye et à la municipalité la plus honorable capitulation. « Le conseil général de la commune réuni au district et à la société populaire avait répondu : « Aucun sacrifice ne coûte à des républicains; nous nous battrons comme nos frères [2] ». L'ennemi s'était éloigné : la garnison tenta, pour le forcer à abandonner les villages voisins, plusieurs sorties qui furent malheureuses; le 12 septembre notamment, elle perdit un grand nombre d'hommes, quatorze canons, et fut obligée de se réfugier momentanément à Bouchain; le 20 mars, sans aboutir au même désastre, elle n'obtint pas un meilleur résultat.

Ces revers n'avaient point abattu les esprits. Le 14 germinal (3 avril), à l'occasion de la condamnation des Dantonistes, la société populaire et le comité de surveillance, composés à Cambrai, comme partout, de patriotes exaltés, avaient envoyé à la Convention une adresse de félicitations, et profitant de cette occasion, avaient annoncé à l'Assemblée nationale non pas qu'il existait à Cambrai des conspirateurs, mais que la « garnison de la place était animée du plus ardent patriotisme ; que tous les citoyens étaient dans les meilleures dispositions [3] ».

La campagne de 1794 s'ouvrit sous de fâcheux auspices :

---

1. *Moniteur* du 16 août.
2. *Histoire de la municipalité de Cambrai, depuis 1789*, par Eugène Bouly, t. I, p. 230.
3. La garnison de cette place est animée du plus ardent patriotisme ; elle attend avec impatience le moment où elle pourra se mesurer avec les lâches satellites des despotes. Tous les citoyens sont dans les meilleures dispositions ; ils se sont empressés de couvrir l'autel de la Patrie de leurs dons; ils travaillent sans relâche à la fabrication du salpêtre et promettent d'en fournir deux cents livres par décade. (*Moniteur* du 11 germinal).

le 28 germinal (17 avril), le prince d'Orange repoussa nos divisions, du centre et investit Landrecies. Le général Chapuy, envoyé au secours de cette place avec une division de Cambrai, éprouva, faute d'artillerie, un sanglant revers. Les Cambrésiens virent rentrer dans leurs murs, le 5 floréal, des militaires en désordre déclarant que « tout était perdu, comme à l'affaire du 12 septembre ». Un soldat du 3ᵉ hussards vint annoncer au district « que son régiment avait été taillé en pièces et qu'il n'y avait de sauvés que ceux qui s'étaient enfuis ». Quelques jours après, on apprit que Landrecies avait capitulé. Le conseil général de Cambrai n'en persista pas moins à déclarer à la Convention, le 14 floréal, que l'héroïsme était à l'ordre du jour dans l'armée du Nord [1].

Assurément, les Cambrésiens, si l'on envisage leur conduite au point de vue militaire, ne méritaient pas d'être surveillés comme des traîtres et réduits à la fidélité par la force. Mais Saint-Just exerçait l'art de la guerre autrement que Carnot; il avait apporté à l'armée ses habitudes révolutionnaires du Comité de salut public, et, trouvant dans la terreur un auxiliaire aussi puissant pour vaincre que pour gouverner, il avait organisé au quartier général une commission militaire qui fusillait indistinctement, sans plus de formes que de raison, partisans de l'ennemi, déserteurs, fournisseurs infidèles et jusqu'aux recrues qui reculaient sous le premier feu. Insuccès, hésitation, indiscipline, propos imprudents, à ses yeux tout était trahison [2].

---

1. Registre aux délibérations du District. (Archives départementales du Nord et *Moniteur*.)

2. Saint-Just, pendant son séjour à Guise, s'était plaint qu'on n'exécutait pas assez sévèrement son arrêté contre les ex-nobles. On lui fit observer que les prisons étaient pleines. « Il faut, répondit-il, que les cimetières, et non pas les prisons, regorgent de traîtres. » Cette parole est consignée sur les registres de la Société populaire de Guise. — De Barante, t. 4, p. 351.

Ce n'était pas assez d'appliquer un pareil régime aux armées en campagne; il entrait dans les plans de Saint-Just que nos places fortes, et spécialement Cambrai, fussent administrées révolutionnairement. A ces fins, comptant sur Le Bon comme sur un autre lui-même, il lui écrivit avant de quitter Guise :

Liberté, Égalité, Fraternité.

Réunion-sur-Oise, 2ᵉ année républicaine.

« Il est indispensable, cher collègue, que tu te rendes sur-le-champ à Cambray pour y surveiller les manœuvres de l'aristocratie en faveur de l'ennemi.

« Nous t'invitons à emmener avec toi cinq des patriotes les plus vigoureux du jury et du tribunal d'Arras, et à annoncer dans Cambrai une résolution inébranlable de ne laisser impuni aucun crime contre la Révolution.

» Que ce tribunal soit civil et militaire; qu'il mette, et dans l'armée et dans la ville, le redoutable respect de la Révolution.

« Tu ne dois plus quitter Cambrai que tu n'aies reçu de nos nouvelles. N'en sors pas; maintiens-y l'esprit révolutionnaire et la justice grave et inflexible, tandis que, de notre côté, nous suivrons les vues du Comité de salut public.

« Nous avons besoin, cher collègue, de ton intrépidité; cours à Cambrai et donne-nous sur-le-champ et chaque jour de tes nouvelles.

» Salut et amitié. — LE BAS, SAINT-JUST [1] ».

L'illégalité des mesures prescrites par Saint-Just et Le Bas était manifeste : si le Comité de salut public n'avait pu, sans violer le décret du 27 germinal, maintenir à Arras un tribunal révolutionnaire déjà existant, combien plus était-il

---

1. 2ᵉ *Censure*, p. 69.

interdit à deux représentants en mission d'ordonner à Cambrai la création d'une commission nouvelle ? Mais Le Bon se serait-il permis la moindre représentation à ce sujet, lui qui, à deux reprises différentes, avait sollicité la conservation illégale du tribunal d'Arras ? Aussi n'hésita-t-il pas à répondre à la confiance que Saint-Just et Le Bas lui témoignaient; aussitôt qu'il eut pris connaissance de leur lettre, il s'occupa des préparatifs de départ. Son premier soin fut d'assurer à Arras le maintien de l'ordre et de la tranquillité pendant son absence; dans ce but, il résolut d'éloigner de cette ville les adversaires politiques qu'il tenait sous les verroux :

« Au nom du Peuple français, Joseph Le Bon, représentant du peuple dans les départements du Nord et du Pas-de-Calais ;

« Considérant que les intrigants détenus pourraient profiter de son absence de la Commune d'Arras pour y faire renaître la discorde et chercher à égarer de nouveau l'esprit public, arrête :

« En partant pour Cambray où le salut de la patrie l'appelle,

« Que les frères Le Blond, l'un adjudant-général de l'armée du Nord; l'autre, ex-membre du comité de surveillance, Demuliez, ex-accusateur public, et Beugniet, ex-président du tribunal révolutionnaire séant en la Commune d'Arras,

« Prévenus d'intrigues pour sauver l'aristocratie, de prévarications dans leurs fonctions, de tentatives pour avilir la Représentation nationale et tourner contre les patriotes les mesures révolutionnaires,

« Seront provisoirement conduits au Comité de sûreté générale à Paris, lequel demeure invité à assigner auxdits prévenus une maison d'arrêt,

« Jusqu'à ce que les circonstances permettent au représentant Joseph Le Bon d'achever l'instruction déjà commencée à leur charge.

« Fait à Arras, le 15 floréal an II [1]. »

En conséquence de ces ordres, le District chargea le capitaine de gendarmerie Lantoine de partir, avant une heure de la nuit, avec les quatre prisonniers et de les transporter à Paris dans les trente heures. Par un surcroît de précautions qui n'étaient point prescrites dans l'arrêté de Le Bon, cette administration poussa le zèle jusqu'à enfermer à l'Abbatiale Mme Le Blond et ses deux enfants âgés, l'un de cinq ans, l'autre de quatre ans, et les femmes Demuliez et Beugniet [2].

Le Bon compléta ses instructions en s'occupant des adhérents de Demuliez, laissés jusque-là en liberté. « Boizard, ex-membre du comité de surveillance de la ville d'Arras, sera arrêté immédiatement après le départ de Demuliez et consorts avec lesquels il est prévenu d'avoir eu des relations très-intimes. — Le District d'Arras surveillera plus particulièrement la conduite des anciens membres du susdit comité qui n'ont point été continués dans leurs fonctions, et les fera arrêter au moindre éveil [3]. »

---

1. Archives départementales.

2. Le District traitait Demuliez et consorts comme des suspects ordinaires. Le 16 floréal il fit apposer les scellés dans leurs maisons. « On saisit chez Demuliez qui habitait, rue de Baudimont, l'ancien couvent des Brigittines : sept jambons, une tinette pleine de beurre, une autre aux trois quarts, deux cent quatre-vingt-cinq livres de farine, un quintal cinquante-deux livres d'avoine, un demi sac de charbon de bois ; — chez Beugniet : trois sacs de farine pesant trois cent soixante-neuf livres, un quartelot de harengs dans le sel, plein pour la moitié, un sac plein de haricots dans leurs cosses, quatre jambons, un saloir contenant à peu près un quart de lard et une tinette contenant environ cinq livres de beurre. » (Arch. dép.).

3. Séance du district du 15 floréal :

« En conséquence de cet arrêté, l'administration du district d'Arras arrête charger le comité de surveillance d'Arras de mettre en arrestation Boizard, ex-membre de ce comité, entre trois et quatre heures de la nuit, de saisir ses papiers et de les apporter au District.

Arrête qu'il lui rendra, dans les vingt-quatre heures, compte de cette arres-

Ainsi prémuni contre les manœuvres de ses anciens frères, Joseph Le Bon fit choix des « patriotes vigoureux » qu'il devait associer à ses nouveaux exploits. Au lieu d'en prendre seulement cinq, comme Saint-Just et Le Bas le lui avaient conseillé, et d'être ensuite réduit à leur donner, à Cambrai même, des collaborateurs inconnus et inexpérimentés, il résolut de former pour le tribunal un cadre qu'il suffirait ensuite de remplir, et de composer immédiatement son jury. Il destina à Daillet les honneurs de la présidence ; à Darthé et à Caubrière conjointement, les fonctions d'accusateurs publics ; à Galand, l'emploi de greffier en chef. Il prit comme jurés : Taffin-Bruyant, Nicolas Lefetz, Jouy, Louis Régniez son beau-frère, Mienné, Gouillart, Remy et Dupuis qui faisaient partie du jury d'Arras : il leur adjoignit Louis Vasseur, Carrault, Lefebvre et Lemirre. — Louis Vasseur était bel-oncle de Le Bon ; Carrault siégeait au District ; Lefebvre était commissaire aux émigrés ; Pantaléon Lemirre, perruquier à Arras, avait été nommé, le 29 nivôse, membre du Conseil général de la commune. En pluviôse, la municipalité l'avait chargé de « faire disparaître des églises les croix et autres signes de fanatisme ou de culte dominant ».

Lemirre s'était signalé en dénonçant à Le Bon Mme de Sus-Saint-Léger et ses deux filles que nous verrons bientôt monter à l'échafaud.

Une lettre de ce Lemirre, adressée le 5 fructidor an II

---

tation ; charge le même comité de surveiller très-particulièrement la conduite des anciens membres de ce comité, qui n'ont point été continués dans leurs fonctions, et de les arrêter au moindre éveil ; l'invite à avoir le courage civique de dénoncer ceux de ses membres qui manqueraient de fermeté, qui seraient faibles dans l'exécution des mesures révolutionnaires, ou infidèles dans leurs fonctions, et qui auraient des relations avec des détenus, ou des hommes non notoirement connus amis de la Révolution. Cet arrêté et les mesures qu'il renferme ont été pris après avoir ouï l'agent national. » (Arch. départ.)

(22 août 1794) au comité de surveillance d'Arras, renferme de précieux renseignements sur les circonstances qui accompagnèrent la nomination du jury de Cambrai.

« Voicy comme j'été nommé juré : Un jour me trouvent au tribunalle d'Arras pour y voir juger, la séance qui doit avoir comencé à neuve heur ne comencent qu'à dix heur et demie par l'absence de Daillet présiden, à son arivé, il tiras de sa poche un arêté du représentan Joseph Le Bon qui établicé un tribunalle à Cambray : Quel fut ma surprice de m'entandre nommer pour douziemme juré du tribunalle de Cambray, mois qui n'avait jamais été juré de ma vi ! L'ordre m'en fut donné à onze heur moin un car, est il fallait partir à onze, sens avoir le tam de dire adieu à ma famille. Je fit le serment avan mon dépar de ne jamais traire ma conciance [1]. »

Le Bon ajouta à ce personnel Pierre André, écrivain au département [2], désigné comme huissier du nouveau tribunal ; Léandre Le Bon, son frère, destiné à servir de commis-greffier ; Henri Le Bon, son second frère, qu'il attacha à son cabinet, et un de ses anciens élèves de Beaune, Faguet, qui servait à l'armée et qu'il avait fait venir près de lui comme secrétaire. Enfin, l'exécuteur de Cambrai étant vieux et malade, il jugea indispensable d'emmener à sa suite Pierre Outerdebanque qui était jeune et vigoureux.

Ces nominations créaient des vides dans le tribunal d'Arras ; Le Bon prit soin de combler les plus importants. Il confia provisoirement la présidence à Nicolas-Joseph Guilluy, administrateur du département en 1792, juge au tribunal de Saint-Pol, devenu, depuis le 16 brumaire, membre du District. A la place de Caubrière, il nomma Cyriaque Caron

---

1. Archives départementales.
2. Entr'autres exploits, le 25 février 1793, André avait dénoncé au District et fait incarcérer quatre prêtres.

substitut de l'accusateur public Potier. Il comptait bien conserver, pendant sa résidence à Cambrai, la surveillance du Pas-de-Calais ; néanmoins, pour ne pas différer l'arrestation des citoyens contre lesquels des dénonciations lui avaient été remises, il chargea Célestin Lefetz et Petit d'examiner leurs dossiers et de faire incarcérer ceux qu'ils jugeraient suspects [1].

Petit, appelé presqu'aussitôt à Cambrai, fut remplacé par Varnier [2].

Il ne restait plus qu'à pourvoir à des soins matériels. Le tribunal de Cambrai, à la fois civil et militaire, devait prendre un extérieur martial. Le Bon requit le comité de surveillance « d'enlever sur-le-champ des pistolets chez les émigrés, déportés, reclus ou condamnés, et de les remettre à Galand ».

Pour parer aux frais de route et aux premières dépenses, il puisa dans la caisse du District :

« Joseph Le Bon, considérant que le tribunal révolutionnaire qu'il doit établir à Cambrai nécessitera de fortes dépenses, requiert le receveur du District d'Arras de remettre au citoyen Galand, secrétaire général du département du Pas-de-Calais, la somme de 8,000 livres pour faire les dépenses dont il rendra compte [3] ».

Nous avons dit quelle était, au point de vue militaire et en présence de l'ennemi, la contenance de Cambrai à la date du 15 floréal ; sans entreprendre le récit des événements qui s'étaient succédé dans cette ville depuis 1789, faisons con-

---

1. « Les administrateurs Petit et Lefetz sont autorisés à faire arrêter, même hors du District d'Arras, les personnes qui se trouveraient compromises dans les pièces que le représentant du peuple les a chargés d'examiner, sauf à rendre compte dans les vingt-quatre heures ». Arrêté du 16 floréal. 2ᵉ *Censure*, P. J., 23.

2. « Varnier est substitué momentanément au citoyen Petit dans les fonctions particulières que ce dernier avait à remplir au bureau du représentant Joseph Le Bon à Arras. » (Arch. départ.)

3. Archives départementales. Arrêté du 16 floréal.

naître sommairement les ravages que la Révolution y avait exercés avant l'arrivée de Le Bon, et les auxiliaires qu'elle avait rencontrés.

A Cambrai, comme dans la France entière, la Révolution avait dirigé contre la religion ses premiers coups. La cathédrale, neuf églises paroissiales et les chapelles de vingt-deux couvents avaient été successivement fermées, vendues, renversées ; il n'était resté debout que les abbatiales du Saint-Sépulchre et de Saint-Aubert, converties, l'une en temple de la Raison, l'autre en magasin : les confessionnaux transformés en guérites, les statues des Saints mutilées ou brûlées comme bois de chauffage, l'observation du dimanche interdite, l'uniformité et la gratuité des funérailles érigées en règle absolue; telles étaient les principales mesures au moyen desquelles on avait cherché à détruire les signes extérieurs du culte [1].

Élevant sur ces ruines une religion nouvelle, la Raison avait transformé en déesse une fille de joie, la citoyenne *Trésor*, et présenté aux hommages publics les bustes de Marat et de Lepelletier.

En même temps qu'on proscrivait le christianisme, on persécutait ses ministres. Un arrêté du département du Nord avait désigné Cambrai comme lieu de réclusion des prêtres et des religieux insermentés ; le seul clergé de la ville en comptait deux cent soixante-cinq. Le 29 août 1792, les membres de la société populaire les mirent en arrestation et

---

[1]. Les tombeaux de la cathédrale n'avaient pas échappé à la profanation. Comme on les ouvrait pour en extraire le plomb, les fédérés du 5ᵐᵉ bataillon avaient traîné à la voirie les ossements des archevêques Van der Burck, le bienfaiteur des pauvres, de Fleury et de Saint-Albin.

Le juge de paix de Solesmes, forcé de présider à cette *opération*, réussit à soustraire à la rage des fédérés les restes de Fénelon : « Dès qu'il vit le caveau du vénérable archevêque ouvert, il fit refouler dans le fond tous les ossements avec l'inscription gravée sur le marbre qui en fermait l'entrée. » P.-J. Thénard, *Souvenirs de la Terreur*.

les conduisirent à la caserne du Carré-de-Paille, « en les faisant précéder de violons et de basses jouant des airs patriotiques dont le peuple chantait les paroles [1] ». Heureusement pour ces infortunés, le citoyen Caudron, maire de Cambrai, après les avoir abrités dans les cloîtres Saint-Aubert contre la fureur de leurs ennemis, réussit à leur faire prendre le chemin de l'exil et les préserva ainsi de la déportation et de la guillotine.

D'autres catégories de suspects, ex-nobles, parents d'émigrés, contre-révolutionnaires et fanatiques avaient bientôt rempli la prison, la Tour du Chapitre, le séminaire et le couvent des Clarisses. Ces maisons étant devenues trop étroites, la plus grande partie des Cambrésiens détenus avaient été chassés de la ville comme « bouches inutiles », ou transportés à Compiègne. En s'eloignant de leurs foyers, ils échappaient à la mort.

Pour l'accomplissement de ses desseins, la Révolution avait rencontré des agents dévoués dans le district et le conseil général de la commune qui, renouvelé à cinq ou six reprises depuis 1790, s'était composé, à chaque épuration, de patriotes plus avancés [2].

Un comité de surveillance, établi dès le mois d'août 1793, faisait exécuter les arrêtés du Conseil général, et s'occupait spécialement « de l'arrestation ou de l'évacuation des personnes suspectes ». Les généraux commandant la place et les représentants en mission, Desclaye et Chapuy, Delbrel,

1. E. Bouly, *Histoire de la municipalité de Cambrai depuis* 1789, t. I, p. 601.
2. Parmi les arrêtés du conseil général de la commune, il en est où l'odieux fait place au burlesque :

Le 14 novembre 1793, le conseil, « considérant que la poudre pour les cheveux, inventée pour le luxe, la frivolité et la fatuité du gouvernement ancien, exige pour la fabrication une grande consommation de farine, arrête que ses membres porteront leurs cheveux sans poudre. — Il invite tous les citoyens et citoyennes à faire de même, attendu que la plus belle parure qui sert à la tête des femmes est de n'en avoir pas du tout ».

Collombel, Letourneur, Châles et Laurent, excitaient sans cesse le zèle des administrateurs sur lesquels ils avaient la haute main. Ce n'étaient pas cependant ces fonctionnaires, si puissants qu'ils fussent, qui imprimaient le mouvement principal aux instruments de la Révolution; la force motrice résidait dans le club.

Fondé le 16 mai 1790, sous la dénomination de Société populaire montagnarde et révolutionnaire, le club de Cambrai s'était affilié aussitôt aux Jacobins. La société des Amis de l'ordre et de la paix, établie à l'abbaye Saint-Aubert, avait cherché à comprimer ce foyer de désordres; mais la lutte était inégale : la société populaire, un moment supprimée, avait été rétablie, le 20 décembre 1790, sous le nom de société des amis de la Constitution. Transformée bientôt en « société populaire et républicaine », installée successivement au Collége des Jésuites, à Saint-Géry, à Saint-Sépulchre, on l'avait vue imposer, par voie de pétition, ses ordres à la municipalité, demander la publicité des séances, décréter l'emprunt forcé, le remplacement des administrateurs qui lui déplaisaient, dénoncer les instituteurs insermentés, intervenir dans la délivrance des certificats de résidence, exiger l'arrestation « des personnes qui, n'ayant rien fait en faveur de la Révolution, étaient justement suspectes »; s'établir la surveillante de toutes les autorités constituées, requérir des visites domiciliaires, présenter ses candidats pour remplacer le conseil général, proposer la démolition des clochers et des croix, organiser une procession en l'honneur de Marat, appeler les mesures de rigueur contre ceux « qui s'étaient oubliés au point de consacrer l'ancien jour de Pâques, soit par leur parure, soit par leurs promenades, ou même en fermant leurs boutiques [1] ».

---

[1]. Le club de Cambrai compta parmi ses présidents Bouchotte, capitaine de

On le voit par ce court exposé, il n'avait manqué que deux choses à Cambrai pour atteindre le niveau d'Arras : un tribunal révolutionnaire et un représentant *énergique*. Ce n'est pas qu'avant le 15 floréal, la Révolution n'ait fait couler le sang dans cette ville. Le 11 octobre 1792, une vingtaine de bandits, expédiés de Paris par les massacreurs de septembre, avaient traité Cambrai en ville conquise, dévasté les monuments, égorgé sur la place publique un vieux procureur emprisonné pour vol, décapité le commandant de la citadelle et un de ses officiers qui avaient refusé de leur livrer des armes. Le maire de Cambrai, essayant d'arrêter ces actes de férocité, avait couru les plus grands dangers. Déjà un des coupe-têtes l'avait saisi par la cravate et lui avait mis sur la gorge la pointe de son sabre : le peuple le sauva en criant : « Vive le citoyen Caudron ! c'est un honnête homme [1] ! »

Le tribunal criminel du Nord, transporté à Cambrai et installé dans la salle de l'hôtel-de-ville, dite *des États*, condamna à mort Baudry, guide des coupe-têtes. On exécuta avec lui un fabricant de faux assignats.

Ce tribunal envoya à l'échafaud M. Lallier, secrétaire de la municipalité. Un délateur anonyme avait signalé cet excellent citoyen au représentant Laurent, comme entretenant une correspondance avec les émigrés. Dans les cartons de son cabinet, les commissaires de la municipalité trouvèrent,

---

hussards, qui devint, sous le patronage des jacobins, ministre de la guerre. M. V. Delattre possède dans sa collection plusieurs discours de ce patriote.

Cambrai n'eut pas seulement l'*honneur* d'être commandé par Bouchotte ; deux personnages fameux de la Révolution, le brasseur Santerre et le général Dumouriez, étaient nés dans cette ville. — Le 26 avril 1793, après la défection de Dumouriez, on plaça aux portes de Cambrai des poteaux sur lesquels on attacha l'inscription suivante : « La Commune de Cambrai frémit d'avoir vu naître dans son sein l'infâme et scélérat Dumouriez. Passants, partagez son horreur ! Traîtres, tremblez ».

1. M. Caudron reçut bientôt la récompense de sa conduite courageuse. En mars 1793, il fut jeté en prison.

en effet, des lettres que lui avait adressées le comte de Leroideville dont il était le receveur.

Cinq hussards qui avaient déserté furent guillotinés le même jour.

Une commission militaire succéda bientôt au tribunal criminel de Cambrai. Elle était présidée par le colonel du 4e fédérés de Paris, et siégeait dans l'ancienne salle capitulaire de l'archevêché. Parmi les victimes que cette commission condamna à mort, on cite : Pasteur du Cateau (6 octobre 1793); Marlière, d'Iwuy (6 frimaire); Ramette, d'Haucourt (21 pluviôse); Meidecher, de Quiévy (8 ventôse); Cureur, de Noyelles (9 ventôse); Dessein, berger à Mastaing (6 germinal); Barbet et Colmont, de Lieu-Saint-Amand (27 germinal); Fontaine, de la ferme de la Coquelet (7 floréal) : lèze-nation et espionnage, telles sont les causes sommairement relatées de ces divers jugements.

La population Cambrésienne, ainsi initiée aux exécutions révolutionnaires, ne connaissait le représentant Le Bon que par ses arrêtés sur les bonnets rouges et sur le vaudeville du citoyen Piis, envoyés d'Arras au conseil général de la commune. Le 16 floréal (5 mai), vers cinq heures du soir, elle vit arriver dans ses murs une troupe d'hommes à cheval, le chapeau empanaché, des pistolets à la ceinture, le sabre au côté : c'était le représentant et ses braves.

Chemin faisant, Joseph Le Bon commença par arrêter, dans les rues qu'il parcourait, les femmes qui ne portaient pas de cocarde; il les fit conduire au poste, prit note de leur nom et de leur demeure, et déclara qu'il rendait la garde responsable de toutes les têtes sans cocarde qu'il apercevrait à l'avenir.

« Un garçon brasseur, chef de poste, nommé Catiaux, voyant amener ces femmes au corps-de-garde, s'informa pourquoi elles étaient arrêtées. On lui dit que c'était pour n'avoir point de cocarde ; à quoi il répondit : « Si ce n'est que ça, ce n'est rien. » Caubrière, qu'il ne connaissait pas, lui dit : « Tu as du bonheur que je n'ai pas mes pistolets chargés, mais tu t'en souviendras [1]. »

Le Bon, répandant ainsi l'effroi sur son passage, était arrivé à l'hôtel-de-ville. Plusieurs membres du conseil général de la commune s'y trouvaient rassemblés.

Suivons le procès-verbal de la séance :

« Le représentant du peuple Joseph Le Bon déposa ses pouvoirs sur le bureau :

« *Extrait des registres du Comité de salut public de la Convention nationale, du XVe jour de ventôse, l'an IIe de la République française, une et indivisible :*

« Le Comité de salut public arrête que le citoyen Joseph Le Bon retournera dans le département du Pas-de-Calais, en qualité de représentant du peuple, pour y suivre les opérations déjà commencées. Il pourra les suivre dans les départements environnants. Il est revêtu à cet effet des pouvoirs qu'ont les autres représentants du peuple. — Signé au registre : COLLOT-D'HERBOIS, CARNOT, B. BARÈRE, C.-A. PRIEUR, SAINT-JUST et R. LINDET. — Pour extrait : BARÈRE, CARNOT, COLLOT-D'HERBOIS, SAINT-JUST.

« Le représentant remet ensuite sur le bureau un arrêté conçu en ces termes : « Tout citoyen qui voit un individu sans cocarde doit l'arrêter sur-le-champ. Cela vient d'avoir lieu, et une pareille énergie a déplu au commandant du poste de la commune. La municipalité fera arrêter de suite et conduire en état d'arrestation ledit commandant, et chaque membre est personnellement responsable de l'exécution subite du présent arrêté [2]. »

---

1. *Procès*, t. I. p. 86 et 306.
2. Archives de Cambrai. — La municipalité fit chercher sur-le-champ le commandant du poste. Déjà Le Bon avait ordonné de mettre les scellés sur ses

Le conseil général n'était pas réuni au complet : Le Bon ordonna qu'une séance secrète aurait lieu le soir à sept heures, et se rendit avec sa troupe au district. Le procès-verbal de la séance montre que ses ordres l'y avaient devancé.

« L'agent national a dit qu'il venait de recevoir une réquisition du représentant du peuple Joseph Le Bon qui lui ordonne de faire préparer un local pour lui et douze personnes [1].

« Le directoire a désigné la maison de l'émigré Santenai, et a ordonné qu'elle serait convenablement préparée ; il a chargé le citoyen G... de prendre des matelas, des couvertures chez Coupigny le reclus ; il a chargé le citoyen L...... de faire transporter les matelas, les literies qui se trouvent aux ci-devant Anglaises, chez ledit Santenai ; enfin il n'a rien négligé pour que cette maison soit arrangée pour recevoir un représentant du peuple souverain, dont l'importante mission est de terrasser les contre-révolutionnaires, de faire reconnaître l'unité et l'indivisibilité de la République et de protéger les vrais sans-culottes. »

Le directoire allait apprendre quel degré de sans-culottisme il fallait avoir pour mériter la protection de Le Bon.

« On annonce le représentant du peuple, Joseph Le Bon. Il est introduit. Il donne sa commission pour être enregistrée. Un des citoyens qui l'accompagnent lui a fait observer que les cristaux des lustres, qui sont dans la salle des séances, étaient enveloppés de papier. Il en a fait découvrir un, et on lui a dit que c'était une fleur de lys cachée. Un membre lui a fait l'observation que ces morceaux de verre n'avaient

papiers, mais ce citoyen s'étant expliqué avec franchise, le représentant, satisfait de ses explications républicaines, rétracta l'ordre qu'il avait donné. — Quelques jours plus tard, il le prit à son service.

1. « Le district de Cambray désignera en moins d'une heure au représentant du peuple une maison toute meublée pour loger *trente* personnes avec le représentant. » *Procès*, t. II, p. 26.

pas la forme de fleur de lys. Il a dit que, lors du blocus de Cambrai, on a donné l'ordre d'envelopper ces lustres pour les encaisser et les vendre, et que sûrement l'administration n'avait jamais eu l'intention de cacher des fleurs de lys. Le représentant a défendu de les ôter, jusqu'à nouvel ordre.

« Un autre citoyen a demandé pourquoi on laissait subsister au clocher un monument de fanatisme, Martin, que l'on promenait aux processions. L'administration lui a assuré que jamais les deux mannequins qui sonnent l'heure, et qui ne signifient rien, n'ont été promenés aux processions.

« On a fait observer au représentant que le tableau des droits de l'homme n'était pas bien attaché. On lui a dit que le derrière d'une inscription républicaine était une carte géographique, avec une couronne et des armes. Le représentant a ordonné que ces monuments resteraient en place jusqu'à ce qu'il en ait ordonné autrement, et il s'est retiré [1]. »

La scène faite au district par Joseph Le Bon avait été beaucoup plus vive que ce compte-rendu, dicté par la peur, ne le laisse supposer. On en jugera par le récit de l'agent national :

« Arrive le représentant, en manteau, sans décoration. Il se jette dans un fauteuil. — « Vous me connaissez, je crois : je suis le représentant du peuple ; voici mes pouvoirs ; et il les jette sur une table. » J'entre alors, poursuit l'agent national, et je me rappelle avoir salué le bourreau, le croyant le représentant. Pendant ce temps, son escorte parcourait la salle en furetant dans tous les coins. Galand, l'un d'eux, saute sur une table et abat une rosette d'un lustre qui était suspendu au-dessus, et dont on avait, pour les conserver, enveloppé les cristaux. — « Oh ! oh ! des marques de royalisme, des fleurs de lys... C'est un tas de f..... contre-révolu-

---

1. Archives départementales du Nord.

tionnaires, un tas de gueux à guillotiner. » On eut toute la peine du monde à lui faire voir que ce n'était qu'une rosette qu'il tenait à la main. — « Est-ce toi, me dit le représentant, qui fais conserver ces colifichets ? » Il y avait, dans l'un des coins de la salle, un emblème de patriotisme (la déclaration des droits de l'homme); il prend fantaisie à l'un d'eux (c'était Caubrière) de retourner le tableau; l'artiste, apparemment pour épargner le papier, s'était servi d'une vieille carte d'Angleterre, dans un coin de laquelle étaient des armoiries ; le voilà dans des transports de fureur extraordinaire. Les injures, les épithètes d'agents de Pitt et de Cobourg pleuvent sur nous. Le représentant nous dit en sortant qu'il va nous faire juger par le peuple, et court faire une autre scène semblable aux autres autorités constituées [1]. »

Le conseil général de la commune s'était montré docile à l'ordre du maître. Avant sept heures, les trente membres du conseil, l'agent national, le substitut et le greffier attendaient sa visite :

« Le Bon, dit le procès-verbal, interpelle les membres du conseil de déclarer s'ils n'avaient pas de père, mère, grand-père, frères, sœurs émigrés… Le citoyen Leroi, dit Unité, a déclaré avoir un cousin émigré. Un juré du tribunal ayant observé qu'il avait été arrêté à Arras des lettres de cet Unité, ce dernier a répondu un peu brusquement, et n'ayant pas obéi à l'ordre que le représentant du peuple lui donnait de se taire, celui-ci l'a interdit de ses fonctions et a ordonné son arrestation et la saisie de ses papiers, et a enjoint à l'agent national de le faire conduire le lendemain à Arras dans la maison des Baudets.

« Le citoyen Le Bon a ensuite porté l'arrêté suivant :

---

[1] *Procès*, t. I, p. 119, 131, 134.

« Tous les pères, mères, grands-pères, grand'mères, fils et filles, maris ou femmes d'émigrés, ci-devant nobles, individus non domiciliés habitant à Cambray et non chargés de mission seront arrêtés de suite partout où ils pourront être trouvés dans cette commune, et leurs papiers saisis et apportés au représentant du peuple.

« Galand, Dupuis, Daillet, Taffin-Bruyant, Lemirre, Petit, Nicolas Lefetz, Remy et Gouillard assisteront aux opérations ci-dessus qui seront réparties entre eux, et le conseil général se divisera en autant de sections qu'il se trouve de commissaires ci-dessus repris, afin que le présent arrêté ait une plus sûre et plus prompte exécution [1]. »

Unité avait tenu à Joseph Le Bon un langage non-seulement un peu brusque, mais très-énergique.

« J'observai d'abord au représentant qu'une séance secrète ne devait point avoir lieu en présence de tous ceux qui l'accompagnaient; il ne daigna pas me répondre, et poursuivant, il nous demanda s'il n'y avait point de nobles parmi nous; je lui répondis : Ni ex-nobles, ni ex-prêtres. Il réitéra sa demande ; je réitérai ma réponse. Galand me dit: « Tais-toi; il paraît que tu affectes ». — « Tais-toi, me dit aussi Le Bon; tu me despectes; tu manques à la représentation nationale ». — Jouy me demande alors : « N'est-ce pas toi qui as une sœur à Arras? Oui, c'est toi dont on a arrêté une lettre ». — « Qu'on l'arrête », s'écrie le représentant. — Jouy exécute son ordre et me dit: « Oh! ta tête tombera demain ». On me destitua sans sujet, et on me transporta à Arras aux Baudets [2]. »

---

1. Arrêté du 17 floréal. Archives de Cambrai.
2. *Procès*, t. I, p. 307, 310 et 367.
Le citoyen Leroy fut réintégré dans ses fonctions par l'arrêté suivant : « Au nom du Peuple français ; d'après les informations prises sur le compte du citoyen Unité, officier municipal ; — Considérant que la manière de répondre

Cependant Le Bon, après avoir fait sa visite aux autorités constituées, s'était logé, avec sa femme et sa suite, dans la maison de M. Parigot de Santenaï. Représentant, président du tribunal, accusateurs publics, greffier, jurés, commis, bourreau, tout ce personnel devait vivre fraternellement sous le même toit, et manger à la même table [1]. Pendant la pre-

---

dudit citoyen Unité aux interpellations du représentant du peuple est plutôt l'effet du caractère que de la mauvaise volonté et de l'incivisme ; — Considérant que le citoyen Unité jouit d'un patriotisme soutenu, — J. Le Bon arrête que ledit citoyen est réintégré dans ses fonctions. — Cambray, le 2 prairial.

1. « Prévenus par divers rapports contre les autorités Cambrésiennes et contre une grande partie des Cambrelots, nous crûmes utile de ne point nous séparer. En vain d'ailleurs j'aurais voulu habiter seul ; mes compagnons de voyage ne l'auraient point souffert ». (*Lettres justificatives* n. 2).

« L'exécuteur des jugements criminels se présente à la même table que les juges et moi ; plusieurs éprouvent d'abord une certaine répugnance, mais ils la répriment bientôt, de peur de flétrir un homme non flétri par les lois nouvelles. » (*Lettres justificatives* n. 6).

Joseph Le Bon, dans ses *Lettres justificatives*, a cru devoir présenter l'état de ses dépenses à Cambrai, et dresser par *doit* et *avoir* un compte général qui embrasse toute la durée de ses missions.

« Cette dépense, dit-il, n'a point été onéreuse pour la République. Nous étions, je crois, vingt-huit, y compris les cinq ou six citoyens qui nous avaient engagé leurs services. Tous les deux jours, on me faisait signer une réquisition de soixante rations de pain et de trente rations de viande, ce qui donnait à chacun par jour environ une demi ration de viande et une ration de pain.

« Je voudrais établir d'une manière aussi précise ce qui en a coûté de plus pour saturer ces prétendus faiseurs d'orgies. A défaut de mes notes et de pièces justificatives qui ne sont pas en ma possession, je vais présenter un état approximatif :

Deux bouteilles de vin ordinaire par jour à chacun, l'un portant l'autre, durant deux mois et demi, c'est-à-dire jusqu'à la fin de messidor ; ledit vin valant quarante sous la bouteille. . . . . 8,400 liv.

Deux bouteilles du même vin par jour à chacune des dix personnes restées pour l'arrangement de mes papiers et ceux du tribunal pendant les dix premiers jours de thermidor. . 400 l.

Ce qui fait. . . . . 8,800 l.
Il a dû se dépenser à Cambrai environ . . . . 12,083 l. 15 s.

Total. . . . . . . 20,883 l. 15 s.

Or, divisez en vingt-huit la somme de 12,083 liv. 15 s., elle donnera à cha-

mière nuit passée à Cambrai, « la plupart avaient couché par terre, sur un matelas ou sur une paillasse ». Le lendemain, Le Bon chargea le district de pourvoir son hôtel des meubles nécessaires à une installation convenable. En même temps, il lui donna l'ordre de préparer un local pour servir de salle de séance au tribunal, et de faire remonter la guillotine.

cun 431 livres 11 sous; laquelle dernière somme subdivisée en quatre-vingt-cinq jours, donne 5 livres 1 sou par jour.

D'où il suit que la ration de pain, la demi ration de viande, les deux bouteilles de vin déduites, chacun a occasionné par jour une dépense de 5 livres 1 sou pour le restant de sa nourriture, pour blanchissage, perruquier, salaires de domestiques et toutes les orgies possibles.

.... Puisque j'ai parlé de comptes et de dépenses, je profiterai de l'occasion pour rendre approximativement mon compte général :

Soixante-sept jours passés en mission avant de m'arrêter à Arras, pendant lesquels j'ai eu habituellement à table deux personnes qui m'aidaient de leurs travaux, deux mille dix livres, ce qui fait 30 livres par jour pour trois personnes. .	2,010 l.
Cinquante-cinq jours passés à Arras avant mon retour de Paris, en ventôse, pour ma dépense et celle d'un collaborateur.	1,100 l.
Soixante jours passés à Arras depuis mon retour de Paris avec deux collaborateurs jusqu'au départ de Cambrai. . .	1,800 l.
Plus, 600 livres payées au citoyen Faguet, secrétaire commis, demeurant à Saint-Pol.	600 l.
Plus, 3,600 livres 5 sous en frais de voyage, savoir, etc. .	3,600 l. 5 s.
Joignez la dépense faite à Cambrai.	20,883 l. 15 s.
Total.	29,435 l. 10 s.

Or, j'ai tiré du trésor public à Paris en brumaire. . . .	2,400 l.
Id. id. en ventôse. . . .	3,000
Du receveur du District d'Arras en nivôse ou pluviôse. . .	4,000
Du même en floréal.	8,000
Du receveur du district de Cambrai.	6,000
Du même.	6,000
D'ailleurs, rien, absolument rien.	0,000
Total.	29,400 l.

Séance du Conseil général du District ; 17 floréal, neuf heures du matin.

« On reçoit différentes réquisitions de la part du représentant du peuple Joseph Le Bon pour avoir plusieurs objets dont il a besoin, pour faire préparer la ci-devant église de Saint-Géry pour la tenue des séances du tribunal révolutionnaire, et pour faire remonter la guillotine. Le conseil a donné des ordres à la municipalité pour leur exécution; il a chargé le citoyen C.... de surveiller les opérations à Saint-Géry ; il a nommé le citoyen B...... pour remettre au représentant du peuple tous les effets dont il a besoin ; ces commissaires ont été chargés de tous les pouvoirs nécessaires. Il a aussi chargé le citoyen M...... de remettre, en la maison de l'émigré Santenai, un tourne-broche complet, à prendre chez le nommé Grau, prêtre réclus. Il a enjoint à ses commissaires de rendre compte de leurs opérations au directoire.

« Le conseil a arrêté que tout ce dont le représentant a besoin pour son bureau lui serait livré aussitôt sa demande ; il a déclaré que les bons de payement des objets fournis seront acquittés par la caisse des frais de la République. »

Séance du Directoire.

« D'après la demande du représentant, le directoire a requis la municipalité de lui faire fournir trois cents bouteilles de vin et vingt bouteilles d'eau-de-vie de la meilleure qualité, qui seront payées aussitôt après la livraison. Le citoyen B.... a fait le rapport qu'il avait mis à la disposition du représentant la quantité de cent seize bouteilles de vin de Bourgogne, trouvées dans la cave de l'émigré Santenai ; G... était occupé à lever les scellés chez Coupigny pour remettre au service du représentant des matelas, des verres et d'autres objets. —On reçoit un ordre du représentant, pour faire soigner son cheval. Le directoire l'a fait conduire à *la Congrégation*, et a ordonné d'en avoir soin et de ne le remettre qu'à celui qui en est en ce moment le conducteur.

« Un administrateur se transportera en la maison de feu Lallier, à effet de mettre à la disposition du représentant la quantité de sucre dont il aura besoin. — Le district est requis de fournir de suite trois chevaux de selle pour le représentant. — On fait lecture d'un réquisitoire de Darthé : Il sera fourni à la maison du représentant douze taies d'oreiller, trois douzaines de chaises, six tables, une armoire, douze pots de nuit, six bouteilles d'encre, six pelotons de ficelle et six canifs [1] ».

Les administrateurs du district s'inclinaient, sans oser murmurer, devant les ordres du représentant. « Nous étions, dit plus tard l'agent national, ses valets, ses commissionnaires; il fallait le pourvoir depuis la blanchisseuse jusqu'au marchand d'allumettes ; et jusqu'au bourreau vint nous requérir de lui fournir six livres de savon pour graisser la guillotine [2]. »

Joseph Le Bon, débarrassé de ces soins matériels, s'occupa d'objets plus dignes de la majesté d'un représentant. Saint-Just et Le Bas lui avaient recommandé de leur écrire chaque jour ; il s'empressa de leur annoncer son arrivée à Cambrai.

« Citoyens collègues, je suis arrivé à Cambrai hier le soir, accompagné de vingt braves que j'ai amenés avec moi. J'ai vu les autorités constituées et la société populaire. Je ne m'expliquerai point sur elles dans ce moment.

« J'espère faire le bien à Cambrai, et y inspirer la terreur civique.

« Aujourd'hui, je ferai assembler tout le peuple, et

---

1. Procès-verbaux des 17, 18 floréal et 9 prairial. (Arch. du dép. du Nord).
2. *Procès*, t. I, p. 211.

je lui parlerai, en masse, le langage de la vérité et de la raison.

« Le tribunal va de suite entrer en activité et fera justice de tous les traîtres. — Salut et fraternité [1]. »

Les commissaires chargés de l'arrestation des parents d'émigrés avaient préparé leurs listes et devaient opérer pendant la nuit suivante. Le Bon recommanda au directoire du district « que la prison fût bien gardée, afin que les prévenus n'échappassent pas à la vengeance nationale ». Il enjoignit en même temps de « remettre au citoyen Petit, chargé d'ordres, les pièces relatives à la nommée Élisabeth Colpart ».

Le district ne se contenta point d'obtempérer à ces réquisitions :

« Un membre ayant dit qu'il existe au quatrième bureau des pièces de procédure à la charge de plusieurs prévenus, soit d'émigration, soit d'intelligence avec les émigrés, le conseil délibère qu'il en sera fait part au représentant du peuple Joseph Le Bon, pour lui demander s'il veut que l'on les lui envoye; il charge le directoire d'en faire la remise, au cas que le représentant les demande. »

La suite du procès-verbal de cette séance, tenue le 17 floréal, révèle la peur que Le Bon avait inspirée au district. « Un membre a dit qu'il fallait nécessairement écrire au représentant du peuple, pour lui soumettre la conduite de l'administration relativement au lustre; il a ajouté que c'était le moyen de détruire l'impression défavorable que le représentant a prise de ce district. Cette proposition est vivement appuyée, et le conseil arrête qu'il sera écrit au représentant du peuple à ce sujet. L'agent national a présenté la rédaction de cette lettre. Elle a été approuvée et envoyée à l'instant même. »

---

1. Lettre du 7 floréal (6 mai). Rapport de Courtois, P. J., n. 78.

Cependant Le Bon avait fait assembler le peuple dans l'église du Saint-Sépulchre [1], « et lui avait parlé le langage de la vérité et de la raison ». Il avait consacré la nuit à l'arrestation de plus de trente suspects, parents d'émigrés ou ci-devant nobles. Le lendemain matin, il envoya à Le Bas et Saint-Just le bulletin de la journée :

« Joseph Le Bon à ses collègues Saint-Just et Le Bas :

« J'étais, hier matin, tellement indisposé que je n'ai pu faire autre chose que d'apposer ma signature au bas d'une lettre pour vous. L'après-midi, me trouvant beaucoup mieux, j'ai assemblé le peuple et, pendant deux heures que je l'ai entretenu, je me suis convaincu plus que jamais que les sans-culottes sont partout les mêmes, et qu'il suffit de leur montrer la vérité pour qu'ils l'embrassent avec transport. Mon discours a roulé principalement sur les soi-disant patriotes de la réquisition du 15 septembre [2], et vous sentez que le champ était vaste. Aujourd'hui, je dois attaquer le fanatisme corps

---

1. « Le conseil général de la commune de Cambrai adressa pour cette réunion l'invitation suivante à ses concitoyens :

« Le salut de la patrie ayant exigé la présence du citoyen Le Bon, représentant du peuple en cette commune, tous les bons citoyens qui la composent sont invités à se rendre à la séance publique qu'il tiendra aujourd'hui en la ci-devant église de Saint-Géry, à trois heures précises. Cette assemblée sera annoncée par le son de la grosse cloche.

« Fait à Cambrai le 17 floréal an II. PANISSET, officier municipal ». — Bibliothèque de M. Victor Delattre, à Cambrai.

2. Le 15 septembre 1793, le conseil général de la commune, « considérant que la levée en masse n'allait pas avoir toute la célérité désirable et nécessaire à une opération aussi importante, avait arrêté qu'on écrirait aux chefs de la garde nationale qu'ils seraient personnellement responsables des résultats de cette longueur ».

Le 20 septembre, le conseil général avait constaté « que les commissaires ayant assemblé les citoyens de Cambrai qui devaient entrer dans la levée en masse avaient trouvé mille obstacles et avaient été obligés de se retirer pendant un désordre qui aurait été jusqu'à briser les chaises de l'église où se tenait l'assemblée. — E. Bouly, t. I, p. 279 et 287.

C'est sans doute à ces faits que Le Bon fait allusion.

à corps, et ce ne sera pas avoir peu fait pour la liberté, que de guérir les Cambrelots de cette maladie.

« La nuit dernière a été consacrée à un grand nombre d'arrestations de parents d'émigrés et de ci-devant nobles qui se promenaient encore, en dépit de vos antiques mesures. Différents papiers ont été saisis ; ils donneront des renseignements ultérieurs que je ne négligerai point. La guillotine s'élève en ce moment sur la grand'place. Demain, j'espère, le tribunal sera en pleine activité.

« La loi qui oblige les femmes à porter des cocardes était ici inconnue; des hommes mêmes se permettaient de courir les rues sans ce signe sacré ; deux heures après notre arrivée dans cette commune, une trentaine de ces êtres insouciants, pour ne pas dire pervers, se sont vus conduits au corps-de-garde, et l'exemple a eu depuis toute son efficacité.

« Cambrai voit encore un grand nombre de mendiants dans son sein ; ce spectacle fait douter si la Révolution existe, et les aristocrates tirent bon parti des secours qu'ils donnent et que la Nation seule doit accorder. Un arrêté remédiera demain à cet inconvénient [1].

« Le théâtre, au lieu d'être un foyer brûlant de patriotisme et l'école des vertus, paraît plongé dans l'obscénité et l'insignifiance des pièces de l'ancien régime. Au moment où tout doit embraser les citoyens d'amour pour la liberté, on les appelle à la représentation des *Fourberies de Scapin*, etc.; cela n'arrivera plus.

---

1. Un autre spectacle excita l'indignation de Le Bon. On lit au procès-verbal de la séance du conseil général du 13 floréal (12 mai) : « Le représentant a manifesté son mécontentement de ce que les jeunes gens de la maison de la Fraternité et de celle de Lucrèce étaient encore guindés d'un vêtement uniforme qui semblait leur rappeler leur pauvreté en retraçant un costume qui devait être aboli ».

Il est inutile de dire que le Conseil arrêta de faire disparaître le costume uniforme dont il s'agissait.

« Le nommé Lamotte, adjudant de la place, ayant osé se promener, hier matin, avec un ancien uniforme, je l'ai fait arrêter ; la visite de ses papiers ne lui est pas favorable ; il s'y trouve notamment une lettre d'un de ses amis qui le croyait déjà émigré.

« Une visite a eu lieu cette nuit à la poste ; elle se répètera plusieurs fois, afin de découvrir, s'il est possible, tous les fils de la correspondance de nos ennemis.

« Heureux, si les autorités constituées étaient dignes de nous seconder ! Mais, en général, la crainte seule les fait agir, et l'on n'agit jamais bien par ce motif. Je vais m'attacher à la recherche de quelques francs patriotes pour opérer un renouvellement utile.

« Bollet vient de partir ; j'attends Florent Guyot pour ce qui est relatif aux subsistances ; pressez-le d'arriver ; car, vous ne l'ignorez pas, je suis sans connaissance sur cet article. — Salut et fraternité. »

P. S. Accusez-moi, du moins, la réception de mes lettres, afin que je sache si elles vous parviennent [1].

L'extinction de la mendicité était aux yeux de Joseph Le Bon un problème facile à résoudre. Les mendiants ne demandaient pas mieux que de voir l'aumône remplacée par le droit à l'assistance, et la Nation ne pouvait tirer de l'argent des aristocrates, séquestré ou confisqué, un meilleur parti qu'en le distribuant aux sans-culottes malheureux. Déjà Le Bon avait fait l'application de cette théorie ; il éleva les indigents de Cambrai au niveau des *vingt-deux sous* d'Arras :

« Le conseil général de la commune fournira, dans deux fois vingt-quatre heures, au représentant du peuple l'état

---

1. Lettre du 18 floréal (7 mai). L'original de cette lettre fait partie de la collection de M. Failly, ancien inspecteur des douanes à Cambrai. Elle a été publiée en 1844 dans un ouvrage de M. E. Bouly : « *Les Sciences, les Lettres et les Arts à Cambrai* ».

exact de tous les individus de cette commune qui n'ont d'autres ressources pour vivre que dans le travail et qui, soit par l'âge, soit par les infirmités, se trouvent incapables de travailler. Cet état contiendra les nom, prénoms, âge, section, numéro et une colonne d'observations sur le nombre des enfants [1]. »

Quelques jours après, le conseil général de la commune adressa aux comités de surveillance l'arrêté qui prononçait l'extinction de la mendicité dans la ville de Cambrai :

« Nous vous remettons l'arrêté de Le Bon dont les intentions vraiment paternelles sont de faire disparaître à jamais de cette commune toute espèce de mendicité.

« Au nom du Peuple français, Joseph Le Bon... En attendant que les circonstances permettent à la Convention nationale de faire disparaître entièrement le malheur de dessus la terre, le receveur du séquestre à Cambrai tiendra à la disposition du conseil général de cette commune une somme de soixante mille livres, laquelle sera consacrée au soulagement de l'indigence dans les proportions suivantes :

« Tout individu sans autres ressources que celles de ses bras et du travail journalier recevra chaque jour, à compter du 15 prairial :

	Livres.	Sols.	Deniers.
Agé de 90 ans et plus.	1	10	»
Agé de 80 ans.	1	5	»
Infirme à cet âge au point de ne pouvoir faire aucun travail	1	10	»
Agé de 70 ans.	1	»	»
Infirme à cet âge au point de ne pouvoir faire aucun travail	1	5	»
Agé de 60 ans.	»	15	»
Infirme à cet âge au point de ne			

---

[1]. Arrêté du 18 floréal. Archives de Cambrai.

	Livres.	Sols.	Deniers.
pouvoir faire aucun travail	1	2	6
Infirme ou estropié de tout autre âge au-dessus de vingt-un ans au point de ne pouvoir faire aucun travail	1	»	»
Infirme ou estropié de 14 à 21 ans au point de ne pouvoir faire aucun travail, orphelin	1	»	»
Ayant encore père ou mère	»	10	»
Enfant au-dessous de 14 ans	»	5	»

« Ceux des individus ci-dessus désignés qui reçoivent déjà d'autres secours de la République n'auront droit à ceux-ci que jusqu'à concurrence.

« Au moyen des dispositions ci-dessus, le conseil général aura soin de réprimer sévèrement la mendicité, l'ivrognerie et la paresse [1]. »

La réforme du théâtre suivit de près la suppression de la mendicité [2]. Après s'être indigné, le 17 floréal, contre les *Fourberies de Scapin*, Le Bon apprit qu'on venait d'afficher, pour la représentation du 18, *Crispin, médecin*. Aussitôt il écrivit à la municipalité :

« Le conseil général de la commune de Cambrai dira s'il est vrai qu'au mépris de l'arrêté du représentant du peuple qui fait défense de jouer d'autres pièces que des pièces civiques, les murs sont aujourd'hui placardés des affiches de *Crispin, médecin?* [3] »

Le fait n'était que trop vrai. Le conseil général crut donner au directeur du spectacle une leçon de patriotisme suffi-

---

1. Arrêté du 23 floréal. Archives de Cambrai ; registre aux délibérations du comité de la section de l'Égalité.
2. M. Victor Delattre nous a communiqué une pièce intitulée : « Tableau des individus de la section de l'Égalité (Cambrai comprenait quatre sections) qui ont droit aux secours provisoires accordés par le représentant.... ». 298 individus figurent sur ce tableau.
3. Lettre du 18 floréal. Archives de Cambrai.

sante, en l'envoyant en prison pour vingt-quatre heures. Mais Joseph Le Bon apportait aux grands maux les grands remèdes : il appela à Cambrai la troupe de comédie d'Arras et imposa aux nouveaux acteurs une épreuve décisive. « Je renvoyai, dit-il, ceux qui ne savaient pas l'hymne des Marseillais, ne pouvant croire qu'un patriote puisse l'ignorer, et ne les appelant à Cambrai que pour parvenir à inspirer au peuple les sentiments d'amour de la patrie dont il avait besoin [1]. »

Le théâtre devenant l'école du peuple, l'éducation devait y être gratuite : Le Bon « chargea la commune de distribuer des billets pour le spectacle gratis donné aux indigents trois fois par semaine, et faire tout préparer pour donner bal, tous les décadis, au temple de la Raison [2] ».

Le directeur de la comédie soumettait les pièces qu'il se proposait de faire jouer à l'examen du représentant. Un jour, dans l'*Époux républicain*, il reçut l'ordre de supprimer ces mots : Ne jugez point vos frères sans les entendre [3].

Le Bon ne se contentait pas du rôle d'auditeur : « Souvent, dit-il, je parlais au peuple dans les entr'actes. Quelquefois, je l'avoue, entraîné par l'amour de la patrie, il m'arriva de troubler le spectacle, indigné de voir remplir par des inutilités un temps que je voulais consacrer expressément à embraser ce peuple à qui je le destinais [4]. »

Le récit d'une de ces scènes orageuses est venu jusqu'à

---

1. *Procès*, t. I, p. 145.
2. Arrêté du 29 floréal. Archives de Cambrai.
Le 27 floréal le district avait reçu l'ordre de « mettre douze paires de draps à la disposition du citoyen directeur des artistes dramatiques d'Arras, arrivés dans cette commune par ordre du représentant ». Archives de Cambrai.
« Nous mangions très-souvent, dit le directeur Dupré, chez le représentant, avec lui et les jurés ». *Procès*, t. I, p. 141.
3. *Procès*, t. I, p. 141.
4. *Procès*, t. I, p. 145.

nous : « Le Bon arrive au théâtre; toutes les places étaient prises. Il entre dans une loge, se place derrière des femmes qui, ne le voyant ou ne le connaissant point, ne changèrent point de place. Il sort, s'élance furieux sur le théâtre ; là, tirant son grand sabre et faisant des bonds et des sauts, il s'écrie : « Voyez ces muscadines qui ne daigneront pas se déranger pour un représentant de vingt-cinq millions d'hommes! Si jadis un prince était venu, tout le monde lui aurait fait place, tandis qu'elles ne bougeront pas pour moi représentant, qui suis plus qu'un roi. » Il finit sa tirade en menaçant tout ce qui se trouvait dans la salle; « plusieurs femmes se trouvèrent mal de frayeur, et il y en eut qui accouchèrent la nuit suivante [1] ».

Si Le Bon haranguait ainsi le peuple au théâtre, c'était principalement dans le temple de la Raison qu'il lui adressait ses enseignements [2] :

« Le discours contre le fanatisme, écrivit-il le 19 floréal (8 mai) à Saint-Just et à Le Bas, a produit l'effet que j'en attendais. La salle regorgeait d'auditeurs, et je pense qu'ils en sont sortis furieux contre les anciens marchands d'impostures.

« Les sans-culottes se décident; ils s'enhardissent en se sentant appuyés. Patience, et ça ira d'une jolie manière.

« Les dénonciations commencent et donnent lieu à des arrestations nouvelles.

« Notre collègue Florent Guyot est arrivé ici hier soir.—Salut et fraternité [3]. »

---

1. *Procès*, t. I, p. 307 et 540.
2. « Le Bon *prêchait* dans la chaire qui existe encore à Saint-Géry de Cambrai. La première fois qu'il y monta, il s'écria : « Ceci n'a été jusqu'aujourd'hui qu'une chaire de mensonge; à l'avenir ce sera celle de la vérité; ce sera mon tonneau de Diogène. La chaire fut appelée longtemps le tonneau de Le Bon ». E. Bouly, t. II, p. 78.
3. Rapport de Courtois, P. J., 78.

A Cambrai comme à Arras, les arrestations s'opéraient sous les plus futiles prétextes.

« Le citoyen Chamonart, marchand de vin, étant à la porte de sa cave, voit passer le représentant, le regarde et ne le salue pas. Le Bon vient à lui, le fait arrêter, le traite d'agent de Pitt et de Cobourg, et le conduit chez le commandant temporaire. On le fouille, on prend son portefeuille, et on le conduit aux Anglaises [1] ».

« Un individu présenta à Le Bon un papier timbré qui portait une ancienne marque fleurdelysée; il fut aussitôt mis en arrestation.

« Un soldat de police accompagnait une personne dénoncée pour avoir voulu vendre une pièce de siamoise au-dessus du maximum : « La pièce de conviction! » s'écria-t-il en forcené. On apporta cette pièce de siamoise; il envoya le vendeur en arrestation, en lui promettant de raser sa maison. Il le fit conduire ensuite au temple de la Raison et le jugea lui-même. « Parce que c'est ma femme qui l'a dénoncé, dit-il, il en sera quitte pour quinze cents livres d'amende [2]. »

« Un citoyen amène à la commune une femme qui lui avait vendu une bouteille de vin au-dessus du maximum. « Je lui reprochai, dit l'officier municipal de service, d'avoir pris sur lui l'arrestation de cette femme, quand il ne devait que la dénoncer. Il me montra un billet de Le Bon, sur lequel étaient des pouvoirs très-étendus. J'appris alors que ce citoyen était le beau-frère de Le Bon (Louis Régniez). Je dressai procès-verbal et renvoyai cette femme chez elle. Arrive le représentant qui nous crie : « Que tous ceux qui sont ici passent au Consistoire ». Je prenais une porte qui y conduit; le voilà qui écume et qui s'écrie en énergumène : « Arrête,

---

1. M. Chamonart, interrogé par Le Bon, fut élargi le jour même. *Procès*, t. I, p. 283.
2. *Procès*, t. I, p. 223.

arrête, scélérat! tu fuis! » Il tire son sabre et me saute au collet. Je suis traîné, porté par lui et les siens. — « Je le tiens, je le tiens », s'écrie-t-il; et, en effet, il me tenait des dents, des mains, des pieds, comme un enragé. Enfin : « Scélérat, monstre, b....., me dit-il, es-tu marquis? » « Non, lui répondis-je, je suis sans-culotte ». — « Eh bien! peuple, vous l'entendez; il dit qu'il est sans-culotte, et voilà comme il accueille une dénonciation contre le maximum. Je le destitue; qu'on le f.... en prison. » On m'y conduit. Deux jours après, on me mène au temple de la Raison. Le Bon me dit que j'ai commis une faute, mais que je jouis de la réputation d'un bon patriote, et qu'il me réinstalle dans mes fonctions [1]. »

La plupart des suspects une fois emprisonnés, n'étaient pas relâchés aussi facilement : le 19 floréal, les maisons de détention étant devenues trop étroites, Le Bon ordonna que « le haut du local de la maison des ci-devant Anglaises fût mis à la disposition de la municipalité, pour y mettre les détenus [2] ».

On installa immédiatement dans cette prison nouvelle Jacques Carpentier et son fils, Pronville, l'abbé Tranchant et sa nièce, Mme Dechy,... premières victimes préparées pour l'échafaud révolutionnaire.

Les détenus n'étaient pas entièrement privés de communication avec l'extérieur; Caubrière, chargé de visiter les maisons d'arrêt, défendit l'accès des prisons à tout visiteur. « Le même jour, intervint un arrêté du représentant par suite duquel nul individu, sans aucune exception, n'y pouvait entrer [3]. » Le gardien Hallant fut trouver Le Bon pour ob-

---

1. *Procès*, t. I, p. 273.
2. Arrêté du 19 floréal. Archives départementales du Nord.
3. *Procès*, t. I, p. 98. L'inspection des prisons fut confiée à l'huissier André :

tenir que les détenus pussent être rasés ; à quoi il répondit par ces mots : « Ils n'en ont pas besoin ; ce sont des scélérats ; je les ferai raser avec le rasoir national ».

Cependant, trois jours s'étaient écoulés depuis l'arrivée du représentant à Cambrai, et contrairement aux promesses faites à Saint-Just et Le Bas, le tribunal n'était pas encore entré en activité.

S'il était permis de rechercher, à l'aide de présomptions, la cause de ce retard, nous l'attribuerions à l'embarras qu'inspirait à Le Bon l'excessive irrégularité de sa situation. L'arrêté de Saint-Just et Le Bas ne renfermait pas à son avis des pouvoirs suffisants ; aussi avait-il présenté au district et au corps municipal l'arrêté du Comité de salut public du 11 ventôse, au lieu de faire enregistrer par ces administrations la lettre reçue de Guise, le 15 floréal. Mais cet arrêté du 11 ventôse ne lui permettait, en aucune façon, de fonder à Cambrai un tribunal révolutionnaire. Le décret du 27 germinal le lui interdisait formellement. Que faire pour se mettre en règle ?

La Convention ne laissa pas longtemps Le Bon dans l'expectative : le 19 floréal, elle rendit un décret sur la compétence du tribunal révolutionnaire de Paris et des tribunaux criminels de France ; tout en paraissant consacrer itérativement le principe déposé dans l'article 1er du décret du 27 germinal, elle en supprima les effets. — « Article 1er. En exécution de l'article 1er du 27 germinal sur la police générale de la République, le tribunal révolutionnaire établi à Paris, connaîtra *exclusivement, sauf les exceptions* ci-après, de tous les crimes contre-révolutionnaires, en quelque partie de la République qu'ils aient été commis ».

Ces exceptions consistaient dans les « crimes d'embau-

---

il poussa la cruauté jusqu'à interdire aux détenus des Anglaises l'eau d'un puits qui était saine, pour les forcer à boire de l'eau corrompue.

chage, de fabrication, distribution ou introduction de faux assignats, pour lesquels les tribunaux criminels recouvrèrent leur compétence, concurremment avec le tribunal révolutionnaire ». Les tribunaux criminels continuèrent à juger avec la même concurrence les émigrés et les déportés rentrés en France (articles 4 et 5).

Le sort des tribunaux révolutionnaires était réglé par les articles 2 et 3 du décret :

II. « En conséquence, les tribunaux et commissions révolutionnaires établis dans quelques départements par les arrêtés des représentants du peuple sont supprimés, et il ne pourra en être établi aucun à l'avenir, si ce n'est en vertu de décrets de la Convention nationale.

III. « Pourra néanmoins le Comité de salut public conserver les tribunaux ou commissions révolutionnaires qu'il jugera utiles, et autoriser, lorsque les circonstances l'exigeront, tels tribunaux criminels qu'il trouvera convenir à juger dans un arrondissement déterminé, selon le mode prescrit par le décret du 30 frimaire, l'universalité ou partie des crimes réservés à la connaissance exclusive du tribunal révolutionnaire. »

Le décret du 19 floréal aurait dû accroître l'embarras de Le Bon. Saint-Just et Le Bas, qui n'avaient point de pouvoirs supérieurs à ceux que sa qualité de représentant en mission lui conférait à lui-même, l'avaient, il est vrai, envoyé à Cambrai, afin d'y établir une commission révolutionnaire. Mais avant même qu'il eût rempli leurs intentions, la Convention se réservait à elle seule le droit d'établir aucun tribunal nouveau... Que faire en cette occurrence ?

Le Bon tourna la difficulté avec une habileté de procureur. La Convention, se dit-il, permet au Comité de salut public la conservation des tribunaux révolutionnaires déjà existants. Or, le Comité, par arrêtés des 30 germinal et du 12 floréal, autorise la conservation du tribunal d'Arras [1]. Ne suffit-il pas dès lors, pour revêtir la commission civile et militaire de Cambrai des apparences de la légalité, de la présenter comme partie intégrante de ce tribunal? Le Bon osa recourir à cette fiction et arrêta que le tribunal de Cambrai serait appelé: « Tribunal révolutionnaire d'Arras, première section séante à Cambrai ».

Cet expédient inventé, Le Bon s'occupa d'adjoindre quelques jurés à ceux qu'il avait amenés, et de trouver des juges. Il nomma jurés supplémentaires: Grar, Martin, Guille, Boutry, Royer... — Le citoyen Grar, autrefois « porteur d'eau bénite à la paroisse Saint-Martin », faisait partie du comité de surveillance et présidait le district. — Martin, horloger, siégeait également au district : il avait acheté, moyennant 220 livres, la chapelle située sur la grand'place de Cambrai, et depuis lors, on l'appelait Martin Capelette. — Guille et Boutry étaient, l'un orfèvre, l'autre marchand de grains [2].

Le Bon abandonna au district, au conseil général de la commune et au comité de surveillance le soin de désigner trois juges; il se contenta d'indiquer à ces corps constitués les qualités requises des candidats.

« Au nom du Peuple français,

« L'administration du district de Cambrai, le conseil général de la commune, le comité de surveillance désigneront,

---

[1]. La suppression décrétée par le décret du 19 floréal, article 2, étant la conséquence du principe posé par l'article 1er, et cet article 1er n'étant édicté qu'en exécution du décret du 27 germinal, il nous paraît évident qu'à partir du 27 germinal le tribunal révolutionnaire d'Arras avait perdu son existence légale. — D'un autre côté, le Comité de salut public était bien autorisé par le décret du 19 floréal à conserver des tribunaux révolutionnaires, mais cette disposition, n'ayant pas d'effet rétroactif, ne conférait aucune validité aux autorisations données à Le Bon les 30 germinal et 12 floréal. D'où il suit que, du 27 germinal au 19 floréal, le tribunal révolutionnaire d'Arras fonctionna illégalement.

[2]. Nous ne connaissons de Royer que son nom et quelques dénonciations.

dans le jour, au représentant du peuple, pour être provisoirement juges au tribunal révolutionnaire, chacun un patriote de leur série ou d'ailleurs, qui, aux journées des 5 et 6 octobre 1789, n'ait point tremblé pour la famille ci-devant royale; qui, au contraire, ait désiré dès lors l'anéantissement des monstres couronnés; qui, à la fédération de 1790, ait gémi hautement de la bassesse des gardes nationales humiliées devant Capet et le cheval blanc de La Fayette; qui, au mois de février 1791, ait témoigné son indignation contre les chevaliers du poignard; qui, le 17 juillet de la même année, ait vu avec douleur les patriotes massacrés au Champ de Mars et se soit réuni aux Jacobins contre les Feuillants; qui, au mois de septembre suivant, ne se soit pas laissé endormir par l'acceptation de la Constitution royaliste et se soit récrié contre les mesures désastreuses proposées par Chapellier au sujet des sociétés populaires; qui, le 1er janvier 1792, ait souri aux heureux pronostics de Prudhomme sur la déconfiture des rois; qui, le 20 juin de la même année, n'ait signé aucune adresse en faveur du tyran, et qui, dans l'intervalle de cette époque au 10 août, ait appelé à grands cris le renversement du trône; qui, le 22 septembre suivant, ait applaudi au décret sur la République; qui, dans les premiers mois de la Convention, se soit élevé contre les armées départementales et contre les Brissot et consors; qui, avant le 21 janvier 1792, se soit prononcé pour la mort du tyran et contre l'appel au peuple; qui n'ait point chancelé à la trahison de Dumouriez; qui n'ait point manifesté d'aversion pour les principes de Marat vivant; qui ait vu avec transport arriver les journées bienheureuses des 31 mai, 1er et 2 juin et toutes les mesures révolutionnaires qui en ont été la suite. — A Cambrai, le 20 floréal [1]. »

Le comité de surveillance désigna comme juge Alexandre

---

1. Archives de Cambrai. — Registre du Conseil général.

Martho-Montigny ; — le conseil général de la commune, « au scrutin et à la pluralité absolue », choisit, dans son sein, Antoine Defrémery. — Le district procéda d'abord à un « scrutin épuratoire » ; chacun ayant émis son vote individuellement, il en résulta, à l'unanimité, « que tous les citoyens composant cette administration réunissaient toutes les qualités voulues par le représentant pour remplir les fonctions de juges [1] »°.

Martho, marchand de fer, un des seize députés de la ville et banlieue de Cambrai à l'assemblée des trois ordres du Cambrésis tenue le 17 avril 1789 en l'église abbatiale du Saint-Sépulchre, un des douze commissaires chargés par ses concitoyens de présenter au Roi et aux États Généraux le « Cahier des plaintes, doléances, remontrances et très-humbles supplications du Tiers-État », avait été nommé officier municipal le 30 novembre 1790 ; sur la présentation du conseil général, il avait été choisi par le représentant Bollet, le 22 nivôse (11 janvier 1794), pour remplir, avec cinq autres citoyens, les fonctions que le décret sur le gouvernement révolutionnaire attribuait aux comités de surveillance.

Defrémery, imprimeur, officier municipal depuis le 20 décembre 1792, avait fait partie du comité de sûreté créé le 3 avril 1793, sous la présidence du « commandant Bouchotte » ; il était, le 30 nivôse an II, secrétaire de la société populaire.

Guérard, homme de loi, était entré, en même temps que Defrémery, au conseil général et au comité de sûreté [2].

---

1. Les administrateurs du district, au lieu d'insérer l'arrêté de Le Bon dans le procès-verbal, se contentèrent de l'*analyser* ainsi : « Il a été fait lecture du réquisitoire du représentant du peuple qui demande qu'il soit nommé un citoyen qui remplira les fonctions de juge au tribunal révolutionnaire. Il faut que ce citoyen réunisse toutes les qualités qui caractérisent un *patriote de* 1789 ».

2. Nous répétons, à propos des juges et des jurés de Cambrai, ce que nous avons dit des jurés d'Arras : Ces hommes n'étaient pas tous froidement cruels

Joseph Le Bon, dès qu'il connut les noms des juges ainsi choisis, donna ordre aux corps administratifs qui les avaient désignés de se rendre le lendemain, huit heures du matin, à l'installation du tribunal révolutionnaire.

Le juré Gouillart, continuant à Cambrai la correspondance qu'il entretenait d'Arras avec les administrateurs du district de Béthune, exprimait en ces termes les sentiments qui l'animaient à la veille de la première audience :

« C'est à la fin d'une course nocturne que je me dispose à vous écrire. Cette nuit fut le coup de mort pour tous les aristocrates de cette commune. Les pères, mères, femmes, frères et sœurs, oncles, tantes, parents et amis des émigrés ont été par nous arrêtés. Je vous assure qu'ils sont en bon nombre et en bonnes mains. Demain le tribunal tient sa première séance, sous le titre de « première section du tribunal révolutionnaire établi à Arras » ; vingt-sept seront mis en cause pour commencer. Nous allons faire en sorte de détruire tous les scélérats qui fourmillent dans les prisons de cette ville.

« Vous connaissez l'activité du représentant : nous sommes tout à la fois officiers municipaux, district, comité de surveillance, gendarmes, enfin plus mauvais que tous les diables ensemble ne l'étaient autrefois. A demain.

---

ou aveuglés par le fanatisme révolutionnaire : la terreur qu'ils inspiraient aux autres les dominait eux-mêmes.

« Je suis hors d'état, déclara Guérard au tribunal d'Amiens, de vous donner des renseignements sur ce qui se passait au tribunal : pour me donner la force d'y siéger, j'avalais un grand verre de liqueur avant de m'y rendre ; je ne sortais que pour aller au tribunal, d'où je venais, sans m'arrêter, me renfermer chez moi. J'avais à prononcer sur la déclaration du jury. Que pouvais-je faire ? JE BUVAIS, je tâchais de tout ignorer jusqu'au nom des accusés ». (*Procès*, t. I, p. 232).

En 1822 Guérard fut frappé d'un coup de couteau par un maçon de Cambrai, Tilmant dit Caillau, dénonciateur fameux. Il survécut à sa blessure. Tilmant fut condamné à mort par la cour d'assises du Nord.

« Je vous prie d'envoyer faire des compliments à ma femme [1]. »

Le tribunal révolutionnaire de Cambrai entra en fonctions le 21 floréal (10 mai); — c'était le jour où mourait à Paris Mme Élisabeth. — Il siégea, non dans l'église Saint-Géry, mais dans une salle du collège [2]. On y avait fait installer une estrade de vingt marches, pour y placer un plus grand nombre d'accusés [3]. C'est de ce tribunal que le représentant Choudieu, en mission à l'armée du Nord, a tracé, dans une lettre du 7 thermidor an II, le portrait suivant, appliqué à tort au tribunal d'Arras :

« J'ai vu des membres de ce tribunal. Ils ont plus l'air de bourreaux que de juges; ils se promènent dans les rues avec une chemise décolletée et un sabre traînant toujours à terre. Enfin ils montent au tribunal en annonçant que l'affaire de tel ou tel va être bientôt expédiée et que bientôt on les verra passer pour aller à l'échafaud. J'ai été moi-même témoin auriculaire de ces propos [4]. »

Gouillard avait dit vrai : « Vingt-sept prévenus sont mis en cause pour commencer ».

Jean-Népomucène Évrard (33 ans), chef de demi-brigade, est condamné pour avoir quitté son poste pendant le combat du 7 floréal et fui jusqu'à Péronne (note de Jouy) [5]. — Il est « convaincu, disent les motifs du jugement, d'avoir abandonné son poste en présence de l'ennemi et compromis le

---

1. *Cris des habitants de Béthune*, P. J., p. 136.
2. Aujourd'hui le Grand-Séminaire.
3. *Procès*, t. I, p. 269.
4. *Procès*, t. II, p. 24.

« Tu parles de chemises décolletées, dit Le Bon (*Lettres justificatives* n. X), de sabres traînants. La chemise décolletée n'est proscrite par aucune loi; notre manie de cols fut même empruntée à Rousseau et à bien d'autres écrivains qui ont traité de l'éducation. Quant aux sabres, je n'en ai jamais vu aux membres du tribunal d'Arras, mais seulement à ceux de Cambrai. »

5. Pour abréger nous indiquerons les notes de Jouy par le signe (J).

salut de la colonne ». Évrard, condamné militairement, est conduit à Lille pour être fusillé en face de l'armée [1].

Vingt-et-un soldats du 6e bataillon de l'Oise, du Jura et de l'Yonne, accusés « d'avoir contribué à la déroute, sont rendus à la patrie, qui a besoin de leurs services ».

Augustin Broutin (19 ans), ci-devant officier municipal à Cambrai, est également acquitté, « n'étant pas complice des royalistes ».

Angélique Dupuis (47 ans), femme Dechy, marchande à Cambrai, avait été conduite aux Anglaises, le 19 floréal, par ordre de Le Bon. On avait trouvé dans la garde-robe de son fils, parti depuis deux ans, les bustes du Roi et de la Reine, qui lui avaient servi de modèles pour peindre en bosse, une pierre à broyer des couleurs et des découpures de pains à cacheter, qu'on métamorphosa en pierre d'autel et en hosties consacrées [2]. — Mme Dechy fut condamnée à mort « pour avoir conservé les bustes de Capet et de sa femme, au bas desquels étaient écrits ces mots : Vive le Roi! vive la Reine! » — « Le jour où fut exécutée Mme Dechy, Le Bon fit arrêter le mari, expulser la fille de service et les enfants, parmi lesquels un simple d'esprit : ils ne savaient où aller [3]. » Le 25 floréal, le district livra la maison de Dechy au représentant et à sa troupe, en remplacement de l'hôtel de Santenai, trop éloigné du tribunal [4]. — Le 16 prairial, il mit « à la

---

1. Évrard ne laissait à la République que « ses effets, une malle, deux chevaux et 76 livres 5 décimes ».

2. *Procès*, t. I, p. 269 et 277.

3. Déclaration d'André Mayeux, sous-chef de bureau au district, défenseur officieux. Archives départementales, et *Procès*, t. I, p. 277.

4. Mme Dechy était *riche* : on saisit chez elle et on apporta au district, le 26 floréal, neuf sacs de toile remplis d'argent et contenant 11,400 livres, 1,194 livres en espèces, 27 livres en argent monnayé, dix-huit couverts, une louche, deux cuillers à ragoût, douze cuillers à café, un hochet d'argent; une petite boîte contenant une croix d'or, un morceau de croix d'argent, un bouton, une médaille, un cachet et trois grelots d'argent, une montre d'or et 162 livres. (Archives du département du Nord).

disposition du représentant le vin qui se trouvait dans un caveau de cette maison ».

Marie-Caroline-Eugénie, marquise de Monaldy, était fille de Charles d'Aigneville de Millancourt, lieutenant de Roi, gouverneur de la citadelle de Cambrai. Son frère, Albert-Simon d'Aigneville, était évêque d'Amicles et suffragant de l'archevêché de Cambrai. Le marquis de Monaldy, grièvement blessé à la prise de Port-Mahon (1756), avait commandé la Bastille de 1765 à 1768 ; il était mort à Cambrai en 1793. Mme de Monaldy était âgée de 88 ans ; « depuis longtemps elle ne sortait plus de sa maison ; elle faisait bénir son nom parmi les pauvres dont elle était le soutien [1] ». Son rang et ses vertus étaient tout son crime. Le 20 floréal, Le Bon la fit conduire aux Anglaises. On la condamna à mort, comme « ayant discrédité les assignats ». Jouy ajoute à cet unique motif de jugement : « Ayant correspondu avec les émigrés, et ayant presque toute sa famille chez l'ennemi [2]. »

Antoine Gilles (69 ans), procureur au Conseil d'Artois, détenu aux Baudets, avait été amené d'Arras à Cambrai, le 20 floréal, sur la réquisition de Caubrière, et emprisonné aux Anglaises. Receveur de la marquise de Monaldy, Gilles lui avait écrit que, dans le temps présent, il ne lui était pas avantageux d'exiger le paiement de ses fermiers et qu'il lui conseillait d'attendre que les temps changeassent. On lui demanda s'il n'avait rien à dire pour sa justification ; il répondit : « Que je cherche à me justifier ou pas, je serai toujours condamné ; ainsi, je m'en tiens à votre jugement [3]. » Gilles partagea le sort de Mme de Monaldy : « Ayant, dans

---

1. *Procès*, t. I, p. 269.

2. Le 22 floréal, on apporta au district « des sacs d'écus à la Capet contenant 7,838 livres et un grand panier rempli d'argenterie en vaisselle trouvés enfouis chez la défunte ».

3. *Procès*, t. I, p. 269.

une lettre écrite à la veuve Monaldy en date du 12 janvier 1792, dit que la Révolution est une calamité ; tels sont les motifs du jugement. » — « Il a discrédité les assignats, dit que la Révolution est une calamité, mais qu'il espère que cela finira bientôt. — J'en suis convaincu. » (J.)

Aubert Viennet (62 ans) était riche et faisait la banque. Le 20 floréal, Le Bon l'envoya aux Anglaises. Le tribunal le condamna à mort, pour « avoir discrédité les assignats ». Jouy nous apprend quelles circonstances avaient accompagné ce crime : « Viennet, ci-devant marchand, usurier, a discrédité les assignats, en faisant des billets à ordre dans lesquels il déclarait ne vouloir recevoir que de l'or et de l'argent, et non du papier-monnaie, renonçant à toute loi à ce contraire. — J'en suis convaincu. »

Mme Dechy, la marquise de Monaldy, Gilles et Viennet furent décapités à trois heures de l'après-midi.

« Nous avons fait de bon ouvrage aujourd'hui, dit Le Bon à la société populaire ; nous avons fait guillotiner des vieilles ; à quoi servaient-elles ? Cela était inutile sur la terre [1]. » Ensuite il engagea le peuple à faire des dénonciations et à découvrir les caches où les aristocrates avaient mis leur argent.

Le lendemain, 22 floréal (11 mai), le tribunal prononça huit condamnations. Maximilien Cottaux (36 ans), marchand de filets à Paillencourt, est « convaincu d'espionnage ; il a discrédité les assignats ».

François Laurent (58 ans), apothicaire à Landrecies, « a correspondu avec les brigands couronnés » ; il a avoué qu'il n'était pas ami de la Révolution. (J.)

Françoise Leclercq, femme Laurent (52 ans), complice de son mari, « a avoué qu'elle avait été renvoyée de Landrecies comme suspecte ». (J.)

1. *Procès*, t. I, p. 209.

Un mulquinier, Pierre Laderrière (42 ans), un meunier, André Cacherat (28 ans), un maréchal, Boniface Jaquemart (48 ans), deux arpenteurs, André Lefebvre (62 ans), et Jean Desvignes (62 ans) sont guillotinés « pour avoir accepté des fonctions publiques à Avesne-le-Sec, lors de l'invasion de cette commune par les satellites des tyrans ». — « Je suis convaincu, dit Jouy, attendu qu'ils ont servi les Autrichiens en leur fournissant des secours et exerçant des fonctions public sous les tirans couronnés. »

Ces deux premières journées d'action répondaient aux espérances de Le Bon; avant l'audience du 23 floréal, il écrivit à ses collègues Saint-Just et Le Bas [1]:

« La machine est en bon train, je l'espère; l'aristocratie tremble, et les sans-culottes relèvent leur tête si longtemps humiliée. Les fonctionnaires prévaricateurs ne s'échapperont pas; ceux qui n'ont pas osé déployer d'énergie jusqu'à ce jour ne savent par quels moyens réparer leur faiblesse passée. La conduite de tous sera examinée scrupuleusement, et vous entendrez parler des résultats.

« Une guerre à mort est livrée aux espions qui pullulent dans cette place; et certes, il ne tiendra pas à moi de dégoûter l'ennemi du dessein de nous cerner, en rompant sans pitié toutes ses intelligences.

« Messieurs les parents et amis d'émigrés et de prêtres réfractaires accaparent la guillotine. Avant-hier, un ex-procureur, une riche dévote, veuve de deux ou trois chapitres, un banquier millionnaire, une marquise de Monaldy ont subi la peine due à leurs crimes. Un général de brigade, poltron et fuyard jusqu'à Péronne, dans une des dernières affaires, a été condamné à mort et vient d'être conduit à Lille

---

1. L'arrêté de Le Bon qui requit le district de remettre cette dépêche à Saint-Just et à Le Bas, ordonna en même temps « de faire transférer à Réunion-sur-Oise le citoyen Mortier, ex-constituant ».

pour y être fusillé à la tête des colonnes républicaines.

« Hier, trois espions et cinq ci-devant français, devenus échevins autrichiens, ont également disparu du sol de la liberté. — Salut et fraternité [1]. »

Plus sobre de détails avec le Comité de salut public, Le Bon s'était contenté de lui annoncer son arrivée à Cambrai :

« Je suis ici depuis cinq jours avec une section du tribunal révolutionnaire d'Arras *et ce, par les ordres de Saint-Just et Le Bas.* J'espère ne pas me démentir dans les nouveaux dangers que l'on m'a cru digne de courir ; mes deux collègues vous rendront un compte particulier de ma conduite d'après leurs propres observations et ma correspondance journalière avec eux. Je n'ai le temps aujourd'hui que de vous adresser ces lignes pour vous prévenir que j'ai nommé un bon citoyen adjudant à cette place, au lieu du nommé Lamotte, qui se promenait encore ici avec un uniforme de l'ancien régime, et prévenu d'ailleurs de correspondances suspectes.

« Je vous engage à confirmer, s'il est besoin, cette nomination. — Salut et fraternité [2]. »

23 floréal. — On n'imputait à Rénée-Cécile Debu, veuve Priston (48 ans), marchande à Cambrai, que « d'avoir approuvé l'émigration d'un de ses fils, et précieusement conservé des correspondances contre-révolutionnaires ». — « Elle a communiqué avec les émigrés et les ennemis de l'intérieur. » (J.) — Mme Priston laissa neuf enfants orphelins [3].

---

1. Rapport de Courtois, P. J., n. 77.
2. Lettre du 22 floréal. (Arch. de l'Empire).
3. Un des fils de Mme Priston servait la France, sous les drapeaux, pendant qu'on assassinait sa mère : après le 9 thermidor il revint à Cambrai, apprit le jugement du 23 floréal, se mit à la recherche de l'un des jurés auquel il imputait son malheur. — Il le rencontra dans un café, faisant sa partie de billard. A la vue du jeune Priston qui venait le sabre à la main lui demander compte

Le marquis de Lawœstine de Bercelaer (François-Maximilien-Antoine, 60 ans), était perclus de tous ses membres [1]. Dans la nuit du 22 floréal, vers les deux heures du matin, Lemirre et autres se rendirent chez lui. Lemirre, le sabre nu à la main, dit à Rincheval, cuisinier du marquis : « Marche ; où est ton maître ; où est ce tyran ? Il n'en fera pas davantage. Voilà du bien pour la Nation ; il y a de quoi vendre ici ». — En entrant dans la chambre à coucher, il aperçut des papiers : « Qu'est-ce que cela » ? demanda-t-il. On lui dit que c'étaient des titres féodaux déclarés. — « Tu es noble toi » ? dit-il à Bercelaer. — « Je l'ai été, répondit le vieillard ; je ne puis me débaptiser ». — Lemirre le fit lever, le conduisit aux Anglaises et remit au représentant les papiers qu'il avait saisis [2]. Le lendemain de son arrestation, M. de Bercelaer fut condamné à mort « pour avoir fait émigrer ses deux fils et précieusement conservé des titres féodaux proscrits par les lois ». — « Il est accusé, dit Jouy, d'être un contre-révolutionnaire par la conservation de ses titres féodaux et autres fanatiques, et d'une multitude de journaux proscrits... J'en suis convaincu ». — Marguerite Bonnefonds (52 ans), complice de Bercelaer, son mari, mourut avec lui.

A côté des contre-révolutionnaires comparaissent les partisans de l'ennemi. Augustin Leduc (58 ans) et Louis Moreau (21 ans), mulquiniers, l'un à Cambray, l'autre à Denain, et Ferdinand Lamand (22 ans), tisserand à Denain, sont « convaincus d'espionnage ». — Leduc « a porté de l'eau-de-vie et d'autres vivres dans les villages envahis par l'ennemi (J.) ». Les deux autres ont été trouvés « porteurs d'une

---

du sang versé, le juré s'élança dans la rue par une fenêtre ; il se cassa la cuisse et mourut de sa blessure.

1. *Procès*, t. I, p. 160.
2. Déclaration de Rincheval. (Archiv. départ. du Nord).

lettre pour les ennemis, à l'adresse de Calvaque, aide-de-camp du duc d'Yorck (J.) ».

Après ces six condamnations, le jury acquitte un artilleur, prévenu de vol et de pillage. « Il est accusé d'avoir voulu tuer un cochon, dit Jouy ; je n'en suis pas convaincu. » Le jury acquitte aussi un commis au district, prévenu d'avoir « cherché à avilir la société populaire ».

24 *floréal* (13 mai). — Il entrait dans les instructions données à Le Bon de « poursuivre les manœuvres de l'aristocratie en faveur de l'ennemi ». Pour faire croire à l'existence de ces manœuvres, Le Bon avait soin de faire juger simultanément espions et aristocrates : n'oubliant pas que le tribunal de Cambrai était civil et militaire, il livrait les aristocrates à la guillotine et les espions à la fusillade.

Ainsi, le 24 floréal, on juge et on fusille comme « espions » : Michel Chatelain (27 ans), fabricant de toilettes à Saulzoir, « porteur d'un passeport de l'empereur, ayant été plusieurs fois à Valenciennes ; le passeport prouve qu'il a été employé dans l'état-civil du Quesnoy » (J.);

Jacques Tétard (51 ans), fabricant de toilettes à Montrécourt, greffier de la municipalité établie par les Autrichiens. « Il a avoué qu'il avait été au Cateau et trois fois à Valenciennes. C'est un fanatique ayant toujours *était* à la messe de son curé, revenu avec les ennemis » (J.);

Noël Pouret (47 ans), laboureur. « Il a été à Valenciennes deux fois ; il a rempli les fonctions de maire, nommé par les Autrichiens ; il a été à la messe d'un curé revenu avec les ennemis, comme homme important, et que le petit peuple n'avait pas besoin d'y assister, parce qu'il n'avait rien à craindre. — J'en suis convaincu [1] » (J.).

---

1. La dépouille des victimes donna à la République « une montre anglaise, une agrafe de col et deux petites boucles d'argent, un mouchoir, une cravate noire,

On juge et on guillotine Pierre-Joseph Bruneau (32 ans), avocat à Cambrai, et Jacques Fontaine (51 ans), son domestique.

L'acte d'accusation dressé par Caubrière contre Bruneau et Fontaine, était ainsi conçu :

L'accusateur public près le tribunal révolutionnaire établi à Arras, section première séante à Cambrai, expose « qu'il lui a été renvoyé, par le représentant du peuple Joseph Le Bon, diverses pièces à la charge des nommés Jacques-Joseph Fontaine et Pierre-François-Joseph Bruneau ; qu'examen fait desdites pièces, il en résulte que le nommé Bruneau a reçu et conservé précieusement plusieurs lettres dans lesquelles les assignats sont ouvertement discrédités et où l'on provoque avec audace la subversion de la liberté et la ruine de la fortune nationale ; qu'il a, en outre, gardé précieusement des gravures où sont retracés les emblêmes odieux de la tyrannie des rois et des prêtres ; qu'il a, au surplus, abandonné le territoire français au 21 août 1791, à la faveur d'un passeport qu'il avait obtenu pour aller à Valenciennes, ce qui est évident d'après la déclaration qu'il a faite de ne savoir où il avait été à cette époque ;

« Que Fontaine, son domestique et son digne coopérateur, l'a accompagné dans son voyage, comme il résulte de sa déclaration et de l'itinéraire des émigrés, de Valenciennes à Coblentz et à Worms, ces deux villes de l'Autriche qui furent toujours le rendez-vous de tous les émigrés ; qu'il a, d'ailleurs, entretenu des intelligences avec les ennemis intérieurs, notamment avec les moines, dont il recevait des images fanatiques en échange de ses aumônes ; qu'il a constamment demeuré au service des grands, des nobles et de tous les

---

une veste, un chapeau et un bonnet de coton provenant de Tétard ; une montre d'argent de Châtelain ; des boucles de souliers et de jarretières en argent de Pouret ». (Archiv. départ. du Nord).

ennemis de la liberté, comme il conste d'un certificat trouvé dans ses papiers; qu'il a conservé une chanson en l'honneur des Bourbons.

« En conséquence, ledit accusateur public déclare accuser les nommés Bruneau et Fontaine d'être des traîtres à la patrie, les auteurs ou complices de la conspiration ourdie et continuée depuis 1789 contre le peuple français et sa liberté; ayant entretenu des intelligences criminelles avec les ennemis intérieurs et extérieurs, discrédité les assignats, provoqué le maintien ou le rétablissement de la royauté ou de tout pouvoir attentatoire à la souveraineté du peuple; ayant abandonné le territoire français en 1791 et contribué, par leurs communications avec les émigrés, à favoriser l'entrée des puissances étrangères dans les dépendances de l'empire français, et cherché, par toutes ces manœuvres, à armer les citoyens les uns contre les autres et à ébranler leur fidélité envers la Nation française.

« Tels sont les chefs d'accusation que ledit accusateur public porte à la charge des sus-nommés, et dont il requiert acte. — A Cambrai, le 23 floréal de la République française une et indivisible. — CAUBRIÈRE ».

Le juré Jouy résume ainsi, dans ses notes d'audience, les charges de l'accusation :

« Bruneau, accusé de discrédit sur les assignats, a obtenu un passeport du 21 *aoust*, et a déclaré ne pas savoir où il avait été. — J'en suis convaincu.

« Fontaine, accusé d'avoir été à Valenciennes, et par l'*etinairere* de Tournay à Comblentz et Worms, dans les bonnes maisons. — J'en suis convaincu. »

Les autres jurés partagèrent la conviction de Jouy. En conséquence, le tribunal prononça le jugement qui suit :

« Vu la déclaration du juré de jugement, faite à haute voix et portant que le fait est constant, c'est-à-dire que Bruneau et Fontaine sont des traîtres à la patrie, les auteurs ou complices des conspirations ourdies contre le Peuple français et sa liberté; Bruneau ayant reçu et soigneusement conservé des lettres où sont consignées ces phrases : « Il pourrait se faire que d'un jour à l'autre les assignats ne vaudraient plus rien ; battons le fer tandis qu'il est chaud, car vous savez que, d'un moment à l'autre, tout pourrait changer de face »; ayant discrédité les assignats dans le dessein de favoriser les entreprises des ennemis, cherché à avilir la représentation nationale, à maintenir ou rétablir la tyrannie ; ayant, en outre, par ses intelligences criminelles avec les ennemis extérieurs, favorisé le progrès de leurs armes sur le territoire français ;

« Et Fontaine, n'ayant jamais dénoncé les intelligences dudit Bruneau avec les émigrés, auprès desquels il l'a même accompagné le 21 août 1791 (vieux style) ; ayant, au surplus, conservé une multitude d'écrits fanatiques et royalistes, entre autres une chanson en l'honneur des Bourbons, et entretenu des correspondances avec les prêtres réfractaires et cherché, par toutes ces manœuvres, à maintenir ou rétablir la royauté ou tout autre pouvoir attentatoire à la souveraineté du peuple, et à favoriser l'entrée des puissances étrangères sur le territoire français ;

« Le tribunal révolutionnaire d'Arras, première section séante à Cambrai, après avoir entendu l'accusateur public, Bruneau, Fontaine et leur défenseur officieux, condamne lesdits Bruneau et Fontaine à la peine de mort [1]. »

25 *floréal* (14 mai). — François-Dominique Tranchant 68 ans), bénéficier de la cathédrale, et Euphrosine Tranchant (45 ans), sa nièce, avaient été emprisonnés aux Anglaises, le 19 floréal, par ordre de Le Bon. L'abbé Tranchant

---

1. Bibliothèque de M. Victor Delattre. Jugement imprimé.

passait sa vie « à recueillir dans les archives du chapitre ou ailleurs tous les documents inédits qui concernaient l'histoire ecclésiastique et civile du Cambrésis. Tous ces écrits qu'il avait accumulés à force de recherches, de veilles et de fatigues fournirent aux abominables tyrans de l'époque des preuves pour envoyer au supplice ce vieillard qui était la candeur même [1] ».

« Ex-bénificier insermenté, dit Jouy, Tranchant possède plus de soixante libelles tous plus contre-révolutionnaires les uns que les autres. J'en suis convaincu. » — « Il a, d'après les motifs du jugement, conservé précieusement une multitude d'écrits fanatiques et royalistes, et cherché à dissoudre la représentation nationale. » — Sa nièce, pauvre fille contrefaite, demeurait avec lui; elle est condamnée à mort, comme « complice dudit Tranchant ». — « On prétend, rapporte M. Le Glay, que l'un des juges poussa l'atrocité jusqu'à dire en riant : « Eh bien! Tranchant aura la tête tranchée. »

L'accusé avait trouvé un défenseur éloquent et courageux en la personne de Douay-Mallet, membre de l'échevinage en 1789, maire de Cambrai jusqu'aux élections d'octobre 1793, un des fondateurs de la Société des amis de l'ordre et de la paix. Douay acheva ainsi de se compromettre. A peine avait-il terminé sa plaidoirie, que Darthé donna l'ordre de l'arrêter. « Comme il faisait observer qu'il était encore dans l'exercice de ses fonctions, et qu'on aurait dû au moins attendre sa sortie de l'audience, l'accusateur public répondit qu'il avait des ordres depuis neuf heures du matin ; et ensuite, se tournant vers ses sbires : « Qu'on me balaye cette ordure-là ! » Dans la journée, la femme de Douay porta à Le Bon une lettre du prisonnier. A peine eut-il vu la signature, qu'il s'écria : « Douay ! le seul nom des Douay m'est

---

1. Le Glay, *Recherches sur l'Église métropolitaine de Cambrai*. — La Bibliothèque de Cambrai a hérité des manuscrits de M. Tranchant.

en horreur. C'est un royaliste éloquent; je suis bien aise de savoir cela... Comment cherches-tu à me surprendre pour un aristocrate? Retire-toi ; sors de suite. » — Douay ne fut élargi qu'après le 9 thermidor [1]. »

26 *floréal* (15 mai). — Après avoir acquitté un dragon, accusé d'homicide envers un bouvier de l'armée, le tribunal révolutionnaire condamna à être fusillé un capitaine du 3ᵉ bataillon des volontaires nationaux, Lazare Bertrand (26 ans), « qui avait abandonné son poste pour ne songer qu'à sa propre sûreté ».

Il appliqua la peine de mort à Charlotte Piéron (41 ans), femme de Jean-Pierre Le Roy d'Honnecourt, détenu à Compiègne. Mᵐᵉ Le Roy « avait enterré ou fait enterrer des titres féodaux ». Son fils Henry comparut à ses côtés, sous la prévention de bris de scellés : il n'avait que douze ans ; il fut acquitté.

Pierre Lainé (39 ans), forgeron à l'arsenal de Douai, et Pierre Barbet (59 ans), tailleur de pierres à Saint-Amand, furent « convaincus d'espionnage », et guillotinés. « Barbet, selon Jouy, avait communiqué avec ses trois fils émigrés et porté du numéraire à Valenciennes. » On acquitta son gendre prévenu de complicité.

27 *floréal* (16 mai). — On rendit à la liberté un sous-lieutenant du 7ᵉ bataillon de l'Yonne, accusé « d'avoir refusé de se rendre à son poste », et Catherine Desmaretz, femme Fremin, de Cambrai, à qui l'on imputait « la conservation précieusement soignée des portraits des anciens tyrans ».

28 *floréal* (17 mai). — Le tribunal condamna à mort :
1º Marie-Anne Biziaux (27 ans), servante de ferme à Vendegies, « convaincue d'avoir fourni des secours en hommes et en argent aux satellites des tyrans »; 2º Christophe Noizette

---

1. *Procès*, t. I, p. 284.

(22 ans), valet de ferme, son complice; — « Ils avaient, dit Jouy, conduit des meubles à l'ennemi et fait des *voiages* à Valenciennes et autres. » — 3° Angélique Colpart (22 ans), couturière à Iwuy, « convaincue d'espionnage, ayant souvent accueilli les satellites des tyrans »; 4° Pierre Hautecœur (48 ans), valet de charrue au même lieu, « ayant fourni des vivres aux satellites des tyrans et s'étant toujours montré l'ennemi des patriotes ».

Le jury déclara le fait d'espionnage non constant à l'égard d'un ouvrier en lins et d'un laboureur.

29 *floréal* (18 mai). — Un seul accusé comparut devant le tribunal révolutionnaire : c'était un boulanger du district de Saint-Quentin poursuivi comme espion; il fut acquitté.

LIVRE XI

Pendant que Joseph Le Bon faisait régner dans Cambrai « le redoutable respect de la Révolution », le tribunal d'Arras avait repris ses audiences un moment interrompues. — Le 17 floréal (6 mai), douze prévenus comparurent à la fois devant Guilluy, Dupuis, F. Caron et Flament : ils avaient été interrogés « par des commissaires du conseil général de la commune nommés *ad hoc* », décrétés d'accusation par Caubrière et écroués aux Baudets le 15 floréal, en vertu d'un arrêté du représentant. Le tribunal prononça contre eux dix condamnations à mort.

Marie-Charlotte-Cornille Donjon de Rusquehan (51 ans), Marie-Eulalie Donjon de Balinghem (45 ans), emprisonnées le 17 ventôse à l'Hôtel-Dieu, comme ex-nobles, Adrien Dambrines d'Esquerchin (73 ans), conseiller honoraire au Conseil d'Artois, père de Mme Bataille, et Théodore Dupuich (74 ans), négociant, arrêtés le 3 germinal, furent reconnus coupables d'avoir entretenu une correspondance avec M. Ernoult, ancien curé de Saint-Étienne, émigré. Ils avaient communiqué les lettres qu'ils recevaient de leur ancien curé à Marie-Eugénie et à Marie-Anne Grimbert, rentières (64 et 63 ans), ainsi qu'à Théodore Lefebvre, marchand (36 ans); ils en avaient donné lecture à Béatrix Dollé (42 ans), à Pierre Havart (37 ans), à Pierre Beuvry (49 ans), leurs domestiques, et à Jean-Baptiste Gottran (36 ans), domestique chez M. Fromentin. Mlles Donjon et Grimbert avaient caché l'argenterie et les livres de l'abbé Ernoult que Dupuich, de concert avec Lefebvre, avait fait transporter chez elles par Beuvry son domestique, assisté de Béatrix Dollé, d'Havart et de Gottran.

Eugénie Grimbert avait aussi fourni des secours en argent à M. Ledieu, ancien curé de la paroisse Saint-Aubert. Jean-Baptiste Ledieu (49 ans), cultivateur à Biache, avait donné asile à la servante de son frère, et recélé les effets qu'il n'avait pu emporter à l'étranger.

Provin, tailleur, et Mulet, fabricant de chandelles, poursuivis comme complices, furent seuls acquittés [1].

18 *floréal* (7 mai). — De toutes les villes du Pas-de-Calais, il n'en était aucune, Arras excepté, qui, plus que Saint-Pol, eût fourni à Le Bon des agents nombreux et dévoués, et où par conséquent les honnêtes gens fussent exposés davantage à ces haines redoutables auxquelles la Révolution offrait à la fois un masque et des armes. Darthé, en particulier, n'a-

---

1. Le 18 floréal le juré Duhaut-Pas de Béthune écrivit à ses collègues du district : « Je dois remplacer ici notre collègue Gouillart pour vous informer, jour pour jour, des noms des traîtres et scélérats que le glaive vengeur de la loi a frappés : hier douze de cette clique infernale ont été atteints ; voici leurs noms : ….

« Je vous écris du tribunal où nous sommes après les carcasses de trente-deux de Saint-Pol ; comptez sur mon exactitude à vous faire connaître les noms des guillotinés d'entre eux. — Salut et fraternité ». (*Cris des habitants de Béthune*, p. 138).

vait pas oublié les adversaires politiques qui avaient eu le malheur de lutter contre lui en 1791 : il obtint du représentant, le 1ᵉʳ germinal, un arrêté qui confiait à Guilluy, Mienné et Flament le soin de procéder, contre les aristocrates de Saint-Pol, à une scrupuleuse information. Il présida « cette espèce de chambre ardente », provoqua les dénonciations et fit publier à son de trompe une proclamation qui se terminait ainsi : « Sans-culottes, si vous dénoncez les aristocrates, leurs biens seront partagés entre vous [1] ».

Les autorités constituées de St-Pol n'avaient pas attendu cette impulsion pour procéder à des arrestations nombreuses. Dès le 2 août 1793, le district avait emprisonné « toutes les personnes notoirement suspectes d'incivisme et d'aristocratie ». Un arrêté du département ayant ordonné, le 19 août, le transport des détenus à la citadelle de Doullens, le comité de surveillance, installé le 5 octobre [2], avait rempli ces prisons de nouvelles victimes [3].

Néanmoins, les commissaires de Le Bon trouvèrent moyen d'opérer à Saint-Pol une troisième levée de suspects. « C'était l'usage dans cette ville de planter, le jour de la Saint-Jean, un arbre autour duquel la jeunesse dansait et se divertissait. Ils se rappelèrent que, deux ans auparavant, on avait planté deux arbres à Saint-Pol, et de suite ils métamorphosèrent l'un en arbre contre-révolutionnaire. Les planteurs, danseurs,

---

1. *Procès*, t. I, p. 180.

2. Il arriva à ce comité une singulière aventure. Le 7 pluviôse, Saint-Just, passant par Saint-Pol, prétendit qu'on « avait fait en sa personne un outrage à la représentation nationale et ordonna que le comité révolutionnaire fût emprisonné à Béthune ». Le comité ne fut rendu à ses fonctions qu'après une détention de six jours.

3. « Les prisons, dit Le Bon (*Procès*, t. I, p. 182), regorgeaient à Saint-Pol ; j'y fus et j'en fis sortir deux cents personnes ! Eh bien, malgré mes ordres, plusieurs furent remises en arrestation par le comité de surveillance autorisé par Le Bas dont Darthé était l'ami. Que pouvais-je faire contre ce Darthé soutenu par Le Bas et Saint-Just ? — Il M'AURAIT DÉNONCÉ ».

jusqu'au joueur de violon, devinrent des conspirateurs au nombre desquels ils placèrent des gens qui n'avaient jamais vu l'arbre, mais qui avaient eu le malheur de leur déplaire[1] ». Le 10 floréal, l'agent national du district expédia à Arras vingt-et-un prévenus, choisis entre tous ; ils furent écroués aux Baudets par ordre du représentant.

On comptait parmi eux des gens de toutes conditions : Théodore Derruel, maçon (66 ans), arrêté le 15 août pour « avoir, en 1791, excité des troubles dans les assemblées primaires, dit dans un cabaret qu'il était aristocrate et occasionné une rixe »; Charles Waille (29 ans), concierge du district, détenu, depuis le 6 octobre, comme « aristocrate et fanatique »; François Dutate (29 ans), écrivain ; Charles Bernard (44 ans), commis au district ; François Berthe (32 ans), cordonnier, mis en arrestation le 5 octobre, « aristocrate bien prononcé »; Antoine Bacqueville (63 ans), marchand, emprisonné le 6 octobre en qualité « d'agent d'émigrés, entre autres, du ci-devant de Ghistelles »; Marie-Antoinette Corne, cabaretière, « notoirement suspecte d'incivisme et d'aristocratie », agent des Thellier et autres aristocrates de Saint-Pol, arrêtée avec son mari le 2 août 1793 ; Dominique Debret (65 ans), receveur des consignations, incarcéré le 21 ventôse : « Il avait cherché à contre-révolutionner plusieurs citoyens, s'était montré un des principaux agents de la cabale lors des élections et de l'arbre contre-révolutionnaire, et avait correspondu avec son fils émigré »; Honoré Houriez (54 ans); André Petit (40 ans), potier ; Jacques Petit (50 ans), de Monchy-le-Breton, receveur du district de Saint-Pol, détenu depuis le 5 août 1793 ; Amand Lambert (33 ans), manouvrier ; Jean-Marie Détape (56 ans), cordonnier, mis en arrestation par le comité de surveillance, le 8 brumaire, « pour avoir propagé

---

1. *Procès*, t. I, p. 180.

le fanatisme et être aristocrate » ; Jacques Chevalier (36 ans), dit Gazon, garde-bois ; Louis Agnion (59 ans), charcutier, emprisonné le 17 frimaire « comme fanatique et n'ayant donné aucune marque de civisme » ; Marie-Anne Turqué (65 ans) ; Marie-Ghislaine Rigaud (56 ans), femme Vaillant, ménagère à Frévent ; Ghislain Bacot, marchand de tabac ; Louis Lagniez, cordonnier ; Jeanne Raux, femme Lecomte, marchande de tabac, et François, maître de la poste aux chevaux d'Arras [1].

Ces prisonniers retrouvèrent à Arras plusieurs de leurs compatriotes : Dominique Morand (54 ans), fabricant de bas, mis en arrestation le 4 août 1793 « pour son fanatisme » ; évadé de la maison de détention, il s'était de lui-même constitué prisonnier le 21 ventôse et avait été amené aux Baudets par ordre de Darthé, le 7 germinal, avec Pétain, responsable de son évasion ; Thellier du Courval (47 ans), argentier de l'échevinage, arrêté à Arras, le 20 ventôse, en vertu d'un arrêté de Le Bon ; Emmanuel Herman (64 ans), avocat, maire de Saint-Pol en 1791, emprisonné le 5 octobre, « comme ayant voulu empêcher la vente des biens de Diéval et de Bryas, émigrés » : le 7 germinal, Darthé l'avait fait conduire aux Baudets.

Un nouveau convoi, qui arriva de Doullens le 14 floréal, comprenait huit prisonniers : Eugène Ansart (50 ans), notaire à Saint-Pol, « receveur des émigrés, s'étant mis, en 1791, à la tête des aristocrates qui voulaient former une municipalité à leur mode, ami de Thellier » ; Raphaël Massias (49 ans), « agent et receveur des ci-devant nobles, et notoirement accusé d'aristocratie » ; Henry Thellier de la Neuville (38 ans), rentier, « aristocrate bien prononcé dans le principe de la Révolution, allié avec les chefs des aristocrates de Saint-Pol »

---

1. François sortit de prison le 20 floréal par ordre de Le Bon.

(Ansart, Massias et Thellier avaient été arrêtés le 21 ventôse); Jean Caffin (68 ans), apothicaire, « dénoncé au district comme agent de Thellier pour affaiblir l'esprit public en colportant, en 1792, des papiers propres à allumer le fanatisme », détenu depuis le 3 août 1793; Louise Thellier (42 ans), femme d'Éloy de Corbehem, lieutenant-général de la sénéchaussée de Saint-Pol, mise en arrestation le 2 août 1793, « notoirement suspecte d'incivisme, signalée par le district comme aristocrate prononcée, véhémentement soupçonnée d'avoir engagé deux de ses fils à émigrer, et d'avoir souvent assemblé chez elle des prêtres réfractaires », rendue à la liberté le 19 septembre, et réincarcérée le 21 ventôse; Jeanne Picot (62 ans), veuve Corne, « fanatique dans la force du terme », arrêtée le 23 frimaire avec la ci-devant religieuse Saint-Jean, qui demeurait chez elle, pour « avoir été prêcher de maison en maison l'aristocratie »; Ambroise Corne (28 ans), cabaretier, emprisonné avec Marie-Antoinette Corne, sa femme, à raison des mêmes faits; Amand-Joseph Lambert (33 ans), manouvrier.

Le 15 floréal, Jean-Baptiste Dufour (22 ans), horloger, chasseur au 21e, compléta la liste des prisonniers de Saint-Pol que le tribunal révolutionnaire allait immoler.

Darthé ne voulut pas laisser à d'autres le soin de traduire en justice ses concitoyens : il rédigea contre eux, le 14 prairial, l'acte d'accusation qui leur fut signifié le 17, veille de l'audience [1].

« Guilluy et Darthé composèrent la liste des témoins à

---

[1]. L'an II de la République,... moi, Louis-Joseph Mouret, huissier au tribunal révolutionnaire établi à Arras, soussigné, ai signifié à.... accusé détenu en la Maison de justice dudit tribunal, amené entre deux guichets, en parlant à sa personne, copie de l'acte d'accusation qui précède avec cet exploit, à ce qu'il n'en ignore du contenu audit acte. MOURET. — (Pièce communiquée par M. Thellier, de Lille.)

entendre. Mienné, provocateur de la dénonciation et dénonciateur lui-même, en fut un ; Flament fut juré ; trente-deux personnes furent mises en jugement et vingt-huit condamnées, parmi lesquelles Darthé sacrifia à sa haine des pères dont les enfants étaient à la défense de la patrie [1]. »

A l'unanimité, en effet, le jury déclara le fait constant à l'égard de vingt-huit accusés. Deruelle, Waille, Dufour, Dutate, Bernard, Berthe, Jeanne Picot, Massias, Ansart et Bacqueville furent reconnus coupables « d'avoir planté ou fait planter, à la Saint-Jean-Baptiste 1792 (vieux style), dans la rue des Féronniers, un arbre contre-révolutionnaire décoré de rubans de plusieurs couleurs, non aux couleurs nationales ; bu à la santé de cet arbre, disant : « Si tu es aristocrate, tu boiras ; si tu es patriote, tu t'en passeras » ; crié, en dansant autour de cet arbre : « *Vivent les royalistes ; au diable les patriotes ; ça ira, les démocrates à la lanterne* », chaque fois qu'ils buvaient à la santé des aristocrates ; — d'avoir, en outre, conseillé ou favorisé l'émigration du nommé Servins d'Héricourt ; de s'être montrés, avec Bacqueville, les ennemis des patriotes, lors de l'élection de la municipalité sans-culotte ; d'avoir correspondu avec les ennemis intérieurs et extérieurs » ;

Houriez, « d'avoir demandé à deux volontaires si les émigrés rendraient des prêtres et des églises, et dit que, s'ils rentraient, il irait au devant d'eux » ;

André Petit, « d'avoir fait servir sa maison au rassemblement des ennemis intérieurs ; dit que l'avant-garde de l'armée ennemie étant de cinquante mille hommes, l'armée devait être bien considérable ; que les émigrés rentreraient en France et que la Nation ne régnerait jamais » ;

Ambroise Corne et sa femme, « de s'être mis à la tête de

---

[1]. *Procès*, t. I, p. 181.

la cabale qui avait voulu *égorger* les patriotes, lors de l'élection de la municipalité en 1791 (vieux style), et d'avoir prêté leur maison à cette cabale ; d'avoir souffert que les plus noirs complots y fussent formés » ;

Caffin, « d'avoir forcé de souscrire pour l'acquisition d'une église anti-constitutionnelle, pour y propager le fanatisme » ;

Hubert Thellier, complice de Debret, « d'avoir voulu fanatiser le citoyen et la citoyenne Raux ; dit que la Constitution ne pouvait avoir lieu ; que c'était le règne des gueux, et colporté dans sa commune des écrits fanatiques et contre-révolutionnaires » ;

Debret, « d'avoir cherché à contre-révolutionner plusieurs citoyens ; de s'être montré un des principaux agents de la cabale, lors des élections et de la plantation de l'arbre contre-révolutionnaire, et d'avoir correspondu notamment avec son fils émigré » ;

Jacques Petit, « d'avoir correspondu avec les contre-révolutionnaires ; voulu empêcher la vente des biens nationaux, ou les faire vendre à vil prix à ses créatures ; abusé de ses fonctions de président et de commissaire du district de Saint-Pol pour dilapider le mobilier de plusieurs émigrés, notamment de l'émigré Humerœil » ;

Morand, « d'avoir, lors des élections de 1791, *assassiné*[1] les patriotes, notamment Charles Héroguelle, et de n'avoir cessé de conspirer en émigrant ;

Lambert, « d'avoir menacé de l'ennemi qui avançait, disait-il, à grands pas, et aurait bientôt gagné la France » ;

Détape, « d'avoir cherché à fanatiser et à aristocratiser ses ouvriers, dans l'hiver de 1791, et de les avoir chassés » ;

---

1. Darthé aimait l'hyperbole : les patriotes *égorgés* et *assassinés* dans la lutte à coups de chaises à l'aide de laquelle, en 1791, il avait conquis le terrain électoral, se portaient fort bien le 18 prairial an II.

Chevalier, « d'avoir tenu, au carnaval de 1795, des propos contre-révolutionnaires, disant qu'il se faisait honneur d'être aristocrate ; d'avoir engagé une rixe avec un patriote » ;

Henry Thellier [1], « d'avoir été un des chefs de la cabale, lors des élections ; cherché à empêcher de former une société populaire ; dit qu'il avait toujours des pistolets et un fusil à deux coups pour les patriotes qui l'insulteraient, et correspondu avec les ennemis intérieurs et extérieurs » ;

Herman, « d'avoir voulu, comme maire, empêcher la formation et provoqué la dissolution de la société populaire ; affecté de fuir les offices des prêtres sermentés ; autorisé à prendre l'arbre contre-révolutionnaire dans la forêt de Gau-

---

1. M. Thellier de Lille nous a communiqué l'acte de notoriété qui suit :

« Nous, maire de la ville de Saint-Pol, département du Pas-de-Calais, sur l'attestation de Messieurs Auguste-Vinocq-Joseph Thellier, juge de paix du canton de Saint-Pol ; Charles Willemez, propriétaire et premier adjoint au maire ; Joseph Debret, huissier, Remi Lecomte, propriétaire, Guislain Preud'homme, propriétaire, Augustin Lambert, rentier, et Louis-Augustin-Albert-Joseph Lambert, huissier, tous sept domiciliés à Saint-Pol, certifions qu'il est de notoriété publique que Monsieur Charles-Henri-Joseph THELLIER, père de Monsieur Henri-François-Philippe-Albert THELLIER DE LA NEUVILLE, chevalier de l'Ordre royal de la Légion d'honneur, maréchal-des-logis de la gendarmerie royale à la résidence de Lillers, Xavier THELLIER, Charles THELLIER, Hubert THELLIER, Eugène-François ANSART, Antoine-Joseph BACQUEVILLE, dames Marie-Thérèse-Joseph MAHIEU, épouse de Monsieur Bernard THELLIER, Adélaïde THELLIER, Louise-Bernardine-Françoise-Joseph THELLIER, épouse de Monsieur DE CORBEHEM, tous cousins et cousines issus de germains dudit sieur THELLIER DE LA NEUVILLE, ont tous été guillotinés sous le régime de la Terreur ; que ledit sieur Bernard THELLIER est mort dans les prisons d'Arras ; Monsieur l'abbé Bernard THELLIER, émigré et assassiné en Italie, André THELLIER, émigré, et tué en mil sept cent quatre-vingt-quatorze en Hollande, au régiment de Rohan infanterie, aussi cousins issus de germains du susdit sieur THELLIER DE LA NEUVILLE, ont tous été victimes de la Révolution pour cause de leur attachement à l'auguste famille des Bourbons.

« Saint-Pol, le trois novembre mil huit cent vingt-deux. Signé V. Thellier, Willemetz, Lambert, Lambert, Thilloy, Preud'homme, J. Debret et Lecomte.

« Saint-Pol, le 3 novembre 1822.

« Le Maire, DE CORBEHEM ».

chin, qui appartenait à l'émigré de Bryas dont il était le receveur et l'agent; correspondu avec lui et sa femme » ;

Agnion, « d'avoir dit, lors de la prise de Valenciennes, que si l'ennemi venait à Saint-Pol, il n'aurait pas besoin de listes pour aller chez les patriotes; qu'il les aurait lui-même conduits par la main dans leurs maisons; battu et outragé les amis de la patrie » ;

Marie-Anne Turqué, « d'avoir mis tout en œuvre pour empêcher l'établissement de la société populaire et cherché le discrédit des assignats »;

La femme Corbehem, « d'avoir, elle et ses enfants émigrés, outragé et menacé les patriotes ; cherché à empêcher la femme Bernard d'aller aux messes des prêtres sermentés ; d'avoir tenu des propos contre-révolutionnaires, disant qu'elle se réjouissait des revers de la Nation; que bientôt elle aurait son tour ; grandement soupçonnée d'avoir fait émigrer ses deux fils » ;

Ladite Bigand, « d'être une royaliste forcenée ; d'avoir demandé à un individu s'il était vrai que le roi fût mort, et sur la réponse affirmative, d'avoir dit : « Les gueux ! ils sont venus à bout de leurs desseins ».

A l'égard de Bacot, de Lagniez et de la femme Lecomte, le jury rendit un verdict négatif.

La femme Corne, vu son état de grossesse, obtint un sursis.

A peine l'exécution des vingt-sept condamnés était-elle terminée que Flament, l'un des jurés, conduisant deux femmes à la comédie, passa sur le ruisseau qui charriait encore le sang des victimes, lâcha le bras d'une de ces femmes, et trempant la main dans ce sang, le fit dégoutter le long de ses doigts en disant : « Comme c'est beau ! [1] »

---

1. *Procès*, t. I, p. 181. — Duhaut-Pas à ses collègues. — Arras, le 18 floréal, six heures du soir. Je m'empresse de vous mander que sur les trente-deux

19 floréal (8 mai). — Sylvain Mouflin (20 ans), chasseur à cheval, et Jean Ruaux, sous-lieutenant d'infanterie, furent condamnés à mort. Mouflin avait « fabriqué un arrêté, signé Élie Lacoste et Peyssard, qui l'exemptait de la réquisition ». — Ruaux « avait conservé très-précieusement un habit blanc sur les retroussis duquel se trouvaient deux fleurs de lys, et s'était servi d'une qualification injurieuse contre les Jacobins ».

Cattaert, juge au district de Boulogne, accusé « d'avoir abusé du nom de Dumont et de Le Bon pour vexer le maire et les habitants de Sangatte », obtint un verdict favorable : c'était un patriote [1].

21 floréal (10 mai). — Deux tailleurs de Fruges avaient « vendu trop cher les habits des défenseurs de la patrie » : le jury reconnut qu'ils n'avaient pas agi méchamment et les fit mettre en liberté.

Après eux comparut Remy Callau (54 ans), cultivateur et maire de Plouvain. Le 15 pluviôse, un membre du District avait exposé en séance « que Callau était un aristocrate notoire, un homme foncièrement contre-révolutionnaire et un

---

qui ont été mis en jugement aujourd'hui, vingt-sept sont frappés du glaive de la loi... Autant nous avons de plaisir à purger l'air de la liberté du souffle empesté des monstres qui ne savent pas le respirer, autant nous avons de jouissance à sauver l'innocence. Bacot, Lagniez et la femme Lecomte ont été acquittés. Bonsoir, je vais dîner : il est temps. Salut et fraternité. (*Cris des habitants de Béthune*, p. 137).

1. 19 floréal. Duhaut-Pas à ses collègues :

« On dit que ça ira, et moi je dis que ça va ; les journées des 17 et 18 vous en sont garantes. Celle d'aujourd'hui, quoique moins fertile à Arras, vaut, dit-on, autant à Cambrai que les précédentes à Arras.... Voici les noms de ceux qui ont subi la peine due à leur scélératesse... Demain, RELACHE AU THÉÂTRE ROUGE.

Robespierre venait de faire décréter, le 18 floréal, que le Peuple français reconnaissait l'existence de l'Être suprême et de l'immortalité de l'âme, et fêterait les jours de décadi. — Or, le 20 floréal était un décadi. Par ce pieux motif, LES ACTEURS DU THÉÂTRE ROUGE feront relâche un jour sur dix.

intrigant ; qu'il dominait la municipalité de sa commune et empêchait que l'esprit de la Révolution s'y propageât ; que sa conduite et ses propos étaient anti-patriotes et anti-civiques ». En conséquence, Callau fut destitué et arrêté par le juge de paix Barbaux qui avait remplacé, à Rœux, M. Magniez. Le 9 ventôse, Barbaux, en levant les scellés par lui apposés, découvrit plusieurs écrits contre-révolutionnaires : *Dialogue entre M. Necker et M. de Polignac, lors de leur entrevue à Bâle ; Dialogue entre MM. de Launay, Flesselles, Foulon et Berthier aux enfers*, et une lettre sans adresse, du 15 septembre 1792, de laquelle paraissaient résulter des rapports d'amitié avec un émigré. — On jugea Callau digne de mort.

Eugénie Locthemberg (33 ans), veuve de La Forge, habitait le château de Racquinghem. Le 17 août 1793, en vertu d'un arrêté du district de Saint-Omer, le président du comité de surveillance d'Aire, assisté de deux membres et du greffier de ce comité, se présenta chez Mme de La Forge avec douze hommes de cavalerie et autant d'infanterie, pour opérer une perquisition. Ils n'avaient découvert aucun objet suspect, lorsque le greffier s'avisa de « faire retourner les poches de ladite de La Forge et y trouva six lettres aristocratiques [1] dans lesquelles on disait : « Les âmes sensibles ont beaucoup à souffrir dans le siècle où nous sommes. — Dans le Pas-de-Calais, les pensions sont payées exactement, et le département du Nord y met des entraves ; ce qui prouve que la République n'est pas une et indivisible. » On lui marquait encore : « Qu'on voyait tout en noir dans ce qui se passait ; qu'on n'avait pu lui envoyer les papiers parce qu'ils n'étaient pas arrivés. » Ces lettres perdirent l'accusée !

---

1. Archives départementales.

Noël Simon (29 ans), laboureur à Villers-le-Sec, était accusé « de recruter pour l'ennemi ». On le guillotina [1].

22 *floréal* (11 mai). — Pierre Balin (45 ans), fermier à Laventie, et Antoine Brasseur (38 ans), cordonnier à Saint-Venant, avaient été envoyés aux Baudets, l'un le 18 floréal, l'autre, le 6, par le district de Béthune. Balin « avait écrit des lettres menaçantes contre les autorités de Laventie. Il paraissait être l'auteur d'un placard dans lequel on menaçait de brûler les maisons des patriotes ». — Brasseur « avait livré aux défenseurs de la patrie deux paires de souliers de mauvaise qualité dont les semelles étaient fourrées de vieux cuir ».

Nicolas Lambert (44 ans), brasseur à Saint-Pol, amené de Doullens aux Baudets, le 14 floréal, ne devait pas survivre longtemps aux vingt-sept condamnés du 18. Il avait été arrêté, le 15 août 1793, « pour ses liaisons avec les suspects, notamment avec Thellier de Poncheville. Dans les campagnes où il allait pour ses affaires, il avait toujours manifesté des sentiments aristocratiques. Lors de l'arrestation de Poncheville, il avait traité de gueux ceux qui l'incarcéraient, et dit qu'on ne devait pas ainsi traiter un honnête homme ». L'acte d'accusation ne reproduisit aucun autre fait à la charge de Lambert.

Balin, Brasseur et Lambert montèrent sur l'échafaud.

23 *floréal* (12 mai). — Charles Caby (29 ans), cordonnier

---

1. Arras, le 21 floréal. Duhaut-Pas à ses collègues :

« Fort peu de choses à vous mander aujourd'hui, concernant le tribunal révolutionnaire ; trois seulement ont été frappés de sa juste sévérité. Je n'ai pas appris sans peine que Dujardin et Gouillart allaient nous quitter. Les aristocrates embusqués seront encore un petit moment tranquilles, car ce n'est pas l'affaire d'un moment de les remplacer. » — Gouillart fut nommé juré au tribunal révolutionnaire de Paris. Nous n'avons pu découvrir si Dujardin cessa de faire partie du jury d'Arras.

à Pont-à-Vendin, « avait fourni dix-huit paires de souliers de mauvaise qualité aux défenseurs de la patrie ».

Pierre Claessens (21 ans), lieutenant-colonel du 21ᵉ bataillon belge, écroué aux Baudets le 14 floréal, « avait dit que Duquesnoy, représentant du peuple, avait fait périr injustement le général Gillet; qu'il faisait les fonctions de juge et de témoin dans cette affaire ; que, dût-il être exterminé, il s'en vengerait ». On l'accusait encore « d'avoir voulu séduire ses camarades pour obtenir une passe, et prétendu qu'avec un cachet dont il était porteur, il pourrait toucher de l'argent chez les payeurs et parcourir toute la République ».

Dubarcq, maire de Willerval, maintenu en arrestation par Le Bon, le 5 germinal, parce qu'il payait trop de contributions pour être élargi, était poursuivi à cause de ses liaisons avec Claessens, à qui il avait fourni de l'argent.

Aldegonde Lemaire (43 ans), marchande à Béthune, livrée à l'accusateur public par le district de cette ville, avait tenu ce propos : « S'il s'agissait d'exterminer les patriotes, je mettrais moi-même le feu aux canons. »

Dubarcq seul eut la vie sauve.

24 *floréal* (13 mai). — Le 28 juillet 1789, les représentants des corps d'états et corporations d'Arras, assemblés pour établir une garde bourgeoise, volontaire et gratuite, avaient nommé commandant Benoît-Joseph Carrault, chevalier de Saint-Louis, ancien officier de carabiniers. — En octobre 1793, le premier commandant de la garde nationale fut emprisonné à l'Abbatiale, comme suspect. Il représenta au District que sa décoration pouvait seule motiver la mesure qui le frappait, mais qu'il l'avait remise au procureur de la commune, dès que la loi le lui avait ordonné. « Il ne me reste, disait-il, d'autres preuves d'avoir été utile à ma patrie, que les cicatrices que j'ai sur le corps et les infirmités qui m'ac-

cablent ¹. » Le comité de surveillance le mit en liberté sous caution ; mais, le 25 ventôse, le District écrivit à l'agent national de la commune : « Carrault, ci-devant chevalier de Saint-Louis, est aristocrate. Nous te prions de le faire loger avec ceux qui pensent comme lui. »

Carrault fut arrêté de nouveau. Le 28 floréal, Varnier et Lefetz prirent contre lui l'arrêté suivant :

« Les administrateurs du District d'Arras, Varnier et Lefetz, chargés de pouvoirs particuliers du représentant Joseph Le Bon, après avoir pris connaissance d'un paquet contenant différents brevets délivrés au nommé Carrault, ex-chevalier de Saint-Louis, par les deux derniers Capets qui s'étaient décorés du nom de rois, et un acte signé Castries ; considérant que cet individu, détenu comme suspect et aristocrate notoire, n'a pu conserver, sans avoir des desseins contre-révolutionnaires, de pareilles pièces ; considérant que le soin qu'il a pris de les garder, malgré les dispositions d'une loi qui invitait et ordonnait même à tous les anciens militaires de remettre leurs cartouches, brevets et congés aux autorités constituées, pour par elles être envoyées au ministère de la guerre, et en recevoir en leur lieu et place des congés et brevets républicains, est un mépris formel pour les lois et pour le gouvernement républicain et une preuve évidente de son aristocratie, arrêtent d'envoyer les pièces dont il s'agit à l'accusateur public du tribunal révolutionnaire séant à Arras, et le requièrent de mettre de suite en jugement le nommé Carrault, ex-chevalier de Saint-Louis, comme contre-révolutionnaire et partisan de la ci-devant royauté ². »

Carrault fut envoyé aux Baudets ; de là, au tribunal révolutionnaire et à l'échafaud. Il était âgé de 62 ans.

Jean-Marie Lefebvre (45 ans), fabricant de draps à Saint-

1. Archives départementales.
2. Procès, t. II, p. 115.

Omer, syndic de la communauté des marchands en 1789, juge au tribunal de commerce et officier municipal en 1792, nommé administrateur du département après le 10 août, s'était d'abord montré partisan sincère de la Révolution, mais il était trop honnête homme pour ne pas s'arrêter en chemin. Intimement lié avec J.-B. Personne, ancien procureur fiscal de la salle décanale de Saint-Omer, membre de la Convention nationale, il lui écrivit, le 16 janvier 1793 : « Nous avons dans l'administration quelques Maratistes..... Prenez courage, et que cette coalition tyrannique (des Montagnards) ne vous effraye pas ; il faut, aux amis de la patrie, fermeté et dévouement. » — Guffroy intercepta cette lettre, et l'expédia à l'un des administrateurs maratistes. Celui-ci attendit l'occasion de la produire avec succès. Le 27 juillet, à propos d'une discussion assez vive sur le compte du secrétaire-commis Corbeau, dont Lefebvre prenait la défense, il en donna lecture en pleine séance. Déjà l'ami de Personne était suspect aux yeux de ses collègues ; trois jours auparavant, l'administrateur Asselin ayant affirmé que la section de Saint-Omer qu'habitait Personne n'avait pas accepté la Constitution, Lefebvre avait opposé à ses dires une dénégation formelle. Les administrateurs du département lui déclarèrent que « puisqu'il était d'une opinion contraire à celle des autres », il devait se retirer. Le 1er septembre, Billaud-Varennes et Niou, envoyés en mission à Saint-Omer, s'étant arrêtés à Arras, le suspendirent de ses fonctions.

Rendu à la vie privée, Lefebvre demanda au département un certificat de sa conduite pendant sa gestion. Le 28 septembre, on s'occupa de sa requête. On rappela alors la correspondance de Lefebvre avec Personne et l'appui qu'il avait donné au district de Saint-Omer, alors que cette administration, « dédaignant la hiérarchie des pouvoirs », prétendait correspondre directement avec les ministres ; on représenta que, dans les premiers temps de l'administration, il avait exigé qu'on fît lecture des écrits envoyés par les départements fédéralistes ; qu'il avait qualifié d'infâmes les applaudissements donnés à une adresse respirant la haine des rois ; qu'il avait appelé les Montagnards des Maratistes et débité une chanson aristocratique : « *Pauvres sans-culottes, remettez vos culottes* », et enfin que, favorable à Capet, il s'était prononcé pour l'appel au peuple. Le département répondit à Lefebvre : « Vous êtes l'ennemi du peuple, le partisan de l'ancien régime et de tous ses fléaux » ; et non content de lui envoyer ce certificat, il adressa son arrêté à la Société montagnarde de Saint-Omer [1].

Lefebvre fut mis en arrestation. Joseph Le Bon, pendant le séjour qu'il fit à Saint-Omer, lui rendit d'abord la liberté provisoire ; mais cédant aux instances du département qui lui dépêcha un courrier tout exprès, il prit contre lui l'arrêté qui suit :

« Vu l'arrêté du département du Pas-de-Calais du 28 du premier mois de l'an II de la République française d'où il résulte qu'un certificat de civisme a été refusé à Jean-Marie Lefebvre, de Saint-Omer, parce qu'il était l'ennemi du peuple, le partisan de l'ancien régime et de tous ses fléaux, et enfin un de ces êtres qui, en se couvrant parfois du masque du

---

[1]. La Société montagnarde de Saint-Omer, présidée par le juré Toulotte, siégeait au Collége anglais. Le 6 thermidor, elle exprimait à Le Bon son admiration pour la guillotine : « Nous ne nous bornerons pas à vous exposer les ravages du fanatisme de la religion, sans vous parler du fanatisme de la royauté, du fanatisme des richesses, enfin de tous les fanatismes qui ont ravagé l'espèce humaine. Vous avez le remède qui convient à ces maux épidémiques, et ce remède, c'est la guillotine ; elle encourage les faibles, soutient ceux qui chancellent, et n'est effrayante que pour le crime. Elle sera d'ailleurs ici en pleine activité, et le tribunal de notre district a de quoi l'alimenter pendant quelques décades. — Nous espérons, citoyen représentant, que vous nous enverrez sous peu une section du tribunal révolutionnaire, afin de réveiller les indifférents, et d'imprimer à tous le caractère révolutionnaire. » 2ᵉ *Censure*, p. 196.

patriotisme, n'ont que trop fait de mal à la République; — Arrête que ledit Lefebvre sera sur-le-champ mis en état d'arrestation et traduit, dans les vingt-quatre heures, au tribunal révolutionnaire à Arras [1].

Lefebvre ne fut transféré aux Baudets que le 3 floréal. D'après la mention du registre d'écrou, il était amené dans cette prison par un brigadier au 21ᵉ chasseurs et deux gendarmes de Berlette, suivant ordre de l'agent national de la commune d'Hesdin. A l'audience, Cyriaque Caron l'accusa « d'avoir entretenu une correspondance royaliste avec le député Personne, d'avoir encouru, pendant son administration, l'inimitié de ses collègues attachés au sommet de la Montagne qu'il cherchait à renverser en professant la doctrine des Brissot, des Vergniaud ; d'avoir poussé la hardiesse jusqu'à demander un certificat de sa conduite pendant sa gestion ». Leducq prit sa défense et ne put le soustraire à la mort [2].

A la même audience, le tribunal acquitta un ancien vicaire de Barlin, Louis Lancel, accusé d'avoir despecté l'ordre et l'autorité de Le Bon pour échapper à la réquisition.

25 floréal (14 mai). — Un dénonciateur avait déclaré au District d'Arras « que le nommé Baumont, ci-devant aide-major de la place, s'était rendu adjudicataire du presbytère de Saint-Étienne et l'avait cédé à la ci-devant comtesse de Mazancourt pour lui procurer les moyens de recevoir son curé réfractaire, lors de la contre-révolution ». Baumont

---

1. Archives départementales.
2. Joseph Le Bon s'attendrit plus tard sur le sort de Lefebvre. « O Guffroy, s'écria-t-il, elle est encore entière la liste des vétérans de la Révolution dans les pays que j'ai parcourus. Le seul Lefebvre de Saint-Omer, digne à mon avis d'un meilleur sort, a péri par tes machinations homicides; je venais de briser ses fers.... Vive surprise et indignation du département dont tu dirigeais alors l'énergie révolutionnaire ! L'administration m'expédie sur-le-champ un procès-verbal affreux à la charge de ce prétendu partisan de la royauté. Il fallait opter entre le faire juger, OU BIEN ÊTRE DÉNONCÉ et POURSUIVI MOI-MÊME, sans le garantir. (*Lettres justificatives* n. 3).

répondit que, s'il avait acheté ce presbytère pour le compte de Mme de Mazancourt, c'était uniquement parce qu'elle lui avait promis de le lui louer bon marché ; que, du reste, Mme de Mazancourt était partie, laissant ses meubles dans cette maison dont le notaire Bossu avait les clefs. — Victoire-Thérèse Harduin, comtesse de Mazancourt, fut mise en arrestation (57 ans), et poursuivie pour un autre crime. Les commissaires de la municipalité d'Arras avaient trouvé en sa possession une « correspondance avec le nommé Martin émigré, et deux cocardes blanches, l'une en basin, l'autre en soie, liées d'un autre ruban sur lequel on lisait : Pensez à moi ». — Le tribunal révolutionnaire trouva dans ces faits la preuve d'un attentat contre la sûreté intérieure et extérieure de l'Etat et condamna Mme de Mazancourt à la peine de mort.

Constant Leman (55 ans) et Jacques Vilfert étaient frères aux Bons-Fils de Saint-Venant [1]. Le 28 décembre 1791, Leman avait écrit « qu'il espérait du changement dans la religion ; que son curé Carette était à Pecq et venait tour à tour à Esseaux et Étempeux pour entendre les confessions ; que les autres bons prêtres étaient encore dans la paroisse ; qu'ils disaient la messe, mais que, pour vêpres, il fallait sortir de la paroisse ; que tous ses parents, et surtout sœur Marie-Jeanne, étaient entre la crainte et l'espérance comme beaucoup d'autres ; enfin, disait-il en terminant, nous sommes dans un temps d'affliction et de persécution ». Ce conspirateur fut puni de mort. — On acquitta Vilfert, prévenu « d'avoir cherché à fanatiser ».

On rendit aussi à la liberté deux cultivateurs de Sains et

---

[1]. Les Bons-Fils, Franciscains du Tiers-Ordre, établis à Saint-Venant, au nombre de vingt, y dirigeaient la maison des aliénés, l'hôpital militaire, et soignaient les malades en ville.

de Rebreuve, accusés de fraude dans leurs livraisons de fourrage.

26 *floréal* (15 mai). — Mme de Mazaucourt avait laissé des complices qui la suivirent de près au tribunal révolutionnaire et à l'échafaud : c'étaient Charlotte-Geneviève de Trudaine (49 ans), veuve de M. Quarré de Chelers; Jean-Baptiste Brasier (61 ans) et Jean-Baptiste Bossu (70 ans), notaires à Arras. Mme de Chelers, mise en état d'arrestation le 13 octobre 1793, avait eu le bonheur d'être recommandée au comité de surveillance par un administrateur du District et par le substitut Potier : ils avaient déclaré que « les citoyennes de Chelers étaient patriotes, et avaient donné des chemises aux patriotes ». Mme de Chelers resta libre jusqu'au moment où Saint-Just et Le Bas firent emprisonner les ex-nobles; le 27 pluviôse, elle fut mise en arrestation avec ses deux filles. Néanmoins, les commissaires la laissèrent chez elle « comme étant dans un état pitoyable, attaquée d'une maladie très-dangereuse ».

Le notaire Brasier possédait un puits commun avec plusieurs voisins. Le 14 germinal, le comité de surveillance ordonna au citoyen Lantillette d'y opérer des recherches en présence de quatre commissaires. « Il a été trouvé, dirent les commissaires en leur rapport, des bras avec les baubèches en cuivres argenté, et après en avoir interpellé Brasier de nous déclarer s'il avait connaissance *qui fut getet* dans son puits, ledit Brasier a répondu qu'il n'en avait aucune connaissance. — Cette découverte, jointe à sa conduite peu civique, laisse lieu au soupçon [1] ». On prétendait que Brasier avait enterré dans sa maison cinq petits tonneaux très-lourds que les moines de Saint-Vaast lui avaient envoyés. Il fut emprisonné à l'Hôtel-Dieu le 15 germinal.

1. Archives départementales.

L'arrestation de Bossu remontait au 26 nivôse ; les scellés ayant été apposés sur ses papiers par ordre de Daillet, on n'y découvrit rien de suspect. Le 24 germinal, le District l'avait interrogé sur ses relations avec la Mazancourt et le dépôt fait entre ses mains des clefs de l'ancien presbytère Saint-Étienne.

Cyriaque Caron accusa Mme de Chelers « d'avoir eu des liaisons avec l'infâme comtesse de Mazancourt et l'émigré Martin, ex-chanoine de Noyon, à qui elle avait donné asile » ; Bossu et Brasier, d'avoir sciemment prêté leur ministère à la confection d'un testament, le 12 juillet 1792, par lequel elle léguait mille francs tant aux Capucins de Paris qu'aux filles de l'*Ave Maria* ; Bossu, « d'avoir, en outre, été dépositaire des clefs de la maison de ladite comtesse ». — « Au surplus, disait Caron, lesdits accusés sont depuis longtemps détenus comme suspects ». — Ce fut une raison péremptoire de les faire mourir !

Louis Frémaux (27 ans), cultivateur à Carvin, fut exécuté le même jour : « Étant à souper, il avait dit qu'il recevrait très-volontiers les ennemis chez lui, parce que c'étaient de braves gens, bien disciplinés et de bon cœur, au lieu que nos braves sans-culottes étaient des pillards et des massacreurs ; qu'il avait quitté son pays et laissé ses terres *nieuttes* ; qu'il se f...... de périr par la guillotine ; que le district de Béthune était composé de canailles et de gens de rien, attendu qu'il était le seul qui demandait du cuivre rouge pour la fonte des canons ; que lui, Frémaux, avait enfoui le sien et son argent ».

27 *floréal* (16 mai). — Alexis Leleu (27 ans), cultivateur à Lambres-lez-Aire, avait porté de l'argent à la frontière du Nord, au ci-devant de Canchy, émigré. Il entretenait des relations avec Rubrecq, le guillotiné.

François Roger (48 ans), marchand épicier à Rebreuve,

« avait conduit à l'étranger le nommé Moncomble, ci-devant curé de Ranchicourt, correspondu avec lui, lu aux moissonneurs des pamphlets dans lesquels la Nation était ridiculisée ».

Jean-Baptiste Vicogne (33 ans), né à Béthune, imprimeur à Arras, avait fait partie du comité national. Arrêté comme suspect le 21 brumaire, il représenta au comité « qu'une seule chose pouvait lui être reprochée, c'était d'avoir reçu chez lui, pour la faire signer, l'adresse du 20 juin 1792; mais cette adresse, qu'il n'avait conservée qu'un jour en sa possession, était signée par plusieurs patriotes, membres des corps administratifs ». — La visite faite en son domicile par les commissaires chargés de le conduire en prison n'amena aucune découverte : « Avons visitay ce papier dans la plus grand ceveritée, nous n'avons rien trouvé contrair à la Révolution que des papier de commerce, et nous a promis de ce randre volonterment à la si-devand maison Bastialle. — Fait Arras, les jour, mois et an que sue [1] ».

Vicogne, au témoignage de Le Bon, « n'était qu'un des fils que l'on voulait saisir pour perdre tous ceux dont on avait envie de se défaire. Aussi avait-on commencé de longues informations qui auraient enveloppé tout le département..... Je tâchai d'apaiser les choses et j'ajournai toutes ces poursuites ». Caubrière, en effet, avait dit à l'un des administrateurs de 1792, signataire de l'adresse royaliste : « Va, on saura bien trouver les signataires de cette adresse; il faut qu'ils y passent [2] ». Darthé avait ajouté en parlant de Vicogne : « Le Bon aura soin de ceux qui l'acquitteront ». Le représentant avait-il apporté quelque résistance aux sollicitations des Caubrière et des Darthé ? Le fait est possible ; mais ce qui est certain, c'est que les pièces à la charge de

1. Archives départementales.
2. Déclaration de Le Bon. *Procès*, t. I, p. 181.

Vicogne furent remises à l'accusateur public par Le Bon, et que l'on trouva dans la poche de Caubrière, lorsqu'il fut mis en arrestation après le 9 thermidor, un arrêté de Le Bon qui le chargeait d'informer contre les signataires de l'adresse et de les renvoyer au Comité de salut public [1].

Georges Boulanger, frère aux Bons-Fils de Saint-Venant, était accusé « d'avoir refusé, comme administrateur de l'hôpital, de prêter le serment civique ; conservé des écrits suspects et dit qu'il aurait été plus satisfait de voir les ennemis tirer sur Saint-Venant que sur Lille, parce qu'ils auraient été plus avancés ».

Boulanger, Vicogne, Roger et Leleu subirent le châtiment des conspirateurs.

Le jury acquitta Charlet, frère aux Bons-Fils, Héroguet, prêtre à Épinoy-lez-Cambray, à qui on imputait des propos tendant à avilir le mot citoyen et la représentation nationale, et la servante de M. Moncomble, ex-bénéficier de la cathédrale, qui, au préjudice de la Nation, avait diverti, mais non méchamment, des effets mobiliers de son maître reclus.

28 *floréal* (17 mai). — Philippe Bouret (56 ans), notaire à Saint-Omer, avait été dénoncé à Le Bon pendant son séjour en cette ville. Le 27 frimaire, le représentant ordonna qu'en arrêtant un sieur Devaux, de Couture, on saisît « les lettres qu'il avait écrites à Bouret et les réponses de ce dernier, et qu'on lui remît ces pièces dès son arrivée à Béthune [2] ». Bouret fut accusé « d'avoir correspondu avec les émigrés et déportés, et prêté son ministère, le 23 mai 1792, à la dame d'Inglebert qui se portait fort de ses neveux émigrés, alors que la loi du 29 février mettait les biens des émigrés sous le séquestre ». On l'envoya à l'échafaud.

---

1. *Procès*, t. I, p. 195.
2. Archives départementales.

En même temps que Bouret furent immolées trois victimes dont la condamnation suffirait pour imprimer au tribunal révolutionnaire d'Arras une flétrissure indélébile.

M. Maioul de Sus-Saint-Léger avait été mis en état d'arrestation comme suspect, le 6 octobre 1793, avec Élisabeth Vaillant, sa femme, Rosalie et Ursule, ses filles, et le plus jeune de ses fils ; les deux aînés avaient émigré. Infirme depuis plusieurs années, il avait obtenu du comité de surveillance la faveur d'être gardé chez lui, au lieu d'être conduit à l'Abbatiale. Le 23 ventôse, il fut emprisonné avec son fils à l'Hôtel-Dieu, tandis que Mme de Sus-Saint-Léger, ses filles et leur servante, Angélique Coppin, étaient enfermées à la Providence. La visite domiciliaire, opérée le 23 pluviôse par deux commissaires de la municipalité, n'avait fait découvrir aucune pièce compromettante ; mais un jour, c'était en germinal, le perruquier Lemirre qui, en sa qualité de patriote et de voisin des Sus-Saint-Léger, avait été nommé gardien de leur maison, rencontra Joseph Le Bon : « J'ai du fricot à te donner, dit-il au représentant ». Il accompagna Le Bon jusqu'à sa demeure et, après quelques coups de vin, il dénonça Mme de Sus-Saint-Léger, comme ayant joué du forte-piano le jour de la prise de Valenciennes.

Le fait matériel était vrai. Rosalie et Ursule de Sus-Saint-Léger, pour distraire leur père accablé de la goutte, faisaient habituellement de la musique ; mais au jour et à l'heure marqués par le délateur, il était impossible que la prise de Valenciennes fût connue à Arras.

Le Bon n'entra point dans ces détails : ces aristocrates avaient joué du piano lorsque les armées de la République éprouvaient un revers ; donc elles s'étaient réjouies du triomphe de nos ennemis! Le 23 germinal, Le Bon adressa à Daillet un arrêté par lequel il lui ordonnait d'informer contre ces nouveaux ennemis de l'État.

Par suite de cet arrêté et des dépositions des témoins à charge, Élisabeth Vaillant, femme Maioul, ex-noble, âgée de 48 ans, Rosalie Maioul, âgée de 25 ans; Ursule Maioul, âgée de 21 ans, et Angélique Coppin, cuisinière, âgée de 55 ans, furent renvoyées au tribunal révolutionnaire.

L'acte d'accusation rédigé contre elles par Caron, le 27 floréal, veille de l'audience, était ainsi conçu :

« L'accusateur public expose qu'ayant pris connaissance d'un arrêté du représentant du peuple Joseph Le Bon, adressé au citoyen Daillet, en date du 23 germinal, et de différentes dépositions de témoins à charge de la nommée Angélique Coppin, Rosalie Maioul, Ursule Maioul et Marie-Marguerite Vaillant, femme Maioul, il résulte de ces pièces que les susnommées, à la levée du camp de César, se sont réjouies du succès des ennemis, en manifestant par des danses une joie ridicule; que, dans tous les temps, elles ont fréquenté les ennemis intérieurs, en tenant chez elles des assemblées aristocratiques, où assistaient le guillotiné Lallart de Berlette et autres individus de cette espèce; qu'elles ont applaudi à la conduite des prêtres réfractaires et regardé les prêtres constitutionnels comme des intrus, en n'assistant à aucune de leurs fonctions; qu'elles ont approuvé l'émigration de deux fils qui portent maintenant les armes contre la République; que la nommée Coppin est leur coupable complice, puisqu'elle a avoué, dans son interrogatoire, sa haine pour les prêtres constitutionnels, son amour pour les réfractaires, et qu'elle n'a pas dénoncé le foyer de contre-révolution existant chez les Maioul.

« En conséquence, l'accusateur public déclare accuser Rosalie Maioul, Ursule Maioul, Élisabeth Vaillant, d'être, depuis le commencement de la Révolution, les auteurs de la trame ourdie contre la souveraineté du Peuple français; d'avoir, par leur conduite, cherché à ébranler la fidélité des citoyens envers la République ; d'être les ennemies résistantes du gouvernement révolutionnaire et républicain, en ayant tenu chez elles des assemblées aristocratiques, en se réjouissant du succès de l'armée des tyrans lors de la levée du camp de César, en ayant approuvé l'émigration de ses deux fils ainsi que la conduite des prêtres réfractaires, cherché par là à armer les citoyens les uns contre les autres, à faire renaître l'ancien régime et anéantir ainsi la Liberté et l'Égalité.

« Ledit accusateur public accuse la nommée Angélique Coppin d'être la complice des faits ci-dessus relatés, en n'ayant pas dénoncé aux autorités constituées les ennemies les plus acharnées de la Révolution.

« Tels sont les chefs d'accusation que l'accusateur public porte à la charge des susnommées, et dont il requiert acte. »

Leducq présente la défense des accusées. A l'unanimité le jury déclare « que le fait est constant, c'est-à-dire qu'Élisabeth Vaillant, femme Maioul, Rosalie Maioul, Ursule Maioul et Angélique Coppin, sont les auteurs ou complices de la trame ourdie, depuis le commencement de la Révolution, contre le Peuple français et sa liberté ; ennemies du gouvernement révolutionnaire et républicain ; ayant tenu chez elles des assemblées aristocratiques :

« Lesdites Vaillant et Maioul, ses filles, s'étant réjouies des succès de l'armée des tyrans coalisés contre notre liberté, lors de la levée désastreuse du camp de César ; ayant approuvé l'émigration des deux fils Maioul, enfants de ladite Vaillant et frères desdites Ursule et Rosalie Maioul, ainsi que la conduite des prêtres réfractaires, et par là cherché à armer les citoyens les uns contre les autres ; et, en outre, ladite Vaillant, femme Maioul, en faisant un accueil remarquable aux volontaires qui rapportaient des nouvelles sinistres, tandis qu'elle n'en faisait aucun à ceux qui en rapportaient de favorables à la République ;

« Et ladite Coppin, n'ayant pas dénoncé aux autorités constituées lesdites Vaillant, Rosalie et Ursule Maioul, dont elle connaissait l'esprit et les trames contre-révolutionnaires, et pris une part active à la conspiration en éteignant, de dessein prémédité, la chandelle qu'elle portait, lorsqu'elle s'est aperçue que le nommé Deleval, surveillant, allait la surprendre dans une conversation contre-révolutionnaire. »

En conséquence de la déclaration du jury, le tribunal, composé de Guilluy, Dupuis, Richard et Flament, condamna lesdites Vaillant, Maioul et Coppin à la peine de mort.

29 *floréal* (18 mai). — La décade pendant laquelle siégeaient les cinq jurés désignés par le sort le 20 floréal allait expirer. L'accusateur public avait réservé, pour la dernière audience, les affaires les moins importantes, sur lesquelles le jury pouvait se montrer facile. Ainsi, l'on jugea et l'on acquitta un manouvrier de Saint-Omer, accusé de vol de plomb à l'hôpital ; un marchand de vaches, en la possession de qui des assignats faux avaient été trouvés ; le juge de paix de Wismes, Decorbie, dénoncé par la société populaire de Nielles-lez-Bléquin ; un cultivateur de Bertincourt, prévenu de vol à l'abbaye d'Eaucourt ; un chef d'escadron et un nègre, son domestique : « Il avait pris différents costumes propres à fixer l'attention et la crédulité du peuple ; prétendu qu'il avait des missions importantes ; dit que le nègre qui le servait était sa propriété. »

Le jury réserva ses rigueurs pour Élisabeth Herbout (38 ans), envoyée aux Baudets, le 28 floréal, par l'agent national du district de Béthune. L'accusée avait été gouvernante du curé de Bailleul-lez-Pernes. « Dans le temps du

1. *Procès*, t. I, p. 165 et 199.

rassemblement de la *Petite-Vendée*, elle avait donné à dîner au guillotiné Wallart, au bénédictin Coupé et à Herbout, ex-chartreux. De Canchy, ex-noble, était venu chez elle l'après-dîner ; elle avait été voir son curé en Belgique. » — Élisabeth Herbout paya de sa vie ces « attentats contre la sûreté extérieure de l'État ».

Les soixante-huit condamnations à mort prononcées du 17 au 30 floréal démontrèrent à Le Bon que le tribunal révolutionnaire d'Arras pouvait, en son absence, fonctionner à souhait. Les administrateurs du District, Lefetz et Varnier, à qui il venait de déléguer ses pouvoirs, avaient cherché à le suppléer avec le même zèle ; le 17 floréal, ils avaient fait part aux divers districts du Pas-de-Calais des fonctions importantes dont ils étaient revêtus :

« Citoyens administrateurs, nous vous faisons passer copie collationnée des différents arrêtés par lesquels Joseph Le Bon nous a conféré des pouvoirs particuliers. Vous pouvez être sûrs que nous saurons répondre à la confiance qu'il nous a donnée, et que nous saurons, par notre énergie et notre amour pour la patrie, frapper les ennemis les plus cachés de la Révolution, sous quelque masque qu'ils existent. »

Nous avons vu les deux commissaires de Le Bon, réalisant ces promesses, ordonner la mise en jugement de Benoît-Joseph Carrault, exécuté le 24 floréal ; en même temps qu'ils frappaient cet « ennemi caché de la Révolution », ils s'occupaient, dans l'intérêt de la décence et de la modestie, des représentations théâtrales. « On jouait, à Arras, une pièce intitulée : « *Allons ! ça va* », dans laquelle des paysans exécutent une danse, en chantant : *Mangeons à la gamelle*. Une servante de comédien, âgée de quatorze ans, emportée par son zèle, entre sur la scène, et se mêle aux autres ; elle avait devant elle un tablier de cuisine. Lefetz trouve qu'elle outrage le fondé de pouvoirs du représentant du peuple :

« Que cette fille sorte ! s'écrie-t-il. Je l'arrangerai. » Et aussitôt il fait un règlement par lequel : « 1° il enjoint à la municipalité de condamner la délinquante à une détention qui ne pourra durer moins d'une décade (l'enfant resta quinze jours en arrestation); 2° il rend le directeur responsable de la décence des acteurs et actrices dans leurs habits et leurs gestes ; 3° toute indécence et immodestie dans les habits et dans les gestes sera punie, par voie de police correctionnelle, d'une détention qui ne pourra durer moins de trois mois, mais plus s'il y a lieu ; 4° le directeur ou, en son absence, sa femme, qui aura laissé outrager et le peuple, et les mœurs, et la décence, sera regardé comme suspect et, comme tel, mis en arrestation jusqu'à la paix [1] ».

Un autre arrêté de Lefetz, relatif au théâtre, faillit amener un conflit. « On devait donner au spectacle une pièce républicaine ; mais une femme qui avait dîné avec Lefetz en voulait une autre. A quatre heures et demie du soir, il fit au directeur la réquisition suivante : « En vertu des pouvoirs dont je suis revêtu par le représentant du peuple Joseph Le Bon, je requiers le directeur des artistes du théâtre d'Arras de donner *la Veuve du Républicain*. » Le corps municipal, prenant en main la défense du directeur opprimé, vint, la loi à la main, exiger de Lefetz la représentation de ses pouvoirs et lui remettre sous les yeux l'article 21 du décret du 27 germinal : « Les représentants du peuple se serviront des autorités constituées et ne pourront déléguer de pouvoirs ». Lefetz porta ces faits à la connaissance de Le Bon : « Ce sont là, lui écrivit-il, des querelles d'allemand, faites dans le dessein d'entraver notre marche [2]. »

En déléguant ses pouvoirs à Lefetz, Le Bon n'avait sans

---

1. 2ᵉ *Censure*, p. 349. *Procès*, t. I, p. 141 et t. II, p. 115.
2. *Censure républicaine*, p. 54 et 2ᵉ *Censure*, p. 351 ; *Procès*, t. I, p. 139.

doute pas songé au décret du 27 germinal ; il profita d'un prétexte pour se mettre en règle, et écrivit au District :

« Pour répondre d'un seul coup à une multitude de lettres qui pleuvent ici depuis deux jours, relativement à mon bureau d'Arras, et par lesquelles les uns témoignent l'envie de n'y plus travailler, les autres de voir ceux-là rendus exclusivement à leurs fonctions administratives, je vous requiers de faire mettre les scellés sur tous mes registres et papiers à Arras, et de me les envoyer de suite, avec un commissaire de votre part, sous bonne et sûre garde. Mes papiers une fois partis, Varnier et Lefetz ne seront plus distraits de votre administration, et vous donnerez des ordres pour que les lettres à mon adresse me soient renvoyées à Cambrai [3]. »

Joseph Le Bon paraissait résolu à veiller personnellement, quoique absent, à tout ce qui, dans Arras, aurait trait au gouvernement révolutionnaire. Plusieurs membres du comité de surveillance l'ayant accompagné à Cambrai, Lefetz et Varnier leur avaient, sauf approbation, donné des successeurs. Le représentant répondit à la communication qu'ils lui avaient faite : « Je ne puis confirmer les nominations que vous me proposez pour le comité de surveillance. Les candidats ne me sont aucunement connus, et je craindrais d'avoir à me repentir. Vous aurez donc soin de ne point installer ces nouveaux membres, ou, s'ils sont installés, de leur faire connaître qu'ils ne sont point à leur place [2]. »

Le tribunal révolutionnaire était l'objet de l'attention particulière du représentant. Non-seulement on le tenait exactement au courant de ce qui se passait, mais on lui envoyait à l'avance les dossiers des conspirateurs mis en accusation. D'un autre côté, il ne perdait pas de vue Demuliez, Beugniet,

---

1. Lettre du 24 floréal. (Arch. dép.).
2. Lettre du 24 floréal. (Arch. dép.).

les frères Le Blond et les amis qu'ils avaient laissés à Arras. Le 19 floréal, il écrivait à Duquesnoy :

« Le Bon à Duquesnoy,

« Je viens de recevoir les pièces relatives à Duranel et à Beck [1]; leur affaire ne tardera pas à être instrumentée. Tu me demandes des détails, le temps ne m'en permet aucun, dans cette commune où je suis depuis quatre jours avec une section du tribunal révolutionnaire d'Arras, et d'après la réquisition de Saint-Just et Le Bas. La guillotine continue de rouler à toute force à Arras; on m'en annonce aujourd'hui vingt-huit, de Saint-Pol, expédiés hier. Elle va, primidi prochain, commencer ici ses exploits.

« En partant d'Arras, j'ai fait provisoirement transférer, dans une des maisons d'arrêt de Paris, Demuliez, Beugniet, Le Blond, ex-membre du comité de surveillance, prévenus de manœuvres en faveur de l'aristocratie, et Le Blond, l'adjudant général, pour m'avoir traité de gueux et de coquin dans une commune de campagne, et pour avoir cherché à y exciter un soulèvement. L'affaire de ce dernier est toute instruite ; mais comme elle tient à celle des trois autres qui s'instruit maintenant et même à celle de Dauchez, je n'ai pu encore adresser les pièces à l'accusateur public [2]. »

1. Nous verrons le tribunal d'Arras condamner à mort le 2 prairial, Thomas Duranel, chirurgien, renvoyé à l'accusateur public par arrêté de Le Bon du 19 floréal.

2. Duquesnoy de son côté écrit à Le Bon de Mortefontaine, près Longwy, 20 floréal :

« J'ai reçu, mon cher collègue, la copie de la lettre que tu as adressée au Comité de salut public le 3 du mois. J'applaudis aux mesures vigoureuses que tu as prises. Continue à dévoiler les hypocrites qui n'ont pris le masque du patriotisme que pour mieux nous tromper. »

Le Bon fit en marge de cette lettre, retrouvée dans ses papiers, l'annotation suivante : « Ce que m'écrit à cette époque Duquesnoy n'est pas surprenant, puisqu'il a été témoin de la procédure infâme où les vieilles bigottes ont péri (avec justice cependant) et où Dauchez, le dix mille fois contre-révolutionnaire Dauchez, prévenu du même délit et de la même manière, ensemble de

On se rappelle que, le 15 floréal, Boizard avait été mis en arrestation, et que Saint-Remy, pour éviter le même sort, s'était enfui à Paris : Danten, juré comme eux, n'avait jusque-là encouru qu'une destitution ; Le Bon prit contre lui un arrêté spécial :

« Au nom du Peuple français, Joseph Le Bon, représentant du peuple dans le département du Pas-de-Calais et circonvoisins ;

« Considérant les liaisons intimes du nommé Danten avec les protecteurs de l'aristocrate Demuliez et autres ;

« Considérant les rapports encore plus grands dudit Danten avec le nommé Saint-Remy, émigré ;

« Considérant que cet individu a longtemps abandonné la Société populaire en 1793, et n'y a reparu tout à coup que pour soutenir les opérations aristocratiques d'un comité de surveillance prévaricateur ;

« Considérant qu'un homme de cette trempe ne peut qu'inspirer des soupçons, et qu'il est à craindre que ses intrigues nuisent à la chose publique dans les fonctions municipales, et qu'il ne s'attache à suivre l'exécrable plan de ses chefs pour semer la division entre les autorités constituées et par suite entre les patriotes ;

« Arrête que, dès ce moment, Danten est destitué de ses fonctions et renvoyé à la loi du 17 septembre (vieux style); rappelle toutes les autorités d'Arras à cette union si désirable qui fait la consolation des bons citoyens et la terreur des méchants ; les avertit de redoubler de vigilance et surtout de dénoncer sur-le-champ et sans pitié quiconque essayerait de rallumer la discorde à Arras.

« Et sera le présent arrêté communiqué par le District au

---

plusieurs autres crimes, a été acquitté grâce aux soins de Le Blond, Danten, etc., etc. Dès le même soir, Duquesnoy voulait que, de concert avec lui, j'arrêtasse Le Blond, tant les intrigues de ce dernier étaient révoltantes. 2ᵉ *Censure*, p. 98.

Conseil général de la commune et au comité de surveillance et lu au peuple solennellement assemblé [1]. »

Le jour même, Danten, arrêté dans l'auberge du Petit-Saint-Pol, fut emprisonné à l'Abbatiale.

Un autre modérantiste, Lefebvre, directeur de la poste aux lettres, tremblait d'être incarcéré à son tour : « Des jurés, armés de pistolets, passaient la nuit sous ses fenêtres, en criant : A bas Lefebvre ! On avait affiché sur sa porte : Lefebvre, demain tu seras guillotiné [2] » ; mais Le Bon se contenta de lui faire une sévère admonestation :

« Je ne croyais pas que tu fusses assez aveugle pour ne pas voir combien t'avaient compromis tes liaisons avec l'*émigré du Petit-Saint-Pol* et ses adhérents. Peut-être le salut de ma patrie exigerait-il qu'en frappant les chefs, j'éloignasse aussi de toutes fonctions publiques ceux qui avaient eu des rapports avec eux, et que je prisse envers eux des mesures de sûreté ; mais j'ai pensé qu'il n'existait aucune malveillance de ta part, et que tu éviterais, à l'avenir, des rapports particuliers avec les soutiens de la clique. Cependant, j'apprends aujourd'hui que l'intimité se renoue entre un Danten et toi, etc., etc.

« Profite de cet avertissement ; je le devais à un père de famille avec qui j'ai couru la carrière du patriotisme dans des moments difficiles. Au reste, demeure convaincu que nulle considération ne me fera trahir mes devoirs, et que je

---

1. Archives départementales.
Le District auquel Le Bon déclarait « que, pour être à Cambrai, il n'en avait pas moins les yeux ouverts sur ce qui se passait dans les environs d'Arras », ordonna que l'arrêté serait lu au peuple assemblé au temple de la Raison et prit la délibération suivante : « L'administration déclare, jure, et consacre dans ses registres, pour la plus grande authenticité, qu'elle ne négligera aucun moyen pour maintenir par des mesures aussi prudentes qu'énergiques l'harmonie que cinq mois de peines et de travaux ont commencé d'établir à Arras, pour veiller à toutes les démarches de ceux que Demuliez et consorts ont accaparés..... »
2. *Procès*, t. I, p. 339.

me sens encore aussi vigoureux que le premier jour contre les aristocrates et les soi-disant patriotes qui voudraient protéger *un seul* de ces monstres [1]. »

Enfin Le Bon, pour rendre efficace l'arrestation des « soi-disant patriotes », ordonna au District de commencer contre eux une instruction. Varnier fut chargé de ce soin :

« Le District d'Arras est requis d'informer, sans délai, par un commissaire ou autrement, et de recevoir toutes déclarations sur la conduite et les manœuvres des soi-disant patriotes Demuliez, Gabriel Le Blond, Beugniet et de tous autres qui se sont montrés leurs adhérents.

« Ledit District rendra compte jour par jour de ses opérations à cet égard.

« Tous les patriotes sont à interroger sur le compte de Demuliez et consorts ; mais pour commencer, je vous indique : Bacqueville, Delestré, la concierge du tribunal criminel, et après elle, le cordonnier Castelan et sa famille [2]. »

Ce n'était pas sans raison que Joseph Le Bon prenait contre ces adversaires désarmés, mais non abattus, des mesures de précaution ; à peine arrivé à Cambrai, il s'était aperçu qu'il avait commis une faute grave en les envoyant à Paris. Demuliez, Beugniet et les deux Le Blond avaient été du même avis : lorsque le lieutenant Lantoine et quatre gendarmes étaient venus les prendre, le 16 floréal, à deux heures du matin, ils les avaient regardés comme des libérateurs. Sous la main de Le Bon, ils se jugeaient perdus ; à Paris, ils comptaient sur des protecteurs : Herman, Guffroy, les Jacobins auxquels l'adjudant Le Blond était affilié, le général Jourdan, à qui il avait rendu service. Les gendarmes eux-mêmes s'étaient montrés pleins de prévenance : après une première station à Ervillers, où le maître de poste leur remit quelqu'argent,

1. Lettre du 24 floréal. 2ᵉ *Censure*, P. J. n. 10.
2. Archives départementales.

les prisonniers avaient dîné à Roye, s'étaient arrêtés à Pont-Sainte-Maxence vers cinq heures du soir, et sous prétexte de réparer une des voitures, ils y avaient passé la nuit.

Ils arrivèrent à Paris à dix heures du matin; Demuliez fit choix d'un hôtel : l'Auberge de Russie, rue Traversière-Saint-Honoré, à portée du Comité de sûreté générale. Comme le Comité n'avait de séance que dans la soirée, Demuliez se fit conduire, par le lieutenant Lantoine, chez Herman, avec lequel il eut une entrevue, et chez Robespierre qu'il ne put rencontrer. Chemin faisant, il aperçut, dans la boutique d'un libraire, Saint-Remy qu'il emmena dîner avec ses amis. Guffroy, pendant ce temps, avait reçu de Beugniet une lettre qui lui avait été portée par un des gendarmes. Il s'empressa d'accourir et accompagna, à onze heures du soir, Demuliez, Beugniet et les frères Le Blond au Comité de sûreté générale. En parcourant la liste que venait de lui remettre le lieutenant Lantoine, un des membres du Comité, Élie Lacoste, s'écria : « Comment, Beugniet ! mais c'est un patriote ». — « Les trois autres ne valent pas moins, répondit Guffroy ». Malgré ces marques d'intérêt, les prisonniers n'obtinrent pas la permission de rester à l'hôtel sous la garde des gendarmes. Tout ce qu'on leur permit, ce fut de désigner eux-mêmes leur prison : ils choisirent les Madelonnettes, parce que cette maison de détention était la plus saine. — La protection de Guffroy les rassurait [1].

Lorsqu'on jette un regard en arrière sur la conduite d'Armand-Benoît-Joseph Guffroy, on a peine à comprendre comment Le Bon pouvait trouver en lui un adversaire. Procureur-syndic du District, Guffroy n'avait-il pas soutenu Le Bon, curé de Neuville, contre le curé insermenté Le Bas et le juge de paix Magniez ? N'avait-il pas favorisé ses débuts dans la vie politique, et *travaillé*, de concert avec

---

[1]. Informations faites par Varnier. (Arch. départ,).

lui, les élections de 1792? Député à la Convention, n'avait-il pas reproché à Le Bon, maire d'Arras et administrateur du département, sa modération ? N'avait-il pas continué à entretenir dans cette ville les passions révolutionnaires ? Lors du procès de Louis XVI, pour ne citer qu'un exemple, n'avait-il pas fait imprimer trois discours que Marat n'eût pas désavoués [1] ?

Après la mort de Marat, on avait vu Guffroy continuer sous un nouveau titre, mais avec une plume trempée dans le même égoût, le journal rédigé par cet être immonde. Le *Rougyff* (anagramme du nom de Guffroy) était spécialement destiné à pervertir l'armée. Sur les fonds du ministère de la guerre, Bouchotte avait pris cinq mille abonnements à six

---

1. « Premier Discours de Guffroy sur ce que la Nation doit faire du ci-devant roi ». La conclusion était : « C'est un acte de justice et d'humanité que de décider promptement du sort de Louis Capet. La seule chute de sa tête ouvrira la source du bonheur public et personne n'alarmera plus le peuple sur sa subsistance ».

« 2e discours de Guffroy sur la punition de Louis Capet « et sur les intrigues qu'on oppose à la volonté suprême de la Nation qui a condamné le tyran ». Ce discours se terminait ainsi : « Je déclare en mon âme et conscience que la Nation française, convaincue de tous les crimes de Louis Capet, son dernier tyran, l'a condamné à mort le dix août dernier, et que tous, pour punition de ses forfaits, fidèles aux principes de l'égalité, il doit, comme tout autre criminel, périr dans les vingt-quatre heures sur un échafaud, revêtu des habits ci-devant royaux. — Ainsi, je remplis ma première mission : QU'IL PÉRISSE ! Quand il ne sera plus, nous élèverons un monument au lieu du supplice ! »

« Alors nous rendrons solennellement grâces au Dieu de la nature et de la liberté.

« Alors il nous inspirera les lois que nous devons présenter au peuple et par lesquelles nous devons aspirer à faire régner sur la terre l'égalité, le bonheur et la paix. »

« Discours de Guffroy, prononcé le 20 janvier 1793 contre le sursis à l'arrêt de mort du tyran ». Conclusion : « Je demande que l'assemblée, se maintenant dans la *véritable dignité* qu'elle a montrée en prononçant sur le sort du tyran, décide que l'arrêt de sa condamnation sera envoyé sur-le-champ au ministre de la justice avec injonction de le faire exécuter dans les délais accoutumés et au lieu ordinaire des exécutions de tous les criminels ». — Guffroy ajoute en note : « Je voulais demander l'acte d'accusation de Marie-Antoinette et que l'on réglât le sort des enfants de Louis Capet ; mais j'ai obéi à l'assemblée qui a voulu que je me renfermasse dans la question du sursis ». (Biblioth. de M. Renard).

liards le numéro, Duquesnoy six cents, et les commissaires de l'armée du Nord trois mille.

Le *Rougyff* applaudissait à tous les désordres, excitait à tous les crimes [1]. En juillet 1793, il s'était attaqué ouver-

---

[1]. Extrayons du *Rougyff* quelques passages qui peuvent être lus ; ils feront connaître non-seulement Guffroy, mais les enseignements de la presse sous le régime de la Terreur : —N° 7.... « Tous les complices de la Corday n'ont f..... pas été rasés ; non f....., car il faut bien jurer ; ça soulage : non, f....., les complices de cette guenon n'ont pas tous été rasés comme elle ; ils le seront, pas vrai, Charlot ?....

« Convention nationale ! Peuple français ! Veux-tu être paisible ? montre-toi terrible à tes ennemis. Écrase tous ceux qui s'opposent à ton bonheur.... Fais qu'ils se taisent ou qu'ils périssent, *y en eût-il plusieurs millions.* »

N° 8. « Le fluide du corps politique était vicié ; on ne le purge pas ; on le fait couler, c'est le seul remède. »

N° 16. « Voulez-vous faire expier la trahison des généraux ? Envoyez-en un ou deux faire le saut de carpe à la guillotine. Chaque fois qu'un de nos postes sera battu ou forcé, crak ! à bas la tête des chefs. »

N°s 19 et 21. « Que le sang de nos pères retombe sur vous, scélérats Roland, Brissot, Louvet, Pétion, Gorsas.... Je sonne le tocsin sur la gasconnade des députés de Bordeaux.... Que désormais ces hommes d'État, ces ennemis du bonheur ne trouvent ni feu, ni eau, ni pain, ni asile ! »

N° 23. « Trop de riches, trop de nobles, trop de prêtres, trop d'adhérents de cette vermine politique s'attachent au corps social pour croire qu'elle sera écrasée bientôt. »

N° 24. « Songeons que nos plus dangereux et plus cruels ennemis sont ceux de l'intérieur. Pour arriver au bonheur que je présage, que d'écuries à balayer ! Il y en a une au moins dans chaque famille française. A bas ! à bas ! Émétisez, émétisez, c'est le seul remède ; guillotinez, guillotinez tous les traîtres. »

N° 27. « Haro sur les vols des gros commerçants ; accaparement et commerce, c'est tout un. »

N° 52. « Pourquoi la Vendée existe-t-elle encore ? Manière de la détruire : faire une battue des bêtes féroces. »

Le folliculaire qui, chaque semaine, couvrait le papier de cette bave sanglante, était un déserteur de cette ancienne société qu'il vouait à l'extermination : homme de fief gradué, il siégeait naguère à la salle épiscopale d'Arras ; échevin, il faisait partie des États d'Artois ; juge de paix en 1791, il écrivait, le 4 janvier, « aux citoyens Français de la ville d'Arras » : « Nous sommes tous patriotes et chrétiens ; c'est tout un. A ces deux titres, nous sommes frères, enfants de la même patrie et unis dans le sein du même Dieu par le christianisme ». (Biblioth. de M. Renard).

Arrêtons-nous dans ces citations : parmi les révolutionnaires d'Arras, si Le Bon inspire l'horreur, Guffroy fait naître le dégoût.

tement à Demuliez, qu'il accusait de protéger un riche cultivateur de Noyelles, Philibert Louis, prévenu de protéger les prêtres réfractaires :

« Alerte ! Alerte ! Dans le Pas-de-Calais, je vois les braves patriotes de Noyelles tracassés par l'aristocratie d'un riche laboureur. Qu'entends-je ? L'accusateur public se mêle de tripotage; il soutient le plus fieffé des aristocrates ! Dites donc, Louis et compagnie, voudriez-vous essayer du collet à Louis ? Et toi, accusateur public, qu'une poitrine et quelques travaux civiques ont fait nommer au poste que tu occupes, et toi, tu as osé mettre ta volonté à la place de la loi ? Tu as osé menacer un corps municipal qui a fait incarcérer des hommes suspects et les souteneurs des calotins factieux ! Eh quoi ! tu as osé menacer le secrétaire-greffier de cette excellente commune ! Tu as osé lui dire que si, dans les vingt-quatre heures, les Louis n'étaient pas hors de la maison d'arrêt, tu montrerais tes cornes aux officiers municipaux... Je ne te savais pas encorné ; je ne te croyais pas paré des cornes du despotisme. — Et tu menaces de heurter tes concitoyens ! Ah ! c'est par trop brutal aussi... Citoyens, dites à Demuliez : A bas les cornes, à bas le despotisme d'un fonctionnaire public, à bas le fonctionnaire public ! Vas apprendre dans ton village à devenir modeste. Ministre de la justice, à vous la balle !.. Députés commissaires, à vous la commission de prononcer destitution ! » (*Rougyff*, n° 4.)

Tel était l'homme qui, après avoir été le patron, l'ami, l'émule de Le Bon, allait, défendant les patriotes opprimés, et osant invoquer la justice et l'humanité, se mesurer avec lui dans une lutte corps à corps, sans trêve et sans merci !

Comment s'était opéré ce changement d'attitude ? Le 13 ventôse (3 mars), le député Châles (ancien secrétaire de M. de Conzié et chanoine de Tours) avait dénoncé le *Rougyff* à la tribune des Jacobins. « Ce journal, avait-il dit, n'a l'approbation ni d'aucun homme de goût, ni d'aucun patriote ; c'est le tombeau du bon sens...; il contient des principes contre-révolutionnaires, et il faut nécessairement empêcher la circulation d'une feuille qui propage le modérantisme. »

Après quelques débats, la société des Jacobins avait exclu Guffroy de son sein [1].

Ainsi frappé d'ostracisme, Guffroy n'en resta pas moins partisan des Terroristes et favorable à Le Bon. Le 23 ventôse (13 mars), il écrivait aux administrateurs du District d'Arras :

« Frères, vous aurez sans doute déjà appris les efforts de la faction nouvelle, ou plutôt de la faction ancienne, pour attaquer la Convention, provoquer une insurrection et proposer un *roy ;* vous aurez entendu parler des placards affichés et distribués, ainsi que de la sortie que Vincent, Hébert, Montmoro et autres ont faite aux Cordeliers et au club des électeurs contre Robespierre, et vous aurez été *indigné*.

« Châles et sa clique, qui m'ont fait rayer des Jacobins, en arrivant à Paris, *a été* aux Jacobins, aux bureaux de la guerre et aux Cordeliers, avec les mêmes hommes que je viens de nommer.

« J'adresserai sous peu de jours, et aussitôt l'impression, l'*excelent* discours que Saint-Just a fait aujourd'hui (23) à la Convention. Là, il a parlé raison, justice et vertu républicaines. Tous les amis du bonheur public ont dû rasséréner leur âme ; le signal du règne de la vertu est donné.

« C'est le Comité de salut public qui a mis à profit tous les renseignements donnés par les commissaires dans les départements, car j'y ai reconnu quelques idées que Le Bon m'a *communiqué* dans la conversation que j'ai *eu* avec lui.

1. *Moniteur* du 18 ventôse (8 mars).

« Vous avez dû recevoir quelques exemplaires de ma justification.

« Je joins ici deux exemplaires de ma lettre de démission du Comité de sûreté générale. Je pense que les vrais amis de l'ordre approuveront ma démarche.

« Les observateurs ont déjà reconnu, dans le discours de Saint-Just, les mêmes maximes que j'ai effleurées dans mon style burlesque et dans mon *Rougyff*. — Salut et vigueur républicaine. »

Néanmoins, et tout en continuant de professer, jusqu'au 9 thermidor, une vive admiration pour Billaud-Varennes, Saint-Just et Robespierre, Guffroy avait incliné vers le parti qui, par la voix de Danton et par la plume de Desmoulins, s'était efforcé de substituer la clémence à la *justice* révolutionnaire, et de modérer l'effusion du sang [1].

Le premier soin de Guffroy, le 18 floréal, fut de chercher Robespierre aîné. Déjà, lorsqu'il avait reçu la lettre de Saint-Remy, il l'avait mis au courant « des persécutions exercées à Arras contre les patriotes ». « Le Comité s'en occupera, avait répondu Robespierre ; Saint-Just et Le Bas vont partir pour l'armée du Nord ; ils verront. » N'ayant rencontré Robespierre ni chez lui, ni au Comité, il lui écrivit :

« Si, comme je n'en doute pas, la justice est à l'ordre du jour dans ton cœur, tu ne feras rien aujourd'hui sans avoir

---

1. Dans le n° 7 du *Vieux Cordelier*, où il attaquait avec tant de verve le Comité de sûreté générale et Robespierre lui-même, Camille Desmoulins témoignait de la tendresse pour Guffroy, qu'il appelait « notre cher *Rougyffet*, cet excellent patriote à cheveux blancs ». (Louis Blanc, t. x, p. 340.) — S'il faut en croire Le Bon, dont M. Louis Blanc a adopté la version, la réconciliation de Guffroy avec Demuliez en particulier tenait à une cause spéciale. « Guffroy avait attaqué, dans son journal *le Rougyff*, l'accusateur public d'Arras, Desmeuliers, et Desmeuliers avait répondu en exhumant du greffe un faux billet de 6,000 fr. qu'il prétendait avoir été fabriqué par Guffroy. Celui-ci, inquiet, se rend à Arras ; les poursuites sont discontinuées ; d'ennemis qu'ils étaient, Desmeuliers et Guffroy deviennent amis. » (Louis Blanc, t. x, p. 186.)

secouru le patriotisme opprimé dans la personne de Demuliez, Beugniet et les deux Le Blond que Le Bon persécute avec un acharnement coupable, pour avoir manifesté une opinion juste, qui a contrarié la sienne.

« Il n'est pas de despote extravagant, il n'est pas de plat tyran qui se conduise comme le fait Le Bon à Arras. Cette commune, qui avait bien mérité de la patrie, est toute remplie de deuil ; la consternation est telle que personne n'ose parler ou écrire.

« Je demanderais que tu fisses venir Demuliez, aujourd'hui, pour te parler, comme tu le lui as promis. Si ton frère était ici, je t'engagerais à l'envoyer pour calmer les maux d'un pays qui nous a vus naître ; le temps presse.

« Fais appeler aussi les autres dans ce jour ; reçois leur déclaration par écrit.

« Mais pour cela, il faut que tu fasses prendre un arrêté par le Comité de salut public, qui charge le Comité de sûreté générale de faire extraire momentanément des prisons Demuliez, Beugniet et les deux Le Blond, pour recevoir leur déclaration.

« La Patrie exige que tu fasses cela pour elle aujourd'hui, ou, je te le jure, le patriotisme est opprimé.

« Il serait bon que tu fisses interroger les quatre cavaliers et le lieutenant de gendarmerie qui les a amenés, afin d'avoir une déclaration dictée par la vérité et sans contrainte ; car je suis sûr qu'à Arras ils ne parleraient pas avec autant de sincérité. Si Le Bon l'apprenait, ils seraient incarcérés.

« Je te dirai encore que Le Bon a prêché ouvertement l'athéisme, le partage absolu des biens, tellement que l'on dit tout haut à Arras : « Bath ! nous pouvons faire ce que nous voulons, il n'y a pas de Dieu. »

« Il menace, il destitue les jurés qui ne prononcent pas les peines qu'il a lui-même dictées en rédigeant l'acte d'accusation. Cet homme a la férocité de pérorer au-dessus de la guillotine, au balcon de la Comédie ; il a fait jouer l'air : *Ça ira*, tandis qu'on exécutait.

« En deux mots, Le Bon est, ou atrocement scélérat et punissable, ou affreusement fou. J'aime mieux croire la dernière idée ; elle répugne moins à mon cœur, et il y a de la vérité.

« Le Bon a été fou et attaché comme tel, quand il était oratorien, professeur de rhétorique à Dijon, et il a été fou de fanatisme. Il m'a avoué qu'alors, s'il lui était venu une inspiration, il aurait tué son père. C'est le moment de la floraison ; les esprits vitaux fermentent. Son père et sa mère sont fous dans ce moment ; sa mère est enfermée comme telle.

« Son attachement pour son ordre, l'Oratoire, l'a porté à mettre en place six ou sept oratoriens. Il a fait accusateur public un ex-capucin. Le Bon se laisse mener par Galand, ci-devant procureur, qui a marché sur son habit de garde national ; il se grise avec lui et un administrateur, signataire d'une pétition ou adresse d'adhésion du 20 juin : Le Bon sait cela.

« Robespierre, au nom de la Patrie, fais revenir Le Bon ; envoie un homme ferme et prudent qui rétablisse la confiance à Arras : Florent Guyot, par exemple, avec Bollet. Charge-les de faire des informations sur tous les faits que j'ai esquissés ici, et dont j'ai donné des notes à Collot-d'Herbois.

« Le Comité de salut public pourrait encore envoyer Delbrel, Élie Lacoste, Peyssard, qui ont séjourné à Arras quelque temps. Avant leur départ, ils prendraient la déclaration des quatre détenus ; ils la vérifieraient sur les lieux ; et si, *comme j'en suis sûr*, elle est exacte, Le Bon, peut-être, ne devra pas en être quitte pour être rappelé. Je désire qu'on ne trouve pas matière à le punir ; mais j'ai la triste certitude qu'il mérite de l'être sévèrement. Ou bien encore, après avoir rappelé Le Bon, fais venir ici B..., D..., M..., D...

« On m'avait dit que Le Bas irait à Arras ; mais les opérations de l'armée du Nord l'en ont empêché. Si nos quatre patriotes n'étaient pas ici, ils seraient déjà guillotinés [1]. »

Guffroy n'ayant pas reçu de réponse de Robespierre, vit successivement Couthon, qui l'engagea à se rendre au Comité ; Barère, qui le renvoya à Collot-d'Herbois, chargé des relations avec les députés en mission ; Collot-d'Herbois, qui lui demanda des notes, un mémoire ; Carnot qui, ne s'occupant que de la guerre, lui dit de s'adresser à Robespierre ; Billaud-Varennes, qui lui reprocha d'avoir été expulsé des Jacobins ; Prieur, qui se contenta de répondre : « C'est une jolie famille de fous. »

D'autres personnes cherchaient à intéresser Robespierre

---

[1]. 2e *Censure*, p. 73. — Nous citons *in extenso* cette première lettre de Guffroy contre Le Bon. Elle révèle à quel point de vue l'ancien rédacteur du *Rougyff* se plaça pour apprécier la conduite de son collègue. L'oppression des patriotes tient naturellement la première place dans ses accusations ; les forfaits de Le Bon n'apparaissent qu'à l'arrière plan. Les exécutions faites à Arras n'offensent Guffroy que par certains détails odieux, mais accessoires. En revanche, il fait un crime à Le Bon de son attachement pour les Oratoriens et de ses relations avec des patriotes, dont l'un a marché sur son habit de garde national, dont l'autre a signé l'adresse du 20 juin. La non-exactitude de certaines allégations donnera beau jeu à Le Bon pour sa défense. Il repoussera le reproche d'athéisme que Guffroy met en avant pour plaire au dictateur qui a daigné reconnaître l'existence de l'Être-Suprême ; il se défendra d'avoir prêché le partage *absolu* des biens ; il dira qu'il n'a péroré qu'une fois au balcon de la Comédie pendant les exécutions, et qu'à la mort de M. de Montgon, si on a joué l'air *Ça ira*, sur la grosse caisse, ce n'était point par ses ordres. En un mot, Guffroy est un révolutionnaire qui en attaque un autre. La vérité vraie ne peut être dans cette bouche.

Il est inutile de dire que la folie de Le Bon et de sa famille, prise au sérieux par quelques écrivains sur la parole de Guffroy, est une pure invention. La mère de Le Bon était devenue folle, nous l'avons dit, lorsqu'elle avait vu son fils prêter le serment civique ; mais Le Bon, père, gardien des prêtres reclus au Vivier, était gratifié par Guffroy d'une folie purement imaginaire.

en faveur des quatre prisonniers. La femme d'un patriote d'Arras était venue tout exprès à Paris pour lui parler; la fille de Demuliez l'avait attendu pendant plusieurs heures, assise sur une borne, dans la rue qu'il prenait pour se rendre au Comité. Un parent de Gabriel Le Blond s'était adressé aussi à Le Bas. Ces démarches restaient infructueuses.

Cependant Joseph Le Bon, déjà instruit de ce qui se tramait auprès des membres du Comité, apprit d'un autre côté que Guffroy avait adressé contre lui, à la municipalité d'Arras, un véritable réquisitoire. Le District, averti par Duponchel, maire d'Arras par intérim, écrivait à Le Bon le 26 floréal (15 mai) :

« Un mémoire infernal, dicté par la malveillance et rédigé par le représentant Guffroy, vient d'arriver au Conseil général de la commune d'Arras; tu y es peint comme un homme de sang, comme un homme qui ne sait commettre que des actes arbitraires; la bombe a enfin éclaté, et la trame est découverte. Dans ce mémoire, toutes tes actions, depuis cinq mois, sont dénaturées, contre-révolutionnarisées; on y porte le peuple à résister à l'oppression, car tu y es peint comme un tyran; toutes tes paroles y sont rapportées, noircies, perverties; on t'y rend coupable de mille délits. Viens à Arras sur-le-champ; lis au peuple cet infernal libelle, et porte par là le dernier coup aux intrigants et consorts; tu n'as pas un instant à perdre. Nous te donnons connaissance de ce mémoire par un courrier que nous te dépêchons sur-le-champ, et nous t'invitons, au nom du bien public et de l'amitié, de te rendre de suite à Arras; nous te le répétons, tu n'as point un instant à perdre. Bien des passions se remuent; il faut que tu viennes; le salut public, la tranquillité de la commune d'Arras et ton intérêt t'en font un devoir. — Salut et fraternité. »

P. S. — Nous ne t'envoyons point ce mémoire, parce qu'il

n'est point à notre disposition ; il est énorme. Sans doute le Conseil géneral t'en donnera copie ¹. »

En même temps qu'il recevait la lettre si pressante du District, Joseph Le Bon était appelé à Paris par le Comité de salut public.

Paris, le 22 floréal.

« Cher collègue, le Comité de salut public a besoin de conférer avec toi sur des objets importants.

« Il rend justice à l'énergie avec laquelle tu as réprimé les ennemis de la Révolution. Le résultat de notre conférence sera de la diriger d'une manière encore plus utile.

« Viens le plus tôt qu'il te sera possible, pour retourner promptement au poste où tu es actuellement. — B. BARÈRE, BILLAUD-VARENNES, COUTHON, ROBESPIERRE, CARNOT, C.-A. PRIEUR ². »

Joseph Le Bon, rassuré par la teneur de cette lettre sur l'effet produit par les accusations de Guffroy, et s'inquiétant

---

1. 2ᵉ *Censure*, p. 93. — Le mémoire de Guffroy remplit douze pages de la 2ᵉ *Censure*, P. J., nº 9. — Aux yeux de Guffroy, Le Bon est atteint de folie et *prêtre* ; ainsi s'explique son « état moral ». Il lui reproche de s'être « logé chez le secrétaire du département, et d'avoir mangé chez un administrateur sybarite, au lieu de vivre simplement et en républicain » ; de s'être laissé égarer par des hommes sans moralité ; d'avoir fait arrêter deux juges du tribunal du District, très-chauds et très-sains patriotes ; placé beaucoup d'Oratoriens, soutiens de la monarchie ou Feuillants ; de s'être fait des créatures en salariant les *vingt-deux sous* ; d'annoncer à l'avance les condamnations ; d'avoir dissous l'ancien comité et d'y avoir placé son oncle, « être immoral » ; de parler mal de la Propriété et de la Divinité ; d'avoir fait arrêter Demuliez, Beugniet et Le Blond, à la suite de l'affaire Bataille, et de les avoir enlevés « de nuit, sans linge, sans bas, sans argent » ; d'avoir « violé les secrets des postes ».

« Que Le Bon est loin, dit Guffroy en terminant, de la *douce* morale que la Convention a applaudie avant-hier dans le dernier discours de Robespierre aîné : « Rapprochons par les lois de la vertu les hommes qu'on voulait désunir, dit Maximilien. »

Le Conseil général de la commune d'Arras, suivant délibération du 26 floréal, se contenta de renvoyer à Guffroy son mémoire, attendu qu'il n'était pas signé.

2. 2ᵉ *Censure*, p. 99.

moins, dès lors, des dangers que courait à Arras sa popularité, se rendit aussitôt à l'appel du Comité. « J'accours, dit-il ; de quoi s'agit-il ? » — « D'établir encore deux tribunaux révolutionnaires, l'un à Saint-Quentin, l'autre à Réunion-sur-Oise (Guise). » — « Cela n'est pas possible, répondis-je... Je ne connais pas assez d'hommes probes et dévoués à ces fonctions délicates et rigoureuses. De plus, il faudrait des renseignements certains sur les individus de ces deux communes et des environs, afin de ne pas exposer les juges à être circonvenus par l'intrigue et à frapper les patriotes pour les contre-révolutionnaires. Mais la raison sans réplique, c'est que je n'ai pas de monde pour composer les tribunaux que vous désirez [1]. »

A Cambrai, aussi bien qu'à Arras, on attendait avec anxiété le retour du représentant. Taffin et Nicolas Lefetz, jurés de Cambrai, écrivaient le 28 floréal à Lefetz Célestin, vice-président du District d'Arras :

« Le représentant Le Bon est à Paris, vous en savez le motif. Nous attendons un courrier aujourd'hui, ou il sera de retour demain. Les scélérats qui veulent le perdre, et avec lui les vrais patriotes, ne sentent point que nous ne les poussons pas assez vite à l'échafaud ; mais ils s'y traînent d'eux-mêmes. Il nous restait encore quelques doutes sur Guffroy ; mais aujourd'hui, il est dans tout son jour.

---

1. *Lettre justificative* n° XI.
Le Bon ajoute : « Heureuse pénurie ! Sans elle, j'assumais encore *très-civiquement* la responsabilité de deux institutions *arbitraires*. » En note, il explique sa pensée et apprécie lui-même les institutions d'Arras et de Cambrai : « J'appelle un chat un chat ; jamais je ne me suis dissimulé que les mesures révolutionnaires étaient inséparables de l'arbitraire. Tout gouvernement qui repose sur la vertu des gouvernants, n'est plus un gouvernement légal ; mais ce gouvernement des gouvernants avait été solennellement et sciemment consacré comme indispensable pour sauver la patrie. »
Le Bon oublie que le gouvernement révolutionnaire lui-même avait ses règles, et que le Comité de salut public et lui en avaient fait litière.

« Nous vous embrassons ainsi que tous nos frères d'Arras. La guillotine et la fusillade vont toujours leur train. Nous attendons le retour de Le Bon pour frapper avec une nouvelle vigueur. — Salut et fraternité [1]. »

Le Bon retourna promptement à son poste, plus déterminé que jamais à répondre, sur le terrain qu'il connaissait, à la confiance du Comité de salut public [2]. Ses collaborateurs s'associèrent à son triomphe : le 30 floréal, Darthé écrivait à Le Bas :

« Mon cher ami, Le Bon est revenu avant-hier soir de Paris ; le Comité de salut public lui a rendu toute la justice qu'il méritait, et ses calomniateurs ont été couverts du mépris et de l'opprobre que leur conduite infâme leur a attirés depuis longtemps. Guffroy avait rédigé contre lui un mémoire, le plus virulent et le plus pitoyable qu'on puisse fabriquer. Ils voulaient nous faire passer pour des assassins tout dégouttants de sang innocent. Ils espéraient nous faire monter à l'échafaud qui les attend depuis longtemps ; ce n'était pas nous positivement qu'ils voulaient frapper, c'était la patrie. Ils voyaient avec peine les conspirateurs écrasés, les malheureux soulagés, l'esprit public se monter journellement, par conséquent se préparer un avenir de succès à nos braves armées dans cette belle campagne ; leurs complots abominables sont déjoués. Guffroy serait déjà décrété d'accusation sans des raisons de politique ; Dumont est rappelé, et les quatre détenus Demuliez, Beugniet et les Le Blond vont être livrés au tribunal révolutionnaire de Paris.

« Le Comité de salut public a dit à Le Bon qu'il espérait que

---

1. 2ᵉ *Censure*, p. 238.

2. On avait sans doute reproché à Le Bon, pendant son séjour à Paris, l'arrestation des femmes des patriotes. Le 29 floréal, il envoya au District d'Arras un arrêté portant « que les femmes et enfants de Demuliez, Beugniet et Le Blond, n'étant détenues que par mesure de sûreté, seraient mises dans une maison particulière » (Arch. dép.). Le District désigna le presbytère de Saint-Étienne, où on interna les trois citoyennes et leurs enfants.

nous irions toujours de mieux en mieux. Robespierre voudrait que chacun de nous pût former seul un tribunal, et empoigner chacun une ville de la frontière. La vertu et la probité sont plus que jamais à l'ordre du jour.

« Le Bon a rapporté une lettre de ta femme, je te l'envoie; elle se plaint que tu ne lui écris pas assez souvent. Elle est prête d'accoucher, cela la rend triste. Quand ce ne serait que deux mots, écris-lui. Il a aussi ramené la citoyenne Robespierre.

« Nous désirerions que tu vinsses, ou Saint-Just, quand ce ne serait qu'un seul jour; Le Bon serait bien aise de se concerter avec vous. — Je t'embrasse.

« *P. S.* Envoie-nous donc une ordonnance quand il y a des succès de votre côté [1]. »

Joseph Le Bon ne fit à Cambrai qu'une apparition; il s'empressa de répondre à l'invitation du District d'Arras. Escorté des braves qu'il avait emmenés, le 16 floréal, il revint dans cette ville le 2 prairial. Le lendemain, il fit convoquer le peuple au temple de la Raison, s'efforça de réfuter devant l'assemblée le mémoire de Guffroy, et donna lecture d'une lettre qu'il venait de recevoir de Duquesnoy. « J'étais à dîner avec Robespierre, écrivait Duquesnoy, quand il a reçu ta lettre; nous avons ri. Va ton train et ne t'inquiète de rien. La guillotine doit marcher plus que jamais [2] ». Le Conseil général de la commune convoqua, le 6 prairial (25 mai) les assemblées de section, et fit rédiger une adresse dans laquelle les signataires, approuvant la conduite de Le Bon, déclaraient que Guffroy avait perdu la confiance du peuple.

Pendant ces allées et venues d'une ville à l'autre, il y avait

---

1. Rapport de Courtois. P. J., n° 83.
2. 2° *Censure*, p. 107.

eu trêve à Cambrai. Du 1ᵉʳ au 6 prairial, le registre du greffier constate que le tribunal révolutionnaire n'avait siégé qu'une fois.

1ᵉʳ *prairial* (20 mai). — Le 1ᵉʳ prairial, il avait acquitté un cultivateur, prévenu de propos contre-révolutionnaires tendant à décourager les troupes françaises.

L'espionnage avait servi de motif à cinq condamnations : Adrien Boucly (26 ans), mulquinier à Artres, avait fourni aux ennemis des secours en vivres et en fourrages; Antoine Tresca (65 ans), rentier, avait logé et nourri les satellites des tyrans. « C'est un traître, dit Jouy : j'en suis convaincu »; Amand Delbart (33 ans), cultivateur à Lesdain, avait fait ou fait faire plusieurs envois pour les Autrichiens; Jean Gérard (55 ans), chirurgien à Inchy, avait eu des intelligences avec les ennemis; Jean-Baptiste Dumont (39 ans), vivandier à Abancourt, « portait, selon Jouy, de l'eau-de-vie aux Français pour servir d'espion contre eux ».

Lorsque Le Bon retourna à Cambrai enhardi par l'approbation du Comité de salut public, les raisons ou plutôt les prétextes qui avaient motivé l'établissement du tribunal révolutionnaire en cette ville, avaient complètement disparu. Le jour même où les alliés entraient à Landrecies (11 floréal), Pichegru avait battu Clairfayt, près de Mouscron, et avait pris Menin ; il s'était ensuite emparé de Courtrai. Le 22 floréal (11 mai), une attaque combinée entre le duc d'Yorck et Clairfayt avait échoué devant la valeur française. Le 29 (18 mai), une seconde affaire, où l'empereur d'Autriche, sous les murs de Tournai, combattit en personne, n'obtint pas un meilleur succès. Avant la fin du mois, le territoire français était évacué et Pichegru s'avançait dans la Flandre maritime.

Il n'était donc plus à craindre que les conspirateurs de Cambrai se concertassent avec la division ennemie qui, après s'être approchée des murs de cette ville, s'était repliée à la hâte sur le corps d'armée principal.

Le 6 prairial (25 mai), le tribunal révolutionnaire de Cambrai n'en reprit pas moins sa marche régulière. Avant la fin du mois, il devait prononcer cinquante-six condamnations à mort :

Albert Dhénin (27 ans), conducteur d'artillerie avait « avili les assignats, et dit qu'il fallait un Roi ».

Caroline Locquet, fermière à Saulzoir, envoyée aux Anglaises, le 24 floréal, par le comité de surveillance, était « convaincue d'espionnage et de correspondance avec l'infâme Cobourg ».

7 *prairial* (26 mai). — Hector-Antoine-Joseph Gargan de Rollepot (71 ans) et Hector Lagache, employé aux vivres, habitaient Frévent, patrie de Le Bas. M. Gargan de Rollepot avait été arrêté, le 5 août 1793, par ordre du district de Saint-Pol, comme « ci-devant noble, frère d'émigré, accusé de fanatiser ceux qui l'approchaient et de propager les sentiments anticiviques ». Le registre d'écrou des Baudets relate qu'il arriva à Arras le 5 prairial et qu'il partit le 6, « pour aller au représentant Le Bon ». Gargan avait cherché, dit le jugement en ses motifs, « à faire assassiner les patriotes, colporté ou fait colporter des écrits contre-révolutionnaires et fanatiques » — Jouy résume ainsi ses impressions d'audience : « Gentilhomme, accusé d'avoir voulu faire égorger les patriotes ; il est prouvé qu'il a toujours entravé la Révolution française. Il a dit, en parlant de l'achat des biens nationaux : « Rira bien qui rira le dernier. » — J'en suis convaincu. » — Lagache, emprisonné à Saint-Pol vers la même époque, était le « complice dudit Gargan, ayant de plus arraché une inscription patriotique portant ces mots : *Vivre libre ou mourir* ».

Benoni Denis (20 ans), fabricant de toilettes à Lesdain,

« avait correspondu avec les ennemis, et leur avait servi d'espion ». — Dans quelles circonstances ? Jouy nous l'apprend : « Il s'est rendu à Valenciennes, en septembre 1793, pour y retrouver Boully, seigneur de Lesdain, émigré. J'en suis convaincu. »

Henri Fontaine (22 ans), fils de cultivateur à Caudry, « a correspondu avec les émigrés, il leur a fourni des secours de toute espèce, notamment en fourrage ; il s'est refusé à s'enrôler dans la dernière réquisition ». — « Déclarant, ajoute Jouy, qu'il préférait l'ancien au nouveau régime. J'en suis convaincu. »

Jean-Baptiste Pouillez (19 ans), tisserand à Neuville-en-Ferrain (district de Lille), « a déserté pour servir dans les troupes autrichiennes ».

Pierre Milon (76 ans), garde-bois du ci-devant chapitre Notre-Dame de Cambrai, à Clary, « a précieusement conservé sur son habit et sa veste des boutons aux armes du tyran, et correspondu avec les ennemis ». — « Accusé, dit Jouy, d'avoir gardé des boutons royalistes, d'avoir dit qu'il préférait ces boutons à d'autres, et l'ancien au nouveau régime. J'en suis convaincu. »

Jean Lepève (48 ans), jardinier au faubourg de Cambrai, « a correspondu avec les satellites du tyran, et leur a servi d'espion ». — « Deux témoins ont déclaré qu'il avait dit qu'avant deux jours l'ennemi serait chez eux. Il a avoué avoir été chercher du savon chez les ennemis, et qu'il était encore près d'y retourner » (J.).

8 prairial (27 mai). — Marie-Anne-Joseph de Douay de Baralle (84 ans), veuve de Nédonchel, arrêtée à Arras, le 29 ventôse avec deux de ses filles, et emprisonnée à la Providence, avait été amenée aux Anglaises le 5 prairial, « venant d'une maison d'Arras, par ordre de Caubrière ». Elle est condamnée à mort pour « avoir accueilli avec transport les satellites des tyrans, et conseillé ou ordonné à son cocher d'arborer la cocarde blanche ». — Elle est « accusée, ajoute Jouy, d'avoir quitté Cambrai le 5 aoust, pour aller à son château de *Baral* où elle a donné à manger aux officiers autrichiens [1] ».

Conduit aux Anglaises, le 31 floréal, par les gendarmes, sur ordre de Le Bon, Placide Cuvelier (31 ans), cultivateur à Baralle (Pas-de-Calais), « a dit qu'il se faisait honneur d'être aristocrate ; il a constamment fui la messe des prêtres sermentés, et cherché par là à corrompre l'esprit public [2] ».

9 *prairial* (28 mai). — Pierre Devaux (68 ans), rentier à Péronne (Somme), écroué aux Anglaises par ordre de l'accusateur public, « est convaincu de fédéralisme ». — « Il a dit, selon Jouy, que la République serait bientôt partagée. » Trois témoins sont entendus contre lui ; l'accusé objecte en

---

[1] « Il appert du registre d'écrou de la prison des Anglaises que la vicomtesse de Baralle a été condamnée à la peine de mort, le 8 du mois de prairial, et exécutée le même jour, ainsi que l'indique un signe mis en marge dudit registre. En foi de quoi, Nous, maire de la ville de Cambrai, avons délivré le présent extrait pour valoir acte de décès, attendu qu'il n'a été tenu dans le temps aucun registre d'exécution ni d'inhumation de tous les individus jugés révolutionnairement en cette ville. — A Cambrai, le 2 brumaire. » (Arch. de Cambrai.)

On ne prenait pas la peine en effet de dresser les actes de décès des condamnés à mort. Sur le registre d'écrou des Anglaises, en marge des noms de soixante-treize condamnés qui sortirent de cette prison pour monter à l'échafaud, le geôlier ou l'huissier du tribunal révolutionnaire a tracé ce signe qui sert d'acte de décès :

[2] Le 8 prairial, Daillet écrit à Robespierre pour lui témoigner ses sentiments d'effroi et d'indignation contre l'assassin qui a voulu porter atteinte à ses jours. — Il ajoute : « Nous allons toujours avec activité ; mais nous ne sommes pas secondés. Il semble que tous les habitants de Cambrai soient coupables, puisqu'aucun n'ose en dénoncer un autre. Nous venons cependant d'ouvrir les registres des autorités constituées et de la Société populaire ; nous y avons trouvé d'immenses richesses déjà, et nous y trouverons aussi, je l'espère, les noms des royalistes et des oppresseurs du peuple ! Je t'embrasse. Ton ami ». (Rapport de Courtois. (P. J.)

vain qu'il est en procès avec eux pour l'acquisition de domaines nationaux. On se contente de lui demander : « Qu'as-tu fait pour la République ? » Il ouvre la bouche pour répondre. « Tu n'as plus la parole », lui crie-t-on [1].

Pierre Verdelin (52 ans), chevalier de Saint-Louis, arrêté le 8 prairial, au moment où il arrosait ses fleurs, et conduit aux Anglaises par un membre du comité, sur l'ordre de Le Bon, est jugé sans être entendu. C'est qu'en effet, comme ex-noble, il est « mis hors la loi, ne s'étant pas retiré de Cambrai, place forte, dans le délai prescrit ». Dès lors, il suffit, pour le faire périr, de constater son identité.

L'acquittement du maire et de l'agent national d'Escaudœuvres « parle en faveur du tribunal. Il ne condamnait pas tout, dit Le Bon, puisqu'en voilà deux d'acquittés ».

13 prairial (1er juin). — Le 13 prairial, après trois jours de vacation, on fusille un hussard, André Coquel (52 ans), accusé « d'avoir bu avec les hulands ».

On condamne à mort J.-B. Desmoulins (34 ans), cultivateur à Hecq, « ayant une passe des ennemis » ;

Raymond Manessier (38 ans), cultivateur à Poix, « ayant adressé des placets à Cobourg, où il le flagorne [2] ».

Deux chasseurs, « prévenus de vol », et un colonel, Rabinet de Mervielle, ci-devant chef de brigade au 19e régiment de cavalerie, poursuivi comme « ex-noble », sont acquittés.

14 prairial (2 juin). — Noël Maillet (40 ans), de Crève-

---

1. *Procès*, t. I, p. 216.

Le 8 prairial (27 mai), le conseil général de la commune de Cambrai avait pris l'arrêté suivant :

« Le conseil se forme en séance secrète, sur la réquisition de l'agent national de la commune de Cambrai qui a conclu, d'après un arrêté du représentant du peuple, et sous sa responsabilité, mettre de suite en état d'arrestation tous les ci-devant nobles existant à Cambrai et apposer les scellés sur leurs papiers. Le conseil répondant à sa réquisition arrête que les citoyens et citoyennes suivants seront arrêtés de suite. — Suivent les noms de vingt-sept personnes.

2. *Procès*, t. I, p. 212.

cœur, religieux à l'abbaye de Vaucelles, emprisonné le 12 aux Anglaises, par ordre de Le Bon, est « accusé d'avoir conduit les Autrichiens *pillier* » (Jouy). — François Beaucourt (46 ans) et Catherine Grandsart, fileuse à Crèvecœur, complices de Maillet, « ayant en outre conservé précieusement des portraits de Capet et de sa femme », sont condamnés à mort. — « Beaucourt, dit Jouy, *a* resté dix-huit ans au couvent de Vaucelles, aussi complice des *scélérat* de *moine*. J'en suis convaincu. »

15 *prairial* (3 juin). — François Podevin (28 ans), hussard au 6e, est fusillé comme « déserteur et comme espion ». — Un volontaire, un adjudant-major de gendarmerie, un commandant, une fileuse, poursuivis pour « faits de guerre », sont acquittés.

16 *prairial* (4 juin). — Suzanne Lot (43 ans), femme du notaire Leproux, et son fils, Arnould Leproux (19 ans), employé dans les vivres, ont été arrêtés à Réunion-sur-Oise. C'est sans doute l'influence de Saint-Just et Le Bas qui les amène à Cambrai ; ils sont prévenus de « correspondance avec une nommée d'Aigemont, émigrée ». — La mère est condamnée ; le fils est acquitté.

Anne-Marie-Catherine-Louise Parizot de Carondelet (69 ans) ex-noble, et par conséquent mise hors la loi, n'a point quitté Cambrai dans le délai prescrit ; emprisonnée aux Anglaises le 9 prairial, par ordre de Le Bon ; elle paye de sa tête cette imprudence.

Jacques Poillion (56 ans), fermier à Pierremont, et François Penin (52 ans), menuisier à Frévent, avaient été mis en arrestation, l'un le 8 brumaire (29 octobre [1]), l'autre le 27 ventôse (17 mars).

---

[1]. En même temps que Jacques Poillion, le District avait fait arrêter son frère, maire de Pierremont, « aristocrate, destitué pour son incivisme, frère d'émigré ».

Le 1er floréal (20 avril), le comité de surveillance de Pierremont envoyait à Arras, sur le compte de Poillion, les renseignements suivants: « Il est détenu en sa maison depuis le mois d'octobre, par ordre de la surveillance de Saint-Pol, dont nous ne connaissons point le motif et il a été destitué de sa place d'officier municipal [1] ». Un dénonciateur se chargea bientôt de donner un motif à l'emprisonnement de Poillion. « On amène à la barre, lisons-nous dans les procès-verbaux du district de Saint-Pol, Jacques Poillion, de Pierremont, actuellement détenu en la maison d'arrêt et précédemment gardé à vue par le citoyen Charles Bizan, accusé par ce dernier, qui demandait si, sur le nombre des guillotinés du 18 floréal, quelques-uns n'avaient pas pleuré, d'avoir dit que, s'il se trouvait dans le même cas, il dirait tout ce que son cœur pense : « Je vais mourir pour ma Loi et mon Roi ; vous êtes un tas de gueux et de scélérats ». — Ce récit a eu lieu dans sa maison ; Bizan, son gardien, avait rapporté la nouvelle que plusieurs avaient été guillotinés. L'interrogatoire et la dénonciation seront envoyés à Le Bon [2]. — Le 10 prairial, Darthé envoya à Saint-Pol la réquisition suivante : « L'accusateur public près le tribunal révolutionnaire établi à Arras, première section séant à Cambray, requiert l'agent national du district de Saint-Pol de faire transporter de suite de la maison d'arrêt de Saint-Pol le nommé Jacques Poillion, de Pierremont, accusé de royalisme, en celle de Cambray, rue de la Force, et d'en prévenir ledit accusateur public. — Il fera aussi partir le nommé Penin, menuisier à Frévent, accusé du même crime, lequel est détenu à Arras ou à Frévent [3] ». Poillion, envoyé de Saint-Pol aux Baudets d'Arras, le 13 prairial, partit le lendemain pour Cambrai.

1-2-3. Arch. départementales.

Poillion et Penin furent condamnés à mort : le premier, « convaincu d'être un contre-révolutionnaire et un royaliste forcené ». — « Accusé, dit Jouy, d'être aristocrate, a déclaré que s'il était près de monter à la guillotine, il dirait qu'il meurt pour sa loi, c'est-à-dire sa religion, et pour son roi ; vous êtes un tas de gueux. — J'en suis convaincu » ; le second, « pour avoir dit plusieurs fois qu'il se faisait honneur d'être royaliste ». — « Accusé d'être aristocrate, fanatique, royaliste, et d'avoir voulu tuer les patriotes ; a dit qu'il aurait toujours tenu du parti du Roy, et que ceux qui l'avaient fait tuer étaient des monstres ; qu'il défendrait le Roy jusqu'à la dernière goutte de son sang » (J.).

Alexandre Colet (52 ans), brasseur à Cartignies, et J.-B. Durand (35 ans), garde-bois à Nouvion (Aisne), « sont convaincus d'espionnage, et d'avoir servi de guides aux satellites des tyrans ».

Joseph Ferrand (35 ans), gendarme, « a déserté les troupes républicaines pour passer chez les rebelles de la Vendée ».

Ces sept condamnations à mort sont suivies de l'acquittement d'un volontaire, « accusé de vol » [1].

17 *prairial* (5 juin). — Marie-Eugénie de Nédonchel de Baralle (64 ans), ex-religieuse, et Marie-Joséphine, sa sœur, (61 ans), avaient été emprisonnées aux Baudets du 18 au 20 octobre 1793, « venant du Rivage ». Amenées aux Anglaises, le 13 prairial, par le commandant de la brigade

---

1. Dès cette époque, le tribunal révolutionnaire de Cambrai ne se donnait plus la peine de rédiger et de faire imprimer ses jugements. Le 26 thermidor, le procureur-syndic du district écrivit à ses collègues de Saint-Pol « que toutes les recherches faites pour découvrir le jugement de Jacques Poillion, et aussi celui des vingt-deux citoyens de Frévent (18 prairial) ont été infructueuses. Les jugements n'ont jamais été imprimés ni adressés à l'administration ». (Arch. départ.).

de gendarmerie d'Arras, « suivant ordre de l'accusateur public », elles ne survivent qu'une décade à leur mère, dont elles sont les complices. — « Elles se sont promenées, dit Jouy, avec des officiers autrichiens. »

Augustin Boulanger (48 ans), écrivain à Cambrai, écroué aux Anglaises le 13 prairial, par ordre du comité de surveillance, « a tenu les propos les plus aristocratiques ; il a dit que c'était un plaisir que l'ancien régime ».

Jacques Carpentier (66 ans), cultivateur à Villers (district d'Avesnes), a manifesté les mêmes opinions ; il « a refusé hautement de labourer davantage la terre ». — Son fils Arnould (36 ans) est son complice. — Détenus aux Anglaises, ils étaient en arrestation depuis le 24 frimaire.

Pierre Peugnet (47 ans) était curé de Vitry (district d'Arras). Envoyé aux Anglaises, le 12 prairial, par ordre de Le Bon, il est condamné à mort pour « avoir cherché à fanatiser toutes les têtes ; il a dit que les chansons patriotiques iraient au diable ». — Jouy lui prête un propos plus criminel : « Il a dit que Joseph Le Bon était dans l'opulence. » Aussi le juré de Le Bon s'écrie-t-il : « C'est un traître ; j'en suis convaincu. »

Jean Delécol, journalier à Marcq (district de Douai), « est convaincu qu'au moment de son arrestation il émigrait, et qu'il allait (malgré ses 78 ans) rejoindre l'armée ennemie ».

Joseph Pronville (63 ans), emprisonné aux Anglaises comme noble, le 10 floréal, par ordre du représentant Le Bon, « ne s'est pas retiré de Cambrai dans le délai prescrit ».

Ces huit accusés sont condamnés à mort. — Le tribunal n'acquitte qu'un capitaine et un lieutenant, « soupçonnés d'avoir pactisé avec les révoltés de Lyon ».

18 *prairial* (6 juin). — Vingt-sept habitants du district de Saint-Pol avaient été immolés à Arras le 27 floréal :

la haine de Darthé n'était pas assouvie. Le 18 prairial, vingt-et-un accusés du même district, envoyés aux Baudets par l'agent national de Saint-Pol et amenés à Cambrai trois jours auparavant, sur des chariots où on les a « entassés comme des bêtes [1] », comparaissent devant le tribunal révolutionnaire. En deux heures de temps on en condamne seize, parmi lesquels quatorze comme complices de M. Gargan de Rollepot, exécuté le 7 prairial.

Claude Fontaine (42 ans), tanneur à Frévent, « est accusé, dit Jouy, d'avoir frappé sur les patriotes, à coups de chaise ». — Onze témoins sont entendus.

Pierre Delattre (26 ans), garçon tanneur à Frévent, « a donné des coups aux patriotes, lesquels ayant demandé grâce, a dit : « Pas de grâce pour les patriotes ; il faut sonner leur trépas du matin au soir » (J.).

Herménégilde Delattre, garçon blanchisseur à Frévent a dit « qu'il fallait mettre tous les démocrates au diable » (J.).

Bernard Fontaine (35 ans), boucher à Frévent, « a frappé sur les patriotes à coups de chaise » (J.).

Ferdinand Delval (35 ans), garçon cordonnier à Frévent, est accusé du même crime. Pour la première fois, Jouy écrit sur ses notes d'audience : « Je n'en suis pas convaincu. » Delval n'en est pas moins condamné.

Adrien Becquard (56 ans), manouvrier à Frévent, « a méprisé les patriotes en disant : « Nous verrons qui seront les maîtres aujourd'hui » (J.).

Jean-Baptiste Canonne (63 ans), couvreur en paille, et Antoine Becquard fils, manouvrier (31 ans), sont accusés, l'un par trois témoins, l'autre par onze, « d'avoir porté des coups aux patriotes ».

---

1. *Procès*, t. I, p. 260.

Pierre Peuvrel, garde-bois (58 ans), a ajouté en frappant : « S'il n'y a que cela de démocrates, nous aurons bientôt fini » (J.).

Charles Tramecourt (31 ans), couvreur en paille, « a frappé une femme patriote. » (J.)

Amand Delattre (30 ans), maçon, « a dit qu'il fallait mettre tous les patriotes au diable ». — Huit témoins en déposent.

Marie-Florence de Gargan (40 ans), femme de Marin, ci-devant de Limessy, ex-noble, est aussi complice de son père. Elle a empêché les habitants d'aller à la messe des prêtres assermentés. »

Célestin Avransart (32 ans), faiseur de bas, n'est accusé que par un témoin ; Jouy n'est pas convaincu. Néanmoins Avransart est condamné à mort.

Antoine Becquard père (60 ans), « a frappé sur les patriotes ; a dit qu'il était aristocrate jusqu'au fond de l'âme, qu'il n'avait pas trop de quatre patriotes ».

Marie Hus (36 ans), servante des Thellier, obtient dans le jugement une mention particulière : « Contre-révolutionnaire forcenée ; ayant correspondu avec les émigrés, et ayant caché les meubles de ces derniers; de plus, fanatique enragée ».—Les émigrés avec lesquels elle a correspondu, sont les Thellier, ses anciens maîtres. — « Elle a, dit Jouy, fait évader Thellier père de la prison de Saint-Pol. »

Henri Vasseur (39 ans), tisserand à Vacquerie-le-Boucq, détenu à Saint-Pol depuis le mois de novembre 1793, par ordre du district, « pour avoir écrit une lettre à l'ancien curé de Vacquerie », est aussi condamné comme « aristocrate fanatique et forcené ; il a correspondu avec les ennemis de l'État, notamment avec un prêtre réfractaire ».

Les cinq prévenus acquittés appartenaient, comme les

autres, à la classe ouvrière. C'était un couvreur en paille, un perruquier, un fileur de laine, un boucher et une fileuse de bas. — La Révolution portait ses coups dans tous les rangs.

19 *prairial* (7 juin). — Jean Martinet (57 ans), contrôleur des douanes à Boulogne, avait été mis en arrestation comme ex-noble, et emprisonné aux Baudets le 18 floréal. « Grand partisan du royalisme, n'ayant cessé de correspondre avec les ennemis les plus acharnés de la Révolution », Martinet fut condamné à mort.

Félicité Martinet, « n'étant pas convaincue d'être la complice de son père », obtint un verdict d'acquittement.

On rendit ensuite à la liberté un marchand, un ouvrier paveur, un soldat d'artillerie, un cultivateur et le maire de Baralle, Charles Lanthiez, prévenus « d'intelligences avec les ennemis ».

En se relâchant ainsi de sa rigueur accoutumée, le tribunal révolutionnaire se disposait sans doute à célébrer « pieusement la fête du lendemain ».

La Convention avait fixé au 28 prairial les solennités par lesquelles Robespierre, pontife d'une religion nouvelle, avait voulu qu'on célébrât l'existence de l'Être-Suprême.

Déjà le conseil général de Cambrai avait remplacé l'inscription « Temple de la Raison » placée au frontispice de l'église du St-Sépulchre, par cette nouvelle enseigne : « Le Peuple français reconnaît l'immortalité de l'âme ». Il s'était « rendu en corps dans tous les carrefours, pour y publier le rapport de Robespierre et le décret de la Convention ». Il avait fait « procéder à l'abattage de toutes les croix existantes sur les clochers et arborer sur le sommet du beffroi, à la place de ce signe de superstition, l'étendard tricolore surmonté d'un bonnet rouge ». Le citoyen Fliniaux, secrétaire de la municipalité, chargé du programme de la fête, prit soin d'y « faire figurer principalement tout ce qui peut retracer les vertus, en les présentant aux yeux et aux cœurs des citoyens sous des emblêmes expressifs ».

« Au lever de l'aurore, une salve d'artillerie, le son majestueux de la cloche communale, les airs chéris touchés sur le carillon, les sons d'une musique guerrière retentissent de tous côtés, le bruit mâle des tambours se fait entendre et fait succéder au calme profond de la nuit un réveil plein de charmes…. A l'instant les façades des maisons se décorent de draperies et de banderoles tricolores, partout des festons de verdure et de fleurs ornent les édifices publics; les mères s'empressent de parer leurs filles chéries, les pères mettent entre les mains de leurs fils les armes avec lesquelles ils doivent soutenir la liberté contre les efforts des tyrans.

« Entre-temps, tous les citoyens, que la joie et la fraternité enflamment, se rendent au Temple en chantant; là les différents groupes se pressent autour des autorités constituées et rendent à l'Être-Suprême leurs premiers hommages ».

Joseph Le Bon était appelé à jouer le premier rôle dans cette cérémonie. « Tout étant prêt pour le départ, le peuple précédé d'une musique éclatante se rend chez le représentant pour l'accompagner au Temple. Paraissant à la tribune, ce dernier fait sentir les motifs qui ont déterminé cette fête solennelle et invite le peuple à honorer l'Auteur de la nature par ses cris de joie et d'allégresse ».

Le cortége s'était formé : « six sapeurs en grand costume ouvrent la marche; un canonnier à cheval tient une bannière sur laquelle on lit : *Guerre aux tyrans, mort à leurs partisans*. Une compagnie de canonniers, avec leurs canons, précède « le comité au salpêtre, portant un bocal rempli de cette matière fulminante, armé de pelles, pioches et écumoires ; un membre de ce comité fait flotter une bannière avec cette inscription :

Amis dans notre sol nous trouverons la foudre;
Travaillons, les tyrans seront réduits en poudre.

A la suite du comité s'avancent « des enfants des deux sexes, parés de fleurs et de guirlandes : *Espérance de la patrie;* un corps de troupes : *Appuis de la patrie* ; des vieillards respectables et un corps de tambours avec ces devises: *Nous les aiderons de nos conseils ; — Nous ne battrons la charge qu'en présence de la patrie* ».

« Une musique militaire précède la Société populaire : en tête de ces sentinelles vigilantes, on porte un œil de surveillance pénétrant un nuage épais; au centre, des membres, distingués par leurs cartes placées d'une manière visible, un frère nègre à cheval tient à la main une bannière représentant une main sortant d'un nuage et soutenant un niveau : derrière on lit ces mots : *Tous les hommes naissent libres et égaux entre eux.* Un membre de la société porte une autre bannière; on lit d'un côté : *La Convention nationale, au nom du Peuple français, reconnaît l'Être-Suprême et l'immortalité de l'âme, décret du 18 floréal an IIe de la République;* de l'autre : *la Divinité console l'homme de bien, les bons citoyens.*

Paraissent ensuite les faisceaux des départements; un trophée d'armes précédé d'une bannière : *Nous jurons d'augmenter ce trophée;* un vieillard et sa compagne assis sur une charrue traînée par leurs enfants; les autorités judiciaires et le comité de surveillance ; le char des guerriers blessés, entouré de jeunes personnes vêtues de blanc et couronnées de lauriers : *A ses vrais défenseurs, la patrie reconnaissante;* des femmes de tout âge portant des corbeilles de charpie :

Toujours nos frères blessés auront nos secours ; un groupe respectable de femmes enceintes tenant le bras de leurs époux : *Sources vertueuses et vivifiantes de la République* !. »

« Les états-majors de la place et de la citadelle précèdent le tribunal révolutionnaire, qui marche sur deux lignes parallèles. Entre ces deux lignes sont portés les bustes de Marat et de Lepelletier : de jeunes personnes jettent de temps en temps des fleurs vers ces deux grands hommes. En avant et en arrière de ces bustes, des bannières présentent ces inscriptions : *Martyrs de la liberté, vous serez vengés ; — Toutes les vertus sont à l'ordre du jour* ».

La place d'honneur est réservée à Le Bon, représentant du peuple. « C'est à lui que s'adressent, dit à l'avance le programme, les témoignages d'amour et de reconnaissance que tous les bons citoyens s'empresseront de prodiguer, en sa personne, à la Convention nationale, pour ses immortels travaux. » Le Bon porte à la main un bouquet d'épis, de fleurs et de fruits. A ses côtés marchent les présidents du district, de la municipalité, du tribunal révolutionnaire et de la société républicaine, suivis des conseils généraux du dis-

---

1. M. V. Delattre nous a communiqué l'original de l'une des invitations envoyées par la municipalité de Cambrai, le 15 prairial, pour la fête de l'Être-Suprême :

« Persuadé que tu t'empresseras à embellir la fête civique qui doit avoir lieu décadi prochain, en l'honneur de l'Être-Suprême dont la Convention nationale, par son sublime décret du 18 floréal, a reconnu, au nom du Peuple français, l'existence, le conseil général de la commune t'invite à te rendre, à six heures du matin, au temple dédié à l'Être-Suprême, place de la Liberté, avec ton époux qui, dans l'état de grossesse où tu te trouves, doit se faire un devoir de t'accompagner et de te donner le bras ; tu pourras prendre avec toi un enfant ; et à te prêter, pour l'ordre et l'arrangement de la marche, à tout ce que le citoyen Fliniaux fils, qui a bien voulu se charger de la diriger, croira convenable à son exécution. Ton patriotisme est pour le conseil général un sûr garant de ton acceptation. Salut et fraternité. — Suivent les noms du maire, des quatorze membres du Conseil général, de l'agent national et du secrétaire Fliniaux.

trict et de la commune : *De l'union des autorités constituées naîtra le bonheur du peuple* ».

Au bas des degrés du temple s'élevait un monument où l'on avait réuni tous les ennemis de la félicité publique : l'athéisme, l'ambition, l'égoïsme, la discorde, la fausse simplicité et l'hypocrisie. Au milieu de ces monstres paraissait un amas de couronnes, de sceptres, de tiares, duquel sortait un bras, armé d'un poignard : *Le poignard est la dernière ressource de la coalition*. — Lorsque le représentant eut franchi le seuil du temple, on lui remit une torche embrasée; il s'avança vers le groupe de l'athéisme et y mit le feu.

Les ennemis de la félicité publique ainsi livrés aux flammes, le cortège dirigea sa marche vers la place d'armes et se rangea autour de l'autel de la Patrie, élevé en regard de la guillotine. On plaça sur cet autel les bustes de Marat et de Lepelletier; des artistes entonnèrent en chœur les hymnes civiques dont les refrains connus furent répétés par le peuple; le maire célébra, dans un discours patriotique, l'inauguration de l'autel de la Patrie, et prononça le serment de maintenir la liberté, l'égalité, l'unité, l'indivisibilité, etc.

« Des jeunes filles, accompagnées de leurs mères, s'avancent alors et jurent de n'épouser jamais que des patriotes; leurs mères les serrent dans leurs bras, les pressent contre leur sein; puis un corps d'enfants, les armes à la main, jurent de succéder à leurs aînés dans les combats. »

La procession, continuant son parcours, retourna au temple de l'Être-Suprême : « Sur les débris fumants des monstres que la torche avait fait rentrer dans le néant, apparaissait la Sagesse, au front calme et serein. A l'aspect de cette fille du ciel, le peuple se livra à tous les transports de la joie et de la reconnaissance. On rentra dans le temple, en passant sous un niveau suspendu aux colonnes du portique; les présidents des corps constitués prononcèrent à l'envi des discours civiques, et les cris de *Vive la République !* montèrent vers la Divinité [1]. »

Joseph Le Bon, quoiqu'il eût revêtu de son approbation le cérémonial de cette mascarade, était trop intelligent pour prendre au sérieux la religion d'État imaginée par Robespierre ; les « témoignages d'amour et de reconnaissance que tous les bons citoyens, pour se conformer au programme, s'étaient empressés de lui prodiguer », ne lui avaient inspiré que de sombres préoccupations. « Il me revient à la mémoire, lisons-nous dans une lettre de son secrétaire, que le soir de la solennité des fêtes à l'Être-Suprême, nous nous promenions ensemble sur la place de Cambrai. « Eh bien ! me dit Le Bon, que penses-tu de la fête d'aujourd'hui ? » — « Ma foi, répondis-je, l'Être-Suprême et l'immortalité de l'âme ne sont

[1]. M. V. Delattre a conservé une image de dévotion, imprimée lors de la fête du 20 prairial, en l'honneur de l'Être-Suprême :

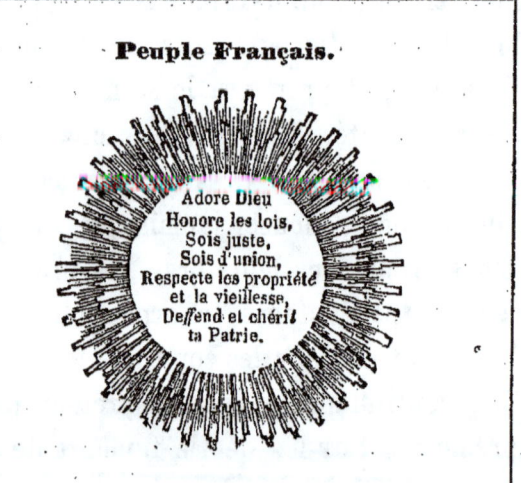

pas choses bien neuves, et Robespierre, sous ce rapport, n'a rien inventé. » — « Tu ne vois donc pas, reprit Le Bon, que Robespierre a atteint son apogée ; que, monté sur le faîte, il aspire à descendre. Mais cette descente sera une chute sur l'échafaud. Sa mort sera suivie d'une réaction terrible. Je serai le bouc émissaire de la Convention qui nous abandonnera, et le sort de Robespierre sera le mien [1]. »

Ces tristes prévisions de Le Bon n'amenèrent aucun changement dans sa manière d'agir. Le surlendemain de la fête à l'Être-Suprême, il donna ordre au tribunal révolutionnaire de reprendre son œuvre de destruction.

22 *prairial* (10 juin). — Philippe-Léopold-Joseph Le Caron de Sains avait été emprisonné à l'Abbatiale avec M. Le Caron de Canettemont, son frère aîné. Le 22 brumaire (12 novembre), il avait envoyé au comité de surveillance un certificat du chirurgien Nonot, constatant « qu'il avait reçu en 1758, à la bataille de Crevelt, un coup de feu à la poitrine, et qu'il n'était pas guéri de sa blessure ». Le commissaire ordonnateur de la 16e division militaire, ancien grand-juge militaire, avait témoigné de son civisme. M. de Sains, maintenu momentanément en arrestation, fut accusé, devant le tribunal de Cambrai, « d'avoir discrédité les assignats ; tenu des consiliabules chez les Mingrival, les La Comté ; refusé à ces vassaux de ce racheter des droits féodaux. On lui demande pourquoi il ne voulait pas que ses vassaux se racheta*chent*, a répondu que c'était de peur que son reve*nnue* diminuât. J'en suis convaincu, dit Jouy. » Les autres jurés partagèrent cette conviction, et M. de Sains

---

1. Lettre de M. Faguet, du 30 octobre 1847, communiquée par Me Billet, avocat à Arras. — M. Faguet, élève à l'Oratoire de Beaune en 1788, servait à l'armée du Nord, lorsqu'en germinal, il fut attaché comme secrétaire à son ancien professeur. Occupé de son travail de cabinet, il ne paraît pas avoir participé aux actes révolutionnaires du représentant. — M. Faguet est mort, il y a quelques années, avoué à Saint-Pol.

encourut la peine de mort « pour avoir désiré le rétablissement de la féodalité, et cherché à avilir la monnaie nationale».

25 *prairial* (13 juin).—Charles Jonglet (33 ans), marchand de charbon de bois à Gommegnies, « a avoué avoir été plusieurs fois à Valenciennes » (J.). — « Convaincu d'espionnage, et ayant cherché à avilir et à discréditer les assignats », il est condamné à mort.

François Bracq (38 ans), mulquinier à Inchy, « a reconnu qu'il était interprète aux Autrichiens ; qu'il avait porté la cocarde noire » (J.). — Il subit la même condamnation que Jonglet : « Ayant entretenu, dit le jugement, des intelligences perpétuelles avec les armées étrangères ».

Cinq accusés, distraits du tribunal d'Arras, comparaissent devant les juges de Cambrai.

Marie-Françoise-Éléonore de Godet (40 ans), femme de M. Remy des Lyons, s'était rendue, en 1793, chez sa tante, Mme Boucquel de La Comté, « afin de se faire traiter pour un épanchement de lait [1] ». Elle fut arrêtée comme suspecte, le 6 octobre 1793. Elle perdit la vie « pour avoir conservé un recueil de chansons respirant le royalisme le plus dégoûtant, et écrit différentes fois à son mari émigré ».

Joseph Jouenne (80 ans), notable en 1792, et Théodore Herpin étaient l'un et l'autre procureurs au Conseil d'Artois. Le 21 prairial, l'accusateur public Caubrière avait mandé aux administrateurs du district de Saint-Pol : « Frères et amis, je vous engage à me faire passer sur-le-champ l'original de la lettre écrite par Herpin, procureur à Arras, le 28 février 1792, à d'Ostrel, ci-devant baron de Flers, dont vous avez adressé copie au représentant du peuple Joseph Le Bon. J'en ai absolument besoin pour mettre cet individu en jugement. Salut et fraternité [2]. » — Le lendemain on expédia,

---

1. *Procès*, t. I, p. 204.
2. Archives départementales.

des Baudets à Cambrai, Jouenne et Herpin. Les motifs de leur condamnation sont très-laconiques. Jouenne a « correspondu avec les ennemis extérieurs et les émigrés » : « A correspondu, dit Jouy, avec l'abbé d'Aumale (ex-chanoine de Saint-Omer), émigré ; aristocrate fieffé ». — Herpin « a avili les assignats ». Jouy ajoute : « En invitant le baron de Flers à se défaire de cette belle monnaie ; aristocrate enragé. »

C'était Me Herpin qui, en 1792, avait été chargé par M. Le Bas, curé de Neuville, de soutenir ses intérêts devant les juges du district contre la municipalité, et de demander au tribunal d'appel confirmation de la sentence rendue par le juge de paix de Rœux. Qu'est-ce à dire? Le Bon a-t-il senti se réveiller dans son âme des souvenirs irritants? A-t-il résolu de prendre sa revanche?

Sur le banc où Me Herpin vient d'être condamné, on amène deux hommes dont l'un, malade et âgé, peut à peine se soutenir : « Joachim Magniez, Augustin Goudmand », tels sont les noms que proclame l'huissier André.

Magniez (65 ans), cultivateur à Tilloy-lez-Mofflaines, est le juge de paix qui a condamné Le Bon à trois livres d'amende ; Goudmand, alors greffier, a rédigé le jugement contre lequel Joseph Le Bon, représentant du peuple, se pourvoit, en effet, devant le tribunal de ses vengeances.

Nous avons vu Le Bon destituer, le 11 brumaire (5 novembre), le juge de paix de Rœux [1], parce qu'il avait fait grâce à un individu qui avait cassé, dans un moment d'ivresse, les vitres du maire de Beaurains, et « qu'il n'était pas connu d'ailleurs pour un ami de la Révolution et de la République ». Dans le courant de pluviôse, les officiers municipaux de Neuville vinrent l'entretenir « de leur malheureuse affaire. En 1792, dit Le Bon [2], ils ont appelé au tribunal du District ;

---

1. Voir plus haut, p. 104.
2. *Lettres justificatives*, n. 3.

mais ce tribunal a escobardé, à l'imitation du département. Ne pourrais-je pas leur faire obtenir enfin justice ? — Volontiers, mes amis, remettez-moi vos pièces, et soyez convaincus que je ne négligerai rien pour assurer vos intérêts [1] et faire connaître votre oppresseur. — Quelques jours après, les pièces me sont remises. Je requiers en même temps l'apport de celles relatives au jugement rendu contre Joseph Le Bon en 1791, également propres à démontrer aux comités de législation et de sûreté générale la manie des jugements iniques et contre-révolutionnaires de Magniez ».

« Au nom du Peuple français, le représentant du peuple Joseph Le Bon, commissaire dans les départements du Pas-de-Calais et du Nord, requiert le greffier du juge de paix du canton de Rœux de lui apporter aussitôt les pièces et le jugement qui a été rendu contre Joseph Le Bon, au mois de novembre 1791 (vieux style). L'agent national reste chargé de faire parvenir cette réquisition [2]. »

Déjà Magniez avait été mis en état d'arrestation. Le 13 pluviôse, sur une réquisition de Le Bon, conçue en termes généraux contre les gros fermiers des environs « qui avaient fanatisé leur commune pour y exciter le mépris et la haine des lois [3] », le District d'Arras avait fait arrêter Magniez, Goudmand et Jean Payen :

« Considérant qu'il importe de ne pas laisser, dans les campagnes, jouir de la liberté des hommes qui y ont toujours répandu le poison de la contre-révolution et du fana-

---

1. Les intérêts des municipaux de Neuville étaient parfaitement assurés : M. Le Bas, qui les avait fait condamner en quarante-huit livres de dommages-intérêts, avait depuis longtemps cherché un asile à l'étranger, et se trouvait, comme émigré, privé de l'exercice de tous ses droits.
2. Arrêté du 22 pluviôse (10 février). 2ᵉ *Censure*, P. J., 18. — Sur la minute de l'arrêté, l'agent national du District a écrit : « Les feuilles des jugements ont été remises au représentant ci-dessus, c'est-à-dire les n. 46 et 51 des feuilles des minutes des jugements. » (Arch. départ.).
3. Voir plus haut, p. 153.

tisme, et de frapper enfin ces hommes qui ont cherché à égarer l'esprit des braves habitants des campagnes, et à les porter à se refuser à jouir de leurs droits et du bonheur que leur promettent la Révolution et le gouvernement vraiment républicain et populaire, arrête que les nommés Goudmand et Magniez, de la commune de Tilloy, et Payen, de celle de Neuville-la-Liberté, seront mis en arrestation comme suspects et aristocrates notoires. Le présent arrêté sera, dans les vingt-quatre heures, envoyé au représentant du peuple, Joseph Le Bon [1]. »

Le 6 ventôse (24 février), le citoyen Barbaux, nouveau juge de paix de Rœux, ayant levé les scellés chez Magniez, qu'on n'avait pu transporter en prison, vu son état maladif, et qui était resté dans sa maison, sous la responsabilité de la municipalité, « n'avait trouvé, dans ses papiers, rien de suspect ». Le comité de surveillance de Tilloy avait donné sur son compte des renseignements favorables. « Il était chargé de huit enfants, dont le plus jeune n'avait que douze ans ; sa femme, Floride Lemaire, était sur le point d'accoucher de son douzième. On ne lui connaissait aucune revenus autre que celui de son travaille à la culture. Ses relations n'on jamais été avec des gens suspects, quoiqu'il ait deux frères déportés [2] ».

Le même jour où il procédait chez Magniez, Barbaux découvrit, dans les papiers de Goudmand, les armoiries de MM. les présidents du Conseil d'Artois, l'*Entretien d'un paroissien avec son curé sur le serment civique*, le *Tableau de la conduite de la prétendue Assemblée nationale*, les *Préservatifs pour une famille contre les dangers du schisme*, un *Manifeste de l'Évêque de Spire contre la Constitution civile du clergé*, une *Protestation de M. Bergasse contre les assignats*, une

---

1-2. Archives départementales.

Lettre au duc d'Orléans sur son départ, le *Testament d'une bonne mère, ou ses derniers avis à ses enfants sur la situation présente de l'Église*, et le *Développement du serment exigé des prêtres en fonctions par l'Assemblée nationale*. — Le comité de surveillance avait déclaré, à la charge du détenu, qu'en 1792, il avait fait un voyage à Tournay ; mais « il n'avait aucunes relations ni liaisons avec aucunes personnes suspect. Il se toujours comporté dans les assemblées en vrai républiquain [1] ».

Sous l'organisation judiciaire de 1791, les juges de paix avaient des assesseurs. Adrien Cuvelier, de Tilloy, avait signé, en cette qualité, les jugements rendus, au profit de M. Le Bas, contre Le Bon et la municipalité de Neuville. Il fut « nommé commissaire par sa commune, à l'effet de présenter une pétition au représentant, pour lui demander l'autorisation de déplanter un jeune chêne et d'en former un arbre de Liberté ». Le Bon, après avoir accordé l'autorisation, l'envisage, lui demande son nom, et prenant des papiers qui étaient auprès de lui, il lit tout haut : « Nous, juge de paix du canton de Rœux et assesseurs, condamnons Le Bon.... » Après ces mots, il dit : « Voilà encore un assesseur de cet infâme juge de paix Magniez ; qu'on le conduise aux Baudets ! »

« Je lui offris d'aller aux frontières combattre les ennemis de la République (Voilà ce que disent les aristocrates ! dit Caubrière qui était dans le bureau), et lui demandai de ne point aller en arrestation ; que si dans le temps, j'avais eu le malheur de le condamner, il avait été jugé selon les lois. Cette réponse l'ayant mis en fureur, il s'écria : « Tu n'en seras pas quitte pour cela ; c'est ta tête dans le sac qu'il faut. » Et il se passa le doigt sur le cou, en faisant le geste de se le couper. Alors, réfléchissant, il me dit : « Il n'est qu'un

1. Archives départementales.

moyen de te sauver ; nomme-moi le conseil qui a dirigé toute cette affaire. Si tu me l'avoues, tu en seras quitte ; mais si tu te tais, je te traduis sur-le-champ au tribunal révolutionnaire ; et ne vas pas me nommer un mort ou un absent. » — « Je l'ignore, répondis-je » ; et de suite je fus conduit aux Baudets [1]. »

Le Bon prit en effet l'arrêté qui suit : « Cuvelier, assesseur de l'infâme juge de paix de Tilloy, en 1792, lors de la condamnation illégale des patriotes par ledit juge, sera sur-le-champ mis en état d'arrestation [2]. »

Trois mois s'étaient écoulés lorsque le District d'Arras adressa à Cambrai des pièces à la charge de Magniez et de Goudmand. « J'y joignis, dit Le Bon, l'affaire des officiers municipaux de Neuville qui devenait, relativement à Magniez, la pièce principale, et j'envoyai le tout à l'accusateur public [3]. »

Le 23 prairial, vers le soir, la gendarmerie sépara de sa femme et de ses huit enfants Magniez encore malade et l'emmena vers Cambrai, en compagnie de Mme des Lyons, de Jouenne, d'Herpin et du greffier Goudmand [4].

---

1. *Procès*, t. I, p. 129.
2. Arrêté du 24 ventôse (14 mars) ; *Procès*, t. II, p. 148.
3. *Lettres justificatives* n. 3. — Le Bon invoque pour sa défense le temps qu'il a laissé passer avant d'user contre Magniez du redoutable pouvoir qui lui était confié. « Rien n'altèrera, s'écrie-t-il, l'impassibilité de l'homme vertueux qui n'a jamais éprouvé les sentiments de la haine que contre les ennemis de sa patrie. Le juge de paix est réputé tel, mais malheureusement il n'est pas le seul ; d'autres réclament un plus prompt châtiment, et son amende de 1791 ne doit pas être un privilège à sa charge ».
4. En chemin, Goudmand faillit échapper à ses bourreaux. « L'agent national de la commune de Tilloy-aux-Fosses, ci-devant Mofflaines, à l'agent national du district d'Arras.

« Citoyens, je crois devoir t'instruire d'un évènement arrivé hier dans la commune de Tilloy.

« Des gendarmes qui conduisaient des prévenus au tribunal révolutionnaire de Cambrai s'étant permis de laisser descendre dans une auberge Augustin Goudmand, l'un des prévenus, qui a pris la fuite et s'est caché dans les bleds,

Au moment où les accusés arrivèrent à Cambrai, le *Bulletin des Lois* y apportait le décret du 22 prairial, œuvre de Robespierre, destiné à donner à la justice révolutionnaire une marche plus rapide et à la soustraire aux préjugés du Palais, à simplifier, en un mot, l'assassinat juridique.

« Le délai pour punir les ennemis de la patrie, avait dit Couthon, rapporteur de cette loi de sang, ne doit être que le temps de les reconnaître ; il s'agit moins de les punir que de les anéantir. » En conséquence, après avoir fait une longue énumération des ennemis de la patrie, le décret organisait ainsi le système de la preuve et de la procédure : « Article 8. La preuve nécessaire pour condamner les ennemis du peuple est toute espèce de documents, soit matérielle, soit morale, soit verbale, soit écrite, qui peut naturellement obtenir l'assentiment de tout esprit juste et raisonnable ; la règle des jugements est la conscience des jurés éclairés par l'amour de la patrie ; leur but, le triomphe de la République et la ruine de ses ennemis ; la procédure, les moyens simples que le bon sens indique pour parvenir à la connaissance de la vérité. » Les articles suivants, appliquant ce principe, supprimaient la formalité de l'interrogatoire antérieur à l'audience, permettaient de ne point entendre de témoins, s'il existait des preuves matérielles ou même morales ; proscrivaient en tout cas l'audition des témoins à décharge et supprimaient les défenseurs officieux. « La loi donne pour défenseurs aux patriotes opprimés des jurés patriotes ; elle n'en accorde point aux conspirateurs. »

aussitôt la municipalité fit sonner le tocsin et assembler la garde nationale qui déploya la plus grande activité et découvrit le *fuiard*, caché dans les bleds, dont elle s'empara et le remit de suite entre les mains de la gendarmerie, aux cris mille fois répétés de Vive la République ! Mort aux traîtres, aux conspirateurs ! Je t'avouerai que ce fut un triomphe pour moi de voir l'ardeur de la garde nationale dans la recherche de Goudmand et l'allégresse publique lorsqu'il fut découvert. Salut et fraternité. Paris, agent national ». (Arch. départ.)

Le Bon appliqua aussitôt le décret du 22 prairial aux accusés du 25, et les fit juger sans interrogatoire préalable, sans témoins, sans défenseurs.

L'acte d'accusation dressé contre Magniez, transformé plus tard en acte d'accusation contre Le Bon, était ainsi conçu :

« L'accusateur public expose... que Joachim Magniez, ex-juge de paix du canton de Rœux, District d'Arras, s'est rendu coupable d'une multitude de prévarications dans l'exercice de ses fonctions, soit en se permettant de citer trois fois à son tribunal les autorités de Neuville-la-Liberté, sans l'autorisation du District et contre toutes les lois qui, pour maintenir l'équilibre des pouvoirs, avaient défendu au pouvoir judiciaire d'attenter à l'autorité administrative ; qu'il a abusé des fonctions qui lui étaient confiées, pour persécuter le patriotisme dans la personne des officiers municipaux de Neuville-la-Liberté, soit en les traduisant illégalement devant lui et en les condamnant, sans raison et sans justice, puisqu'il était incompétent, soit en leur suscitant des tracasseries, conjointement avec le curé réfractaire Le Bas, dont il était le protecteur et l'appui, lesquelles n'avaient pour but que de semer la mésintelligence et la discorde entre les paisibles habitants des campagnes, et rallumer le fanatisme qu'il devait au contraire extirper en éclairant le peuple ; qu'il était si avide de pouvoir, qu'il n'a pas eu honte de cumuler les fonctions de maire et de juge de paix ; qu'il ne faisait usage de cette double autorité que pour écraser les ennemis de la Révolution. »

Le juré Jouy résume ainsi, dans ses notes d'audience, les accusations portées contre Magniez et Goudmand :

« Magniez a toujours fréquenté les plus forcenés aristocrates et continuellement persécuté les patriotes ; a protégé le curé réfractaire. »

« Goudmand, aristocrate forcené, a conservé plusieurs papiers contre-révolutionnaires et brochures fanatiques et royalistes, et une autre brochure contre les assignats-monnaie. »

Les motifs du jugement révèlent, aussi clairement que l'acte d'accusation, que la mort de Magniez et de Goudmand était une vengeance.

« Magniez a abusé des fonctions qui lui étaient confiées ; s'est toujours montré l'appui du curé réfractaire et a cherché par là à fanatiser toutes les têtes. — Goudmand, complice dudit Magniez, a conservé une grande quantité de brochures fanatiques, aristocratiques et royalistes. »

LIVRE XII

Le tribunal révolutionnaire de Cambrai, depuis son installation, avait condamné à mort trente-deux habitants du Pas-de-Calais qui, non-seulement en vertu des principes généraux de tout temps en vigueur, mais d'après les lois révolutionnaires elles-mêmes, n'étaient justiciables que du tribunal d'Arras[1]. Joseph Le Bon, dérogeant sans aucun scrupule à des règles qu'il regardait sans doute comme de vaines formalités de procédure, et rassuré par la qualification qu'il avait imaginé de donner au tribunal de Cambrai : « Tribunal révolutionnaire d'Arras, première section séant à Cambrai », faisait ainsi juger sous ses yeux les prévenus du Pas-de-Calais que leur naissance, leur position sociale ou

---

[1]. La Convention nationale, par décret du 28 pluviôse, avait expressément décidé que des administrateurs du département de l'Ain ne pouvaient être traduits devant la commission révolutionnaire établie à Lyon.

le caractère des faits dont ils avaient à répondre, recommandait d'une manière plus spéciale aux agents de la Terreur. Il ne laissait en général juger à Arras que des conspirateurs ordinaires.

1er *prairial* (20 mai). — Cornille Landoitte (38 ans), jardinier à Ranchicourt, « s'était rendu à Houdain le jour de la levée en masse des citoyens et avait cherché à s'opposer à leur départ pour Béthune, en leur disant : « Ne branlons pas, f..... ; ne branlons pas... »

Nicolas Masclez (49 ans), secrétaire-greffier de Rebreuve, « avait fréquenté plusieurs aristocrates prononcés; rendu visite à Simon, son ancien curé, réfugié à Tournai ; rapporté des assignats pour les échanger contre de la monnaie. »

Envoyés aux Baudets, le 15 floréal, par les administrateurs du district de Béthune, ces deux accusés furent condamnés à mort.

2 *prairial* (21 mai). — Le 10 août 1793, vers huit heures du soir, au moment où le représentant Duquesnoy et le général commandant l'armée de Cassel passaient avec leur escorte sur la place de Winnezeele, ils entendirent crier : *Vive le Roi! Vive la Reine!* C'était un chirurgien, Thomas Durannel (64 ans), qui s'exposait ainsi à la mort. En vain on lui avait dit : Crie plutôt : *Vive la République!* il répéta hardiment : *Vive le Roi! vive la Reine!* Traduit au tribunal criminel, en vertu d'un arrêté de Le Bon du 19 floréal, Durannel fut exécuté.

A la même audience comparurent quatre habitants d'Aire, dénoncés par le comité de surveillance de cette ville et transférés aux Baudets le 3 floréal.

Vindicien Thomas (45 ans), fabricant de tabac, « avait traité de gueux les membres de la Convention, notamment Robespierre ; présidé un club monarchique dont plusieurs membres étaient émigrés; dit qu'il ferait plutôt émigrer ses fils que de les laisser défendre la patrie ; reçu dans sa maison des aristocrates ; voyagé à Poperinghe (Belgique), et déclaré, à son retour, qu'il cherchait un tambour pour une compagnie d'émigrés que devait commander Lauretan, de Saint-Omer ; que les patriotes d'Aire seraient pendus par les Autrichiens, et qu'il les ferait mettre à genoux ».

Jean Barbier (73 ans), marchand, « avait signé une adresse, le 28 février 1791, pour faire desservir la paroisse Notre-Dame d'Aire par des réfractaires ».

Pierre Corne (75 ans), salinier, « père d'un prêtre émigré dont il avait recélé les meubles, avait fréquenté le club monarchique, et entretenu des liaisons avec les aristocrates ».

Louis Delahaye (32 ans), huissier-audiencier au bailliage d'Aire, « signataire d'une adresse envoyée au Roi le 28 février 1791, avait fait partie du club monarchique, et s'était distingué par ses discours incendiaires et l'insolence de ses regards ». — Aucun des accusés n'échappa à la mort [1].

3 *prairial* (22 mai). — Il résultait des pièces envoyées de Cambrai par Le Bon à la charge d'Isabelle Behague (62 ans), femme de Félix Fournier, négociant en papiers à Saint-Omer, qu'elle « avait fait passer dix louis à son fils, émigré en Angleterre ».

Jeanne Gray, veuve Griffiths (36 ans), née à Londres, ouvrière à Hallines, « avait aidé Mme Fournier dans cet

---

1. Le juré Leroux, qui avait succédé à Gouillard et à Duhaut-Pas comme corpondant du district de Béthune, écrivait le 2 prairial à trois heures de l'après-midi : « Frères et collègues, je vous annonce que, sur six de présentés au tribunal aujourd'hui, cinq y ont passé, un autre ajourné..... Les quatre premiers convaincus d'avoir été les principaux contre-révolutionnaires d'Aire, où il se trouvait un abbé nommé Lefebvre, chef de la bande, qui est émigré à temps ; son affaire était claire, s'il était resté en France. Ce chirurgien flamand avait crié à différentes reprises dans la commune Vive le.... Vive la.... ; malgré les instances qu'on lui avait là-bas faites, monsieur s'obstinait, mais il ne s'obstinera plus ». (*Cris des habitants de Béthune*, P. J., p. 148).

Cussilier assesseur de l'infâme juge de paix de St Moi en 1792 lors de la condamnation illégale des patriotes par led't juge sera sur le champ mis en arrestation.

A Arrois le 24 ventôse l'an 2. de la Rep. f'une et indivisible.

Joseph Lebon
Représentant du Peuple

envoi ». Le 30 floréal, à la demande de l'accusateur public Caron, l'agent national du district de Saint-Omer dirigea les deux prévenues vers la prison des Baudets. — Le tribunal révolutionnaire les envoya à l'échafaud [1].

4 prairial (23 mai). — De simples ouvriers montraient parfois, en présence du tribunal révolutionnaire, la fermeté invincible des martyrs.

Jean-Baptiste Roland (75 ans) et Antoine-François Dumetz (73 ans), l'un tisserand, l'autre menuisier à Febvin-Palfart, avaient été arrêtés, le 25 floréal, par ordre de l'accusateur public Caron, comme « prévenus d'avoir dit qu'ils ne voulaient pas accepter la Constitution ». Interrogés sur la cause de ce refus, ils répondirent « qu'ils croyaient la Constitution contraire à la Religion catholique, apostolique et romaine ». On leur demanda, à l'audience, « s'ils voulaient l'accepter à

---

[1] « 3 prairial, 3 heures après-midi. Leroux à ses frères et collègues ». — Je vous annonce que, pour le troisième coup, deux sur trois ont été rasés par Petit Pierre ; le troisième qui est instituteur de Saint-Omer, d'un ex-ordre qu'on appelait Doctrinaire, est ajourné jusqu'à ce qu'on ait pris des renseignements des autorités constituées de Saint-Omer sur certains cas qui le concernent. La première des deux raccourcies, Mme Fournier, avait un fils émigré à Londres auquel elle a fait passer, à différentes fois, en argent, de quoi le sustenter dans son émigration ; et comme Mme Jeanne Gray, femme de milord Griphèse de Londres, a, par ses voyages, assisté Mme Fournier à ce que ces sommes parviennent certainement à M. Fournier à Londres, Mme Griphèse a accompagné Mme Fournier à la MAISON ROUGE, où elles ont passé toutes les deux un peu avant midi. Il y a toute apparence que cette anglaise était un instrument de correspondance femelle avec les Anglais, et M. Pierre-Modeste Guiselin est accusé d'être de la clique. Nous le saurons. C'est un nid de vipères que Le Bon représentant a découvert à ses dernières opérations à Saint-Omer.

« Demain, je crois qu'on nous donnera des Boulonnais. J'avais oublié de vous dire que Mme Griphèse, qui était une belle grande femme d'environ trente-cinq ans, n'a guère eu l'air de s'effrayer dans le temps même du jugement ; qu'au contraire, elle affectait de rire à tout le public, à son passage en charrette ; elle riait encore, la tête à la fenêtre, comme une diablesse....

« Petit Pierre est ici depuis hier ; on dit les jurés de Cambrai allés ailleurs, nous ne savons pas encore où ». (*Cris des habitants de Béthune*, p. 149).

présent; il en était temps encore.. » — Ils répondirent qu' « ils ne le pouvaient pas », et persévérèrent jusqu'à la mort [1].

Cette profession de foi héroïque console de la faiblesse montrée par d'autres.

Le curé constitutionnel de Dourges écrivit de sa prison au comité révolutionnaire : « Je n'ai pas balancé à dire en chaire que quiconque oserait se permettre un mauvais propos contre la Constitution devait être dénoncé et méritait la mort. » — Il signa sa pétition : *Un curé républicain* et sauva sa tête au prix de son honneur.

Charles Michaux (42 ans), du pays de Liége, « avait introduit en France 2,400 livres de faux assignats ». Il fut exécuté.

5 *prairial* (24 mai). — Des paysans d'Averdoingt, faisant une battue dans le bois pour y découvrir deux individus armés qui avaient adressé des menaces à un cultivateur, aperçurent un homme couvert de haillons qui cherchait à prendre la fuite ; ils le saisirent et trouvèrent en sa possession deux rasoirs, un couteau, un encrier de corne, des assignats, de l'argent, un certificat de civisme déchiré, une cocarde tricolore et des lettres de prêtrise. Le jour même

---

[1]. 22 floréal. « L'accusateur public Caron à l'agent national du district de Saint-Omer. — Tu voudras bien faire conduire sur-le-champ dans les prisons d'Arras Jeanne Gréfix de Londres, Modeste Ghislain, instituteur, et la nommée Behague, femme Fournier, prévenus de correspondance avec des émigrés. Par la même occasion tu feras aussi partir sous escorte Antoine-François Dumetz et J.-B. Roland, de Febvin, prévenus d'avoir dit qu'ils ne voulaient pas accepter la Constitution ». — Salut et fraternité.

25 floréal. « Nous, lieutenant de la gendarmerie de Saint-Omer, conformément à la réquisition de l'agent national du district, d'après la lettre de l'accusateur public à Arras, nous sommes transporté à Febvin-Palfard et y avons mis en état d'arrestation les nommés J.-B. Roland, âgé de 65 ans, et Antoine-François Dumetz, âgé de 74 ans. Visite faite en présence de la municipalité, il ne s'est rien trouvé de suspect parmi leurs papiers ». (Arch. départ.).

Roland et Dumetz furent écroués aux Baudets le 30 floréal.

(23 floréal), ils le conduisirent devant le district de Saint-Pol qui le mit au secret. Amené le lendemain à l'interrogatoire, le prisonnier déclara s'appeler Simon Brasseur, vicaire à Verchocques. Depuis le mois d'avril 1792 jusqu'à l'époque où le décret sur la déportation avait été promulgué, il avait demeuré à Rebreuves, chez Marie-Angélique et Marie-Michel Sacleux, ses tantes. Il avait mené ensuite une vie errante, tantôt dans le district de Saint-Pol, tantôt dans celui de Doullens, mendiant son pain par les lieux où il n'était point connu, et, pour ne compromettre personne, couchant dans une grange ou dans une étable, sans prévenir les propriétaires. Il s'était ainsi procuré un asile à Rebreuves, chez ses tantes, et à Rebreuviette, chez sa mère. Il gagnait son gîte au commencement de la nuit et en sortait au point du jour. Plusieurs fois il avait rencontré des passants qui lui disaient bonjour et bonsoir, mais sans paraître l'avoir reconnu. — « Interrogé pourquoi, ayant des fonds à lui appartenant, il jouait le vil rôle de mendiant? A répondu qu'il mendiait quand il ne pouvait point acheter sans s'exposer à se faire connaître, et qu'alors il donnait quelque chose aux pauvres, lorsqu'il en rencontrait. »

Le comité de surveillance de Rebreuves, chargé d'opérer une perquisition chez les parents du malheureux prêtre, découvrit dans la maison que la veuve Brasseur habitait avec un de ses fils un double pignon qui servait à cacher divers objets, et sous la grange des Sacleux, une espèce de cave dans laquelle ils trouvèrent de la paille, une lampe, du tabac à fumer et une boucle de jarretière.

Le District considéra qu'il paraissait de toute impossibilité que Simon Brasseur eût logé pendant près de dix-huit mois chez ses tantes, sa mère et son frère, sans qu'ils en fussent informés, et décida que, dans le plus bref délai possible l'accusé principal et ses quatre complices seraient traduits au tribunal révolutionnaire [1].

Le 1er prairial (20 mai), l'agent national du district fit partir pour Arras François Brasseur (39 ans), prêtre insermenté, Simon Brasseur (37 ans), fabricant de bas, Marie-Barbe Sacleux (75 ans), la veuve Brasseur, Angélique Sacleux (68 ans) et Marie-Michel Sacleux (58 ans), ménagères.

Le tribunal révolutionnaire condamna à mort non-seulement François Brasseur, convaincu « d'être resté sur le sol français », mais sa mère, son frère et ses tantes, « coupables de lui avoir donné asile » !

6 *prairial* (25 mai). — Louis et Joseph Coutiau (38 et 32 ans), manouvriers à Roubaix, amenés depuis deux jours de la prison de Lille aux Baudets, sont « convaincus d'avoir chanté au cabaret : *Vive le Roi! Vive l'Empereur! Vive Cobourg! Au diable la Carmagnole!* » On les envoie à la guillotine.

7 *prairial* (26 mai). — La femme Gouillard et sa fille, âgée de 15 ans, « ont cherché à dissoudre la société populaire de Fressin » ; un ouvrier tisserand, Méaux, « a abandonné les drapeaux qu'il avait juré de défendre » ; un caporal, Guillet, « a fait circuler de faux assignats » ; — ils sont acquittés.

Le tribunal livre au bourreau Louis Adam (30 ans), manouvrier à Thérouanne, accusé « d'avoir discrédité les assignats », et Hélène Roger, veuve de M. Develle, exécuté le 13 germinal. — Mme Develle « avait fait un crime à la femme Bouvier, lessiveuse, de porter un mouchoir représentant les emblèmes de la Révolution, et l'avait menacée de lui ôter sa pratique, si elle le portait encore ; elle avait cessé de faire des emplettes chez Pierre Liévin, son épicier, parce qu'il était

---

1. Archives départementales.

patriote; elle avait dit à la femme Dupuis qu'elle serait damnée parce qu'elle avait été mariée par un prêtre constitutionnel; que cependant le curé de la Madeleine pourrait la démarier et ensuite la remarier d'une manière plus agréable au Seigneur ».

9 prairial (28 mai). — Un soldat est accusé « d'avoir laissé évader un prisonnier »; un laboureur, « d'avoir proposé divers prix chez un marchand de savon, selon qu'il payerait en assignats ou en argent »; le jury n'est pas convaincu.

Charles Delocre (40 ans), marchand épicier, avait été emprisonné une première fois, en octobre 1793. Une citoyenne, qui achetait habituellement chez lui du sucre et du café, lui ayant dit qu'elle prendrait son café ailleurs, il lui avait répondu : « Allez quérir du sucre où vous prendrez votre café. » Dénoncé par elle, Delocre déclara au comité que cette femme lui avait tendu un piège, qu'il était un vrai patriote et un républicain à l'épreuve. Il fut libéré; mais, le 23 floréal, une dénonciation plus grave amena sa réincarcération et, en même temps l'arrestation de Gabrielle Jugand (40 ans), sa femme. Ils avaient dit « que si l'ennemi venait, ils crieraient : *Vive Louis XVII!* et arboreraient le drapeau blanc et la cocarde blanche. Ils avaient traité Le Bon de scélérat, parce qu'il avait fait mourir de Vielfort, au service de qui ils étaient autrefois ». — Les époux Delocre allèrent rejoindre leur ancien maître [1].

---

1. « Dites à mes confrères jurés, écrit Leroux, le 9 prairial, en annonçant à ses frères et collègues du district de Béthune la condamnation des époux Delocre, qu'on ne s'est pas retiré pour opinionner. Il fallait voir sanctionner le jugement de ces forcenés par les cris d'indignation du peuple et par la joie qu'ils exprimaient à l'instant de l'exécution : Vive la République... Vive la République... coquins.... scélérats.... lèche-c.., de nobles.... casmouches.... gueux...,, on n'entendait que ça. Ah! sainte guillotine, tu es bien respectable! Tu vas bien mieux que la lanterne, car tu satisfais le souverain et tu te satisfais également ». (*Cris des habitants de Béthune*, p. 153).

11 *prairial* (30 mai). — Charles-Philippe Delestré (52 ans), arpenteur à Arras, ne pouvait échapper à la justice révolutionnaire. « On l'avait vu, le 27 mai 1791, se mettre, avec les avocats Desmazières et Dauchez, à la tête des pétitionnaires qui réclamaient la conservation des églises ; se concerter plus tard avec Mme Caron-Wagon pour l'acquisition de l'église Saint-Géry ; acheter l'église Saint-Nicolas-en-l'Atre pour le compte de Vasseur, émigré, ci-devant curé de cette paroisse. » — Le District se chargea de le faire exécuter.

Philippe Drapier (51 ans), marchand de bois, dénoncé comme « ayant conduit les ennemis dans les maisons des patriotes, lors de leur arrivée à Havrincourt », partagea le sort de Delestré.

13 *prairial* (1er juin). — Jacques Piedfort (25 ans), vicaire d'Audincthun, écroué aux Baudets, le 8 germinal, par ordre de l'agent national près le district de Saint-Omer, « avait fabriqué un extrait de baptême pour se faire croire plus âgé et se soustraire de la réquisition ». — Le tribunal révolutionnaire l'exempta du service militaire en l'envoyant à l'échafaud.

Un meunier et un mulquinier prévenus, l'un d'avoir distribué de faux assignats, l'autre d'avoir porté des fleurs de lys, obtinrent un verdict d'acquittement.

14 *prairial* (2 juin). — Le juge de paix de Sailly et un marchand de cette commune eurent le même bonheur : le premier était poursuivi comme ayant empêché le désarmement des suspects ; le second, comme distributeur de faux assignats.

François Bellanger (40 ans), notaire à Samer, receveur de M. de Noailles, duc d'Ayen, avait été arrêté en 1793. Le 21 août, le conseil général de Samer témoignait au Comité de sûreté générale son inquiétude sur le séjour de Bellanger dans les prisons de Boulogne. Transféré aux Baudets, le 14 prairial, on l'accusa d' « avoir cabalé pour être nommé maire ; dit que les représentants du peuple avaient volé deux cent mille livres à M. de Noailles et qu'ils se tordraient le col, déclaré à ceux qui le payaient en assignats que, dans un an, on ne le payerait plus avec de pareils chiffons ». — Bellanger fut mis à mort.

Le 5 octobre 1793, on avait lu au comité révolutionnaire de Frévent une lettre du comité de Luzarches, dans laquelle on dénonçait Hippolyte Demay (30 ans), jardinier à Frévent, comme aidant son frère, ci-devant vicaire à Luzarche, émigré, à faire passer des lettres à Nicole, son ancienne domestique. — Hippolyte Demay, mis en arrestation, avoua qu'il avait correspondu avec Nicole au sujet des effets de son frère. Le 12 octobre 1792, il lui avait appris que l'abbé Demay « réfugié dans les environs d'Ypres, serait au comble de la joie si, au milieu de la paix, il avait la satisfaction de revenir à Luzarches pour y vivre au milieu de ses amis. « Enfin, ma chère Nicole, disait-il en terminant, nous sommes dans un temps de peine, il faut espérer qu'après la pluie sera le beau temps ». — On trouva en sa possession « deux cœurs enflammés, l'un saignant, surmonté d'une croix, et l'autre non saignant, percé d'un poignard ». La lettre à Nicole et ces emblèmes contre-révolutionnaires démontrèrent au tribunal que Demay attentait à la sûreté extérieure de l'État et méritait la mort.

17 *prairial* (5 juin). — Alexandre Lefebvre (38 ans), cultivateur et maire à Monchy-le-Preux, avait été destitué et décrété d'arrestation le 17 ventôse (7 mars), comme ayant évidemment et constamment donné des preuves d'incivisme. Le juge de paix Barbaux trouva en sa possession, lors de la levée des scellés, l'*Entretien d'un paroissien avec son curé sur le serment exigé des ecclésiastiques fonctionnaires publics*, et un vase de cuivre renfermant en écus 3,001 livres, qu'il avait

caché dans sa cave. Le district confisqua les écus au profit de la République et transmit les pièces au représentant. Le 17 prairial, Joseph Le Bon renvoya Lefebvre à l'accusateur public, c'est-à-dire à la mort.

L'agent national du district de Saint-Omer avait dénoncé Charles Boulard (30 ans), musicien, et Pierre Ghislain, instituteur au collége. Complices de Mme Fournier, exécutée le 3 prairial, ils avaient facilité l'envoi des secours pécuniaires qu'elle avait fait passer à son fils, émigré. Boulard, signalé spécialement comme « aristocrate forcené », fut seul condamné.

Le jury acquitta Ghislain, puis un cultivateur d'Achicourt qui avait conservé un Bref du Pape et l'*Examen des commendes et pensions* dont étaient chargées les abbayes de la province belge.

18 *prairial* (6 juin). — Le lendemain, on rendit également à la liberté : un marchand d'Arras, « accusé d'avoir discrédité les assignats »; un marchand de Saint-Omer, « prévenu d'avoir cherché, par ses propos, à avilir et à dissoudre la société populaire »; un forgeron à qui on imputait « d'avoir arboré la cocarde noire, et maltraité celui qui la lui arrachait »; deux marchands de porcs qui « avaient, disait-on, distribué de faux assignats ».

19 *prairial* (7 juin). — Pierre Dusevel (64 ans), cultivateur à Divion, et Jean-Baptiste Marsy (51 ans), vivandier aux armées, n'obtinrent pas la même justice.

Dusevel était accusé par le district de Béthune « d'avoir eu des liaisons avec l'infâme Truyart, de Pernes, chef des rebelles de la Petite-Vendée; c'était un aristocrate prononcé; on avait trouvé en sa possession une brochure fanatique : *Préservatifs pour une famille contre les dangers du schisme* ».

Le même district avait dénoncé Marsy, comme ayant « dit au cabaret que le maximum était supprimé, notamment à

Lille, où chacun vendait et pouvait vendre ses marchandises à volonté ; que les auteurs de cette loi avaient été guillotinés; que si elle avait été établie, ç'avait été pour soulever le peuple et engager une guerre civile ».

Ces deux accusés furent condamnés à mort.

22, 23 et 24 *prairial* (10, 11 et 12 juin). — Le jury acquitta le domestique de M. Wartelle, prévenu « d'avoir aidé son maître à cacher ses armes et ses meubles »; un gendarme qui avait « falsifié un bon de viande »; le concierge de la maison d'arrêt de Lens qui « avait laissé évader un prisonnier »; un maître particulier des eaux et forêts d'Éperlecques et un garde de la forêt de Tournehem, à qui l'on imputait « d'avoir cherché à dilapider les bois de l'État ».

Le comité de surveillance d'Aire avait dénoncé plusieurs habitants de cette ville : Louis Caron, Antony Bodin, Jean Legay, François Vincheguerre et Élisabeth Plunkette. — Ils furent tous guillotinés.

Louis Caron (49 ans), marchand à Aire, était prévenu « d'avoir fait de fréquents voyages à la frontière, et conduit hors de France plusieurs prêtres auxquels il avait envoyé, dans une tabatière, trente louis en or ».

Antony Bodin (41 ans), coutelier et armurier, avait, suivant l'accusation, protégé les prêtres réfractaires et signé une adresse pour les conserver; dit qu'il avait assez de couteaux pour égorger les patriotes; qu'il ne donnerait le fil qu'aux sabres des aristocrates; qu'il conservait une tonne de bière pour les émigrés ».

Dupont d'Hallewyn (78 ans), avocat à Aire, subdélégué de l'intendance, détenu à Arras comme suspect dès le 23 août 1793, avait demandé, vu son grand âge et ses infirmités, à être gardé à vue dans une maison de santé. Le département, ayant constaté que « les jours de ce particulier étaient en danger », avait accueilli favorablement sa requête. Le 23 floréal, l'accusateur public fit enfermer ce vieillard aux Baudets, et ensuite à l'Abbatiale. On n'avait à lui reprocher que « d'être père de plusieurs émigrés, et d'avoir conservé une carte attachée à un miroir, aux quatre coins de laquelle étaient imprimés ces mots : Clergé, Noblesse, Trône, Autel. Sous chacun de ces mots, on lisait : Feu, et au centre, en lettres découpées : Tiers-État ». L'accusation, pour donner à ce badinage un sens contre-révolutionnaire, l'interpréta ainsi : « Le Clergé, la Noblesse, le Trône et l'Autel font feu sur le Tiers-État ».

25 *prairial* (13 juin). — Legay (48 ans), commis-greffier de l'échevinage, puis de la municipalité, avait « abandonné son poste au moment de prêter le serment civique, présidé à un rassemblement d'aristocrates, et refusé d'accepter la Constitution ».

Vincheguerre (69 ans), chevalier de Saint-Louis, major du château d'Aire en 1789, avait entretenu des « liaisons intimes avec les aristocrates, les fanatiques et les gens suspects ».

C'était la seconde fois qu'Élisabeth Plunkette (36 ans) comparaissait devant le tribunal révolutionnaire d'Arras. Le 18 pluviôse, traduite devant Beugniet et ses assesseurs, comme prévenue « d'avoir tenu des propos fanatiques et contre-révolutionnaires », elle avait été acquittée et mise en liberté. — On trouva d'autres faits à sa charge. En 1792, les Dames d'Aire avaient rédigé une *Adresse à Sa Majesté Louis XVI, chef suprême de la Nation*, dans laquelle elles remerciaient le Roi d'avoir refusé sa sanction au décret porté contre les prêtres insermentés. Les hommes avaient voulu la signer ; en deux jours, douze cents signatures y avaient été apposées. Une domestique, soupçonnée de colporter cette adresse, fut arrêtée et conduite à la municipalité. Le procès-verbal dressé contre elle constate que « Rosalie (c'était le nom de la domestique) avait reçu ce papier des dames Plunkette, pour le faire signer aux gens de bonne volonté, et que les femmes du peuple voulurent ravoir la prisonnière, disant qu'elles signeraient de nouveau avec leur sang ». — « Nous avons sauvé la feuille, écrivait Elisabeth Plunkette, avec une Adresse au Roi resignée de sept cents signatures; elle lui parviendra [1]. » Devant le tribunal révolutionnaire, Élisabeth Plunkette réclama la parole pour se défendre. « Hors des débats »! s'écria-t-on; et les jurés, convaincus sans vouloir l'entendre [2], déclarèrent que le fait était constant, c'est-à-dire qu'elle avait « fait colporter l'Adresse par laquelle on félicitait le traître Capet d'avoir apposé son *veto* au décret sur le serment des prêtres. »

En même temps que Legay, Vincheguerre et Élisabeth Plunkette, le tribunal révolutionnaire envoya à l'échafaud François Dupont (26 ans) et François Lourdel (71 ans), arpenteur à Renty, dénoncés par l'agent national du district de Saint-Omer. Dupont « avait outragé les commissaires chargés de la levée des défenseurs de la patrie. »; Lourdel, mis en arrestation le 26 août 1793, par ordre du district de Saint-Omer et détenu aux Baudets depuis le 26 ventôse (16 mars), « avait dit, au sortir de l'église, que le décret qui ordonnait la déportation des prêtres était le décret des gueux et que les sans-culottes étaient des fripons ».

Un manouvrier, un jardinier, un tisserand, un maréchal et un couvreur en paille, complices de Dupont, furent rendus à la liberté [3].

---

1. Archives départementales.
2. *Procès*, t. I, p. 193.
3. Le 25 prairial, le juré Duhaut-Pas écrivit à ses collègues du district de Béthune :
« Il y a deux jours, je vous faisais part de mes craintes sur l'enrouillement de la guillotine ; les journées d'hier et d'aujourd'hui les ont dissipées. Sur dix accusés qui ont été traduits au tribunal révolutionnaire, cinq ont fait la bascule

26 et 27 *prairial* (14 et 15 juin). — Le jury continua de se montrer facile pour les délits qui n'avaient, au point de vue révolutionnaire, qu'une minime importance. Ainsi, il acquitta le receveur de l'enregistrement de Bapaume et le garde-magasin du timbre d'Arras, poursuivis pour « avoir fabriqué un faux timbre »; un marchand de Lille « qui avait retardé un convoi d'approvisionnements et usurpé les honneurs dus à la représentation nationale »; un cultivateur d'Arras, prévenu « d'avoir cherché à avilir les assignats et à discréditer la Convention »; un cultivateur et un poissonnier de Courrières qui « avaient méprisé les autorités de cette commune, tenu des propos menaçants et volé des effets appartenant à la République ».

28 *prairial* (16 juin). — Le comité de surveillance de Saint-Pol avait écrit, le 16 prairial, à l'accusateur public : « Citoyen, je te fais passer inclus une dénonciation contre un nommé Baudry, ci-devant maire de Lisbourg. J'attends tes ordres pour faire transférer cet individu à Arras, si tu le juges convenable [1] ». Jacques Baudry (33 ans), fermier à Lisbourg, était dénoncé comme ayant dit : « Qu'il se f...... de la municipalité de Saint-Pol, parce qu'elle avait voté la mort de Louis Capet; que c'était elle qui l'avait fait mourir; qu'il se f...... des patriotes; qu'il n'y avait que les honnêtes

et les autres ont joué des jambes : la première des cinq qui a désiré que ses pieds fussent de niveau avec sa tête est une scélérate dont il me serait impossible de vous tracer les sentiments contre-révolutionnaires qui l'animaient ; il me suffira de vous dire que, depuis que je suis au tribunal révolutionnaire, je n'ai point encore connu d'effronterie qui approchât à la sienne. Ses principes contre-révolutionnaires étaient peints trait pour trait, non-seulement dans ses réponses aux inculpations, mais encore dans ses moyens de défense. La scélérate se nomme Élisabeth *Plonket*, de la commune d'Aire ; comme les autres accusés qui ont subi avec elle la peine due à leur crime ne sont point du district de Béthune, je ne vous envoie point les noms.

« On attend ce soir le représentant Le Bon ». (*Cris des habitants de Béthune*, p. 158).

1. Archives départementales.

gens qui passassent à la guillotine. Il avait, de plus, voulu frapper avec un chenet un officier municipal, et porté un coup à la fille de la maison ». Cyriaque Caron fit amener Baudry aux Baudets le 26 prairial; le surlendemain, on l'envoya à l'échafaud.

29 *prairial* (17 juin). — Delgery, cultivateur à Vieil-Hesdin; Deusy, cultivateur à Neuville-l'Égalité; Jean-Baptiste Dufour, Aimable Dufour, maire d'Annay, et Lecloi, officier municipal, tous trois cultivateurs, trouvèrent grâce devant le jury. Ils étaient accusés : Delgery, de distribution de faux assignats; Deusy, d'infraction à la loi du maximum; les frères Dufour, d'avoir avili la société populaire et dilapidé les meubles de l'église; Lecloi, d'avoir méprisé la loi sur l'incompatibilité des fonctions municipales avec celle de receveur des contributions.

Joseph Le Bon était revenu à Arras, appelé dans cette ville par l'affaire Demuliez qui, depuis le commencement du mois, avait passé par des phases diverses : Robespierre, vivement sollicité par sa sœur et son frère, s'était décidé à faire appeler au Comité de salut public les quatre patriotes persécutés. Ils avaient, pour se défendre contre les inculpations qui avaient motivé leur détention, d'autant plus de facilité que, depuis le 30 germinal, Le Bon n'avait encore adressé au Comité aucune pièce à l'appui du mandat d'arrêt qu'il avait lancé. Les membres du Comité de salut public, après avoir entendu leurs explications, se déterminèrent à les mettre en liberté. Néanmoins, ne voulant pas enlever à leur lieutenant d'Arras l'influence dont il usait si bien au profit du gouvernement révolutionnaire, et lui créer de nouveaux embarras, ils exigèrent que les prisonniers fissent acte de soumission. A cet effet, Robespierre minuta lui-même la lettre suivante, adressée à Joseph Le Bon :

« Citoyen représentant, le Comité de salut public, qui a

dans ton énergie et ton zèle pour le bien public une confiance méritée, a cru remplir à la fois le vœu de l'intérêt public et le tien en mettant un terme à notre détention. Le premier usage que nous faisons de notre liberté est de t'assurer de nos sentiments civiques et fraternels. Sûrs de tes principes et de la pureté de tes intentions, loin de nous livrer envers qui que ce soit à des animosités personnelles, tu nous verras empressés à resserrer, autant qu'il sera en notre pouvoir, l'union qui doit régner entre tous les vrais patriotes, et seconder ton courage à combattre les conspirateurs. Si nous avons commis quelqu'erreur, nous la réparerons par cette conduite franche et loyale, pour donner l'exemple des vertus qui sont les bases de la République. C'est le vœu du Comité de salut public. Ce sont nos sentiments personnels. Ce sont les tiens [1]. »

Demuliez, Beugniet et les frères Le Blond signèrent et furent mis en liberté [2]. En même temps, le Comité prit l'arrêté suivant :

« Le Comité de salut public arrête que le citoyen Danten et sa femme, et les citoyennes Le Blond, Beugniet et Demuliez, détenus dans une maison d'arrêt à Arras, seront mis en liberté. L'agent national de la commune d'Arras fera exécuter le présent arrêté. — BILLAUD-VARENNES, COLLOT-D'HERBOIS, CARNOT, COUTHON, C.-A. PRIEUR, BARÈRE, SAINT-JUST, ROBESPIERRE, ROBERT-LINDET [3]. »

Ce furent Robespierre, Collot-d'Herbois, Billaud-Varennes et Saint-Just qui se chargèrent d'instruire Le Bon de la décision du Comité :

« Citoyen collègue, toujours pleins de confiance dans ton

---

1. 2ᵉ *Censure*, p. 112.
2. Demuliez, au lieu de remettre à Le Bon cette lettre compromettante, la conserva en portefeuille et la livra plus tard à Guffroy.
3. Archives départementales.

énergie et dans tes principes, nous te prévenons que nous avons rendu la liberté aux citoyens Demuliez, Danten, Beugniet et les deux frères Le Blond. Malgré les torts qu'ils ont pu avoir, nous nous sommes assurés de leurs intentions, et nous croyons avoir donné par là de nouveaux amis à la République et à toi-même. Continue de faire le bien et fais-le avec la sagesse et avec la dignité qui ne laissent point prise aux calomnies de l'aristocratie [1]. »

Joseph Le Bon reçut à Cambrai, le jour de la fête de l'Être-Suprême, le message qui lui annonçait que Demuliez, Beugniet, les Le Blond et Danten étaient libres. Les ménagements gardés envers lui n'adoucirent point le coup porté à son amour-propre. Aussitôt, il fit partir Darthé pour Paris et le chargea de la lettre suivante.

Cambray, le 20 prairial.

Joseph Le Bon à son collègue Le Bas :

« Quoi! des conspirateurs seraient mis en liberté par le Comité de salut public, parce que, en me requérant de venir de suite à Cambray, prêt à être cerné, tu m'as obligé de différer les informations sur leur compte? Je ne puis le croire, ou tous les principes établis dans les rapports de Saint-Just et de Robespierre sont anéantis.

« Écoute Darthé que je t'envoie, et qui a ordre de rester à Paris jusqu'à ce que je t'aie fait passer toutes les pièces à la charge du second tome de l'accusateur public de Strasbourg [2] et consors.

« Il faut bien que j'aie dix mille fois raison pour n'avoir

---

1. Lettre du 17 prairial (5 juin). 2e *Censure*, p. 112.
2. Le Bon compare Demuliez à Schneider, moine apostat, oppresseur de l'Alsace, exécuté à Paris le 12 germinal. (1er avril 1794).

pas été massacré, après toutes les manœuvres de ces pervers et de leur digne appui Guffroy.

« Dis aux deux Comités, s'ils sont pressés de recevoir toutes les dénonciations qui se recueillent chaque jour, qu'ils m'ordonnent de tout quitter pour satisfaire leur impatience; j'avais cru, jusqu'à ce moment, qu'il valait mieux sauver Cambray et cette frontière que de m'occuper à répondre aux fureurs sacriléges d'un *Rougyff*.

« Songez qu'il est essentiel que le Comité de salut public et la Convention se prononcent hautement sur la conduite que j'ai tenue dans ma mission, ou qu'ils me rappellent. — Salut et fraternité [1]. »

En posant cet ultimatum au Comité de salut public, Le Bon s'attendait à recevoir immédiatement une marque éclatante d'approbation. Néanmoins, cinq jours s'étaient écoulés, et Darthé n'avait envoyé à Cambrai aucune nouvelle. Avait-il échoué dans sa mission? Le Comité avait-il refusé de se laisser dicter la loi par un simple représentant, quelque dévoué qu'il fût à le servir? Tourmenté par ces doutes, Joseph Le Bon écrivit à Le Bas :

Cambrai, le 25 prairial, 7 heures et demie du soir.

Joseph Le Bon à son collègue P.-H. Le Bas :

« As-tu vu Darthé qui est parti d'ici décadi après-midi, et qui a dû arriver chez toi primidi dans la matinée? Qu'y fait-il? Pourquoi n'écrit-il pas? Je suis, ainsi que mes camarades de travail, dans la plus grande inquiétude sur son compte. Réponds-moi sur-le-champ, et mande-moi ce qui se passe de si extraordinaire pour que cela puisse l'empêcher de nous rassurer sur son sort. — Salut et fraternité. »

1. Rapport de Courtois, P. J., 71.

La veille du jour où Le Bon manifestait ainsi des inquiétudes plus personnelles qu'il ne l'avouait, et au moment où le comité de surveillance d'Arras, en exécution de l'arrêté du 17 prairial, mettait en liberté les citoyens Le Blond et Beugniet et faisait lever les scellés apposés chez Gabriel Le Blond, le Comité de salut public revenait sur sa détermination :

« Le Comité de salut public, éclairé par les pièces qui ont été mises sous ses yeux concernant les citoyens Demuliez, Beugniet et Le Blond, rapporte l'arrêté qui les met en liberté et charge le représentant du peuple Le Bon de prendre à leur égard les mesures qu'il trouvera convenables. — B. BARÈRE, CARNOT, C.-A. PRIEUR, BILLAUD-VARENNES, ROBERT LINDET, COUTHON, ROBESPIERRE, COLLOT-D'HERBOIS [1]. »

Dès qu'il fut en possession de cet arrêté, Joseph Le Bon, la vengeance à la main, s'élança vers Arras : il réussit à s'emparer de Gabriel Le Blond, et le fit emprisonner aux Baudets [2] ; mais déjà Demuliez, Beugniet, l'adjudant Le Blond et Danten avaient eu l'éveil, et s'étaient enfuis vers Paris. Le Bon supposa que Demuliez s'était retiré à Wancourt [3] : il envoya à sa recherche Gilles et Carlier qui ne le trouvèrent point. Faute de mieux, les commissaires se saisirent d'un officier public de Wancourt, chez qui Demuliez avait dîné depuis sa mise en liberté [4].

---

1. Arrêté du 24 prairial (Arch. de l'Empire).
2. Le registre d'écrou des Baudets constate que Le Blond y fut réincarcéré le 29 prairial.
3. Demuliez avait acheté à Wancourt l'abbaye du Vivier.
4. « Le concierge de la Maison dite des Baudets recevra le nommé Vasseur, notable et officier public à Wancourt, prévenu d'être complice de la faction des intrigants qui veulent protéger tous les crimes pour assassiner par eux la République ; par ordre des commissaires du représentant du peuple Joseph Le Bon. A Wancourt, le 30 prairial, GILLES et CARLIER. » *Procès*, t. I, p. 109.

Ainsi Joseph Le Bon ne tenait qu'une partie de sa proie. Avant de retourner à Cambrai, il trouva l'occasion de déployer contre une malheureuse famille d'artisans l'*énergie* dont il avait donné tant de preuves.

Un paysan de Wailly, Pierre-Joseph Dauchez, voulant se soustraire à la réquisition, avait passé plusieurs mois dans une cachette souterraine creusée au fond d'une grange. « Il n'avait jamais été doué d'un esprit bien solide ; pendant sa réclusion, sa tête se troubla. Après un sommeil léthargique, il fit accroire à sa mère et à ses deux sœurs qu'il était ressuscité. Dauchez père était moins crédule ; mais il avait bu une bouteille, et la raison ne lui permettant plus de savoir ce qu'il faisait, il convoqua ses voisins pour les rendre témoins du prétendu miracle [1]. »

La municipalité dressa aussitôt procès-verbal de ces faits.

Le lendemain, le District d'Arras prit à son tour les arrêtés suivants :

« Vu le procès-verbal tenu par la municipalité de Wailly, le 13 prairial dans la nuit, duquel il résulte que, dans la maison du nommé Pierre Dauchez, maçon, demeurant audit Wailly, il s'est fait un sabbat et des grimaces qui rappellent le fanatisme catholique ;

« Le District d'Arras, ouï l'agent national, arrête que le nommé Pierre Dauchez, sa femme, ses deux filles et son fils seront amenés pardevant l'administration, dans le jour, pour y être interrogés ».

« Le secrétaire donne lecture des interrogatoires. Il en résulte que, sans avoir pu pénétrer le motif qui les a portés, hier soir, à faire une orgie dans laquelle ils ont fait figurer Dauchez fils comme venant de ressusciter, ces individus ont

---

1. Extrait du procès-verbal de la municipalité. (Arch. dép.).

donné des marques d'un fanatisme et d'un égarement de raison qu'il est à propos de comprimer ;

« Arrête qu'il sera aussitôt fourni audit Dauchez fils une veste, une culotte, des bas et des souliers, au lieu du linceul dont il est couvert, et qu'il sera mis en état d'arrestation, avec son père, dans la maison dite des Baudets, et que la femme et les filles dudit Dauchez seront mises en état d'arrestation dans la maison dite Abbatiale.

« La copie des présentes et des interrogatoires sera envoyée au Comité de sûreté générale et à Joseph Le Bon [1]. »

En exécution de ces ordres, on emprisonna tous les membres de la famille Dauchez : Pierre-Adrien (55 ans), maçon ; Marie-Françoise Patoux (50 ans), sa femme ; Séraphine et Augustine Dauchez (27 et 24 ans), sœurs du délinquant ; et enfin Pierre Dauchez, le ressuscité [2].

Joseph Le Bon imagina de transformer la ridicule affaire de Wailly en crime d'État et de lui donner des proportions gigantesques. Il convoqua le peuple au temple de la Raison, y parut entouré de ses satellites, le sabre au côté, et deux pistolets à la ceinture, fit placer les cinq prévenus sur une estrade élevée et procéda à leur interrogatoire.

« S'adressant d'abord au fils, il le tourmenta vainement : *Oui et non, Jésus-Christ*, voilà tout ce qu'il en obtint. — « Nous allons voir, lui dit-il, si ton Jésus-Christ te ressuscitera dans cette affaire. » La mère du jeune homme gardait le silence et levait les yeux au ciel. — « Je vais faire un miracle, s'écria Le Bon ; je vais faire parler cette vieille. » Il tire un de ses pistolets, et la mettant en joue, il lui crie : « Parle, ou je te brûle la cervelle. » — « Voyez-vous cette

---

1. Archives départementales.
2. On ne laissa dans la maison qu'un vieillard de quatre-vingt-douze ans, Antoine Patoux, aveugle et infirme.

fanatique qui ose lever les yeux au ciel? Voilà comme ils sont tous; quand ils sont dans l'embarras, ils s'adressent toujours là, comme s'ils pouvaient en obtenir quelque chose[1]. » Pour terminer cette affreuse parade, Le Bon fit promener processionnellement la famille Dauchez dans les nefs latérales de l'ancienne église, puis il la renvoya au tribunal révolutionnaire.

Le lendemain, 30 prairial, sur les conclusions de l'accusateur public Potier, le tribunal, en vertu de la loi du 22 prairial appliquée pour la première fois à Arras, condamna à la peine de mort Dauchez fils, convaincu « d'avoir abandonné les jeunes gens de la première réquisition, de s'être caché pour se soustraire au service militaire, et d'avoir alimenté le fanatisme à Wailly » ; son père, sa mère et ses deux sœurs, « comme complices ».

Après le massacre de la famille Dauchez, Le Bon retourna à Cambrai et s'empressa de rendre ses « camarades de travail » à leur tâche interrompue.

1er *messidor* (19 juin). — Dans une seule séance, le tribunal de Cambrai immola sept prévenus :

Étienne Marchand (28 ans), sous-lieutenant au 7e cavalerie, « avait fui lâchement et abandonné son poste, pour ne songer qu'à sa propre sûreté ». — « Accusé, dit Jouy, d'avoir fui à l'affaire du 7. J'en suis convaincu. »

Charles Conte, dit Cantraine (60 ans), ancien capitaine au 10e hussards, demeurant à Maubeuge, « n'avait cessé, par toutes sortes de manœuvres et d'intrigues, d'empêcher la vente des biens nationaux » (J.).

Charles Bertrand (41 ans), menuisier à Maubeuge, « avait dit, lors de la fuite de Capet, qu'avant quinze jours l'assemblée serait dissoute, et avait toujours voulu soutenir le parti nobiliaire » (J.).

---

1. *Procès*, t. I, p. 212 et t. II, p. 137.

Anne Thourette, femme Locqueneux, mulquinier à Saint-Souplet (36 ans), « avait différentes fois porté des subsistances aux Autrichiens, refusé d'en fournir aux soldats Français; cherché à émigrer. » — « Accusée, dit Jouy, d'avoir servi les ennemis en leur portant des vivres, a fait danser sa fille avec les hullands, a déclaré ne point avoir voulu aller à la messe des prêtres assermentés. — J'en suis convaincu. »

On se rappelle que Charles, Xavier et Léandre Thellier de Poncheville avaient été arrêtés à Arras, le 1er avril 1793, et conduits à Doullens. Le 5 octobre, Xavier avait imploré inutilement la pitié de la municipalité d'Arras en faveur de son frère Charles, malade à l'hôpital, et demandé que, jusqu'à sa guérison, il fût libéré sous caution. Les jeunes Thellier, ne se laissant pas rebuter par ce refus, et « sans autre recommandation que leur innocence, osèrent représenter au comité de surveillance, le 25 frimaire, « que, depuis un mois, plus de soixante prisonniers appartenant aux districts d'Abbeville, Montreuil, Hazebrouck et Douai étaient sortis de la citadelle de Doullens ». — « D'où vient, disaient-ils ingénument, l'exception qui retient sous les fers les prisonniers d'Arras [1] ? » Fatigués d'une réclusion sans terme, sachant peut-être que leur mère et leur sœur étaient mortes sur l'échafaud d'Arras, ils cherchèrent les moyens de s'échapper de prison. Le 23 prairial, Charles et Xavier Thellier, accompagnés d'un troisième prisonnier, François Biencourt, réussirent dans leur projet. Déjà les fugitifs avaient gagné la frontière, lorsqu'ils rencontrèrent les avant-postes de l'armée française, et furent arrêtés.

Envoyés à Cambrai, le 25 prairial, par l'agent national du district de Douai, Charles-François-Ghislain Thellier (27 ans),

---

1. Archives départementales.

avocat; François-Xavier-Yves Thellier (21 ans), écolier, et François-Joseph Biencourt (38 ans), ci-devant procureur à la gouvernance de Douai, furent condamnés à mort; les frères Thellier, comme « convaincus d'émigration »; — « Contre-révolutionnaires, dit Jouy; ayant cherché, après leur évasion de Doullens, à s'émigrer, et ayant été arrêtés par une patrouille française au-delà des avant-postes »; — Biencourt, « convaincu d'émigration, reconnu pour un royaliste, étant ennemi acharné du peuple »; — Jouy se borne à écrire dans ses notes d'audience, au sujet de ce condamné : « Détenu depuis le 14 octobre. J'en suis convaincu. »

Le jury acquitta un capitaine au 7ᵉ cavalerie, accusé « d'avoir fui à l'affaire du 7 floréal ».

2 *messidor* (20 juin). — Six condamnations à mort atteignirent des habitants du Pas-de-Calais, distraits de leurs juges naturels.

Marie-Joséphine Prudhomme (54 ans), marchande à Morin-la-Montagne (Saint-Omer), amenée aux Anglaises le 27 prairial, par ordre de l'accusateur public, avait « approuvé la trahison de Dumouriez et donné même un repas le jour qu'elle avait appris la trahison de ce traître; conservé enfin des écrits fanatiques et contre-révolutionnaires ». — « Accusée, selon Jouy, d'avoir montré de la joie quand nous avons essuyé des pertes; a dansé à la trahison de Dumouriez, et a arrêté les Flamandes pour leur faire partager sa joie. J'en suis convaincu. »

Ignace Liborel, ancien procureur à Saint-Omer, écroué aux Anglaises le 28 prairial, sur l'ordre de Caubrière, « avait correspondu avec les sujets des puissances étrangères, et calomnié les patriotes ».

Anne-Paquette Delannoy (47 ans), femme Derocourt, cultivatrice; Procope Delannoy (67 ans), ci-devant receveur de l'abbaye d'Hasnon, et Liévin Olive (51 ans), chirurgien, dénoncés comme suspects, le 19 ventôse (9 mars), par la municipalité de Monchy-le-Preux, avaient été, le jour même, emprisonnés à Arras. D'après les renseignements fournis par le comité révolutionnaire de leur commune, « ils n'avaient pas donné de marques de civisme. Quant à leur caractère politique, ils s'étaient toujours montrés tranquilles [1] ».

On les conduisit à Cambrai, le 28 prairial. « Mme Derocourt, dit Jouy, a empêché les habitants de la commune d'assister à la messe du curé sermenté, et un joueur de violon de jouer sur : *Cela ira*, et l'a payé pour jouer : *Cela n'ira pas*. J'en suis convaincu. »

Olive « a caché de l'argent dans sa cave. J'en suis convaincu ».

Delannoy, « accusé d'aristocratie, a conservé des écrits contre-révolutionnaires ; voulu persuader aux habitants de la commune qu'ils ne pouvaient pas s'empêcher de payer les droits seigneuriaux, dit que l'Assemblée avait fait une injustice à ses supérieurs (les religieux d'Hasnon). J'en suis convaincu ». — Le procès-verbal dressé le 23 germinal (12 avril) par le juge de paix Barbaux donne la liste des écrits contre-révolutionnaires saisis chez Delannoy : « 1° *Protestation de M. Bergasse, député de Lyon, contre les assignats ; 2° Réflexions d'un habitant des provinces de Belgique ; 3° Discours de M. l'Archevêque d'Aix sur la vente des biens du clergé, prononcé dans l'Assemblée nationale ; 4° Lettre de M. l'Évêque de Blois ; 5° Deux petites notes où sont écrites : petites différences de religion.* »

Les trois habitants de Monchy furent déclarés coupables ; la femme Derocourt « d'avoir déclaré au ménétrier qui jouait l'air : *Ça ira*, que *Cela n'irait pas*, et détourné les habitants de la commune d'assister à la messe du curé

---

1. Archives départementales.

sermenté » ; — Olive, « d'avoir avili les assignats, les autorités constituées, et cherché à faire manquer les approvisionnements de l'armée, en désobéissant aux réquisitions »; — Delannoy, « d'avoir conservé les écrits les plus contre-révolutionnaires ».

Le tribunal condamna, à la même audience, Pierre Baumont, d'Arras (71 ans), accusé « d'aristocratie la plus virulante, et d'avoir reçu le *Manifeste de Brunswick*, de la part des émigrés » (J.). — « S'étant affligé de nos succès, disent les motifs du jugement, et ayant accueilli avec transport le *Manifeste du duc de Brunswick*, se l'étant même fait adresser, de peur qu'il ne fût altéré, par un émigré avec lequel il correspondait. »

3 *messidor* (21 juin). — Le district de Bapaume avait fait incarcérer un grand nombre de suspects ; les prisons étaient encombrées : riches et pauvres y étaient également entassés. Le Bon s'était rendu en cette ville et avait procédé à l'épuration des détenus. Il les avait fait comparaître l'un après l'autre devant la Société populaire. « Est-il riche ? A-t-il des sentiments civiques » ? avait-il demandé sur le compte de chacun d'eux, et sur la réponse affirmative des habitués du club, il avait renvoyé *au magasin* ceux qui joignaient à leur richesse une réputation aristocratique. Dans le courant de prairial, le juré Remy ayant été envoyé à Bapaume avec la mission de saisir chez les détenus les papiers suspects, le district profita de l'occasion pour expédier à Cambrai les contre-révolutionnaires les plus notoires ; il s'entendit pour ce choix avec Remy, et fit charger sur des chariots, le 16 prairial, vingt-sept prisonniers qui, le jour même, par ordre de Le Bon, furent écroués aux Anglaises [1]. — En deux heures de temps, le tribunal révolutionnaire con-

---

1. *Procès*, t. I, p. 288.

damna vingt-quatre de ces infortunés à la peine de mort.

Le plus considérable d'entre eux était Charles-Marie Payen (55 ans), ancien membre de l'Assemblée constituante.—Né à Saint-Léger le 15 septembre 1738, M. Payen habitait Boiry-Becquerelle, où sa famille exploitait une ferme considérable appartenant aux religieuses de la Thieuloye. Il avait épousé, le 21 juillet 1783, Marie-Marguerite Payen, fille de Jean-François, cultivateur à Neuville. Le bailliage de Bapaume l'avait nommé député aux États-Généraux. A la clôture de l'Assemblée constituante, il s'était retiré à Boiry. Son affabilité constante et son inépuisable charité accrurent sa popularité. La Révolution ne pouvait le laisser dans l'oubli. M. Payen reçut d'un simple particulier de Leauette la signification de l'arrêté du district qui lui ordonnait de se rendre en prison à Bapaume. « Je n'ai fait que du bien aux autres, dit-il à sa famille au moment de la séparation; que peut-il m'arriver de mal »? Malgré ces paroles rassurantes, il ne se faisait pas d'illusion sur le sort qui lui était réservé. Cependant, un administrateur du District d'Arras avec qui il était lié tenta de le sauver. « Tu es l'ami de Le Bon, dit-il au vice-président Lefetz, veux-tu me rendre service ? » Et lui exposant ses motifs de réclamation en faveur de Charles-Marie Payen, il obtint de Lefetz une lettre de recommandation [1]. Cette démarche fut impuissante ! — M. Payen interrogé le premier à l'audience, se défendit avec autant de fermeté que de noblesse; il fut condamné pour avoir déclaré « qu'il se faisait honneur d'être aristocrate, apporté une lettre afin d'empêcher l'installation du curé sermenté et dit à ses moissonneurs de ne pas aller à la messe; que les prêtres (constitutionnels) ne valaient rien ».

Charles Barbet (48 ans), cultivateur à Oisy, avait tenu

---

1. *Procès*, t. I, p. 153.

ce propos : « L'Assemblée n'est composée que de f..... gueux, et avait cherché par ses discours aristocratiques et fanatiques à avilir et à dissoudre la représentation nationale. »

Jean Coulmont (57 ans), receveur à Gomiecourt, avait « affirmé, au milieu de citoyens réunis en assemblée primaire, qu'il était aristocrate et qu'il s'en faisait honneur ».

Joseph Doudan (24 ans), d'Oisy, volontaire de la réquisition, avait « méprisé les Jacobins, en disant, dans une assemblée nombreuse, qu'il aimerait mieux se brûler la cervelle que de leur devoir son existence ; en outre il avait voulu *assassiner* deux défenseurs de la patrie ».

Charles Piaut (57 ans), rentier à Bapaume, avait « tenu chez lui un conciliabule de fanatiques et d'aristocrates ».

Marguerite Piaut (48 ans), sœur de Charles, avait « donné asile à un prêtre réfractaire et toujours montré du mépris pour l'uniforme national ».

Pierre-Marie Dinant (48 ans), ex-noble, avait « vendu sa croix de Saint-Louis pour ne pas la remettre, aux termes de la loi, et témoigné le plus grand mépris pour la garde nationale [1] ».

André Triboulet (34 ans), cultivateur à Gomiecourt, et Laurent Pecqueur, ci-devant seigneur de Gomiecourt (62 ans), « avaient constamment refusé d'obéir aux lois, et dit qu'ils se faisaient honneur d'être aristocrates » ; Anne-Marie de Relnicourt (53 ans) fut déclarée complice de Pecqueur de Gomiecourt, son mari.

Jean-Baptiste Truffet (41 ans), arpenteur à Remy, avait « recruté pour les armées ennemies, arraché le drapeau tricolore du clocher où il était, et suspendu, figurés en paille,

---

1. Pierre Dinant, partant pour Cambrai, soulevait la toile du chariot sur lequel on le transportait, afin d'envoyer à sa femme un dernier adieu. « Voyez, voyez, M. le chevalier, s'était écrié Remy, comme il s'exerce à regarder à la petite fenêtre ». *Procès*, t. I, p. 286.

le maire et le procureur de la commune, patriotes, pour les pendre en effigie ».

Eustache Hocquet (68 ans), cultivateur à Metz-en-Couture avait « correspondu avec les émigrés et s'était opposé au recrutement ».

Mathieu Renty (45 ans), manouvrier à Baralle, avait « vexé le curé sermenté, maltraité et outragé les patriotes, menacé ceux qui cachaient leurs meubles de conduire l'ennemi dans l'endroit où ils les cachaient ».

Eustache Carlier (72 ans), cultivateur à Remy, avait « dit que les curés sermentés et l'Assemblée nationale étaient des gueux, et souscrit une pétition contraire à la réintégration d'une commune dans ses biens communaux ».

Jean Jessu (68 ans) et Louis Villery (57 ans), anciens Récollets, « avaient cherché par leurs discours fanatiques à soulever le peuple contre la représentation nationale. — Rose Jessu (74 ans), marchande de toile à Bapaume, était leur complice ».

Jean Boucher (53 ans), marchand à Bapaume, avait « toujours fréquenté les aristocrates ; il avait dit, lors du cernement de Condé, que les ennemis y entreraient bientôt et que les Français en seraient chassés ».

Mathurin Delorme (53 ans), magasinier à Bapaume, avait « déclaré qu'il n'était pas assez fou de se faire casser la tête en allant repousser l'ennemi ; qu'il aimerait mieux le laisser passer ».

Pierre Delestré (43 ans), marchand à Bapaume, s'était opposé au recrutement de l'armée en criant : « A bas, à bas » !

Jean Bédu (78 ans), marchand à Bapaume, avait « dit à un citoyen qu'il prenait pour un aristocrate : Vous êtes des nôtres. Nous aurons sous peu l'avantage de voir l'ennemi, et ça ira bien ».

Jean Labouré (49 ans), marchand à Bapaume, avait « avili

les assignats et dit à des citoyens qui chantaient des couplets patriotiques : Chantez, chantez bien ; plus tard vous verrez ; et en parlant de la Révolution : Cela ne peut pas durer ».

Jacques-François Goubet (54 ans), cultivateur à Boiry-l'Égalité (Boiry-Notre-Dame), était cousin germain de Charles-Marie Payen. « Il avait tenu chez lui des conciliabules de contre-révolutionnaires, et réuni les réfractaires de la commune, déportés par la loi ». — Nicolas Lefetz, un des jurés, annonça ainsi la mort de Goubet au District d'Arras : « Le scélérat Payen a été exécuté avec ce gros et riche Goubet [1]. »

Pierre Delcourt (41 ans), brasseur à Bapaume, avait « entretenu une correspondance criminelle avec son frère, déporté, qui lui annonçait que l'Autriche préparait des armées formidables pour anéantir la Liberté ».

Sur les vingt-sept accusés amenés de Bapaume, trois seulement furent épargnés : à savoir : Pierre Lefebvre, cirier, J.-B. Lefebvre, arpenteur, et Nicolas Froment, manouvrier.

5 *messidor* (23 juin). — « Deux jeunes gens de Jolimetz (district du Quesnoy) étaient arrivés à Cambrai avec l'intention d'entrer dans les troupes. On les fouilla et on trouva, parmi leurs assignats, deux assignats de cinquante sols qui étaient faux ; on les conduisit au tribunal, et de là à la guillotine. Ils avaient l'air de compagnons maçons ou menuisiers [2].

Le registre du greffier renferme le nom d'un seul de ces jeunes gens : Pierre Rabat (17 ans), de Jolimetz (dictrict du Quesnoy), ayant « avoué qu'il avait servi d'espion aux sa-

---

[1]. *Procès*, t. I, p. 155.
[2]. *Procès*, t. I, p. 334.

tellites des tyrans, et colporté de faux assignats ». — La seconde victime est désignée d'une manière fort incomplète : « …. Jolimetz, ayant colporté de faux assignats. »

Pierre Marin, dit Lécluselle (44 ans), négociant à Cambrai, était détenu dans sa maison. L'huissier André, lorsqu'il alla le prendre pour le conduire au tribunal, lui recommanda de mettre son plus bel habit, et de n'oublier ni sa montre ni sa tabatière [1]. « Convaincu d'avoir correspondu avec les ennemis de la Révolution, notamment avec le comte d'Argenteau, ambassadeur de l'Empereur, et précieusement conservé des écrits royalistes et contre-révolutionnaires », il fut condamné à mort. Grâce à la recommandation d'André, les dépouilles de Lécluselle ne furent pas soustraites à la Nation.

Jean Boistel (36 ans), marchand épicier à Clary, avait « conduit les ennemis chez les patriotes déclarés, afin de les faire égorger; colporté de faux assignats et porté de l'eau-de-vie aux ennemis ».

Denis Limelette (67 ans), fermier et maire de Bourlon (district de Bapaume), « correspondant des émigrés et des Autrichiens, leur avait fait passer des bœufs appartenant à la République, avait conservé des protestations de l'Empereur, avili les assignats, logé les généraux ennemis ».

Anne Bréda (66 ans), ex-noble, femme Limelette, convaincue de « correspondance avec les ennemis et les émigrés; avait conservé soigneusement les bustes de Capet et de sa femme, et autres pièces fanatiques ». Les époux Limelette marchèrent ensemble à la mort.

Quelques jours après, Le Bon se rendit à Bourlon pour y prêcher le peuple : ses agents insultèrent à la mémoire de Limelette, pénétrèrent dans sa maison, et y burent une

---

1. *Procès*, t. I, p. 334.

demi-pièce de vin. « Je ne sais, dit un témoin de la scène, comment ils s'en retournèrent [1] ».

Le 26 prairial, l'accusateur public Caubrière avait écrit au District d'Arras :

« Citoyens administrateurs, je vous prie de me donner, le plus tôt possible, des renseignements sur le civisme d'Herménégilde Desailly, fermier à Quiéry-la-Motte, et de Toussaint Bordoduc, son gendre, berger à Gouy-sous-Bellone. Ces deux particuliers sont traduits pardevant le tribunal, pour avoir été pris, près des postes ennemis, avec trois individus qui s'étaient échappés de la citadelle de Doullens, et qui émigraient. Il paraît cependant qu'ils ne sont pas coupables, et que c'est la rencontre qu'ils ont faite qui leur a attiré cette disgrâce. De la célérité que vous mettrez à vouloir bien me procurer ces renseignements dépendra le plus ou moins de durée de leur détention et de leur mise en jugement [2]. »

Desailly et Bordoduc avaient été envoyés aux Anglaises, le 25 prairial, avec Biencourt et les frères Thellier, évadés de Doullens. Encore bien que Caubrière ne les trouvât pas coupables, et que, le 1er messidor, le conseil général de Gouy eût envoyé au District d'Arras un excellent certificat touchant le civisme de Bordoduc parti, depuis le 20 prairial, pour acheter des moutons [3], l'oncle et le neveu furent condamnés à mort, comme étant « convaincus d'émigration, arrêtés avec les Thellier ».

On sait que, sur une réquisition de Le Bon, du 12 pluviôse, contre les gros fermiers qui avaient fanatisé leur commune, le Dictrict d'Arras, suivant arrêté du 13 envoyé au représentant dans les vingt-quatre heures, avait fait arrêter « Goudmand et Magniez, de la commune de Tilloy, et

---

1. *Procès*, t. I, p. 289.
2-3. Archives départementales.

Payen, de Neuville-la-Liberté, suspects et aristocrates notoires [1] ».

Jean-François-Chrétien Payen (37 ans) ne devait pas survivre longtemps aux deux victimes du 23 prairial.

Le 15 pluviôse (3 février), le juge de paix Barbaux, accompagné d'un gendarme et de quatre chasseurs, avait procédé à l'inventaire des papiers de Jean Payen. Il avait saisi : 1° Sur un rayon au-dessus d'une porte, une bandrole en étoffe de drap ver*d*, bord*é* de galon jaune, et revêt*u* d'une plaque de cuivre doré sur laquelle *est gravé* les armoiries de l'ancien despotisme du ci-devant prince Vaudemont et sa femme ; 2° un *Examen et réfutation de l'instruction de l'Assemblée nationale sur l'organisation prétendu civil du clergé;* 3° une *Protestation de M. Bergasse, député de la sénéchaussé de Lion, contre les assignats-monnaye;* 4° un *Extrait du Catéchisme national nouveau et raisonné;* 5° un autre *Catéchisme pour le peuple, sur l'Église;* 6° dans une garde-robe, un pouvoir de bailly donné par les ci-devant seigneurs audit Payen [2].

Le 23 ventôse (13 mars), on avait signalé au District que « depuis l'arrestation de Jean Payen et de sa femme, la commune de Neuville était en retard de fournir son contingent et que la culture de l'exploitation des Payen, qui était considérable, souffrirait, ce qui serait nuisible à la chose publique ». Le District avait aussitôt nommé un régisseur de la ferme à qui il avait adjoint, comme surveillant, un invalide patriote, le citoyen Prétrequin.

Le 3 messidor, sur la dénonciation de Prétrequin, le conseil général de Neuville dressa à la charge de Jean Payen un procès-verbal destiné à corroborer celui du juge de paix Barbaux :

» L'an deuxième, etc., nous, maire et officiers municipaux

---

1. Voir plus haut, p. 153 et 491.
2. Archives départementales.

de la commune de Neuville-la-Liberté, sommes assemblés sur le rapport à nous fait par le citoyen Prétrequin, adjoint dans la régie de la ferme ci-devant à Payen, *auquel* il nous a déclaré que, le trois de messidor, *qu*'il a été trouvé par le citoyen Ghislain Tréhout et Jean-Philippe Accart, une *sotaine* avec une *centure* dans *en ta* de grain d'*œli*ette, dans un dé *grenier* ci-devant à Payen; aussitôt après la déclaration, le maire *se* transporté avec un officier municipal dans le grenier pour *sa surrez* s'il s'en trouve d'autres effe*t* caché*e*. Après la visite faite, *non* rien trouvé autre chose que la *sotaine* et *centure*. »

On aurait pu supposer que la soutane ainsi trouvée provenait de M. Le Bas, ancien curé de Neuville; mais le 14 brumaire (4 novembre 1793), M. Jean Payen et le clerc Deleville avaient fait, aux termes de la loi, « la déclaration des meubles et effets laissés en dépôt chez eux par l'émigré Le Bas, et le District, après inventaire, avait ordonné que ces effets mobiliers fussent transportés à Arras en la maison du chanoine Poulain. On devait donc penser que cette soutane avait été laissée à la ferme de Neuville par M. Payen, curé de Blaireville, frère de M. Jean Payen; dans cette hypothèse, tout prétexte manquait pour inquiéter à ce sujet le prisonnier.

Le District d'Arras apprécia d'une manière différente les faits à la charge de M. Payen. Dans la séance du 4 messidor (22 juin), présidée par Célestin Lefetz, on fit lecture des procès-verbaux tenus par le juge de paix Barbaux les 15 et 23 pluviôse, et par la municipalité, le 4 messidor. Outre les pièces et effets dont nous avons donné la nomenclature, Barbaux avait « trouvé, le 23 pluviôse, en la possession de Payen, fanatique furibond et méchant, aristocrate enragé, un acte de la feue gouvernance d'Arras du 2 mai 1789, portant que Jean-Chrétien Payen avait été admis à prêter le serment pour être reçu et admis à faire les fonctions de bailly des terres et seigneuries de Neuville-Vitasse et Mercatel ».

« De toutes les pièces trouvées chez Payen, il résulte, dit le rapporteur, que ce Payen est un aristocrate pourri, un fanatique forcené ; que dans le temps que la commune de Neuville-la-Liberté avait un prêtre assermenté, il faisait défense aux compagnons laboureurs qui travaillaient chez lui et autres ouvriers d'aller aux messes de ce prêtre et à ses instructions ; qu'il avait même condamné une des portes de sa cour qui se trouvait près de l'église ; que cet individu a tenté, par tous les moyens dont il pouvait faire usage, d'aliéner de la Révolution les braves habitants de Neuville-la-Liberté ; que sa maison était le rendez-vous, ou plutôt le repaire, de tous les fanatiques, aristocrates, mécontents et des prêtres inassermentés de ce canton et des cantons circonvoisins ; que c'était chez ce Payen que le fanatisme préparait et aiguisait ses poignards et désignait ses victimes ; que chez lui des trahisons et des complots contre la patrie se tramaient ; la horde de scélérats qui s'y rassemblaient n'en sortaient que pour se répandre dans les campagnes et y secouer les torches du fanatisme et les brandons de la guerre civile ; en conséquence, le rapporteur propose d'arrêter, et l'assemblée arrête, après avoir ouï l'agent national, que toutes les pièces relatives à ce Payen seront, par un exprès, envoyées au représentant du peuple Joseph Le Bon, à Cambrai, avec invitation de le faire traduire le plus promptement qu'il lui sera possible au tribunal révolutionnaire pour que la justice venge de suite la Nation des outrages que ce monstre lui a faits [1] ».

Joseph Le Bon ne fit qu'un bond sur la proie que lui présentait le District : par ses ordres, le 4 messidor, vers

---

[1]. Archives départementales.

minuit, les sbires du représentant enlevèrent Jean Payen de la prison de l'Hôtel-Dieu d'Arras ; avec une cruauté sans exemple, ils l'accablèrent sous le poids des chaînes et des fers. A peine arrivé à Cambrai, le malheureux fermier fut conduit au tribunal. L'arrêté du District servit à rédiger le jugement de condamnation :

« Ayant conservé avec soin des écrits fanatiques et contre-révolutionnaires ; caché dans un tas d'œillettes une soutane avec un ceinturon ; gardé une banderolle armoriée du ci-devant prince de Vaudemont et de sa femme ; vexé les patriotes ; défendu à ses laboureurs d'assister à la messe du curé sermenté ; réuni chez lui tous les fanatiques et aristocrates du District d'Arras; discrédité les assignats ; correspondu avec son frère, ex-curé déporté ; en un mot, ayant toujours été un monstre en aristocratie et en fanatisme ».

A la même audience, le jury acquitta un cuisinier de l'hôpital, accusé d' « avoir dit que l'ennemi était au-delà de Cambrai » ; un tonnelier de Marquion, « n'étant pas convaincu d'avoir outragé la Convention et dit qu'il ne tenait point avec le Tiers-État, mais avec la Noblesse » ; et un négociant de Cambrai, prévenu de « correspondance avec les émigrés ».

8 *messidor* (28 juin). — Lorsque la Révolution éclata, les Sœurs de Charité dirigeaient à Arras un établissement fondé du vivant même de saint Vincent de Paul. Elles visitaient les pauvres malades, leur distribuaient des aliments, du linge, des médicaments et tenaient une école gratuite pour les filles.

Le 26 brumaire (15 novembre 1793), des commissaires du District et du conseil général de la commune, entre autres Célestin Lefetz et Duponchel, se rendirent « en la Maison ci-devant dite des Sœurs de Charité d'Arras [1], pour recevoir

---

1. Cette maison, sise rue des Teinturiers, et construite par M. de Conzié, évêque d'Arras, est habitée encore aujourd'hui par les Sœurs de Charité.

les déclarations des différentes filles qui composaient cette maison, connaître d'elles si elles avaient fait le serment voulu par la loi, et dans quel temps, et y faire toutes autres réquisitions ».

« Où étant, lit-on dans le procès-verbal, avons fait appeler toutes les filles qui composent cette maison dont les noms suivent, savoir : Magdeleine Fontaine, âgée de 71 ans ; Marie Lamelle, âgée de 48 ans ; Thérèse Foutoux, âgée de 42 ans ; Jeanne Fabre et Jeanne Gérard, âgées de 31 ans. Nous les avons interpellées sur le point de savoir si elles avaient prêté le serment exigé par la loi : elles nous ont toutes répondu qu'elles n'avaient pas prêté le serment.

« Après cette déclaration, nous nous sommes transportés dans toutes les places de ladite maison et nous avons remarqué qu'il y existait différents tableaux concernant la religion catholique et la féodalité ; nous avons donné ordre à l'économe de faire disparaître ces signes réprouvés et de les représenter au citoyen Doncre, peintre, qui se transportera en ladite maison pour distraire les tableaux qui pourraient être placés au Muséum, et faire transporter le restant aux ci-devant Capucins [1] ».

Lorsque le District, par son arrêté du 3 frimaire (23 septembre) eut chassé les religieuses des hôpitaux d'Arras, il invita les Sœurs de Charité, dont il estimait beaucoup « les connaissances et les secrets », à rester dans leur établissement transformé en Maison de l'Humanité, mais à la condition qu'elles prêteraient le serment. Ces pieuses filles refusèrent unanimement de consentir à un acte que leur conscience réprouvait, et devinrent l'objet d'une persécution plus ouverte.

« Considérant que les filles ou femmes attachées à la

---

1. Archives départementales.

— 536 —

Maison dite de la Charité, aujourd'hui de l'Humanité, s'obstinent à ne pas faire le serment exigé par la loi, le District arrête qu'elles seront privées de pensions ou traitement, exclues des fonctions qu'elles remplissent et mises en arrestation comme suspectes [1] ».

En exécution de cet arrêté, Madeleine Fontaine, supérieure de la Charité, Marie Lamelle, Thérèse Foutoux et Jeanne Gérard furent emprisonnées. Quelques jours auparavant, deux des Sœurs les plus jeunes, Jeanne Fabre et Louise Michaux, avaient réussi à prendre la fuite [2].

La Maison de l'Humanité était dirigée, depuis le 17 pluviôse (5 février), par André Mury, nommé officier municipal le 1er avril 1793. Ce patriote s'empressa de dénoncer au comité de surveillance les Sœurs de Charité détenues à la Providence. Le 15 germinal (4 avril), le comité, « vu la dénonciation du citoyen Mury, directeur de la Maison de secours dite de la Charité, et la déposition d'Eugénie, sa fille, arrête que les ci-devant filles de ladite Maison de la Charité seront amenées pour être entendues ». — Après l'interrogatoire des prisonnières, le comité prit contre elles un second arrêté : « Vu les réponses des nommées Madeleine Fontaine, Marie Lamelle, Madeleine Foutoux et Jeanne Gérard, actuellement détenues en la maison d'arrêt dite de

---

1. Arrêté du 26 pluviôse (14 février). (Arch. départ.).
2. Louise Michaux et Jeanne Fabre, en religion sœur Rose et sœur Thérèse, étaient sorties de la vile, à la faveur d'un déguisement, par la porte Baudimont. Sous la conduite de M. Cartier-Mathieu, elles avaient gagné, à travers les fortifications et les champs, une maison située à l'extrémité de Sainte-Catherine. Après avoir passé la nuit dans une grange, le lendemain, de grand matin, elles prirent en voiture la route de Lille. Les fugitives parvinrent à franchir la frontière, se réfugièrent en Pologne, et exercèrent à Varsovie leur ministère de dévouement. Rentrées en France en 1802, Louise Michaux et Jeanne Fabre furent rappelées à Arras et y dirigèrent successivement, comme supérieures, la Maison de Charité. Louise Michaux termina bientôt des jours abrégés par les fatigues de l'exil. Jeanne Fabre mourut en 1820.

— 537 —

la Providence, aux interrogats qui leur ont été proposés ; — Considérant qu'il résulte des pièces ci-dessus une violente présomption qu'elles ont caché, en la maison par elles ci-devant habitée, des papiers et gazettes contre-révolutionnaires et tendant à exciter à la révolte et à la guerre civile dans ce département; — Arrête que lesdites seront conduites en la Maison d'arrêt du tribunal révolutionnaire et que les pièces et l'arrêté seront envoyés au District dans les vingt-quatre heures [1] ».

A l'instigation de Mury, le comité décida, le lendemain, que deux commissaires accompagnés d'un maçon feraient ouvrir une voûte sous laquelle le dénonciateur espérait découvrir des papiers contre-révolutionnaires. Le procès-verbal dressé par les commissaires constate que leurs recherches n'aboutirent à aucun résultat : « D'après une lettre du citoyen Mury, directeur de la Maison de l'Humanité, qui nous mandait qu'il pourrait se trouver quelque chose de caché en ladite Maison, attendu qu'il y avait aperçu une muraille nouvellement faite, après y avoir fait les perquisitions les plus scrupuleuses, nous n'avons rien trouvé [2] ».

Mury fut plus habile que les commissaires. Le 26 germinal, le comité de surveillance écrivait à l'accusateur public : « Nous t'envoyons une gazette du Nord apportée par le citoyen Mury qu'il nous a dit avoir trouvée dans la maison des ci-devant religieuses de Charité [3] ».

---

1. Archives départementales.
Le registre d'écrou des Baudets constate que, le 16 germinal, l'arrêté du comité reçut son exécution.
2-3. Archives départementales.
Après la chute de Le Bon, Mury fut dénoncé au District par le Comité révolutionnaire « comme l'ami intime des Daillet, Darthé et Caubrière, et par conséquent un partisan de ces hommes de sang ». Le comité demanda sa révocation.
La fille du directeur de l'Humanité prit soin, le 19 thermidor, de déclarer au comité révolutionnaire qu'elle avait entretenu une correspondance avec

Les filles de Saint-Vincent de Paul ne pouvaient trouver grâce devant les hommes qui élevaient des autels à Marat. Le 7 messidor (25 juin), Caubrière envoya à Arras la lettre suivante : « Frère, fais partir, sitôt la réception de la présente, les quatre ci-devant sœurs de la Charité dont l'administration a fait passer les pièces au représentant. Ne perds pas un instant. Fais-les venir au grand trot. Je compte sur ton zèle pour la punition des conspirateurs ; je les attends donc demain de très-grand matin. — J. Caubrière. » — La suscription portait ces mots : « Très-pressée ; par ordonnance[1]. »

Les instructions de Caubrière furent suivies ponctuellement. Les quatre sœurs de Charité, emmenées la nuit « au grand trot », arrivèrent à Cambrai le 8 messidor, « de très-grand matin ». Leur condamnation était prononcée à l'avance. « Pieuse contre-révolutionnaire ; ayant conservé précieusement et même caché sous un tas de paille une foule de brochures et de journaux renfermant le royalisme le plus effréné[2] ; ayant refusé le serment ; insulté aux commissaires du district en leur disant que cela n'irait pas ; qu'il n'y avait plus de diables en enfer ; qu'ils étaient sur la terre » ; tels sont les motifs du jugement rendu contre Marie-Madeleine Fontaine. — Marie Lamelle, Thérèse-Madeleine Foutoux et Daillet et Charlotte de Robespierre. Laissons parler les commissaires du comité : « Sophie, fille d'André-François Mury, est venu au comité révolutionnaire déclarer qu'el été en correspondance de lettre avec le nomé Daillet et la citoyenne de Robespierre, laquel a requis le comité d'appposer les cellé sur ladite correspondance, pour se mettre à l'abri de toute poursuite à sa charge. Ladite nous a conduit dans une chambre haute et nous a ouver un tiroir qui se trouvé dans une garde-robe où se trouvé tous les papiers et lettres qu'el pouvait avoir à sa possession, provenant des dits Daillet et Robespierre. Sur lequel tilloire avons apposé le scel du comité ». (Arch. départ.).

1. Archives départementales.
2. Depuis le 26 pluviôse, les Sœurs de Charité étaient emprisonnées. Ce fut seulement le 26 germinal que Mury envoya au district une gazette qu'il prétendait avoir trouvée dans leur maison : qui donc avait caché sous un tas de paille les brochures que deux mois de recherches n'avaient pu faire découvrir ?

Jeanne Gérard, convaincues d'être « complices de ladite Marie Fontaine », suivirent leur supérieure à l'échafaud [1].

Après ce jugement, odieux entre tous, un lieutenant de dragons fut acquitté : « Il avait tenu, sans intention criminelle, des propos royalistes et contre-révolutionnaires ».

La nécessité où se trouvait Le Bon de suspendre les opérations de ses braves pour s'occuper exclusivement de sa défense personnelle expliquait l'empressement qu'il avait mis à immoler les sœurs de Charité d'Arras, dernières victimes du tribunal révolutionnaire de Cambrai. Demuliez, Danten et l'adjudant Le Blond, restés libres à Paris, sollicitaient les membres du Comité de salut public avec d'autant plus de confiance qu'ils ne connaissaient pas l'arrêté du 24 prairial, et ne voyaient, dans la réincarcération de Gabriel Le Blond, qu'une mesure audacieusement arbitraire. Enhardi par la fausse sécurité que lui donnait son ignorance, l'adjudant Le Blond avait osé, le 6 messidor, présenter à la barre de l'Assemblée nationale la pétition suivante : « Représentants du peuple, vous voyez devant vous un soldat qui vient demander justice. Mon nom est Joseph Le Blond; mes chefs m'ont jugé digne du grade d'adjudant-général…. Ce n'est point ici le lieu ni l'instant d'énumérer ce que j'ai fait et les intrigues que j'ai déjouées. Je viens vous réclamer la liberté de mon frère. Je viens vous parler afin que vous ordonniez que je jouirai de la plénitude de la mienne. » — Le Blond avait alors raconté les infortunes « des plus chauds républicains d'Arras, mis en arrestation par le chef du système hébertiste, et rendus à la liberté le 18 prairial pour être incarcérés de nouveau. « Je me jette dans le sein de la Convention, avait-il dit en terminant, avec l'abandon d'une

---

1. Madeleine Fontaine était née à Étrépagny (Seine-et-Oise); Marie Lamelle, à Eu (Seine-Inférieure) ; Thérèse Fontoux, dans l'Ille-et-Vilaine et Jeanne Gérard dans la Meuse.

âme vraiment républicaine ; faites rendre la liberté à mon frère. Faites-moi rendre mes armes, afin que j'aille aider mes frères d'armes à exterminer nos ennemis du dehors. Pour vous, représentants, veillez toujours ; exterminez les ennemis intérieurs ; veillez surtout sur les prêtres de toutes les couleurs : ils sont les soutiens de toutes les factions dirigées contre la liberté ; ils persécutent sans relâche les patriotes qui, comme moi, ont osé se montrer en hommes libres ». La motion de l'adjudant Le Blond, appuyée par Guffroy, avait été renvoyée à l'examen du Comité de salut public [1].

Ainsi attaqué en pleine Convention, Joseph Le Bon avait été défendu par Couthon, à la tribune des Jacobins. « Hier, avait dit ce terroriste, le représentant Le Bon fut dénoncé à la Convention ; cependant il paraît que Le Bon a régénéré le département où il a été en mission et y a fait le plus grand bien [1]. » Ce fut au sein des sociétés populaires que Le Bon chercha son point d'appui. Les clubs de Cambrai et d'Arras développèrent la thèse de Couthon. Le 10 messidor (28 juin), une députation cambrésienne présenta à la Convention l'adresse suivante :

La Société populaire républicaine, révolutionnaire, régénérée de Cambrai, unie à un peuple immense, à la Convention nationale.

« Citoyens représentants,

« La Société populaire et toute la commune de Cambrai nous envoient vers vous pour vous demander instamment que Joseph Le Bon, représentant du peuple, soit conservé dans leurs murs. Depuis qu'il y est, il n'a cessé d'y faire le bien et d'en purger les factieux. Avant son arrivée, les

---

1. *Moniteur* du 7 messidor.
2. *Moniteur* du 9 messidor.

ennemis extérieurs savaient tout ce qui se passait dans la place, ce qui rendait presque toujours nos sorties infructueuses. Tous les jours l'ennemi venait fourrager sous nos murs. A peine Joseph Le Bon y est-il arrivé que les ennemis s'en éloignent; les monarchiens, les traîtres, les aristocrates connus sont incarcérés, les ennemis de toute espèce livrés au glaive de la loi, et les patriotes opprimés rendus à la liberté.

« Il protége et honore la vieillesse indigente et malheureuse ; il pratique toutes les vertus que vous avez mises à l'ordre du jour, les fait pratiquer et aimer.

« Nous venons donc vous demander, citoyens représentants, que vous veuillez bien nous conserver le représentant Le Bon dans nos murs, pour y achever le bien qu'il a si heureusement commencé. C'est le vœu de tous les signataires ci-joints [1]. »

L'adresse des Cambrésiens revêtue « d'une foule immense de signatures » apposées par la peur fut renvoyée au Comité de salut public. Le lendemain, Planès et Carlier apportèrent d'Arras une réclame analogue [2]. Daillet, Caubrière et Darthé, accourus à Paris, avaient accompagné les députés d'Arras et assistaient, dans une des tribunes, à la séance de la Convention. Les pétitionnaires s'attendaient

1. *Moniteur* du 11 messidor.
2. Les sociétés populaires de Saint-Pol, de Frévent, de Béthune.... obéirent au mot d'ordre et entonnèrent les louanges de Le Bon. Les patriotes de Beaurains, ses anciens paroissiens, joignirent leurs voix à ce concert. Sous la pression du juge de paix Barbaux, ils écrivirent à la Convention : « Le Bon n'a jamais porté le costume de prêtre pendant qu'il a été le curé de Neuville-la-Liberté et de Beau*rin*. Il est le seul en outre qui s'est costumé en républicain pour détruire cette case de prêtres qui ne se nourrissait et savourait qu'aux dépens du pauvre malheureux.

« Depuis qu'il n'est plus parmi nous, l'aristocratie et le fanatisme osent encore montrer leur tête coupable qui, depuis longtemps, par leur trame infâme, ont manqués faire échouer le vaisseau de la République ». (Arch. départ.).

à être admis aux honneurs de la séance ; mais ils se virent signalés par Guffroy comme deux intrigants et furent traduits immédiatement au Comité de sûreté générale.

Ce renvoi constituait un fait grave ; Barère en comprit la portée. Le Comité de salut public l'ayant chargé de rendre compte à la Convention des succès remportés à Fleurus, le 8 messidor, par les armées du Nord et des Ardennes, il imagina de défendre Le Bon, en associant audacieusement son nom au récit de nos victoires.

« Les représentants du peuple Guyton, Gillet, Laurent, Duquesnoy et Saint-Just, qui ont assisté à la bataille de Fleurus, ne sont pas, dit Barère, les seuls qui ont concouru au succès. Le Bon, tant calomnié par les ennemis de la Liberté, Le Bon, sur la lettre de Saint-Just, a fait exécuter à Cambrai les espions, et guillotiner toutes les intelligences de l'ennemi. *(On applaudit.)*

« La police faite à Cambrai depuis deux mois, contre laquelle les journaux étrangers et les émigrés vomissent les imprécations les plus horribles, a fait changer le plan de campagne de nos ennemis. Ce fait est attesté par les rapports de plusieurs prisonniers interrogés par Guyton, Saint-Just et Le Bas ; mais il sera fait, au surplus, un rapport particulier sur cet objet qui tient à la police révolutionnaire et aux opérations d'un représentant républicain et fidèle [1]. »

La lutte s'envenimait. Accusé par Couthon et Barère aux Jacobins et à la Convention, Guffroy fit paraître sa *Censure républicaine ou Lettre aux Français habitants d'Arras et des communes environnantes, à la Convention nationale et à l'opinion publique.*

Après avoir consacré trente-deux pages à exposer, d'après J.-J. Rousseau, Billaud-Varennes, Saint-Just et Robespierre,

---

1. *Moniteur* du 12 messidor.

« les principes qui l'avaient toujours conduit et les règles qui devaient servir à mesurer la justesse de ses coups, » Guffroy s'écriait : « C'est avec la verge inflexible de la vertu austère que je forge le poignard politique avec lequel je vais te frapper, Joseph Le Bon. » Il accusait Le Bon d'avoir « fait arrêter, avec une dureté incroyable, Demuliez, Beugniet et les frères Le Blond, « ces grenadiers de la Révolution » ; d'avoir persécuté deux autres patriotes, Saint-Remy et Danten; d'avoir répandu la terreur et corrompu l'esprit public dans la ville d'Arras ». Il énumérait, parmi ses griefs, le salaire des *vingt-deux sous*, le discrédit jeté sur les ventes nationales, la mauvaise composition du jury révolutionnaire, les circonstances horribles qui avaient accompagné l'exécution de MM. de Vielfort, de Montgon et Vaillant, et apostrophant Le Bon : « Tu avais, disait-il, un talent caractérisé pour être Pape ou pour présider en Espagne aux auto-da-fé de la sainte Inquisition. » Le Bon, aux yeux de Guffroy, n'était pas seulement un oppresseur des patriotes, mais un contre-révolutionnaire. N'avait-il pas dit que Dumouriez, écrivant insolemment à la Convention, pouvait avoir raison ? Maire d'Arras, n'avait-il pas chassé de la ville les deux patriotes que la commune de Paris avait envoyés pour arrêter les progrès de la faction des Roland et des Brissot ? N'avait-il pas écrit, le 8 mars 1793, qu'il ne pensait ni à Brissot ni à Marat ? N'avait-il pas hésité à adhérer au décret sur l'unité et l'indivisibilité de la République, et à proscrire le projet de garde départementale ? N'avait-il pas plaidé la cause du Roi à la Société populaire, et fait rédiger une adresse qui invitait la Convention à se dissoudre ? Député, n'avait-il pas enfin refusé de se faire recevoir aux Jacobins ? »

La Révolution avait ôté à ses apôtres la conscience du bien et du mal. La censure de Guffroy valait l'apologie de Barère.

Sur ces entrefaites, Joseph Le Bon arriva à Paris, nanti des procès-verbaux de l'information dirigée contre Demuliez et consors. Depuis le 30 floréal, Varnier, commissaire du district, avait reçu les déclarations de cent deux citoyens. Que résultait-il de cette enquête ?

L'adjudant Le Blond n'était accusé que d'avoir tenu, à Brebières, des propos injurieux contre le représentant, et jeté dans la rue, par une fenêtre de sa prison, un mémoire adressé à la Convention.

Gabriel Le Blond n'était pas incriminé plus gravement. Il avait déclaré à Jouy que, parmi les accusés de l'affaire Bataille, il en sauverait quatre, et il s'était associé avec Demuliez pour enlever à Catenne le marché de l'église Saint-Géry.

On reprochait à Beugniet d'avoir fait copier des actes de procédure par les employés du District, lorsqu'il était à la fois secrétaire de cette administration et procureur. En 1792, il avait sollicité des voix pour obtenir une place de juge au tribunal civil. Il avait, disait-on, échangé sa batterie de cuisine contre les casseroles de cuivre rouge de l'abbaye de Saint-Vaast, et accepté du curé constitutionnel de Notre-Dame plusieurs paniers de linge d'église. Lors de la scission de la Société populaire d'Arras en Feuillants et en Jacobins, il avait plaisanté, dans un dîner chez le curé de Notre-Dame, le substitut Potier, resté fidèle au jacobinisme. Les Terribles signalaient la modération que Beugniet avait montrée à l'égard de l'avocat Dauchez, et lui faisaient un crime de n'avoir jamais acheté de biens nationaux.

Sur le compte de Demuliez, les accusations embrassaient plusieurs chefs : à l'inverse de Beugniet, il avait acheté des biens nationaux en quantité considérable; acquéreur de l'abbaye du Vivier à Wancourt, il avait, par intimidation, expulsé le locataire avant la fin de son bail. Lors des adjudications, il se faisait payer son abstention par les enchérisseurs. « A chacun son métier, disait-il à ceux qui s'étonnaient de sa fortune rapide; les vaches que je garde sont bien gardées ! » On attribuait au même mobile l'indulgence qu'il avait manifestée à l'égard de plusieurs détenus, notamment du comte de Béthune. Le marché de l'église Saint-Géry tenait une large place dans les informations de Varnier. D'autres faits analogues étaient reprochés à l'ancien accusateur public. Chargé par un de ses amis de payer un fermage à Mme Théry (l'une des victimes de l'affaire Bataille), il lui avait présenté des assignats à face royale qui étaient démonétisés, en lui tenant ce langage : « Vieille b....., fais-moi une quittance de deux cents livres, et pour ta peine, tu auras des faces ». Mme Théry, ne connaissant pas le calendrier républicain, lui demandait quelle date elle devait donner à la quittance. « Va, lui avait répondu Demuliez, je te mettrai au pas ». Et comme elle s'excusait de ne pouvoir le reconduire, parce qu'elle était infirme. « Je te guérirai; je te ferai f..... en arrestation ». Après avoir ainsi effrayé la pauvre femme, Demuliez avait fini par lui demander si elle consentirait à vendre les terres dont il venait de lui payer le fermage. Mme Théry n'eut garde de lui refuser. « Allons, faisons la paix, lui dit-il en l'embrassant ».

Un autre jour, Demuliez, revêtu de ses insignes d'accusateur public, avait fait sortir du Bon-Pasteur la fille du cordonnier Castelan, que ses parents y avaient enfermée; il l'avait emmenée dans sa maison des Brigittines et avait chargé, le lendemain, le concierge du tribunal criminel de la rendre à sa famille [1].

Demuliez n'était pas seulement signalé comme un fonc-

---

[1]. Joseph Le Bon, dans son arrêté du 24 floréal, avait recommandé spécialement au District l'instruction de cette affaire. (*Suprà*, p. 456).

tionnaire vénal et un homme immoral; il était accusé par-dessus tout d'être un contre-révolutionnaire. Ainsi, Cyriaque Caron lui ayant reproché de ne pas mettre en jugement MM. Poulain, d'Advisart et de Béthune, il l'avait traité d'homme de sang. « Voyez ce Caron, avait-il dit, il croit qu'il n'y a qu'à envoyer à la guillotine et que les affaires se jettent au moule. » On rapportait les propos qu'il avait tenus, à son retour de Boulogne, contre le représentant et en faveur de l'avocat Dauchez. Il avait demandé à Bacqueville s'il avait voté la mort de Dauchez : « Oui, avait répondu ce juré, et j'aurais voté la mort de cinq cent mille hommes comme lui, parce que je le connais pour un conspirateur et un ennemi de la patrie ». — « Eh bien! moi, avait répondu l'accusateur public, si j'avais été juré, j'aurais voté son acquittement. » — « Eh bien alors, avait riposté Bacqueville, tu es un conspirateur. » — Demuliez avait protégé M. Payen, de Neuville. « S'il n'y a que l'article des messes à reprocher à Payen, avait-il dit, il ne mérite pas d'être déclaré suspect ». Enfin il s'était opposé à l'arrestation de Mme Hennecart de Briffœil, abbesse d'Annay [1].

Ces derniers faits atténuent les accusations que l'histoire élève contre Demuliez : aux yeux du Comité de salut public, ils devaient paraître des plus graves.

Cependant les soins donnés par Le Bon à sa défense personnelle et la direction du gouvernement révolutionnaire dans la ville de Cambrai ne l'avaient pas détourné de la surveillance du Pas-de-Calais. Le 2 prairial, il avait enjoint au district de Béthune de faire incarcérer à Arras le maire et deux officiers municipaux d'Annay, prévenus de propos contre-révolutionnaires [2]. Le 5 prairial, le District d'Arras

1. Exécutée le 7 messidor.
2. « Le 3 prairial Le Bon envoya trois commissaires à Douai avec ordre de fouiller les détenus emprisonnés aux Écossais, aux Bénédictins anglais et aux Annonciades ». (Biblioth. de Douai).

ayant sollicité la mise en liberté de trente et un domestiques qui n'avaient point participé à la scélératesse de leurs maîtres, il avait répondu : « Accordé, à la condition qu'ils déclareront le lieu où ils voudront se retirer » ; il avait nommé membres du comité de surveillance un commissionnaire et un peintre ; mis en liberté François Sueur, ex-curé, fait conduire à Saint-Omer Guillemant, ex-prêtre, et transférer le nommé Bizet des Baudets à la Providence ; le 9, il avait ordonné l'arrestation d'un administrateur du District d'Arras, prévaricateur dans ses fonctions ; le 10, il avait autorisé de Baillencourt à sortir de prison pendant quinze jours pour donner des soins à son épouse en couches ; le 13, il avait délivré un mandat d'arrêt contre Herbet, curé constitutionnel de Notre-Dame d'Arras, accusé d'avoir dilapidé des effets nationaux ; ordonné la levée des scellés et une visite domiciliaire chez Mme de Beaulaincourt ; le 14, il avait donné ordre à l'agent national de Béthune d'informer sans délai sur chacun des détenus de cette ville et de lui envoyer au fur et à mesure les pièces à la charge de ces individus ; le 17, il avait rendu la liberté à Suin, inspecteur des domaines nationaux ; nommé Simonis agent national provisoire du district de Calais, commandé au district de Béthune de faire conduire de suite en arrestation à Cambrai le nommé Valicourt, soit qu'il jouît encore de la liberté, soit qu'il fût déjà détenu ; il avait prescrit au district de Saint-Pol de faire traduire sans délai à Cambrai, avec toutes pièces et renseignements à sa charge, le nommé Boyenval, de Pernes ; d'informer et de prendre toutes mesures de sûreté contre la nommée Ricart et autres de son ressort qui auraient pu s'évader de la citadelle de Doullens ; il avait écrit à l'agent national du district de Saint-Omer : « L'agent national.... dira pourquoi la plupart des ci-devant nobles de ce district ont la clef des champs ; ledit agent et les administrateurs du district sont rendus responsables de la liberté accordée autrement que par le Comité de salut public à des hommes arrêtés en vertu d'ordre de la représentation nationale; le 22, il avait élargi Herman-Lefebvre fils, de Boulogne ; le 1ᵉʳ mèssidor, il avait posé à l'agent national du district de Béthune la question suivante : « L'agent national... dira s'il est vrai que la municipalité de Gonnehem n'ait fait aucun mouvement pour la fête de l'Être-Suprême [1] » ?

Ainsi Le Bon avait continué d'étendre sa vigilance sur les divers points du Pas-de-Calais. Arras en particulier était redevable à ses soins de deux institutions nouvelles : le bataillon des jeunes patriotes et la commission d'épuration.

Depuis plusieurs mois, les habitants de cette ville s'étaient vus obligés de soumettre leurs enfants à l'instruction militaire ; les jeunes garçons de douze à quinze ans, munis de mousquetons, apprenaient chaque jour le maniement des armes et formaient dans les solennités la garde d'honneur du représentant. Chargé de préparer un règlement pour ces jeunes défenseurs de la patrie, le District soumit, le 4 messidor, à l'approbation de Joseph Le Bon, un projet en trente-trois articles : les enfants devaient apprendre les principes de l'art de la guerre, le maniement des armes, les manœuvres de l'infanterie, de la cavalerie et de l'artillerie. Leurs instructeurs étaient chargés de les former en même temps à la fraternité, à la pratique de l'égalité, à la discipline, aux bonnes mœurs, à l'amour de la patrie et à la haine des rois. L'exercice avait lieu tous les trois jours, de six heures du matin à huit heures pour les enfants de plus de quinze ans, et de cinq heures du soir à sept heures pour ceux qui n'avaient point cet âge. De huit ans à dix-huit ans, l'in-

---

1. Archives départementales.

truction était obligatoire. Les pères, mères et tuteurs qui n'envoyaient pas leurs enfants à l'exercice étaient traduits en police correctionnelle, punis d'amende et, en cas de récidive, emprisonnés comme suspects. Les jeunes soldats étaient partagés en trois milleries ; chaque millerie comprenait dix centuries ; la centurie comptait dix décuries. Par respect pour l'Égalité, les grades étaient temporaires : tous les dix jours, chaque soldat remplissait les fonctions de décurion; le sort désignait les centurions parmi les décurions, et les millerions parmi les centurions. Les règlements militaires et la loi sur la garde nationale sédentaire s'appliquaient à cette armée d'un nouveau genre. La désobéissance était sévèrement réprimée; les enfants convaincus de débauche et de libertinage étaient privés de la gloire de paraître avec leurs égaux aux manœuvres et évolutions militaires. « Les muscadins qui avaient conservé un costume, un langage et des formes qui les rendaient étrangers dans la République ne pouvaient être admis au service ». Au-dessus de quinze ans, les jeunes soldats montaient la garde. Vingt-deux instructeurs et un instructeur général, choisis parmi les sans-culottes, recevaient un traitement de quatre livres à six livres par jour [1] ».

La création de la commission d'épuration remontait au 2 prairial. Suivant arrêté pris à Cambrai, Le Bon avait désigné sept citoyens, parmi lesquels Duponchel, Bac-

---

[1]. Archives départementales.
Cet arrêté reçut l'approbation de Le Bon : le 26 messidor (14 juillet), il écrivit de Cambrai au District d'Arras : « Je vous ai envoyé, avant de partir pour Paris, confirmation de votre arrêté relatif au payement des instructeurs des jeunes citoyens d'Arras pour les exercices militaires. Faites donc payer ces instructeurs, et de suite envoyez-moi une nouvelle expédition de votre arrêté, si vous avez perdu la première, ou si elle ne vous est point parvenue.
« Au surplus ces instructions ne doivent plus avoir lieu que les décadis.
« Le représentant du peuple, Joseph LE BON ». (Arch. départ.).

queville et Mury, qui devaient se « rassembler chaque jour, au moins une heure, pour indiquer au représentant du peuple les individus détenus à l'Abbatiale qu'ils croiraient devoir être mis en liberté. Les avis favorables devaient être signés au moins de quatre membres [1] ». Les commissaires avaient été autorisés, le 17 prairial, à examiner indistinctement les causes d'arrestation de tous les individus détenus à Arras, et à donner leur avis sur chacun d'eux. Ils s'étaient plaints de n'être plus que six, et de n'avoir ni secrétaire ni frais de bureaux. « Restez six, leur avait répondu le représentant, ou indiquez-moi un bon septième. Le District d'Arras est requis, par ce présent, de vous fournir un bon commis et de faire payer les menus frais qu'entraînent vos opérations. Allons, vite ! avancez [2]. »

La commission des Six n'avait pas seulement pour mission de proposer des élargissements, elle adressait à Le Bon « trois tableaux séparés, dont un, des détenus qu'elle avisait devoir être mis en liberté [3], un second, de ceux qui devaient rester en arrestation, et le troisième, de ceux à mettre en jugement ».

Le tribunal révolutionnaire d'Arras était ainsi alimenté par des pourvoyeurs actifs, auxiliaires dévoués du représentant.

Le 1er messidor (19 juin) la commission fit traduire en justice : Delacroix, Griffon, Nonjan, Wignan, Marchandise et Boitel. Ces six accusés furent condamnés à mort.

François Delacroix (36 ans), chapelier, avait été emprisonné, en septembre 1793, sur la dénonciation d'un serrurier

---

1. Archives de l'Empire.
2. Lettre du 25 prairial. (Arch. de l'Empire.)
3. Du 8 prairial au 27 messidor, cent trente-huit détenus furent élargis sur l'avis de la commission : un grand nombre d'entre eux durent, il est vrai, leur liberté au décret rendu le 21 messidor en faveur des cultivateurs.

qui, devant le Conseil général de la commune, s'était rétracté. Le comité de surveillance, après avoir ordonné que Delacroix fût mis en liberté, l'avait retenu sous les verroux. Il exposait, le 23 frimaire (13 décembre), qu'il avait monté sa garde avec exactitude, signé la Constitution, « ce chef-d'œuvre produit par le génie même de la Liberté », et qu'il était prêt à accepter une place qui le rendrait utile à la Patrie. Malgré ces protestations, le jury déclara Delacroix coupable « d'avoir insulté les patriotes, et notamment les défenseurs de la Patrie quand il les voyait mal vêtus, et d'avoir donné des preuves de la plus chaude aristocratie et de l'incivisme le plus marqué ».

François Griffon (40 ans), sergent à verges de l'échevinage, arrêté le 17 octobre 1793 en son bureau à la municipalité, avait été conduit à l'Abbatiale. Le 14 frimaire (4 décembre), le comité l'autorisa à sortir de prison pour rendre compte à l'administration des pauvres de diverses ventes mobilières auxquelles il avait prêté son ministère. Mais le 28, il le fit réincarcérer comme « très-suspect par sa conduite et ses fréquentations ». Le 23 ventôse (13 mars), la femme de Griffon et ses cinq enfants, âgés de douze ans à quinze mois, furent envoyés à la Providence. « Agent de contre-révolutionnaires et d'aristocrates », Griffon fut convaincu d'avoir « tenu des propos incendiaires ».

Pierre Nonjan (41 ans), prêtre réfractaire, « chef d'un club monarchique composé de nobles, prêtres et contre-révolutionnaires de la commune d'Arras, lequel se tenait chez la veuve Caron, avait insulté les prêtres assermentés ».

Denis Wignan (41 ans), libraire à Arras, avait reçu, en août 1792, un paquet de livres contre-révolutionnaires, qui lui était adressé par Lefort, libraire à Lille. Un patriote, qui achetait chez lui du papier, enleva ce paquet et le porta chez le juge de paix. Wignan, déclaré suspect, fut mis en état d'arrestation le 17 octobre 1793, et laissé provisoirement dans sa maison, sa femme étant dangereusement malade. Emprisonné à l'Abbatiale le 24 brumaire (14 novembre), il adressa inutilement au comité de surveillance pétition sur pétition. Il fut renvoyé au tribunal révolutionnaire, et reconnu coupable d' « avoir colporté dans Arras le *Manifeste de Brunswick* et autres tyrans ; reçu de Paris et de Lille des écrits incendiaires ».

Romain Marchandise (35 ans), avocat, arrêté le 27 octobre 1793, avait demandé et obtenu qu'on levât les scellés apposés sur ses papiers, afin de constater s'il était l'ami ou l'ennemi de la Liberté. Le comité de surveillance l'avait maintenu en arrestation comme « ayant fait des motions incendiaires et colporté des pétitions contre-révolutionnaires ». Lorsque l'huissier l'appela pour le conduire au tribunal, Marchandise parvint à s'esquiver, à entrer dans la cour et à franchir le mur d'enceinte de la prison ; il tomba dans un jardin voisin ; malheureusement le bruit de sa chute fit pousser par une femme un cri qui donna l'éveil aux geôliers. Le fugitif fut repris et garrotté. A l'audience, on le condamna « pour avoir professé les doctrines des Feuillants, s'être montré partisan du département quand cette administration était encore contre-révolutionnaire, avoir colporté une adresse de félicitations à l'infâme Capet, et voulu frapper de son sabre un des plus chauds patriotes d'Arras ».

Jean-Baptiste Boitel, sergent à verges de l'échevinage, porté sur la liste des émigrés, avait obtenu sa radiation en prouvant que, s'il était sorti de France, c'était pour ses affaires. Le 12 mars 1793, un citoyen d'Arras manifesta au département son étonnement de ce que cet aristocrate remplissait encore les fonctions d'huissier à la municipalité. Boitel fut arrêté le 8 frimaire (28 novembre). « Agent prononcé de l'aristocratie la plus crapuleuse, ennemi de la Révolution, soupçonné d'émigration lors du siége de Lille »; tels sont les motifs de son arrêt de mort.

Un cabaretier d'Ourton fut acquitté: « il était accusé d'avoir enfreint la loi sur le maximum, et caché son fils afin de le soustraire à la réquisition.

2 *messidor* (20 juin). — Jean Delehelle de Vicques (38 ans), avocat, avait exposé à la municipalité, le 30 septembre 1793, qu'il était détenu depuis vingt-quatre jours, sans connaître encore ni le nom de son dénonciateur, ni les faits à sa charge; que, du reste, il avait toujours montré de la soumission aux lois, rempli les corvées et monté sa garde avec empressement. Le comité de surveillance, saisi de cette pétition, passa à l'ordre du jour, « attendu que le frère du réclamant était émigré ». La mère de Delehelle fut elle-même emprisonnée. Mû par la piété filiale, autant que par l'intérêt de sa défense personnelle, le prisonnier revint à la charge. Les 10 et 25 frimaire (30 novembre et 15 décembre), il représenta que, décrété d'arrestation avant la loi des suspects, au lieu de prendre la fuite, il s'était rendu à la municipalité sur le simple avertissement d'un agent de police; lors de la levée de trois cent mille hommes, on l'avait nommé commissaire de section. Si l'un de ses frères avait émigré, un autre frère, capitaine au 2ᵉ régiment d'infanterie, combattait sous les drapeaux de la République. Quant à sa mère, infirme et plus que sexagénaire, elle n'était riche que de bonnes œuvres. Delehelle de Vicques resta en prison. Sur une liste envoyée de Cambrai par Le Bon, il fut annoté comme « aristocrate forcené ». Convaincu d'avoir « excité des regrets sur l'ancien régime, fait de fréquents voyages au village d'Héninel, et usé de son crédit pour y soulever les habitants », il porta sa tête sur l'échafaud.

Le jury épargna un journalier prévenu « d'avoir chanté : *Vivent le Roi, l'Empereur et Coblentz* ».

3 *messidor* (21 juin). — Adrien Cantrel (52 ans), fabricant de bas à Fillièvres, avait été dénoncé par l'agent national du district de Montreuil. « Oui, je le déclare, avait-il dit au cabaret le 14 ventôse, on a fait mourir l'innocence même pour laisser vivre et régner les tyrans ».

La commission d'épuration envoya au tribunal révolutionnaire : Marguerite Houez (40 ans), femme de chambre de Mme Boudart de Mingrival ; César Lescardé (56 ans), chirurgien ; Pierre Dubois (63 ans), chevalier de Saint-Louis, officier retraité à l'Hôtel des Invalides, et Jacques Bizet (71 ans), rentier à Arras.

Marguerite Houez, détenue comme suspecte, « avait caché, au détriment de la République, des pièces d'argenterie appartenant à ses maîtres ».

César Lescardé, emprisonné à l'Abbatiale, s'était acquis une grande réputation dans la pratique de son art. Le 11 brumaire (1er novembre), huit citoyennes, sur le point d'être mères, sollicitèrent sa liberté et firent de lui le plus grand éloge. « Jugé à rester », telle fut la réponse du comité révolutionnaire. Lescardé fit observer lui-même au comité, le 7 frimaire (27 novembre) que, soumis aux lois et aux autorités, il s'était acquitté de ses devoirs civiques ; désintéressé dans l'exercice de sa profession, il avait refusé, à l'armée, des appointements considérables, pour rester au milieu de ses concitoyens. Un de ses fils combattait à la frontière. Lorsqu'on délibéra sur cette pétition, un membre du comité prétendit que Lescardé était signalé comme s'étant opposé à la levée des contingents : il tenait ce renseignement de Caubrière jeune, secrétaire-commis au département. Caubrière fut appelé et nia le propos qu'on lui imputait. On constata alors que Lescardé n'était prévenu que « d'un peu d'aristocratie, et n'était nullement dangereux » ; il fut élargi ; mais, le 22 nivôse (11 janvier), le comité le fit incarcérer définitivement. Le tribunal révolutionnaire ne trouva d'autre fait à sa charge que « d'avoir caché son neveu émigré ».

Dubois était emprisonné comme suspect depuis le 4 brumaire (25 octobre). Il avait cependant prêté le serment civique et signé la Constitution. On l'accusa d'avoir tenu ce propos : « Si cela dépendait de moi, je terrasserais la Convention nationale ».

Bizet avait « recueilli et conservé du bois provenant du Calvaire d'Arras, ainsi que des images ou emblêmes du fanatisme et de la tyrannie ». Le juré Danel, pendant les débats, dessinait une guillotine au bas de laquelle il inscrivit son vote : Bizet guillotiné. Il tenait en main l'extrait du jugement de condamnation préparé par Cyriaque Caron. Néanmoins, Bizet obtint un acquittement. — Les quatre autres accusés furent condamnés à mort.

4 messidor (22 juin). — Il résultait d'un procès-verbal envoyé à l'accusateur public Potier par la municipalité de Saint-Omer que Jacqueline Roland (60 ans), écrouée aux Baudets le 6 prairial, avait méprisé et discrédité les assignats. Un voisin, lui demandant son enclume à prêter, lui avait dit: « Si on la casse, on la payera ». — « Avec quoi ? » avait-elle répondu ; « avec des assignats bons à mettre dessus » ? — Jacqueline Roland expia ce propos sur l'échafaud.

Un général de division, chef de l'état-major de l'armée du Nord, avait fait parvenir à Potier deux lettres dans lesquelles Antoine Soldini (21 ans), sous-lieutenant d'infanterie, « attestait sa criminelle indifférence pour l'état militaire, ou plutôt qu'il avait pour cet état le mépris le plus marqué ». Soldini fut mis à mort.

Le tribunal acquitta un menuisier prévenu « d'avoir caché un jeune homme pour le soustraire à la réquisition ».

5 messidor (23 juin). — Luc Ozenne (71 ans), lieutenant-général de la gouvernance d'Arras, avait été arrêté avec sa femme, le 27 germinal (16 avril), et incarcéré à l'Hôtel-Dieu par ordre du comité révolutionnaire. Aucun fait n'était signalé contre lui, lorsque, le 15 floréal (4 mai), un membre du comité déclara qu'il avait donné asile à un chanoine insermenté.

On trouva, en effet, dans la maison du détenu Édouard Gouillard (69 ans), chanoine écolâtre de la collégiale de Saint-Pierre à Aire. Dénoncé par six citoyens pour cause d'incivisme, Gouillard, conformément au décret du 26 août 1792, s'était rendu à Arras afin de se faire enfermer aux Capucins; mais il n'y avait pas trouvé de place et s'était retiré dans la maison d'Ozenne, son beau-frère, où il vivait caché, sans oser sortir. Le 27 prairial (26 mai) le District prit contre Ozenne et Gouillard l'arrêté suivant :

« Considérant que Gouillard, qui devait être reclus, est demeuré caché chez le nommé Ozenne; qu'il s'est rendu ainsi criminel et récalcitrant aux lois avec toute l'adresse d'un prêtre fourbe et hypocrite; — Considérant que les réponses de ce prêtre ont été dictées par l'hypocrisie contre-révolutionnaire qui voulait se couvrir du manteau du civisme [1]; qu'il a cherché à tromper la municipalité d'Aire en lui faisant par lettre le serment d'Égalité et de Liberté, au lieu de le faire à la commune d'Arras où il demeurait caché; — Considérant, en outre, qu'Ozenne, pour avoir recélé ce prêtre inassermenté et fripon, se trouve frappé par l'article XIX du décret des 29 et 30 vendémiaire; — Arrête que cet individu prêtre et Ozenne doivent être renvoyés à l'accusateur public pour être, dans les vingt-quatre heures, conformément

---

[1]. L'infortuné vieillard avait manifesté le plus grand trouble dans son interrogatoire.

« A lui demandé ce qu'il faisait chez Ozenne, a répondu qu'il s'occupait à y écrire toutes ses pensées et idées pour la contre-révolution. Il s'est rétracté ensuite et a dit : pour la Révolution ». (Arch. départ.).

à l'article V du même décret, livrés à l'exécuteur des jugements criminels, et que le présent arrêté sera, dans les vingt-quatre heures, envoyé avec copie de l'interrogatoire au représentant du peuple Joseph Le Bon, pour en être confirmé de suite [1]. »

En même temps qu'Ozenne et le chanoine Gouillard, huit habitants d'Aire, envoyés aux Baudets le 25 prairial et le 3 messidor, périrent sur l'échafaud.

Antoine Martel (53 ans), procureur, était accusé « d'avoir recélé de l'argenterie et des meubles de MM. Théry de Liettre, émigrés ».

Philippe Caupin (35 ans), cordonnier, s'était « moqué de l'uniforme respectable de garde national ; avait dit que s'il avait eu un semblable habit, il l'aurait jeté au feu ».

Antoine Roussel (38 ans), jardinier, avait « fait aux patriotes l'application d'un passage de l'Apocalypse, et dit qu'il viendrait une bête à sept cornes qui les dévorerait ».

Augustin Boulin (38 ans), journalier, avait « entrepris de fréquents voyages à la frontière ; était présumé avoir porté des secours aux émigrés, et s'était opposé à l'arrestation d'un individu portant cocarde noire ».

François Delautel (76 ans), cabaretier, détenu avant l'établissement des comités de surveillance, avait « prêté sa maison aux royalistes pour y faire une orgie nocturne, tandis que les enfants sans-culottes de la commune étaient en Belgique. Dans cette orgie, on avait proposé d'abattre le bonnet sacré de la Liberté ; et en effet, ce signe respectable avait été abattu dans la même nuit ».

Jean Becq (37 ans), cabaretier, « chef d'un rassemblement de royalistes qui s'opérait dans un cabaret que ces messieurs appelaient le *Petit-Coblentz*, avait signé plusieurs adresses royalistes et fanatiques ».

1. Archives départementales.

Pierre Colpart (67 ans), cultivateur, maire d'Aire en 1792, avait « soutenu les prêtres réfractaires, et souffert que le P. Moreau, recteur du collége, continuât ses fonctions sans prêter serment ; les professeurs avaient dû recourir aux autorités pour faire respecter la loi ».

Joseph Tardivy de Torrenne (67 ans), chevalier de Saint-Louis, capitaine d'artillerie, « avait dit que les batteries du rempart étaient assez bien placées pour ce à quoi elles devaient servir; que si l'ennemi paraissait, la ville lui serait livrée sur-le-champ ; que les patriotes étaient de la canaille; qu'il fallait les faire sauter comme des hirondelles. Il avait porté de mauvaises nouvelles dans les maisons des aristocrates ».

François Salembier, journalier, fut seul acquitté. On prétendait qu'il avait voyagé à la frontière pour secourir les ennemis.

6 *messidor* (24 juin). — Marie Braure (43 ans), dirigeait à Saint-Omer l'hôpital de la Maladrerie, où l'on recevait les bourgeois malades. Elle fut renvoyée au tribunal révolutionnaire, le 15 prairial, par le directeur du jury d'accusation de Saint-Omer, sous la prévention « d'avoir soustrait divers effets de la sacristie de l'hôpital ». On lui imputait aussi d'avoir dit, en faisant une décoction d'althea dans un bassin de cuivre oxydé : « C'est bon, c'est bon, ce n'est pas pour nous. » Une inculpation plus grave et plus vraie amena sans doute la condamnation de Marie Braure : elle était sœur de Charité.

Jean-Baptiste Nicaise (46 ans) et Arnould Allart, vivandiers, furent mis à mort « comme espions ».

7 *messidor* (25 juin). — Nicolas Proost (39 ans), cultivateur à Haisne, ancien greffier de la deuxième chambre du Parlement de Flandre, avait été traduit, le 5 juillet 1793, pardevant le tribunal criminel siégeant en l'église de Saint-

Barthélemy à Béthune. Le district l'accusait alors de propos inciviques et contre-révolutionnaires. Il avait dit que « celui qui avait arrêté le ci-devant Roi était un coquin et un jean-f..... S'il l'avait connu, il lui aurait brûlé la cervelle, parce qu'il était cause qu'on l'avait guillotiné ». Payant son cordonnier en assignats : « Crie à présent, avait-il ajouté, vive ta s..... g..... de nation ; cette nation de coquins. » Le tribunal avait acquitté Proost, mais l'avait maintenu en état d'arrestation. Demuliez lui témoignait de la bienveillance ; le 2 juillet, il avait recommandé au gardien de la prison de « lui procurer tous les avantages dont on peut jouir dans une maison d'arrêt [1] ». Cependant le district de Béthune cherchait à ressaisir sa proie. Le 17 prairial (5 juin), Duhaut-Pas écrivait d'Arras à ses collègues : « Je viens d'avoir une conférence avec l'accusateur public, sur le compte de M. Proost. Il en résulte que si l'on pouvait trouver quelques bons b...... de sa commune ou d'une autre, qui puissent avoir des faits autres que ceux qui lui sont imputés, ou qui puissent aider à la conviction que le juré doit acquérir pour les sentiments que ce monstre a professés depuis la Révolution, il faudrait les lui désigner pour qu'il les fît entendre. Cette mesure est nécessaire pour le public qui pourrait croire qu'il suffit de dénoncer sans preuve, pour le traduire au tribunal révolutionnaire, un individu, quels que soient ses principes pour la Révolution. Je vous invite donc à satisfaire aux désirs de l'accusateur public par tous les moyens les plus prompts et les plus convenables, pour purger ce bas-monde de ce mangeur de pain inutile [2]. »

Le district de Béthune suivit les instructions de Duhaut-Pas et envoya de nouvelles pièces à l'accusateur public. Ca-

---

1. Archives départementales.
2. *Cris des habitants de Béthune*, p. 155.

ron n'hésita pas alors à remettre Proost en jugement; il le fit amener aux Baudets le 6 messidor et l'accusa, le lendemain, « d'avoir despecté les assignats, en tenant des propos incriminés déjà le 5 juillet 1793; d'avoir dit, à l'occasion de la destruction d'une maison religieuse : « Les coquins ont encore l'audace de démolir ces bâtiments; avant quinze jours ils s'en souviendront. L'ennemi est déjà maître de Valenciennes; nous en leur en f........ » — « O mon ami, avait écrit Proost, j'ai de bonnes nouvelles à t'apprendre : Condé est pris, et Valenciennes va ouvrir ses portes. J'en ai reçu des nouvelles. Bien des personnes de Lille ont la cocarde blanche en poche. Mes jambons dessalent pour régaler les Autrichiens, et j'espère qu'avant quinze jours j'amenderai mes terres avec les corps morts des patriotes ». — Cette fois, Proost ne fut pas épargné [1]. — « Proost, le scélérat Proost, a été guillotiné, écrivit Darthé à Le Bas, et je n'ai pas peu contribué à influencer le jury pour le faire condamner [2]. »

Marie-Joseph Callau, veuve Rogier (68 ans), rentière à Arras, avait été emprisonnée le 14 pluviôse (2 février) « comme très-aristocrate, suspecte d'avoir contribué à l'émigration des Develle, ses petits-fils ». Le 21 ventôse (11 mars), Le Bon écrivit au comité de surveillance : « Le comité de

---

1. Le juré Clément écrivait le 7 messidor à ses collègues du district de Béthune : « L'infâme et scélérat Proost vient de tomber sous le glaive de la loi. Sa défense a été des plus astucieuses; mais il n'en imposa pas à un juré révolutionnaire déjà convaincu de sa scélératesse. Il osa même, dans sa défense, se peindre comme patriote, et même comme révolutionnaire. J'en fus indigné ; aussi ai-je tracé aux yeux du peuple l'opinion que l'on avait de lui dans notre district. J'osai dire que le département, d'après l'instigation du fourbe Demuliez, l'avait mis, en quelque sorte, en liberté, mais que le district, convaincu de son aristocratie, avait pris sous sa responsabilité de le tenir en état d'arrestation, ce qui ne contribua pas peu à donner la conviction aux jurés : aussi fut-il condamné à l'unanimité. Ainsi finit le plus grand intrigant peut-être de notre district ». (*Cris des habitants de Béthune*, p. 143).

2. *Procès*, t. I, p. 119.

surveillance d'Arras fera de suite arrêter et mettre au secret la nommée Thérèse Rogier, sœur de Develle, demeurant près l'abreuvoir, rue ci-devant Saint-Jean-en-Lestrée, après toutefois avoir visité ses papiers et en avoir extrait les suspects qui seront, avant cinq heures, apportés au représentant du peuple [1]. » En exécution de cet ordre, Thérèse Rogier alla rejoindre sa mère à la Providence. Le tribunal révolutionnaire les jugea dignes de mort, parce qu'elles avaient « lu les papiers aristocratiques, surtout lorsqu'elles étaient à Roclincourt, logées chez le chevalier Moinart, émigré, et conservé des chansons infâmes, dont une, sur les Cuirassiers, portait en tête les emblèmes affreux de la royauté ».

Aldegonde Facon (41 ans), servante du curé de Roclincourt, déporté, emprisonnée à la Providence le 1er floréal, avait dit au curé constitutionnel de Vimy « qu'il portait le démon sur ses épaules; que ceux qui allaient aux messes des assermentés seraient damnés ».

Jean Debay (39 ans), instituteur à Arras, arrêté le 4 germinal par ordre de Le Bon, avait injurié les représentants du peuple : « Ce sont des voleurs, s'était-il écrié ; ce sont des gueux qui s'enrichissent aux dépens de la Nation. »

Aldegonde Facon et Debay furent envoyés à l'échafaud.

L'abbaye de la Brayelle-les-Annay, de l'Ordre de Cîteaux, avait pour abbesse, avant la Révolution, Mme Aldegonde Hennecart de Briffoeil (68 ans). Retirée à Arras, Mme Hennecart fut dénoncée au comité de surveillance, le 17 frimaire (7 décembre), par un membre de ce comité, qui fit observer qu'après avoir écrit « qu'elle ne laisserait pas un sou à la Nation », elle était encore libre. « Les menaces de cette aristocrate, ajoutait-il, ont eu leur effet; le mobilier de l'abbaye a été pillé ». Le jour même, Mme Hennecart entra à l'Abbatiale. Elle exposa au comité, le 21 frimaire, qu'elle avait

---

[1]. Archives départementales.

prêté le serment d'égalité, payé régulièrement ses contributions et fourni des logements militaires. « N'est-ce pas là, ajoutait-elle, professer les principes exigés par la loi? Vous m'accorderez la liberté que je sollicite avec instance [1] ». Il résultait en effet d'un procès-verbal dressé le 14 octobre 1793 à la municipalité d'Arras, que Mme Hennecart avait « juré d'être fidèle à la Nation, de maintenir l'Égalité et la Liberté et de mourir pour les défendre ». La pétitionnaire sortit de prison ; mais, Joseph Le Bon, ayant fait réviser par les membres de la Société populaire les élargissements prononcés sans sa participation, l'ancienne abbesse d'Annay fut réincarcérée le 13 nivôse (2 janvier). Le jour fixé pour son jugement, la sous-directrice de la Providence lui laissa prévoir le sort qui la menaçait. « Aujourd'hui, je crache le sang », affecta-t-elle de lui dire en lui remettant son panier à provisions. Le jury déclara Mme Hennecart coupable « d'avoir soustrait des meubles de l'abbaye, dit qu'elle ne laisserait pas un clou à la Nation, et de s'être apitoyée sur le sort des prêtres déportés ».

On acquitta un manouvrier accusé d'avoir tenu des propos contre-révolutionnaires.

8 *messidor* (26 juin). — Reine Dubrœucq, veuve Rivelois (38 ans), Jean Pruvost et Jean Gengembre, cultivateurs à Loos, envoyés aux Baudets, le 4 prairial, par le district de Béthune, avaient fait passer des secours en argent aux curés de Loos et de Givenchy-en-Gohelle. Gengembre échappa seul à la mort.

Jean-Baptiste Vestavel (31 ans), marchand à Saint-Omer, écroué aux Baudets le 8 germinal, avait été « trouvé porteur d'un lingot d'argent et avait pris la fuite. Cette circonstance annonçait que le lingot était destiné aux ennemis de la patrie ». Vestavel fut exécuté.

1. Archives départementales.

9 *messidor* (27 juin). — Albertine et Françoise Briois des Arleux (67 et 60 ans), l'une Chartreuse, l'autre Ursuline, vivaient retirées à Arras depuis la fermeture des couvents. On ne les avait pas emprisonnées comme ex-nobles, parce qu'en effet la mort civile qu'elles avaient encourue par leur profession religieuse anéantissait sans retour les priviléges attachés à leur origine [1]. Cependant le comité de surveillance les mit en arrestation le 7 messidor. Le surlendemain, sous prétexte qu'elles étaient ex-nobles et qu'elles n'avaient point quitté Arras dans le délai prescrit par le décret du 27 germinal, le tribunal révolutionnaire leur appliqua la peine de mort.

Quatre femmes périrent en même temps que Mmes Briois.

Marie de Baune (60 ans) avait correspondu avec le chanoine de Baune, son frère, émigré.

Catherine Nonot (50 ans), épouse du citoyen Fava, chirurgien-major au 4e bataillon du Pas-de-Calais, fait prisonnier de guerre au Quesnoy, était détenue depuis le 7 frimaire. On l'accusait « d'avoir querellé son mari à cause de son assiduité au club ». Elle répondit au comité « qu'à la vérité elle parlait beaucoup et que, dans sa grande volubilité, il avait pu lui échapper quelques propos indiscrets; mais pouvait-on raisonnablement faire le procès à une femme qui avait toujours usé du privilége attaché à son sexe [2] » ? Le comité et le tribunal furent d'avis qu'une femme qui « avait insulté son mari parce qu'il fréquentait les sociétés populaires » était digne de mort.

Victoire Blanchet (59 ans), veuve de J.-B. Boitel, exécuté le 1er messidor, « avait discrédité les assignats et refusé d'en recevoir ».

Rosalie Colbeau (55 ans), dentellière, avait été attachée au

---

[1]. Les lois de la Révolution n'avaient réintégré les Religieuses dans leurs droits de citoyens que pour l'avenir et sans effet rétroactif.
[2]. Archives départementales.

service du chanoine Poulain, mis à mort le 22 août 1793. On l'avait emprisonnée le 9 prairial « comme très-suspecte, très-dangereuse et forcenée aristocrate ». On lui fit un crime « d'avoir correspondu » avec le prêtre vénérable dont elle était la domestique.

Une journalière de Beaurains, qui s'était vantée d'être aristocrate, un officier de santé et un laboureur; qui avaient fait un pari sur la durée de la Constitution, obtinrent du jury un verdict favorable.

11 *messidor* (29 juin). — Le comité de surveillance de Bapaume avait dénoncé à l'accusateur public dix habitants du district : Jean Choqué (64 ans), cultivateur à Lesbœuf, fut seul exécuté. Écrivant à M. de la Comté, le 24 mai 1793, il l'avait qualifié de seigneur. Dans une séance publique qu'il présidait comme maire, il avait dit : « Si nous voyons l'ennemi, nous irons au-devant de lui avec des vivres ».

Le jury acquitta le fils de Jean Choqué, ainsi que deux mulquiniers, prévenus de propos contre-révolutionnaires; un meunier, Mehay, qui avait fait descendre de cheval un citoyen porteur de vivres à l'armée; un marchand de Bapaume, Vainet, qui avait cherché à dissoudre la société populaire.

Adrien Lallart de Lebucquière, négociant (39 ans), fils aîné de M. Ghislain Lallart, exécuté le 2 floréal, et de Charlotte Briois des Arleux, avait été mis en arrestation, le 24 ventôse, comme frère d'émigré. Accusé « d'avoir applaudi lors de la trahison de Dumouriez », il fut exécuté.

12 *messidor* (30 juin). — Louis Boucher (68 ans) et Pierre Moncomble (66 ans), chapelains de la cathédrale, « sortis de France au 10 août 1792, n'étaient rentrés qu'à la prise de Tournai. Ils avaient continué de dire la messe, de confesser et de se livrer à d'autres pratiques superstitieuses ».

Druon Lefrançois du Fetel (74 ans), religieux de l'abbaye d'Arrouaise, et Jean Abraham (72 ans), chapelain de la cathédrale, avaient « réuni dans leur maison des contre-révolutionnaires et répandu des libelles ». Ces prêtres vénérables furent envoyés à l'échafaud.

Charles-Marie Merlin (45 ans), beau-frère de Jean Payen de Neuville, attendait en prison, depuis le 18 ventôse [1], une condamnation certaine. On l'accusa d'avoir dit « à un aristocrate de son espèce qui lui demandait : Quand cela finira-t-il ? — Quand les douze cents gueux qui sont là-bas auront tout mangé ». On ne prit même pas garde que la Convention nationale ne comprenait que sept cents membres, et que le propos attribué à Merlin ne pouvait s'appliquer qu'à l'Assemblée constituante, composée en effet de douze cents représentants [2].

Louis Dauchez (40 ans), receveur de rentes, était aussi mal noté que Charles Merlin auprès du tribunal révolutionnaire : il était frère de l'avocat Dauchez. Arrêté le 5 brumaire, il avait fait observer aux commissaires chargés de le conduire en prison que, par soumission aux lois, il avait engagé une religieuse converse qui gardait ses enfants à prêter le serment de Liberté et d'Égalité. Il fit valoir auprès du comité révolutionnaire ses dons patriotiques, sa présence aux assemblées de section, son exactitude dans le service de la garde nationale et son acceptation de la Constitution. Recommandé par son frère à Demuliez, il recouvra la liberté, le 21 frimaire, « attendu qu'aucune preuve d'incivisme n'existait contre lui ; mais, le 13 nivôse, le comité le fit réincarcérer par ordre de Le Bon, « comme taré dans l'opi-

---

1. Voir plus haut, p. 199.
2. Le 21 germinal, les commissaires du District avaient trouvé dans la cave de Merlin 8,673 livres 2 sols qui furent versés dans la caisse du receveur national.

nion publique pour son aristocratie. Ses liaisons avec Boitel et Lallemant guillotinés, et le refus de loger deux volontaires nationaux en disant qu'il ne connaissait point ces gens-là » suffirent pour le faire condamner.

Dès que le bourreau eut fini son œuvre, le tribunal se transporta au temple de la Raison, afin d'y tenir une séance extraordinaire. On y avait exposé sur un amphithéâtre six Récollets : Jean Pellaert (60 ans), Antoine Chartrel (81 ans), Jean Vestock (39 ans), Pierre Cleys (60 ans) et Marcel Picavet (34 ans) ; — deux Carmes déchaussés : Pierre Joly (53 ans) et Pierre Charlet (59 ans) ; — trois prêtres : Philippe Leroux (59 ans), vicaire à Wisques, Liévin Gamblain (49 ans), vicaire à Gonnehem, et Guillaume Blanquart (40 ans), vicaire à Robecq ; — cinq pieuses femmes : Henriette de Buchy, de Lille, (30 ans), religieuse hospitalière à Comines, Marie Minne, de Cassel (59 ans), Anne Vanderwick, de Bergues (42 ans), Régina Beck, d'Hazebrouck (25 ans), servante à Ypres, et Barbara Gruson, d'Hazebrouck (40 ans), maîtresse d'école à Ypres. — Ces malheureux, arrêtés à Ypres et constitués prisonniers, par « ordre du commandant de cette place, pour être conduits à l'accusateur du tribunal criminel révolutionnaire, » avaient été écroués aux Baudets le 10 messidor.

Cependant les juges n'étaient pas réunis en nombre suffisant pour délibérer. Un membre du tribunal civil, le citoyen Rouvroy, arrive au temple de la Raison, entraîné par la curiosité de son commis, ancien Récollet, qui désirait savoir s'il y avait parmi les prévenus des religieux de sa connaissance. « J'entends crier, dit-il, Rouvroy, Rouvroy ; il faut qu'il avance, ou la guillotine. Je demande de quoi il s'agit : un juré me dit d'avancer ; le président m'invite à siéger comme juge. En vain je fais quelques objections ; on n'en voulut point entendre ; il fallut me placer. Leserre me dit à l'oreille : le cas n'est pas difficile, il y a émigration. Le président Guilluy me le dit aussi. Il demanda leurs noms : la plupart ignoraient la langue française ; il passa outre et fit un discours contre l'émigration. L'accusateur public parla après lui, fit lecture de l'acte d'accusation et conclut à la peine de mort. Je m'écriai qu'il fallait les interroger. Le président dit que ce serait trop long ; que c'était une affaire faite. Convenez-vous, leur demanda-t-il, être les auteurs des sermons que vous prêchiez ? Ils répondirent : Oui ; les femmes furent regardées comme complices, et ils furent tous envoyés à la mort. La déclaration du jury portait que « les accusés s'étaient constamment montrés contraires aux lois émanées de la représentation nationale, notamment à celle du serment ; ils avaient quitté le sol de la liberté pour habiter l'air impur des lieux où régnait le despotisme ; suscité par tous les moyens possibles la haine des habitants de la Belgique contre la France, et notamment contre nos frères d'armes ; cherché par des libelles atroces et fanatiques, dictés par la rage et la fourberie sacerdotales, à anéantir le bienfait de la Révolution, et impudemment calomnié le Peuple français ; introduit dans la France et fait colporter des brochures afin d'y corrompre et dépraver l'esprit public et de remettre par ce moyen le Peuple français sous le joug des prêtres et des rois ; ils avaient, dans leurs prières et invocations fanatiques et superstitieuses, conjuré le secours de leur Dieu contre le Peuple français qui ne reconnaît plus d'autre divinité que l'Être-Suprême ; ils avaient enfin, lors de leur retraite en Belgique, porté des secours en argent aux ennemis de la France, et, dans tous les temps, favorisé de tout leur pouvoir les ennemis intérieurs et extérieurs de la République ».

14 *messidor* (2 juillet). — Védastine-Hélène-Joseph Lejosne La Comté-La-Ferté (68 ans), mise en arrestation le 6

octobre 1793 comme suspecte, emprisonnée aux Baudets le 13 messidor, avait « conservé très-précieusement ses armoiries et entretenu une correspondance avec deux prêtres émigrés, fanatiques de la première force ; Bailly, vicaire de Conteville, et Vincent, curé de Lespesses ». Le jury se déclara convaincu.

Marguerite Boucher (38 ans), cuisinière de Jean-Baptiste Wartelle, exécuté le 5 floréal, avait été autorisée par le département, le 22 mai 1793, à se rendre deux fois le jour en la Maison d'arrêt pour y donner des soins à son maître. Mise à son tour en arrestation, elle représenta inutilement que, dans l'obscurité de son état, elle n'avait pu faire rien de nuisible aux intérêts de la République. « Aristocrate forcenée, ayant méprisé la Révolution, s'étant réjouie du revers de nos armées, ayant hué le gazetier à différentes reprises, lorsqu'il annonçait quelque victoire ; fanatique, ayant cherché à fanatiser », Marguerite Boucher apprit que la Révolution immolait les honnêtes gens, à quelque condition qu'ils appartinssent.

Le tribunal révolutionnaire montra néanmoins plus de justice envers les prévenus qui comparurent ensuite ; à la même audience, il rendit à la liberté : Denis Bourgeois, maréchal à Arras, accusé d'avoir répondu à un citoyen qui lui demandait s'il était républicain : « Cela ne te regarde pas » ; une ménagère de Bully-Grenay et son fils, qui avaient « témoigné de la joie lors de la trahison de l'infâme Dumouriez » ; Prevost, maître particulier de la maîtrise des eaux et forêts à Hesdin, Gruet, juge de paix de Capelle, et Thérouanne, commissaire national près le tribunal de Montreuil : Prevost s'était fait « adjuger à vil prix la ferme de la Malmaison » ; Gruet avait « cherché à éloigner la revente de la ferme pour favoriser les prêtres réfractaires » ; Thérouanne avait refusé « de promulguer l'arrêté qui annulait la vente de ladite ferme, engagé la société populaire d'Hesdin à rompre avec la société-mère et combattu l'adresse à la Convention nationale sur les journées des 31 mai, 1ᵉʳ et 2 juin ». On acquitta également Villers, procureur de Capelle, prévenu d'avoir « abusé de ses fonctions pour ravager des assignats qui se trouvaient dans des armoires qu'il avait forcées »; Barré, notaire, et Hacot, brasseur, ci-devant administrateurs du district de Montreuil, qui avaient « assisté à l'effraction des armoires », et Cordier, maire de Capelle, « complice des mêmes faits, ayant de plus empêché qu'on enlevât de l'église le banc du ci-devant seigneur ».

17 messidor (5 juillet). — Charles-Adrien-Joseph Dourlens (35 ans), avocat au Conseil d'Artois (1779), juge au tribunal civil de Béthune en 1792, était attaché comme secrétaire au bureau de l'état-major de l'armée des Ardennes. Duquesnoy le fit traduire devant un tribunal militaire sous la prévention d'avoir instruit les ennemis du mouvement de nos armées [1]. Il fut acquitté. Le 7 floréal, le District d'Arras le recommanda au comité de surveillance : « Le fils aîné de Dourlens est-il en arrestation? il nous paraît bien suspect. Ce Dourlens dont nous voulons parler est celui qui a été juge à Béthune; salut et fraternité [2]. »

Mis de nouveau en arrestation, Dourlens fut envoyé aux Baudets, le 12 messidor, par ordre de l'adjudant-général Coulange, secrétaire de l'état-major de l'armée des Ardennes. L'accusateur public Caron annonça à la Société populaire que, sur sept prévenus qui devaient être traduits le 12 messidor, pas un n'échapperait [3]. Dourlens était de ce nombre. Caron l'accusa de s'être montré publiquement patriote pour

---

1. 2ᵉ *Censure*, p. 406.
2. Archives départementales.
3. 2e *Censure*, p. 461.

opérer d'autant mieux la contre-révolution. « Lié avec les aristocrates, il avait dédaigné et méprisé le peuple, et manifesté de l'attachement envers les nobles et les prêtres, cette classe d'hommes si justement proscrite. » Caron osa reproduire contre le prévenu le chef d'accusation sur lequel était intervenu un jugement d'acquittement. — Qu'est-il besoin de dire que Dourlens fut condamné à mort ?

Les prévisions de Cyriaque Caron au sujet des six accusés jugés en même temps que Dourlens se réalisèrent également.

Lambert Lefebvre (60 ans), notaire à Douai, s'était retiré à Brebières avec Catherine Boulanger sa femme (60 ans). Signalés au département le 2 août 1793 par un membre du District, comme ayant tenu des propos contre-révolutionnaires, les époux Lefebvre avaient été emprisonnés, puis relâchés. Le 3 prairial, deux commissaires aux émigrés dénoncèrent Lefebvre au comité de surveillance : « Gangrené d'aristocratie, disaient-ils, Lefebvre a quitté Douay à cause de son incivisme. Il a recélé très-longtemps des objets provenant de l'ex-curé de Brebières et n'a fait sa déclaration qu'après le 20 floréal ». Le comité décida que Lefebvre et sa femme « seraient mis en arrestation comme suspects et aristocrates ». Plus d'un mois s'était écoulé lorsque l'accusateur public Caron écrivit aux administrateurs du District : « Citoyens, il est parvenu à ma connaissance que vous aviez des pièces relatives au nommé Lefebvre, ci-devant notaire à Douai, et sa femme. Je vous invite de me les faire passer le plus tôt possible, attendu que je me propose de mettre incessamment en jugement ces deux individus. Salut et fraternité [1] ». La lettre de Caron porte en marge cette annotation : « Répondu, le 12, par un arrêté et envoyé les pièces ».

---

1. Lettre du 11 messidor. (Arch. départ.).

Le procès-verbal des commissaires aux émigrés, remis à Caron, constatait qu'ils avaient trouvé dans la maison de Lefebvre « une lettre du 27 février 1793 datée de Mons, sept petits cadres ronds renfermant des effigies de tyrans, un paquet de cachets en cire armoriés, une girouette avec une fleur de lis double, un cachet d'argent armorié, neuf exemplaires du journal de *la Marchand* et trois petits tableaux ronds, en plâtre, représentant l'un le tyran Capet, et les deux autres Marie-Antoinette d'Autriche, femme dudit Capet [1] ». « Lefebvre et sa femme, dit le jugement, ont correspondu, le 27 février 1793, avec un nommé Pierrache, émigré; conservé les portraits du dernier tyran, de son infâme compagne, de différents princes, comtes, marquis, décorés du ci-devant cordon bleu, et une *bannière* fleurdelysée ».

François Camus (34 ans), menuisier à Arras, envoyé aux Baudets le 10 messidor par le comité de surveillance, avait « correspondu avec les émigrés et fait passer des secours à ces lâches, à ces infâmes ».

Le 14 messidor, le commandant d'Ypres avait fait écrouer aux Baudets Hyacinthe Lagache (43 ans) et Adrienne Dupont (46 ans), arrêtées en Belgique. Avant de quitter la France, ces deux compagnes étaient l'une couturière à Vaudricourt, l'autre servante de curé à Saint-Hilaire, district de Béthune. On les accusa de « s'être exilées volontairement du sol sacré habité par la Liberté et l'Égalité, et d'avoir conservé en leur possession la *Clef du Paradis* ou *le Chemin du Ciel*, une *Oraison à Marie, Mère de Dieu, conçue sans péché*, une parcelle d'étoffe arrachée au manteau du bienheureux serviteur de Dieu Benoît-Joseph Labre, et l'attestation du vicaire-général du ci-devant évêque de

---

1. Archives départementales.

Boulogne que cette parcelle était vraiment tirée du saint manteau ».

Jean Mauroy (58 ans), cultivateur à Herdecourt-au-Bois, était prévenu d'avoir « montré de l'attachement pour M. de La Comté, guillotiné, et reçu en son nom des droits seigneuriaux, quand ils étaient anéantis par la loi ».

18 *messidor* (6 juillet). — Le comité de surveillance de Béthune avait dénoncé à l'accusateur public sept habitants de cette ville, qui arrivèrent aux Baudets le 17 messidor. C'étaient François Lemaire (40 ans), marchand; Ghislain Pronier (37 ans), frère de la Doctrine chrétienne; Siméon Mongy (61 ans), notaire; Jacques Delbarre (56 ans), marchand; J.-B. Flageolet (61 ans), maçon, et Charles Guffroy (57 ans), organiste à la collégiale de Saint-Barthélemy.

« Les patriotes seront un jour mangés à poux, avait dit Lemaire, et il avait appuyé ce propos d'un geste menaçant qui annonçait qu'il contribuerait pour quelque chose à cet évènement : il avait aussi discrédité les assignats ».

Pronier avait « traité de violence la loi sur le serment des prêtres, et protesté qu'il n'enseignerait jamais d'une autre manière que celle qu'il avait jusque-là employée ».

Mongy avait « cherché à soulever les citoyens, notamment lors de la suppression des Congrégations religieuses, et déclaré que, si la vente des biens de ces Congrégations continuait, on ne trouverait plus de viande pour le peuple ».

Delbarre s'était opposé à l'établissement des sociétés populaires, avait menacé les patriotes, et tenu des propos inciviques : à son avis, « les biens des ecclésiastiques avaient été volés ». — « Vous ne savez donc pas, avait-il dit, que nos gens vont rentrer dans tous leurs droits et que nous ferons la ducasse de Béthune en l'honneur de Louis XVI ».

Flageolet avait « traité durement son fils parce qu'il

était patriote, et déclaré qu'il était malheureux qu'on gênât la cause des prêtres ».

Guffroy avait « discrédité les assignats, protégé les prêtres insermentés, refusé, dans une fête civique, de jouer sur l'orgue l'air *Ça ira*, et mieux aimé perdre sa position que de prêter le serment ».

Un cordonnier, prévenu de propos contre-révolutionnaires, obtint seul un acquittement.

19 *messidor* (7 juillet). — Albertine-Isabelle Briois des Arleux (63 ans) était détenue depuis le 11 frimaire (1er décembre 1793). On l'accusa « d'avoir quitté le territoire français et de n'y être rentrée que pour mettre à exécution les plans conçus entre elle et les ennemis de la patrie; d'avoir conservé avec eux les intelligences les plus criminelles. Aristocrate d'autant plus dangereuse que ses richesses lui donnaient le moyen de corrompre l'esprit public et d'exécuter ses complots infâmes, elle avait cherché à fanatiser; elle était elle-même absolument fanatique ». A tous ces titres, Mme Briois des Arleux méritait la mort.

Le 5 mai 1793, à trois heures du matin, les commissaires du Conseil général de la commune avaient arrêté Jean-Baptiste Braine (40 ans), chapelain de la cathédrale d'Arras. Ayant constaté qu'il ne pouvait sortir de son lit et que ses papiers ne renfermaient rien de compromettant, ils s'étaient contentés de placer une sentinelle à sa porte. Bientôt M. Braine fut emprisonné aux Capucins. Le 23 germinal (12 avril), un perruquier, nommé Dacheux, déclara au greffe de la municipalité « que, vers la fin d'octobre 1792, Mercier, ex-chapelain, lui avait dit, pendant qu'il le coiffait, qu'il était revenu de Tournay dix jours auparavant avec l'abbé Braine [1]. » Cette dénonciation, transmise au District et

---

1. Archives départementales.

au département, fit tomber la tête de J.-B. Braine. On le condamna comme ayant quitté, en 1792, « le sol de la Liberté, et n'y étant rentré que vers la fin d'octobre, et ayant entretenu des relations avec les aristocrates et les fanatiques ».

Emmanuel Verkonis (48 ans) et Pierre Degremont (21 ans), belges l'un et l'autre, avaient « arraché et foulé aux pieds, le 15 messidor, la cocarde d'un volontaire ; mis en pièces trois assignats de quinze sols qui lui appartenaient, et ameuté le village contre lui. Verkonis était possesseur d'une capote française, d'une autre capote et d'un habit autrichiens. »

Martial Maguenot (32 ans), manouvrier, avait « abandonné les drapeaux de la Liberté au moment où ils allaient être couverts de gloire; on l'avait surpris, dans le pays conquis, travesti et couvert de haillons ».

Ces trois accusés furent envoyés à la guillotine. — On acquitta un journalier de Sarton et une couturière d'Auchy, prévenus d'avoir dit « qu'une lettre descendue du haut des Cieux avait annoncé que ceux qui ne sanctifieraient pas le dimanche seraient brûlés par la foudre », et une journalière de Beaurains qui prétendait « avoir trouvé un œuf dans lequel l'arbre et le bonnet de la liberté étaient représentés. »

21 *messidor* (9 juillet). — Jacques Devray (65 ans), garde-bois, et André Bocquillon, son gendre (38 ans), cultivateur à Bienvillers-au-Bois, avaient osé dire publiquement : « Vengeons-nous comme royalistes, en criant Vive le Roi et au diable la Nation ». — La Nation se vengea d'eux en les faisant périr.

Un laboureur de Cassel, qui avait cherché à favoriser l'évasion du chirurgien Durasnel, condamné à mort le 2 prairial, et un cultivateur qui avait fraudé l'État dans ses fournitures de paille, recouvrèrent la liberté [1].

---

1. Le 21 messidor, le tribunal révolutionnaire condamna à mort la veuve

22 *messidor* (10 juillet). — Louis Legris (46 ans), négociant à Desvres, Cyprien Legrand, de Lille (35 ans), et Joseph Luçon (26 ans), comédien, expièrent sur l'échafaud leur « amour pour la tyrannie et leur fanatisme ; ils avaient quitté le sol français et porté des secours à nos ennemis ».

Une dénonciation monstrueuse amena la mort de Noële Vichery (32 ans), femme de Louis Fouquart, manouvrier à Camblain-Cambligneul. Assise sur le seuil de sa chaumière, elle allaitait son enfant, lorsque deux commissaires venant à passer lui reprochèrent de n'avoir pas de cocarde à son bonnet. « Sais-tu, lui dit l'un d'eux, que je pourrais te faire guillotiner ? » La pauvre femme répondit : « Qu'on guillotinait à Arras des gens qui n'étaient pas plus coupables que l'enfant qu'elle portait dans ses bras, et leur présenta cet enfant pour être porté au tribunal, jugé et guillotiné par lui ». Ce propos, rapporté par un juré à l'accusateur public Caron, amena la mort de la femme Fouquart. Carlier assis-

---

Thellier, arrêtée à Gand le 18, et par conséquent émigrée. Mme Thellier obtint un sursis, à cause de son état de grossesse. C'est sans doute pour ce motif que le tribunal ne transcrivit pas le jugement sur son registre. Le récit fait par Mme Thellier devant le tribunal d'Amiens est trop navrant pour que nous le passions sous silence :

« Je fus arrêtée à Gand, dit-elle, et ramenée à Arras où je fus conduite au tribunal sur-le-champ par le nommé Gilles. En chemin, je fus battue, souffletée, accablée d'injures. On criait : A la guillotine ! c'est pour la guillotine ! J'entendis, en arrivant, l'accusateur public Potier dire : C'est pour la guillotine ; Le Bon l'a dit. Ensuite, on lut l'acte d'accusation. Je demandai la parole pour me défendre. On me répondit d'un ton dur : « Tu n'as plus la parole », et je fus condamnée à mort. Je déclarai alors que j'étais enceinte. Une femme déclara le contraire. Blondel et Labrosse, médecins, dirent qu'ils ne pouvaient rien décider. Danel, chirurgien et juré, affirma avec serment que je ne l'étais pas. Le seul Nonot, chirurgien, déclara que je l'étais. On avait déjà coupé mes cheveux. Taquet, huissier du tribunal, me reconduisit en prison en disant : C'est cette femme qui sera guillotinée. Je passai le reste de ma grossesse en prison. On me chassait comme une bête ; on me laissait manquer du nécessaire ; la directrice s'emparait des charités qu'on m'envoyait, car on m'a tout pris. J'accouchai de deux garçons dans cette triste position ». (*Procès*, t. 1, p. 301).

tait à cette exécution. « As-tu vu, dit-il à un de ses pareils, comme le lait coulait avec le sang [1] » ?

23 *messidor* (11 juillet). — Pierre Delrue (60 ans), cultivateur à Lisbourg, Louis Berthe, sa femme et sa fille, Ducroquet, horloger, et sa fille, Lenoir, cultivateur, étaient accusés par le district de Béthune « d'avoir colporté une lettre venue du ciel, dans laquelle on exhortait les citoyens à une pieuse résistance au gouvernement révolutionnaire ; lorsqu'on l'avait décachetée, un enfant de cinq ans, qui était aveugle, avait recouvré la vue et en avait donné lecture ». Le jury déclara le fait constant à l'égard de Pierre Delrue, et acquitta les autres prévenus.

24 *messidor* (12 juillet). — Timothée Delestré (32 ans), arpenteur à Sapignies, avait « écrit une lettre à sa sœur, dans laquelle il annonçait qu'il avait conçu le dessein de donner son âme au diable pour de l'argent ; il avait demandé, pour consommer ce sacrifice, plusieurs choses contraires à la pudeur. En 1791, il avait fait croire qu'il venait de gagner un gros lot à la loterie, et s'était promené dans Bapaume, coiffé d'un bonnet rouge, au son de la musique ». On guillotina ce fou.

Félix Deliége, procureur au Conseil d'Artois, et Augustine Mathieu (59 ans), sa femme, « dénoncés comme suspects par la rumeur publique », avaient été emprisonnés, le 12 germinal, sur l'ordre de Le Bon. Trois commissaires du District et de la municipalité, « ayant mûrement examiné toutes les pièces de la maison, n'y avaient rien trouvé de suspect ». Ils furent sans doute plus heureux dans de nouvelles recherches, si on en juge par l'arrêté de Le Bon : « Le District d'Arras prendra toutes les mesures qu'il croira convenables, après la lecture des procès-verbaux ci-dessus ;

---

1. *Procès*, t. I, p. 165.

mais, quelles que soient ces mesures, il fera dresser un procès-verbal régulier et en toute règle de la trouvaille des titres et effets propres à rallumer le fanatisme, et il l'enverra au représentant du peuple [1]. » Félix Deliége mourut en prison. Sa veuve, dernière victime du tribunal d'Arras, fut déclarée coupable d'avoir « colporté des écrits incendiaires, despecté ceux qui portaient l'honorable habit de garde national, reçu chez elle des prêtres réfractaires, tels que le profond hypocrite et le contre-révolutionnaire Ledieu, ci-devant curé de Saint-Aubert [2] ».

Le représentant Richard avait envoyé aux Baudets, le 20 messidor, une femme arrêtée à Gand. On avait trouvé en sa possession « un certificat donné à la comtesse de Montesson; une lettre du 23 décembre 1793, annonçant que les Autrichiens, avec une armée assez considérable, s'avançaient en France sous cinq colonnes, et une chanson signée d'un cœur enflammé, désignant un cœur patriote, traversé d'une flèche, qui signifiait la haine implacable des contre-révolutionnaires et le dessein de verser le sang des amis de la Liberté ». On découvrit que la prisonnière, que l'on supposait comtesse de Montesson, se nommait Catherine Covillez (26 ans), et n'était que la femme de chambre de ladite comtesse. On la condamna néanmoins à la peine de mort; mais son état de grossesse lui fit accorder un sursis qui la sauva.

---

1. Arrêté du 16 germinal. (Arch. dép.).
2. Le 25 messidor, le représentant Duquesnoy, qui ignorait l'exécution de Mme Deliège, écrivit de Bouvigny-Boyeffles à la commission d'épuration :

« Ceux qui ne sont pas pour la Révolution sont contre, et à plus forte raison ceux qui n'ont rien fait pour elle. Je crois que de ce nombre sont les Mathieu, Deliège et sa femme. La femme de mon collègue Le Bon pourra donner des renseignements sur les Mathieu que j'ai toujours regardé comme les ennemis de l'Égalité, et n'ayant pour amis que des aristocrates et la moinerie, ajant rompu avec ceux de leurs amis qui étaient patriotes. Salut et fraternité. »

Collationné par le secrétaire de la commission épuratoire, Antoine SAVIGNAN. (Arch. départ.).

LIVRE XIII

Nous avons laissé Joseph Le Bon occupé à se défendre contre les attaques dont il avait été l'objet au sein de l'Assemblée nationale. Guffroy était résolu à ne pas lâcher prise. Il avait adressé, le 20 messidor, une nouvelle lettre à Robespierre jeune [1], sur le concours de qui il paraissait compter.

« CELA EST LONG : MAIS LIS TOUT. — A.-B-J. Guffroy à Robespierre J., salut, amitié. — La politique nous oblige peut-être à ne pas nous rencontrer en ce moment, *affin* que l'on ne dise pas que nous cabalons contre un de nos collègues. Cependant, comme je n'ai attaqué Le Bon qu'avec la certitude que je poursuivais un oppresseur, il faut que je te dise rapidement toutes les démarches que j'ai *fait, affin* qu'elles ne contrarient pas celles que tu dois faire et que tu *a* faites sans doute, pour faire punir les fripons et les intriguans qui ont perdu l'esprit public à Arras.

---

[1]. M. Dancoisne, d'Hénin-Liétard, a bien voulu nous communiquer l'original de cette lettre inédite.

« Tu connais mon mémoire contre Le Bon. J'y ai déployé quelque énergie contre lui. Sois sur que, si les patriotes n'avaient pas été opprimés, je n'aurais pas parlé contre ce fou. Il faut lire mon mémoire avec le sang-froid d'un juge, alors les patriotes ne trouveront pas de malignité contre eux. Tu me connais : si j'avais voulu attaquer ton frère dans une note [1], comme on me l'a insinué, je suis assez loial pour le faire tout haut. Dis-lui qu'il te fasse voir les quatre ou cinq lettres que je lui ai écrites ; dis-lui d'abjurer les préventions que des mal-intentionnés lui ont donné contre moi. Qu'il se souvienne qu'un prêtre (Châles) fut cause de ma disgrâce des Jacobins. Je ne suis pas vindicatif, tu le *sçais* bien, mais je ne pardonnerai de ma vie à ceux qui m'ont fait rayer et qui ont empêché que je ne *sois* entendu.

« Au reste, puisqu'on m'a fui et repoussé, je sçaurai faire mon devoir seul ; les patriotes purs n'ont pas besoin de se voir pour s'entendre.

« Cependant, dans l'affaire d'Arras, comme il est important de faire triompher le patriotisme, de déjouer une cabale de prêtres vraiment existante dans les départements du Pas-de-Calais et du Nord, il faut que tu sache ce que j'ai fait. »

Après cet exorde, dans lequel le Jacobin méconnu montrait encore une fois qu'à ses yeux les centaines d'exécutions qui avaient ensanglanté Arras et Cambrai n'étaient rien en comparaison de l'arrestation de cinq patriotes, il poursuivait le récit des démarches qu'il avait tentées auprès du Comité de

---

1. Voici la note de la *Censure républicaine* à laquelle Guffroy fait allusion :
« Robespierre aîné doit se souvenir de ma fermeté lorsque, juges tous deux à la salle épiscopale d'Arras, nous condamnâmes à mort un assassin. Il doit se souvenir, ce me semble, de nos débats philosophiques et philanthropiques, et même qu'il lui en coûta bien plus qu'à moi pour se résoudre à signer la sentence ; cependant, j'ai plus que lui l'âme exercée à la sensibilité, à l'amour de l'humanité. Je suis époux et père, il ne l'est pas ». (*Censure*, p. 66, note).

salut public, rappelait les mémoires et les pièces qu'il avait remis aux deux Comités, les lettres qu'il avait écrites à Barère et à Couthon « pour leur faire connaître, dans sa candeur républicaine, qu'ils avaient indiscrètement soutenu Le Bon »; les attaques qu'il avait dirigées contre Planès et Carlier qui, « retournés à Arras, intriguaient avec les prêtres ». Il rendait compte à Robespierre de deux mémoires adressés, le 19 messidor, au Comité de sûreté générale, dans lesquels il « faisait voir clairement qu'il existait, dans les départements du Nord et du Pas-de-Calais, une coalition de prêtres que Le Bon favorisait », et que les adresses envoyées à la Convention par les habitants de Cambrai, d'Arras, de Saint-Pol, de Boulogne [1], étaient l'œuvre de la violence et de la ruse. « A propos des voyages dispendieux » entrepris aux frais de la Nation ou de la ville d'Arras par Daillet, Darthé, Caubrière et autres, Guffroy reprochait à Le Bon les excursions qu'il avait faites d'Arras à Lille, Cambrai et Saint-Pol, avec sa femme ou ses affidés, « dans une berline à six chevaux » et promettait, sur la « conduite déprédatrice du représentant et des hommes vils qui l'entouraient », une dénonciation en règle.

« Joseph Le Bon, député supléant, n'ayant été admis à la Convention que sur les preuves négatives de son civisme,

[1] « L'adresse de Cambrai, dit Guffroy, a été apportée par des particuliers très-bornés et qui ont avoué à Danten que Le Bon les avait fait rester pour applaudir quand on ferait le rapport sur ce qui le concerne. Ces Cambrelots ont avoué que Le Bon avait encore placé d'autres personnes dans les tribunes pour applaudir, et ils ont nommé Daillet, Darthé, Caubrière et quelques autres ».

Guffroy signalait l'influence exercée à Boulogne par l'Oratorien Cattaert, « ce fameux *Cattar*, que nous avons vu à l'assemblée électorale à Calais. Si tu ne t'en souviens pas, je te rappelle que ce Cattar était l'arc-boutant des trois cents prêtres environ qui étaient à l'assemblée électorale. Tu dois te rappeler que ce fut Cattar et les prêtres qui mirent en avant Thomas Payne ; tu dois te rappeler qu'après nos observations tu monta sur la table pour t'opposer à sa nomination. Nous n'eûmes guères que *Demeulier* qui osa parler avec nous sur cela ».

Guffroy était d'avis que sa conduite devait être examinée de nouveau par le comité des décrets » ; il avait parlé dans ce sens à cinq ou six membres de ce comité. « Parles-en, toi, disait-il à Robespierre, à Élie Lacoste, à Vadier et à Rhul ; ils s'expliqueront avec toi plus encore qu'avec moi. Ils doivent craindre que je n'agisse avec passion ; tous connaissent pourtant mon amour pour la vérité ».

Guffroy terminait ainsi sa lettre à Robespierre jeune : « Courage, brave camarade ; fais terminer bientôt les maux des vrais et sincères amis de la liberté à Arras. Ils se ruinent ici ; ils s'en consoleront si le patriotisme triomphe. Pourquoi ne te chargerait-on pas d'aller rétablir l'ordre ? Il n'y a que toi ou moi qui le puissions : il faut de toute nécessité des connaissances locales. Moi, je ne peux pas y aller à cause de ma radiation des Jacobins ; ah ! les scélérats qui m'ont fait rayer me le paieront ».

Cependant le Comité de salut public auquel la Convention, dans la séance du 6 messidor, avait renvoyé l'examen de la pétition présentée à sa barre par l'adjudant Le Blond, avait chargé Barère, son rapporteur habituel, de faire connaître le résultat de ses délibérations. Le 21 messidor (9 juillet), Barère se présenta à la tribune de l'Assemblée nationale.

« Ce n'est qu'avec regret, dit-il, que le Comité vient vous entretenir de pétitions faites à votre barre, et suggérées par l'astucieuse aristocratie contre un représentant qui lui a fait une guerre terrible à Arras et à Cambrai ; c'est de Joseph Le Bon que le Comité m'a chargé de vous parler, non pour l'improuver ou l'inculper, comme l'ont fait des libelles (l'homme qui terrasse les ennemis du peuple, fût-ce avec quelque excès de zèle ou de patriotisme, ne peut être inculpé devant vous), mais pour rendre compte seulement de l'opinion politique qu'a eue le Comité sur cette affaire, qui n'aurait jamais dû donner lieu à des pétitions.

« Toutes les fois qu'il s'est agi des représentants du peuple envoyés dans les départements, près des armées, votre sage prévoyance a tout renvoyé au Comité de salut public, non pour en obtenir des rapports détaillés et judiciaires, mais pour y faire statuer politiquement et par mesure de gouvernement et d'administration. C'est ainsi que plusieurs réclamations de représentants à représentants, ou de citoyens à représentants, ont été discutées et terminées par des mesures prises par le Comité.

« Vous avez pensé que la représentation nationale, contre laquelle se dirigent tous les complots de l'ennemi extérieur, les atrocités de l'étranger, les intrigues des ennemis intérieurs, toutes les ruses de l'aristocratie ou le froid poison du modérantisme; vous avez pensé, dis-je, que la représentation nationale méritait de tels égards, que ses opérations ne devaient pas donner lieu à des procès par écrit et à des récriminations excitées par de viles passions, indignes de républicains. Ce sont ces vues discrètes et politiques que le Comité a toujours suivies, et dont il a senti plus fortement le besoin de ne pas s'écarter dans l'affaire de Joseph Le Bon.

« Ses accusateurs auraient désiré, peut-être, que c'eût été une occasion de discussion domestique ou d'altercations entre les représentants du peuple; d'autres malveillants auront pensé, peut-être, établir une sorte de jurisprudence litigieuse et défiante entre des hommes qui doivent être également attachés à la République, ou engager le Comité à prendre parti. Mais le Comité ne connaît que la République; il ne vise qu'à l'intérêt général, et cet intérêt consiste à abattre l'aristocratie, à la poursuivre dans toutes ses sinuosités, à défendre les patriotes et à seconder les opérations de la représentation nationale, en les dégageant de ce qu'elles peuvent avoir ou d'âpre, ou d'exagéré dans les formes, ou d'erroné dans les moyens.

« D'après ces vues, un de vos décrets porte que toutes les réclamations élevées contre les représentants doivent être jugées dans le Comité. C'est ce qu'il a fait jusqu'ici ; et après avoir entendu les plaintes et les représentants, il les a rappelés ou maintenus, il les a renvoyées ou soutenues.

« Le Comité doit-il agir, dans cette hypothèse, d'une manière différente? Il ne le pense pas. Il est plus utile qu'on ne peut le croire à la tranquillité des délibérations de la Convention que, sous la forme de pétitions, et sous prétexte du bien public, des passions hideuses ou des intérêts de localité ne viennent pas troubler le gouvernement ou les délibérations des législateurs.

« Le résultat et les motifs de conduite, voilà ce que nous recherchons. Les motifs sont-ils purs, le résultat profite-il à la Révolution, profite-il à la liberté? Les plaintes ne sont-elles que récriminatoires, ou ne sont-elles que le cri vindicatif de l'aristocratie? C'est ce que le Comité a vu dans cette affaire. Des formes un peu acerbes ont été érigées en accusation ; mais ces formes ont détruit les piéges de l'aristocratie. Une sévérité outrée a été reprochée au représentant ; mais il n'a démasqué que de faux patriotes, et pas un patriote n'a été frappé. Eh! que n'est-il pas permis à la haine d'un républicain contre l'aristocratie? Et combien de sentiments généreux un patriote n'éprouve-t-il pas à couvrir ce qu'il peut y avoir d'acrimonieux dans la poursuite des ennemis du peuple? Il ne faut parler de la Révolution qu'avec respect, et des mesures révolutionnaires qu'avec égards ; la Liberté est une vierge dont il est coupable de soulever le voile. (Vifs applaudissements.)

« Il pourra venir un temps où les délits de ceux qui ont cherché à laisser respirer l'aristocratie pourront être recherchés ; mais Joseph Le Bon, quoiqu'avec quelques formes que le Comité a improuvées, a complétement battu les aristocrates ; il a comprimé les malveillants et fait punir, à Cambrai surtout, les contre-révolutionnaires et les traîtres ; les mesures qu'il a prises ont sauvé Cambrai couvert de trahisons ; ce service nous a paru décisif pour ne pas donner un triomphe à l'aristocratie.

« C'est moins Joseph Le Bon que nous défendons, que l'aristocratie que nous poursuivons. Il ne doit pas être permis aux représentants de s'attaquer par des écrits polémiques, et de mettre en jugement le ressort et le mouvement révolutionnaires ; cette méthode ressemble trop à la guerre que les ennemis de la Liberté lui ont faite constamment. Le Comité a pensé qu'il en était de cette affaire comme de toutes celles où il s'agit de représentants, et qui ont été sagement terminées par un décret qui passe à l'ordre du jour [1] ».

On ne pouvait attendre de Barère qu'il laissât mettre en cause, à propos de Le Bon, les principes et les actes du gouvernement révolutionnaire ; d'un autre côté, le jour n'était pas encore venu où la Convention asservie oserait apporter quelque résistance aux propositions du Comité de salut public. Aussi les conclusions du rapporteur furent-elles adoptées sans aucune réclamation. Cependant les paroles de Barère renfermaient, au fond, une sorte de désaveu, et permettaient de supposer qu'on ne tarderait pas à rappeler un auxiliaire dont « les formes acerbes » étaient devenues compromettantes. Le 22 messidor, en effet, le Comité de salut public prétexta des victoires remportées par nos soldats pour mettre fin à la mission de Joseph Le Bon :

« Considérant que les succès des armées sur la frontière du Nord permettent de faire disparaître les mesures de police locale et de les rattacher au centre du gouvernement révolutionnaire ;

---

[1] *Moniteur* du 22 messidor.

« Que les exemples de sévérité donnés à Cambrai ont produit un effet utile aux armées de la République; mais qu'il est urgent de traduire, en exécution du décret de la Convention [1], au Tribunal révolutionnaire les conspirateurs et les traîtres qui cherchaient l'impunité sur cette frontière, malgré la vigilance des autorités constituées et la justice énergique de la commission, et qu'il importe de recueillir toutes les preuves de complots qui ont été ourdis à CAMBRAI et autres communes du département du PAS-DE-CALAIS;

Le Comité arrête :

1° Que la commission établie dans ce département par Joseph Le Bon, représentant du peuple, et maintenue par un arrêté précédent du Comité, cessera ses fonctions du moment que cet arrêté lui sera notifié ;

2° Tous les prévenus de contre-révolution seront traduits, sans délai, au Tribunal révolutionnaire;

3° Joseph Le Bon, représentant du peuple, ira rassembler les divers papiers, lettres et renseignements qu'il a recueillis, pendant sa mission, concernant les conspirations, les complots contre la République et les intelligences entretenues par les ennemis du peuple avec l'étranger, pour remettre sous les yeux du Comité de salut public ces papiers avec le tableau des opérations qu'il a faites, et proposer au Comité les mesures qui doivent compléter sa mission.

« B. BARÈRE, CARNOT, BILLAUD-VARENNES, COUTHON, SAINT-JUST, ROBERT LINDET, COLLOT-D'HERBOIS, ROBESPIERRE, C.-A. PRIEUR [2]. »

On le voit par les termes de cet arrêté, non-seulement le Comité faisait de Cambrai une commune du Pas-de-Calais, mais il paraissait ignorer que, à côté du tribunal révolutionnaire organisé définitivement dans le chef-lieu de

---

1. Décret du 27 germinal.
2. Archives départementales.

ce département le 24 pluviôse et maintenu illégalement le 30 germinal, une commission spéciale autorisée par Saint-Just et Le Bas avait fonctionné à Cambrai depuis le 21 floréal. Quoiqu'il en soit, et malgré ces erreurs de détail, l'arrêté qui rappelait Joseph Le Bon supprimait d'un seul coup le tribunal révolutionnaire d'Arras et la commission de Cambrai.

Le Comité de salut public voulut sans doute compléter verbalement les instructions nouvelles qu'il donnait à Le Bon et adoucir par des explications verbales le coup qu'il lui portait. « Le Comité vient d'apprendre, écrivit Barère, que tu te disposais à partir ; ne pars point, et viens au Comité sans délai ». B. BARÈRE, COLLOT-D'HERBOIS, BILLAUD-VARENNES, C.-A. PRIEUR [1].

Lorsque Le Bon arriva à Cambrai, son premier soin fut de renvoyer à leur poste les juges et les jurés qui, avant de siéger au tribunal révolutionnaire, remplissaient quelques fonctions publiques.

« Guilluy est rendu à ses fonctions du district de Saint-Pol ; Potier reste seul accusateur près le tribunal criminel, et, des juges séant à Arras, les trois qui y sont arrivés le plus récemment y resteront jusqu'à l'expiration du prochain trimestre. Les autres juges rentreront dans leurs tribunaux respectifs [2] ».

En vertu d'arrêtés semblables, Jouy et Lemire reprirent leur place au comité de surveillance d'Arras.

Les Cambrésiens auraient eu tort de croire que Joseph Le Bon, presque déchu de sa puissance et faisant ses préparatifs de départ, fût disposé à la modération. En son absence, le comité révolutionnaire avait élargi les officiers munici-

---

1. Lettre du 22 messidor. 2ᵉ *Censure*, p. 164.
2. Arrêté du 24 messidor. (Arch. départ.).

paux de la commune de Nouvion; il n'avait fait qu'appliquer ainsi le décret du 21 messidor qui ordonnait la mise en liberté provisoire des *laboureurs*, manouvriers, moissonneurs, brassiers et artisans *de profession*, des campagnes, bourgs ou communes au-dessous de douze cents habitants, détenus comme suspects ». Joseph Le Bon, excité par Darthé, manda les membres du comité, les traita de contre-révolutionnaires et les menaça de la prison et de l'échafaud. Le décret, à son avis, n'ordonnait pas la mise en liberté *des laboureurs de profession* indistinctement, mais seulement des laboureurs-manouvriers. En vain on lui objecta que, dans le texte du décret, une virgule séparait ces deux mots, *laboureurs* et *manouvriers* : « Cette virgule, répondit-il, est un crime de haute trahison; elle est posée de façon à faire guillotiner vingt comités [1]. »

Le conseil général de la commune se disposait à célébrer, le 26 messidor (14 juillet), « une fête en mémoire de la fameuse journée du 14 juillet 1789 ». A cette occasion, il décida que deux de ses membres se rendraient chez « le représentant pour lui demander que la guillotine fût démontée. » La démarche était périlleuse : quelques jours auparavant, les agents de Le Bon avaient fait agrandir, sous l'instrument de mort, la fosse qui recevait le sang des victimes. « Elle devait être assez grande, disaient-ils, pour contenir soixante-quatre têtes [2]. »

D'après les procès-verbaux du conseil général, Le Bon ne voulut ni donner ni refuser l'autorisation qu'on sollicitait.

« Les délégués, de retour de chez le citoyen Le Bon, ob-

---

1. *Procès*, t. I, p. 259 et 263.
2. Les soixante-quatre têtes étaient celles des membres de l'ancien club des Amis de l'Ordre et de la Paix, violemment poursuivis par les sans-culottes. Devant le tribunal d'Amiens, Le Bon affirma énergiquement qu'il n'avait donné aucun ordre relatif à cette fosse; et, en effet, aucun ordre ne fut représenté.

servent qu'il leur a été déclaré par ledit représentant que le conseil général de la commune était compétent pour faire démonter la guillotine, surtout à cause de la fête de demain, le peuple en ayant témoigné d'ailleurs le désir.

« Sur quoi, après une longue discussion, l'agent national, estimant que cet échafaud peut être un obstacle à ce que ladite fête se passe bien, le conseil général arrête que ledit échafaud sera démonté dans le plus bref délai [1]. »

Le Bon présida à la fête du 26 messidor. La grand'place en était le principal théâtre : A l'heure marquée par le programme, « tous les yeux se fixèrent sur un rocher, au haut duquel le peuple, endormi et chargé de fers, était représenté par un Hercule. On vit ensuite le Clergé et la Noblesse, ces oppresseurs du monde, s'élancer sur ce rocher pour aller contempler, avec un air de dédain et de sourire malin, l'effet de leur barbarie ; ces monstres surchargèrent l'Hercule de nouvelles chaînes pour lui enlever jusqu'au plus petit mouvement ; mais, accablé de ce surcroît de maux, le peuple se réveilla, brisa ses fers, s'arma de sa massue, et d'un seul geste, les précipita dans le néant représenté par un antre obscur ».

---

1. Archives de Cambrai.

Le 9 thermidor (27 juillet), le conseil général de la commune de Cambrai consigna dans ses registres la délibération suivante : « Le Conseil général, considérant qu'un sang impur, versé où la guillotine existait, répand, par la corruption qu'il a acquise, des exhalaisons nuisibles qui bientôt donneront naissance à des maladies épidémiques qui, en tuant les amis de la Liberté, deviendraient un objet de triomphe pour l'aristocratie ; — Considérant qu'un des objets les plus essentiels et les plus chers qui lui soient confiés est de veiller à la salubrité de l'air et d'assurer ainsi la santé de ses frères ; — A délibéré, ouï l'agent national, qu'il serait jeté autant de mannes de chaux qu'il est essentiel de le faire dans le trou qui a servi de réceptacle au sang des guillotinés ; — Que ladite chaux sera recouverte de la terre la plus compacte qu'il sera possible de trouver ; — Qu'une quantité d'eau suffisante sera jetée afin que ladite chaux puisse opérer, dans un court délai, tout l'effet dont elle est susceptible, et que l'endroit dont s'agit sera repavé, afin de comprimer par ce moyen toutes les exhalaisons qui pourraient s'élever dans cet endroit ».

Vainqueur du Clergé et de la Noblesse, le *peuple* harangua les spectateurs qui pillèrent un magasin d'armes disposé pour la circonstance, et volèrent vers la Bastille.

Du haut des murs de cette forteresse, élevée sur l'esplanade, « l'infâme de Launay fit mouvoir ses *machines à fusil* », et commanda le feu. Les assaillants s'emparèrent du mannequin qui figurait le gouverneur de la Bastille, l'amenèrent sur le perron de la maison commune, et, pour le punir de ses crimes, le précipitèrent sur la place publique.

Le peuple alors, fier de son triomphe, se pressa autour de l'autel de la patrie. « Sur cet autel, un fût de colonne supportait un vase rempli de parfums. A droite de la colonne on apercevait un nègre couvert de plumes (costume de son pays), et armé d'un arc et d'un carquois; à gauche, se tenait un blanc couvert du bonnet de la Liberté et d'une draperie nouée d'un ruban tricolore. Ces deux êtres intéressants se donnèrent réciproquement des marques de la plus douce fraternité ».

Lorsque les serments, les embrassements et les chants patriotiques, accompagnement inévitable des fêtes de la Révolution, eurent pris fin, « le cortége se rendit au temple de l'Être-Suprême et rendit grâces à l'Éternel pour les succès dont il couronnait les armes de la République ». De nouveaux discours, de nouveaux couplets, de nouveaux serments préparèrent le peuple à la partie la plus solennelle de la cérémonie.

Un bûcher dressé au milieu de la grand'place était « couvert des dépouilles des vils esclaves des tyrans. Le représentant du peuple, les présidents des corps constitués et de la société populaire s'avancèrent, la torche à la main, et y mirent le feu ». Des deux côtés du bûcher se placèrent ensuite « un corps de jeunes personnes, vêtues de blanc et ornées de fleurs, et un corps de braves défenseurs de la patrie ».

Au signal convenu, « les jeunes personnes se précipitèrent vers les défenseurs de la patrie, les couronnèrent et les embrassèrent ». Ceux-ci jurèrent de mériter de rechef une semblable récompense dont ils sentaient tout le prix.

« Après cette scène attendrissante, chacun se disputa à l'envi le plaisir d'emmener un brave sans-culotte pour partager fraternellement un dîner frugal, assaisonné par la gaieté si naturelle aux républicains [1]. »

Les fêtes succédaient aux fêtes. Le 11 thermidor (21 juillet), les autorités civiles et militaires s'étaient réunies dans le temple de l'Être-Suprême, afin de rendre hommage à la mémoire de Barra et de Viala, jeunes volontaires morts en combattant et inscrits par la Convention au martyrologe républicain. Joseph Le Bon avait donné le nom de Barra au bataillon des enfants de Cambrai; il profita de la circonstance, pour engager les parents de ces enfants « à ne pas trop les retenir et à les laisser courir quelquefois [2] ». — « Peut-être, disait-il, une étourderie heureuse leur fera-t-elle trouver l'occasion de se couvrir d'une gloire immortelle [3]. »

Pendant que Le Bon pérorait ainsi, il apprit que Robespierre, en lutte avec les Comités, avait subi pour la première fois, le 8 thermidor, un échec parlementaire.

« Des intrigants, dit-il à l'assemblée, des contre-révolutionnaires se remuent encore. Ils accusent de nouveau Ro-

---

[1]. Cette fête burlesque nous a paru digne d'être reproduite : nous en avons suivi textuellement le programme, chef-d'œuvre du citoyen Fliniaux. — Bouly, t, II, p. 122.

[2]. Le 7 thermidor, le Conseil général de la Commune arrêta que « le bataillon du jeune Barra serait dispensé de monter la garde la nuit, et que deux citoyens seraient invités, au nom du bien public, à surveiller la conduite du bataillon et à empêcher, autant qu'il serait en eux, tout ce qui pourrait tendre à l'indiscipline et à la *dissolution des mœurs* ».

Tous les bons citoyens furent invités à faire incorporer au bataillon leurs enfants de 13 à 17 ans. (Arch. de Cambrai).

[3]. *Procès*, t. I, p. 263.

bespierre d'aspirer à la dictature ; mais les braves vont se réunir pour déjouer ces traîtres ; nous les arrangerons ; nous les arrangerons [1]. »

Le Bon pressentait que la chute de Robespierre lui serait funeste : avide de nouvelles, il prit à peine le temps d'établir une commission chargée de compléter les renseignements qu'il avait recueillis sur les détenus ; et confiant à son frère Léandre le soin de réunir ses papiers, il partit pour Arras, décidé à poursuivre sa route jusqu'à Paris.

Depuis la suppression du tribunal révolutionnaire, la ville d'Arras commençait à espérer des jours meilleurs. Le comité de surveillance, en exécution du décret rendu le 21 messidor, avait rendu la liberté à quatre-vingt-quatre cultivateurs. Les prisons ne recevaient plus qu'exceptionnellement de nouvelles victimes [2]. L'accusateur public lui-même s'était empressé de contremander les instructions qu'il avait données aux pourvoyeurs habituels du tribunal du sang. Ainsi, le 23 messidor, Potier avait écrit à l'agent national du district de Bapaume : « Citoyen, tu *voudra* bien m'envoyer le plus tôt possible tous les détenus pour cause de rébellion pour ce qui concerne la moisson, et les renseignements que tu *poura*

---

[1]. Adresse des Cambrésiens à la Convention, du 18 thermidor, et *Procès*, t. I, p. 216 et 261.

[2]. Les prisonniers écroués aux Baudets après le 14 messidor étaient tous étrangers au District d'Arras. Le 28 messidor, on y amena vingt-huit habitants de Fléchin et le citoyen Decque, médecin à Saint-Omer ; le 29, une femme de Maubeuge et quatre religieuses ; le 10 thermidor, dix accusés dirigés par Le Bon sur Doullens ; le 11, onze cultivateurs de Pommier ; le 12, deux prêtres envoyés d'Ypres : Smagghe, de Caëstre (district d'Hazebrouck) et Dubrulle, de Douai ; le 14, Crépin, fermier à Houchain et la veuve Gosson, ex-noble, revenant de Cambrai ; le 17, quinze prisonniers saisis à Ypres parmi lesquels dix Capucins, un frère-lai Dominicain et un prêtre ; vingt-deux femmes et trente hommes expédiés de Béthune au tribunal révolutionnaire de Paris. — Tels furent les derniers suspects emprisonnés aux Baudets par les agents de la Terreur. Les portes de la maison criminelle s'ouvrirent bientôt pour recevoir à leur tour les persécuteurs.

avoir sur chacuns d'eux. — Salut et fraternité ». — Deux jours après, il lui écrivit : « Frère, il n'existe plus de tribunal révolutionnaire à Arras. En conséquence, l'ordre que j'ai donné de faire venir à Arras tous les moissonneurs qui s'étaient coalisés contre l'arrêté du Comité de salut public, doit être regardé comme non-avenu. C'est à l'administration à prendre tel parti qu'elle trouvera convenir [1]. » — Les modérantistes avaient vu cesser, avec la captivité de Gabriel Le Blond, la cause de leurs alarmes. Le 7 thermidor, en effet, Herman avait adressé à l'agent national du District l'arrêté suivant : « Le Comité de salut public, après avoir pris des éclaircissements sur la détention des citoyens Demuliez, les deux frères Le Blond et la femme de Gabriel ; sur le témoignage rendu de leur patriotisme constant depuis le commencement de la Révolution : arrête qu'ils seront mis en liberté; charge l'agent national du District d'Arras de l'exécution du présent arrêté. — COUTHON, CARNOT, SAINT-JUST, COLLOT-D'HERBOIS, BILLAUD-VARENNES, BARÈRE, PRIEUR, ROBESPIERRE, LINDET [2]. »

Au moment où Le Bon entra à Arras, « les soudoyés voulurent crier : *Vive la République!* il s'y refusa, en disant que les meilleurs patriotes de la Convention étaient incarcérés [3] », et se rendit au District. Là, il apprit de Célestin Lefetz que la commune avait reçu des détails sur les événements des 8 et 9 thermidor; il les envoya demander et connut ainsi le décret d'arrestation rendu contre les deux Robespierre, Saint-Just, Couthon et Le Bas. Sans perdre un temps précieux, il signa une adresse d'adhésion à la Convention nationale, rédigée par le District, et se rendit à Paris.

1-2. Archives départementales.
3. Lettre adressée à Guffroy le 13 thermidor. Le correspondant de Guffroy ajoute : « Je t'observe que Le Bon a promis, en partant, de revenir sous six jours ».

Déjà la victoire remportée par une fraction du parti révolutionnaire contre Robespierre, Couthon et Saint-Just, accusés d'aspirer à la dictature, avait été consommée sur la place de la Révolution. Les Triumvirs, à qui par haine de son frère, la Convention avait adjoint Robespierre jeune [1], s'étaient vu appliquer ce droit du plus fort qu'ils avaient fait régner au lieu de la justice ; à leur tour, ils étaient montés sur cet échafaud où ils avaient envoyé les Girondins, les Dantonistes, et tant d'innocentes victimes. Sans examen, sans discussion, sans jugement, soixante-dix membres de la Commune avaient été, comme eux, livrés au bourreau !

Au récit de ces exécutions, Le Bon put croire que le gouvernement révolutionnaire n'avait fait que passer en d'autres mains, et que peut-être la protection de Barère, Collot-d'Herbois et Billaud-Varennes, alliés aux Thermidoriens, le protégerait contre les périls auxquels il était exposé. Mais non ; la journée du 9 thermidor n'avait pas amené seulement la chute de Robespierre : dans les intentions de la Providence, elle avait marqué la fin de la Terreur et préparé le châtiment des scélérats qui avaient servi d'agents à cet affreux régime.

Le 15 thermidor, Joseph Le Bon siégeait à la Convention quand deux habitants de Cambrai, Mayeux, sous-chef de bureau au district, et Courtecuisse apportèrent à la barre une dénonciation contre lui. Dans la même séance, Danten et Saint-Remy présentèrent à l'Assemblée nationale une pétition dans laquelle ils le qualifièrent de « complice le plus avéré de Robespierre, Saint-Just et Le Bas ».

Suivant l'exemple de Guffroy, ils reprochèrent à Le Bon, non-seulement ses forfaits, mais les actes contre-révolutionnaires qui les avaient précédés. « Il s'opposa, dirent-ils, à la

---

1. On sait que Le Bas s'était tué d'un coup de pistolet.

déclaration de l'unité, de l'indivisibilité de la République ; il pencha pour la garde départementale ; il fit faire une adresse pour demander une autre assemblée que la Convention ; il soutint, dans le temps, que Capet devait en être quitte pour la déchéance. »

Le Bon veut se défendre et monte à la tribune : « Voilà, s'écrie Bourdon [1] (de l'Oise), le bourreau dont se servait Robespierre ! »

André Dumont [2] demande le rapport du décret par lequel la Convention avait passé à l'ordre du jour, le 22 messidor, sur les accusations portées par Guffroy et l'adjudant Le Blond contre Le Bon, « ce monstre pétri de crimes, enivré de sang, couvert de l'exécration générale ».

Le Bon obtient la parole ; il prétend, pour se disculper, que Robespierre, « cet homme infâme, » a voulu le faire périr trois décades auparavant ; que, le 11 messidor, lors de son passage à Arras, il a rassuré les habitants, et leur a dit que le seul point de ralliement était la Convention. « Il n'est pas étonnant, ajoute-t-il, que la calomnie se soit exercée sur le compte d'un représentant qui, pendant neuf mois, a sué... » — « A sué le sang ! interrompt Poultier [3]. » Le Bon continue : « J'ai été appelé à Cambrai le lendemain du jour où la ville devait être cernée. J'y suis resté tout le temps du danger. » — « Tu dînais avec le bourreau ! » s'écrie Bourdon.

La Convention paraissait éprouver une indignation aussi

---

1. Léonard Bourdon, surnommé Bourdon-le-Rouge, oubliait le massacre des quarante-quatre prisonniers de la haute cour d'Orléans qu'il avait laissés égorger à Versailles ; la vengeance qu'il avait tirée des Orléanais pour une insulte reçue dans leur ville, et les discours atroces qu'il avait prononcés comme président des Jacobins.

2. Ancien Hébertiste, collaborateur de Le Bon dans sa première mission en août 1793.

3. Poultier, de Montreuil, fut successivement sous-lieutenant au régiment de Flandres, professeur, commis d'intendance, élève de l'Opéra, bénédictin, chef d'un bataillon de volontaires et député à la Convention.

vive que si elle avait appris pour la première fois comment se conduisait un représentant en mission. Le Bon essaie de s'abriter derrière les membres du Comité de salut public qu'il appelle des traîtres; il prétend que Dumont s'est laissé prévenir contre lui, et que Guffroy a intérêt à le faire disparaître. « Guffroy, dit-il, défend aujourd'hui les hommes qu'il accusait dans son *Rougyff*, parce que l'un d'eux a découvert un faux qu'il a commis. Voulez-vous que je vous dépeigne un de ces hommes défendus par Guffroy? — « Peins-toi toi-même, scélérat! lui répond Turreau [1] ». Legendre [2] ajoute : « On ne se défend pas avec des récriminations! » puis il monte à la tribune, et, sur sa motion, la Convention rend le décret suivant :

« La Convention nationale rapporte son décret du 21 messidor par lequel elle a passé à l'ordre du jour sur les inculpations faites contre Joseph Le Bon, l'un de ses membres; ordonne qu'il sera mis provisoirement en état d'arrestation; charge ses Comités de sûreté générale et de législation de lui faire, dans le plus bref délai, un rapport sur lesdites inculpations, et décrète en outre que Joseph Le Bon sera présent lors du rapport qui sera fait par les deux Comités ».

Joseph Le Bon, arrêté sur-le-champ, fut conduit à la maison d'arrêt du Luxembourg.

Guffroy n'avait point pris la parole dans ce débat; il était sans doute absent de la séance. Trois jours après, il proposa la suppression des arrêtés par lesquels Joseph Le Bon avait salarié les *vingt-deux sous* et donné une solde à la garde nationale; il l'accusa d'avoir ordonné qu'on laissât la guil-

---

1. Turreau s'était vanté d'avoir fait de la Vendée une grande illumination.
2. Le boucher Legendre, ami de Danton, l'un des héros du 20 juin, du 10 août et du 31 mai, était devenu, le 9 thermidor, un homme sensible et vertueux.

lotine en permanence sur la place d'Arras, et demanda que l'instrument de mort fût déplacé après chaque exécution. L'examen de cette motion fut renvoyée au Comité de salut public qui venait d'être réorganisé sur de nouvelles bases [1].

En province, aussi bien qu'à Paris, la réaction thermidorienne recruta ses partisans parmi les citoyens qui avaient donné des gages à la Révolution : les plus empressés à frapper Joseph Le Bon, déchu de sa puissance, furent ces mêmes fonctionnaires qui, par leur inertie et leur servilité, avaient favorisé ses crimes.

Le 21 thermidor, le conseil général de Cambrai, « longtemps affaissé par la stupeur », dénonça à la Convention, non pas les massacres accomplis sous ses yeux, mais les « propos que Le Bon avait tenus au moment de son départ, les discours dans lesquels il avait avili les autorités constituées et discrédité la vente des biens nationaux, sa conduite despotique au théâtre, les réquisitions de vivres faites pour sa table et celle de ses satellites ».

La société populaire, « librement assemblée », vint à son tour rétracter les éloges qu'elle avait prodigués, le 6 messidor, au représentant en mission. « A l'instant, écrivit-elle, nous frappons ce scélérat du poignard avec lequel la justice nationale va venger le sang humain qu'il a fait couler ».

Les attaques dirigées contre Le Bon devaient s'étendre à ses complices. « Dès le 12 thermidor, le conseil général de Cambrai avait fait arrêter Galand, ci-devant greffier du tribunal révolutionnaire », et avait adressé à Florent Guyot une lettre dans laquelle il l'informait « de ses inquiétudes relativement à certains individus de la commune qui s'étaient particulièrement montrés les partisans de Le Bon ». Le Comité de sûreté générale fit droit à cette réclamation.

---

1. *Moniteur* des 16 et 19 thermidor.

« Le Comité de sûreté générale arrête que Fliniaux, ex-secrétaire-greffier, Catté fils, pharmacien, Tournould, marchand épicier, Vanhame, Liégeois, Grar, président du District et juré, Guille, orfèvre et juré, Martin, horloger aussi juré, et Martho-Montigny, membre du comité de surveillance, juge au tribunal, seront arrêtés et conduits à Paris [1]. »

La réaction, suivant la même marche dans le Pas-de-Calais que dans le Nord, s'attaqua tout d'abord aux complices de Robespierre et ne poursuivit qu'à ce titre les principaux agents de la Terreur. La première dénonciation portée au Comité de sûreté générale atteignit Demuliez. On lui imputa d'avoir, le 11 thermidor, à la tribune de la société populaire de Bapaume, parlé de l'« incorruptible », du « vertueux Robespierre ». Un mandat d'arrêt fut lancé contre lui, le 14 thermidor : il avait pris la fuite [2]. Quelques jours après, au sein de la Société populaire d'Arras, on accusa Daillet d'avoir fait l'apologie de Robespierre; on déclara que Caubrière était un « homme sanguinaire et un intrigant », Carlier, un « despote qui avait manqué gravement aux représentants Laurent et Le Bon, pendant qu'ils étaient en mission ». Le 22 thermidor, Florent Guyot et Duquesnoy, représentants du peuple envoyés près l'armée du Nord, ordonnèrent que « tous quatre, prévenus d'être les complices de Robespierre... seraient traduits sur-le-champ au Comité de sûreté générale par la gendarmerie nationale [3] ». Le lendemain de leur départ, le peuple d'Arras, « réuni en assemblée de sections », dénonça Joseph Le Bon à la Convention nationale. Le 27, Gabriel Le Blond apporta contre lui, à la barre de

---

1. Arrêté du 20 thermidor. (Archives départementales).
2. Demuliez mourut à Bapaume vers 1820 : il manifesta, dans les derniers temps de sa vie, un repentir sincère, et pria M. l'abbé Rey, aujourd'hui doyen d'Havrincourt, de faire, en son nom, une rétractation solennelle des actes de sa vie publique.
3. Archives départementales.

— 598 —

l'Assemblée, une accusation nouvelle, relative au procès de Mme Bataille.

Les arrestations opérées à Arras avaient été ordonnées, sous la pression de la Société populaire par le représentant Duquesnoy, ami et collaborateur de Le Bon. Envoyé en mission à l'armée du Nord et retenu par la goutte au village de Boyeffles, Duquesnoy, depuis la suppression du tribunal révolutionnaire d'Arras, avait continué de faire peser la Terreur sur le district de Béthune. De concert avec Leroux et Clément, ex-jurés, il avait supprimé de son autorité privée le décret rendu le 21 messidor, en faveur des cultivateurs [1]. Le 17 messidor, il avait entassé, sur cinq voitures escortées de vingt-cinq gardes nationaux, cinquante-deux détenus de Béthune, et après une halte aux Baudets, il avait dirigé ce convoi, complété par l'adjonction de cinq prisonniers d'Arras, vers le Tribunal révolutionnaire de Paris [2].

Au lieu de se rendre aux armées, Duquesnoy, « guéri de la goutte », était accouru à Arras où il n'avait aucun pouvoir. En même temps qu'il mettait en arrestation les complices de Robespierre, il s'occupait à réintégrer dans les prisons les victimes que les comités de surveillance avaient relâchées [3].

---

1. « Je vous fais passer, citoyens-collègues, avait écrit Duquesnoy, le 16 thermidor, au Comité de salut public, la liste des cinquante-sept individus qui vont partir pour le Tribunal révolutionnaire, formant à peu près le tiers de ceux du District qui doivent y être traduits. — Je suis presqu'entièrement délivré de la goutte; j'espère me rendre à Arras sous peu de jours pour y faire réincarcérer tous les autres révolutionnaires des campagnes qu'on a mis en liberté par une fausse interprétation de la loi ou par malveillance…. Je partirai ensuite, aussitôt que je serai guéri tout-à-fait, pour aller reprendre le poste que le Comité m'a confié. » — (Lettre du 16 thermidor, 2e *Censure*, p. 262.)

2. Ces malheureux, parmi lesquels on comptait vingt-deux femmes, furent mis en liberté par le Comité de sûreté générale. L'un des prisonniers, M. Gottran, était beau-père de l'avocat Dauchez.

3. Au nom de la République française, le représentant du peuple Duquesnoy, informé que, par malveillance ou par une fausse interprétation de la loi du

Les habitants du Pas-de-Calais ne pouvaient attendre d'un pareil homme qu'il réparât les maux que la Terreur avait causés. Heureusement, le 26 thermidor (13 août), la Convention rappela tous les représentants en congé ou en mission, et, le 4 fructidor (21 août), elle envoya, dans les départements du Nord et du Pas-de-Calais, Berlier (de l'Oise) qui prit aussitôt les mesures d'ordre et d'humanité commandées par les circonstances. Berlier commença par réorganiser les autorités constituées : Ferdinand-Joseph Hacot, successeur de Le Bon à la mairie d'Arras, destitué le 19 nivôse, défenseur officieux près du tribunal révolutionnaire, reprit ses fonctions de président du tribunal criminel dont il avait été dépouillé, le 19 octobre 1792, par les commissaires de la Convention ; Leserre fut conservé dans la place de greffier ; Gabriel Le Blond, François Saint-Remy et Boizard rentrèrent au comité de surveillance ; Danten devint maire d'Arras [1].

21 messidor dernier, plusieurs comités de surveillance de chef-lieu de district et de canton ont mis en liberté un grand nombre de cultivateurs prévenus de propos, actions et délits contre-révolutionnaires, notamment dans les districts d'Arras, Bapaume, Saint-Pol, Calais et Saint-Omer ;

Considérant qu'il serait dangereux et injuste de laisser en liberté des hommes qui n'ont, depuis le commencement de la Révolution, fait qu'égarer et aristocratiser les bons peuples des communes qu'ils habitaient ; que depuis que ces hommes pervers étaient détenus, le peuple de ces mêmes communes commençait à revenir de l'erreur dans laquelle ces aristocrates et égoïstes l'avaient plongé ;

Arrête que ceux desdits cultivateurs mis mal à propos en liberté seront sur le champ réincarcérés et jugés par les tribunaux qui devront en connaître ; charge l'administration du département du Pas-de-Calais de faire passer copie du présent arrêté à toutes les administrations de district de son ressort ; charge en outre les agents nationaux près chaque district de l'exécution du présent arrêté. (Arrêté du 19 thermidor, 2ᵉ *Censure*, p. 206).

1. Le 16 fructidor (27 septembre 1794), le Conseil général de la commune d'Arras, prit la délibération suivante :

« L'assemblée, sur la dénonciation faite par un membre que des enfants de cette commune s'amusaient avec de petites guillotines de deux pieds environ de hauteur, a donné ordre aux soldats de police de les retirer des mains de ces enfants.

« Considérant que de pareils instruments, quoique leur servant d'amusement,

Déjà, le Comité de sûreté générale avait fait emprisonner les citoyens Danel, Célestin Lefetz, Nicolas Lefetz, Taffin-Bruyant, Duponchel, Varnier, Remy, Pain, Lhérisson, Dartus, Lemirre, Gilles, Bacqueville, Carrault, brasseur; Carrault, du District; Lefebvre et Béru, jurés; Marteau, juge; André et Tacquet, huissiers; Caron, Darthé et Potier, accusateurs publics; Léandre et Henri Le Bon, frères du représentant. A Béthune, on avait mis en prison Clément et Leroux; à Saint-Omer, Turlure et Dupuis; à Saint-Pol, Mienné, maire, Aimable Flament, Joseph Flament, Guilluy et la citoyenne Régniez, femme de Le Bon [1]. Berlier défendit aux juges et aux jurés du tribunal révolutionnaire qui n'étaient pas détenus, de sortir de la ville jusqu'à ce

auraient pu leur donner des idées de mort et éteindre par là suite en eux tout sentiment d'humanité et les rendre féroces et sanguinaires, a résolu de faire faire les plus exactes recherches pour s'assurer s'il existait encore de ces instruments et les saisir; ce qui a été fait, et les instruments brisés.

« Le Conseil général, instruit par la voix publique que ces enfants s'amusaient à guillotiner des oiseaux et des souris avec ces machines, a en effet remarqué qu'à ces guillotines il y avait des petites plumes enduites de sang qui étaient restées attachées à la planche.

« Le Conseil général attribue ce germe de férocité, qui malheureusement aurait pu se développer dans ces enfants, aux éternelles et sanguinaires clameurs du tigre Joseph Le Bon, qui tendaient à comprimer et à étouffer autour de lui les sentiments de l'humanité et de la justice.

« Ce germe de férocité, le Conseil général l'attribue enfin à la joie féroce et barbare avec laquelle ce nouveau tyran venait compter publiquement les têtes tombées dans le jour et celles qui, le lendemain, devaient tomber, et à la manière astucieuse avec laquelle il trompait, égarait le peuple, en jugeant lui-même publiquement ceux qui n'avaient point encore paru au tribunal.

« L'assemblée a déclaré que copie de ce rapport sera envoyée au Comité de sûreté générale. » (Archives municipales d'Arras.)

1. Le 2 fructidor, le comité de surveillance de Saint-Pol fit consigner Mme Le Bon dans la maison de Lamoral Vasseur, son oncle, receveur du district, jusqu'à ce que le Comité de sûreté générale eût prononcé sur son compte, « son état de grossesse et l'humanité exigeant, dit l'arrêté, qu'on la traite sans rigueur, si elle reste tranquille. » Berlier ordonna qu'on la transférât à Arras « avec tous les ménagements qu'ordonnait son état. » Enfermée à la Providence, Mme Le Bon fut mise en liberté après l'exécution de son mari.

que, par un arrêté spécial, il eût levé la consigne qu'il leur imposait. Des commissions établies par ses soins reçurent les déclarations de tous ceux qui avaient à se plaindre de Le Bon et de ses complices. Les cahiers d'informations constatent que quatre-vingt-un citoyens seulement osèrent parler, et que quarante-huit individus furent par eux dénoncés. Dans les maisons de l'Hôtel-Dieu et de la Providence, on recueillit les dépositions de quatre-vingt-deux détenus contre les employés et les commissaires aux prisons. Les gardiens de scellés, au nombre de trente-huit, attestèrent les dilapidations commises par dix-sept commissaires aux émigrés, presque tous jurés du tribunal révolutionnaire.

Ce n'était pas assez d'informer contre les persécuteurs : les prisons d'Arras, d'après les états envoyés au Comité de sûreté générale le 24 thermidor, renfermaient 1,174 prisonniers [1], presque tous détenus comme suspects. Or, la Convention avait chargé, le 18 thermidor, le Comité de sûreté générale de faire mettre en liberté tous les suspects emprisonnés pour d'autres motifs que ceux désignés par la loi du 17 septembre 1793. Berlier, le 4 fructidor, élargit les « ex-nobles, mineurs de quinze ans », et autorisa « les autres individus de cette ci-devant caste » à justifier de leur conduite civique. Après information et avis des comités de surveillance, il rendit à leurs familles des centaines de malheureux qui, sans le rappel de Le Bon et la chute de Robespierre, auraient continué à languir, avec la perspective de l'écha-

---

1. Hôtel-Dieu, 225 hommes et enfants mâles ; la Providence, 341 femmes, jeunes filles et enfants en bas âge ; l'Abbatiale, 129 hommes et 33 femmes ; les Baudets, 148 hommes et 34 femmes ; Saint-Vaast, 18 hommes condamnés à diverses peines ; les Orphelines, 123 militaires et 45 citoyens de Boulogne ; le Vivier, 118 prêtres sexagénaires ou infirmes. Les prêtres reclus furent laissés sous la garde de Le Bon père, contre qui ils n'articulèrent aucune plainte. (Arch. départ.).

faud, dans l'horreur d'une captivité sans cause et sans terme [1].

Cependant, la réaction thermidorienne étant l'œuvre des révolutionnaires, l'esprit irréligieux qui avait, dès l'origine, caractérisé la Révolution française, devait, jusqu'au rétablissement de l'ordre social, poursuivre avec l'acharnement de la haine les derniers débris du culte proscrit : Berlier, quelque modéré qu'il fût dans sa conduite, céda lui-même à ce courant d'idées ; il adressa, le 18 fructidor, aux citoyens du Nord et du Pas-de-Calais, une proclamation dans laquelle on lisait :

« Le règne de la superstition n'est point reproduit par la chute de nos derniers tyrans..... Dénoncez ceux qui voudraient vous agiter sous ce prétexte. La liberté, la justice et la morale, voilà la vraie religion ; voilà celle que la raison commande et que l'esprit conçoit, sans le secours des hypocrites apôtres qui avaient jusqu'à ces derniers temps rivé les fers de l'humanité [2] ».

Dans une autre proclamation qui fut affichée dans toutes les communes, Berlier proscrivait la célébration des ci-devant dimanches [3] :

« Le décadi est le jour de repos des républicains ; le dimanche, s'il pouvait renaître, ne serait que pour les aristocrates et les fanatiques. On voudrait vous persuader que l'intervalle qui se trouve entre deux décadis est trop long pour vos forces. La société voit, sans s'alarmer, l'ouvrier prendre du repos quand ses forces lui en font connaître le besoin ; elle n'interrogera jamais celui qui se reposera le 2e,

---

1. Le 1er vendémiaire (22 septembre), les prisons d'Arras renfermaient encore 478 prisonniers ; 696 avaient donc été élargis. Voici quelle était, à cette date, la répartition des prisonniers : Hôtel-Dieu, 31 ; Providence, 49 ; Abbatiale, 73 ; Baudets, 113 hommes et 17 femmes ; Saint-Vaast, 20 ; Orphelines, 57 ; Vivier, 118 prêtres. (Arch. départ.)

2-3. Proclamation des 17 et 21 fructidor (4 et 7 septembre). (Arch. départ.).

le 3ᵉ ou le 4ᵉ jour. Mais pourquoi choisir le 7ᵉ d'une manière plus générale, si ce n'est pour ressusciter le dimanche et ramener des haines en montrant un esprit de parti ? — Vous m'épargnerez, citoyens, le désagrément d'être sévère [1]. »

Les confesseurs de la foi, réclus au Vivier, ne pouvaient espérer des vainqueurs de thermidor ni pitié ni justice. En vain le comité de surveillance proposa-t-il au comité de sûreté générale de rendre la liberté à ces vieillards; on attendit

---

[1] Citons un autre exemple des sentiments que les révolutionnaires arrivés au pouvoir le 9 thermidor manifestaient à l'égard de la religion. Le 19 brumaire an III (9 novembre 1794) les agents nationaux du District d'Arras commentaient ainsi une circulaire du Comité de sûreté générale contre le rétablissement des dimanches :

« Citoyens, la Convention, depuis la chute de Robespierre.... ne prétend pas vous livrer de nouveau aux nobles et aux prêtres. Que celui qui veut les chaînes flétrissantes de la noblesse aille au-delà du Rhin ; là il trouvera des nobles dont il pourra être l'esclave. Que celui qui s'obstine à ne pouvoir se servir de sa raison et refuse de s'adresser à Dieu sans avoir pour interprète un de ces charlatans qu'on appelle prêtres, aille sur les rives de la Loire; il y trouvera trente lieues d'un fertile pays qui ne sont plus qu'un désert ; voilà l'œuvre de ces audacieux scélérats qui se disent les ministres d'un Dieu bon ; il y trouvera les cadavres de deux cent mille de nos frères égorgés par l'ordre de ces prétendus ministres d'un Dieu de paix ; il y admirera les œuvres merveilleuses et célestes de ces hommes qu'il appelle prêtres.

« Habitants des campagnes, la Convention nationale, en vous arrachant à un Robespierre, à un Joseph Le Bon, aurait-elle prétendu vous rendre à vos anciens dévorateurs ? Elle vous rallie autour de l'Évangile de la Liberté, et anathématise plus que jamais cet Évangile de mensonge au nom duquel des charlatans... s'emparaient du secret de votre ménage, jouissaient de la dixième partie des productions de vos champs et des prémices du fruit de vos labeurs.

« Le jour de la semaine qu'on appelle dimanche, ils insultaient avec une fastueuse insolence à votre dégradation, et vous voudriez célébrer ce jour ? Devez-vous donc honorer ce qui vous rappelle votre antique avilissement et vos anciens malheurs ? Réunissez vos hommages pour la décade, jour où la France célèbre la création de la Liberté, son affranchissement des nobles, des prêtres ; un motif de plus doit se joindre à votre hommage, célébrez ce jour-là la chute de Robespierre, le rappel de Joseph Le Bon, et la punition de ces buveurs de sang qui avaient rappelé au milieu de vous toutes les horreurs de l'ancien régime... ». (Arch. départ.).

la fin de ventôse an III (mars 1795) avant de faire tomber leurs chaînes : douze d'entre eux étaient morts dans l'intervalle.

Ainsi, dans les contrées opprimées par Le Bon, la Révolution, sans perdre son caractère de persécution religieuse, s'était relâchée de ses rigueurs. Les agents de Le Bon pouvaient craindre que la réaction, se montrant à Arras et à Cambrai aussi terrible qu'à Paris, ne leur fît l'application des procédés sommaires dont la Convention avait usé à l'égard des complices de Robespierre. Soustraits à de sanglantes représailles, ils étaient au moins exposés à ce que la justice leur demandât un compte sévère de tant d'assassinats lâchement accomplis en son nom. Leurs appréhensions se dissipèrent. Grâce à la recommandation de Duquesnoy et de Duhem, le Comité de sûreté générale les fit bientôt mettre en liberté [1]. Ils rentrèrent la tête levée à Arras, à Cambrai, à Béthune, à Saint-Pol ; les populations indignées forcèrent les autorités locales à remettre en arrestation les plus compromis. Quand on les eut élargis définitivement, ils quittèrent presque tous, dans l'intérêt de leur sécurité, les villes qui avaient servi de théâtre à leurs exploits.

Joseph Le Bon était destiné à payer la dette de ses complices, et à expier sur l'échafaud, après quatorze mois de détention et l'agonie d'un long procès, les crimes qu'il

---

1. Nous avons dit que Célestin Lefetz mourut en prison. Le 3 nivôse an III, Barbet, agent national du district d'Arras, écrivit de Paris aux administrateurs : « Je ne vous apprendrai pas que le prêtre Lefetz a vécu. Cet individu est un de ces êtres dont on ne s'occupe pas, quand on les a réduits à l'impuissance de faire le mal ». Barbet ajoute : « Grande épisode sur Le Bon : Au Luxembourg, prison de notre ex-tyran, se trouve un Espagnol d'une taille gigantesque et prisonnier d'État. Le taquin Joseph veut le taquiner : l'Espagnol répond avec la morgue fière de son pays. Le Bon se gendarme, lâche les gros mots ; l'Espagnol saisit Sa Majesté tigrière, la renverse sous ses pieds, et l'accable de si bons horions que Joseph en a été jeté sur le grabat. — Il a gardé la chambre trois jours ». (Arch. départ.).

avait commis lui-même et ceux qu'il avait laissé commettre sous ses yeux.

Les Comités de sûreté générale et de législation, chargés par le décret du 16 thermidor d'examiner « dans le plus bref délai » les inculpations dirigées contre Le Bon, avaient gardé pendant trois mois un silence absolu, lorsque, le 6 brumaire an III (30 octobre 1794), le représentant Raffron demanda qu'ils déposassent leur rapport. « Le temps n'est plus, dit-il, où l'on venait à cette tribune présenter de telles atrocités comme des *formes acerbes*; où Barère avait l'impudeur d'associer les cruautés de Le Bon aux lauriers de Fleurus [1] ». A peine cette motion était-elle faite que la Convention décida, le 8 brumaire, à propos de Carrier, décrété d'arrestation, que toute dénonciation contre un représentant serait renvoyée aux Comités de salut public, de sûreté générale et de législation, pour qu'ils recherchassent s'il y avait lieu à examen; en cas d'affirmative, une commission de vingt-et-un représentants désignés par le sort devait préparer le décret d'accusation.

Le 14 frimaire (3 janvier 1795), André Dumont fit décréter que les Comités seraient tenus de présenter leur rapport sous huit jours.

Cette nouvelle injonction n'avait produit aucun effet lorsque, le 16 nivôse (5 janvier 1795), huit jours après l'arrestation de Billaud-Varennes, Collot-d'Herbois et Barère, Courtois (de l'Aube), au nom de la commission à laquelle on avait renvoyé l'examen des papiers trouvés chez Robespierre, attira sur Joseph Le Bon l'attention de l'Assemblée nationale.

Après avoir exposé les plans de Robespierre et du Comité de salut public, retracé la conduite des représentants en

---

1. *Moniteur*.

mission, et spécialement celle de Carrier à Nantes, Courtois poursuivait : « Quittons l'enfer de la Vendée et marchons vers Arras, où le compatriote, l'ami fidèle de Robespierre et de Barère se couvre du sang de ses frères, où vous l'allez voir promener les supplices et la mort sur le sol où il a pris la vie, comme pour le punir d'avoir enfanté deux monstres. »

Les lettres de Le Bon à la main, Courtois démontrait « avec quelle légèreté, avec quelle joie le proconsul d'Arras envoyait l'innocence à la mort. Ce n'étaient point les décrets de la Convention, c'étaient les rapports de Robespierre et de Saint-Just qui lui servaient de guides révolutionnaires ». Si les membres du Comité n'avaient point étendu au Pas-de-Calais la loi générale qui ordonnait le transfèrement à Paris de tous les prévenus de conspiration, c'est que, « rassurés par l'instinct féroce du désolateur du Nord, ils étaient bien convaincus, dans leur appétit sanguinaire, qu'ils ne perdraient pas une victime ». Partout dans la correspondance de Le Bon s'offraient les traces d'une complicité coupable entre lui et le Comité de salut public.

Courtois concluait ainsi : « Qu'il attende dans les fers ce barbare ennemi du genre humain le rapport de vos Comités [1] ».

Ces nouvelles attaques déterminèrent les Comités à s'occuper de la mission qui leur était confiée : le 17 nivôse, Cambacérès, Pelet et Carnot, au nom du Comité de salut public, écrivirent au Comité de sûreté générale :« De toutes parts on demande que les trois Comités rendent compte à la Convention nationale du résultat de leur opinion sur Joseph Le Bon; veuillez nous faire savoir quel est le jour où notre collègue Laumont pourra présenter sur cette affaire le rapport dont il est chargé. »

Dans la nuit du 19 au 20 nivôse, Le Bon comparut pour

---

1. *Moniteur.*

la première fois devant les Comités ; il s'efforça de justifier sa conduite, « en s'appuyant sur les décrets, les proclamations et les rapports de la Convention elle-même »; attaquant ses accusateurs et surtout Guffroy qui était présent, il donna lecture d'extraits qu'il avait faits des anciens *Rougyff*. A la suite de cette entrevue qui lui parut favorable à sa cause, Le Bon écrivit à la Convention pour lui demander que ses papiers lui fussent rendus, afin qu'il pût faire imprimer, aux frais de la République, le compte-rendu de sa mission.

L'avis des Comités était constamment ajourné. Le 1er pluviôse, Guffroy, rendu plus agressif encore par les coups que Le Bon cherchait à lui porter, remit à la Convention deux adresses accusatrices, l'une de Cambrai, l'autre de Béthune. Le représentant Delecloy demanda et obtint alors que le rapport des Comités fût déposé sous trois jours ; mais les Comités ne donnèrent pas plus suite à ce décret qu'à celui du 14 frimaire. La résistance paraissait avoir son siège parmi les membres du Comité de sûreté générale. Le 6 pluviôse (25 janvier 1795), le Comité de législation, par l'organe de Merlin, lui représenta qu'il paraissait pressant de préparer le travail dont la Convention avait chargé les trois Comités. Guffroy, de son côté, déposa, sur le bureau de l'Assemblée, le 10 ventôse, un volume de six cents pages intitulé : *Les Secrets de Joseph Le Bon et de ses complices, deuxième Censure républicaine;* mais le Comité de législation et Guffroy ne purent vaincre la force d'inertie qui mettait obstacle à toute poursuite.

La discussion sur l'accusation intentée contre les trois membres de l'ancien Comité de salut public avait aussi inutilement réveillé dans l'Assemblée le souvenir de Joseph Le Bon (on avait reproché à Billaud-Varennes et à Barère de l'avoir approuvé et encouragé); l'instruction ordonnée était restée au même point. Tout-à-coup l'émeute du 12 germinal (1ᵉʳ avril 1795) amena l'arrestation de dix-sept députés de la Montagne, et la déportation, par mesure politique, de Billaud-Varennes, Barère et Collot-d'Herbois. — A cette occasion, Tallien rappelle à la Convention que Joseph Le Bon n'est pas jugé : « Il faut, s'écrie-t-il, le vomir du milieu de nous ». Merlin de Thionville est du même avis. « Prenons, dit-il, une mesure à l'égard de Le Bon ; il n'est plus digne d'être représentant du peuple. »

Quelle sera cette mesure? Le représentant Boudin propose qu'on déporte Le Bon avec les membres du Comité de salut public. — « Il faut attendre le rapport des trois comités, objecte un interrupteur. » — « Déjà les comités, fait observer Saladin, ont décidé qu'il y a lieu à examen de la conduite de Joseph Le Bon. Si le rapport n'a pas été fait, c'est pour éviter des embarras ». — Bourdon (de l'Oise) combat la proposition de Boudin : « Le Bon était le vil instrument des trois coquins qui ont tyrannisé la République; il a suivi leurs ordres avec tant d'exactitude qu'il a fait exécuter trois rues entières à Arras. Il a fait monter à l'échafaud des valets de charrue et des servantes. Il a fait couler tant de sang qu'il mérite plus qu'une déportation. Comment voulez-vous qu'un tribunal criminel condamne à la mort, si vous déportez Le Bon? Je demande que vous attendiez les rapports des Comités. » — L'ajournement est prononcé.

Les embarras que voulaient éviter les trois Comités n'avaient pas cessé, lorsque, le 18 floréal, — jour anniversaire de l'arrivée de Le Bon à Cambrai, — le député Delecloy insista pour que le rapporteur Laumont fût entendu : « Il importe, dit-il, de décider enfin si Le Bon est innocent ou coupable; quant à moi, je le regarde comme le tyran le plus farouche et le plus cruel destructeur de l'espèce humaine ».

Cette proposition est décrétée; séance tenante, Laumont déclare, sans entrer dans aucun détail, que Joseph Le Bon a été entendu par les Comités réunis et qu'ils sont d'avis qu'il y a lieu d'examiner sa conduite. — Sans désemparer, sans rencontrer aucune opposition, Boissy-d'Anglas fait décider que, le soir même, la Convention tiendra une séance extraordinaire pour nommer la commission chargée de rechercher s'il y a lieu à accusation [1].

La commission choisit pour rapporteur Quirault (du Doubs). Pendant qu'elle procédait à son travail, les faubourgs fomentèrent, le 1er prairial, une insurrection terrible. La populace envahit la salle de la Convention, massacra le député Féraud au pied de la tribune et réveilla contre les terroristes toutes les colères de l'Assemblée. Dans la séance du 5, au moment où la Convention venait de décréter la mise en jugement des représentants compromis dans l'insurrection [2], le représentant Thibault, emporté par ces passions politiques qui font oublier les formes de la justice, monta à la tribune : « La commission, dit-il, est chargée d'examiner la conduite de Le Bon ; il faudrait que nous eussions bien du temps à perdre pour souiller nos oreilles, notre mémoire, de faits plus atroces que ceux que l'histoire rapporte en frémissant de Néron et de Caligula. Vous venez de décréter que

---

1. Le *Moniteur* du 21 floréal renferme le compte-rendu de la séance du soir. « Les noms des représentants ayant été jetés dans l'urne, le tirage au sort a donné les noms suivants :

Siblot (de la Haute-Saône), Christiani (du Haut-Rhin), Carcher, Lambert (de la Côte-d'Or), Jaurand, Quirault (du Doubs), Claverie (de Lot-et-Garonne) Thabaud (de l'Indre), Marin (du Mont-Blanc), Dordas, Reguis (des Basses-Alpes), Lheman, Dubusc (de l'Eure), Thirion (de la Moselle), Roux (de l'Aveyron), Finot (de l'Yonne), Arrigni (de la Corse), Girard (de l'Aude), Moreau (de Saône-et-Loire), Michaud (du Doubs), Letourneur (de la Sarthe).

2. Peyssard et Ernest Duquesnoy furent de ce nombre. Duquesnoy, condamné à mort le 29 prairial (17 juin 1795) avec cinq autres de ses collègues, se frappa d'un coup de couteau, dans l'escalier qui conduisait du tribunal à la Conciergerie. Il était âgé de 47 ans. — Peyssard n'encourut que la déportation.

tous les conspirateurs seraient traduits à la commission militaire ; je demande que celle des vingt-et-un soit cassée, et que l'infâme Le Bon soit jugé militairement ». — Le *Moniteur* constate que de violents murmures éclatèrent de toutes parts : « Que deviendra donc, cria-t-on au préopinant, la loi de garantie de la représentation nationale? » — Au nom de leur propre sécurité, les représentants furent unanimes à repousser cette proposition violente.

Cependant Joseph Le Bon, après l'émeute du 18 germinal, avait été éloigné de Paris et transféré à Meaux. Les lettres qu'il adressait très-fréquemment à sa femme, emprisonnée à la Providence d'Arras et sur le point d'accoucher, nous révèlent l'état de son âme [1] : dans ses relations de famille, il paraît capable d'attachement ; il se montre plein de sollicitude pour la santé de celle qu'il a associée à sa destinée et s'efforce de lui inspirer plus de résignation que d'espérance ; il songe à ses deux enfants dont l'un, né en prison, ne le

---

[1]. *L'Amateur d'autographes* publie dans son n. 47 (1er octobre 1863) une lettre de Joseph Le Bon à Élisabeth Régniez, sa cousine germaine, antérieure à son mariage :

« A la citoyenne Régniez, chez la citoyenne sa mère, aubergiste, au faubourg d'Hesdin, à Saint-Pol :

Arras, ce 3 septembre de l'an 1er de la République.

Écrasé, ma chère amie, par une besogne diabolique, je saisis à peine un instant pour me satisfaire en t'écrivant. Tu es inquiète, incertaine, embarrassée. De quoi s'agit-il donc? Ne te souvient-il donc plus de Neuville et de ma droiture? Parle, agis comme tu voudras.... Je trouverai tout bien fait. Seulement prends garde de ne point faire ton malheur ; si je t'aime, c'est pour toi... il y a longtemps que je te l'ai dit. J'aimerais mieux renoncer à mes projets que de te causer la moindre peine.

Ma tante est la meilleure personne du monde ; mais.... mais.... mais.... j'ai été couvert d'un habit de coquin, et elle respecte ceux qui le portent ; elle s'imagine qu'aucun d'eux ne peut et ne doit prétendre à.... Verrait-elle de bon œil sa fille.... ah! ah! ah! il faut absolument sonder le terrain.

Mais j'en reviens toujours au commencement de ma lettre : taille, tranche tout à ton aise, — et donne-moi fréquemment des nouvelles du résultat de tes opérations. Je t'embrasse de tout mon cœur.

Joseph LE BON. »

connaîtra peut-être jamais ; il s'inquiète de la position de son vieux père... A ces sentiments naturels, qu'on s'étonne de rencontrer chez un tel homme, se mêlent les aberrations philosophiques du prêtre qui a renié l'Évangile. Ainsi Joseph Le Bon engage sa femme à fortifier son âme par la lecture de l'Histoire ancienne et des ouvrages de Jean-Jacques Rousseau ; il lui envoie des extraits de Sénèque et de Mably ; Régulus, Cornélie, « les illustres morts de la Grèce et de Rome », sont les héros qu'il propose à son imitation. Dans le plan qu'il lui trace pour l'éducation de sa fille : « Que l'on se souvienne surtout, lui dit-il, qu'il s'agit moins de former notre enfant que de l'empêcher de se détériorer. La nature, la nature, rien que la nature ! Tout est bien en sortant des mains de l'Auteur des choses ; tout se déprave entre les mains des hommes. » Une autre fois, il cherche à légitimer sa conduite en invoquant l'autorité de Rousseau : « La seule précaution nécessaire au père de famille est d'empêcher que les inclinations naturelles ne se corrompent en lui ; mais ce sont elles qui corrompent le magistrat. Pour bien faire, le premier n'a qu'à consulter son cœur ; l'autre devient un traître, du moment où il écoute le sien. Sa raison même doit lui être suspecte ; il ne doit suivre d'autre règle que la raison publique, qui est la loi. »

Ce sophisme du citoyen de Genève, Joseph Le Bon l'a mis en pratique ; on sait ce qu'il a fait au nom de la raison publique. Les revers ne l'ont point changé : avec un aveuglement d'esprit qui est la conséquence de tant de crimes froidement accomplis, avec une sérénité parfaite qui marque la fin de toute lutte contre la conscience, Le Bon se proclame sans cesse « innocent, homme de bien, s'enveloppe de sa seule vertu, attend dans le calme sa destinée. » — « Je n'ai jamais joui, écrit-il, d'une plus grande tranquillité. » Le 15 floréal an III doit lui rappeler une date lugubre ; c'est à pareil jour qu'une année auparavant il est parti pour Cambrai. « D'autres à ma place s'affligeraient de ce souvenir; il commence pour moi un anniversaire des plus intéressants. Pas un jour, pas une heure ne va se passer désormais que je ne me retrace les dangers de toute espèce affrontés pour la cause de la Révolution. Quel plus vaste sujet de consolation et de plaisir! »

Qu'est-ce donc à ses yeux que cette vertu dont il se targue? « Je me félicite toujours, écrit-il, de n'avoir été l'esclave ni des richesses, ni de l'orgueil, ni de la jalousie, ni de la débauche, ni de la haine particulière envers qui que ce soit. J'ai haï les ennemis de la Révolution; j'ai poursuivi les fripons de toute espèce, voilà mon seul crime, et je ne me sens pas la lâcheté de m'en repentir ».

Les seules accusations qui provoquent son courroux touchent à sa vie privée. Fréron, dans le n° X de son journal *l'Orateur du Peuple*, s'est fait l'éditeur d'une « anecdote que deux citoyens d'Arras lui ont dit être très-connue dans leur pays », et qui n'est qu'une odieuse calomnie. Il a prétendu que Le Bon, pendant son séjour à Arras, avait promis à une femme, en retour de son déshonneur, la liberté de son mari; qu'il avait offert à cette malheureuse, au lieu d'un ordre d'élargissement, un assignat de vingt-cinq livres, et qu'enfin, le jour même, il avait, sous ses yeux, livré au bourreau le mari et la femme. Courtois, dans son rapport du 16 nivôse, envoyé par décret aux départements et aux armées, a fait allusion à ces « embrassements homicides », à ces « caresses à la Caligula ».

Avec la même légèreté que Fréron, Guffroy, dans sa seconde Censure n'a pas craint d'avancer, » sur la foi de trois déclarants », que la femme de Le Bon était soupçonnée d'avoir en sa possession le collier de diamants de la citoyenne Ranguilly ».

Le Bon indigné proteste dans les journaux et par une lettre au président de la Convention contre l'histoire de la femme aux vingt-cinq livres et « met ses ennemis les plus acharnés au défi de produire aucune preuve d'une pareille horreur ». Il montre que la dénonciation relative « au collier aristocratique » est reconnue fausse : « Enfin, écrit-il, l'énorme inventaire est arrivé ; j'y ai trouvé l'esclavage de diamants, on saura incessamment que nous sommes resté intacts ; sur l'article de la probité et de l'honneur ».

Le 18 germinal, il sollicite son renvoi devant un tribunal quelconque : « Dussent les mesures révolutionnaires dont j'ai assuré l'exécution me conduire à l'échafaud, je désire me purger des crimes qui sont étrangers à ces mesures. « Le 1er prairial, il demande à la commission des vingt-et-un sa translation à Paris ; il craint qu'on ne le déporte sans l'entendre. « Ce n'est point la mort que je redoute ; c'est l'infamie ; qu'on m'envoie à l'échafaud pour avoir poursuivi les fanatiques contre-révolutionnaires, les royalistes et les fripons qui m'ont été dénoncés, je suis prêt... ; mais qu'il me soit permis préalablement de justifier ma probité compromise et de montrer que toute ma monstruosité se réduit à avoir assuré l'exécution des lois. »

Le 22 prairial (10 juin), ramené à Paris, il répète encore : « Prêt à être lavé de ces imputations odieuses, je m'occupe peu de la récompense que l'on réserve à ma conduite révolutionnaire. Qu'on me loue, qu'on m'excuse, qu'on me tue, tout cela m'est égal [2] ». — Il ajoute, avec la seule expression de regret que révèle toute sa correspondance : « Il n'est pas en mon pouvoir que le passé n'ait existé. Puissent les maux de la patrie ne le faire jamais renaître » !

1. Le procès-verbal constate que parmi les objets inventoriés se trouve « *une sclavage* avec sa pendeloque tenant ensemble, montées en diamants en roze, dont une partie taille d'Hollande, et l'autre taille d'Anvers ».

2. Le Bon avait été transféré de Meaux à Paris le 1er prairial (20 mai 1795).

La commission des vingt-et-un, réduite à vingt par l'arrestation de Thirion compromis dans l'émeute du 1er prairial, avait terminé son travail. Le 1er messidor (19 juin 1795), Quirault apporta à la tribune le résultat de cet examen.

Quirault rejetait tout d'abord, comme non-justifiée, l'accusation portée par Fréron au sujet de la femme « aux vingt-cinq livres » ; il partageait ensuite « les délits dont Le Bon était accusé de toutes parts » en quatre catégories : assassinats juridiques, oppression de citoyens en masse, exercice de vengeances particulières, vols et dilapidations.

Sur le premier chef, le rapporteur reprochait à Le Bon d'avoir institué à Arras un tribunal de sang dont il était le régulateur ; obtenu illégalement la conservation de ce tribunal ; nourri à sa table les juges, les jurés et l'exécuteur ; annoncé à l'avance les condamnations à la Société populaire ; menacé et incarcéré les jurés qui osaient résister à ses ordres et les défenseurs officieux eux-mêmes. Les jugements rendus contre Mme Bataille, M. Lallart, M. de Béthune, les chanoines d'Arras et la Noblesse des États étaient seuls cités à la charge de Le Bon. Le *Moniteur* constate qu'au récit du propos tenu par Le Bon, lors de l'acquittement de Dauchez : « Demain, je composerai autrement mon tribunal », l'assemblée frémit d'indignation, et qu'en apprenant l'exé-

---

Il commença en prairial la publication de ses *Lettres justificatives*, imprimées par ordre de la Convention ; la treizième et dernière de ces lettres porte la date de messidor an III.

Dans ces lettres, Le Bon s'attache à accuser Guffroy, autant qu'à se justifier lui-même.

Le 23 messidor, la femme de Le Bon écrivit « à la citoyenne Régniez, aubergiste à St-Pol » :

« Bon jour, ma mère. Que dit-on des numéros de mon époux ? Commence-t-on à connaître le scélérat qui avait juré notre perte ? D'après les bruits connus, on semble dire qu'il est bien démasqué ; il fallait que la vérité parle. — Salut à toute la famille. Je vous embrasse : votre fille, RÉGNIEZ-LE BON ». (Arch. départ.).

cution de M. Lallart, acquitté, remis en jugement et guillotiné, « elle se souleva d'horreur ». Enfin, l'exécution de M. de Béthune, acquitté, réincarcéré, condamné et immolé pendant la nuit à la lueur des flambeaux, excita « un nouveau mouvement »; plusieurs voix s'écrièrent: « Président, en voilà assez; faites cesser cette lecture ».

Dans la seconde catégorie des faits incriminés, Quirault rangeait la délégation des pouvoirs que Le Bon avait faite à Célestin Lefetz et à Varnier, son entrée à Cambrai, l'inscription mise sur la porte de son cabinet, la spoliation des prisonniers, l'épuration des suspects à la Société populaire, l'interrogatoire et le massacre de la famille Dauchez (« un nouveau mouvement d'horreur saisit l'assemblée »), l'exécution de M. de Vielfort, les arrêtés contre les habitants d'Achicourt, les filles endimanchées, les hommes riches et les bonnets tricolores.....

Le procès du juge de paix Magniez, l'arrestation des citoyennes Desvignes et Gérard formaient le troisième chef d'accusation. Le rapporteur faisait connaître, au sujet du collier de diamants de Mme de Ranguilly, les justifications fournies par Le Bon. Il citait, comme exemple de mesures arbitraires, l'installation du représentant à Cambrai dans la maison de Mme Dechy, ses réquisitions de vivres et les distributions faites à ses créatures.

Quirault concluait ainsi: « Votre commission m'a chargé de vous déclarer que tous ses membres estiment qu'il y a lieu de décréter d'accusation le représentant Joseph Le Bon. »

Dix jours après la lecture de ce rapport, évidemment fort incomplet, Le Bon comparut à la barre de la Convention:

« Citoyens représentants, dit-il, si l'homme qui paraît devant vous était dans un état de prévention ordinaire, vous l'entendriez vous dire: Ne perdez pas à m'entendre un temps précieux pour la chose publique; envoyez-moi devant un tribunal ; là, je prouverai mon innocence ; là, je confondrai mes calomniateurs. Mais à quel tribunal pourrait-il être de votre justice de me traduire? Après l'épouvantable réputation que m'a faite l'animosité d'un seul homme, lorsque des pétitions de commande ont revendiqué ma tête et ont obtenu la mention honorable; lorsque les villes et les campagnes retentissent d'un nom qu'on assimile à celui d'un monstre; lorsque le décret lancé contre moi serait un arrêt de mort, il n'appartient qu'à vous, citoyens collègues, d'entendre ma justification, d'apprécier ma conduite et les circonstances dans lesquelles je me suis trouvé. »

Le Bon attribua principalement aux intrigues de Guffroy les poursuites dont il était l'objet, signala les contradictions dans lesquelles était tombé son accusateur, et s'efforça de le discréditer, en citant les articles du *Rougyff*. — « Ce n'est pas le procès de Guffroy que nous instruisons, interrompit Legendre ; je demande que l'accusé se renferme dans sa défense et cherche à se disculper des crimes qui lui sont imputés par la commission des vingt-et-un ». — Goupilleau et Boissy d'Anglas réclamèrent en faveur de la liberté de la défense. Le Bon continua. Pour légitimer sa conduite, il dépeignit la frénésie révolutionnaire dont tous les patriotes avaient été atteints, et prétendit qu' « à l'exemple de Socrate et de Régulus », il n'avait fait qu'exécuter les lois.

« Voyons maintenant, poursuivit Le Bon, les preuves de modération et de justice que j'ai données, au milieu des actes de sévérité que j'étais forcé de faire, sous peine de proscription. » — Un citoyen d'Arras avait seul refusé son adhésion à une adresse d'approbation sur les événements du 31 mai; loin de le destituer, je l'ai nommé adjoint à l'agent national du District. Aux termes des arrêtés de Saint-Just et Le Bas, tous les nobles devaient être arrêtés comme suspects;

quelques-uns me parurent mériter des égards, je les sauvai de la prison. »

Deux séances avaient été consacrées en grande partie à cette discussion générale. Le 20 messidor, Pierret demanda que Le Bon fût invité à discuter le rapport article par article, et que la Convention décidât sans désemparer. Un représentant royaliste, Delahaye, s'opposa à cette précipitation : « Puisque vous prétendez, dit-il, que le prévenu n'a pas encore parlé sur son affaire, convenez que vous ne la connaissez pas et que vous ne pouvez pas prononcer. Donnez-lui le temps de vous instruire ». La Convention applaudit à cette généreuse apostrophe et se contenta de décider que le rapporteur lirait successivement les divers chefs du rapport, et que l'inculpé répondrait successivement à chacun d'eux.

Le Bon parut d'abord se refuser à suivre cette marche : « Si ma vie, dit-il, est demandée par l'intérêt public, je suis prêt; il est inutile de tarder plus longtemps; ma défense aurait dû se borner à l'affaire du collier de diamants et à l'histoire de la femme aux vingt-cinq livres. Pour ce qui est des actes de ma mission, mes papiers justificatifs m'ayant été enlevés, il est imposssible que je les justifie d'une manière ordinaire et avec toute la précision dont je désirerais ne pas m'écarter. Faites de moi ce que vous trouverez convenir dans votre justice [1]. »

---

[1]. En partant de Cambrai, Le Bon avait confié ses papiers à son frère Léandre. Dans l'interrogatoire qu'il subit à Arras, Léandre Le Bon déclara qu'il avait déchargé la plus grande partie de ses papiers au district, et emporté chez lui un petit panier ficelé, contenant les pièces du tribunal de Cambrai, qu'il avait remises plus tard à la commune. Il résultait d'une lettre écrite, le 23 thermidor, par l'accusateur public Gosse au président de la Convention, que trois paniers de papiers, transportés à Paris, avaient été renvoyés au greffe d'Arras; que Berlier s'occupait de les faire inventorier, lorsque, de Paris, on en demanda l'envoi au bureau central. Ces papiers, au dire de Gosse, étaient des procédures, des dénonciations, des jugements.....

On avait, en outre, saisi à Saint-Pol le portefeuille de Le Bon contenant les

L'incident n'eut pas de suites; Le Bon, revenant sur sa détermination, répondit au rapport selon la forme qui lui était prescrite, donna des explications sur plusieurs faits, et s'attacha, ne pouvant les nier, à rejeter quelques circonstances inexactement rapportées.

Il termina ainsi sa défense :

« Je me confie à votre justice. C'est vous, quelle que soit la mesure que vous adoptiez, qui prononcerez définitivement sur mon sort. Le moment est terrible pour moi; mais un jour vous me rendrez justice. Regardez-moi tout entier ; comparez mes actes aux vôtres : quand les miens étaient rigoureux, les vôtres étaient terribles. Prononcez; nous n'avons plus en ce moment à démêler autre chose ensemble que la vie ou la mort. »

La séance s'était prolongée jusqu'à deux heures du matin (22 messidor); l'assemblée procéda au vote par appel nominal, et déclara qu'il y avait lieu à accusation contre Joseph Le Bon [1].

Aux termes de la loi, la commission des vingt-et-un était chargée de dresser l'acte d'accusation ; le 29 messidor, elle soumit à l'assemblée un projet qui comprenait quatorze chefs. La Convention l'adopta sans discussion, « et décréta qu'à la diligence de la commission des vingt-et-un, les pièces seraient transmises à l'accusateur public du tribunal criminel de la Somme, et que Le Bon serait jugé par ce tribunal en conformité de la loi du 12 prairial [2] ».

lettres du Comité de salut public, et dans l'appartement qu'il occupait à Paris, rue d'Argenteuil, des papiers manuscrits et imprimés qui furent déposés dans deux cartons au Comité de sûreté générale. Le rapporteur Quirault reconnut que la commission n'avait conservé des papiers d'Arras qu'un registre d'arrêtés et la correspondance de Le Bon jusqu'en floréal.

1. Le *Moniteur* ne publia ni le nombre des votants, ni les noms de ceux qui s'étaient prononcés pour ou contre l'accusation, ni les motifs qui avaient pu être exprimés par certains représentants à l'appui de leur suffrage.

2. *Moniteur* du 4 thermidor (22 juillet 1795). — Voir aussi l'Appendice.

Cette loi avait supprimé le tribunal révolutionnaire et attribué la connaissance des délits dont ce tribunal connaissait au tribunal criminel du département où ils avaient été commis. Les tribunaux devaient se conformer, pour l'instruction de ces sortes de délits, à la loi du 16 septembre 1791. Néanmoins (article 4), à l'égard des accusés traduits par un décret du corps législatif pour fait de conspiration ou d'attentat à la sûreté publique, la loi du 8 nivôse an III (28 décembre 1794) réglait les formes à suivre : sur une liste de trente membres formée par le procureur général-syndic du département, un jury spécial était désigné par le sort. Le jugement était exécutoire sans recours au tribunal de cassaion :

D'après ces dispositions, Joseph Le Bon était justiciable du tribunal criminel du Pas-de-Calais ou de celui du Nord : un sentiment de haute convenance amena son renvoi à Amiens. « J'irai là comme ailleurs, écrivit-il le 1er thermidor, chercher des hommes probes et justes ». Une autre question aussi importante n'avait pas été tranchée nettement dans le décret de mise en accusation. Joseph Le Bon était traduit, il est vrai, par un décret du corps législatif ; mais les faits dont on l'accusait constituaient-ils soit une conspiration, soit un attentat contre la sûreté publique ? Le tribunal criminel de la Somme devait-il, par suite, le juger d'après le droit commun ou conformément aux dispositions exceptionnelles de la loi du 8 nivôse ?

Dès l'arrivée de Joseph Le Bon à Amiens (19 thermidor), l'accusateur public Duval rendit contre lui une ordonnance de prise de corps qui préjugeait la question, et annonça qu'il serait jugé « incessamment, en dernier ressort, sans recours en cassation, comme pour fait d'attentat à la sûreté publique ». Le lendemain, le tribunal ordonna que Joseph Le Bon fût écroué « pour son procès lui être fait conformément à la loi, sans recours en cassation ».

Joseph Le Bon sentit alors tout le prix de ces garanties légales qu'il avait enlevées aux victimes d'Arras et de Cambrai : il écrivit au président pour demander qu'un défenseur lui fût donné d'office et réclama auprès du tribunal contre l'application qu'on prétendait lui faire de la loi du 8 nivôse. Le président d'Esmery désigna, comme conseils de l'accusé, Gossart, ex-homme de loi, et Damay fils, défenseur officieux. L'un et l'autre refusèrent de remplir cette tâche. Par jugement du 20 fructidor, le tribunal décida que Le Bon, accusé de faits qui évidemment constituaient la conspiration et l'attentat contre la sûreté publique, serait jugé devant un jury spécial et sans recours en cassation. Ainsi, le représentant qui, investi de pouvoirs illimités, avait fait arrêter le défenseur officieux Leducq, manqua de défenseur ; le régulateur du procès de M. de Béthune se vit appliquer la rigueur d'une loi d'exception, alors que, dans le doute, il eût été plus conforme à la raison et à la justice de le laisser jouir du droit commun, et que, tout au moins, le tribunal eût dû consulter la Convention nationale sur l'interprétation de son décret.

Le procès de Le Bon commença le 26 fructidor (12 septembre 1795) [1]. Après l'appel des témoins et l'interrogatoire du prévenu [2], l'accusateur public Duval exposa les divers

---

1. Le sort avait désigné comme jurés les onze citoyens dont les noms suivent : Bilcocque aîné, homme de loi à Roye ; Boistel d'Exauviller, propriétaire à Salleux ; Hébert, propriétaire à Fins ; Ducastel-Blanchemin, négociant à Abbeville ; Luglien Froment, rentier à Roye ; Honoré Goubet, cultivateur à Flers ; Canet d'Amerval, rentier à Amiens ; Stanislas Cadot, propriétaire à Péronne ; Racine, cultivateur à Gorenflos ; Dumoulin fils, rentier à Amiens ; Magnier, marchand de draps à Nesle. Bilcocque, ayant fait défaut à l'appel de son nom, fut remplacé par Caron-Crépin.

2. Il résulte de cet interrogatoire que Joseph Le Bon avait conçu le projet de se donner la mort :

« Connaissez-vous ce couteau qu'on a trouvé sous votre chemise, suspendu par un fil autour de votre col et entre les deux épaules ? — Oui. — Quel usage

chefs d'accusation et attendit le résultat du débat pour résumer les preuves. Les témoins furent entendus. Demuliez, Leserre, Gabriel Le Blond et Blondel-Petit, deux membres du département, quatre administrateurs du District, un officier municipal, le directeur de la poste Lefebvre, Leducq, homme de loi, formaient, parmi les témoins d'Arras, le parti des modérantistes; l'avocat Dauchez, le receveur Boniface, Constance Arrachart appartenaient à la catégorie des prévenus acquittés; la veuve Magniez, la veuve Gamonet, la veuve Payen, la veuve Boucquel de la Comté, la veuve Hénaut, la veuve Pégu, la veuve Littrez, la veuve Thellier représentaient les victimes et écrasaient Le Bon de leur seule présence.

L'ex-président Beugniet fit défaut; on requit inutilement la force publique de l'amener à l'audience.

L'accusé pouvait assurément se plaindre des difficultés que l'enlèvement de ses papiers, la mise en liberté de ses complices, l'absence de témoins à décharge, la privation de conseil ajoutaient à sa défense; mais, à l'audience, il jouit de la plus grande liberté. Il discuta longuement les faits, se livra à de nouvelles attaques contre Guffroy, et continua de rejeter la responsabilité de ses actes sur la Convention qui lui donnait l'exemple, sur le Comité de salut public dont il suivait les instructions, sur le tribunal révolutionnaire, libre d'acquitter ou de condamner, sur les sociétés populaires et les

---

vouliez-vous en faire? — Plusieurs. — Quels sont-ils? — Je me suis pourvu de ce couteau pour abréger mes jours, dans le cas où l'on m'aurait traduit au tribunal criminel du département du Nord, suivant le vœu de tous mes ennemis, comme aussi pour m'épargner des scènes semblables à celle dont j'ai failli être la victime à Meaux, et qui s'est encore renouvelée à Breteuil. — Comment vous êtes-vous procuré ce couteau? — Au Comité de sûreté générale, au moment où j'attendais la décision de la Convention pour le choix du tribunal où je devais être appelé ! »

sans-culottes de son entourage sous la pression desquels il prétendait avoir été placé.

Le 12 vendémaire, à dix heures du matin, le président d'Esmery résuma les débats. « Pour prononcer sur le sort de Le Bon, dit-il aux jurés, vous ne consulterez que ce sentiment profond que la nature a gravé dans nos cœurs en caractères ineffaçables, cette voix intérieure qui n'est altérée ni par les préjugés ni par les passions, qui discerne avec tant de sagacité la vertu du vice et qui crie impérieusement : ceci est bien, ceci est mal. Si la conduite qu'a tenue Joseph Le Bon vous paraît avoir été commandée par les circonstances où il s'est trouvé, si vous le regardez comme excusable, quelque fortement que paraisse se prononcer contre lui l'opinion publique, vous aurez le courage de l'absoudre. — Si, au contraire, vous le jugez coupable, une fausse pitié ne détournera point le coup que vous devez lui porter. La sûreté publique, les lois violées, la nature outragée, réclament une vengeance éclatante qui puisse à jamais effrayer ceux qui seraient tentés de suivre ses exemples. — La France entière, l'Europe même ont actuellement les yeux fixés sur vous et attendent impatiemment le dénouement de cette affaire. Votre intégrité, vos lumières et les autres qualités qui vous distinguent et qui vous ont fait choisir pour devenir les arbitres de la destinée de cet accusé célèbre, sont pour nous de sûrs garants que la France et l'Europe adopteront vos motifs et confirmeront par leur approbation le jugement que vous allez rendre [1] ».

Cent trente-et-une questions furent posées au jury ; le verdict fut affirmatif sur cent vingt-deux et négatif sur neuf.

Pendant le cours des débats, Joseph Le Bon avait remis au tribunal une requête tendant à ce que, après la décision

---

1. *Procès*, t. II, p. 264.

du jury et avant tout prononcé de jugement, la Convention fût consultée sur le point de savoir si la promulgation de la Constitution de l'an III, faite le 1ᵉʳ vendémiaire, n'avait pas abrogé la loi du 12 prairial; si, en conséquence, trois voix sur onze ne suffisaient pas pour l'acquittement de l'accusé ; si enfin il ne devait pas jouir d'un pourvoi en cassation.

Le tribunal rendit le jugement suivant : « Vu la déclaration du jury, et en exécution des dispositions du Code pénal (deuxième partie, titre premier, cinquième section, article v; même partie, titre second, première section, articles vii, xi et xiv, et première partie, titre premier, article iv), condamne Joseph Le Bon, comme assassin, à la peine de mort, et à être conduit sur la place publique d'Amiens revêtu d'une chemise rouge, pour y subir sa peine ; ordonne que ses biens seront confisqués au profit de la République, et cependant, faisant droit à la pétition de l'accusé, arrête qu'il sera sursis au jugement jusqu'à ce que la Convention nationale ait statué sur les moyens par lui proposés [1] ».

« Lorsque Le Bon entendit la lecture de la partie de son jugement qui prononçait la confiscation de ses biens, il dit : « Je n'enrichirai pas la République », et quand il se leva pour retourner à la maison de justice, on l'entendit s'écrier : « Vive la République [2] ».

Joseph Le Bon avait déployé dans son interrogatoire et dans sa défense l'énergie d'un homme qui veut sauver sa tête; cependant, il ne pouvait se faire illusion sur le sort qui l'attendait. En présence d'une mort imminente, il s'excitait uniquement à ne montrer ni regret ni faiblesse, et se proposait pour modèles les « victimes que la Révolution avait immolées ». Ils mouraient, dit-il, en invoquant l'ancien régime; ils ne s'avilissaient point à demander grâce ; ils

---

1. Voir à l'Appendice l'acte d'accusation et la déclaration du jury.
2. *Procès*, t. ii, p. 196.

forçaient en quelque sorte l'admiration des patriotes par une intrépidité digne d'un meilleur parti ». Ce retour vers le passé ne lui inspirait aucun repentir. S'il prononçait parfois le mot de Providence, c'était sans comprendre la justice de ses arrêts. L'immortalité de l'âme n'était plus guère à ses yeux qu'un effet d'imagination ; il n'y songeait que pour se représenter l'accueil qu'il recevrait « des héros morts pour la République : Oui, si, comme il m'est doux de l'imaginer, notre âme nous survit, j'ai des droits à habiter parmi eux » ! Se rattachant à des liens de famille qui allaient se briser, il abandonnait à une émotion passionnée ce cœur impitoyable que les pleurs de tant de veuves et d'orphelins n'avaient pu émouvoir : « Je te couvre de mes baisers brûlants, ainsi que Pauline et Emile, écrivait-il à sa femme ; ma bouche oppressée s'attache aux vôtres et nos âmes se confondent.. » — Mais bientôt l'orgueil reprenant le dessus, le prêtre apostat s'efforçait, sur le bord de l'éternité, de se transformer en philosophe payen : il datait sa dernière lettre « d'Amiens, ou plutôt des Champs-Elysées ». — « Les temps qui ne sont plus, disait-il encore, ne retracent à ma mémoire qu'une suite *d'actions vertueuses* ».

La requête de Joseph Le Bon fut renvoyée par la Convention aux trois Comités. Dans la séance du 21 vendémiaire (13 octobre), le député Portier (de l'Oise) conclut à l'ordre du jour. La Constitution, à son avis, ne devait être en activité que le 5 brumaire (27 octobre), époque de la réunion du Corps législatif ; Joseph Le Bon ne pouvait donc invoquer le bénéfice de ses dispositions. La loi du 12 prairial qui maintenait, par exception, la loi du 8 nivôse, loin d'être rapportée, avait été formellement confirmée par un décret récent, celui du cinquième jour complémentaire (21 septembre 1795). — Les conclusions du rapporteur furent adoptées sans discussion.

Le décret de la Convention rendait définitive et sans recours la peine prononcée par le tribunal criminel d'Amiens. On en donna lecture à Joseph Le Bon, le 24 vendémiaire (vendredi 16 octobre 1795), à onze heures du matin. En conséquence, le tribunal leva le sursis prononcé le 13, et ordonna que le jugement serait exécuté le jour même.

Joseph Le Bon écrivit quelques lignes à son beau-frère Abraham Régniez qu'il chargea de ses dernières volontés.

« Adieu ! Abraham ! digne jeune homme ! sois toujours le même ; soutiens le courage de ta sœur, de mon vieux père, de ta mère, de tous mes parents. Je m'endors à bien des maux. Embrasse mille fois ma femme pour moi; tendre *Mimie*, Pauline, Émile, chers objets, à voir la tournure des affaires, je n'aurais vécu que pour de nouvelles tracasseries ; consolez-vous.

« Je te renvoie un mouchoir, un serre-tête, l'acte constitutionnel, deux peignes, ma cuiller et ma fourchette ; je dois vingt francs que tu paieras au geôlier pour mes draps. Encore un coup, la mort de l'HOMME DE BIEN n'est pas inutile. — Adieu à tous mes amis, et Vive la République !.. — Amiens, ce 24 vendémiaire, jour où Pauline a deux ans. »

Le Bon dîna comme à son ordinaire ; après avoir achevé son repas, il demanda de l'eau-de-vie et en but à deux reprises différentes. En quittant la Maison de justice, il exhorta les prisonniers à se conduire en bons républicains. Dans le trajet de la prison au grand-marché, il garda constamment le silence ; plusieurs fois l'exécuteur fut obligé de le soutenir, pour l'empêcher de tomber.

Ainsi mourut, à peine âgé de trente ans, un homme que l'opinion publique a placé avec raison au rang des plus grands criminels.

On ne peut juger Le Bon, ni même le comprendre, sans

tenir compte de ses dispositions naturelles et des circonstances au milieu desquelles il a vécu [1].

Joseph Le Bon, doué d'un esprit net, d'une imagination vive, d'une volonté ferme, était en même temps exagéré, orgueilleux, emporté et vindicatif. Il reçut une éducation religieuse qui mit d'abord un frein à ses défauts naturels; tout le temps qu'il passa à l'Oratoire, il se montra, comme homme et comme prêtre, exempt de reproche.

Le jour de l'épreuve arriva. Au moment où Le Bon sortit de sa Compagnie, il trouva la Révolution aux prises avec l'ordre social. Au lieu de rester fidèle à son passé, il fréquenta les sociétés populaires, perdit, au milieu des excitations du club, des convictions qui manquaient de solidité, et, des rangs du sacerdoce, il passa, presque sans transition, dans le camp des persécuteurs de l'Église.

L'ambition s'empara alors de son âme : le fils du sergent à verges, recherchant la faveur des sans-culottes, devint successivement, grâce à leur appui, chef de la Municipalité d'Arras, membre du Département, député à la Convention. Dans ces divers postes, il s'éleva, par degrés, à la hauteur des révolutionnaires les plus exaltés, et mérita ainsi la confiance de ceux qui, maîtres de la France, avaient voué l'ancienne société à l'extermination.

Joseph Le Bon, représentant en mission, devient un personnage historique : investi de pouvoirs illimités, dans l'espace de neuf mois, il se rend coupable d'une série de forfaits dont aucune action louable ne vient atténuer l'horreur. Qu'on le juge par ses arrêtés : on le voit étendre indéfiniment les catégories de suspects, transformer en crime la fidélité des domestiques envers leurs maîtres, fermer sa porte aux solliciteurs et son cœur à la pitié, dépouiller les

---

[1]. Occasiones namque hominem fragilem non faciunt, sed qualis sit ostendunt. *Imit.* lib. I, cap. 16.

prisonniers de tout ce qui peut alléger leurs souffrances, enlever à de vieux prêtres jusqu'au bois avec lequel ils se chauffent pendant un hiver rigoureux, séparer le mari d'avec l'épouse, arracher l'enfant à la mère... Toute supériorité offusquant l'orgueil de ce révolté, naissance, fortune, vertu, talents deviennent à ses yeux des titres de proscription.

Mais dans le plan de réformation sociale auquel Le Bon prête son concours, l'emprisonnement des suspects n'est qu'un moyen ; le but, c'est qu'ils meurent. Appelant à son aide des juges et des jurés qui partagent ses passions ou que la crainte asservit à ses volontés, il prête à l'assassinat, par une fourberie monstrueuse, les formes sacrées de la justice. A la fois cruel et lâche, sans autre mobile que la haine qu'il porte aux prétendus ennemis de la Révolution ou la satisfaction de vengeances personnelles, il prend ses victimes dans tous les rangs de la société. Les artisans eux-mêmes sont transformés en aristocrates ; ni les vieillards, ni les femmes ne trouvent grâce devant lui. Il ne cesse enfin de tuer que le jour où la Convention le désarme.

En présence de tant de violences exercées, de tant de sang répandu, la conscience se soulève, et tandis qu'elle accorde aux victimes sa pitié toujours, et quelquefois même son admiration, elle laisse éclater contre le bourreau son indignation tout entière. Suum cuique.

APPENDICE

I.

Au moment où ce livre était sous presse, on a bien voulu nous communiquer, à la mairie d'Arras, divers documents trop intéressants pour que nous les passions sous silence.

1. Du *Registre aux Bourgeois* il appert que, le 30 novembre 1762, « Nicolas-François Le Bon (père de Joseph Le Bon), natif de la ville de Saint-Pol, fils de Sébastien et de Marie-Rose Bouchez, a été reçu et admis à la bourgeoisie d'Arras, et a prêté serment en cette qualité ». Cet acte établit d'une manière incontestable que la famille Le Bon est originaire de Saint-Pol.

2. En novembre 1791, Joseph Le Bon, curé de Neuville depuis quatre mois, baptisa un enfant de Gabriel Le Blond ; l'acte de baptême, écrit tout entier de sa main, montre quelles étaient, dès cette époque, ses opinions religieuses et politiques :

« L'an mil sept cent quatre-vingt-onze, troisième de la Révolution françoise, le vingt-sept novembre, est né, et le même jour, du consentement de M. le curé de Saint-Vaast, a été baptisé par le soussigné, avec les cérémonies religieuses accoutumées et avec l'appareil civique, François-Régis-MAXIMILIEN-ROBESPIERRE Le Blond, fils légitime d'Antoine-Gabriel Le Blond et d'Augustine-Josèphe Le Blond; ses parrain et marraine ont été le citoyen François-Régis Deshorties et la citoyenne Augustine-Angélique Debray, soussignés, lesquels, outre les promesses ordinaires du baptême, se sont encore engagés, au nom de l'enfant, à vivre libre ou mourir, et à reconnaître toujours parmi les hommes l'égalité que la nature y a mise et que l'Évangile a consacrée.

« *Signé*: G. LE BLOND, F.-A. DESHORTIES, AUGUSTINE DEBRAY et JOSEPH LE BON, curé de Neuville-Vitasse. »

(*Extrait du Registre des baptêmes de la paroisse de La Madeleine*).

3. On nous avait assuré que le Registre des délibérations prises par le Conseil général de la commune pendant que Le Bon était maire, se trouvait égaré: ce Registre existe; mais il ne renferme, durant cette période de trois mois, aucun procès-verbal important, si ce n'est celui de l'installation de Le Bon à la tête de la municipalité.

Procès-verbal du 16 septembre, trois heures après-midi:

« L'an 1792, l'an quatrième de la Liberté, de l'Égalité le premier, le 16 septembre, trois heures après-midi, les citoyens que la commune d'Arras a choisis pour ses représentants provisoires, à la place de ceux qu'elle n'a pas jugé devoir conserver plus longtemps, Joseph Le Bon, maire; Lefetz, Mury, Lemirre, Le Blond..... en qualité d'officiers municipaux; Robespierre, en qualité de procureur de la commune, et Daillet, en celle de substitut; Taquet le Jeune, Martial Herman, François Carrault, Gilles, Carlier, Taffin-Bruyant, Duponchel..... en celle de notables, se sont rendus sur la Petite-Place pour y être proclamés comme tels, en présence de ladite commune, par le président qu'elle s'est choisi pour procéder à ses élections. — Ladite proclamation ayant été faite en présence de l'ancienne municipalité, Joseph Le Bon, maire de la nouvelle, a prononcé le discours suivant....

(*Suit le discours cité page* 48).

« Aussitôt Le Bon prononça le serment de maintenir la Liberté et l'Égalité et de mourir en les défendant, et en même temps les membres du Conseil général de ladite commune, s'étant joints à lui, ont tous prêté le serment individuellement ; puis, reprenant la parole, il jura qu'il mourrait plutôt que de jamais consentir à la reddition de la place, ce qui a été fait également par tous les membres du Conseil général de ladite commune.

« Après quoi, l'ancienne municipalité s'est retirée pour faire place à la nouvelle qui s'est rendue sur-le-champ à l'hôtel commun, pour y prendre séance. »

II

On ne connaissait jusqu'ici, comme portrait de Le Bon, que trois lithographies qui n'avaient pas entre elles là moindre ressemblance et qui n'offraient aucun caractère d'authenticité. Nous avons été assez heureux pour rencontrer, chez un amateur plein de bienveillance, un portrait peint à l'huile, en 1794, par Dominique Doncre, l'un des artistes les plus distingués de nos contrées. Autorisé à le faire reproduire, nous avons eu recours, pour plus d'exactitude, à la photographie.

III.

1. — *Procès de Le Bon.*

La Convention nationale, après avoir entendu sa commission des vingt-un, accuse Joseph Le Bon, l'un de ses membres :

1° D'avoir, depuis la loi du 27 germinal qui ordonne la traduction au Tribunal révolutionnaire de Paris de tous les prévenus de conspiration, provoqué la conservation du tribunal révolutionnaire d'Arras ;

2° D'avoir influencé la conscience des juges et des jurés des tribunaux révolutionnaires d'Arras et de Cambrai : 1° en annonçant d'avance aux citoyens des sociétés populaires la mort de ceux qu'il envoyait à ces tribunaux ; 2° en assistant aux séances du tribunal révolutionnaire d'Arras, placé sur des banquettes en face des jurés ; 3° en censurant amèrement, en présence du peuple, les jurés et les juges qui acquittaient les prévenus dont il avait prédit la mort ; 4° en prononçant la destitution, l'incarcération et même la traduction au Comité de sûreté générale des jurés et des juges qui avaient acquitté quelques prévenus ; 5° en faisant arrêter le défenseur officieux d'un prévenu qui avait été acquitté ; 6° en faisant apporter chez lui les actes d'accusation qui étaient rédigés par le tribunal d'Arras ; 7° en faisant lire aux jurés de ce tribunal, immédiatement après l'acte d'accusation, un arrêté dans lequel il semblait leur indiquer ceux qu'ils pouvaient absoudre et ceux qu'ils devaient condamner ;

3° D'avoir mis en jugement pour la seconde fois des citoyens qui avaient été acquittés sur le même fait par un jury légal ;

4° D'avoir, par deux arrêtés des 28 ventôse et 14 germinal an II de la République, traduit au tribunal révolutionnaire d'Arras plusieurs individus qui ont subi la peine de mort, pour des faits antérieurs au décret d'amnistie du 15 septembre 1791, et qui étaient couverts par cette amnistie ;

5° D'avoir, au mépris des lois des 14 frimaire et 27 germinal qui défendent aux représentants du peuple de déléguer leurs pouvoirs, donné à ses agents le pouvoir d'arrêter les citoyens ou de les mettre en liberté, celui de destituer et de remplacer les autorités constituées ;

6° D'avoir abusé des pouvoirs dont il était dépositaire pour exercer envers les détenus des départements du Nord et du Pas-de-Calais des rigueurs qui n'étaient pas autorisées par la loi ;

7° D'avoir ordonné l'arrestation des citoyens pour des actions indifférentes, telles que celles de s'habiller proprement le dimanche, de porter un autre bonnet que le bonnet rouge, ou même pour des actions louables, comme d'avoir sollicité la liberté de ses parents, ou d'avoir renoncé volontairement à la liberté pour rendre des soins officieux à des vieillards détenus dans la maison de réclusion ;

8° D'avoir ordonné au tribunal d'Arras de juger révolutionnairement tous les prévenus distingués par leurs talents et leurs richesses ; d'avoir écrit au district de Saint-Omer de mettre en arrestation tous les riches, tous les hommes d'esprit qui ne se seraient pas prononcés, et de bonne heure, pour la Révolution.

9° D'avoir avili et tyrannisé les autorités constituées, en déclarant, dans un arrêté, que les maisons des membres du conseil général d'Achicourt seraient rasées, si les femmes, les baudets, les provisions de cette commune cessaient un seul jour de venir en abondance au marché d'Arras ;

En menaçant le Comité révolutionnaire d'Arras de la destitution, parce qu'il lui demandait un ordre par écrit pour mettre un citoyen en état d'arrestation ;

10° D'avoir fait subir un interrogatoire public à une famille de cultivateurs de la commune de Wailly composée d'un jeune fanatique, de son père, de sa mère et de ses deux sœurs ;

D'avoir présidé cet interrogatoire en présence des citoyens d'Arras ;

D'avoir menacé d'un pistolet une femme âgée pour la forcer à lui répondre ; enfin, d'avoir fait traduire, pour fanatisme, toute cette famille au tribunal d'Arras où elle fut condamnée à mort ;

11° D'avoir suspendu l'exécution d'un condamné à mort, placé sur l'échafaud, pour lui débiter des nouvelles et l'apostropher ;

12° D'avoir ordonné au greffier du juge de paix du canton de Rœux de lui apporter les minutes d'une procédure rendue contre lui (Le Bon) en 1791 ;

D'avoir soustrait les minutes ; d'avoir fait arrêter le juge de paix, son greffier et son assesseur Cuvelier, pour se venger d'un jugement qu'ils avaient rendu contre lui ; enfin, d'avoir traduit au tribunal de Cambrai ce juge de paix, sous le prétexte qu'il avait concilié, en 1791, les fonctions de maire et de juge de paix, et qu'il avait cité à son tribunal une commune de son ressort sans l'autorisation du District ;

13° D'avoir intimidé d'un coup de pistolet les citoyennes Desvignes qui se promenaient sur le rempart d'Arras ; de les avoir fouillées lui-même ; d'avoir fait déshabiller la jeune Desvignes en sa présence ; de l'avoir frappée d'un coup de poing ; enfin, de l'avoir conduite, ainsi que sa mère, en état d'arrestation, quoiqu'il n'eût rien à lui reprocher, et d'avoir, par cette conduite, avili en sa personne le caractère de Représentant du Peuple français.

14° D'avoir fait arrêter le père et la mère de Barbe Gérard, parce que cette jeune fille à laquelle Le Bon demanda dans la rue où elle allait, lui répondit, sans le connaître : « Qu'est-ce que cela vous fait? »

Décrète qu'à la diligence de la commission des vingt-un, les pièces relatives à la présente accusation seront transmises à l'accusateur public du tribunal criminel du département de la Somme, lequel prononcera sur cette affaire en conformité de la loi du 12 prairial.

2. — *Déclaration du Jury*.

Premier Chef. Il est constant que la conservation du tribunal révolutionnaire d'Arras a été provoquée depuis la loi du 27 germinal an II.

Joseph Le Bon est convaincu d'être l'auteur de cette provocation ; il est convaincu de l'avoir fait méchamment et à dessein.

Deuxième Chef. Il est constant que la conscience des jurés ou des juges du tribunal révolutionnaire de Cambrai ou de celui d'Arras a été influencée.

Joseph Le Bon est convaincu d'avoir pratiqué cette influence, en annonçant d'avance aux citoyens de la société populaire de Cambrai la mort de ceux qu'il envoyait au tribunal révolutionnaire de cette commune.

Joseph Le Bon est convaincu d'avoir pratiqué cette influence, en annonçant à la société populaire d'Arras la mort de Béthune-Penin, de Lallart-Berlette, de la veuve Bataille et consors, ou de l'un d'eux qu'il envoyait au tribunal révolutionnaire d'Arras.

Il a eu intention criminelle.

Joseph Le Bon est convaincu d'avoir pratiqué cette influence, en assistant aux séances du tribunal révolutionnaire d'Arras, placé sur des banquettes en face des jurés, ou en tout autre lieu.

Joseph Le Bon est convaincu d'avoir assisté au jugement de Béthune-Penin.

Joseph Le Bon est convaincu d'avoir assisté au jugement de Lallart-Berlette.

Joseph Le Bon est convaincu d'avoir assisté au jugement de la veuve Bataille et consors.

Il a eu intention criminelle.

Joseph Le Bon est convaincu d'avoir pratiqué cette influence, en censurant amèrement, en présence du peuple, les jurés ou les juges qui acquittaient les prévenus dont il avait prédit la mort.

Joseph Le Bon est convaincu d'avoir censuré amèrement, en présence du peuple, les juges ou les jurés qui ont acquitté Béthune-Penin.

Joseph Le Bon est convaincu d'avoir censuré amèrement, en présence du peuple, les juges ou les jurés qui ont acquitté Lallart-Berlette.

Joseph Le Bon est convaincu d'avoir censuré amèrement, en présence du peuple, les juges ou les jurés qui ont acquitté Dauchez, l'un des co-accusés dans l'affaire de la veuve Bataille.

Il a eu intention criminelle.

Joseph Le Bon est convaincu d'avoir pratiqué cette influence, en prononçant la destitution, l'incarcération et même la traduction au Comité de sûreté générale des juges ou jurés qui avaient acquitté quelques prévenus.

Joseph Le Bon est convaincu d'avoir prononcé la destitution, l'incarcération et même la traduction au Comité de sûreté générale des juges ou des jurés qui avaient acquitté Dauchez.

Il a eu intention criminelle.

Joseph Le Bon est convaincu d'avoir pratiqué cette influence, en faisant arrêter le défenseur officieux de Béthune-Penin qui venait d'être acquitté.

Il a eu intention criminelle.

Joseph Le Bon n'est pas convaincu d'avoir pratiqué cette influence, en faisant apporter chez lui les actes d'accusation qui étaient rédigés par le tribunal d'Arras.

Joseph Le Bon est convaincu d'avoir pratiqué cette influence dans l'affaire de la veuve Bataille et des 23 autres individus, en faisant apporter chez lui l'acte d'accusation.

Il a eu intention criminelle.

Joseph Le Bon est convaincu d'avoir pratiqué cette influence dans l'affaire de la veuve Bataille et consors, en faisant lire aux jurés du tribunal révolutionnaire d'Arras, immédiatement après l'acte d'accusation, un arrêté d'après lequel il semblait leur indiquer ceux qu'ils pouvaient absoudre et ceux qu'ils devaient condamner.

Il a eu intention criminelle.

Chacune de ces influences est une provocation commise par Joseph Le Bon, par abus de ses pouvoirs dans l'exercice de ses fonctions, à la mort des prévenus sur lesquels il avait fait porter toutes ou partie de ces influences.

Il a agi avec préméditation.

Il a eu intention criminelle.

Il est constant que, par suite de cette provocation, Béthune-Penin a été condamné à la peine de mort.

Il est constant que, par suite de cette provocation, Lallart-Berlette a été condamné à la peine de mort.

Il est constant que, par suite de cette provocation, la veuve Bataille et dix-neuf de ses co-accusés ou quelques-uns d'entre eux ont été condamnés à la peine de mort.

Troisième Chef. Il est constant que François Pétain, ci-devant concierge de la maison d'arrêt de Saint-Pol, a été mis en jugement pour la seconde fois et pour le même fait sur lequel il avait été acquitté par un jury légal du 13 juillet 1793.

Joseph Le Bon est convaincu d'être l'auteur de cette remise en jugement.

Il a eu intention criminelle.

Par cette remise en jugement, Joseph Le Bon, par abus de ses pouvoirs dans l'exercice de ses fonctions, a provoqué la mort dudit Pétain.

Il a agi avec préméditation.

Il a eu intention criminelle.

Il est constant que, par suite de cette provocation, Pétain a été condamné à la peine de mort.

Il est constant que le citoyen Dauchez a été traduit au tribunal révolutionnaire de Paris, à raison du même fait sur lequel il avait été acquitté par le tribunal révolutionnaire d'Arras, le 25 germinal an II.

Joseph Le Bon est convaincu d'être l'auteur de cette remise en jugement.

Par cette remise en jugement, Joseph Le Bon, par abus de ses pouvoirs dans l'exercice de ses fonctions, a provoqué la mort dudit Dauchez.

Joseph Le Bon a eu intention criminelle.

Quatrième Chef. Il est constant que des individus ont été mis en jugement pour des faits antérieurs au décret d'amnistie du 15 septembre 1791, et qui étaient couverts par cette amnistie.

Il est constant que partie de ces individus a été traduite au Tribunal révolutionnaire d'Arras par Joseph Le Bon, en vertu d'un arrêté du 28 ventôse an II.

Cette traduction est une provocation au meurtre, faite par Joseph Le Bon, par abus de ses pouvoirs dans l'exercice de ses fonctions.

Joseph Le Bon a agi avec préméditation.

Il a eu intention criminelle.

Il est constant que, par suite de cette provocation, ces individus ont été condamnés à la peine de mort.

Il est constant qu'une autre partie desdits individus a été traduite au tribunal révolutionnaire d'Arras par Joseph Le Bon, en vertu d'un arrêté du 14 germinal an II.

Cette traduction est une provocation au meurtre par Joseph Le Bon, par abus de ses pouvoirs dans l'exercice de ses fonctions.

Joseph Le Bon a agi avec préméditation.

Il a eu intention criminelle.

Il est constant que, par suite de cette provocation, ces individus, en tout ou en partie, ont été condamnés à la peine de mort

Cinquième Chef. Il est constant que des individus ont exercé le pouvoir, soit d'arrêter les citoyens, soit de les mettre en liberté, soit celui de destituer, soit celui de remplacer les autorités constituées.

Joseph Le Bon est convaincu d'avoir donné à ses agents ce pouvoir, au mépris des lois des 14 frimaire et 27 germinal an II qui défendent aux représentants du peuple de déléguer leurs pouvoirs.

Le Bon n'a pas eu intention criminelle.

Sixième chef. Il est constant qu'il a été exercé, soit envers les détenus du département du Nord, soit envers ceux du département du Pas-de-Calais, des rigueurs qui n'étaient pas autorisées par la loi.

Joseph Le Bon est convaincu d'avoir abusé des pouvoirs dont il était dépositaire, pour exercer ces rigueurs.

Il a eu intention criminelle.

Septième Chef. Il est constant que des citoyens ont été arrêtés pour des actions indifférentes, telles que de s'habiller proprement le dimanche ou de porter d'autre bonnet que le bonnet rouge.

Joseph Le Bon est convaincu d'être l'auteur de ces faits.

Il n'a pas eu intention criminelle.

Il est constant qu'il a donné des ordres d'arrêter des citoyens pour des actions louables, comme d'avoir sollicité la liberté de ses parents ou d'avoir renoncé volontairement à sa liberté pour rendre des soins officieux à des vieillards détenus dans des maisons de réclusion.

Joseph Le Bon est convaincu d'avoir donné ces ordres.

Il a eu intention criminelle.

Huitième Chef. Il est constant que le tribunal révolutionnaire d'Arras a reçu l'ordre de juger révolutionnairement tous les prévenus distingués, soit par leurs talents, soit par leurs richesses.

Joseph Le Bon est convaincu d'avoir donné ces ordres.

Il n'a point eu intention criminelle.

Il est constant qu'il a été écrit au district de Saint-Omer de mettre en arrestation tous les riches, tous les hommes d'esprit qui ne se seraient pas prononcés, et de bonne heure, pour la Révolution.

Joseph Le Bon est convaincu d'avoir écrit cette lettre.

Il n'a pas eu intention criminelle.

Neuvième Chef. Il est constant que les autorités constituées ont été avilies et tyrannisées par la menace qui a été faite, dans un arrêté, aux membres du conseil général d'Achicourt de raser leurs maisons, si les femmes, les baudets et les provisions de cette commune cessaient un seul jour d'arriver en abondance au marché d'Arras.

Joseph Le Bon est convaincu d'être l'auteur de cette menace.

Il n'a pas eu intention criminelle.

Il est constant que le comité révolutionnaire d'Arras a été menacé de la destitution parce qu'il demandait un ordre par écrit pour mettre un citoyen en état d'arrestation.

Joseph Le Bon est convaincu d'être l'auteur de cette menace.

Il a eu intention criminelle.

Dixième Chef. Il est constant qu'une famille de cultivateurs de Wailly, composée d'un jeune fanatique, de son père, de sa mère et de ses deux sœurs, a subi un interrogatoire public.

Joseph Le Bon est convaincu d'avoir présidé cet interrogatoire en présence des citoyens d'Arras.

Il a eu intention criminelle.

Il est constant que la mère du jeune fanatique a été menacée d'un pistolet pour la forcer de répondre.

Joseph Le Bon est convaincu d'être l'auteur de cette menace.

Il a eu intention criminelle.

Il est constant que toute cette famille a été traduite, pour fanatisme, au Tribunal révolutionnaire d'Arras.

Joseph Le Bon est convaincu d'être l'auteur de cette traduction.

Cette traduction est une provocation au meurtre de la part de Joseph Le Bon, par abus de ses pouvoirs dans l'exercice de ses fonctions.

Joseph Le Bon a agi avec préméditation

Il a eu intention criminelle.

Il est constant que, par suite de cette provocation, cette famille a été condamnée à la peine de mort.

Onzième Chef. Il est constant que l'exécution d'un condamné à mort, placé sur l'échafaud, a été suspendue pour lui débiter des nouvelles et l'apostropher.

Joseph Le Bon est convaincu d'être auteur de cet acte.

Il a eu intention criminelle.

Douzième Chef. Il est constant que le greffier du juge de paix du canton de Rœux a reçu l'ordre d'apporter à Joseph Le Bon les minutes d'une procédure tenue contre ledit Joseph Le Bon en 1791.

Joseph Le Bon est convaincu d'avoir donné cet ordre.

Il a eu intention criminelle.

Il est constant que les minutes de cette procédure ont été soustraites.

Joseph Le Bon est convaincu d'être l'auteur de cette soustraction.

Il a eu intention criminelle.

Il est constant que le juge de paix a été mis en arrestation.

Il est constant que l'assesseur Cuvelier a été mis en arrestation.

Il est constant que le greffier du juge de paix a été mis en arrestation.

Joseph Le Bon est convaincu d'avoir ordonné toutes ces arrestations ou aucune d'icelles.

Il a donné ces ordres pour se venger du jugement qui avait été rendu contre lui.

Il a eu intention criminelle.

Il est constant que le juge de paix a été traduit au tribunal de Cambrai, sous le prétexte qu'il avait cumulé, en 1791, les fonctions de maire et de juge de paix, et qu'il avait cité à son tribunal une commune de son ressort, sans l'autorisation du District.

Joseph Le Bon est convaincu d'être l'auteur de cette traduction.

Cette traduction est considérée comme une provocation au meurtre, de la part de Joseph Le Bon, par abus de ses pouvoirs dans l'exercice de ses fonctions.

Joseph Le Bon a agi avec préméditation.

Il a eu intention criminelle.

Il est constant que, par suite de cette provocation, Magnier, juge de paix du canton de Rœux, a été condamné à la peine de mort.

Treizième Chef. Il n'est pas constant qu'il a été tiré un coup de pistolet pour intimider les citoyennes Desvignes qui se promenaient sur les remparts d'Arras.

Il est constant que les citoyennes Desvignes ont été fouillées.

Joseph Le Bon est convaincu de les avoir fouillées lui-même.

Il n'a pas eu intention criminelle.

Il est constant que la jeune Desvignes a été frappée d'un coup de poing.

Joseph Le Bon est convaincu de lui avoir donné le coup de poing.

Il n'a pas eu intention criminelle.

Il est constant que la jeune Desvignes et sa mère ont été conduites en état d'arrestation.

Joseph Le Bon est convaincu d'avoir conduit lui-même la jeune Desvignes.

Il est constant que Joseph Le Bon n'avait aucun reproche à faire à la jeune Desvignes.

Il a, par cette conduite, avili en sa personne le caractère de Représentant du Peuple français.

Joseph Le Bon est convaincu d'avoir conduit lui-même la mère de la jeune Desvignes.

Il est constant que Joseph Le Bon n'avait aucun reproche à faire à la mère de la jeune Desvignes.

Il a, par cette conduite, avili en sa personne le caractère de Représentant du Peuple français.

Il a eu intention criminelle.

Quatorzième et dernier Chef. Il est constant que le père et la mère de Barbe Gérard ont été arrêtés.

Il est constant qu'ils ont été arrêtés parce que leur fille, à laquelle Le Bon demanda, dans la rue, où elle allait, lui répondit sans le connaître : « Qu'est-ce que cela vous fait? »

Joseph Le Bon est convaincu d'avoir ordonné cette arrestation.

Il a eu intention criminelle [1].

---

1. A Amiens, de l'Imprimerie des Associés, rue des Rabuissons, n° 10.

IV

Tribunal révolutionnaire d'Arras. — Liste des Personnes exécutées[1].

HOMMES.

Abraham (72 ans), chapelain de la Cathédrale, page 565.
Adam, manouvrier, 504.
+ Advisard (d'), chanoine et vicaire général de Tours, 129.
Agnon, charcutier, 427.
Aix (baron d'), ancien mayeur d'Arras, 247.
Albinque (l'), ancien capitaine 325.
Allart, vivandier, 558.
Ansart (84 ans), bénédictin de St-Vaast, prévôt de La Beuvrière, 326.
Ansart, notaire, 425.
+ Arnal Pierre (43 ans), chaudronnier, 119.
+ Arnal Pierre (31 ans), chaudronnier, 119.
+ Arnal Pierre (25 ans), chaudronnier, 119.
+ Arnal Jean (37 ans), chaudronnier, 119.
+ Arnal Jean (30 ans), chaudronnier, 119.
Bacqueville, marchand, 426.
Balin, fermier, 435.
Barbier, notaire, 265.
Barbier (73 ans), marchand, 500.
Barbion[2], marchand de vaches, 368.
Baudry, fermier, 512.
Beaulaincourt (de) comte de Marles, 251.
Bécourt, fermier, 247.
Becq, cabaretier, 557.
Becquet de Cocove (74 ans), 292.

1, Nous faisons précéder du signe + le nom des 45 personnes jugées révolutionnairement par le tribunal criminel avant l'établissement définitif du tribunal révolutionnaire. — Les chiffres qui suivent chaque nom renvoient aux pages où sont relatés les jugements.

2. Et non Barbier.

Bellanger, notaire, 506.
Bernard, écrivain, 426.
Berthe, cordonnier, 426.
+ Béthune (comte de), 159.
Bétrémienx, jardinier, 340.
Beuvry, domestique, 423.
Billoir, mulquinier, 230.
+ Bins, laboureur, 90.
Blanquart, avocat, 253.
Blanquart, vicaire, 566.
Blanquart de la Barrière, officier de maîtrise, 358.
Blin de Rullecomte, 294.
Bocquillon, cultivateur, 574.
Bodin, coutelier, 509.
Boistel, manouvrier, 92.
Boitel, sergent à verges, 552.
+ Boniface, marchand, 234.
Bonnelle (71 ans), domestique, 347.
Borcas, capitaine retraité, 326.
Bossu (70 ans), notaire, 442.
+ Bouchet Jean, remouleur, 119.
+ Bouchet Vital, remouleur, 119.
Boucher, chapelain de la Cathédrale, 564.
Boucquel de la Comté, 294.
Boucquel de Lagnicourt, chanoine d'Arras, 256.
Boulanger, frère aux Bons-Fils, 445.
Boulart, musicien, 508.
Boulin, journalier, 557.
Boulogne, cultivateur, 365.
Bouret, notaire, 445.
+ Bourienne, lieutenant, 118.
Boussemart, surintendant du Mont-de-piété, 327.

Braine, chapelain de la Cathédrale, 573.
Brasier, notaire, 442.
Brasseur François, prêtre, 502.
Brasseur, fabricant de bas, 502.
Brasseur, cordonnier, 256.
Brodel, écrivain, 343.
Buchotte, général de brigade, 236.
Buissy (de), chanoine d'Arras, 256.
+ Bulteau, vicaire, 94.
Caby, cordonnier, 435.
Caffin, apothicaire, 428.
Callau, cultivateur, 433.
Camus, menuisier, 571.
Caneau de Sangris, receveur de la Charité de Douai, 357.
Caneau du Roteleur, 233.
Cantrel, fabricant de bas, 554.
Caron, marchand, 509.
+ Caron, manouvrier, 92.
Carrault, ancien officier de carabiniers, 436.
Carré (76 ans), cultivateur, 355.
Cary, prêtre, 230.
Cataert, orfèvre, 362.
Caupin, cordonnier, 557.
Charlet, carme, 566.
Chartrel (81 ans), récollet, 566.
Chevalier, garde-bois, 427.
Choqué, cultivateur, 564.
+ Clabaud, chasseur au 17ᵉ, 208.
Claessens, lieutenant-colonel, 436.
Cleys, récollet, 566.
+ Cocquel, chasseur au 17ᵉ, 208.
Colpart, cultivateur, 558.
Cool (de) 71 ans, fermier, 216.
Corbeau, secrétaire-commis au département, 347.

Corne, cabaretier, 428.
Corne (75 ans), salinier, 500.
+ Cossart, manouvrier, 92.
+ Cossart Louis, fermier, 93.
Couronnel de Vélu (marquis de), 74 ans, 218.
+ Courtois, charpentier, 92.
+ Courtois, manouvrier, 92.
+ Courtois, manouvrier, 92.
Coutiau Joseph, manouvrier, 504.
Coutiau Louis, manouvrier, 504.
+ Curel, caporal-fourrier, 86.
Daboville, capitaine d'état-major, 261.
Dambrines d'Esquerchin, conseiller, 73 ans, 423.
Dauchez, receveur, 565.
Dauchez, maçon, 519.
Dauchez, fils, 519.
+ Daudruy, cultivateur, 139.
Debay, instituteur, 561.
Debret, receveur des consignations, 426.
Degremont, valet de charrue, 574.
Defossé, cordonnier, 366.
Delacroix, chapelier, 550.
Delahaye, huissier, 500.
Delattre, receveur de l'abbaye d'Étrun, 363.
Delattre, manouvrier, 235.
Delautel, cabaretier (76 ans), 553.
Delbarre, marchand, 572.
+ Deldique, hussard, 157.
Delebelle de Vicques, avocat, 557.
Delestré Charles, arpenteur, 506.
Delestré Timothée, arpenteur, 576.
Delmotte, manouvrier, 235.
Delocre, épicier, 505.

Delorne d'Aliucourt, 362.
Delrue, cultivateur, 576.
Demay, jardinier, 507.
Denissel, cultivateur, 351.
Derruel, maçon, 426.
+ Dersin, cultivateur, 93.
Despinoy, médecin, 263.
Desruelle, bénédictin de Saint-Vaast, 339.
+ Destré, charretier, 92.
Détape, cordonnier, 426.
Develle, greffier du Conseil d'Artois, 244.
Devray, garde-bois, 574.
Dhénin, cordonnier, 225.
Diot, prêtre, député à la Constituante, 264.
Dourlens, avocat, 569.
Drapier, marchand de bois, 506.
Dubois, officier retraité, 554.
Dufour, chasseur au 21ᵉ, 428.
Dumetz, menuisier, 501.
Dupont, cultivateur (73 ans), 511.
Dupont d'Hallewyn, avocat (78 ans), 509.
Dupuich, négociant (74 ans), 423.
+ Durand, chaudronnier, 119.
Durannel, chirurgien, 499.
Dusevel, cultivateur, 508.
Dutate, écrivain, 426.
+ Fachaux Pierre, fermier, 93.
+ Fachaux Jean, fermier, 93.
Flageolet, maçon, 532.
France de Vincly (de), chanoine, 256.
Fremaux, cultivateur, 443.
Fruleux de Souchez, 217.
Gamblain, vicaire, 566.

Gamonet, receveur général, 280.
Gennevières (de), marquis de Vielfort, 351.
Gillet, chef de brigade du génie, 236.
+ Girard, chaudronnier, 119.
Gottran, domestique, 423.
Gouillard, chanoine d'Aire, 556.
Griffon, sergent à verges, 550.
+ Grillet, charretier, 92.
+ Grimbert, tonnelier, 90.
Guffroy, organiste, 572.
Harduin, chanoine, 256.
Hatu, tailleur, 232.
Havart, domestique, 423.
Hémart, conseiller, 215.
+ Hennebelle, garçon boulanger, 94.
Henry, marchand, 265.
Herman, avocat, 425.
Houriez, 426.
Hoyer, horloger, 340.
Husson, notaire, 328.
Imbert de Lambessart, 363.
Joly, carme, 566.
+ Jourdain, domestique, 92 '.
Lagache, receveur, 354.
Laignel Barthélémy, bénédictin de Saint-Vaast, 347.
Laignel Jacques, abbé de Saint-Eloy, 347.
Lallart de Berlette, 220.
Lallart de Lebucquière Adrien, 564.
Lallart de Lebucquière Guislain (76 ans), 340.
Lallemand, écrivain, 365.
Lambert, brasseur, 436.

Lambert, manouvrier, 428.
Landoitte, jardinier, 499.
Lannoy (comte de) (73 ans), 251.
Leblan, 575 ².
Ledieu, cultivateur, 424.
Lefebvre, notaire, 50.
Lefebvre, cultivateur, 507.
Lefebvre, administrateur du département, 437.
Lefebvre, brigadier de chasseurs, 368.
Lefebvre, marchand, 424.
Lefrançois du Fétel, religieux d'Arrouaise (74 ans), 565.
Legay, écrivain, 510.
Legrand, chanoine de Béthune (70 ans), 343.
Legris, marchand, 575.
Leleu, cultivateur, 443.
Lemaire, marchand, 572.
Leman, frère aux Bons-Fils, 441.
Lepeinteur, volontaire, 235.
Leroux, vicaire, 566.
Leroux du Chastelet, chanoine d'Arras, 256.
Leroy d'Hurtebise, conseiller, 294.
Lescardé, chirurgien, 554.
Lesergeant d'Hendecourt, 247.
Lesur, médecin, 362.
Letierce, marchand, 367.
Liger, avocat, receveur de l'abbaye de Saint-Vaast, 240.
Loger, marchand, 443 ³.
Lourdel, arpenteur (71 ans), 511.
Luçon, comédien, 575.
Maes, cultivateur, 355.

1. Nom omis page 92, ligne 8. — 2. Et non Legrand. — 3. Et non Roger.

Mailly (comte de), maréchal de France (89 ans), 230.
Maguenot, manouvrier, 574.
+ Mairesse, maître de labour, 94.
Malbaux, chanoine d'Arras, 256.
Mallet de Coupigny (baron), 214.
Manzon, fourrier, 326.
Marbais (de), 356.
Marchand, prêtre, 245.
Marchandise, avocat, 552.
Marsy, vivandier, 508.
Martel, procureur, 557.
Masclez, écrivain, 499.
Massias, receveur, 425.
Mauroy, cultivateur, 572.
Merlin, notaire, 565.
Michaux, 502.
Michaux, prêtre, député à la Constituante, 327.
Moncomble, chapelain de la cathédrale, 564.
Mongy, notaire, 572.
Montagne, récollet, 566.
Montgon (comte de), commandant de la citadelle, 243.
Morand, fabricant de bas, 425.
+ Morgan, chasseur au 12e, 85.
+ Mory, chaudronnier, 119.
Mouflin, chasseur à cheval, 433.
Nicaise, vivandier, 358.
Noiret, mulquinier, 232.
Nonjan, prêtre, 554.
Olivier, jardinier, 365.
Ozenne, lieutenant de la Gouvernance d'Arras (71 ans), 555.
+ Payelle, cordonnier, 92.
Pellaert, récollet, 566.
Pétain, perruquier, 261.

Petit, potier, 426.
Petit, receveur de District, 426.
Picavet, récollet, 566.
Piedfort, vicaire, 506.
Pilain, rentier, 366.
Pinchon, 365.
+ Poulain, chanoine d'Arras, 86.
Prevost, notaire, 245.
+ Prevost, lieutenant, 118.
Prince, confiseur, 365.
Prince, berger, 255.
Pronier, frère de la Doctrine Chrétienne, 572.
Proost, greffier du parlement de Flandre, 558.
Pruvost, cultivateur, 562.
+ Ricard, blanchisseur, 92.
+ Ricard Pierre, 93.
Rochette, chef de bataillon, 236.
Roland, tisserand (75 ans), 501.
Roussel, jardinier, 557.
+ Roux, chaudronnier, 119.
Ruaux, sous-lieutenant, 433.
Rubrecq, peigneur de laine, 357.
Savary, fermier, 265.
+ Savouré, dragon, 94.
Simon, laboureur, 435.
+ Simonin, brig. de hussards, 85.
Soldini, sous-lieutenant, 555.
Tardivi de Torrenne, capitaine d'artillerie, 558.
Thellier de la Neuville, 427.
Thellier du Courval, argentier de l'Échevinage de Saint-Pol, 427.
Thomas, fabricant de tabacs, 499.
Thuillier, marchand de vin, 233.
Thuilliez, marchand de tabac, 232.
Vaillant, 365.

+ Valain, prêtre, 207.
Vangenot, commis-marchand, 346.
Verkonis, tailleur, 574.
Vestavel, marchand, 562.
Vestock, récollet, 566.
Vicogne, imprimeur, 444.
Viefville (de la), 71 ans, 343.
Vilfert, frère aux Bons-Fils, 441.

Vincheguerre, major du château d'Aire, 510.
Waille, concierge, 426.
Wartelle, conseiller (72 ans), 347.
Wasservas (comte de), 251.
Widehen, boucher, 358.
Wignan, libraire, 554.
Willemetz, cultivateur, 357.

FEMMES

Bacler Rénée, 293.
Bacler Pélagie, 293.
Baudelet de Hautefontaine Marie, femme Bayart, 290.
Beck Régina, servante, 566.
Béhaghe Isabelle, femme Fournier, 500.
Béthune (de) Ernestine, veuve de Modène, 210.
Blanchet Victoire, veuve Boitel, 563.
Boucher Marguerite, cuisinière, 568.
Boulanger Catherine, femme Lefebvre, 570.
Braure, sœur hospitalière, supérieure de la maladrerie de St-Omer, 558.
Briois des Arleux Françoise, Ursuline, 563.
Briois des Arleux Albertine, chartreuse, 563.
Briois des Arleux Isabelle, 573.
Buchy (de), religieuse hospitalière, 566.
Callau Marie, veuve Roger, 560.
Caudron Marie-Claire (74 ans), 290.

Colbeau Rosalie, dentellière, 563.
Coppin Angélique, cuisinière, 446.
Dambrines Marie-Joseph, veuve Bataille, 280.
Dauchez Augustine, 519.
Dauchez Séraphine, 519.
Degouy Thérèse, repasseuse, 367.
+ Dewimille Anastasie, ménagère, 92.
Dollé Béatrix, domestique, 423.
Donjon de Rusquehan Charlotte, 423.
Donjon de Balinghem Eulalie, 423.
Dubrœucq Reine, veuve Rivelois, 562.
Dufour Thérèse, 224.
Duglas (de) Éléonore, femme Berthoult d'Hauteclocque, 224.
Dupont Adrienne, servante, 571.
Facon Aldegonde, servante, 561.
Farinaux Marguerite, lingère, 344.
Frassen Marie, veuve Arrachart, accoucheuse, 296.
Gennevières de Vielfort (de) Marie-Thérèse, 361.
Gray Jane, veuve Griffiths, ouvrière, 500.

Grimbert Eugénie, 423.
Grimbert Marie-Anne, 423.
Gruson Barbara, maîtresse d'école, 566.
Harduin Victoire, comtesse de Mazancourt, 440.
Hennecart de Briffœil Aldegonde, abbesse d'Annay, 561.
Herbout Élisabeth, servante, 449.
Houez Marguerite, femme de chambre, 554.
Joncqué Constance, femme Toursel, 291.
Joncqué Marie-Anne, 291.
Jugand Gabriel, femme Delocre, 505.
Lagache Hyacinthe, couturière, 571.
Laune (de) Marie, 563 [1].
Ledur Marguerite, veuve Théry (72 ans), 293.
Lefebvre Florence, domestique, 338.
Lefebvre de Gouy Thérèse, 290.
Lefebvre de Gouy Marie-Joseph, 290.
Lejosne La Comté La Ferté Védastine, 567.
Lemaire Aldegonde, march^{de} 436.
Lepage Laurence, femme Lallart de Berles, 224.
Leroy de Bunneville Agathe, 291.
Leroy de Bunneville Amélie, 291.
Liauthaud Marie-Anne, femme Deforge, dentellière, 367.
Liger Pélagie, veuve Desmazières, 291.

Locthemberg, veuve de la Forge, 434.
Maïoul de Sus-St-Leger Rosalie, 446.
Maïoul de Sus-St-Leger Ursule, 446.
Mallebranche Antoinette, femme Soyez, marchande, 346.
Mathieu Augustine, femme Deliège, 576.
Mayeux Éléonore, veuve Tellier de Poncheville, 263.
Minne Marie, 566.
Monchiet Henriette, couseuse de bas, 339.
Nonot Catherine, femme Fava, 563
Patoux Françoise, femme Dauchez, 519.
Pavy Marie, 355.
Picot Jeanne, veuve Corne, 428.
Plunkett Élisabeth, 510.
+ Ricard Marie-Joseph, journalier, 92.
Rigaud Marianne, femme Vaillant, ménagère, 427.
Roger Hélène, veuve Develle, 504.
Roger Thérèse, 561.
Roland Jacqueline, 555.
Sacleux Marie-Barbe, veuve Brasseur, ménagère (75 ans), 502.
Sacleux Angélique, ménagère, 502.
Sacleux Marie-Michel, ménagère, 502.
Simon du Plessis Angélique, 338.
Thellier Bernardine, 263.
Thellier Louise, femme Éloy de Corbehem, 428.

1. Et non de Baune.

Trudaine (de), veuve Quarré de Chelers, 442.
Turqué Marie-Anne, religieuse, 427.
Vaillant Élisabeth, femme Maïoul de Sus-St-Leger, 446.
Valain Angélique, couseuse de bas, 207.
Vanderwick Anne, 566.
Vichery Noële, femme Foucart, 575.
Viefville (de la) Isabelle, femme de Béthune, 343.
Vincent Anne, fille de boutique, 367.
Vitry, veuve Samette (88 ans), 361.
Wagon Hippolyte, femme Caron, marchande, 281.
Wartelle Ursule, comtesse de Ranguilly, 347.

V

Tribunal révolutionnaire de Cambrai. — Liste des personnes exécutées [1].

HOMMES.

+ Avransart, faiseur de bas, 481.
Barbet, tailleur de pierres, 421.
+ Barbet, cultivateur, 525.
+ Baumont Pierre (71 ans), 524.
Beaucourt, maréchal, 476.
+ Becquard Adrien, manouvrier, 480.
+ Becquard Antoine, père, 481.
+ Becquard Antoine, fils, 480.
+ Bédu, marchand (78 ans), 527.
Bertrand, capitaine, 421.
Bertrand, menuisier, 520.
Biencourt, procureur de la gouvernance de Douai, 521.
Boistel, épicier, 529.
+ Bordoduc, berger, 530.
+ Boucher, marchand, 527.
Boucly, mulquinier, 471.
Boulanger, écrivain, 479.
Bracq, mulquinier, 489.
Bruneau, avocat, 417.
Cacherat, meunier, 413.
+ Canonne, couvreur en paille, 480.
+ Carlier, cultivateur, 527.
+ Caron de Sains (le), 488.
Carpentier, cultivateur, 479.
Carpentier, fils, cultivateur, 479.
Chatelain, fabricant de toilette, 416.
Colet, brasseur, 478.
Conte, capitaine retraité, 520.
Coquel, hussard, 475.
Cottaux, marchand de filets, 412.
+ Coulmont, receveur, 526.
+ Cuvelier, cultivateur, 474.
+ Delannoy, receveur de l'abbaye d'Hasnon, 522.

1. Nous faisons précéder du signe + les noms des personnes d'Arras et autres villes du Pas-de-Calais envoyées au tribunal de Cambrai pour y être jugées.

+ Delattre, maçon, 481.
+ Delattre, garçon blanchisseur, 480.
+ Delattre, garçon tanneur, 480.
Delbart, cultivateur, 471.
+ Delcourt, brasseur, 528.
Delécol, journalier, 479.
+ Delestré, marchand, 527.
+ Delorme, magasinier, 527.
+ Delval, cordonnier, 480.
Denis, fabricant de toilette, 472.
+ Desailly, fermier, 530.
Desmoulins, cultivateur, 475.
Desvignes, arpenteur, 413.
+ Devaux, rentier, 474.
Dhénin, conducteur d'artillerie, 472.
+ Dinant de Hennault, 526.
+ Doudan, volontaire, 526.
Ducanne, manouvrier, 529 [1]
Dumont, employé aux vivres, 471.
Durand, garde-bois, 478.
Evrard, chef de bataillon, 409.
Ferrand, gendarme, 478.
Fontaine, domestique, 417.
Fontaine, cultivateur, 473.
+ Fontaine, tanneur, 480.
+ Fontaine, boucher, 480.
+ Gargan de Rollepot, 472.
Gérard, chirurgien, 471.
+ Gilles, procureur au Conseil d'Artois (79 ans), 411.
+ Goubet, fermier, 528.
+ Goudmand, greffier de justice de paix, 490.
Hautecœur, valet de charrue, 422.

+ Herpin, procureur, 489.
+ Hocquet, cultivateur, 527.
Jacquemart, maréchal, 413.
+ Jessu, récollet, 527.
Jonglet, marchand de charbon de bois, 489.
+ Jouenne, procureur au Conseil d'Artois (80 ans), 489.
+ Labouré, marchand, 527.
Laderrière, mulquinier, 413.
+ Lagache, employé aux vivres, 472.
Lainé, forgeron, 481.
Lamand, tisserand, 415.
Laurent, apothicaire, 412.
Lawœstine de Bercelaer (marquis de), 415.
Leduc, mulquinier, 415.
Lefebvre, arpenteur, 413.
Lepève, jardinier, 473.
+ Liborel, procureur à Saint-Omer, 522.
+ Limelette, fermier, 529.
+ Magnier, juge de paix, 490.
Maillet, religieux de Vaucelles, 475.
Manessier, cultivateur, 475.
Marchand, sous-lieutenant, 520.
Marin, dit Lécluselle, négociant, 529.
+ Martinet, ex-noble, contrôleur des douanes à Boulogne, 482.
Milon, garde-bois (76 ans) 473.
Moreau, mulquinier, 415.
Noizette, valet de ferme, 421.
+ Olive, chirurgien, 522.

1. Le nom de ce condamné est laissé en blanc sur le registre du greffier. — Un livre d'écrou nous l'a fait connaître.

+ Payen Charles-Marie, fermier, député à la Constituante, 525.
+ Payen Jean-François, fermier, 531.
+ Pecqueur de Gomiecourt, 526.
+ Pénin, menuisier, 476.
+ Peugnet, prêtre cordelier, 479.
+ Peuvrel, garde-bois, 381.
+ Piaut, rentier, 526.
Podevin, hussard, 476.
+ Poillion, fermier, 476.
Pouillez, tisserand, 476.
Pouret, laboureur, 416.
Pronville, ex-noble, 479.
+ Renty, manouvrier, 527.

Robert, manouvrier, 528 [1].
Tétard, fabricant de toilette, 416.
+ Thellier Charles, 521.
+ Thellier Xavier, 521.
+ Tramecourt, couvreur en paille, 481.
Tranchant, bénéficier de la cathédrale, 419.
Tresca, rentier, 471.
+ Triboulet, cultivateur, 526.
+ Truffet, arpenteur, 526.
+ Vasseur, tisserand, 481.
Verdelin, ex-noble, 475.
Viennet, banquier, 412.
+ Villery, récollet, 527.

FEMMES

Aigneville (d') Marie, marquise de Monaldy (88 ans), 411.
Biziaux Marianne, servante de ferme, 421.
Bonnefond Marguerite, marquise de Lawœstine, 415.
Bréda Philippine, femme Limelette, ex-noble, 529.
Colpart Angélique, couturière, 422.
Debu, v^e Priston, marchande, 414.
+ Delannoy Paquette, femme Derocourt, cultivatrice, 522.
+ Douay (de) de Baralle, vicomtesse de Nédonchel (84 ans), 473.
Dupuis Angélique, femme Dechy, 410.
+ Fontaine Madeleine (71 ans), supérieure des Sœurs de charité d'Arras, 535.

+ Foutoux Thérèse, sœur de charité, 535.
+ Gargan (de) Florence, femme Marin de Limessy, 481.
+ Gérard Jeanne, sœur de charité, 534.
+ Godet (de) Eléonore, femme Des Lyons, 489.
Grandsart Catherine, fileuse, 476.
+ Hus Marie, servante, 481.
+ Jessu Rose (74 ans), marchande de toile, 527.
+ Lamelle Marie, sœur de charité, 534.
Leclercq Françoise, femme Laurent, 412.
Locquet Caroline, fermière, 472.
+ Lot Suzanne, femme Leproux, 476.

---

1. Et non Rabat.

+ Nédonchel (de) Eugénie, religieuse, 478.
+ Nédonchel (de) Joséphine, religieuse, 478.
Parizot de Carondelet Louise, 476.
+ Piaut Marguerite, 526.
+ Piéron Charlotte, femme Leroy d'Honnecourt, 421.
+ Prudhomme Joséphine, marchande, 522.
+ Relnicourt (de),[1] Marie-Anne femme Pecqueur, 526.
Thourette Anne, femme Locqueneux, 521.
Tranchant Euphrosine, 419.

VI

Liste des Prêtres et des Religieux insermentés

1° Morts dans la maison de réclusion d'Arras.

Becquet, chanoine de Lillers, 82 ans.
Beugin, frère carme à Saint-Pol, 64 ans.
Bouflers, curé de Marconne, 66 ans.
Bultel, curé de Notre-Dame de Montreuil, 71 ans.
Cailleretz, curé d'Écoust-Saint-Mein, 57 ans (infirme).
Delepierre, prieur des Chartreux de Gosnay, 71 ans.
Delevaque, prêtre capucin à Arras, 75 ans.
Dewey, religieux de Saint-Éloy, 67 ans.
Doresmieux, bénédictin de Saint-Bertin, 70 ans.
Fauvel, récollet, 69 ans.
Génin, chartreux de Gosnay, 65 ans.
Goury, capucin d'Arras, 65 ans.
Haisnes (de), prêtre bénéficier au château de la Buissière près Béthune, 68 ans.
Harduin, carme chaussé, 70 ans.
Hermant, chanoine de Lens, 67 ans.
Hubert, chanoine de Saint-Pol, 82 ans.
Lallart François, chanoine d'Arras, 72 ans.
Ledoux, cordelier, 66 ans.
Lefebvre de Gouy, chanoine d'Arras, 76 ans.
Le François, carme.
Lemaire, prêtre d'Arras, 84 ans.
Lepot, carme de St-Pol, 75 ans.
Marion, chartreux de la Boutillerie, 63 ans.
Moulin, prêtre de Saint-Omer, 77 ans.
Peugnet, prêtre bénédictin de Saint-Vaast, 40 ans (infirme).
Sallier, doyen du chapitre de Lillers, 80 ans.

Salmon, récollet de Bapaume, 66 ans.

Senlis, frère récollet de Bapaume, 66 ans.

Souplet, chanoine de Béthune, 73 ans.

Vanescoute, religieux de Dommartin, prieur de Verchin, 55 ans (infirme).

Vanier, prêtre récollet d'Arras, 70 ans.

2° Libérés en février et mars 1795.

Aix (d'), prieur du chapitre de Béthune, 61 ans (infirme).

Arrachart, bénéficier d'Arras, 77 ans.

Barbault, récollet de Saint-Omer, 71 ans.

Bassecourt (de) curé de Courcelles-lez-Lens, 78 ans.

Bayart, prêtre dominicain de Saint-Omer, 75 ans.

Becquet, carme chaussé d'Arras, 76 ans.

Bertoux, religieux de Saint-Éloy, 70 ans.

Beugin, curé de Blandecques, 69 ans.

Boidin, frère carme chaussé d'Arras, 57 ans.

Boistel, chanoine d'Arras, 53 ans. infirme.

Bridoux, récollet de Béthune, 74 ans.

Broucqsaulx, prêtre, 73 ans.

Bruille (de), lazariste, 64 ans.

Brunel, capucin d'Arras, 67 ans.

Bruslé, chanoine de Fauquembergues, 74 ans.

Bultez, religieux de Marœuil, 73 ans.

Carton, prêtre, chantre de Saint-Jean-en-Ronville, 61 ans (infirme).

Charles, récollet d'Hesdin, 69 ans.

Coquelin, curé d'Audresselles, 70 ans.

Cuveiller, curé d'Achicourt, 66 ans.

Dary, bénédictin de Saint-Vaast, 64 ans.

Defasque (de Lisbourg), cordelier d'Abbeville, 64 ans.

Dehée, religieux de Saint-Eloy, 82 ans.

Delamotte, bénéficier de Béthune, 78 ans.

Délegorge (de Pommera), bénédictin de Louvigny (Allier) 50 ans (infirme).

Delepierre, religieux de Saint-Éloy, 40 ans.

Delesalle, chanoine de Lillers, 76 ans.

Delestré, frère jésuite, 66 ans.

Delohen, prêtre dominicain de Saint-Omer, 80 ans.

Delsault, prêtre récollet à Béthune, 53 ans (infirme).

Demory, curé de Bailleul-aux-Cornailles, 64 ans.

Denelle, prêtre bénédictin de Saint-Vaast, 58 ans (infirme).

Dervitte, prêtre bénédictin de Saint-Bertin, 30 ans (infirme).

Derycke, chanoine d'Hesdin, 39 ans (infirme).

Desmarquoi, chartreux de la Boutillerie, 50 ans (infirme).

Despretz, chap. d'Arras, 78 ans.

Devey, curé du Maisnil, 80 ans.

Dhesdin, prêtre, 70 ans.

Dondain, carme d'Arras, 77 ans.

Doudan, bénéficier de la Cathédrale d'Arras, 56 ans (infirme).

Drain, abbé de Blangy-sur-Ternoise, 63 ans.

Dupont aîné, frère capucin d'Arras, 70 ans.

Dupont jeune, frère capucin d'Arras, 61 ans (infirme).

Faroux, prêtre d'Hesdin, 79 ans.

Fiévé, bénéficier de la Collégiale de Lillers, 74 ans.

Flahaut, bénédictin de St-Vaast, 66 ans.

Fontaine, carme chaussé de St-Pol, 57 ans (infirme).

Goubet, récollet de Bapaume, 67 ans.

Guibert, chanoine de Lens, 71 ans.

Hemery, prêtre d'Arras, chantre de Saint-Maurice, 68 ans.

Hennebert, chanoine de Béthune, 62 ans (infirme).

Herbecourt (d'), bénéficier de la Cathédrale d'Arras, 64 ans.

Héroguelle, carme chaussé d'Arras, 70 ans.

Houliez, bénéficier de la Cathédrale d'Arras, 52 ans (infirme).

Hubin, curé de Thiembronne, 65 ans.

Joly, religieux de St-Eloy, prieur du Fresnoy, 67 ans.

Jouvenel, frère carme chaussé d'Arras, 76 ans.

Laurent, frère Augustin de la Bassée, 62 ans.

Leblanc, carme chaussé d'Arras, 72 ans.

Le Brun, chanoine d'Aire, 77 ans.

Leclercq, prêtre sacristain de St-Omer, 62 ans.

Lecocq, carme déchaussé d'Arras, 75 ans.

Legard, capucin d'Arras, 61 ans (infirme).

Le Mercier, grand-prieur de St-Vaast, 83 ans.

Lepetit, bénéficier de la Cathédrale d'Arras, 69 ans.

Lesieux, curé de Riencourt, 72 ans.

Letente, frère carme de St-Pol, 69 ans.

Letierce, capucin d'Arras, 75 ans.

Lherbiez, récollet d'Hesdin, 69 ans.

Licson, religieux de St-Eloy, 71 ans.

Locquet, récollet, 62 ans (infirme).

Locthemberg, doyen du chapitre d'Aire, 80 ans.

Lucas Jean-Charles, bénédictin de St-Vaast, 80 ans.

Lucas Jacques-François, curé de Lugy, 79 ans.

Maniez Alexandre, prêtre d'Arras, 78 ans.

Maniez Jean-Baptiste, jésuite, 78 ans.

Maniette, bénéficier de la Cathédrale d'Arras, 57 ans (infirme).

Marche, carme chaussé d'Arras, 68 ans.

Marcotte, récollet d'Arras, 72 ans.

Marganat, bénédictin de Samer, 64 ans.

Martin, carme de St-Pol, 75 ans, (infirme).

Masclez, capucin de Béthune, 71 ans.

Mouret, capucin d'Arras, 72 ans.

Noë, prêtre-sacristain de St-Pol, 46 ans (infirme).

Olivier, religieux de St-Vaast, 65 ans.

Panet, récollet d'Hesdin, 70 ans.

Petit, desservant de Béthune, 67 ans.

Petitprez, chan. de Lillers, 81 ans.

Picart (d'Hesdin), Célestin de Rouen, 79 ans.

Pingremont, prêtre récollet de Lens, 52 ans (infirme).

Pinquét, chartreux de la Boutillelerie, 64 ans.

Pottier, bénédictin de St-Vaast, prieur de St-Michel, 80 ans.

Poulain, curé de Bonnières, 75 ans.

Prévost, curé de Buissy-Baralle, 87 ans.

Raux, gardien de la maison des Capucins d'Aire, 55 ans (infirme).

Rochefort, curé de Boiry-Becquerelle, 55 ans (infirme).

Roussel, dominicain de Lille, 65 ans.

Senéchal, bénéficier de la Cathédrale d'Arras, 88 ans.

Theret, capucin d'Orchies, 63 ans.

Valembert, curé d'Ambrines, 55 ans (infirme).

Vasseur, curé de Villers-sir-Simon, 75 ans.

Venant de Famechon (de), chanoine d'Arras, 73 ans.

Vuiscart, chanoine de Fauquembergues, 74 ans.

Willot Omer, prêtre dominicain de Saint-Omer, 61 ans.

Willot Philippe, prêtre dominicain de Saint-Omer, 58 ans (infirme).

VII

Liste des suspects morts dans les prisons d'Arras ou à l'Hospice national [1].

Asselin, procureur du roi à la maîtrise des eaux et forêts, 60 ans (mort aux Capucins).

Basselart Anne, religieuse de la paix, 55 ans (aux Baudets).

Bernes (de), de Zoteux, 77 ans (Hospice).

Berthoult d'Hauteclocque (Louis-Philippe Joseph), 64 ans (Hospice).

Briche, de Boulogne, 77 ans (aux Baudets).

Briois (de), président au conseil d'Artois, 70 ans (Hospice).

Briois d'Hulu (de) Valentine, religieuse d'Étrun, 61 ans (Providence).

Broutin Adrienne, veuve Gilles procureur, 50 ans (Providence).

Bussy, cordonnier (Baudets).

Carion Nathalie, de Cambrai, 30 ans (Hospice).

Castène Alexandrine, femme Warinbert (Rivage).

Charlet, cardeur de laine (Baudets).

Chevalier, capitaine des charrois (Saint-Vaast).

Corne Marie-Antoinette, veuve Corne, de Saint-Pol, 29 ans (Hospice).

Crépieux, 39 ans (Hospice).

Dambrines d'Esquerchin, 76 ans (Hotel-Dieu).

Daussy Mélanie, de Vandôme (Hospice).

Degouve de Nuncques, 75 ans (Hospice).

Delelis Marie, 82 ans (Providence).

Delobel, messager à Saint-Pol (Hospice).

Delpierre, prêtre des environs de Saint-Omer (Rivage).

Devaux, 75 ans (Baudets).

1. La liste des suspects morts à l'Hospice national est fort incomplète : les actes de l'état civil ne renfermant aucune désignation qui permette de les distinguer, c'est en comparant d'autres documents avec ces actes que nous avons pu recueillir quelques noms.

Devins, de Boulogne, 44 ans (Hospice).
Dion (de), de Vandôme (Hospice).
Dubois de Fosseux Suzanne, 19 ans (Providence).
Du Blaisel du Rieu, de Boulogne, 76 ans (Hospice).
Du Blaisel de la Cloye, de Boulogne, 68 ans (Hospice).
Dubuisson, de Blecourt (Hospice).
Duchateau, fermier à Oppy, 58 ans (Orphelines).
Duplessis, payeur général du Département (Saint-Vaast).
Enlart Marie, femme Dasy (Abbatiale).
Falempin, de Boulogne, 50 ans (Hospice).
Farconet, capitaine du génie (Hospice).
Foacier de Ruzé Marie-Joseph, 26 ans (Providence).
Foacier de Ruzé Edith, 19 ans (Providence).
Gosse, conseiller, 45 ans (Hôtel-Dieu).
Graibert, maçon, 62 ans (Hospice).
Herbet Victoire, 48 ans (Baudets).
Judon (Baudets).
Lallart de Berlette Bon, 82 ans (Hôtel-Dieu).
Leborgne Henriette, de Beauvais, 70 ans (Baudets),
Le Boucq, prêtre (Baudets).
Léger Marie-Louise, 37 ans (Providence).
Lejosne Contay Apolline, veuve de Godet de Neuflise (Providence).
Lequien, 60 ans (Baudets).
Madone, curé d'Erin (Hospice).
Mailly (de), d'Aire, 78 ans (Hospice).
Manten, de Boulogne, 51 ans (Hospice).
Marcoote, veuve Vancappel (Orphelines).
Niot, de Vitry (Hospice).
Pequet Jeanne, veuve Picart, de Saint-Quentin (Baudets).
Picquette, coutelier (Baudets).
Poulain, marchand à Ardres (Hospice).
Quarré de Boiry Eulalie, veuve d'Aix, 57 ans (Providence).
Saquelman, alsacien, 70 ans (Hospice).
Top Rose, veuve de Jonghe (Orphelines),
Vieuville Jeanne, veuve Duplessis 78 ans (Hospice).
Voyez Marianne (Baudets).
Wattelet Marie-Reine, veuve Gosse (Providence).
Wilcot de Rincquesent, de Boulogne, 44 ans (Hospice).
Willemetz, veuve, 55 ans (Baudets).

VIII

Liste des Suspects, détenus à Arras pendant la Terreur & mis en liberté du 29 messidor an II au 30 ventôse an III (17 juillet 1794 au 20 mars 1795) [1].

Agnel, chef de bataillon.
Aix (d') Sophie.
Algard, juif.
Amas, de Béthune.
Andrieu Françoise, de Rouen.
+ Annot Marie, cultivatrice à Pommier.
Ansart, médecin.
Ansart Hubert, de Saint-Pol.
Antate, clerc de notaire.
Arrachart Constance.
Asselin Jacques.
Asselin fils.
Amerval (d') Charlotte, religieuse.
Amerval (d') Louise, religieuse.
Bacqueville (Mme) et ses fils.

Badolier, curé constitutionnel.
Baillencourt (de), dit Courcol.
Baillet de Vaugrenant (Mme).
Bailleul, brasseur à Steenworde.
Bailleul, vicaire d'Houchin.
Bailon, d'Abbeville, et sa femme.
Balmer, anglais.
Barbe, cordonnier à Boulogne.
Barbier, cultivateur à Fléchin.
Barenne, commandant de la garde nationale, à Valenciennes.
Bassecourt (de) Désiré, veuve d'Hauteclocque de Wail.
Bataille.
Baudelet Justine.
Baudelet, veuve Leroux.

---

1. Les prisons d'Arras n'étaient r entièrement évacuées à la date du 20 mars 1795 ; mais nous n'avons pas trouvé de documents qui nous aient permis de poursuivre nos investigations. — Nous avons fait précéder du signe + les noms des cultivateurs libérés en vertu du décret du 21 messidor.— Les autres détenus ne sont sortis de prison qu'à partir du 1er fructidor (18 août 1794).

Baudet, commandant de Saint-Venant.
Bauwens, de Bruges.
Bayart.
Bayart (veuve).
Bazinghem (de), de Boulogne.
Beauvais, officier d'artillerie.
Bécourt, brasseur, et sa femme.
+ Bécourt, cultivateur à Agnez-lez-Duisans.
Becquet, de Béthune.
Becquet (veuve).
Becquet Constance.
Becquet Agnès, femme Des Lyons de Moncheaux.
Bécu Jeanne.
Bédu, cultivateur.
+ Begaert, cultivateur à Buysscheure (Nord).
Berquier Augustin, marchand à Boulogne.
Berquin, ci-devant bâtonnier.
Berquin Louise, de Saint-Amand.
+ Bernard, cultr à Vraucourt.
Berthoult d'Hautoclocque (veuve).
Bertin Claire, sœur de charité.
Bertout, chanoine de Senlis assermenté.
Bétancourt et sa femme.
Béthune-Charost (de), veuve de Béthune-Sully.
Béthune-Pénin (de) Eugène.
Béthune-Pénin (de) Aldegonde.
Béthune-Pénin (de) Joséphine.
Beugny de Pommera (Mme de).
Billion, de Saint-Pol.
Bizet, rentier.
Blacket-Bulmer, rtiste anglais.

Blaisel d'Enquin (du) et sa femme, de Boulogne.
Blaisel du Rieux (du), veuve, et ses enfants.
Blaisel (du), ex-commandant et ses sœurs.
Blanchet Victoire (veuve Boitel).
Blin, maire de Gavrelle.
Blin Christine.
Blondel, cultivateur à Fléchin.
Blondel Bertine, femme Hazard.
Bocquet, notaire.
Bocquet (veuve) et trois enfants.
Boilly Xavier.
Boilly Albertine et Françoise.
Boistel, veuve Legay.
Boistel du Cardonnois.
+ Bon, cultivateur à Pommier.
Bondus de Beugny (de) et sa femme.
Bouin, sa femme et sa sœur.
Bonis Pierre.
Bossu (Mlle) et sa servante.
Bouchart, prêtre de Wazemmes.
Bouchery, de La Bassée, et sa femme.
Boudard de Mingrival (de) et sa fille.
Boulogne (Mme de) et ses deux filles.
Boureulle.
Bourgeois, cultivateur à Fléchin.
Bourgois.
Boussemart (trois fils).
Braine, imprimeur.
Braisne.
Bras Ursule.
Brassart, homme de loi.

Briez Antoine.
+ Briois, cultivateur à Pommier.
Briois (veuve de).]
Briois de Beaumetz Louise.
Briois d'Angres Charles.
Brongniart, arpenteur,
Broquet, cultivateur à Fléchin.
Broutin Adrienne, femme Gilles.
Bruneau, curé d'Agny.
Brunel (Mme).
Brunet, de Clarques.
Buissart Marianne.
Bultez Augustin et Louis.
Bury, cultivateur.
Butor, médecin à Boulogne.
Butor, capitaine de quai à Boulogne.
Cagé, curé constitutionnel de Mont-Saint-Éloy.
Cagé, d'Ayette.
Caillet Thérèse, veuve Carrault, et ses enfants.
+ Callau, maire de Plouvain, femme Callau, Henriette, Sophie et Pélagie Callau.
Calonne, de Béthune.
Campagne Séraphine.
Camus, officier de santé.
Candelier.
Caneau du Roteleur Charlotte.
Cappel Catherine, sœur de Charité.
+ Capron, cultivateur à Avion.
Cardon Augustine, veuve Gamonet, et quatre enfants.
Caroll, irlandais.
Caron Bernardine.
Caron-Wagon.

Carrault Marie, femme de Gommecourt.
Carrault Alexandrine, veuve Blanquart avocat, et ses enfants.
+ Carton, cultivateur à Beaurains.
Carton Hélène, cultivatrice.
Cary, de Boulogne.
Cartier-Mathieu, sa femme et six enfants.
Carton, cultivateur à Steenworde.
Cassoret, de Gand.
Castelain, de Boulogne.
Castillon-Dufossé, sa femme et ses trois enfants.
+ Catelet, cultivateur à Ablain-Saint-Nazaire.
Catelet, de Souchez.
Cater Anne, anglaise.
Caudron Marie, religieuse de la Providence.
Caullet Alexandre, vicaire à Givenchy.
Cauwet de Baly.
Chamonin, peintre à Boulogne.
Chevalier Barbe, domestique.
Chinot Charles et Augustin, de Boulogne.
Choquet (Mme).
+ Choquet, cultivateur à Sainte-Catherine.
Clabaut Madeleine, veuve Dauchez receveur, et trois enfants.
Clairet, vitrier à Boulogne.
Clément, épicier, et sa femme.
Cléret, boulanger à Boulogne.
Cléry, rentier à Boulogne.
Clays, cultivateur à Steenworde.

Cloiture, prêtre du district de Cambrai.
Cochet, veuve Ferrand, et sa mère.
Cochon.
Cocquerelle Florentine.
Codron, de Boulogne.
Coettone, cultivateur à Steenworde.
Colin, ex-procureur.
Cominge, officier.
Corne père, ex-procureur.
Corne fils, salinier, sa femme et ses enfants.
Cornette et sa femme, de Boulogne.
Cornu (veuve) et sa fille.
Cornuel Françoise, femme Dépretz de Quéant.
Cornuel (veuve) et sa fille.
Correnflot, perruquier à Boulogne.
Corroyer aîné, ex-procureur, et ses enfants.
Corroyer jeune, marchand.
Coulon.
Couronnel de Vélu (Mlle de).
Couppé, d'Aubigny.
+ Couppé, cultivateur à Monchy-le-Preux.
Courtin, médecin à Boulogne.
Courtois, veuve Théry.
Courtois, marchand.
Coutiau, orfèvre.
Coutiau, marchand de charbon.
+ Couture, cultivateur à Hondeghem (Nord).
Covorde Elisabeth.
Crécy Elisabeth, anglaise.
Créleu Victoire, domestique.
+ Crémont cultivateur à Pommier.
Crépieux père.
Crépieux, détenu à Doullens, et son frère.
+ Cresson, fermier à Ablain-Saint-Nazaire.
Curtin, étudiant irlandais.
Daboville, officier.
Dangis, greffier du tribunal de Boulogne.
Dassinghin et sa femme.
David, arpenteur.
Dazy et sa femme.
Debadt, filetier à Steenworde.
Debarges, peigneur de laine.
Debeugny,
Decautel, cordonnier à Boulogne.
Defrance, cultivateur à Fléchin.
Defresnoy.
Degard, maître maçon.
Degard et sa femme, de Boulogne.
+ Degez, cultivateur à Bailleulmont.
Degouve, veuve Canchy.
Degouve de Nuncques.
Degrave, de Cassel.
Degrave.
+ Deham, cultivateur à Wormhoudt (Nord).
Dehame et sa femme.
Dehouck, cultivateur à Steenworde.
+ Delaby, cultivateur à Neuville-Vitasse.
Delacroix.
Delahodde, maçon à Boulogne.
Delarue-Lachelin, épicier.
Delattre, médecin à Saint-Venant.
Delattre de Wissant (Boulogne).
Delavallée, notaire.

Delaverdure, aveugle et infirme.
Delbarre Perpétue, de Laventie.
Delebarre, curé de Camblain-Châtelain.
+ Delbucquère, cultivateur à Vraucourt.
Delegorgue, homme de loi.
Delelei Rosalie.
Delepouve et sa femme.
Délestré, Jésuite.
+ Deleville, de Neuville-Vitasse.
Delhaye, de Saint-Pol.
Deliège.
Dellebarre, avoué.
Dellecour, médecin, sa femme et ses enfants.
Delocre, notaire.
Delvigne de Valenciennes.
+ Demory, cultivateur à Gavrelle.
Denelle N, religieuse.
Depastres, fabricant de bas à Boulogne.
Deprez N. servante.
Deretz (trois frères et leur sœur).
Deretz, notaire.
+ Dermoult, cultivateur à Hurdifort (Nord).
Derobert, ex-noble, et sa femme.
+ Derville, cultivateur à Ablain-Saint-Nazaire.
Dervillers, de Maroelle.
Dervillers, agent national d'Ablain-Saint-Nazaire.
Descarrières, de Boulogne.
Désiré, tanneur.
Deslaviers.
Desmazières fils et ses cinq sœurs.

Despretz d'Inchy.
Desprets de Quéant.
+ Desrosière, cultivateur à Evin-Malmaison.
Détendes, capitaine de vétérans.
Deu, directeur des douanes à Boulogne.
Devarennes, de Boulogne, et ses enfants.
Develle (les enfants).
De Vicques (veuve).
Devienne N., veuve de Valicourt, et ses deux filles.
Devienne, avoué, et son frère.
Devienne fils.
Devoos, boulanger à Steenworde.
Dewez, homme de loi.
Dewitte, boulanger à Steenworde.
Dherbecourt.
Dhoyer (veuve), de Boulogne.
Dion (de) Jéromette.
Dion, prêtre.
Dixmude de Hames, de Boulogne, et sa femme.
Dollet-Falempin, sa femme et ses deux filles.
Donjon de Saint-Martin, sa femme et cinq enfants.
Donneau.
Donneau, charbonnier.
Doringhton, sa femme et son fils, de Boulogne.
Douai, prêtre assermenté.
Douay (de) Emmanuel.
Doudan, avocat, et sa femme.
Dourlens Pierre, conseiller au Conseil d'Artois.

Dourlens, homme de loi.
Dozier (Mme).
Druesne, curé de Monchy-le-Preux.
Druin.
Dubois Béatrix, veuve Brazier.
Dubois Julie, femme Quarré du Repaire.
Dubois Ferdinand, sa femme, deux filles et trois fils.
Dubois, curé de Pérenchies.
Dubuard, perruquier à Boulogne.
Duburquay, cordonnier.
Duchastel Barbe et Élisabeth, religieuses.
Dufetel, sœurs.
Duflos Pierre, tailleur à Boulogne.
Duflos Jean, perruquier à Boulogne.
Dufour (veuve), domestique.
Dumarchez, de Boulogne.
Dumolin, de Dunkerque.
Dumortier (Mme), de Biache.
Dumur, cultivateur.
Duplessis (veuve), orfèvre, et sa fille.
Duponchel Euphrosine, octogénaire.
+ Dupont et sa femme, cultivateurs à Verton.
Dupuich fils.
Dupuis, de Paillencourt.
Duquenne, d'Oppy, concierge.
Duquesne-Clocheville (veuve), de Boulogne.
Duquesnoy, marchand de dentelles.
Durand Flore, veuve de Montgon, et sa fille.

Duretête.
Dusars, prêtre.
Dusoulier Marie, de Boulogne.
Dutour N., femme Derode, de Sauchy-Cauchy, et ses deux filles.
Duvivier Claire, sœur de charité.
Du Wicquet.
Du Wicquet, femme de Fiennes.
Du Wicquet Marie-Thérèse, de Samer.
Elucque, veuve Dubois.
Enlart de Grandval, sa femme et cinq enfants.
Ernise, irlandais.
Espalingue (veuve d') et ses trois filles.
Fages, officier.
Fagniez.
Fatou Rose, cuisinière.
Fauquemberghe, menuisier.
Ferbu, perruquier.
Fenwick, anglais.
Féroux Rosalie.
Féroux, femme Lagache.
Féru-Jonqué, orfèvre.
Fiennes (de) et son fils.
Flahaut de la Billarderie et sa femme, de Boulogne.
+ Flamand, cultivateur à Verton.
+ Flamand, cultivateur à Buisscheure (Nord).
+ Fleury, cultivateur à Pommier.
Foacier de Ruzé jeune.
Fontaine Louis.
Fontaine (veuve), cultivatrice.
Forceville (de) Françoise, religieuse.

Forceville (de) Gabrielle, religieuse.
Fourcassier, officier.
Fourdrin.
Fournier, serrurier.
Fresnoy d'Alincthun (de), de Boulogne.
Fromeintin de Sartel et sa femme.
Fromeintin de Gommecourt.
Fruleux de Souchez Charlotte.
Gabriel.
Gadelin Louise et Sabine, religieuses.
Gaillard.
Gantès (Mme de).
+ Garcin, cultivateur à Brebières.
Gastay, manufacturier.
Gaudelin, cultivateur à Fléchin.
Gaudeschard, femme Raulin.
Gayette, attaché au génie, sa femme et ses enfants.
Gayette Pierre.
Gavirati.
Gennevières (de) Alexandrine, Ve de Beaulaincourt et huit enfants.
Germain, officier.
Gertat, cultivateur à Steenworde.
Gibot, de Reumont.
Godart, médecin à Dunkerque.
Gonsse et ses enfants.
Gontreau, doreur à Boulogne.
Gosson et sa femme.
Goubaut, aubergiste.
+ Goudmand Marie, cultivatrice à Beaurains.
Goudmand Maurice, artiste.
Goudemetz, cultivateur à Agnez.
Gouillard Aldegonde et Thérèse.

+ Gourdin, cultivateur à Méricourt.
+ Grandcam, cultivateur à Agnez.
Grandsire père, homme de loi, à Boulogne.
Gréot Thérèse, veuve Neubourg, marchande de modes.
Grenet (de), femme de Dion.
Grillet, de Boulogne.
Grison Eugénie, de Lens, religieuse.
Grossemy Alexandrine, veuve Husson, et sa fille.
Grumelier Marie, veuve de Valicourt.
Guilbert Angélique, de Lezeux.
Guillain, serrurier à Boulogne.
Hagerue (Melle d').
Hallette, de Frévent.
Hau, rentier à Boulogne.
Hanotel Barbe, femme Bovez.
Harduin père, négociant, et son fils.
Hauchin.
Haudouart, défenseur officieux.
+ Haudrieux Josèphe, de Tinques, cultivatrice.
Haullent Ursule.
Hauteclocque (d') Valentine, femme Le Caron de Sains.
Hauteclocque de Quatre-Veaux (d') François-Louis-Joseph, sa sœur et ses trois fils, Stanislas, César et Constantin.
Haverbecque, filetier à Steenworde.
Hébert Thérèse, veuve Blin.
Hébert, attaché au mont-de-piété, et son fils.

Hémart (veuve).
Hénette Louise, religieuse.
Henrottey, ouvrière.
Héran et ses deux filles.
Hérent Louise et Victoire.
+ Hérent, cultivateur à Vitry.
+ Hérisel Elisabeth, femme Lefebvre, de Monchy-Cayeux.
Hermel.
Hochart.
Hocedé Félicité, veuve Crépieux.
Hocq, cultivateur à Vimy, sa femme et son domestique.
Hogent, de Saint-Pol.
Hollin, fermier à Steenworde.
Hoscedé, de Dunkerque.
Houlier, sa femme et ses deux filles.
Houssaye (M^{elles}).
Hubert Thérèse, veuve Blin de Rullecomte.
Hurtrel, marchand.
Imbert.
Inguimbert (veuve d').
Izambart, avoué, sa femme et sa bru.
°Jacquemin, de Boulogne.
Jobal-Pagny.
Jonqué Ernestine, veuve Thiébaut.
Kelma, irlandais.
Kirck Patrick, irlandais.
Klaba, danois.
Lacour Félicité, veuve Châlain.
Lacressonnière, cultivateur à Heuchin.
Ladin, marchand à Boulogne.
Lafontaine et sa femme, âgés et aveugles.
Lafontaine, menuisier à Boulogne.

Lagache Philippe et Nicolas, cultivateurs à Fléchin.
Lagache, apothicaire.
Lagersie, boulanger à Steenworde.
Lagersie, tailleur.
Lainne, marchand, et sa femme.
Lallart de Berlette (veuve) et ses enfants.
Lallart de Berlette Antoine-Joseph.
Lallart de Berlette Benoît-Joseph.
Lallart, salinier.
Lamainière, de Dunkerque.
Lancel, vicaire.
Landas et sa femme.
Lannoy (de) sœurs.
+ Lapersonne, cultivateur à Nieppes (Nord).
Larue et ses deux sœurs, de Boulogne.
Laune (de), sœur d'émigré.
Lauretan (de) Louise, religieuse.
Lauretan (de) Geneviève.
Lauretan (de), femme Leroy de Bunneville.
Lauthenberghe Marie, sœur de Charité.
Lebel de Croissy Armande, veuve de Rocquigny.
Leblond, femme Ducampe, et sa fille.
Lebœuf.
Leboucq, de Valenciennes.
Lebrun, notaire.
Le Caron de Canettemont François et sa fille.
Le Caron de Sains Charlotte, et ses enfants.

✛ Leclercq, cultivateur à Mont-Saint-Eloy.
Leclercq, blanchisseur de bas.
Lecointre (veuve), et sa fille.
Lecomte (veuve), et sa fille.
Lecomte, octogénaire, sa femme et sa fille.
Ledieu.
Lefebvre Angélique, veuve Boussemart, et quatre enfants.
Lefebvre de Fromentel Barbe.
Lefebvre Thomas et sa femme.
Lefebvre Louis, tourneur à Boulogne.
Lefebvre François, menuisier, à Boulogne.
Lefetz, notaire.
Lefranc et sa femme.
Le François, femme de Beugny.
Le Gentil-Payen.
Le Gentil Jean-Aimable, rentier.
✛ Le Gentil, cultivateur à Méricourt.
Legrand.
Legrand, cultivateur à Fléchin.
Lejay (veuve) et ses filles.
Lejay (M^{elles}), octogénaires.
Le Josne-Contay Mélanie, veuve Boucquel de la Comté, et ses deux filles.
Lemaire, de Boulogne.
Lemoine, cultivateur à Tinques.
Lemoine.
Lencquesaing (de) Charlotte, femme Le Caron de Canettemont.
Lepetit Rosalie, religieuse.
Lépinoy.

Leporcq d'Herlen, de Boulogne, sa femme et ses enfants.
Leriche, de Béthune.
✛ Lermeville, cultivateur à Harnes.
Leroy Angélique, religieuse.
Leroux du Châtelet, son fils et sa fille.
Leroux (veuve).
Lescardé (veuve).
Le Sergeant d'Hendecourt (Mmes).
Lesoing, ingénieur.
Levasseur Agnès, sœur de Charité.
Lherbier, cultivateur.
Libert, de Boulogne.
Libouton.
Liger fils.
Lincque, architecte, et son fils.
Layens Anne-Claire, femme de Thieulaine.
Loison Pierre, de Boulogne.
Loison Jean, de Boulogne.
✛ Longuevalle, cultivateur à Givenchy.
✛ Lootwoot, cultivateur à Wormhoudt (Nord).
Louchet, sa femme et ses enfants, de Boulogne.
✛ Louis, cultivateur à Noyelles.
Lourdel, bénéficier de la cathédrale.
Louvel, tonnelier à Boulogne.
Louvencourt (de), femme Hasart-Saint-Aubin.
Mackenna, irlandais.
Madre (de).
Maïoul de Sus Saint-Leger et son fils.

Maïoul Bénédicte, femme Cloquet, ingénieur.
Mallard (Mme).
Mandeville.
Manessier, marchand de chevaux, et son fils.
Maniez, arpenteur.
Mannessier, de Dunkerque.
Mannessier (veuve) et ses enfants.
Manoult Joséphine.
Marbais (veuve de), mère.
Marchand Sophie, femme Desmaretz, conseiller.
Marles (de) et huit enfants.
Marmin, directeur de la poste à Boulogne.
Marmin, avoué à Boulogne.
Marphy, irlandais.
Masson-Lacroix, marchand à Boulogne.
Mathieu Pierre, marchand de charbon.
Mathieu François, marchand de charbon, sa femme et sept enfants.
+ Mathieu Adrien, Augustin, François et Marie, cultivateurs à Camblin.
Mauguet, de Boulogne.
Mazy Alexandre.
Mercier.
Merlin François, avoué, à Boulogne.
Merlin Jean-Jacques-Marie, rentier à Boulogne.
+ Meulder, de Hurdifort (Nord).
Meurant.
+ Meurdesoif, cultivateur à Buissy.
+ Mille, cultivateur à Pommier, et Mille Jeanne.
Mille Hyacinthe, Bon et Thérèse.
Millon, aubergiste à Boulogne.
Minet, écrivain.
Molleux, serrurier à Boulogne.
Monet de la Marck Julie (de), veuve de Wasservas.
Mons en-Barcuil (Mme Hubert de); son fils, ses deux filles et trois petits-enfants au-dessous de 9 ans.
Montgey, de Dunkerque.
Montolieu (veuve), de Boulogne, et sa tante.
+ Morel, cultivateur à Pommier.
Morel, marchand de vin.
Morel, de Boulogne.
Morgan, homme de loi.
Moulard, veuve Patras, de Boulogne.
Moulin, curé constitutionnel de Violaines.
Moullard, veuve Campagne.
+ Muin, cultivateur à Radinghem.
Mullendorf, femme Crugeor.
Munier de la Converserie (veuve) et ses enfants, de Boulogne.
Murray, irlandais.
Navignière, veuve de Maulde.
Neu, de Steenworde.
Neubourg (trois enfants).
Nicolas (veuve), imprimeur, et trois enfants.
Nonjan (veuve), son fils et sa fille.
Nonot (trois enfants).
Norent Caroline, veuve de Marbais.

O'Berne, irlandais.
Obert.
Obry-Raux, de Saint-Pol.
Ogier, secrétaire d'état-major.
+ Olive et ses deux sœurs, cultivateurs à Steenworde (Nord).
Olive et sa sœur.
Pacoux, huissier.
Palette, assesseur du juge de paix.
Palissot, ex-noble.
Part, cultivateur à Fléchin.
Patou, curé constitutionnel,
Patras Louise, de Boulogne.
Patras Blanche et cinq enfants.
+ Payen, cultivateur à Vitry.
Payen Louis, de Neuville-Vitasse, avocat.
+ Payen, cultivateur à Montenescourt.
Payen Henriette, veuve Merlin.
+ Pein Thérèse, cultivatrice à Neuville-Vitasse.
Pechena, femme Ferbu.
Pecqueur, de Saint-Pol.
Peley Aldegonde et Charlotte.
Pelicot, chef d'escadron.
Pepin, de Beaucamp.
Perigault, veuve Hamel.
Peron, curé constitutionnel.
Petit, marchand de charbon.
Petit-Cailleret, sa femme et ses enfants.
Petit, cultivateur à Fléchin.
+ Petit, cultivateur à Mont-Saint-Éloy.
Peudecœur, de Boulogne.
Piéron, marchand de dentelles.
Pinart, menuisier.

Piot N., cultivatrice.
Planchon.
Planquette, marchand.
Plohay, de Boulogne.
Pocheaux Philippine.
Pochon Antoine et François.
Pointis, chef de brigade.
Poirier, de Dunkerque.
Poitart, avoué.
Ponchot-Menneville, négociant.
Pouillaude, cultivateur.
Pourra et sa femme.
Pressy Marie, infirme.
Prevost Lucette et Eugénie.
Prevost de Wailly.
Prince, de Metz-en-Couture.
Pruvost, de Floringhem.
Quarré Claire et Jeanne.
Quarré du Repaire Maurice, Julie, Nathalie et Mélanie.
Quarré de Chelers Charlotte et Agathe.
Radinghem (Mme de).
Raulin Julie.
Rebours.
Regnier (veuve), horloger, et sa fille.
Remy, cultivateur.
Richard, cultivateur à Fléchin.
Rigault, cordonnier à Boulogne.
Rimbaux, marchand.
Rocquigny (veuve de), de Boulogne.
Roger, limonadier.
+ Roland-Sauvage, cultivateur à Neuville.
Roquelaure (de), évêque de Senlis.
Rousseau, marchand de vin.

Roussel de Préville Victoire, religieuse, de Boulogne.
Roussel de Préville Albertine, religieuse, de Boulogne.
Roussel de Préville Armande, veuve de Rocquigny.
Roussel Xavier, de Saint-Pol.
Roussel, ancien procureur.
Rouvroy de Libessart, conseiller.
Rouvroy, de Lille, et sa femme.
Sachin (Mlle), aveugle.
Saint-Aubert, perruquier.
Saint-Just, capitaine de gendarmerie.
Saint-Leger.
Saladin, de Dunkerque.
+ Salmon, cultivateur à Étrun.
Sammarcq, boulanger à Steenworde.
Samier, de Saint-Pol.
+ Sauvage André, de Neuville-Vitasse.
+ Savary Marie, femme Bécourt de l'Hayette.
+ Savary Élisabeth, de Neuville.
+ Savary Marie, de Bailleulmont.
Scorion (veuve), et sa fille.
Sedar, gendarme.
Semez (veuve), aubergiste.
Senant Rosalie, religieuse.
Serre Pétronille.
Spence, ouvrier, et trois enfants.
Stoupy et sa fille.
+ Strop, cultivateur à Herdefort (Nord).
+ Tamboise, cultivateur à Vimy.
Tende.
Testard (veuve).
Thellier (Mme), de Saint-Pol.
Thellier de Sars, conseiller, sa femme et cinq enfants.
+ Théron, cultivateur à Vraucourt.
Théry Étienne.
Thibaut, curé constitutionnel, de Boulogne.
Thiébaut fils.
Thiébaut Françoise.
Thieulaine (de), et sa fille.
Thomas, notaire, et sa femme.
Thomas, cultivateur à Fléchin.
Thomas Henryck, ouvrière, anglaise.
Topart, cultivateur à Ablain, octogénaire.
Tournemy Élisabeth, cultivatrice, de Callau-en-Hainaut.
Toursel, médecin, et quatre enfants.
Trachez, curé de Festubert.
Triboulet, marchand.
Truguet (femme), belge.
Tutil-Guémy, de Boulogne.
Vast, avoué.
Valicourt (de).
Vaillant Angélique.
Valet Marie, femme Pochon.
+ Vallois, cultivateur à Bourthes.
Vanhote, cultivateur à Steenworde.
Varlé (femme), imprimeur.
Vasseur Marie, infirme.
Vasseur, cultivateur à Fléchin.
Vasseur, curé de Crémarest (Boulogne).
Vasseur Félicité et Madeleine, de Boulogne.
Vasseur, négociant.

Verdet, chanoine de Grancey (Côte-d'Or).
Verveyghe, peigneur de laine à Steenworde.
Vigreux Thérèse.
Villavicentio, prêtre assermenté.
Viguier.
+ Vitasse, cultivateur à Neuville-Vitasse.
Volet.
+ Vuytsteker, cultivateur à Hurdifort (Nord).
Wache Marguerite, cuisinière.
Wacremez et sa fille.
Wallart Bernardine, sœur de charité.
Wallems, cordonnier à Steenworde.
Wallon Aimable, femme Cuvelier.
Warnier, servante,
Wartelle (Mlle).
Werbier d'Antigneul (de).
+ Willart, cultivateur à Saint-Laurent.
Williamson, manouvrier.
Yoos, cultivateur à Steenworde.

ERRATUMS.

P. 47, en note supprimer *Maximilien Robespierre* et remplacer par *Bollet*.

P. 181, au lieu de : *ta* Damme Dion, lisez : *la*.

P. 254, au lieu de : 14 septemère 1790, lisez : 1791.

P. 409, au lieu de : dans une lettre du 7 thermidor, lisez : du 17.

P. 490, au lieu de : *trois* livres d'amende, lisez : *six* livres.

P. 577, au lieu de : Félix Deliége *mourut* en prison, sa *veuve* fut déclarée coupable, lisez : *resta* en prison, sa *femme*.....

www.ingramcontent.com/pod-product-compliance
Lightning Source LLC
Chambersburg PA
CBHW052334230426
43664CB00041B/1370